統計から読み解く

47 PREFECTURE RANKINGS

47都道府県ランキング

統計ジャーナリスト
久保 哲朗 著
「都道府県別統計とランキングで見る県民性」
サイト運営

日東書院

本書の使い方

本書では、日本での生活に関わる100項目のデータを、総務省の家計調査や社会生活基本調査など各種統計資料をもとに集め、都道府県ごとにランキングしたものです。

第1章では、「道路延長」「セブンイレブン店舗数」「持ち家率」といった項目ごとに都道府県のランキングを紹介します。また相関データをとることで、正の相関にある項目、負の相関にある項目を調べられます。

第2章では、第1章で紹介した項目を都道府県ごとに並べ直して掲示しました。各都道府県がどのランキングで上位にあり、どのランキングでは下位にあるかがわかります。

第1章の例

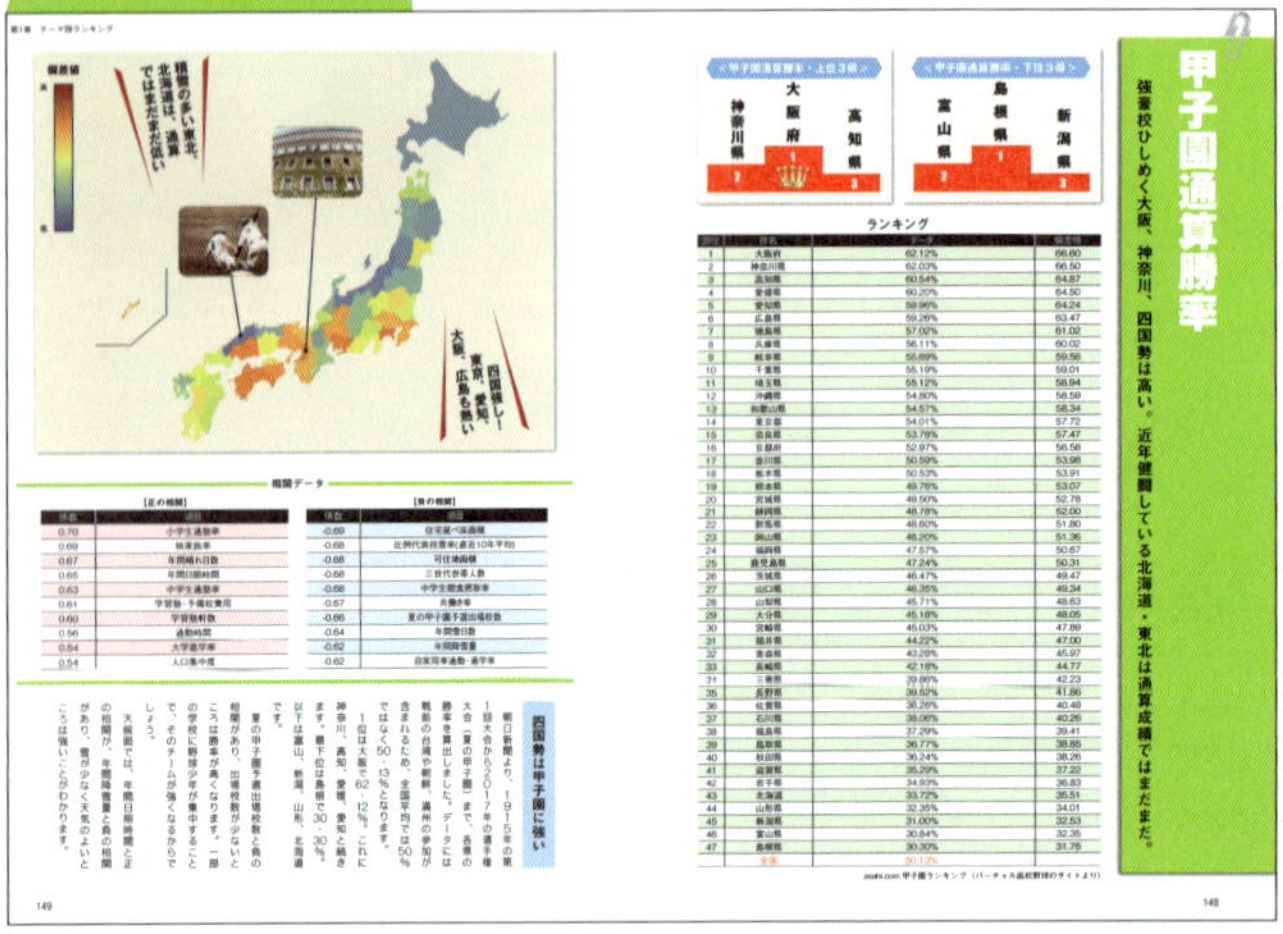

第2章の例

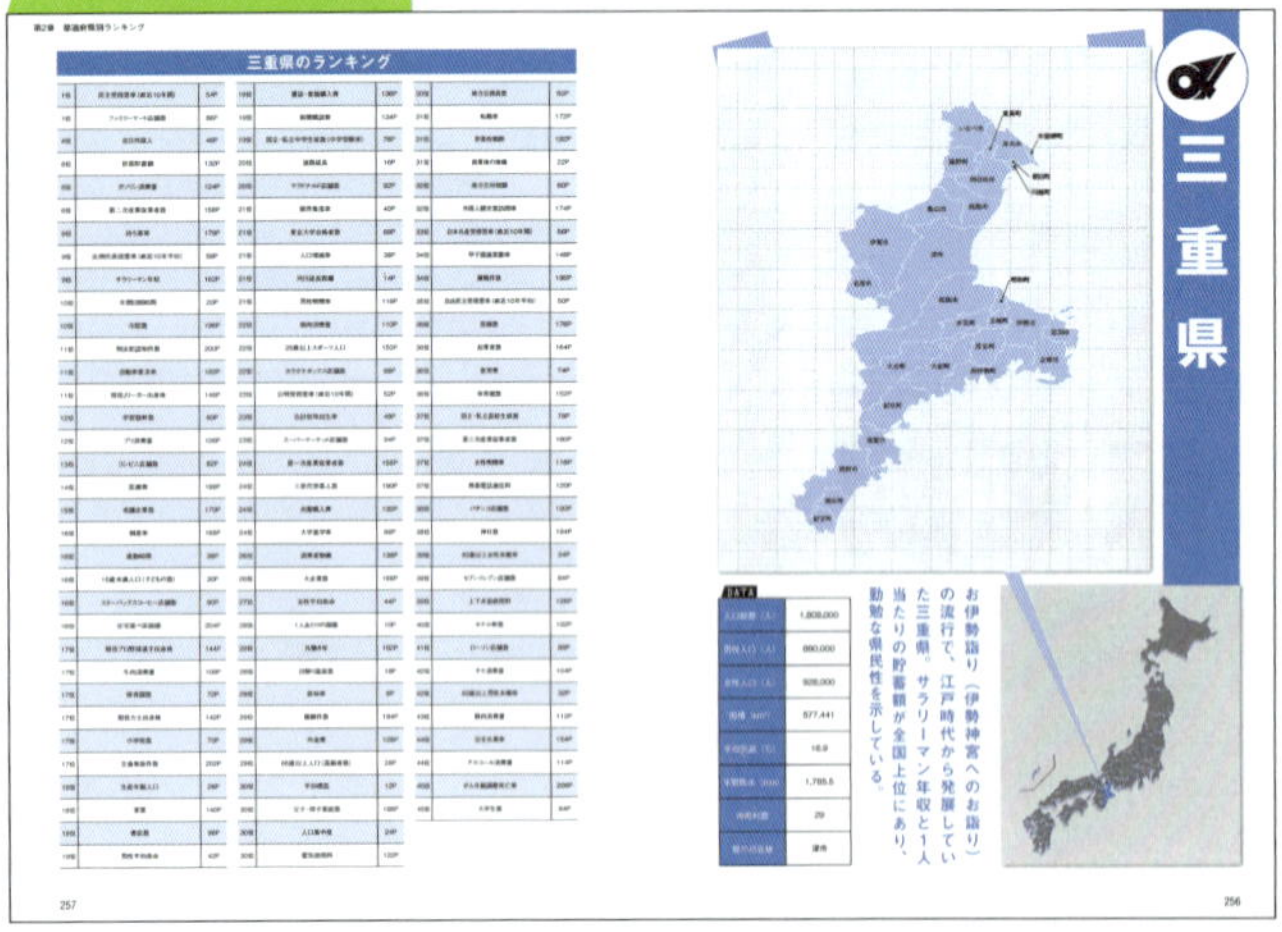

用語の説明

「偏差値」とは、平均値を50として、各都道府県の値の偏り具合を示す数値です。偏差値が大きいほど平均値よりも高く、小さいほど平均値よりも低くなります。偏差値を見ることで、単位が違うランキングどうしで分布状況を比較することができるようになります。

「相関」とは、2つのランキングがどれくらい似ているか（関係がありそうか）を示す数値です。「正の相関」は正比例に近い関係で、「負の相関」は反比例に近い関係となります。一般的に、＋0.4以上もしくは－0.4以下の場合、「正の（負の）相関がある」とみなされます。

はじめに

統計データで「いまの日本」がわかる！

本書は、２０１５年に刊行した『《統計から読み解く》都道府県ランキング vol.1』、その続編として２０１７年に刊行した『《統計から読み解く》都道府県ランキング vol.2［消費・行動編］』（いずれも新建新聞社・刊）の新版で、サイト「都道府県別統計とランキングで見る県民性」から注目すべきランキングをピックアップしています。

第1章では項目別にランキングを掲載。都道府県ごとの数値、分布状況が一目でわかる地図、相関ランキングを掲載しています。相関ランキングではサイトに掲載している千数百のランキングから分布が似ていたり正反対だったりするランキングをピックアップしています。

テーマも基本的なものだけでなく「日帰り温泉数」「限界集落数」「甲子園通算勝率」など、「いまの日本」がわかるものを新たに採りあげ、掲載しました。

第2章では都道府県別にランキングを掲載。順位が高いものから低いものに並ぶランキングから各都道府県の姿が浮き彫りになります。

いっけん無味乾燥に見える統計データをつぶさに観察することで、日本の多様性や各都道府県の特質が見えてきます。さらに複数のデータを比較し相互の関係を調べることで、いままで見えてこなかった視点も浮かびあがってくるはずです。

久保　哲朗

統計から読み解く 47都《と》道《どう》府《ふ》県《けん》ランキング もくじ

第1章 項目別ランキング

第2章 47都道府県別ランキング

●第1章の各項目のデータの出典は、それぞれ右ページ下に示しました。データはウェブサイト「都道府県別統計とランキングで見る県民性」をもとに、可能な限り最新のものを用いています。

●第2章の都道府県の県章（都道府県名の上に示したマーク）は、著作権法第十三条によりパブリック・ドメインの状態にあります。

第1章

項目別ランキング

森林率

日本は国土の7割が森林に覆われた、世界有数の森林国。なかでも高知県や本州中央部が上位を占める。

＜森林率・上位３県＞

1 高知県
2 岐阜県
3 長野県

＜森林率・下位３県＞

1 大阪府
2 茨城県
3 千葉県

ランキング

順位	県名	データ	偏差値
1	高知県	83.99%	64.05
2	岐阜県	81.12%	62.15
3	長野県	78.87%	60.66
4	島根県	78.35%	60.32
5	山梨県	77.86%	59.99
6	奈良県	77.16%	59.53
7	和歌山県	76.81%	59.30
8	岩手県	76.74%	59.25
9	宮崎県	76.25%	58.93
10	徳島県	75.69%	58.56
11	福井県	74.54%	57.80
12	京都府	74.27%	57.62
13	鳥取県	73.83%	57.33
14	秋田県	72.30%	56.31
15	広島県	72.19%	56.24
16	山形県	71.71%	55.92
17	山口県	71.54%	55.81
18	大分県	71.53%	55.81
19	福島県	70.77%	55.30
20	北海道	70.68%	55.24
21	愛媛県	70.64%	55.22
22	石川県	68.43%	53.75
23	新潟県	68.10%	53.54
24	岡山県	68.02%	53.48
25	富山県	66.86%	52.71
26	兵庫県	66.78%	52.66
27	群馬県	66.67%	52.59
28	青森県	66.07%	52.19
29	三重県	64.49%	51.15
30	静岡県	64.39%	51.08
31	鹿児島県	63.58%	50.54
32	熊本県	62.64%	49.92
33	長崎県	59.08%	47.57
34	宮城県	57.36%	46.43
35	栃木県	54.63%	44.62
36	滋賀県	50.84%	42.11
37	香川県	46.67%	39.35
38	沖縄県	45.94%	38.87
39	佐賀県	45.55%	38.61
40	福岡県	44.55%	37.95
41	愛知県	42.41%	36.54
42	神奈川県	39.29%	34.47
43	東京都	36.27%	32.47
44	埼玉県	31.93%	29.60
45	千葉県	30.92%	28.93
46	茨城県	30.76%	28.83
47	大阪府	30.52%	28.67
-	全国	67.26%	-

林野庁統計情報（林野庁）

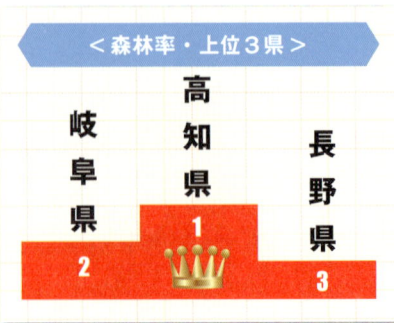

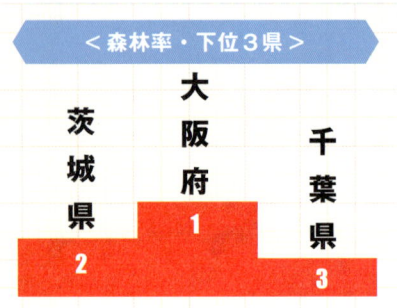

偏差値
高
低
森林率の低い地域は山地が少なく平地が多い
太平洋に面する高知県だが北部は山地だらけ

相関データ

【正の相関】

係数	項目
0.75	河川延長
0.71	65歳以上人口（高齢者数）
0.67	高校数
0.66	地方債発行額
0.66	ホームセンター店舗数
0.64	小学校数
0.64	酒屋店舗数
0.64	鉄道駅数
0.62	道路延長
0.62	限界集落率

【負の相関】

係数	項目
-0.98	可住地面積率
-0.73	総人口増減率
-0.73	生産年齢人口
-0.70	生産年齢人口増減率
-0.66	人口
-0.66	労働時間
-0.64	人口密度
-0.63	通勤時間
-0.63	自主財源比率
-0.62	重要犯罪認知件数

山地の多い高知が1位

森林率は、林野庁の統計情報をもとに、都道府県の面積に占める森林の割合を示したもので、全国平均は67・26%です。

ベスト5は、高知（83・99%）、岐阜（81・12%）、長野（78・87%）、島根（78・35%）、山梨（77・86%）の順となりました。

森林率の高さからわかるのは、その地域に広い面積を占める山地があることです。

1位の高知は、四国の中央部を東西に貫く四国山地の南に位置し、標高の高い山地が数多く存在しています。

また、総人口増減率と負の相関があることから、森林率の高い地域では人口が減少していることがうかがえます。

反対に、埼玉や千葉など森林率の低い都道府県には平野が多く、そこに都市部が広がっていることがわかります。

1人あたりの面積

全国平均は約３０００平方メートル。北海道は、東京と比較して１人あたり１０００倍もの面積を抱える。

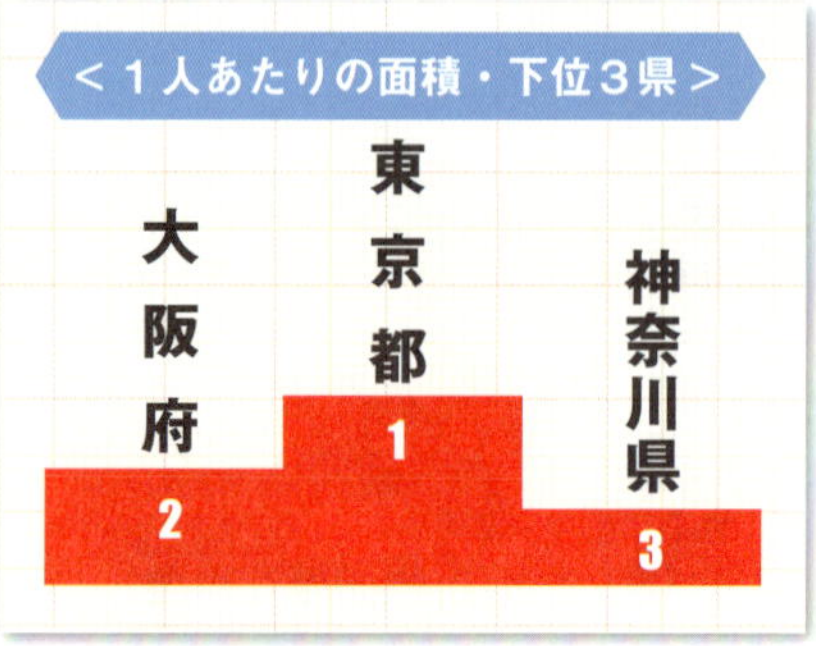

ランキング

順位	県名	データ	1人あたり	偏差値
1	北海道	83,424平方km	15,587.41平方m	83.65
2	岩手県	15,275平方km	12,046.54平方m	72.92
3	秋田県	11,638平方km	11,522.30平方m	71.33
4	高知県	7,104平方km	9,852.88平方m	66.28
5	島根県	6,708平方km	9,722.09平方m	65.88
6	山形県	9,323平方km	8,376.59平方m	61.80
7	青森県	9,646平方km	7,459.83平方m	59.02
8	福島県	13,784平方km	7,250.78平方m	58.39
9	宮崎県	7,735平方km	7,057.76平方m	57.81
10	長野県	13,562平方km	6,495.00平方m	56.10
11	鳥取県	3,507平方km	6,152.86平方m	55.06
12	鹿児島県	9,187平方km	5,612.09平方m	53.43
13	徳島県	4,147平方km	5,529.05平方m	53.17
14	新潟県	12,584平方km	5,504.89平方m	53.10
15	大分県	6,341平方km	5,466.16平方m	52.98
16	山梨県	4,465平方km	5,379.84平方m	52.72
17	福井県	4,190平方km	5,358.68平方m	52.66
18	岐阜県	10,621平方km	5,252.86平方m	52.34
19	和歌山県	4,725平方km	4,952.53平方m	51.43
20	山口県	6,112平方km	4,384.75平方m	49.71
21	熊本県	7,409平方km	4,176.69平方m	49.08
22	愛媛県	5,676平方km	4,128.14平方m	48.93
23	富山県	4,248平方km	4,003.40平方m	48.55
24	岡山県	7,114平方km	3,715.13平方m	47.68
25	石川県	4,186平方km	3,636.92平方m	47.44
26	栃木県	6,408平方km	3,259.46平方m	46.30
27	群馬県	6,362平方km	3,234.51平方m	46.22
28	三重県	5,774平方km	3,193.81平方m	46.10
29	宮城県	7,282平方km	3,125.42平方m	45.89
30	長崎県	4,132平方km	3,022.82平方m	45.58
31	広島県	8,479平方km	2,988.89平方m	45.48
32	佐賀県	2,441平方km	2,947.68平方m	45.35
33	滋賀県	4,017平方km	2,843.16平方m	45.04
34	奈良県	3,691平方km	2,721.93平方m	44.67
35	静岡県	7,777平方km	2,108.85平方m	42.81
36	茨城県	6,097平方km	2,098.84平方m	42.78
37	香川県	1,877平方km	1,930.79平方m	42.27
38	京都府	4,612平方km	1,770.51平方m	41.79
39	沖縄県	2,281平方km	1,585.23平方m	41.22
40	兵庫県	8,401平方km	1,521.91平方m	41.03
41	福岡県	4,986平方km	976.96平方m	39.38
42	千葉県	5,158平方km	827.08平方m	38.93
43	愛知県	5,173平方km	689.08平方m	38.51
44	埼玉県	3,798平方km	521.02平方m	38.00
45	神奈川県	2,416平方km	264.18平方m	37.22
46	大阪府	1,905平方km	215.68平方m	37.07
47	東京都	2,191平方km	160.82平方m	36.91
-	全国	377,972平方km	2,977.73平方m	-

国土地理院全国都道府県市区町村別面積調（国土交通省国土地理院）

偏差値
高
低
北海道は人口1人あたりの面積が全国平均の3・2倍
農業就業人口が多く人口が減少しているところは面積が広い

相関データ

【正の相関】

係数	項目
0.99	森林面積
0.84	河川延長
0.80	食糧自給率(カロリーベース)
0.80	第一次産業従業者数
0.79	道路延長
0.78	地方交付税額
0.77	睡眠時間
0.77	高校数
0.73	理容室数
0.73	地方公務員数

【負の相関】

係数	項目
-0.73	総人口増減率
-0.72	マクドナルド店舗数
-0.68	海外旅行者数
-0.68	サラリーマン年収
-0.66	生産年齢人口増減率
-0.66	小学生通塾率
-0.65	可住地面積率
-0.65	現役医師増加率
-0.64	四年制大学進学率
-0.63	通勤時間

広大な北海道が1位

国土地理院の全国都道府県市区町村別面積調を用いて、人口1人あたりの都道府県面積を比較したものです。全国平均は2978平方メートル、坪に直すとおよそ900坪になります。

人口1人あたりの面積のトップは北海道が突出しており、1万5587平方メートル。2位以下は岩手、秋田、高知、島根の順。なお、北海道と岩手は総面積でも1位と2位を占めます。

最少は東京で、161平方メートル。北海道の1%の広さしかありません。これに続く下位は、大阪、神奈川、埼玉、愛知の順となりました。

総面積が少なく、人口が多い都道府県は、1人あたりの面積も少ないという結果になっています。

なお、面積は森林面積、河川延長と正の相関があり、人口増加率と負の相関があります。

平均標高

本州中央部が軒並み高い。また標高が高いと森林が多くなり、可住地が少なくなるという傾向もある。

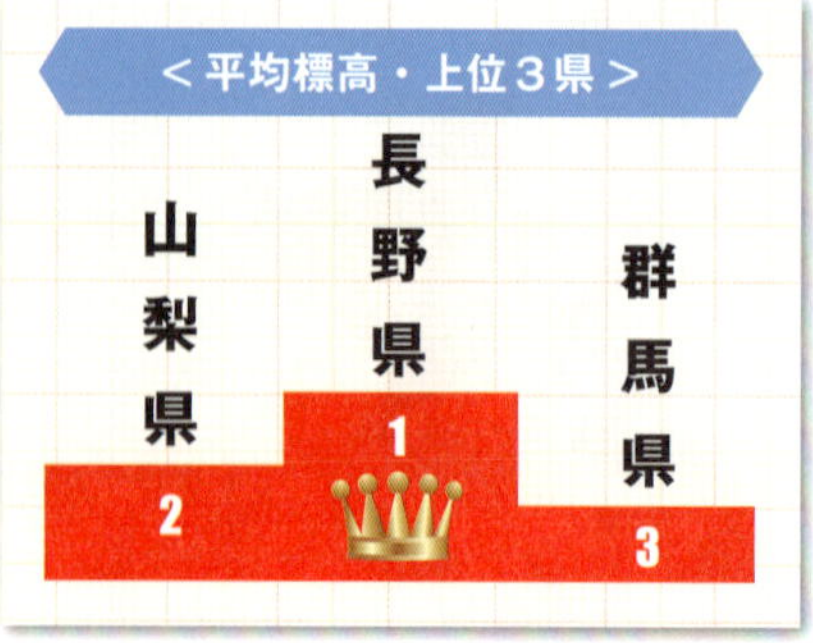

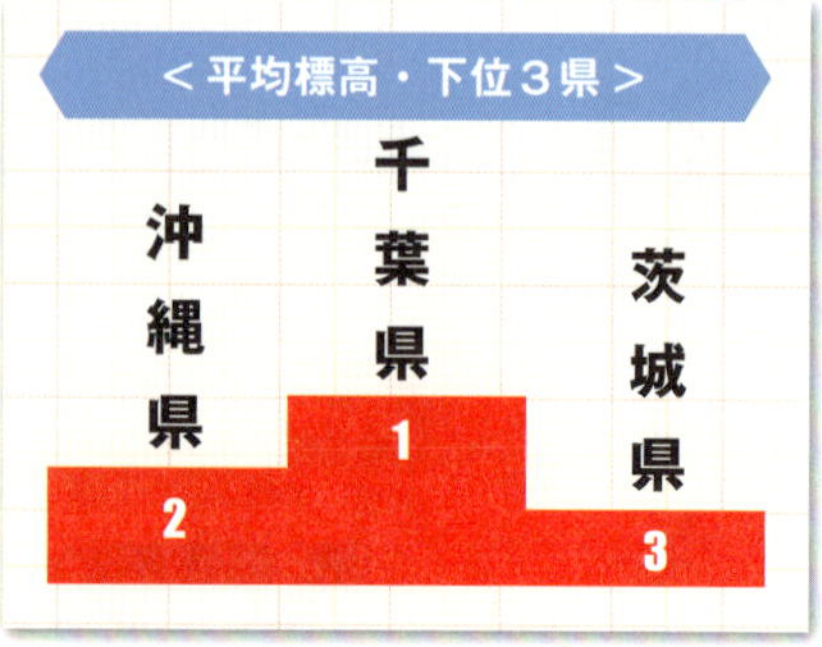

標ランキング

順位	県名	データ	偏差値
1	長野県	1,132m	85.95
2	山梨県	995m	79.56
3	群馬県	764m	68.79
4	岐阜県	721m	66.78
5	富山県	665m	64.17
6	奈良県	570m	59.74
7	福島県	540m	58.34
8	静岡県	500m	56.48
9	徳島県	461m	54.66
9	栃木県	461m	54.66
11	山形県	437m	53.54
12	高知県	433m	53.35
13	岩手県	426m	53.03
14	愛媛県	403m	51.95
15	宮崎県	402m	51.91
16	熊本県	393m	51.49
17	新潟県	391m	51.39
18	広島県	386m	51.16
19	鳥取県	373m	50.55
20	福井県	372m	50.51
21	大分県	349m	49.43
22	滋賀県	327m	48.41
23	和歌山県	320m	48.08
24	岡山県	314m	47.80
25	北海道	309m	47.57
26	秋田県	302m	47.24
27	島根県	301m	47.20
28	石川県	292m	46.78
29	兵庫県	266m	45.56
30	三重県	263m	45.42
31	京都府	260m	45.28
32	埼玉県	248m	44.72
33	神奈川県	243m	44.49
34	東京都	242m	44.45
35	青森県	226m	43.70
36	山口県	225m	43.65
37	宮城県	221m	43.47
38	鹿児島県	218m	43.33
39	愛知県	209m	42.91
40	佐賀県	178m	41.46
41	香川県	167m	40.95
42	福岡県	166m	40.90
43	大阪府	143m	39.83
44	長崎県	132m	39.32
45	茨城県	100m	37.82
46	沖縄県	82m	36.98
47	千葉県	45m	35.26
-	全国	361m	-

都道府県別平均標高（国土交通省国土地理院）

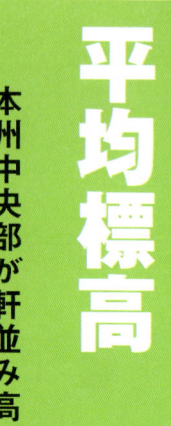

偏差値
高
低
平均標高が高いのは
山地が集まる
本州中央部の県
1位長野と
最下位千葉の差は
1000メートル強

相関データ

【正の相関】

係数	項目
0.69	美術館数
0.68	別荘数
0.58	森林率
0.54	博物館数
0.53	酒造場数
0.53	きのこ消費量
0.52	宿泊施設数
0.52	ぶどう生産量
0.52	桃生産量
0.51	空き家率

【負の相関】

係数	項目
-0.53	可住地面積率
-0.47	生活保護受給世帯数
-0.46	肺がん死亡率
-0.44	保育園定員充足率
-0.43	年間熱帯夜日数
-0.41	分譲マンション率
-0.41	50代ひとり暮らし
-0.40	人口集中度
-0.40	労働時間
-0.39	生鮮肉消費量

山地の多い長野県が1位

国土地理院が公表している、都道府県の標高の平均を比較したランキング。全国平均は、361メートルとなりました。

トップは長野で1132メートル。長野は平均が1000メートルを超える唯一の県で、全国平均の約3倍の高さです。

2位から5位は、長野に隣接する山梨、群馬、岐阜、富山が続きます。この分布から、平均標高は山地の多い本州中央部の県で高くなっていることがはっきりとわかります。

平均標高は森林率と正の相関があり、平均標高が高い地域は山地が多いため、必然的に森が占める割合が高くなります。

もっとも低い千葉は45メートルと、トップの長野との差はじつに1087メートル。続いて下位から順に、沖縄、茨城、長崎、大阪となります。

河川延長距離

森林面積と正の相関が高い。これは「山が多いところは川が多い」という関係を表わしている。

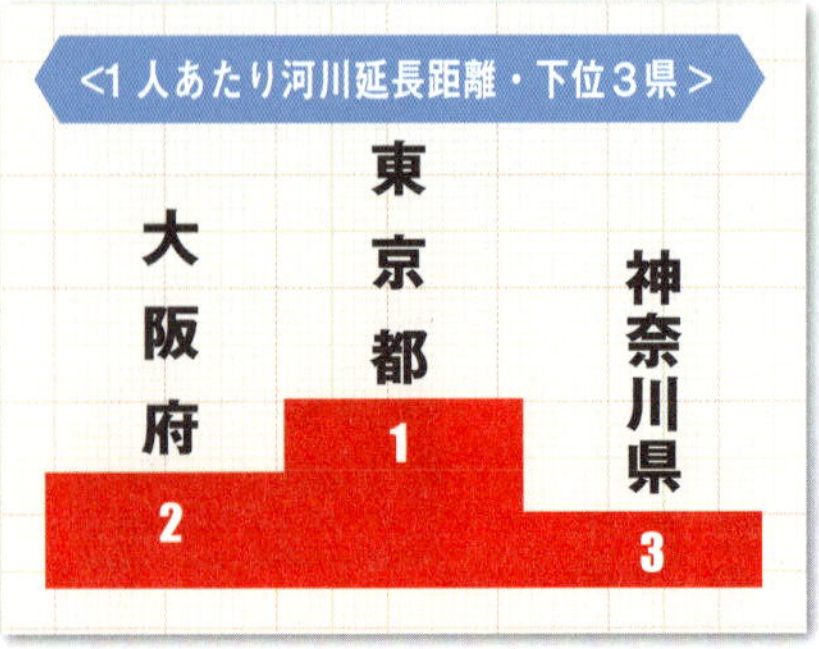

ランキング

順位	県名	データ	1人あたり	偏差値
1	高知県	3,381km	4.69m	74.43
2	島根県	3,092km	4.48m	72.62
3	徳島県	2,785km	3.71m	65.98
4	秋田県	3,558km	3.52m	64.33
5	岩手県	4,432km	3.50m	64.09
6	長野県	7,041km	3.37m	63.03
7	大分県	3,730km	3.22m	61.67
8	山形県	3,428km	3.08m	60.50
9	北海道	15,444km	2.89m	58.81
10	福島県	5,443km	2.86m	58.62
11	山梨県	2,292km	2.76m	57.74
12	宮崎県	2,958km	2.70m	57.20
13	鳥取県	1,514km	2.66m	56.82
14	鹿児島県	4,330km	2.65m	56.73
15	愛媛県	3,311km	2.41m	54.68
16	新潟県	5,378km	2.35m	54.20
17	山口県	3,138km	2.25m	53.32
18	和歌山県	2,122km	2.22m	53.09
19	佐賀県	1,791km	2.16m	52.56
20	熊本県	3,626km	2.04m	51.53
21	三重県	3,543km	1.96m	50.80
22	福井県	1,487km	1.90m	50.29
23	富山県	1,844km	1.74m	48.88
24	青森県	2,226km	1.72m	48.74
25	滋賀県	2,385km	1.69m	48.45
26	岐阜県	3,379km	1.67m	48.30
27	岡山県	3,012km	1.57m	47.45
28	奈良県	2,061km	1.52m	46.99
29	群馬県	2,984km	1.52m	46.97
30	栃木県	2,892km	1.47m	46.57
31	石川県	1,507km	1.31m	45.17
32	香川県	1,179km	1.21m	44.33
33	広島県	3,235km	1.14m	43.71
34	長崎県	1,520km	1.11m	43.46
35	宮城県	2,569km	1.10m	43.38
36	静岡県	4,042km	1.10m	43.32
37	京都府	2,568km	0.99m	42.37
38	茨城県	2,315km	0.80m	40.73
39	兵庫県	3,881km	0.70m	39.92
40	福岡県	2,645km	0.52m	38.32
41	愛知県	2,928km	0.39m	37.21
42	千葉県	1,832km	0.29m	36.38
43	沖縄県	392km	0.27m	36.19
44	埼玉県	1,964km	0.27m	36.17
45	神奈川県	1,036km	0.11m	34.81
46	大阪府	964km	0.11m	34.78
47	東京都	863km	0.06m	34.38
-	全国	144,046km	1.13m	-

河川関係統計（国土交通省）

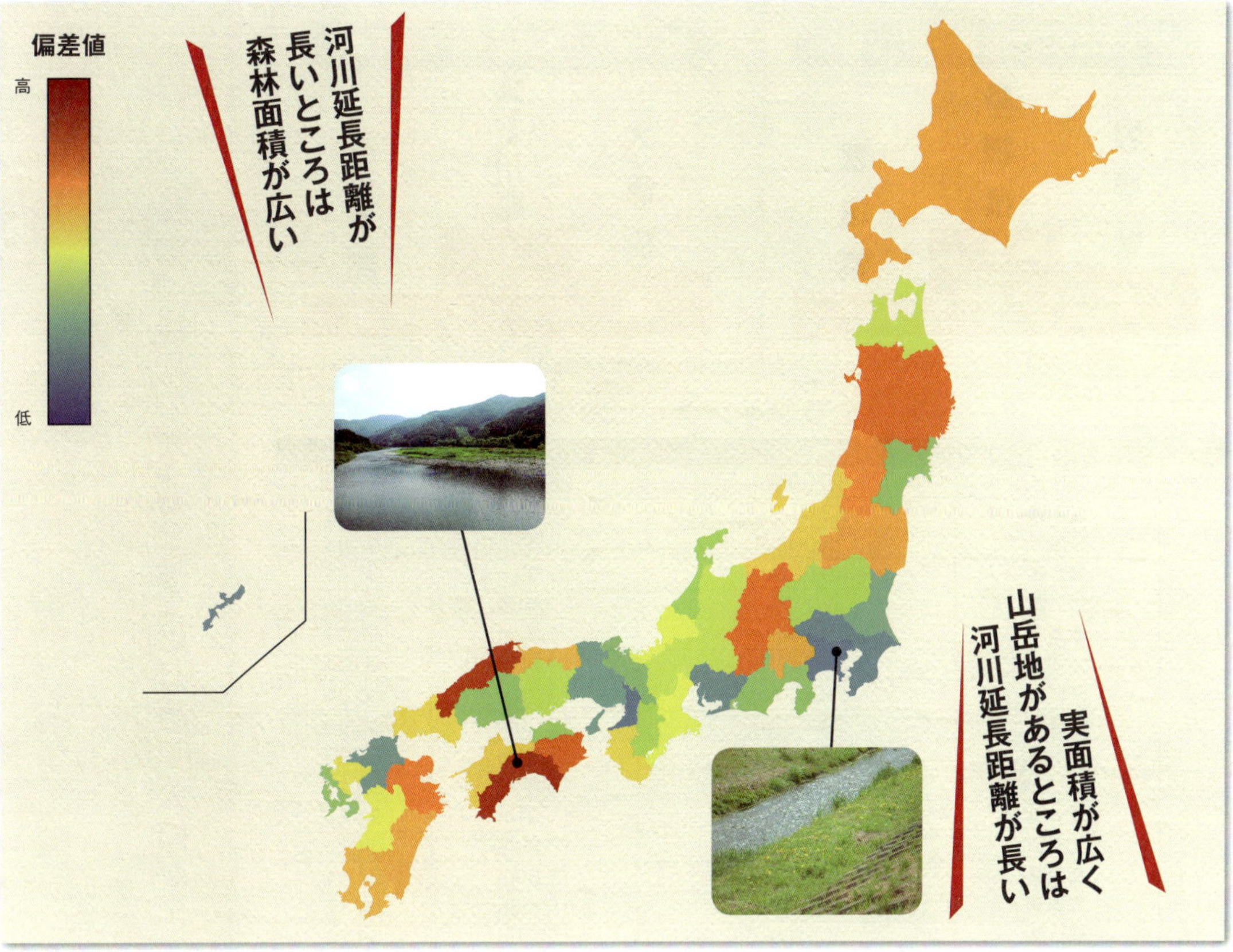
偏差値
高
低
河川延長距離が
長いところは
森林面積が広い
実面積が広く
山岳地があるところは
河川延長距離が長い

相関データ

【正の相関】

係数	項目
0.86	森林面積
0.86	道路延長
0.85	地方交付税額
0.84	面積
0.83	地方公務員数
0.82	ガソリンスタンド数
0.82	高校数
0.81	小学校数
0.78	地方債発行額
0.78	第一次産業従業者数

【負の相関】

係数	項目
-0.80	生産年齢人口
-0.80	総人口増減率
-0.76	労働時間
-0.75	可住地面積率
-0.72	人口集中度
-0.70	通勤時間
-0.70	家賃
-0.70	自主財源比率
-0.68	最低賃金
-0.68	分譲マンション率

最長は面積の広い北海道

河川延長距離は、国土交通省の統計情報をもとにしたもので、一級河川、二級河川、準用河川の合計延長を比較したものです。

最長は北海道で１万５４４４キロメートル。２位以下は長野、福島、新潟、岩手の順になり、実面積の広い地域が上位を占めていることがわかります。反対に、最短は沖縄県で３９２キロメートル。以下、下位から順に東京、大阪、神奈川、香川と続きます。

ちなみに、１人あたりの河川総距離を見るとトップは高知、続いて島根、徳島、秋田、岩手の順。最短は東京で、以下、短い順に、大阪、神奈川、埼玉、沖縄と続きます。

河川延長距離は森林面積と正の相関があり、河川延長距離が長い地域は森林面積が広いということがわかります。

道路延長

岩手、秋田、福島の東北３県をはじめ、人口がまばらな地方で長く、逆に都市部では短くなる。

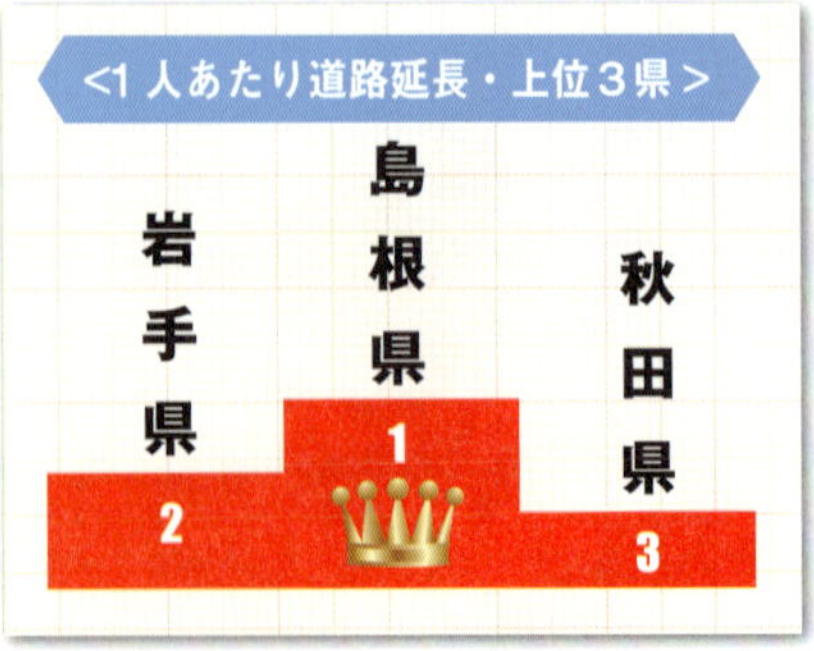

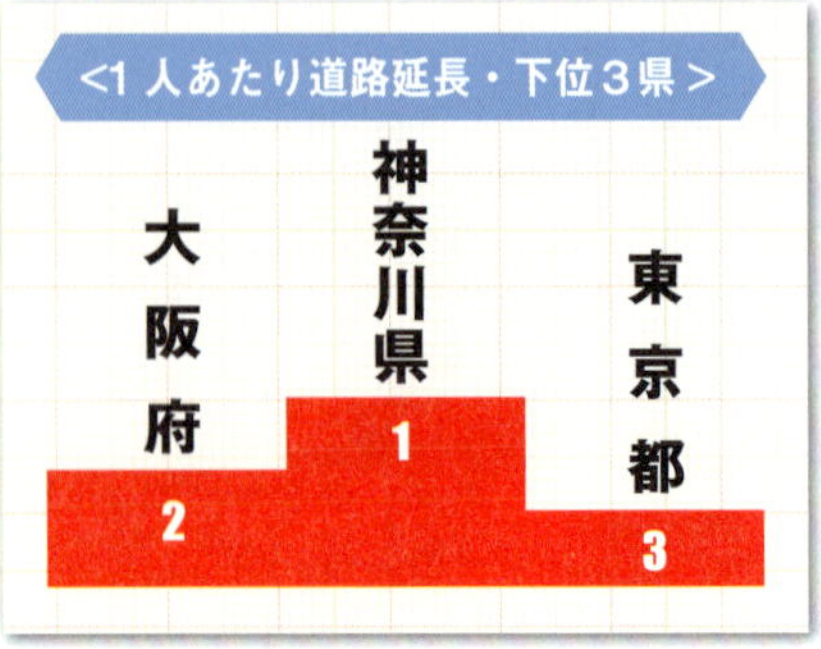

ランキング

順位	県名	データ	1人あたり	偏差値
1	島根県	18,295km	26.51m	72.19
2	岩手県	33,410km	26.35m	71.92
3	秋田県	23,906km	23.67m	67.55
4	長野県	48,002km	22.99m	66.44
5	福島県	39,173km	20.61m	62.55
6	徳島県	15,244km	20.32m	62.09
7	高知県	14,148km	19.62m	60.94
8	茨城県	55,939km	19.26m	60.34
9	宮崎県	20,153km	18.39m	58.92
10	群馬県	35,035km	17.81m	57.98
11	鹿児島県	27,301km	16.68m	56.13
12	大分県	18,452km	15.91m	54.87
13	北海道	84,723km	15.83m	54.75
14	鳥取県	8,870km	15.56m	54.31
15	青森県	20,010km	15.48m	54.17
16	岐阜県	30,762km	15.21m	53.74
17	山形県	16,735km	15.04m	53.45
18	和歌山県	13,736km	14.40m	52.41
19	福井県	10,972km	14.03m	51.81
20	三重県	25,338km	14.01m	51.78
21	山梨県	11,212km	13.51m	50.95
22	新潟県	30,666km	13.41m	50.80
23	岡山県	25,678km	13.41m	50.79
24	愛媛県	18,366km	13.36m	50.71
25	佐賀県	10,991km	13.27m	50.57
26	長崎県	18,041km	13.20m	50.45
27	富山県	13,975km	13.17m	50.40
28	栃木県	25,405km	12.92m	50.00
29	熊本県	22,212km	12.52m	49.34
30	山口県	16,659km	11.95m	48.41
31	石川県	13,120km	11.40m	47.51
32	香川県	10,290km	10.59m	46.18
33	奈良県	12,721km	9.38m	44.21
34	宮城県	21,520km	9.24m	43.98
35	滋賀県	12,506km	8.85m	43.35
36	広島県	24,685km	8.70m	43.10
37	静岡県	25,204km	6.83m	40.05
38	千葉県	37,313km	5.98m	38.67
39	埼玉県	42,952km	5.89m	38.52
40	愛知県	43,964km	5.86m	38.46
41	福岡県	29,393km	5.76m	38.30
42	沖縄県	8,145km	5.66m	38.14
43	兵庫県	30,559km	5.54m	37.94
44	京都府	11,989km	4.60m	36.41
45	東京都	24,250km	1.78m	31.80
46	大阪府	13,726km	1.55m	31.43
47	神奈川県	13,014km	1.42m	31.22
-	全国	1,222,319km	9.63m	-

道路統計年報（国土交通省）

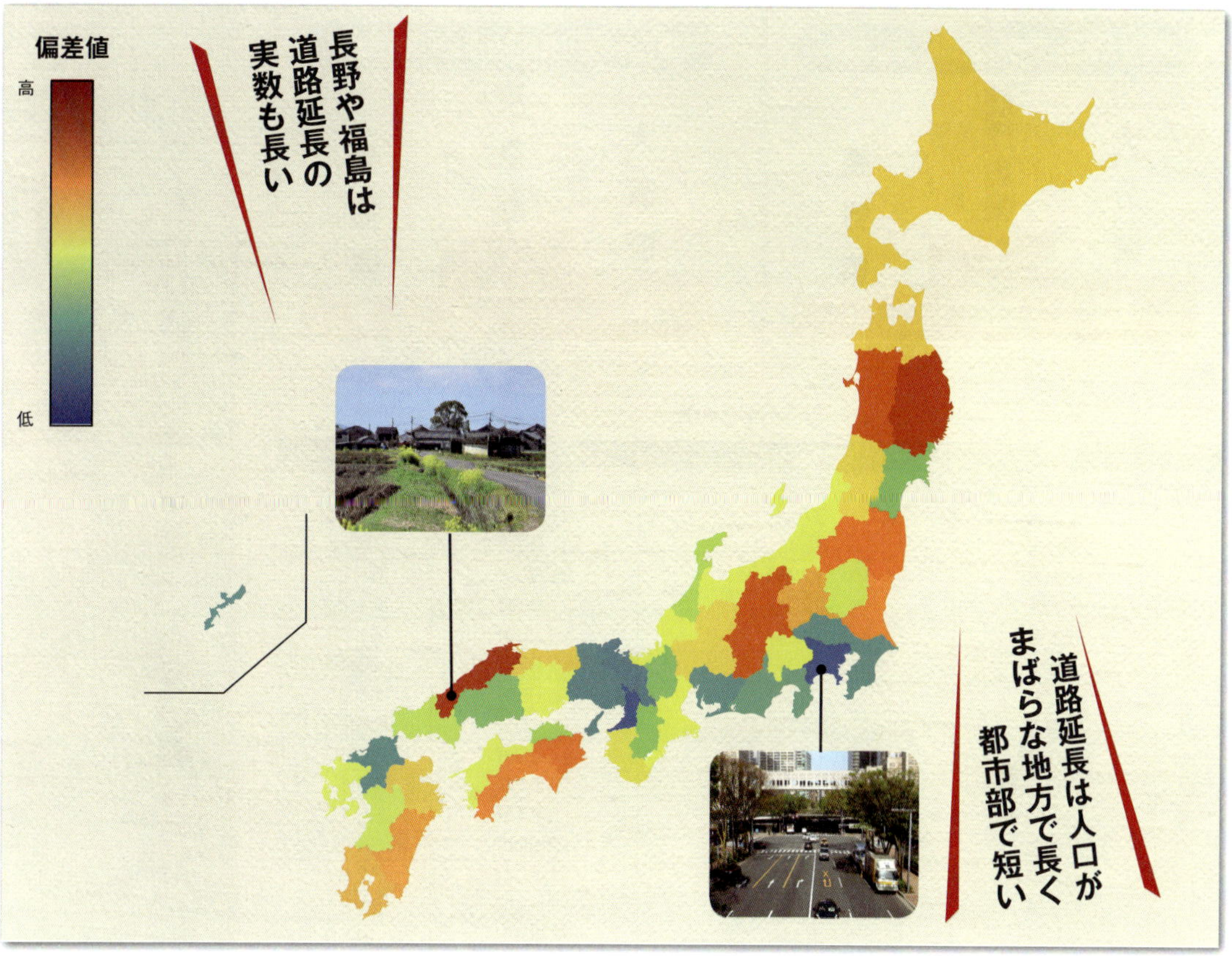
偏差値
高
低
長野や福島は道路延長の実数も長い
道路延長は人口がまばらな地方で長く都市部で短い

相関データ

【正の相関】

係数	項目
0.88	ガソリンスタンド数
0.86	河川延長
0.84	脳梗塞死亡者数
0.84	農業就業人口
0.80	森林面積
0.79	第一次産業従業者数
0.79	面積
0.79	地方交付税額
0.77	郵便局軒数
0.76	自家用車通勤・通学率

【負の相関】

係数	項目
-0.84	人口集中度
-0.79	総人口増減率
-0.77	分譲マンション率
-0.74	家賃
-0.74	生産年齢人口
-0.73	公共交通機関通勤・通学率
-0.73	海外旅行者数
-0.70	鉄道通勤・通学率
-0.70	生産年齢人口増減率
-0.68	通勤時間

東北の道路は距離が長い

道路延長（路線の長さ）は国土交通省の『道路統計年報』を用いて、単位人口あたりの道路延長距離をくらべたランキングです。全国平均は1人あたり9・63メートルとなりました。

首位は島根で約27メートル。2位以下は、岩手、秋田、長野、福島と続き、ベスト5に東北の県が3つ入っています。また長野と福島は、人口で割らない実数順でも上位を占めます。

反対に短いのは神奈川で1・42メートル。続いて大阪、東京、京都、兵庫と、首都圏の都市部と関西の都市部が続きます。道路距離は人口がまばらな地方で長く、都市部で短いということが明確にわかります。

また、ガソリンスタンド数と強い正の相関があり、道路延長が長いところではガソリンスタンドも多いことがわかります。

日帰り温泉数

全国7800軒のうち、もっとも多いのは長野だが、人口比では火山の多い九州地方が1位2位を独占。

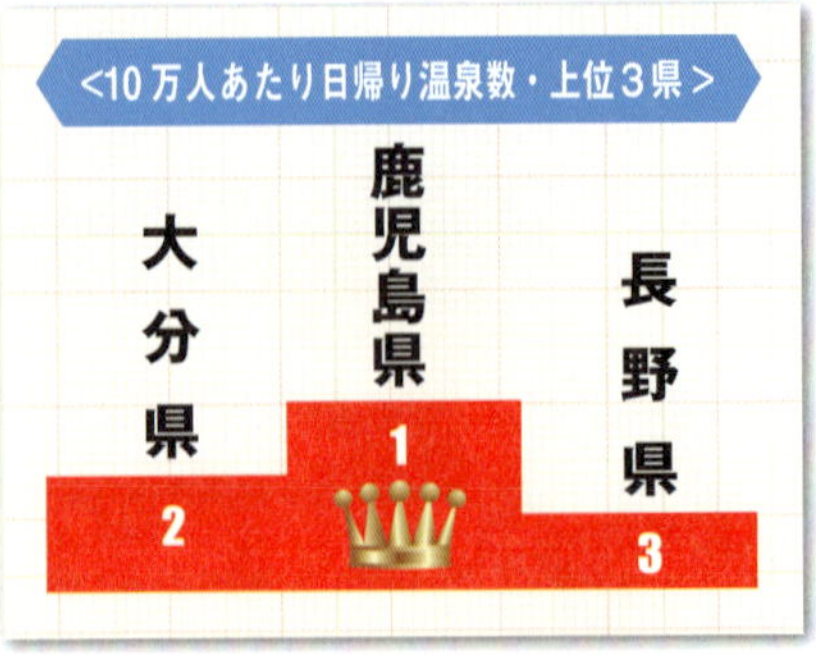

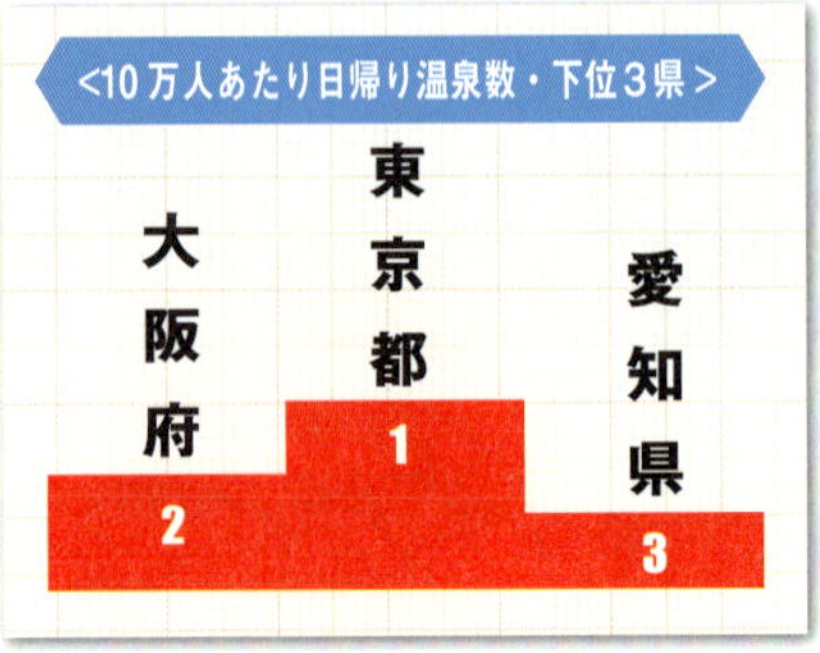

ランキング

順位	県名	データ	10万人あたり	偏差値
1	鹿児島県	553軒	33.78軒	79.76
2	大分県	371軒	31.98軒	77.55
3	長野県	654軒	31.32軒	76.73
4	秋田県	222軒	21.98軒	65.22
5	青森県	279軒	21.58軒	64.72
6	熊本県	342軒	19.28軒	61.89
7	山梨県	150軒	18.07軒	60.40
8	佐賀県	133軒	16.06軒	57.93
9	群馬県	297軒	15.10軒	56.74
10	和歌山県	143軒	14.99軒	56.60
11	島根県	101軒	14.64軒	56.17
12	山形県	154軒	13.84軒	55.18
13	静岡県	493軒	13.37軒	54.60
14	栃木県	232軒	11.80軒	52.67
15	福島県	208軒	10.94軒	51.61
16	鳥取県	53軒	9.30軒	49.59
17	宮崎県	101軒	9.22軒	49.49
18	石川県	105軒	9.12軒	49.37
19	長崎県	123軒	9.00軒	49.22
20	山口県	125軒	8.97軒	49.18
21	愛媛県	122軒	8.87軒	49.06
22	北海道	456軒	8.52軒	48.63
23	新潟県	182軒	7.96軒	47.94
24	香川県	74軒	7.61軒	47.51
25	岩手県	89軒	7.02軒	46.78
26	富山県	73軒	6.88軒	46.61
27	宮城県	157軒	6.74軒	46.43
28	三重県	120軒	6.64軒	46.31
29	福井県	48軒	6.14軒	45.69
30	高知県	44軒	6.10軒	45.65
31	徳島県	43軒	5.73軒	45.19
32	岡山県	96軒	5.01軒	44.31
33	兵庫県	230軒	4.17軒	43.26
34	奈良県	54軒	3.98軒	43.04
35	広島県	112軒	3.95軒	42.99
36	岐阜県	70軒	3.46軒	42.40
37	福岡県	142軒	2.78軒	41.56
38	京都府	69軒	2.65軒	41.39
39	千葉県	157軒	2.52軒	41.23
40	茨城県	73軒	2.51軒	41.23
41	神奈川県	185軒	2.02軒	40.62
42	滋賀県	25軒	1.77軒	40.31
43	埼玉県	84軒	1.15軒	39.55
44	沖縄県	16軒	1.11軒	39.50
45	愛知県	80軒	1.07軒	39.44
46	大阪府	92軒	1.04軒	39.41
47	東京都	132軒	0.97軒	39.32
-	全国	7,864軒	6.20軒	-

環境統計（環境省）

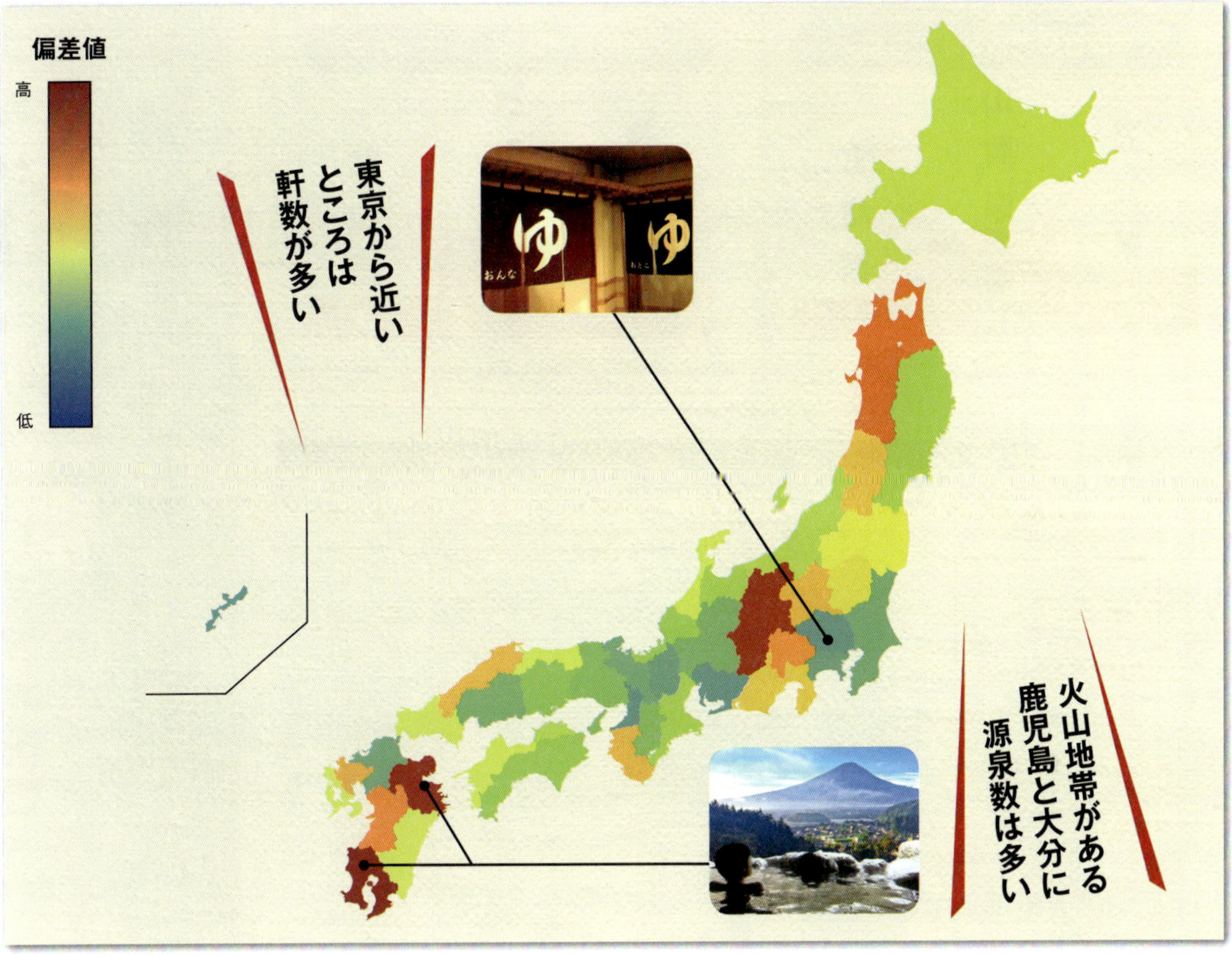
偏差値
高
低
東京から近いところは軒数が多い
ゆ
ゆ
火山地帯がある鹿児島と大分に源泉数は多い

相関データ

【正の相関】

係数	項目
0.77	再生可能エネルギー自給率
0.74	源泉数
0.60	食糧自給率(生産額ベース)
0.60	第一次産業従業者数
0.58	郵便局軒数
0.56	旅館数
0.55	焼酎酒造場数
0.55	河川延長
0.54	自営業者数
0.53	軽自動車普及率

【負の相関】

係数	項目
-0.59	四年制大学進学率
-0.58	刑法犯認知件数
-0.58	中学生長時間ネット利用率
-0.55	通勤時間
-0.54	25歳以上読書人口
-0.54	総人口増減率
-0.52	人口集中度
-0.51	家賃
-0.51	有効パスポート数
-0.51	小学生通塾率

1位2位を九州が独占

環境省の環境統計をもとに、人口10万人あたりの日帰り温泉施設の数を比較したもの。全国平均は6・2軒です。「日帰り」温泉なので、宿泊施設はここには含まれていません。

トップは鹿児島で33・78軒。2位の大分は31・98軒で、九州が1位2位を占めています。これは両県に複数の火山があるためです。3位以下は、長野、秋田、青森と続きます。

本書には掲載していませんが、源泉数の下位5県は、少ない順に、沖縄、東京、埼玉、愛知、大阪です。これらの地域の地下には、火山性温泉をつくる火山や「非火山性温泉」をつくる高温の岩石が少ないことを表わしています。

ただ、東京近辺は温泉の数にくらべると軒数が多くなっています。これは首都圏からの観光客を見込んでのものでしょう。

年間日照時間

全国平均は年間で1897・4時間だが、1位の山梨は2183時間と2000時間を超える。

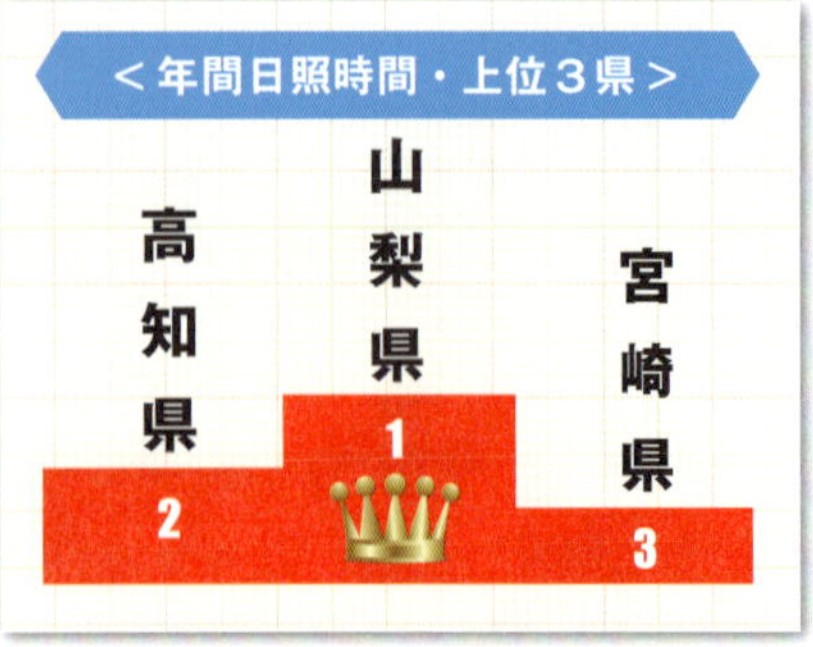

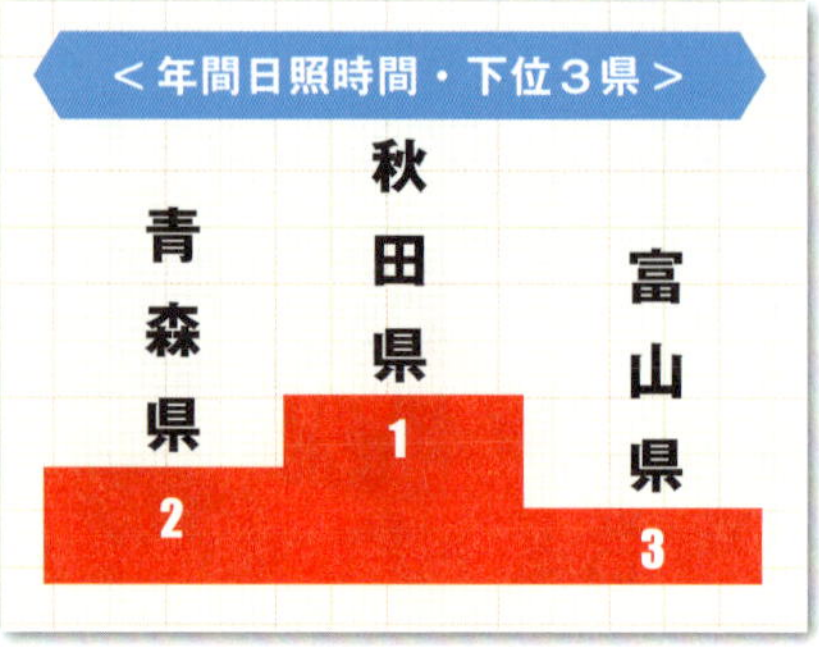

ランキング

順位	県名	データ	偏差値
1	山梨県	2,183.0時間	66.34
2	高知県	2,154.2時間	64.70
3	宮崎県	2,116.1時間	62.52
4	群馬県	2,110.9時間	62.22
5	静岡県	2,099.0時間	61.54
6	徳島県	2,092.9時間	61.19
7	愛知県	2,091.6時間	61.11
8	和歌山県	2,088.8時間	60.95
9	岐阜県	2,085.1時間	60.74
10	三重県	2,065.6時間	59.63
11	香川県	2,053.9時間	58.96
12	広島県	2,042.3時間	58.29
13	埼玉県	2,042.1時間	58.28
14	岡山県	2,030.7時間	57.63
15	愛媛県	2,017.1時間	56.85
16	大分県	2,001.8時間	55.97
17	熊本県	2,001.6時間	55.96
18	大阪府	1,996.4時間	55.67
19	兵庫県	1,995.1時間	55.59
20	佐賀県	1,969.0時間	54.10
21	神奈川県	1,964.4時間	53.83
22	千葉県	1,959.9時間	53.58
23	長野県	1,939.6時間	52.41
24	鹿児島県	1,935.6時間	52.19
25	茨城県	1,921.7時間	51.39
26	栃木県	1,911.3時間	50.80
27	東京都	1,881.3時間	49.08
28	山口県	1,880.5時間	49.03
29	福岡県	1,867.0時間	48.26
30	長崎県	1,866.1時間	48.21
31	滋賀県	1,825.8時間	45.90
32	奈良県	1,823.0時間	45.74
33	宮城県	1,796.1時間	44.20
34	京都府	1,775.1時間	43.00
35	沖縄県	1,774.0時間	42.94
36	北海道	1,740.4時間	41.01
37	福島県	1,738.8時間	40.92
38	島根県	1,696.2時間	38.49
39	岩手県	1,684.1時間	37.79
40	石川県	1,680.8時間	37.60
41	鳥取県	1,663.2時間	36.60
42	新潟県	1,642.5時間	35.41
43	福井県	1,619.4時間	34.09
44	山形県	1,613.3時間	33.74
45	富山県	1,612.1時間	33.67
46	青森県	1,602.7時間	33.13
47	秋田県	1,526.0時間	28.75
-	全国	1,897.4時間	-

日照時間ランキング（気象庁）

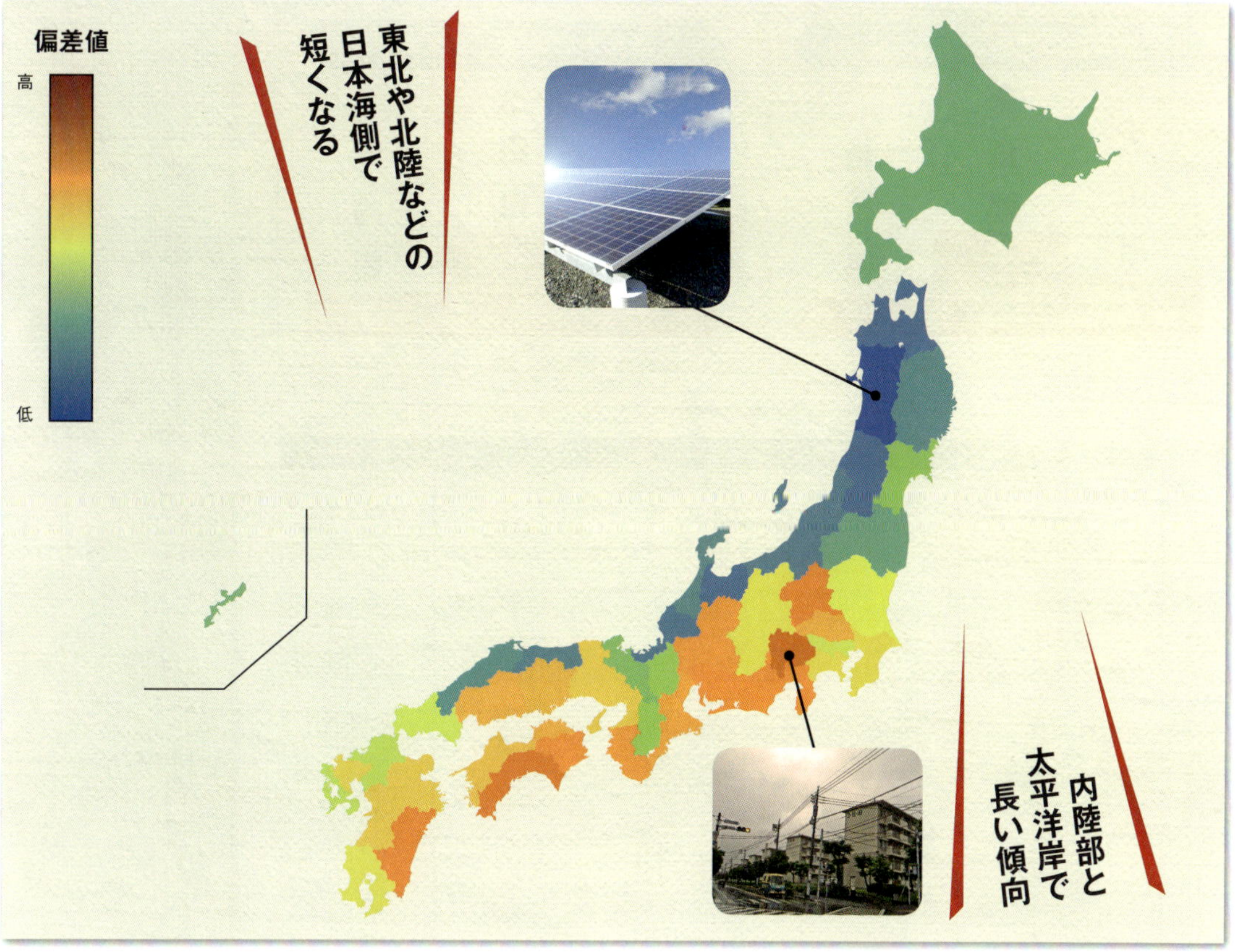

相関データ

【正の相関】

係数	項目
0.86	年間晴れ日数
0.79	年間快晴日数
0.69	犬登録頭数(飼育頭数)
0.65	甲子園通算勝率
0.63	住宅用太陽光発電普及率
0.61	スポーツ活動率
0.55	年間真夏日数
0.53	交通事故件数
0.53	熱中症救急搬送者数
0.52	公明党得票率(直近10年間)

【負の相関】

係数	項目
-0.74	年間雪日数
-0.73	年間降雪量
-0.68	米生産量
-0.65	年間相対湿度
-0.61	食糧自給率(カロリーベース)
-0.58	日本酒消費量
-0.55	三世代世帯人数
-0.53	持ち家住宅延べ床面積
-0.50	可住地面積
-0.49	上下水道使用料

1日に5・2時間が平均

気象庁の観測データから、1981年~2010年のデータによる日照時間の平年値を比較したものです。

年間日照時間の全国平均は1897・4時間で、1日あたりの日照時間は5・2時間となりました。

もっとも長かったのは山梨の2183・0時間。2位以下は高知、宮崎、群馬、静岡と続きます。逆にもっとも短かったのは、秋田の1526・0時間。以下、青森、富山、山形、福井の順となりました。

内陸部と太平洋岸で長く、また東北・北陸などの日本海側で短いことがわかります。

年間雪日数とは正の相関がありますが、年間雨日数とは相関がないことから、日照時間の少なさは雨よりも雪日数の多さと関係があるようです。

商業地の地価

東京は1平方メートルあたりの地価が182万円と圧倒的1位を誇る。これは2位大阪の2倍以上。

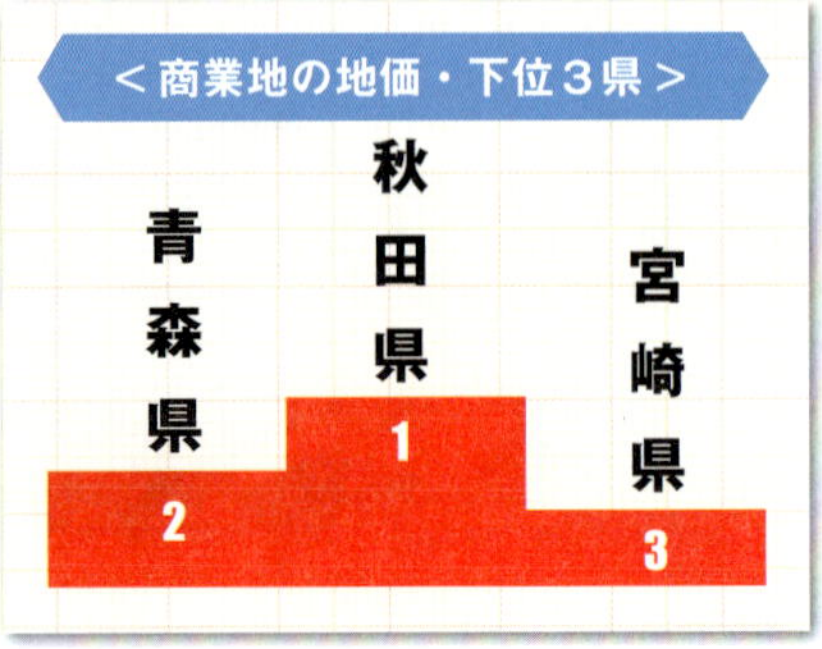

ランキング

順位	県名	データ	偏差値
1	東京都	1,824,500円	108.71
2	大阪府	764,400円	71.16
3	神奈川県	522,100円	62.58
4	京都府	429,400円	59.30
5	愛知県	391,200円	57.94
6	埼玉県	279,700円	54.00
7	兵庫県	255,800円	53.15
8	福岡県	242,200円	52.67
9	千葉県	220,200円	51.89
10	宮城県	194,900円	50.99
11	広島県	181,500円	50.52
12	奈良県	152,200円	49.48
13	静岡県	140,300円	49.06
14	沖縄県	130,300円	48.70
15	熊本県	116,200円	48.20
16	石川県	104,200円	47.78
17	愛媛県	95,200円	47.46
18	岡山県	90,100円	47.28
19	長崎県	89,200円	47.25
20	滋賀県	88,200円	47.21
21	岐阜県	88,100円	47.21
22	和歌山県	81,100円	46.96
23	鹿児島県	76,700円	46.81
24	新潟県	74,800円	46.74
25	香川県	73,400円	46.69
26	富山県	72,600円	46.66
27	高知県	72,100円	46.64
28	北海道	68,800円	46.53
29	栃木県	66,400円	46.44
30	茨城県	64,300円	46.37
31	三重県	63,900円	46.35
32	徳島県	60,200円	46.22
33	群馬県	59,400円	46.19
34	福井県	54,900円	46.03
35	長野県	54,200円	46.01
36	大分県	53,900円	46.00
37	鳥取県	48,000円	45.79
38	山梨県	46,500円	45.74
39	岩手県	45,300円	45.69
40	山口県	45,000円	45.68
41	福島県	44,900円	45.68
42	山形県	40,500円	45.52
43	佐賀県	39,800円	45.50
44	島根県	39,500円	45.49
45	宮崎県	38,800円	45.46
46	青森県	33,600円	45.28
47	秋田県	25,500円	44.99
-	全国	166,894円	-

都道府県地価調査（国土交通省）

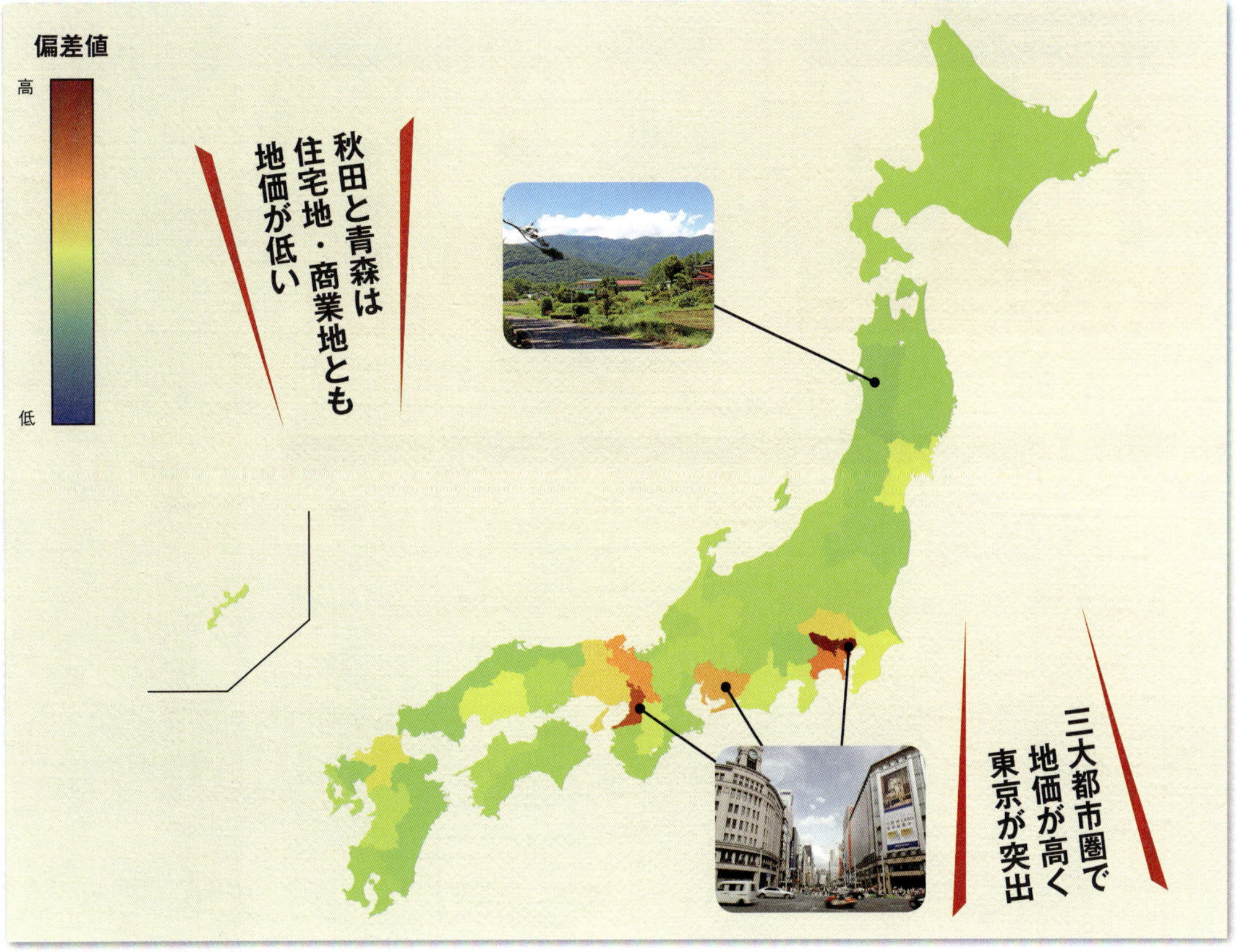
偏差値
高
低
秋田と青森は住宅地・商業地とも地価が低い
三大都市圏で地価が高く東京が突出

相関データ

【正の相関】

係数	項目
0.98	基準地価：工業地
0.97	公認会計士数
0.96	鉄道旅客輸送量
0.96	弁護士数
0.95	特許登録件数
0.95	商標登録件数
0.95	上場企業数
0.92	大企業数
0.92	人口密度
0.83	家賃

【負の相関】

係数	項目
-0.88	自動車普及率
-0.77	自家用車通勤・通学率
-0.73	軽自動車普及率
-0.72	自動車普及率（2台以上）
-0.67	ガソリン消費量
-0.66	ガソリンスタンド数
-0.65	交通事故死亡者数
-0.64	持ち家率
-0.62	高卒就職率
-0.59	共働き率

東京がぶっちぎり首位

国土交通省の都道府県地価調査を用いて、商業地の基準地価を比較したランキング。ちなみに単位は「1平方メートルあたりの価格」です。

トップは東京の182万4500円。以下、大阪、神奈川、京都、愛知となります。東京は偏差値108・7と突出して高くなっています。反対にもっとも低いのは秋田で、2万5500円。低い順に、青森、宮崎となります。

ちなみに、ここではランキングを表示していませんが、住宅地価のトップも東京、最下位は秋田と同じ順位になりました。

分布を見ると、商業地の地価は東京、そして三大都市圏で高いことがよくわかります。

鉄道旅客輸送量や上場企業数と、東京が突出したランキングと正の相関が高く、ここでも東京の突出ぶりがうかがえます。

人口集中度

全国平均は68・3%。上位は首都圏や大阪が占めるが、北海道が8位と集住化が進んでいる。

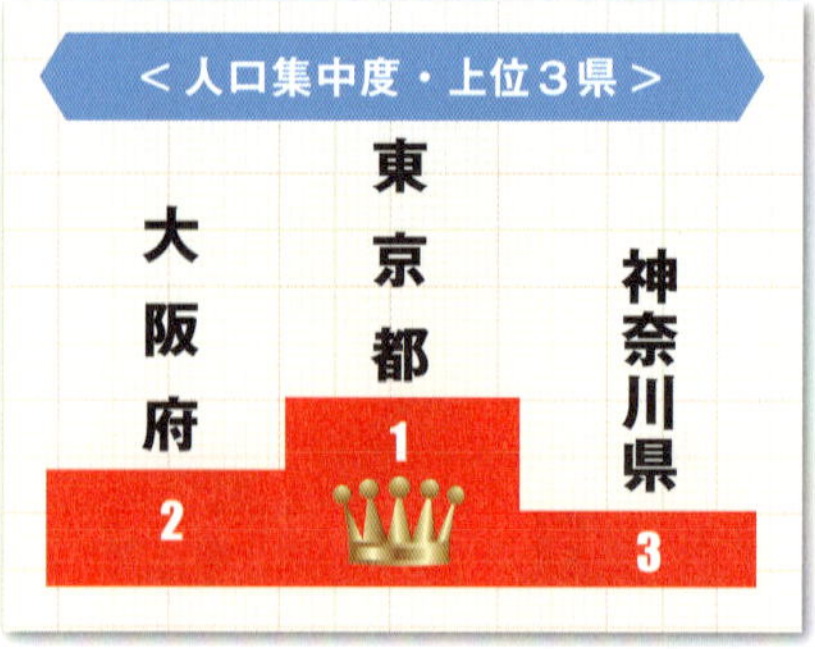

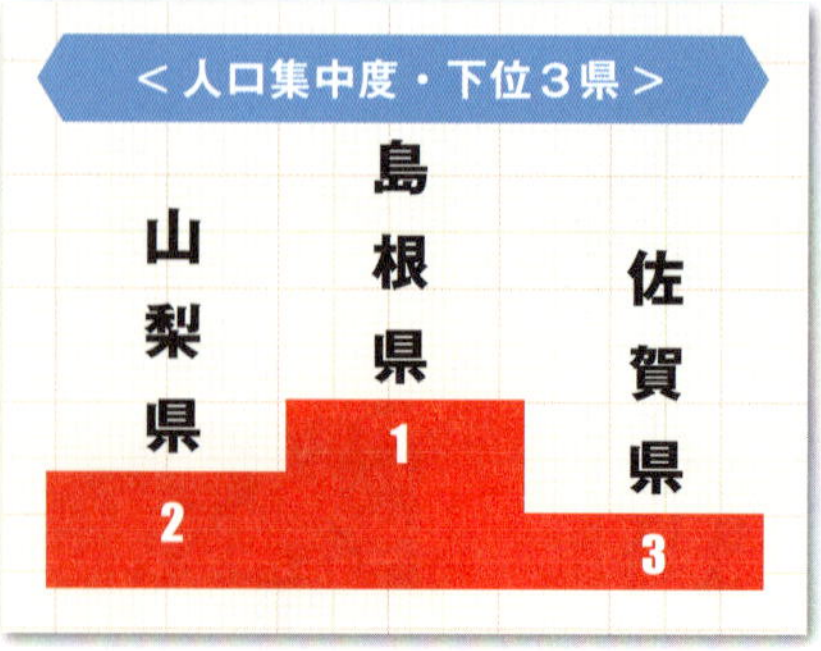

ランキング

順位	県名	データ	偏差値
1	東京都	98.4%	74.50
2	大阪府	95.7%	73.06
3	神奈川県	94.4%	72.37
4	京都府	83.6%	66.60
5	埼玉県	80.2%	64.78
6	兵庫県	77.7%	63.44
7	愛知県	77.5%	63.34
8	北海道	75.2%	62.11
9	千葉県	74.3%	61.63
10	福岡県	72.4%	60.61
11	沖縄県	67.8%	58.16
12	奈良県	64.8%	56.55
13	広島県	64.5%	56.39
14	宮城県	64.1%	56.18
15	静岡県	59.9%	53.94
16	愛媛県	52.9%	50.20
17	石川県	51.5%	49.45
18	滋賀県	49.7%	48.49
19	山口県	49.2%	48.22
20	新潟県	48.7%	47.95
21	長崎県	48.0%	47.58
22	熊本県	47.8%	47.47
23	大分県	47.2%	47.15
24	岡山県	46.7%	46.88
25	青森県	46.6%	46.83
26	宮崎県	46.1%	46.56
27	栃木県	45.2%	46.08
28	福井県	44.0%	45.44
29	山形県	43.7%	45.28
30	高知県	43.5%	45.17
30	三重県	43.5%	45.17
32	福島県	42.6%	44.69
33	鹿児島県	40.2%	43.41
34	群馬県	39.9%	43.25
35	茨城県	38.2%	42.34
35	岐阜県	38.2%	42.34
37	富山県	37.8%	42.13
38	和歌山県	37.2%	41.81
39	鳥取県	37.0%	41.70
40	秋田県	35.0%	40.63
41	長野県	34.2%	40.21
42	徳島県	32.7%	39.40
43	香川県	32.6%	39.35
44	岩手県	31.9%	38.98
45	佐賀県	31.4%	38.71
46	山梨県	31.2%	38.60
47	島根県	24.2%	34.86
-	全国	68.3%	-

国勢調査（総務省統計局）

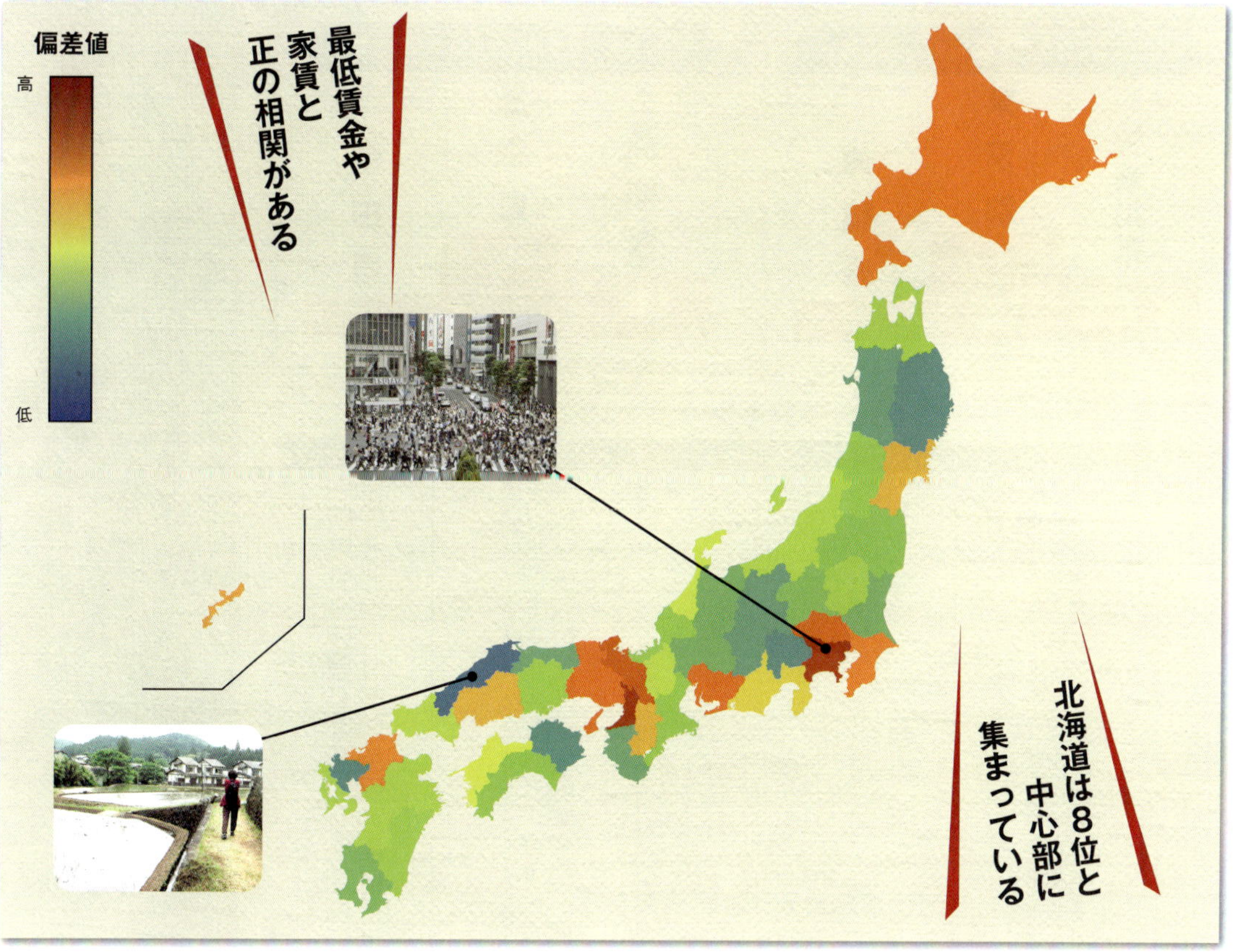
偏差値
高
低
最低賃金や
家賃と
正の相関がある
北海道は8位と
中心部に
集まっている

相関データ

【正の相関】

係数	項目
0.90	分譲マンション率
0.86	公共交通機関通勤・通学率
0.85	人口比率
0.85	人口
0.82	鉄道通勤・通学率
0.80	最低賃金
0.79	25歳以上帰省人口
0.79	家賃
0.77	バス通勤・通学率
0.76	生産年齢人口

【負の相関】

係数	項目
-0.90	軽自動車普及率
-0.90	ガソリンスタンド数
-0.90	自家用車通勤・通学率
-0.89	戸建て率
-0.85	自動車普及率
-0.84	道路延長
-0.83	交通事故死亡者数
-0.83	共働き率
-0.79	ガソリン消費量
-0.77	仕送り額

北海道は中心部に集住

国勢調査より、人口に占める人口集中地区人口（脚注参照）の割合を比較したものです。

人口集中度はどれだけの人がまとまって住んでいるかを表わしているものなので、その都道府県の都市化の度合いがわかります。

全国平均は68・3％のところ、1位は東京で98・4％でした。以下、大阪、神奈川、京都、埼玉の順です。最下位は島根の24・2％で、山梨、佐賀、岩手、香川と続きます。

いっぽう人口密度で最下位の北海道は、人口集中度では8位となることから、広大な土地にまばらに住むのではなく、札幌市などの中心部に集住していることがわかります。

公共交通機関通勤・通学率と正の相関があり、公共交通機関が多く利用される地域で高くなっていることがわかります。

人口集中地区人口とは、国勢調査で設定される統計上の地区のこと。市区町村の区域内で、人口密度が１キロ平方メートルあたり 4000 人以上の基本単位区が、たがいに隣接して人口が 5000 人以上となる地区に設定される。

生産年齢人口

平均は人口100人あたり60・32人。非正規労働者数や生産年齢人口増減率と正の相関がある。

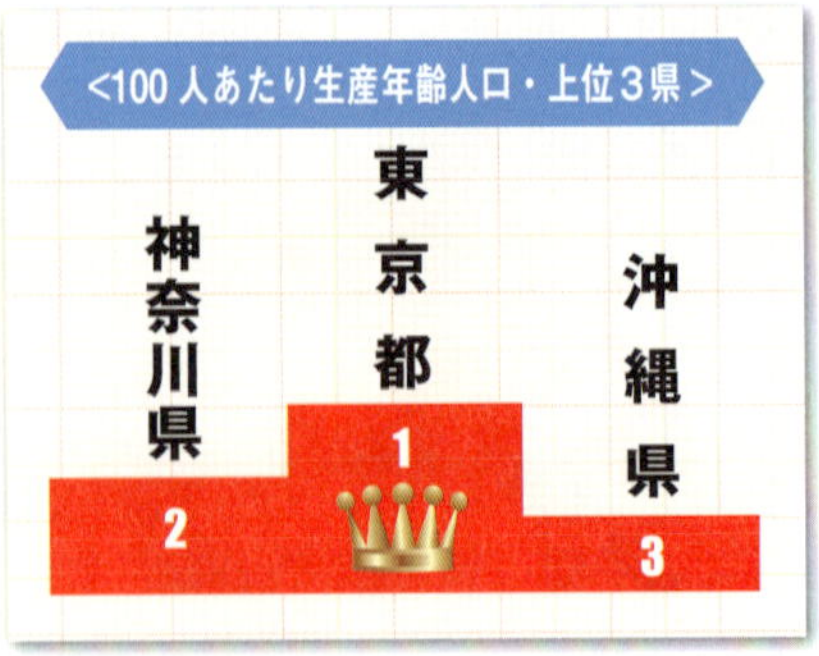

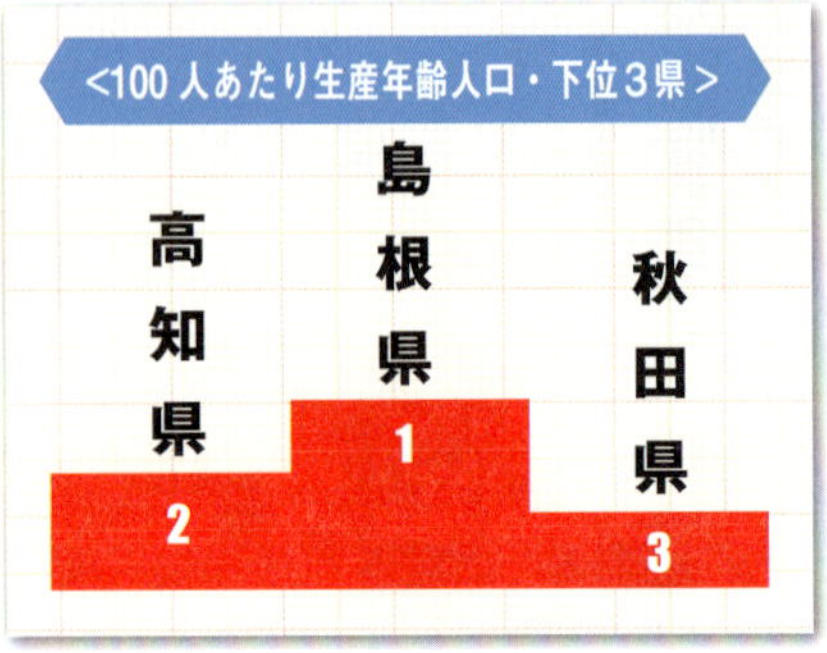

ランキング

順位	県名	データ	100人あたり	偏差値
1	東京都	8,969,000人	65.83人	81.06
2	神奈川県	5,778,000人	63.18人	69.89
3	沖縄県	898,000人	62.40人	66.61
4	愛知県	4,667,000人	62.17人	65.61
5	埼玉県	4,528,000人	62.12人	65.41
6	宮城県	1,429,000人	61.33人	62.08
7	千葉県	3,818,000人	61.23人	61.64
8	滋賀県	861,000人	60.93人	60.41
9	大阪府	5,382,000人	60.93人	60.39
10	栃木県	1,192,000人	60.63人	59.13
11	福岡県	3,072,000人	60.19人	57.26
12	茨城県	1,741,000人	59.93人	56.18
13	京都府	1,560,000人	59.88人	55.99
14	兵庫県	3,284,000人	59.49人	54.33
15	群馬県	1,162,000人	59.07人	52.57
16	北海道	3,150,000人	58.86人	51.65
17	山梨県	488,000人	58.80人	51.39
18	三重県	1,062,000人	58.74人	51.15
19	石川県	676,000人	58.73人	51.12
20	静岡県	2,166,000人	58.73人	51.12
21	広島県	1,666,000人	58.72人	51.09
22	福島県	1,116,000人	58.71人	51.02
23	奈良県	790,000人	58.26人	49.13
24	岐阜県	1,176,000人	58.16人	48.71
25	青森県	747,000人	57.77人	47.08
26	岡山県	1,106,000人	57.75人	47.00
27	佐賀県	478,000人	57.73人	46.90
28	福井県	450,000人	57.54人	46.12
29	新潟県	1,315,000人	57.52人	46.03
30	岩手県	726,000人	57.26人	44.90
31	熊本県	1,013,000人	57.10人	44.26
32	富山県	604,000人	56.93人	43.52
33	香川県	553,000人	56.89人	43.37
34	鳥取県	324,000人	56.84人	43.16
35	長崎県	775,000人	56.69人	42.53
36	徳島県	425,000人	56.67人	42.42
37	長野県	1,182,000人	56.61人	42.17
38	山形県	630,000人	56.60人	42.15
39	鹿児島県	924,000人	56.44人	41.48
40	和歌山県	538,000人	56.39人	41.27
41	愛媛県	775,000人	56.36人	41.14
42	大分県	652,000人	56.21人	40.48
43	宮崎県	615,000人	56.11人	40.08
44	山口県	767,000人	55.02人	35.48
45	秋田県	555,000人	54.95人	35.18
46	高知県	396,000人	54.92人	35.07
47	島根県	376,000人	54.49人	33.25
-	全国	76,562,000人	60.32人	-

人口推計（総務省統計局）

相関データ

【正の相関】

係数	項目
0.88	総人口増減率
0.88	生産年齢人口増減率
0.84	家賃
0.79	スターバックスコーヒー店舗数
0.78	分譲マンション率
0.77	最低賃金
0.77	人口
0.76	人口集中度
0.76	通勤時間
0.75	非正規労働者数

【負の相関】

係数	項目
-0.94	65歳以上人口（高齢者数）
-0.85	地方債発行額
-0.78	軽自動車普及率
-0.78	地方交付税額
-0.77	小学校数
-0.76	戸建て率
-0.74	100歳以上高齢者数
-0.74	第一次産業従業者数
-0.73	男女比
-0.71	共働き率

働き口の多い都市部が多い

生産年齢とは、おもな労働力となる15歳以上65歳未満を指します。総務省の人口推計から算出しました。

全国平均は人口１００人あたり60・32人です。1位は東京で、65・83人。2位の神奈川とは偏差値で10以上の差をつけています。以下、沖縄、愛知と続きます。最下位は島根で54・49人。さらに高知、秋田、山口の順です。

高齢者数と負の相関があり、生産年齢人口が多い地域は高齢者が少ない傾向があります。また非正規労働者数、さらに生産年齢人口増減率と正の相関があります。

これは、都市部へ周辺から労働力、とくに非正規雇用の労働力が流入するという流れを示しています。非正規雇用が都市部の雇用の受け皿になっているともいえるでしょう。

65歳以上人口（高齢者数）

全国平均は27・25人と、総人口の約3割が高齢者。沖縄や東京、愛知などでは高齢者が比較的少ない。

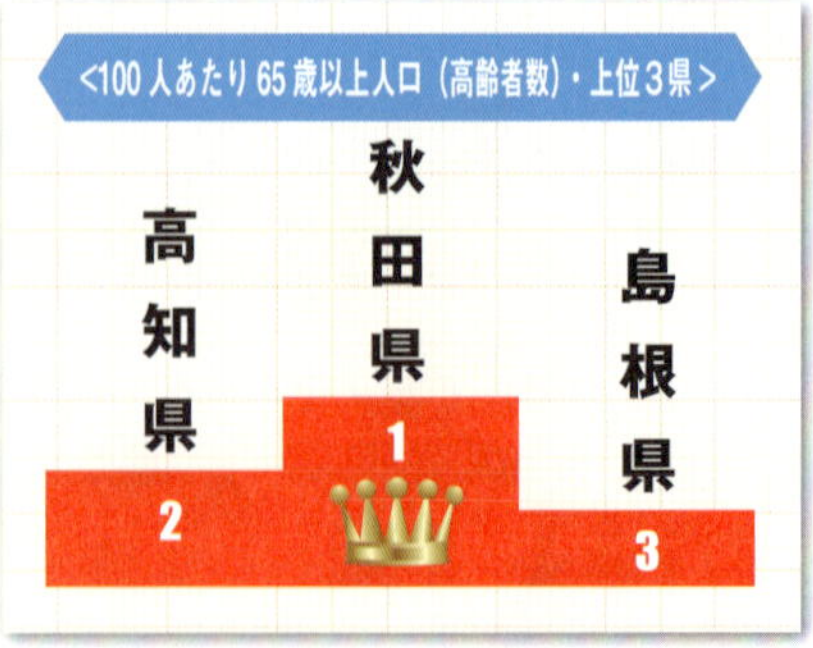

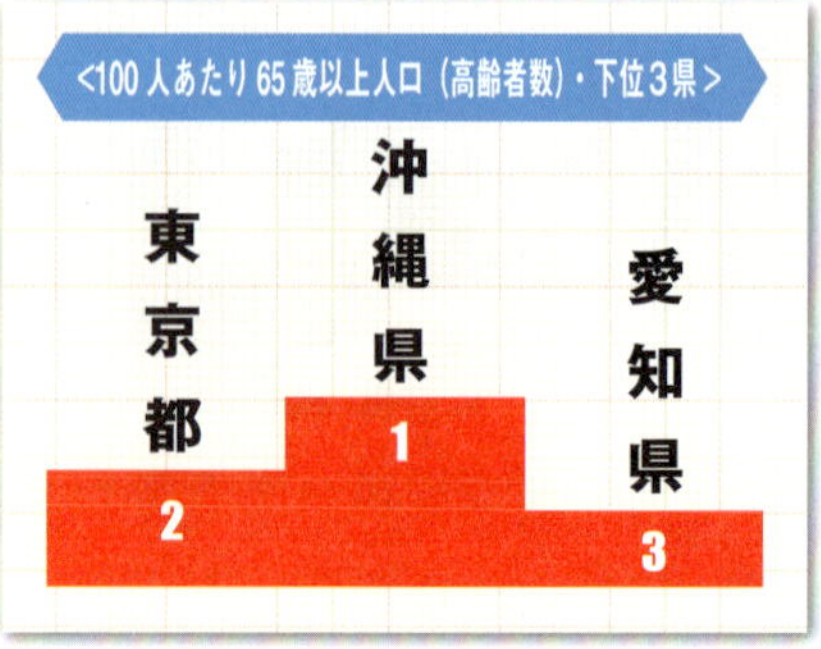

ランキング

順位	県名	データ	100人あたり	偏差値
1	秋田県	351,000人	34.75人	70.61
2	高知県	242,000人	33.56人	66.37
3	島根県	229,000人	33.19人	65.02
4	山口県	457,000人	32.78人	63.58
5	徳島県	238,000人	31.73人	59.83
6	和歌山県	301,000人	31.55人	59.18
7	山形県	350,000人	31.45人	58.80
8	愛媛県	431,000人	31.35人	58.44
9	大分県	362,000人	31.21人	57.95
10	富山県	331,000人	31.20人	57.91
11	岩手県	395,000人	31.15人	57.75
12	青森県	402,000人	31.09人	57.53
13	香川県	299,000人	30.76人	56.36
14	長野県	641,000人	30.70人	56.13
15	新潟県	700,000人	30.62人	55.86
16	長崎県	417,000人	30.50人	55.44
17	宮崎県	333,000人	30.38人	55.01
18	鳥取県	173,000人	30.35人	54.89
19	鹿児島県	493,000人	30.12人	54.05
20	北海道	1,602,000人	29.93人	53.40
21	奈良県	401,000人	29.57人	52.11
22	福島県	561,000人	29.51人	51.89
23	熊本県	523,000人	29.48人	51.79
24	岡山県	561,000人	29.30人	51.12
25	福井県	228,000人	29.16人	50.62
26	山梨県	241,000人	29.04人	50.20
27	岐阜県	581,000人	28.73人	49.12
28	静岡県	1,051,000人	28.50人	48.27
29	三重県	515,000人	28.48人	48.23
30	石川県	327,000人	28.41人	47.96
31	佐賀県	235,000人	28.38人	47.86
32	群馬県	557,000人	28.32人	47.63
33	広島県	800,000人	28.20人	47.21
34	京都府	732,000人	28.10人	46.85
35	兵庫県	1,534,000人	27.79人	45.75
36	茨城県	801,000人	27.57人	44.97
37	大阪府	2,366,000人	26.79人	42.16
38	栃木県	524,000人	26.65人	41.69
39	福岡県	1,357,000人	26.59人	41.45
40	千葉県	1,656,000人	26.56人	41.34
41	宮城県	615,000人	26.39人	40.77
42	埼玉県	1,856,000人	25.46人	37.44
43	滋賀県	351,000人	24.84人	35.22
44	神奈川県	2,231,000人	24.40人	33.63
45	愛知県	1,821,000人	24.26人	33.13
46	東京都	3,120,000人	22.90人	28.29
47	沖縄県	293,000人	20.36人	19.22
-	全国	34,592,000人	27.25人	-

人口推計（総務省統計局）

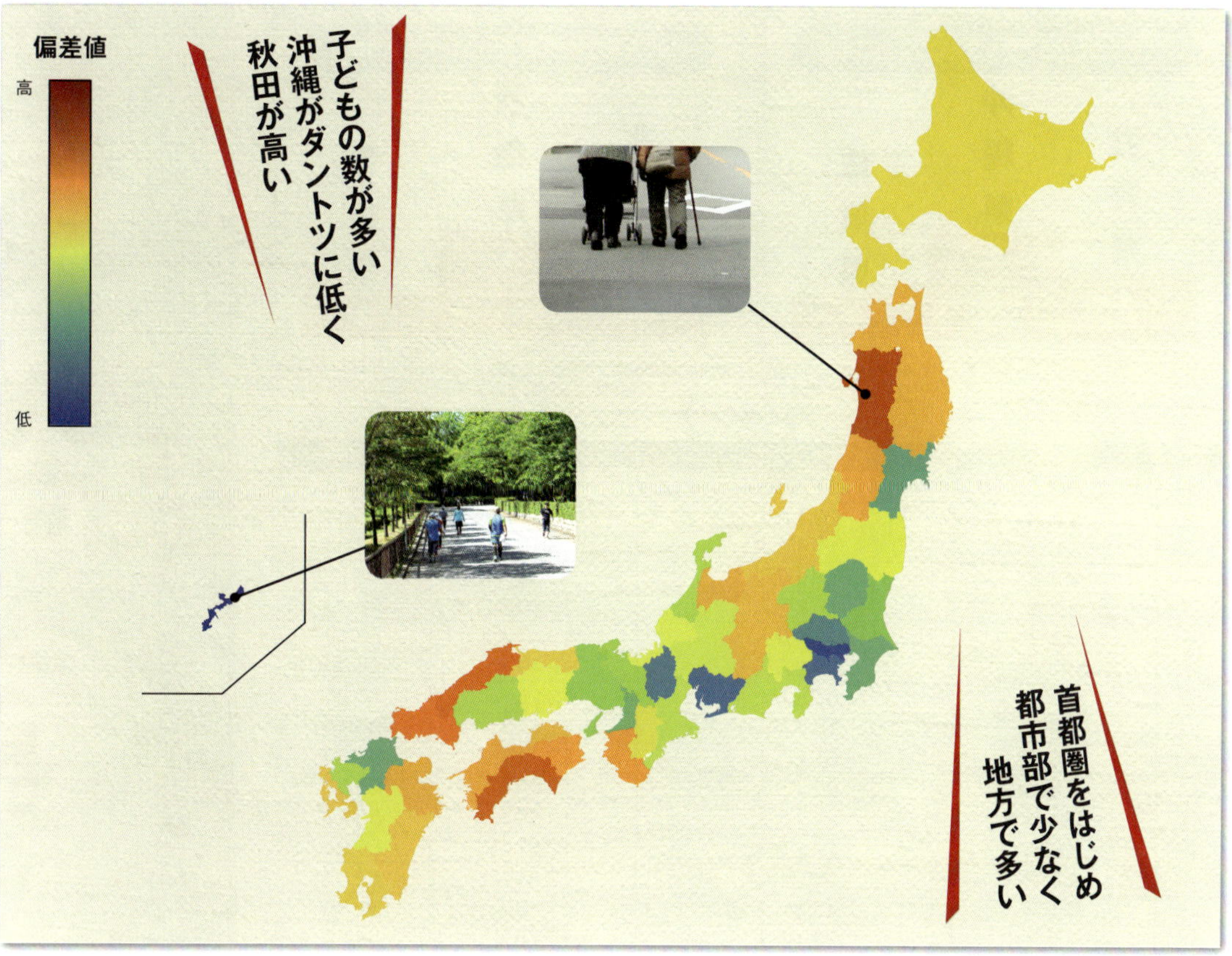
偏差値
高
低
子どもの数が多い
沖縄がダントツに低く
秋田が高い
首都圏をはじめ
都市部で少なく
地方で多い

相関データ

【正の相関】

係数	項目
0.81	郵便局軒数
0.73	道路延長
0.72	地方交付税額
0.72	戸建て率
0.71	スーパーマーケット店舗数
0.71	森林率
0.70	農業就業人口
0.70	森林面積
0.69	小学校減少率
0.69	男女比

【負の相関】

係数	項目
-0.94	生産年齢人口増減率
-0.94	生産年齢人口
-0.91	総人口増減率
-0.73	非正規労働者数
-0.72	労働時間
-0.71	インターネット利用率
-0.70	家賃
-0.70	25歳以上海外旅行人口
-0.69	分譲マンション率
-0.69	転職率

都市で少なく地方に多い

総務省の人口推計から算出し、高齢者（65歳以上）の人口の割合を比較しています。

全国平均は人口100人あたり27・25人となりました。人口の約3割が高齢者ということになります。

1位は秋田県で、34・75人。高知、島根、山口、徳島の順に続きます。

最下位の沖縄は20・36人。以下、東京、愛知、神奈川、滋賀の順です。高齢者は都市部で少なく、地方に多い傾向にあることがわかります。

人口増減率、生産年齢人口と負の相関があり、森林率、農業就業人口とは正の相関があります。

ここから、高齢者の多いところは働きざかりの人が少ないこと、また、山間部で、農業就業者が多い地方に高齢者が多いことがわかります。

15歳未満人口（子どもの数）

100人あたり平均12・43人のところ、沖縄は17・23人と多い。地域差がかなり大きい。

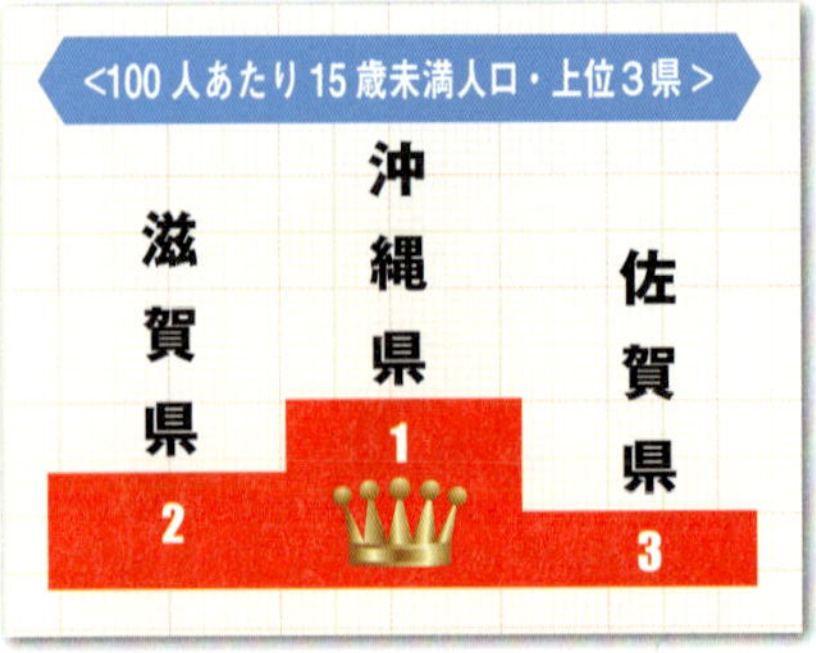

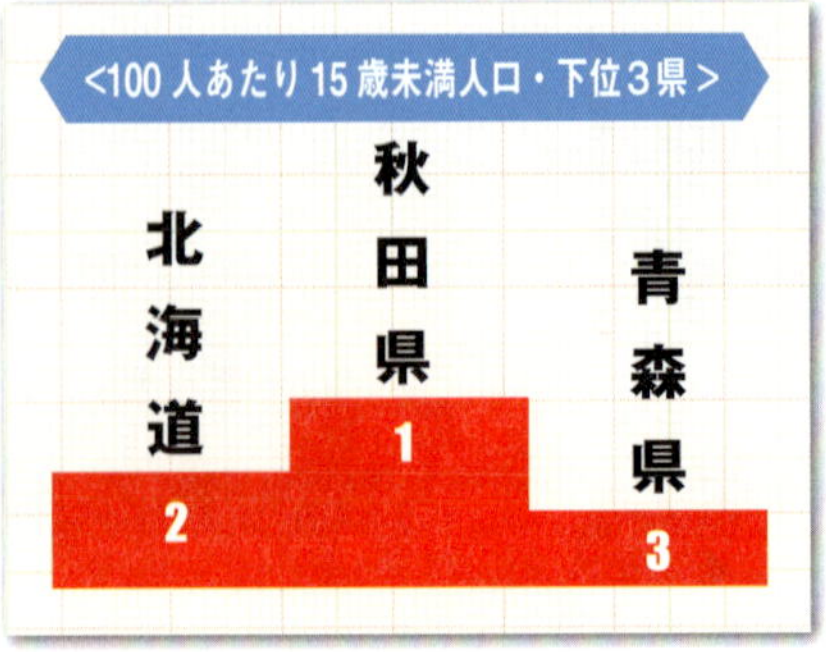

ランキング

順位	県名	データ	100人あたり	偏差値
1	沖縄県	24.8万人	17.23人	96.18
2	滋賀県	20.1万人	14.23人	66.54
3	佐賀県	11.4万人	13.77人	62.03
4	愛知県	101.9万人	13.57人	60.12
5	宮崎県	14.8万人	13.50人	59.43
6	熊本県	23.9万人	13.47人	59.12
7	鹿児島県	22.0万人	13.44人	58.80
8	福岡県	67.8万人	13.28人	57.26
9	福井県	10.3万人	13.17人	56.16
10	広島県	37.2万人	13.11人	55.58
11	岐阜県	26.4万人	13.06人	55.02
12	岡山県	24.7万人	12.90人	53.47
13	長崎県	17.6万人	12.87人	53.24
14	鳥取県	7.3万人	12.81人	52.57
15	静岡県	47.2万人	12.80人	52.48
16	三重県	23.1万人	12.78人	52.27
17	栃木県	25.0万人	12.72人	51.67
18	兵庫県	70.1万人	12.70人	51.51
19	長野県	26.5万人	12.69人	51.43
20	石川県	14.6万人	12.68人	51.36
21	香川県	12.2万人	12.55人	50.05
22	群馬県	24.6万人	12.51人	49.61
23	島根県	8.6万人	12.46人	49.19
24	埼玉県	90.7万人	12.44人	48.99
25	茨城県	36.1万人	12.43人	48.82
26	大分県	14.4万人	12.41人	48.69
27	神奈川県	113.4万人	12.40人	48.56
28	奈良県	16.7万人	12.32人	47.73
29	宮城県	28.6万人	12.27人	47.32
30	大阪府	108.4万人	12.27人	47.30
31	千葉県	76.2万人	12.22人	46.78
32	山梨県	10.1万人	12.17人	46.28
33	愛媛県	16.7万人	12.15人	46.05
34	和歌山県	11.5万人	12.05人	45.16
35	山口県	16.8万人	12.05人	45.13
36	京都府	31.2万人	11.98人	44.39
37	富山県	12.7万人	11.97人	44.32
38	福島県	22.6万人	11.89人	43.52
39	山形県	13.2万人	11.86人	43.24
40	新潟県	27.1万人	11.85人	43.19
41	岩手県	14.8万人	11.67人	41.39
42	徳島県	8.7万人	11.60人	40.68
43	高知県	8.2万人	11.37人	38.44
44	東京都	153.5万人	11.27人	37.40
45	青森県	14.5万人	11.21人	36.88
46	北海道	60.0万人	11.21人	36.84
47	秋田県	10.4万人	10.30人	27.84
-	全国	1,578.0万人	12.43人	-

人口推計（総務省統計局）

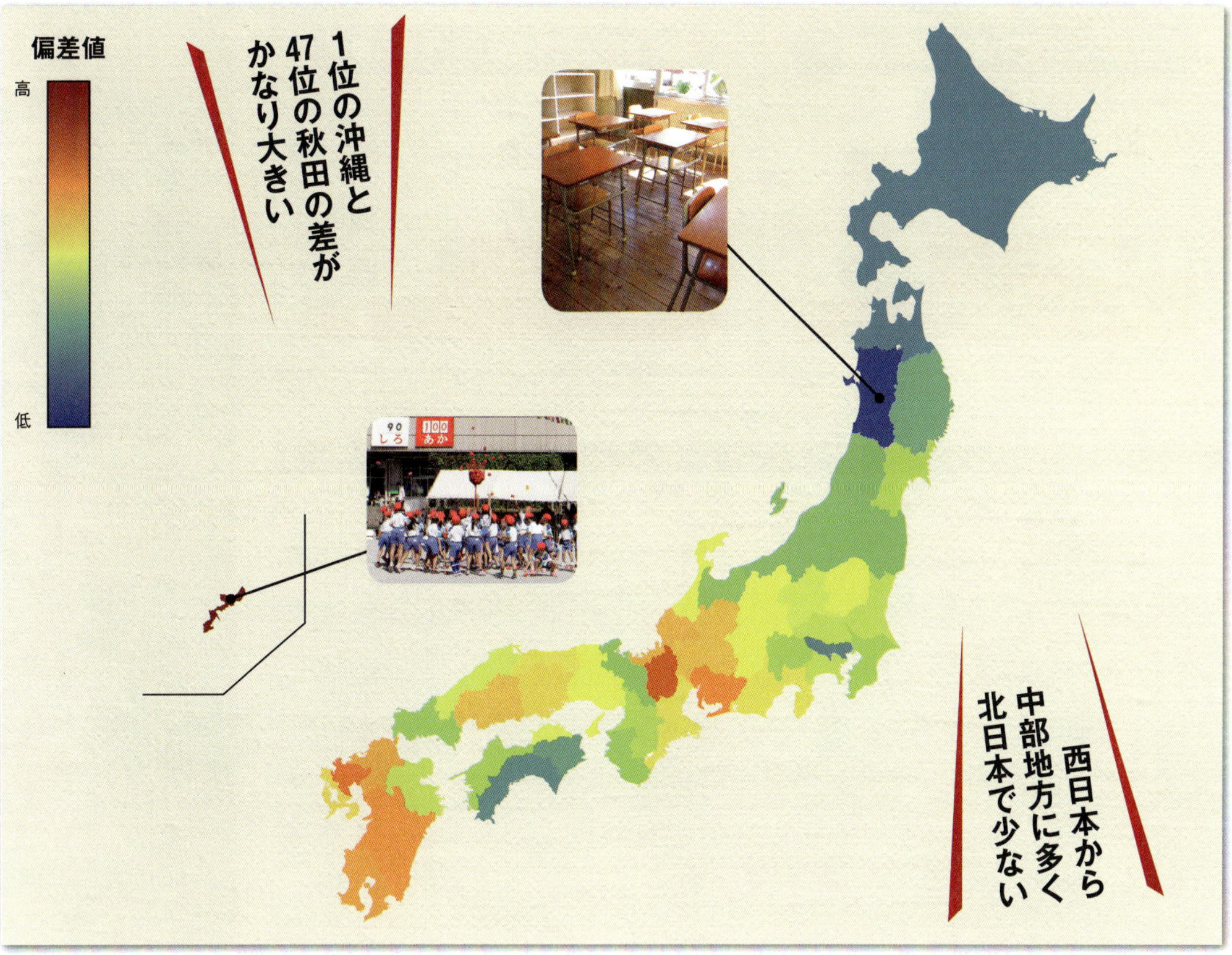
偏差値
高
低
1位の沖縄と47位の秋田の差がかなり大きい
90
しろ
100
あか
西日本から中部地方に多く北日本で少ない

相関データ

【正の相関】

係数	項目
0.98	小学生数
0.75	中学生数
0.70	合計特殊出生率
0.68	兄弟姉妹数
0.67	ゲームセンター店舗数
0.65	年間平均気温
0.58	学校給食費滞納率
0.55	離婚件数
0.54	生産年齢人口増減率
0.51	子育て世帯数

【負の相関】

係数	項目
-0.64	高校進学率
-0.62	果物消費量
-0.60	中学生文化部参加率
-0.57	65歳以上人口（高齢者数）
-0.56	魚介類消費量
-0.56	全国学力テスト（知識：A）
-0.55	団塊の世代人口
-0.54	日本酒消費量
-0.49	全国学力テスト（活用：B）
-0.46	小学生家庭内会話率

西日本と中部に多い

総務省の人口推計から算出した、15歳未満の子どもの人口です。

人口100人あたり12・43人が全国平均です。突出して高いのは沖縄で、17・23人。続いて滋賀、佐賀、愛知、宮崎の順で、九州が上位10県のうち、6県を占めています。

もっとも少ないのは秋田で、10・30人。北海道、青森、東京、高知と続きます。1位と最下位の偏差値の差が70近くあるので、地域差が甚だしいことがわかります。

相関をみると、同じく沖縄が飛び抜けて高いゲームセンター店舗数との正の相関があります。子どもが多いとゲームセンターも多いようです。

また、当然ですが合計特殊出生率とも正の相関があり、出生率の高いところでは子どもが多いという関係にあります。

60歳以上男性未婚率

全国平均は約7%と、60歳以上男性100人に7人が未婚。首位は沖縄だが、東日本で高い傾向。

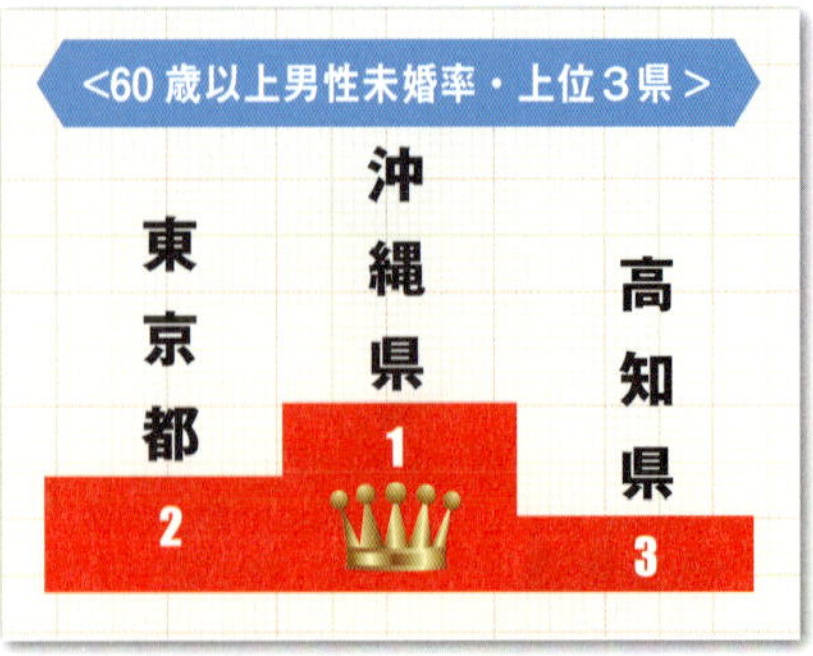

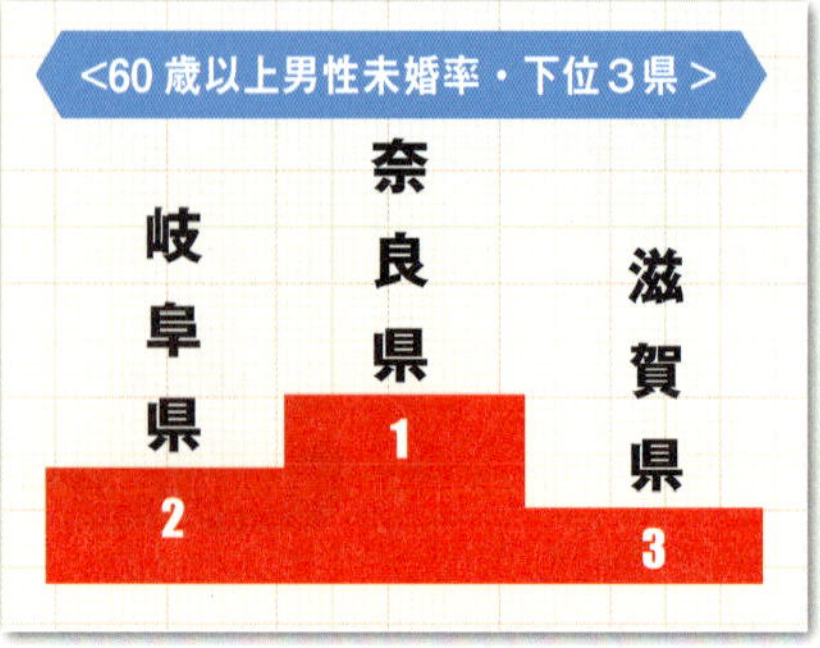

ランキング

順位	県名	データ	偏差値
1	沖縄県	12.05%	90.32
2	東京都	10.08%	75.83
3	高知県	8.68%	65.53
4	神奈川県	8.18%	61.85
5	大阪府	7.68%	58.17
6	鹿児島県	7.56%	57.29
7	群馬県	7.54%	57.14
8	栃木県	7.39%	56.03
9	福島県	7.31%	55.45
10	山梨県	7.30%	55.37
11	岩手県	7.28%	55.23
12	埼玉県	7.22%	54.78
13	千葉県	7.08%	53.75
14	静岡県	6.96%	52.87
15	新潟県	6.92%	52.58
16	長崎県	6.91%	52.50
17	茨城県	6.87%	52.21
18	青森県	6.79%	51.62
19	京都府	6.77%	51.47
20	福岡県	6.69%	50.88
21	島根県	6.62%	50.37
22	愛知県	6.56%	49.93
23	徳島県	6.53%	49.71
24	宮城県	6.44%	49.05
25	山口県	6.42%	48.90
26	愛媛県	6.40%	48.75
27	熊本県	6.38%	48.60
28	秋田県	6.36%	48.46
29	兵庫県	6.32%	48.16
30	和歌山県	6.21%	47.35
31	山形県	6.07%	46.32
32	宮崎県	6.05%	46.18
33	広島県	6.04%	46.10
33	北海道	6.04%	46.10
35	鳥取県	5.83%	44.56
36	長野県	5.78%	44.19
37	佐賀県	5.65%	43.23
38	香川県	5.64%	43.16
39	大分県	5.48%	41.98
40	岡山県	5.37%	41.17
41	富山県	5.17%	39.70
42	三重県	5.03%	38.67
43	福井県	4.96%	38.16
44	石川県	4.88%	37.57
45	滋賀県	4.68%	36.10
46	岐阜県	4.62%	35.65
47	奈良県	3.99%	31.02
-	全国	7.02%	-

国勢調査（総務省統計局）

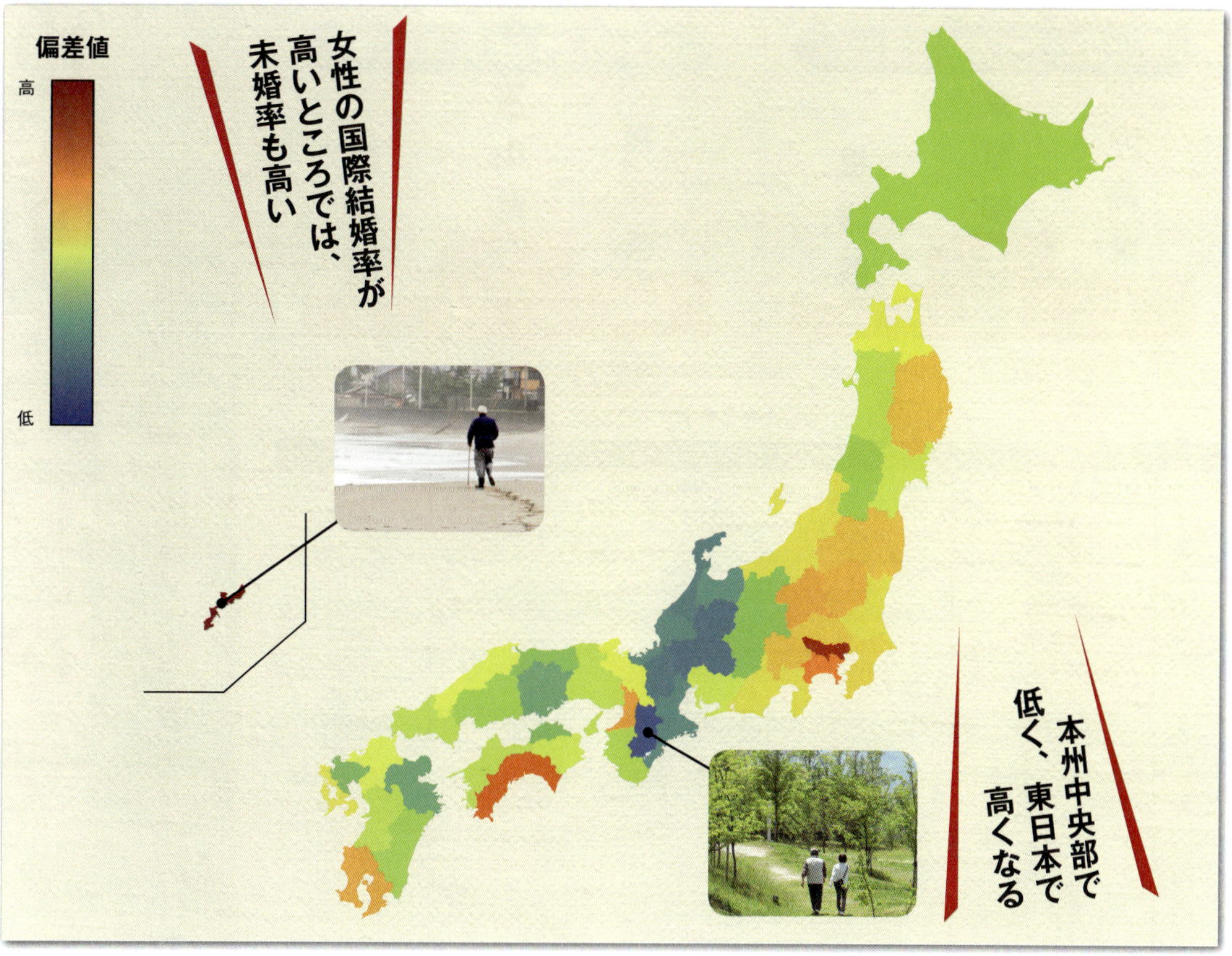

相関データ

【正の相関】

係数	項目
0.96	50代男性未婚率
0.78	40代男性未婚率
0.74	在日アメリカ人
0.71	60歳以上女性未婚率
0.69	待機児童数
0.68	日本人女性国際結婚率
0.67	離婚件数
0.65	50代ひとり暮らし
0.60	弁当消費量
0.59	飲み屋店舗数

【負の相関】

係数	項目
-0.75	夫婦数
-0.68	IHクッキングヒーター普及率
-0.64	持ち家率
-0.64	ウォシュレット普及率
-0.60	団塊の世代人口
-0.60	住宅延べ床面積
-0.58	寺院数
-0.55	ピアノ普及率
-0.55	小学生地域行事参加率
-0.54	戸建て率

女性の国際結婚と正の相関

国勢調査から60歳以上男性未婚率を算出しました。ここでは死別や離別は含まず、「過去、一度も結婚したことのない人」の割合となります。

全国の平均値は7・02％です。分布をみると、本州中央部で低く、東日本で高い傾向を見ることができます。

具体的な数字を見ると、1位は沖縄で12・05％。続いて東京、高知、神奈川、大阪の順に未婚率が高いです。

最下位は奈良の3・99％で、これに岐阜、滋賀、石川、福井と本州中の央部に位置する県が続いていきます。

相関ランキングでは、日本人女性国際結婚率と正の相関があります。つまり、女性の国際結婚率が高いところでは、男性の未婚率が高くなるという興味深い傾向がみられるのです。

60歳以上女性未婚率

平均は4・56%。1位は東京だが、全体では西日本で高い。東日本に男性が多くミスマッチ感が。

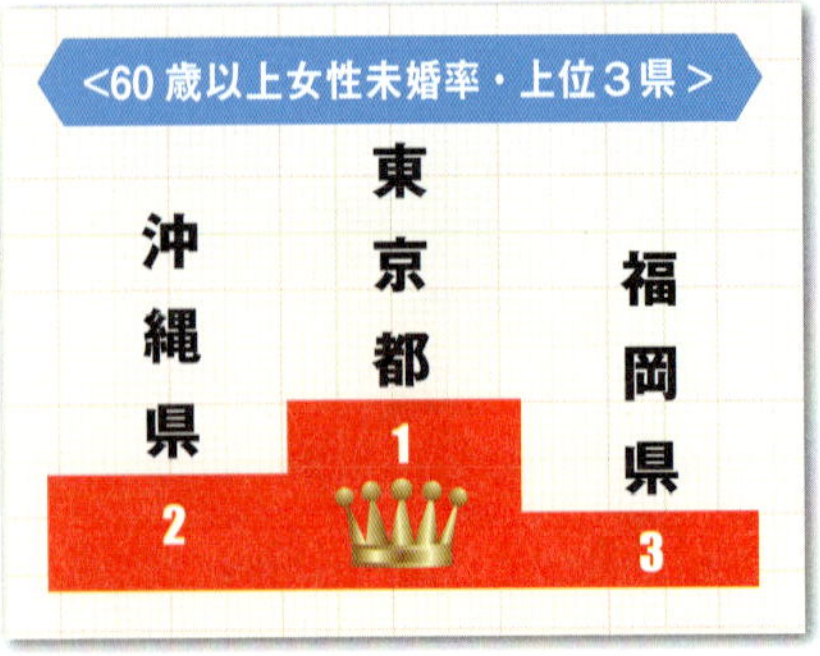

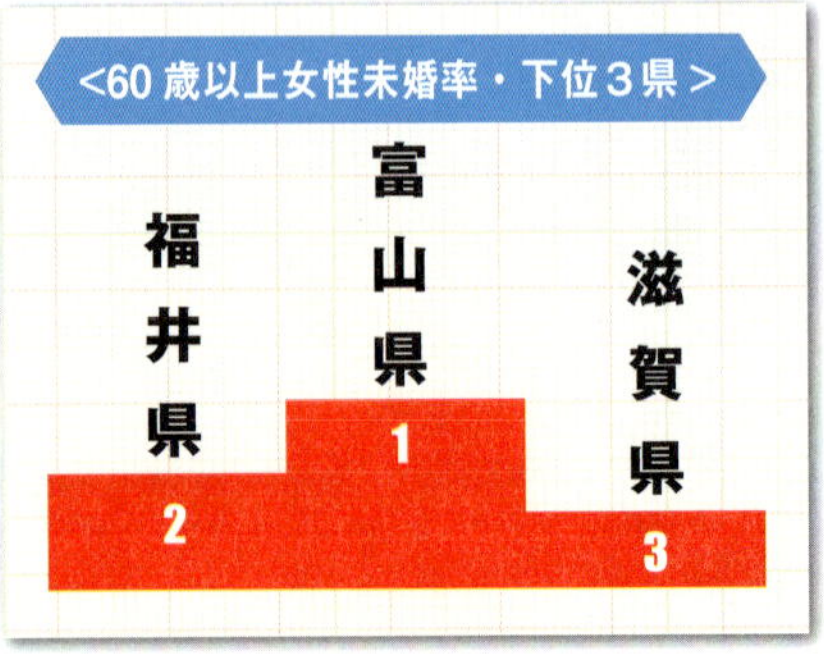

ランキング

順位	県名	データ	偏差値
1	東京都	7.95%	84.46
2	沖縄県	6.81%	74.24
3	福岡県	5.82%	65.37
4	大阪府	5.75%	64.74
5	京都府	5.64%	63.75
6	長崎県	5.61%	63.48
7	熊本県	5.40%	61.60
8	高知県	5.32%	60.88
9	鹿児島県	5.18%	59.63
10	北海道	4.86%	56.76
11	愛媛県	4.75%	55.78
11	神奈川県	4.75%	55.78
13	兵庫県	4.70%	55.33
14	宮崎県	4.53%	53.80
15	佐賀県	4.32%	51.92
16	大分県	4.25%	51.29
17	和歌山県	4.23%	51.12
18	群馬県	4.11%	50.04
19	山口県	4.06%	49.59
20	青森県	4.02%	49.23
21	宮城県	3.97%	48.79
22	徳島県	3.92%	48.34
23	岩手県	3.85%	47.71
24	山梨県	3.82%	47.44
24	千葉県	3.82%	47.44
26	福島県	3.73%	46.63
27	愛知県	3.69%	46.28
28	広島県	3.68%	46.19
29	埼玉県	3.67%	46.10
30	静岡県	3.59%	45.38
31	長野県	3.57%	45.20
32	奈良県	3.54%	44.93
33	鳥取県	3.49%	44.48
34	香川県	3.48%	44.39
35	栃木県	3.46%	44.21
36	新潟県	3.42%	43.86
37	秋田県	3.32%	42.96
38	岡山県	3.28%	42.60
39	三重県	3.23%	42.15
40	島根県	3.17%	41.62
41	山形県	2.98%	39.91
42	石川県	2.94%	39.55
43	茨城県	2.93%	39.46
44	岐阜県	2.83%	38.57
45	滋賀県	2.73%	37.67
46	福井県	2.47%	35.34
47	富山県	2.32%	34.00
-	全国	4.56%	-

国勢調査（総務省統計局）

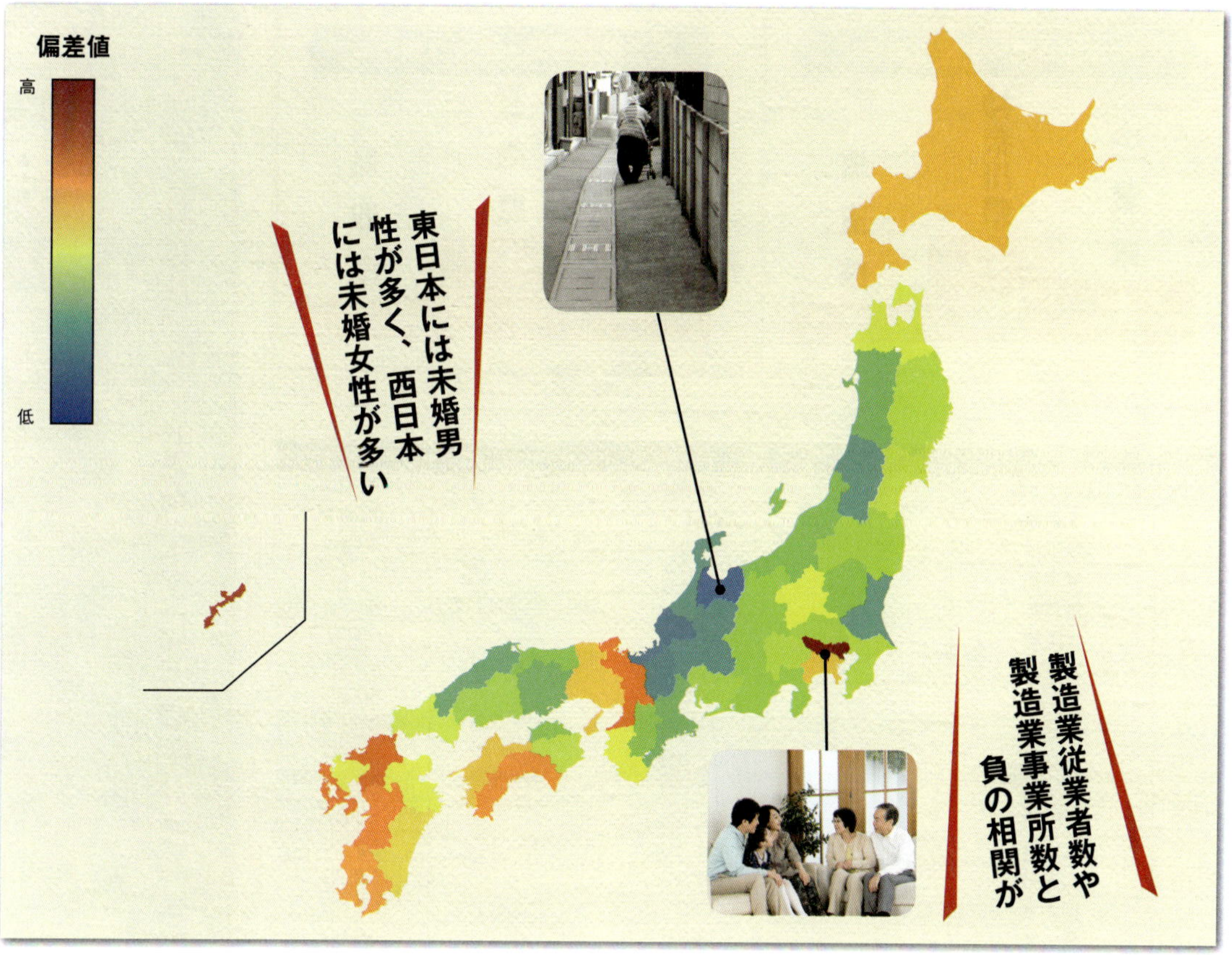
偏差値
高
低
東日本には未婚男性が多く、西日本には未婚女性が多い
製造業従業者数や製造業事業所数と負の相関が

相関データ

【正の相関】

係数	項目
0.82	高齢者の生活保護受給者数
0.82	独居老人（60代以上ひとり暮らし）
0.78	ひとり暮らし率
0.77	生活保護受給者
0.72	離婚件数
0.69	救急出動件数
0.68	2005年完全失業率
0.66	歯科診療所数
0.66	Facebookユーザー数
0.51	20～30代男女比

【負の相関】

係数	項目
-0.89	夫婦数
-0.83	持ち家率
-0.80	住宅延べ床面積
-0.72	戸建て率
-0.69	NHK受信料支払率
-0.69	自動車普及率
-0.67	三世代世帯人数
-0.65	小学生地域行事参加率
-0.65	建設業者数
-0.62	ガソリン消費量

西日本に多い傾向

国勢調査より算出。32ページと同様、死別や離別を含まず、「一度も結婚したことのない人」の割合になります。

60歳以上女性未婚率の平均は4・56%。1位は東京で7・95%です。沖縄、福岡、大阪、京都と続きます。

いっぽう最下位は富山で、2・32%。さらに福井、滋賀、岐阜、茨城という順になりました。このランキングから、とくに西日本側で女性の未婚率が高いことがわかります。

20～30代男女比（男性の割合が多いほうが数値が高くなる）と正の相関があり、若い男性が少ない地域で女性の未婚率が高い傾向があります。

全体でみれば、東日本には未婚の60歳以上男性が多く、西日本には未婚の60歳以上女性が多いことがわかります。

通勤時間

全国平均は片道36・0分。上位は、自宅からの通勤時間が長くかかる首都圏や大阪周辺の府県が占める。

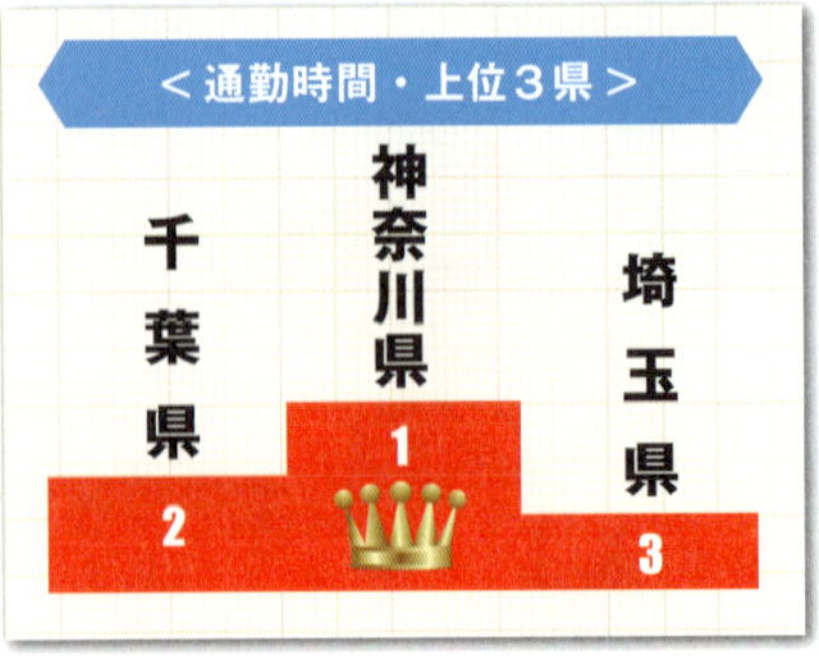

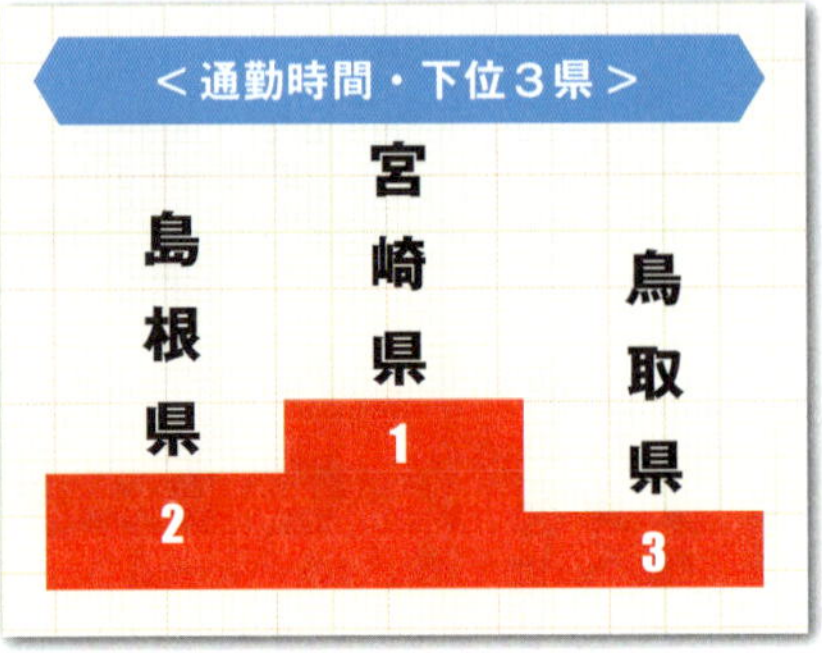

ランキング

順位	県名	データ	偏差値
1	神奈川県	50.8分	79.39
2	千葉県	48.5分	75.61
3	埼玉県	47.0分	73.14
4	東京都	46.0分	71.49
5	奈良県	44.3分	68.70
6	大阪府	41.0分	63.27
7	兵庫県	40.5分	62.45
8	京都府	38.0分	58.33
9	愛知県	37.5分	57.51
10	茨城県	37.0分	56.69
11	福岡県	35.0分	53.40
12	滋賀県	34.8分	53.07
13	宮城県	34.3分	52.25
13	広島県	34.3分	52.25
15	栃木県	33.5分	50.93
16	岡山県	33.3分	50.60
16	岐阜県	33.3分	50.60
16	三重県	33.3分	50.60
19	和歌山県	32.3分	48.96
19	群馬県	32.3分	48.96
21	長崎県	31.5分	47.64
21	徳島県	31.5分	47.64
23	静岡県	30.8分	46.49
24	福島県	30.5分	46.00
25	沖縄県	30.3分	45.67
26	山梨県	29.8分	44.84
26	熊本県	29.8分	44.84
28	富山県	29.5分	44.35
29	北海道	29.3分	44.02
29	香川県	29.3分	44.02
29	岩手県	29.3分	44.02
29	佐賀県	29.3分	44.02
33	長野県	29.0分	43.53
33	新潟県	29.0分	43.53
33	石川県	29.0分	43.53
36	高知県	28.8分	43.20
37	山口県	28.5分	42.71
38	青森県	28.3分	42.38
38	鹿児島県	28.3分	42.38
40	愛媛県	28.0分	41.88
41	秋田県	27.8分	41.55
42	山形県	27.5分	41.06
42	福井県	27.5分	41.06
42	大分県	27.5分	41.06
45	鳥取県	27.0分	40.24
45	島根県	27.0分	40.24
47	宮崎県	26.8分	39.91
-	全国	37.8分	-

社会生活基本調査（総務省統計局）

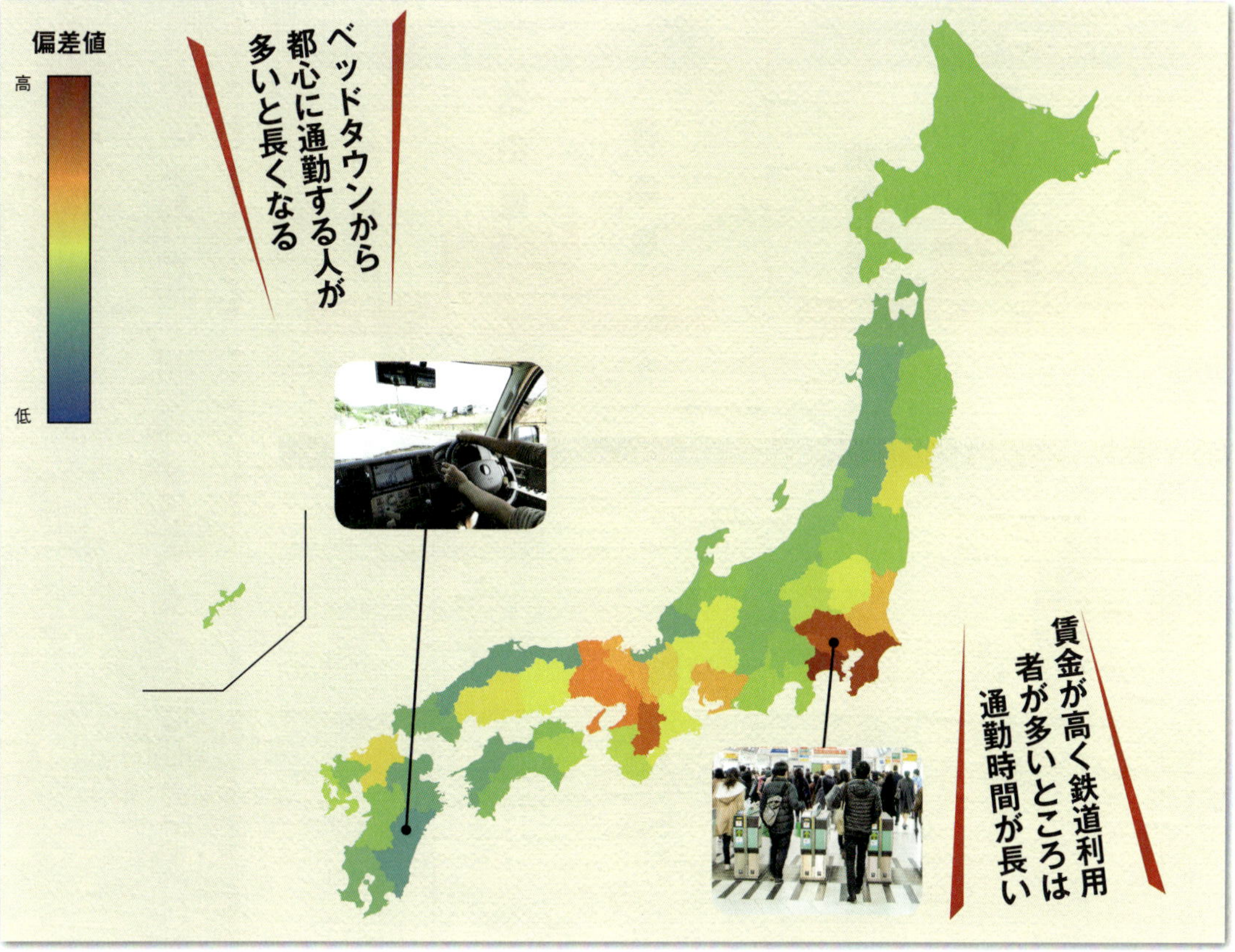
偏差値
高
低
ベッドタウンから都心に通勤する人が多いと長くなる
賃金が高く鉄道利用者が多いところは通勤時間が長い

相関データ

【正の相関】

係数	項目
0.95	鉄道通勤・通学率
0.94	公共交通機関通勤・通学率
0.87	鉄道切符代
0.86	家賃
0.85	25歳以上読書人口
0.84	日経新聞販売部数
0.84	最低賃金
0.81	高校県外進学率
0.79	分譲マンション率
0.78	四年制大学進学率

【負の相関】

係数	項目
-0.85	軽自動車普及率
-0.85	自家用車通勤・通学率
-0.81	教職員数
-0.80	共働き率
-0.80	高校数
-0.79	ガソリンスタンド数
-0.78	地方公務員数
-0.76	国公立大学生比率
-0.76	第一次産業従業者数
-0.76	睡眠時間

東京や大阪の周辺が上位

社会生活基本調査から算出。2011年と2006年の平均を取り、実際に通勤した人の片道通勤時間をランキングにしました。ここでは、いわゆるサラリーマンのほかに、パートやアルバイトも含まれます。全国の平均は片道37・8分でした。

1位は神奈川で50・8分。千葉、埼玉、東京と続き、首都圏が占めています。さらに以下、奈良、大阪、兵庫、京都となり大阪周辺が目立ちます。

東京や大阪より隣県が上位にあるのは、自宅のあるベッドタウンから、時間をかけて通勤する人が多いからでしょう。

日経新聞販売部数、英語学習人口、読書人口と正の相関があり、電車通勤者が通勤時間に新聞を読んだり英語学習をしたりするなど、有意義に活用していることがうかがえます。

人口増減率

全国平均は99・34%。首位の東京をはじめ、人口が増えているのは9つの都府県しかない。

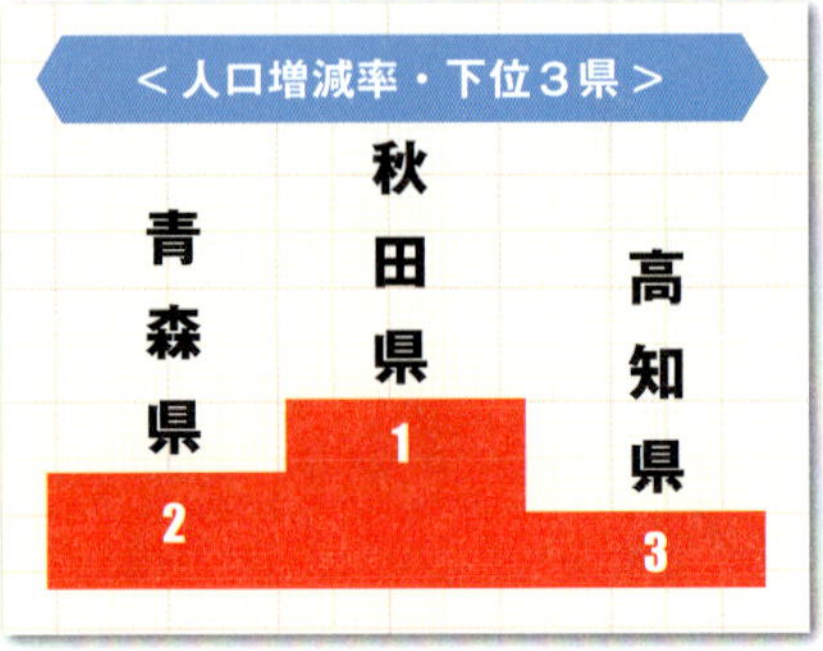

ランキング

順位	県名	データ	偏差値
1	東京都	107.62%	78.00
2	沖縄県	105.19%	71.77
3	神奈川県	103.57%	67.62
4	埼玉県	103.08%	66.36
5	愛知県	102.72%	65.44
6	千葉県	102.67%	65.31
7	滋賀県	101.73%	62.90
8	福岡県	100.99%	61.00
9	大阪府	100.20%	58.98
10	宮城県	98.94%	55.75
11	兵庫県	98.75%	55.26
12	広島県	98.68%	55.08
13	京都府	98.56%	54.77
14	石川県	98.21%	53.88
15	岡山県	97.95%	53.21
16	茨城県	97.75%	52.70
17	栃木県	97.57%	52.24
18	群馬県	97.33%	51.62
19	静岡県	97.13%	51.11
20	熊本県	96.62%	49.80
21	三重県	96.53%	49.57
22	香川県	96.33%	49.06
23	大分県	96.19%	48.70
24	岐阜県	96.06%	48.37
25	佐賀県	95.94%	48.06
26	奈良県	95.76%	47.60
27	富山県	95.59%	47.16
28	北海道	95.55%	47.06
29	福井県	95.48%	46.88
30	宮崎県	95.47%	46.85
31	長野県	95.39%	46.65
32	新潟県	94.54%	44.47
33	鳥取県	94.37%	44.03
34	山梨県	94.32%	43.91
35	愛媛県	94.18%	43.55
36	山口県	94.00%	43.09
37	鹿児島県	93.92%	42.88
38	島根県	93.62%	42.11
39	長崎県	93.25%	41.16
40	徳島県	93.17%	40.96
41	和歌山県	92.80%	40.01
42	岩手県	92.22%	38.52
43	山形県	92.14%	38.32
44	福島県	91.39%	36.40
45	高知県	91.38%	36.37
46	青森県	90.86%	35.04
47	秋田県	89.07%	30.45
-	全国	99.34%	-

総人口推計（総務省統計局）

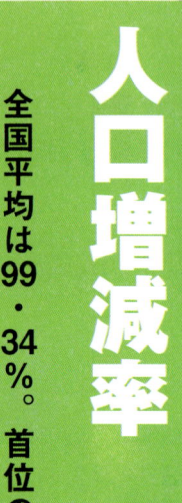

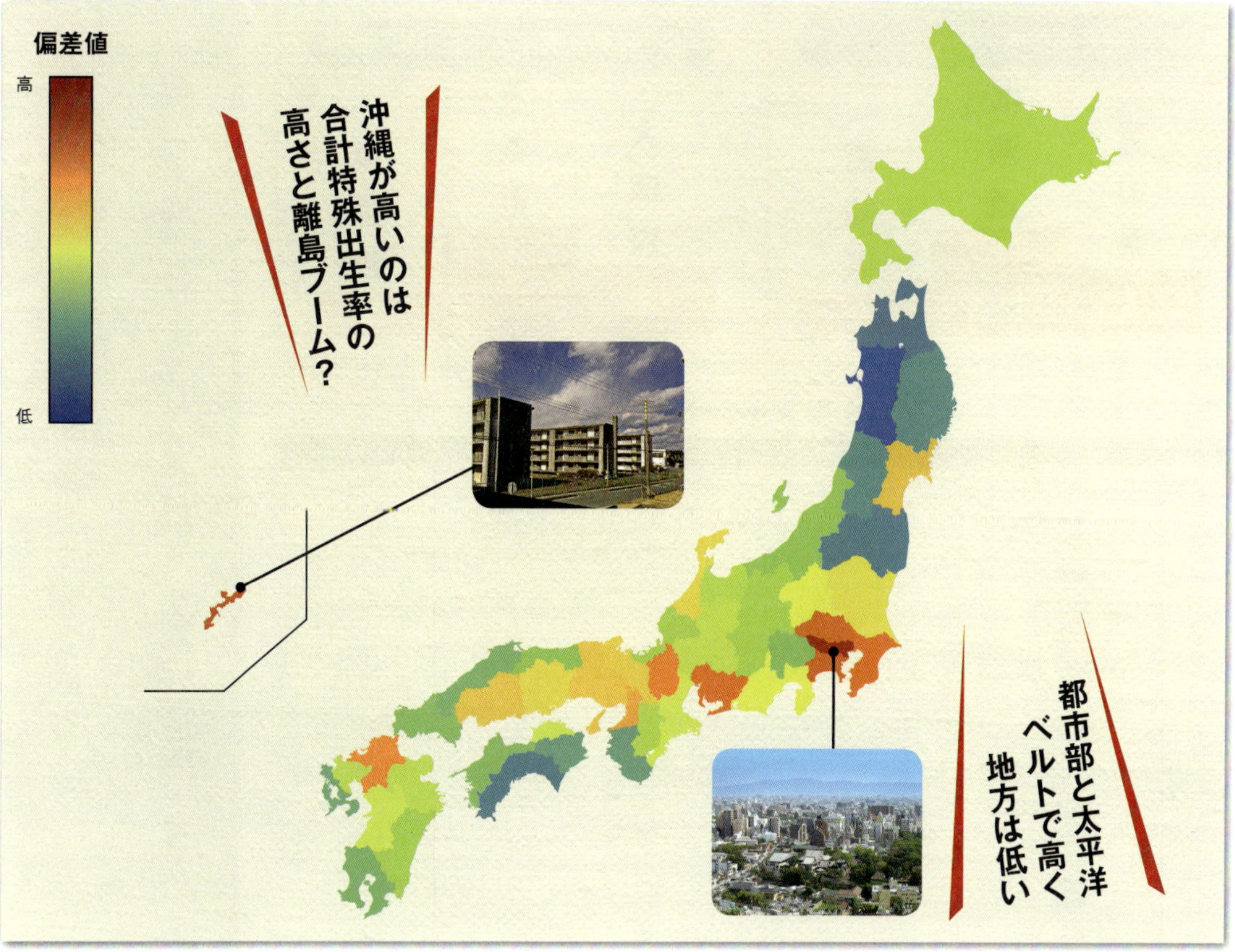
偏差値
高
低
沖縄が高いのは合計特殊出生率の高さと離島ブーム？
都市部と太平洋ベルトで高く地方は低い

相関データ

【正の相関】

係数	項目
0.95	生産年齢人口増減率
0.88	生産年齢人口
0.84	現役医師増加率
0.81	家賃
0.80	分譲マンション率
0.77	海外旅行者数
0.74	人口集中度
0.74	スターバックスコーヒー店舗数
0.74	携帯電話契約数
0.73	最低賃金

【負の相関】

係数	項目
-0.91	65歳以上人口（高齢者数）
-0.88	脳梗塞死亡者数
-0.82	農業就業人口
-0.81	ガソリンスタンド数
-0.80	郵便局軒数
-0.80	高校数
-0.80	河川延長
-0.80	戸建て率
-0.79	地方交付税額
-0.79	道路延長

工業地帯、都市部に集中

総務省の人口推計から、2006年~2016年にかけて、総人口がどれくらい増減したかを都道府県別に調査しました。全国平均は99・34%です。

1位は東京で、107・62%。これに沖縄、神奈川、埼玉、愛知が続きます。いっぽう最下位の秋田は、89・07%で、これ以降は青森、高知、福島、山形の順です。

沖縄は合計特殊出生率が1・95と飛び抜けて高く、さらに離島ブームの影響も考えられます。この他、千葉、滋賀、福岡、大阪で人口が増えており、人口が増えている都府県は9つ。

意外にも合計特殊出生率とは相関がなく、女性が子どもをたくさん産むことは人口増加につながっていません。これは、人口の自然増より社会増の影響が大きいためと思われます。

限界集落率

全国平均では1・9%の集落が限界集落。なかでも北海道が高い。茨城、大阪、東京、沖縄にはない。

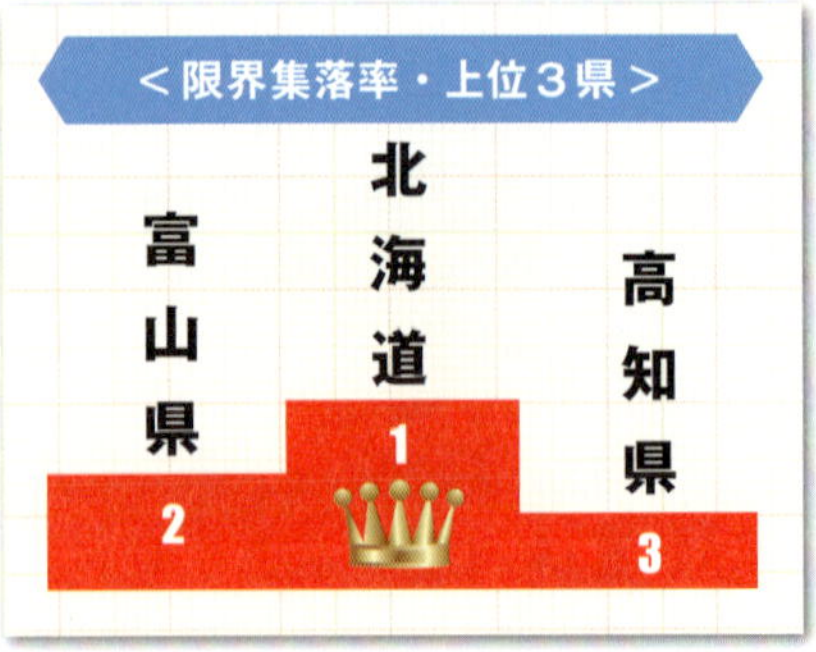

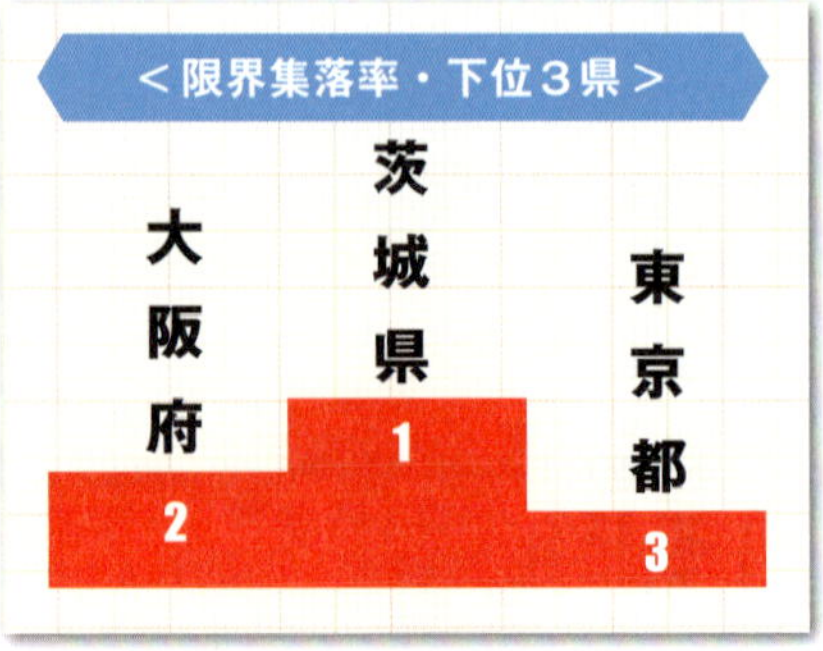

ランキング

順位	県名	データ	偏差値
1	北海道	5.5%	76.72
2	富山県	5.0%	73.18
3	高知県	4.9%	72.47
4	徳島県	4.2%	67.51
5	石川県	4.0%	66.09
6	新潟県	3.4%	61.84
7	愛媛県	3.3%	61.14
8	山形県	3.1%	59.72
9	山口県	3.0%	59.01
9	長野県	3.0%	59.01
11	広島県	2.9%	58.30
12	島根県	2.5%	55.47
13	鹿児島県	2.4%	54.76
14	福井県	2.3%	54.05
15	宮崎県	2.2%	53.35
16	大分県	2.1%	52.64
16	秋田県	2.1%	52.64
18	京都府	1.9%	51.22
18	岐阜県	1.9%	51.22
20	山梨県	1.7%	49.80
21	和歌山県	1.6%	49.10
21	三重県	1.6%	49.10
21	青森県	1.6%	49.10
24	長崎県	1.3%	46.97
25	滋賀県	1.2%	46.26
26	奈良県	1.1%	45.55
26	鳥取県	1.1%	45.55
26	岡山県	1.1%	45.55
26	静岡県	1.1%	45.55
30	佐賀県	1.0%	44.85
30	香川県	1.0%	44.85
32	熊本県	0.9%	44.14
32	群馬県	0.9%	44.14
34	埼玉県	0.8%	43.43
35	兵庫県	0.6%	42.01
35	岩手県	0.6%	42.01
35	福島県	0.6%	42.01
38	神奈川県	0.4%	40.60
38	福岡県	0.4%	40.60
40	宮城県	0.3%	39.89
40	愛知県	0.3%	39.89
42	栃木県	0.2%	39.18
43	千葉県	0.1%	38.47
99	沖縄県	0.0%	37.76
99	東京都	0.0%	37.76
99	大阪府	0.0%	37.76
99	茨城県	0.0%	37.76
-	全国	1.9%	-

農林水産政策研究所（農林水産省）

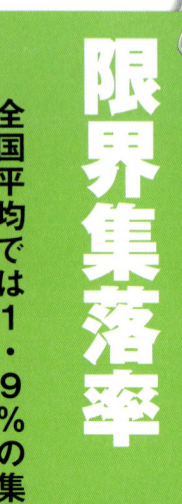

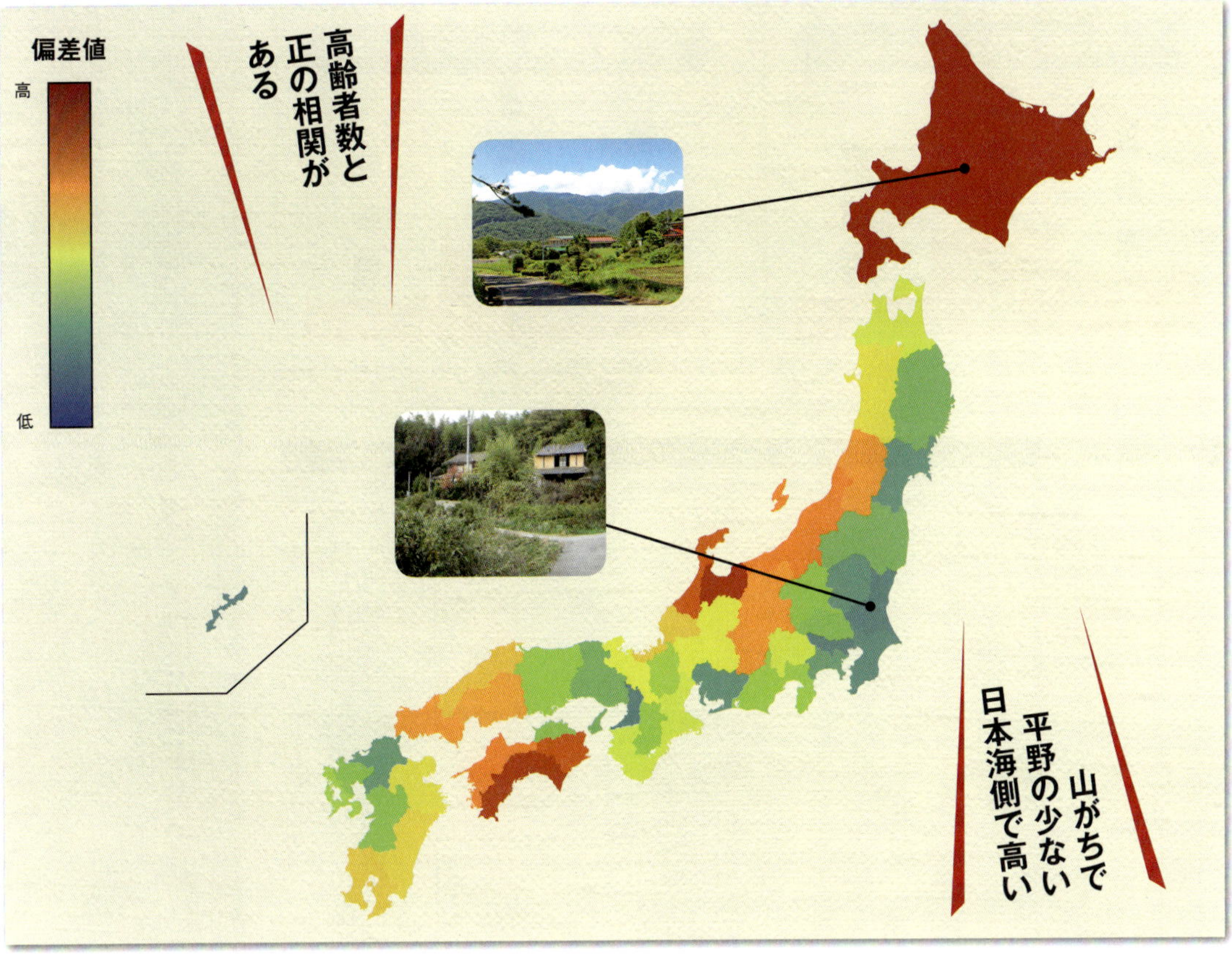
偏差値
高
低
高齢者数と正の相関がある
山がちで平野の少ない日本海側で高い

相関データ

【正の相関】

係数	項目
0.62	森林率
0.61	65歳以上人口（高齢者数）
0.61	河川延長
0.59	森林面積
0.59	鉄道駅数
0.55	郵便局軒数
0.55	第一次産業従業者数
0.54	図書館数
0.53	病院数
0.51	酒屋店舗数

【負の相関】

係数	項目
-0.69	15歳以上買い物時間
-0.60	保育園定員充足率
-0.59	生産年齢人口
-0.57	可住地面積率
-0.55	生産年齢人口増減率
-0.51	通勤時間
-0.51	自主財源比率
-0.50	総人口増減率
-0.49	高校県外進学率
-0.45	家賃

山がちな地域で進む

農林水産省農林水産政策研究所の報告書から算出したものです。ここでは、人口9人以下かつ高齢化率50％を超える集落を「存続危機集落」とし、その割合を比較します。

限界集落率の全国平均は1・9％。もっとも高いのは北海道で5・5％。富山（5・0％）、高知（4・9&）、徳島（4・2％）、石川（4・0％）と続きます。

もっとも低いのは茨城、大阪、東京、沖縄の4都府県で、0％。つまり限界集落がありません。このように、全体的に地域による格差が大きく見られるランキングです。

生産年齢人口、また15歳以上買い物時間と負の相関があります。買い物に行きにくい地域に限界集落が多く、その不便さが若者の流出の原因のひとつであるといえそうです。

男性平均寿命

男性の全国平均は80・77歳。首位と最下位の差は3・11歳で、後天的要素の影響を受けやすい。

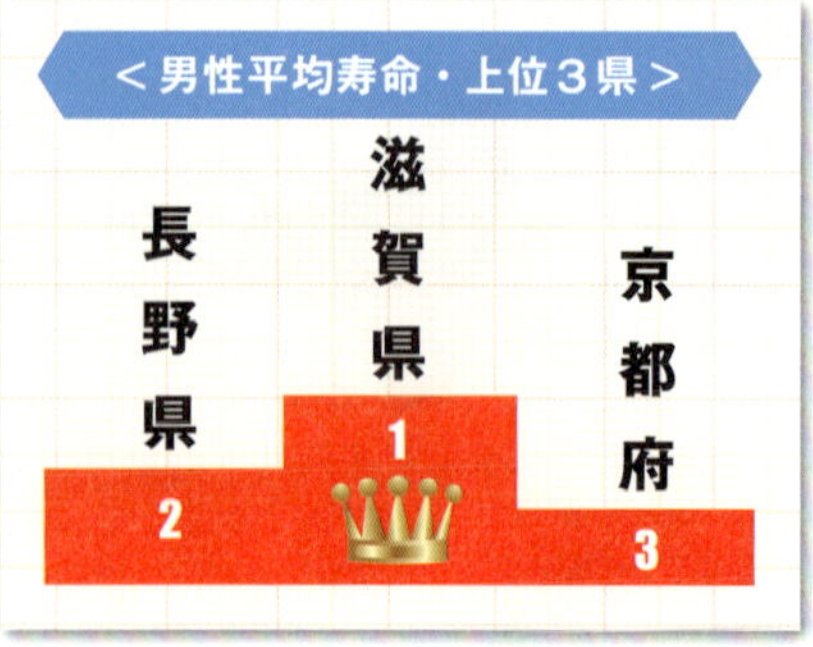

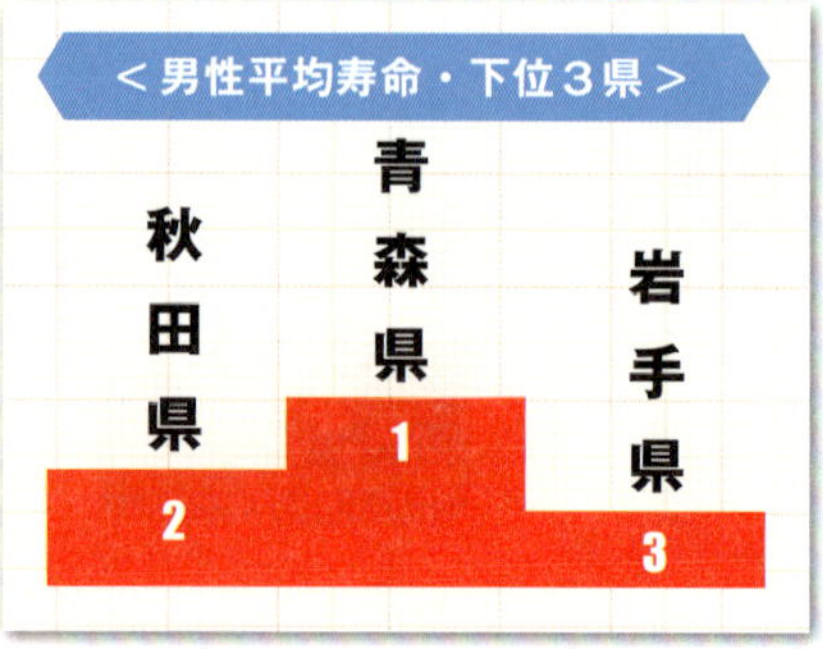

ランキング

順位	県名	データ	偏差値
1	滋賀県	81.78歳	69.77
2	長野県	81.75歳	69.25
3	京都府	81.40歳	63.11
4	奈良県	81.36歳	62.41
5	神奈川県	81.32歳	61.71
6	福井県	81.27歳	60.83
7	熊本県	81.22歳	59.96
8	愛知県	81.10歳	57.85
9	大分県	81.08歳	57.50
9	広島県	81.08歳	57.50
11	東京都	81.07歳	57.33
12	石川県	81.04歳	56.80
13	岡山県	81.03歳	56.62
14	岐阜県	81.00歳	56.10
15	宮城県	80.99歳	55.92
16	千葉県	80.96歳	55.40
17	静岡県	80.95歳	55.22
18	兵庫県	80.92歳	54.70
19	三重県	80.86歳	53.64
20	山梨県	80.85歳	53.47
20	香川県	80.85歳	53.47
22	埼玉県	80.82歳	52.94
23	島根県	80.79歳	52.42
24	新潟県	80.69歳	50.66
25	福岡県	80.66歳	50.14
26	佐賀県	80.65歳	49.96
27	富山県	80.61歳	49.26
27	群馬県	80.61歳	49.26
29	山形県	80.52歳	47.68
30	山口県	80.51歳	47.51
31	長崎県	80.38歳	45.23
32	宮崎県	80.34歳	44.53
33	徳島県	80.32歳	44.18
34	茨城県	80.28歳	43.48
34	北海道	80.28歳	43.48
36	沖縄県	80.27歳	43.30
37	高知県	80.26歳	43.13
38	大阪府	80.23歳	42.60
39	鳥取県	80.17歳	41.55
40	愛媛県	80.16歳	41.37
41	福島県	80.12歳	40.67
42	栃木県	80.10歳	40.32
43	鹿児島県	80.02歳	38.92
44	和歌山県	79.94歳	37.52
45	岩手県	79.86歳	36.11
46	秋田県	79.51歳	29.98
47	青森県	78.67歳	15.25
-	全国	80.77歳	-

都道府県別生命表の概況（厚生労働省）

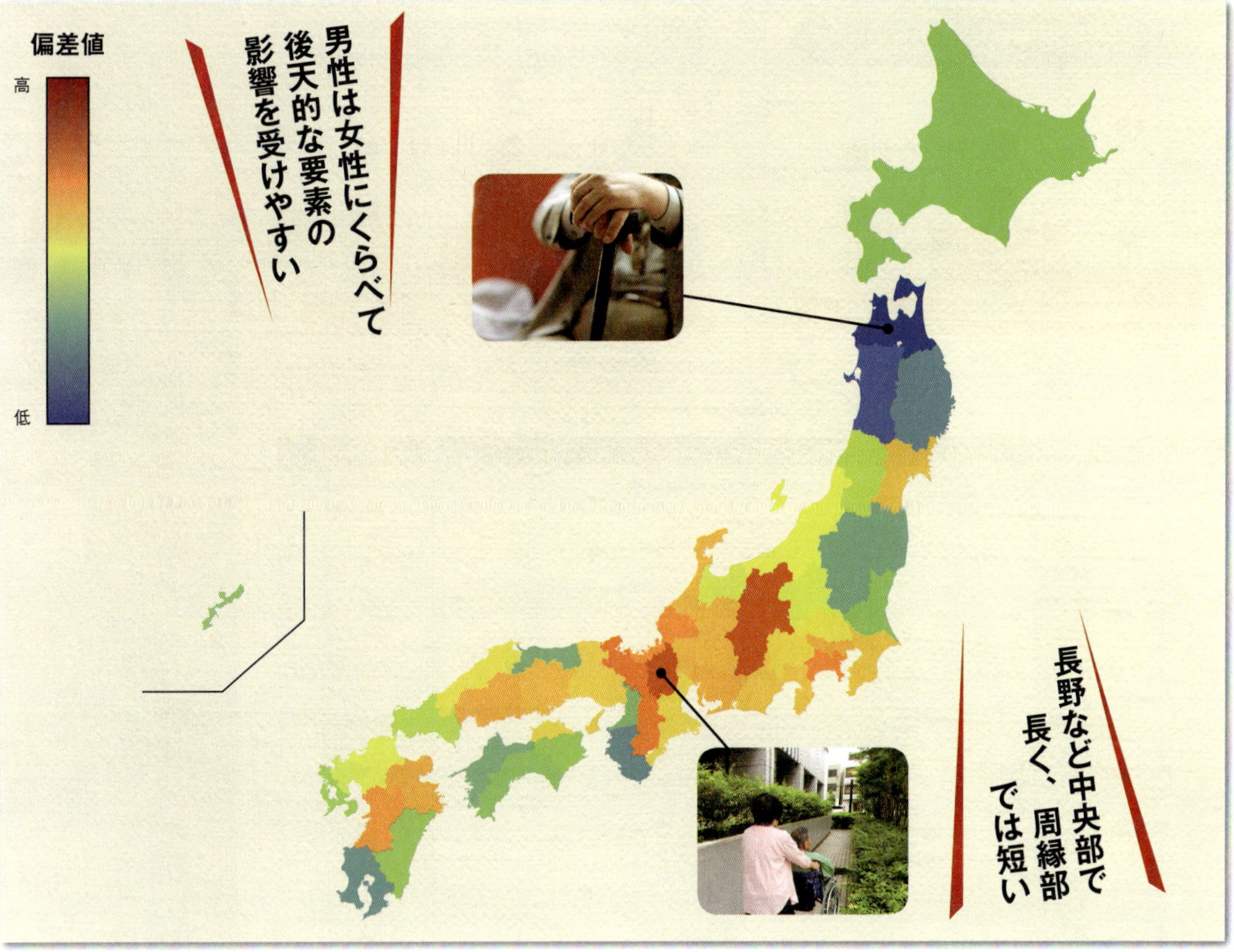
偏差値
高
低
男性は女性にくらべて後天的な要素の影響を受けやすい
長野など中央部で長く、周縁部では短い

相関データ

【正の相関】

係数	項目
0.77	平均寿命：女性
0.67	パソコン普及率
0.67	携帯電話普及率
0.65	25歳以上スポーツ人口
0.64	25歳以上芸術・文化学習人口
0.64	25歳以上国内旅行人口
0.62	25歳以上水泳人口
0.62	図書館貸出冊数
0.60	外食費用
0.58	スマートフォン普及率

【負の相関】

係数	項目
-0.82	がん年齢調整死亡率
-0.80	がん死亡率：男性
-0.73	火災死亡者数
-0.66	男子小中学生肥満率
-0.65	自殺者数：男性
-0.63	自殺者数
-0.59	睡眠時間
-0.58	デキ婚率
-0.58	食糧自給率(生産額ベース)
-0.53	可住地面積

滋賀1位、青森が最下位

厚生労働省の都道府県別生命表より算出。男性の平均寿命は80・77歳です。

1位は滋賀県で81・78歳。続く長野（81・75歳）、京都（81・40歳）、奈良（81・36歳）、神奈川（81・32歳）と続きます。

最下位は、40年連続で青森の78・67歳。以下、秋田、岩手、和歌山、鹿児島の順。

相関をみると、自殺者数（男性）、ガン死亡者数（男性）と負の相関が高く、ガン死亡率の相関は女性と共通しています。

また25歳以上スポーツ人口と正の相関があり、男性の平均寿命が長いところは、25歳以上でスポーツする人口が多くなっていることがわかります。

とくに男性は、体を動かしてリフレッシュすることが、長い目で見ると、長寿につながるのかもしれません。

女性平均寿命

男性より6歳以上長く、平均87・01歳。がん死亡率が高いところでは、寿命が短くなる。

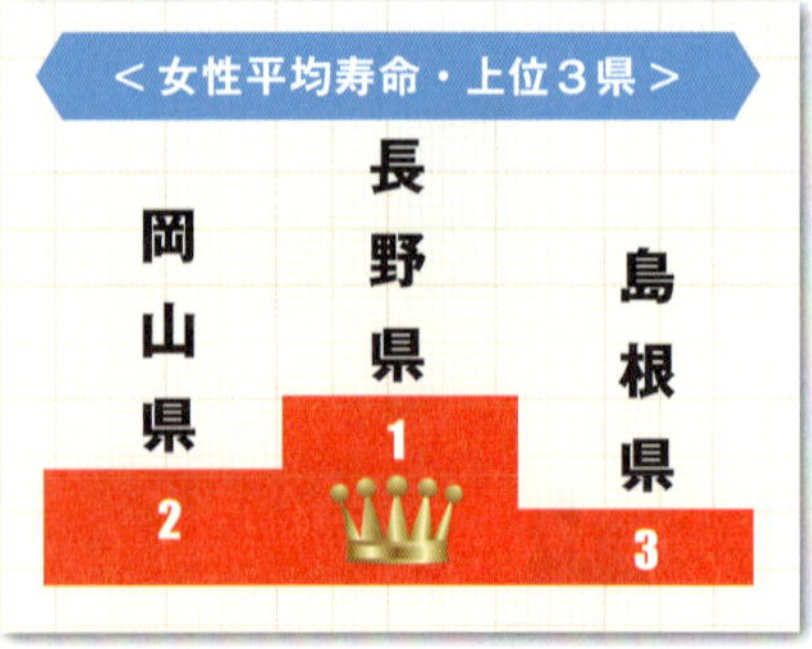

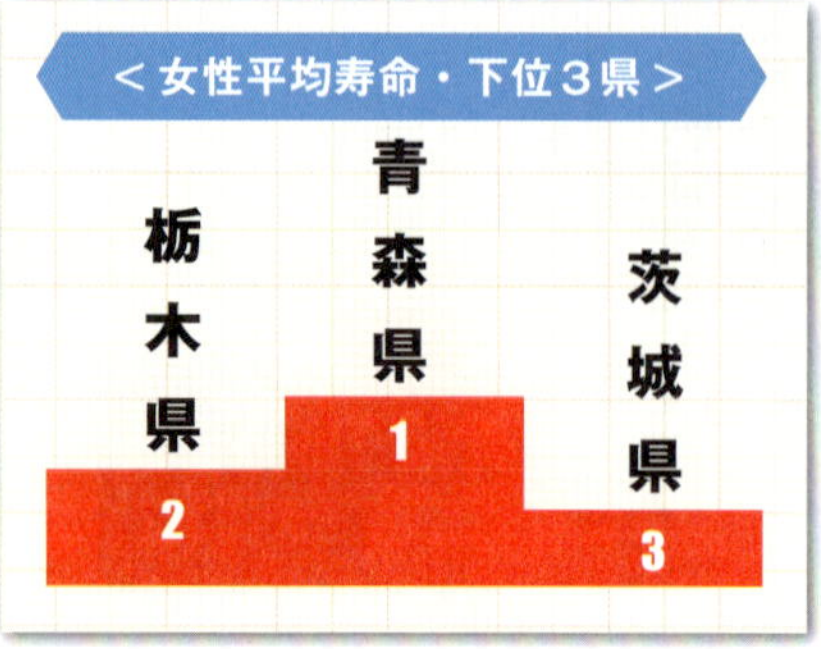

ランキング

順位	県名	データ	偏差値
1	長野県	87.68歳	66.44
2	岡山県	87.67歳	66.19
3	島根県	87.64歳	65.44
4	滋賀県	87.57歳	63.69
5	福井県	87.54歳	62.94
6	熊本県	87.49歳	61.69
7	沖縄県	87.44歳	60.44
8	富山県	87.42歳	59.94
9	京都府	87.35歳	58.19
10	広島県	87.33歳	57.69
11	新潟県	87.32歳	57.44
12	大分県	87.31歳	57.19
13	石川県	87.28歳	56.44
14	鳥取県	87.27歳	56.19
15	東京都	87.26歳	55.94
16	奈良県	87.25歳	55.69
17	神奈川県	87.24歳	55.44
18	山梨県	87.22歳	54.94
19	香川県	87.21歳	54.69
20	宮城県	87.16歳	53.44
21	福岡県	87.14歳	52.94
22	宮崎県	87.12歳	52.44
22	佐賀県	87.12歳	52.44
24	静岡県	87.10歳	51.94
25	兵庫県	87.07歳	51.19
26	高知県	87.01歳	49.69
27	三重県	86.99歳	49.19
28	長崎県	86.97歳	48.69
29	山形県	86.96歳	48.44
30	千葉県	86.91歳	47.19
31	山口県	86.88歳	46.44
32	愛知県	86.86歳	45.94
33	群馬県	86.84歳	45.44
34	愛媛県	86.82歳	44.94
34	岐阜県	86.82歳	44.94
36	鹿児島県	86.78歳	43.94
37	北海道	86.77歳	43.69
38	大阪府	86.73歳	42.69
39	埼玉県	86.66歳	40.94
39	徳島県	86.66歳	40.94
41	和歌山県	86.47歳	36.20
42	岩手県	86.44歳	35.45
43	福島県	86.40歳	34.45
44	秋田県	86.38歳	33.95
45	茨城県	86.33歳	32.70
46	栃木県	86.24歳	30.45
47	青森県	85.93歳	22.70
-	全国	87.01歳	-

都道府県別生命表の概況（厚生労働省）

偏差値
高
低
飛び抜けて高い
地域はなく
後天的影響は少ない
日本海側から
西日本の地域で
寿命が長い傾向

相関データ

【正の相関】

係数	項目
0.77	平均寿命：男性
0.68	社会福祉士数
0.49	電気使用量
0.48	ボランティア活動参加率
0.45	100歳以上高齢者数：女性
0.45	25歳以上ボランティア人口
0.44	図書館貸出冊数
0.42	15歳以上交際・つきあい時間（総平均）
0.40	25歳以上芸術・文化学習人口
0.40	25歳以上家政・家事学習人口

【負の相関】

係数	項目
-0.64	がん年齢調整死亡率
-0.59	がん死亡率：女性
-0.53	火災死亡者数
-0.49	喫煙率：男性
-0.49	喫煙率：女性
-0.45	炭酸飲料消費量
-0.43	テレビ・ラジオ・新聞・雑誌閲覧時間
-0.42	小学生保護者の学校行事参加率
-0.41	自殺者数
-0.41	高卒就職率：女子

格差は少なく1・75歳

42ページと同様、厚生労働省の都道府県別生命表から平均寿命を算出しました。女性の平均寿命は87・01歳となっていて、男性のそれよりも6歳以上長くなっています。

もっとも長い長野は87・68歳。以下、岡山（87・67歳）、島根（87・64歳）、滋賀（87・57歳）と続いています。

いっぽう、もっとも短いのは青森で85・93歳です。1位との格差は1・75歳で、男性の平均寿命の格差（3・11歳）とくらべ、地域的格差は少なくなりました。

以下、栃木（86・24歳）、茨城（86・33歳）、秋田（86・38歳）、福島（86・40歳）と続きます。

また、がん死亡率（女性）と負の相関があります。がん死亡率が高い地域では寿命が短いといえるでしょう。

在日外国人

在日外国人の総数は、約２４７万人。１００人に２人が外国人だ。賃金が高い工業地帯に多い。

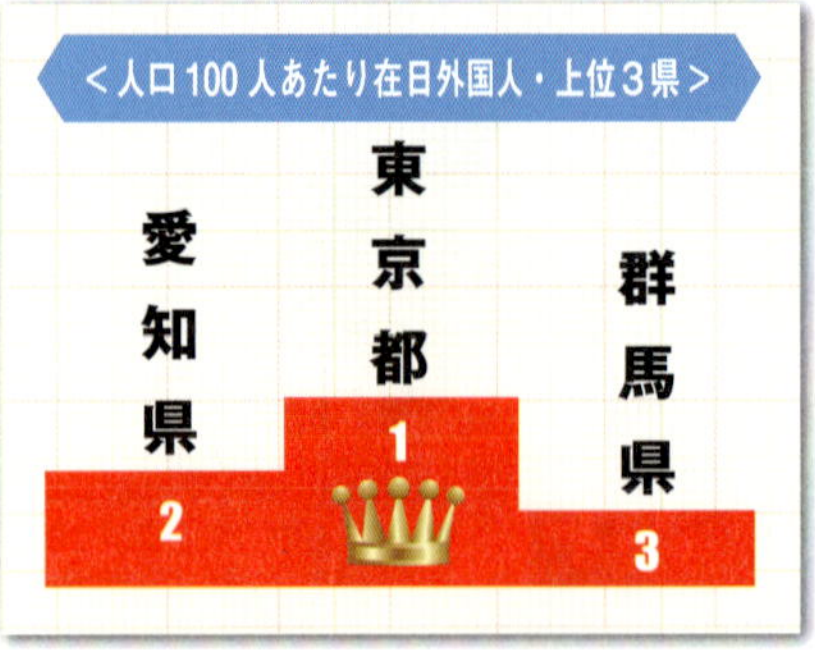

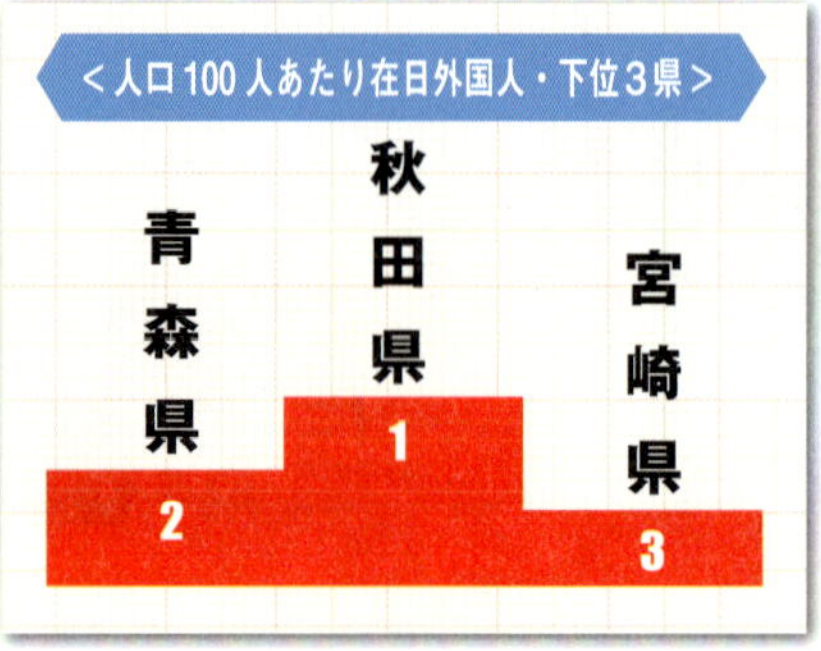

ランキング

順位	県名	データ	100人あたり	偏差値
1	東京都	521,088人	3.82人	79.89
2	愛知県	234,330人	3.12人	71.25
3	群馬県	52,979人	2.69人	65.99
4	三重県	46,176人	2.55人	64.27
5	大阪府	223,025人	2.52人	63.92
6	岐阜県	49,649人	2.46人	63.06
7	静岡県	83,093人	2.25人	60.58
8	千葉県	139,823人	2.24人	60.44
9	埼玉県	160,026人	2.20人	59.87
10	神奈川県	198,557人	2.17人	59.57
11	京都府	55,647人	2.14人	59.14
12	茨城県	60,163人	2.07人	58.34
13	栃木県	38,618人	1.96人	57.03
14	滋賀県	26,584人	1.88人	56.01
15	兵庫県	103,505人	1.88人	55.93
16	山梨県	15,079人	1.82人	55.22
17	福井県	13,203人	1.69人	53.64
18	広島県	47,663人	1.68人	53.54
19	長野県	33,518人	1.61人	52.62
20	富山県	15,798人	1.49人	51.19
21	福岡県	68,573人	1.34人	49.40
22	岡山県	24,588人	1.28人	48.67
23	香川県	11,290人	1.16人	47.17
24	石川県	13,247人	1.15人	47.04
25	島根県	7,414人	1.07人	46.10
26	山口県	14,953人	1.07人	46.07
27	沖縄県	14,599人	1.01人	45.36
28	大分県	11,362人	0.98人	44.93
29	奈良県	11,528人	0.85人	43.34
30	宮城県	19,417人	0.83人	43.13
31	長崎県	11,198人	0.82人	42.96
32	愛媛県	11,122人	0.81人	42.83
33	徳島県	5,500人	0.73人	41.91
34	鳥取県	4,152人	0.73人	41.84
35	熊本県	12,453人	0.70人	41.52
36	和歌山県	6,365人	0.67人	41.09
37	佐賀県	5,516人	0.67人	41.08
38	福島県	12,518人	0.66人	40.99
39	新潟県	14,892人	0.65人	40.90
40	山形県	6,628人	0.60人	40.21
41	高知県	4,127人	0.57人	39.93
42	北海道	29,750人	0.56人	39.72
43	鹿児島県	8,364人	0.51人	39.17
44	岩手県	6,460人	0.51人	39.15
45	宮崎県	5,367人	0.49人	38.91
46	青森県	4,912人	0.38人	37.56
47	秋田県	3,812人	0.38人	37.53
-	全国	2,471,458人	1.95人	-

在留外国人統計（法務省）

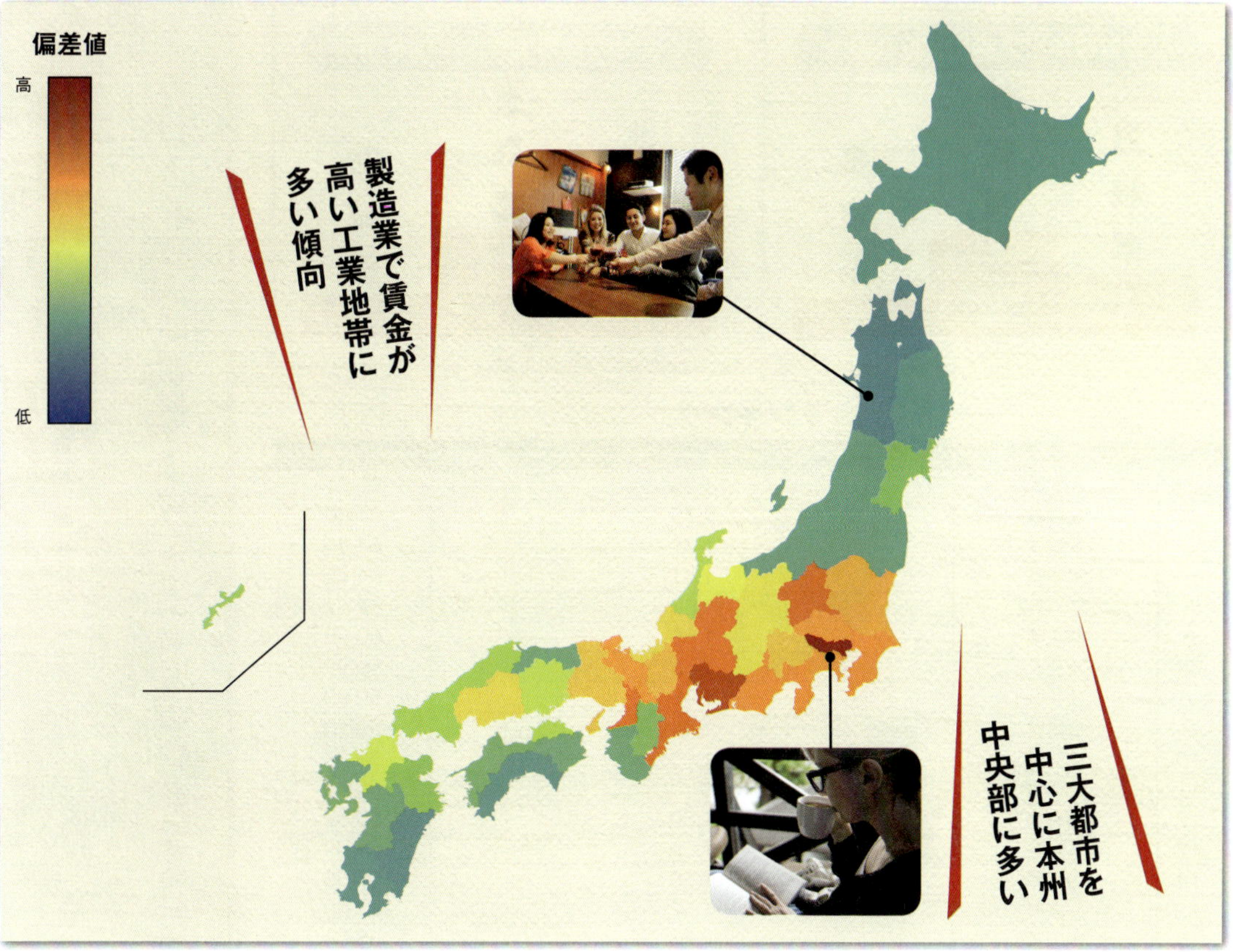
偏差値
高
低
製造業で賃金が高い工業地帯に多い傾向
三大都市を中心に本州中央部に多い

相関データ

【正の相関】

係数	項目
0.87	サラリーマン年収
0.86	在日中国人
0.84	海外旅行者数
0.84	自主財源比率
0.83	日本人男性国際結婚率
0.81	在日ベトナム人
0.81	最低賃金
0.78	県民所得
0.78	四年制大学進学率
0.76	携帯電話契約数

【負の相関】

係数	項目
-0.82	地方交付税額
-0.74	男女比
-0.74	スーパーマーケット店舗数
-0.73	軽自動車比率
-0.72	中学校数
-0.72	農業就業人口
-0.69	小学校数
-0.68	郵便局軒数
-0.67	デキ婚率
-0.67	地方公務員数

本州中央部に密集

法務省の在留外国人統計より各県の外国籍率を算出しました。

全国の在日外国人は247万1458人で、人口100人あたり平均1・95人です。100人に2人は外国人ということになります。

1位は東京の3・82人。以下、愛知、群馬、三重、大阪の順になり、都市部周辺に多いことがわかります。

反対に最下位は秋田で0・38人。以下、青森、宮崎、岩手、鹿児島と続きます。東北、九州の各県で外国籍率の低さが顕著であることがわかります。

相関するランキングを見ると、県民所得、最低賃金、製造業界年収などと正の相関があります。ここから、財政が豊かで仕事が多く、賃金が高い工業地帯に外国人が多いことがうかがえます。

合計特殊出生率

2以上なら人口が増え、2未満なら人口が減る計算になるが、1位の沖縄でも1・95と2に満たない。

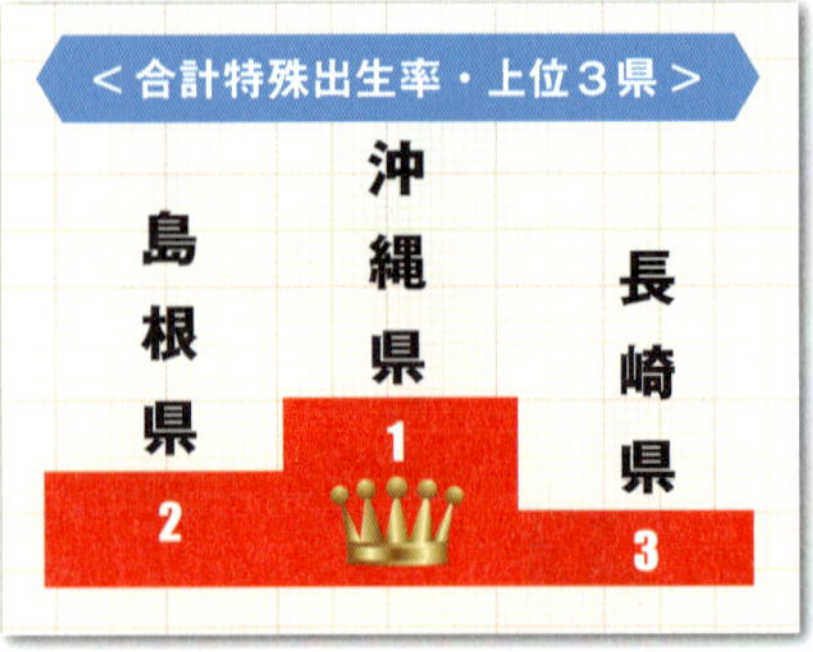

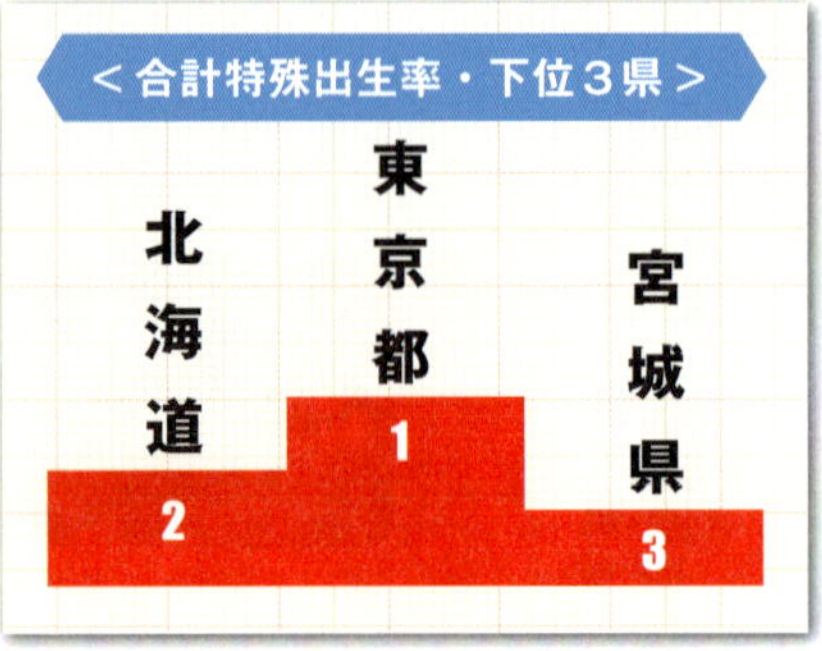

ランキング

順位	県名	データ	偏差値
1	沖縄県	1.95	82.71
2	島根県	1.75	67.50
3	長崎県	1.71	64.45
3	宮崎県	1.71	64.45
5	鹿児島県	1.68	62.17
6	熊本県	1.66	60.65
7	大分県	1.65	59.89
7	福井県	1.65	59.89
9	香川県	1.64	59.13
10	佐賀県	1.63	58.37
11	鳥取県	1.60	56.09
12	福島県	1.59	55.32
12	長野県	1.59	55.32
14	山口県	1.58	54.56
15	広島県	1.57	53.80
16	岡山県	1.56	53.04
16	滋賀県	1.56	53.04
16	愛知県	1.56	53.04
19	静岡県	1.55	52.28
20	岐阜県	1.54	51.52
20	愛媛県	1.54	51.52
22	石川県	1.53	50.76
23	徳島県	1.51	49.24
23	三重県	1.51	49.24
23	山梨県	1.51	49.24
26	富山県	1.50	48.48
26	福岡県	1.50	48.48
26	和歌山県	1.50	48.48
29	兵庫県	1.49	47.72
30	群馬県	1.48	46.96
30	青森県	1.48	46.96
32	高知県	1.47	46.20
32	茨城県	1.47	46.20
32	山形県	1.47	46.20
35	栃木県	1.46	45.44
36	岩手県	1.45	44.68
37	新潟県	1.43	43.15
38	秋田県	1.39	40.11
39	埼玉県	1.37	38.59
39	大阪府	1.37	38.59
41	神奈川県	1.36	37.83
41	奈良県	1.36	37.83
43	千葉県	1.35	37.07
44	京都府	1.34	36.31
44	宮城県	1.34	36.31
46	北海道	1.29	32.50
47	東京都	1.24	28.70
-	全国	1.44	-

人口動態調査（厚生労働省）

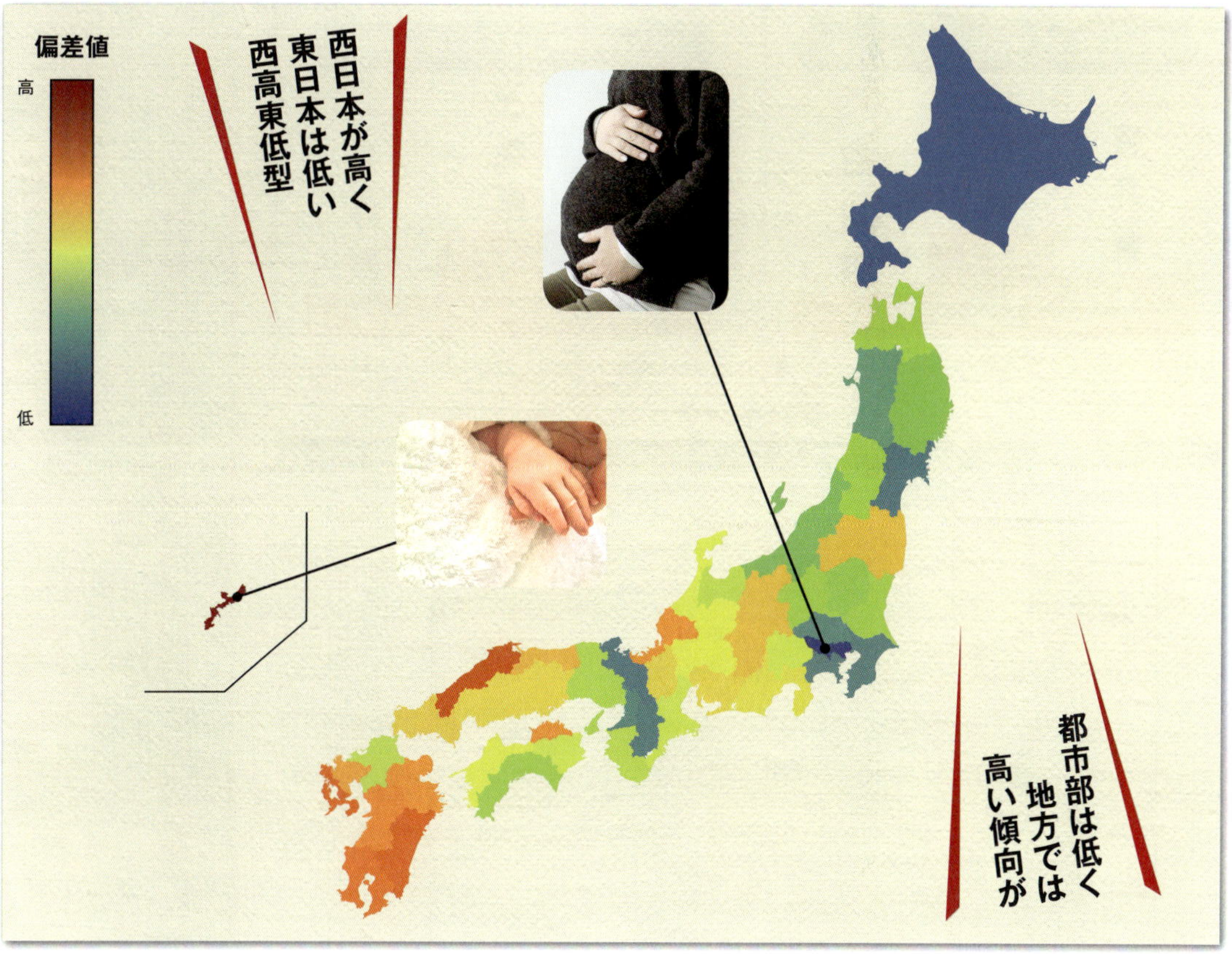
偏差値
高
低
西日本が高く
東日本は低い
西高東低型
都市部は低く
地方では
高い傾向が

相関データ

【正の相関】

係数	項目
0.90	兄弟姉妹数
0.73	中学生数
0.72	小学生数
0.70	15歳未満人口（子供の数）
0.68	新聞店店舗数
0.67	軽自動車普及率
0.64	100歳以上高齢者数
0.57	デキ婚率
0.57	書道教室数
0.56	戦後海外移住者数

【負の相関】

係数	項目
-0.69	第一子出生時年齢：女性（出産年齢）
-0.68	第一子出生時年齢：男性
-0.68	生鮮野菜消費量
-0.67	葉物野菜消費量
-0.66	新聞購読費
-0.65	ウイスキー消費量
-0.63	高校生通学時間(往復)
-0.63	鉄道通勤・通学率
-0.62	自転車保有台数
-0.61	男性初婚年齢

西日本は子だくさん傾向

合計特殊出生率は、ひとりの女性が一生のうちに産む子どもの平均数で、全国平均は1・44となりました。

突出して高い1位の沖縄は1・95と、2位の島根以下を大きく引き離していますが、それでも2以下。理論上、この数値が2以下だと人口は減っていくことになるので、少子化傾向の強さがよくわかります。

分布をみると、都市部で低く地方で高い傾向があります。またトップ10は、九州を中心に西日本の県が占めています。西日本で高く東日本で低いという傾向もあるようです。

相関をみると、出産年齢と負の相関があり、デキ婚率と正の相関があります。授かり婚で早くに多く子どもを産む女性が、全体の出生率を高めていることが想像できます。

自由民主党得票率（直近10年平均）

全国の得票率は約3割。山口や北陸などの日本海側で高い傾向にある。非正規雇用率とは負の相関が。

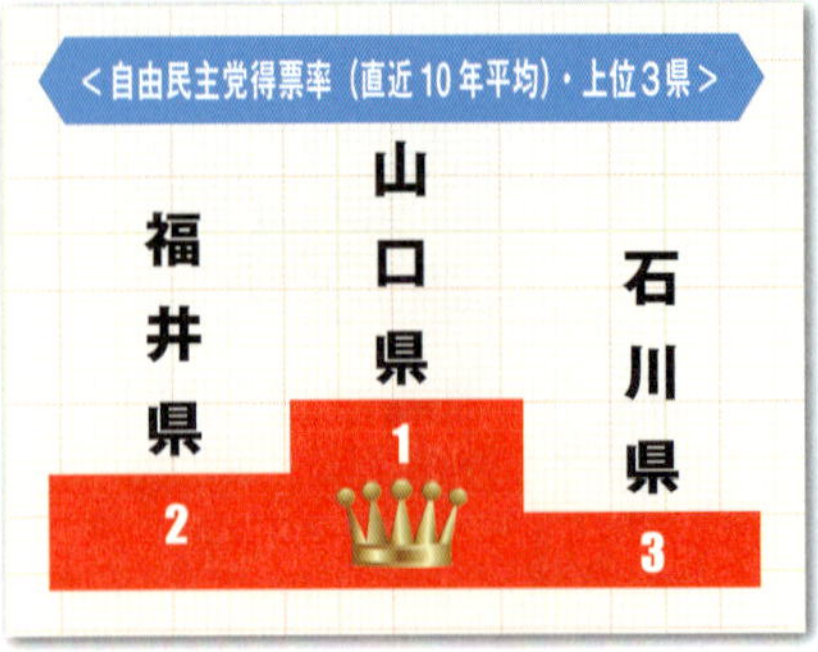

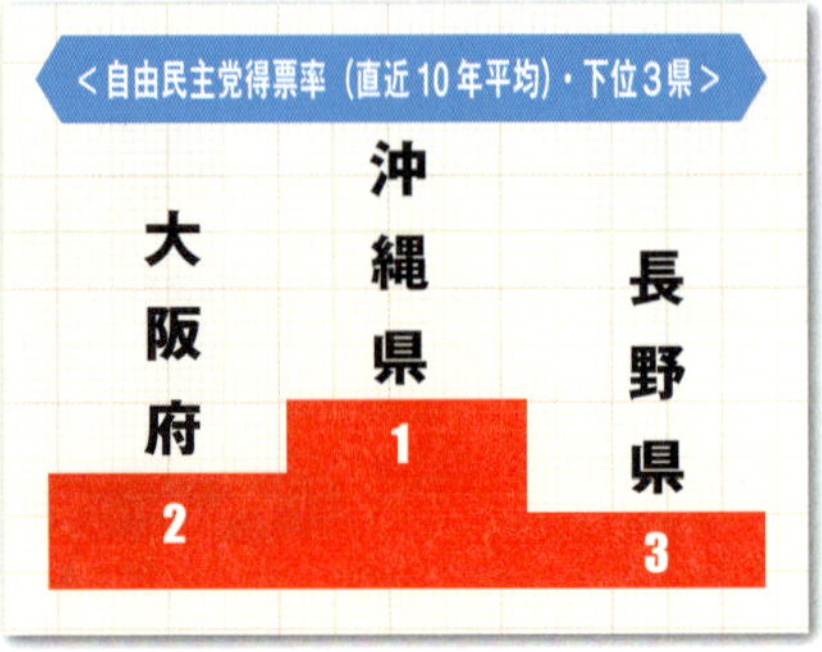

ランキング

順位	県名	データ	偏差値
1	山口県	43.04%	71.10
2	福井県	42.71%	70.40
3	石川県	41.54%	67.92
4	島根県	41.26%	67.32
5	富山県	40.53%	65.77
6	鹿児島県	39.01%	62.54
7	香川県	38.51%	61.48
8	佐賀県	37.47%	59.27
9	鳥取県	37.14%	58.57
10	熊本県	36.80%	57.85
11	群馬県	36.31%	56.81
12	青森県	36.13%	56.43
13	愛媛県	35.81%	55.75
14	秋田県	35.62%	55.34
15	宮崎県	35.60%	55.30
16	山形県	35.10%	54.24
17	新潟県	35.04%	54.11
18	茨城県	34.32%	52.58
19	岐阜県	34.15%	52.22
20	広島県	33.99%	51.88
21	長崎県	33.82%	51.52
22	徳島県	33.43%	50.69
23	和歌山県	33.09%	49.97
24	大分県	32.90%	49.57
25	岡山県	32.29%	48.27
26	静岡県	31.87%	47.38
27	山梨県	31.78%	47.19
27	滋賀県	31.78%	47.19
29	宮城県	31.39%	46.36
30	栃木県	31.21%	45.98
31	福岡県	31.14%	45.83
32	千葉県	30.98%	45.49
33	奈良県	30.93%	45.39
34	高知県	30.23%	43.90
35	三重県	30.04%	43.50
36	神奈川県	29.94%	43.28
37	福島県	29.74%	42.86
38	愛知県	28.97%	41.22
39	東京都	28.55%	40.33
40	埼玉県	28.09%	39.36
41	岩手県	28.07%	39.31
42	兵庫県	27.85%	38.85
43	北海道	27.77%	38.68
44	京都府	27.59%	38.29
45	長野県	26.95%	36.93
46	大阪府	22.84%	28.21
47	沖縄県	22.52%	27.53
-	全国	30.77%	-

選挙関連資料（総務省）

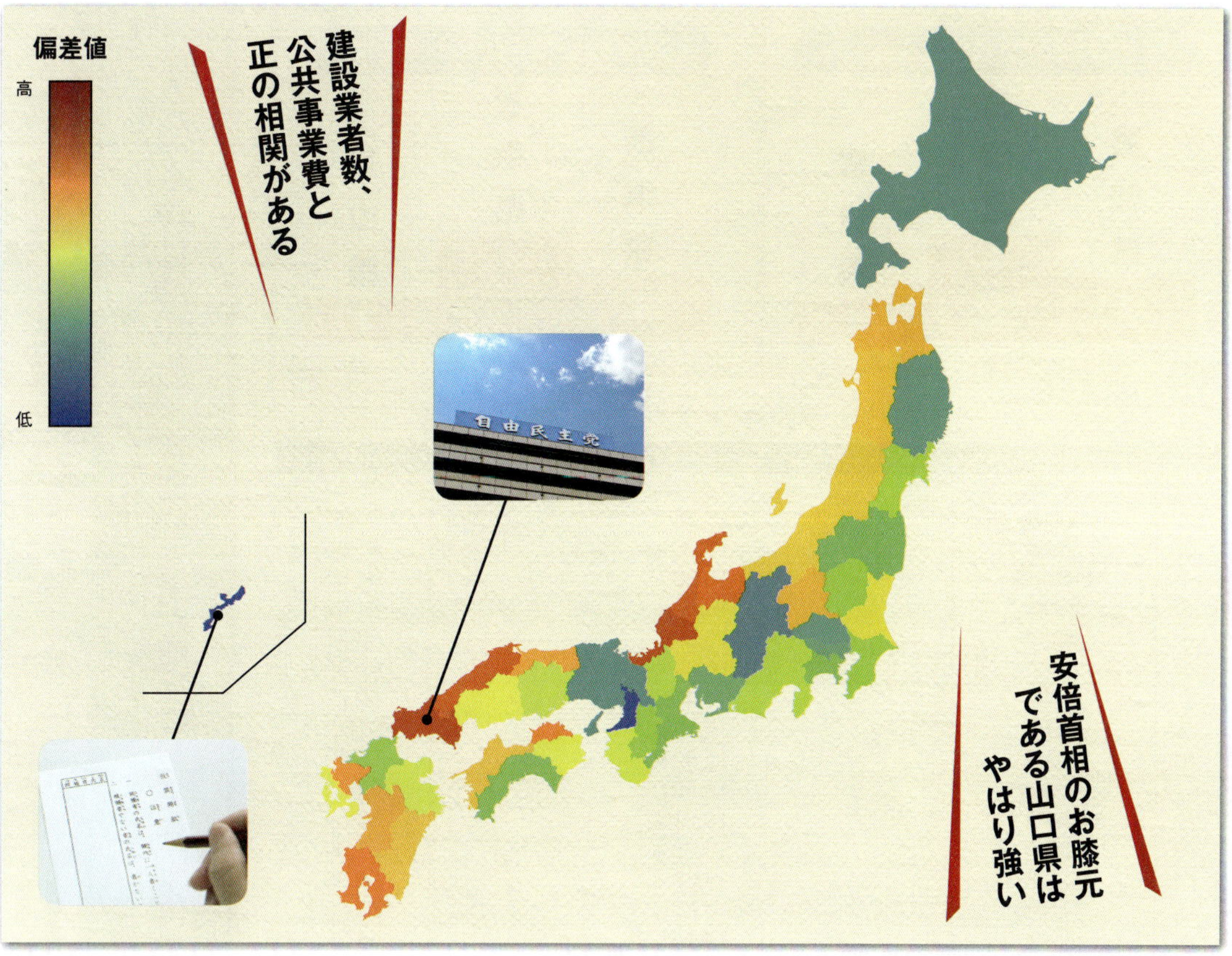
偏差値
高
低
建設業者数、
公共事業費と
正の相関がある
自由民主党
安倍首相のお膝元
である山口県は
やはり強い

相関データ

【正の相関】

係数	項目
0.70	NHK受信料支払率
0.64	共働き率
0.63	ガソリン消費量
0.61	中学生朝食摂取率
0.60	戸建て率
0.59	小学生図書館利用率
0.59	住宅延べ床面積
0.58	建設業者数
0.57	持ち家率
0.54	公共事業費

【負の相関】

係数	項目
-0.68	日本共産党得票率(直近10年間)
-0.66	非正規雇用率
-0.58	生産年齢人口
-0.58	人口集中度
-0.58	年間完全失業率
-0.55	重要犯罪認知件数
-0.55	離婚件数
-0.53	小学生長時間ネット利用率
-0.52	中学生携帯電話・スマートフォン所有率
-0.52	救急出動件数

山口が43%で第1位

2009年の衆議院議員選挙以降、7回の選挙での、自由民主党比例代表の平均得票率を算出しました。

全国での平均得票率は30・77%です。1位の山口は安倍総裁のお膝元ですが、43・04%と高くなりました。

以下、福井、石川、島根、富山と続きます。全体に日本海側が強くなっています。最下位は沖縄の22・52%。さらに大阪、長野、京都と続きます。

建設業者数や公共事業費と正の相関があり、自民党得票率が高いところでは、多くの公共事業費がまわされ、建築業者が多い傾向がわかります。

また非正規雇用率や人口集中度と負の相関があり、非正規雇用が多く、人口が過密でない地方では、自民党の得票率が高くなっているようです。

選挙区には政党だけでなく、候補者の好みが反映される可能性があるので除外し、無効票は含みません。

公明党得票率（直近10年平均）

全国平均は約13%。典型的な西高東低型で、上位5位はすべて西日本となっている。下位は北陸に多い。

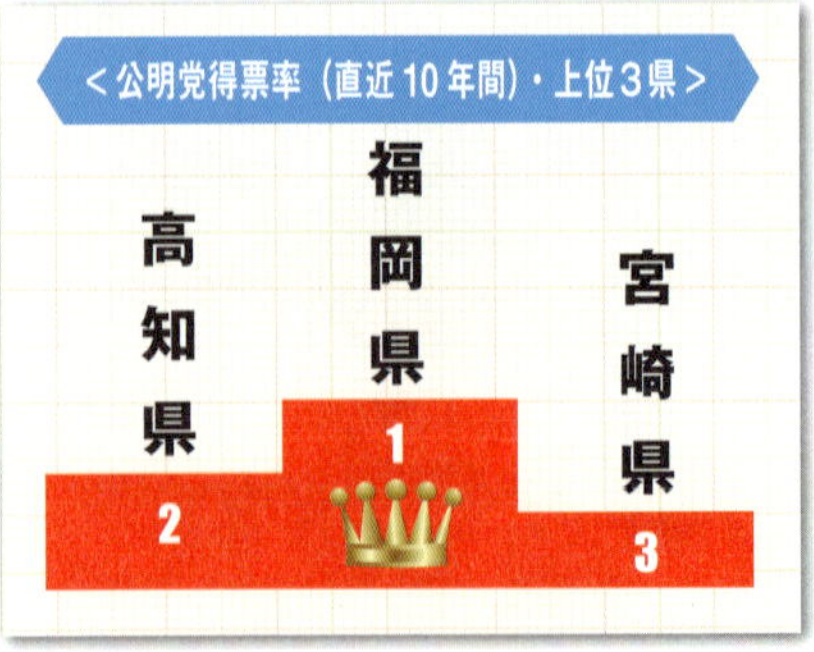

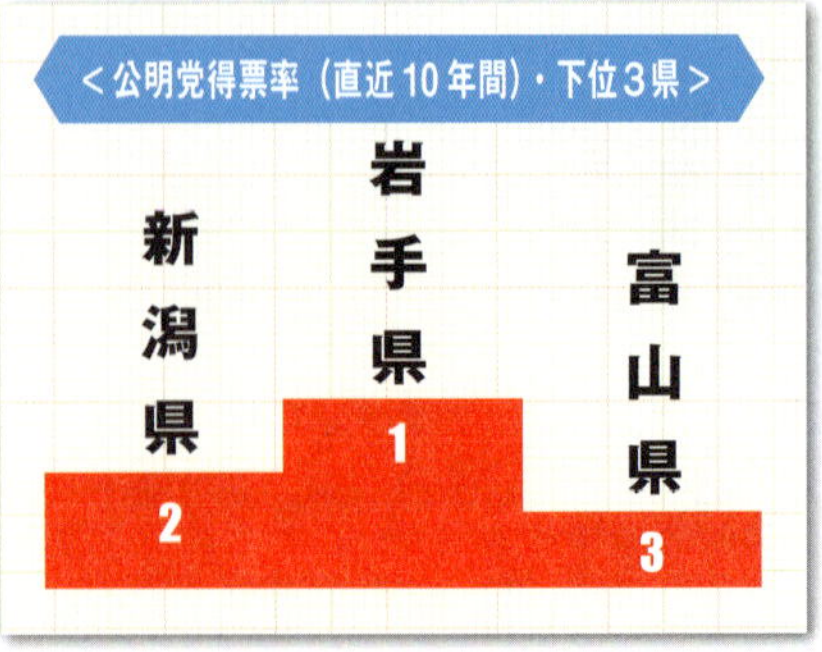

ランキング

順位	県名	データ	偏差値
1	福岡県	17.97%	68.52
2	高知県	17.36%	66.26
3	宮崎県	17.25%	65.85
4	和歌山県	16.98%	64.85
5	沖縄県	16.91%	64.59
6	岡山県	16.57%	63.33
7	大阪府	16.44%	62.85
8	鳥取県	16.42%	62.77
9	長崎県	16.15%	61.77
10	徳島県	15.52%	59.43
11	熊本県	15.49%	59.32
12	山口県	15.01%	57.54
13	愛媛県	14.88%	57.06
14	広島県	14.69%	56.35
15	鹿児島県	14.67%	56.28
16	埼玉県	14.15%	54.35
17	兵庫県	14.03%	53.91
18	茨城県	14.01%	53.83
19	香川県	13.68%	52.61
20	大分県	13.67%	52.57
21	佐賀県	13.51%	51.98
22	島根県	13.33%	51.31
23	三重県	13.10%	50.46
24	千葉県	12.81%	49.38
25	群馬県	12.39%	47.82
26	奈良県	12.36%	47.71
27	北海道	12.26%	47.34
28	山梨県	11.97%	46.26
29	宮城県	11.94%	46.15
30	静岡県	11.90%	46.00
31	愛知県	11.75%	45.45
32	栃木県	11.57%	44.78
32	岐阜県	11.57%	44.78
34	東京都	11.24%	43.56
35	神奈川県	11.23%	43.52
36	青森県	11.22%	43.48
37	京都府	11.16%	43.26
38	福島県	10.72%	41.63
39	山形県	10.65%	41.37
40	秋田県	10.08%	39.25
41	長野県	10.05%	39.14
42	福井県	9.38%	36.66
43	石川県	9.05%	35.43
44	滋賀県	8.73%	34.25
45	富山県	8.19%	32.24
46	新潟県	8.01%	31.57
47	岩手県	7.91%	31.20
-	全国	12.91%	-

選挙関連資料（総務省）

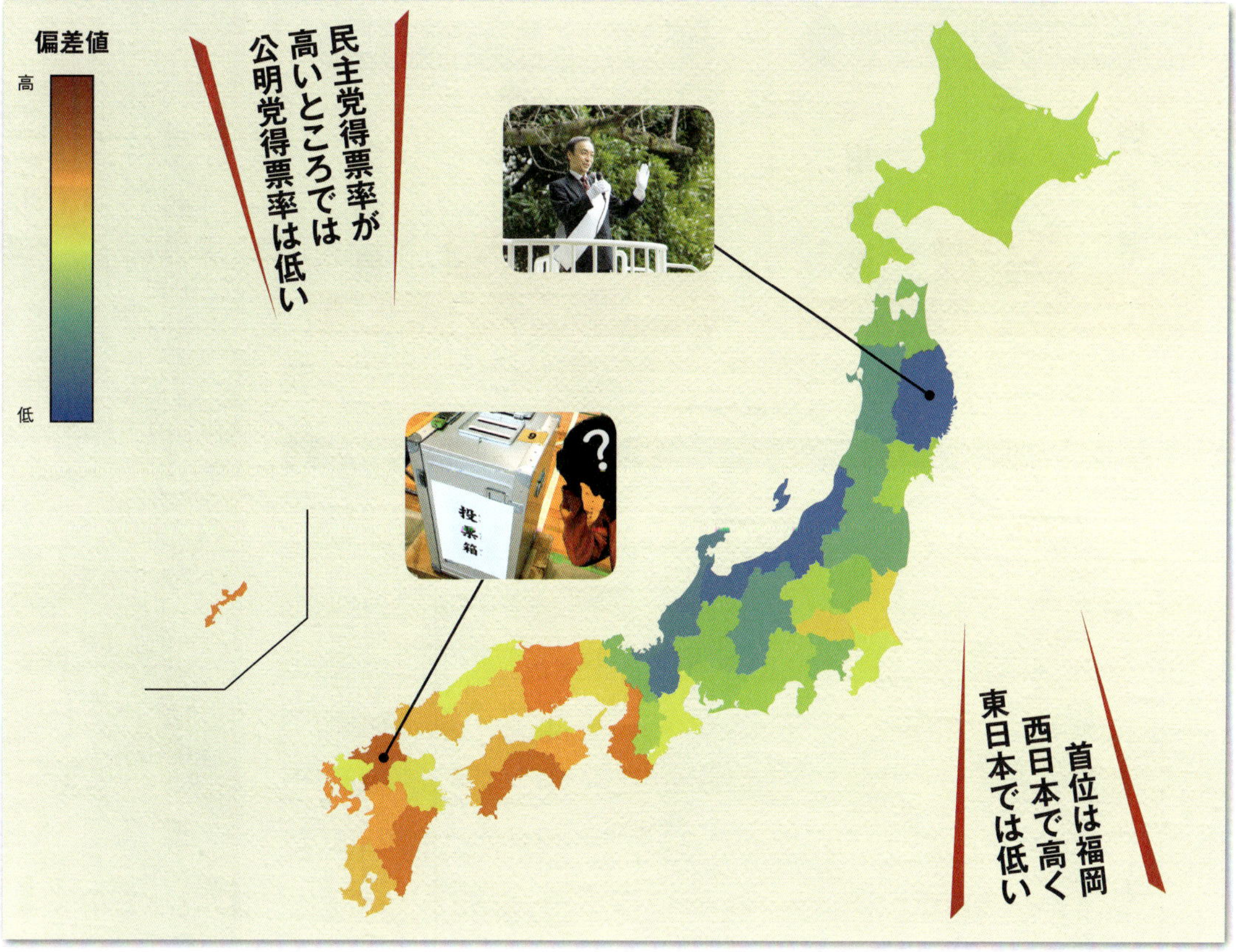
偏差値
高
低
民主党得票率が高いところでは公明党得票率は低い
投票箱
首位は福岡 西日本で高く東日本では低い

相関データ

【正の相関】

係数	項目
0.71	父子・母子家庭数
0.63	年間平均気温
0.62	再婚件数
0.62	鶏肉消費量
0.60	犬・猫殺処分数
0.58	独居老人（60代以上ひとり暮らし）
0.58	離婚件数
0.57	貧困率
0.55	生活保護受給者
0.53	少年犯罪検挙人数

【負の相関】

係数	項目
-0.61	日本酒消費量
-0.60	米生産量
-0.59	年間雪日数
-0.58	正社員数（サラリーマン数）
-0.58	サケ消費量
-0.57	小学生朝食摂取率
-0.56	小学生地域行事参加率
-0.55	三世代世帯人数
-0.54	第二次産業従業者数
-0.53	民進党（民主党）得票率(直近10年間)

くっきりと西高東低型

50ページと同様、2009年の衆議院議員選挙以降、7回の選挙での公明党比例代表の平均得票率を算出。

全国での公明党の平均得票率は12・91%でした。首位は福岡で17・87%。高知、宮崎、和歌山、沖縄と西日本の県が並びます。

最下位の岩手では、得票率が7・91%となりました。以下、新潟、富山、滋賀県、石川と北陸を中心に続きます。この分布は、典型的な西高東低型といっていいでしょう。

他党を見ると、東日本で得票率が高い、民主党得票率と負の相関があります。また、少年犯罪検挙人数、父子・母子家庭数、生活保護受給世帯と正の相関があります。

これらの数値が高いところでは、公明党やその支持母体による支援を通じて支持を広げていると考えられます。

選挙区には政党だけでなく、候補者の好みが反映される可能性があるので除外し、無効票は含みません。

民主党得票率（直近10年平均）

民主党の平均得票率は26・09%。首位の三重、2位の岩手は、いずれも有力議員のおひざもとだ。

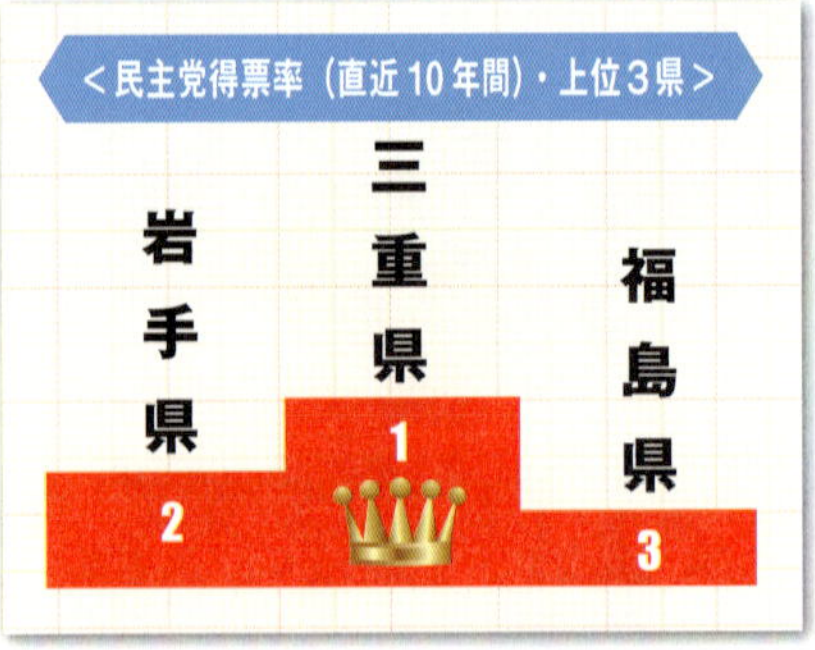

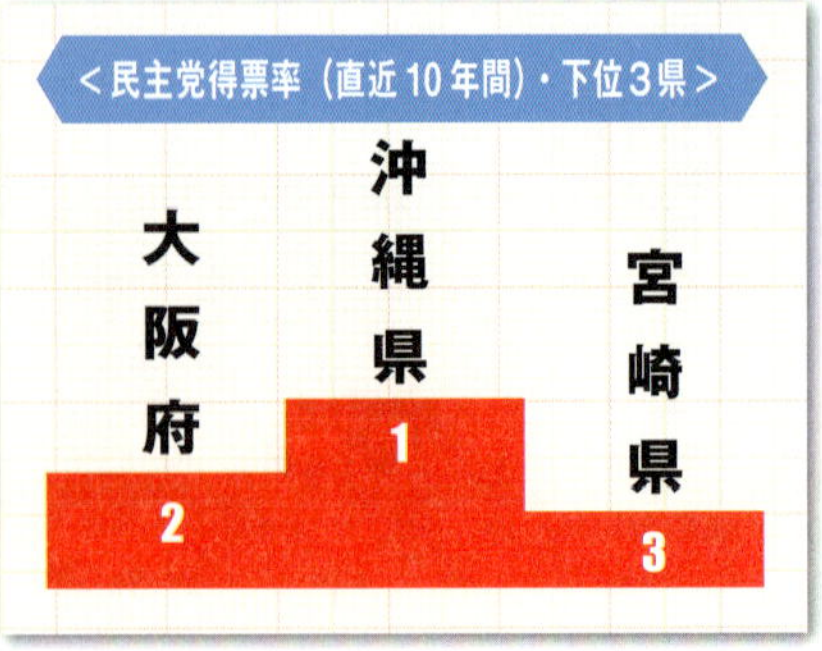

ランキング

順位	県名	データ	偏差値
1	三重県	33.28%	71.73
2	岩手県	32.95%	70.75
3	福島県	31.41%	66.17
4	愛知県	31.18%	65.48
5	新潟県	30.89%	64.62
5	北海道	30.89%	64.62
7	長野県	30.44%	63.28
8	山梨県	29.74%	61.20
9	静岡県	28.83%	58.49
10	宮城県	28.70%	58.11
11	滋賀県	28.02%	56.08
12	山形県	27.70%	55.13
13	長崎県	27.66%	55.01
14	徳島県	27.40%	54.24
15	佐賀県	27.08%	53.29
16	岐阜県	27.07%	53.26
17	青森県	26.96%	52.93
18	石川県	26.90%	52.75
19	千葉県	26.58%	51.80
20	鳥取県	26.57%	51.77
21	神奈川県	25.97%	49.99
22	埼玉県	25.84%	49.60
23	秋田県	25.81%	49.51
24	栃木県	25.65%	49.04
25	広島県	25.43%	48.38
26	福井県	25.42%	48.35
27	岡山県	25.41%	48.32
28	茨城県	25.19%	47.67
29	京都府	25.08%	47.34
29	奈良県	25.08%	47.34
31	熊本県	25.01%	47.13
32	愛媛県	24.96%	46.98
33	東京都	24.74%	46.33
34	高知県	24.63%	46.00
35	香川県	24.45%	45.47
36	兵庫県	24.37%	45.23
37	福岡県	23.66%	43.12
38	大分県	22.82%	40.62
39	鹿児島県	22.76%	40.44
39	群馬県	22.76%	40.44
41	島根県	22.57%	39.87
42	富山県	21.87%	37.79
43	山口県	21.73%	37.38
44	和歌山県	21.51%	36.72
45	宮崎県	20.81%	34.64
46	大阪府	19.82%	31.69
47	沖縄県	17.19%	23.87
-	全国	26.09%	-

選挙関連資料（総務省）

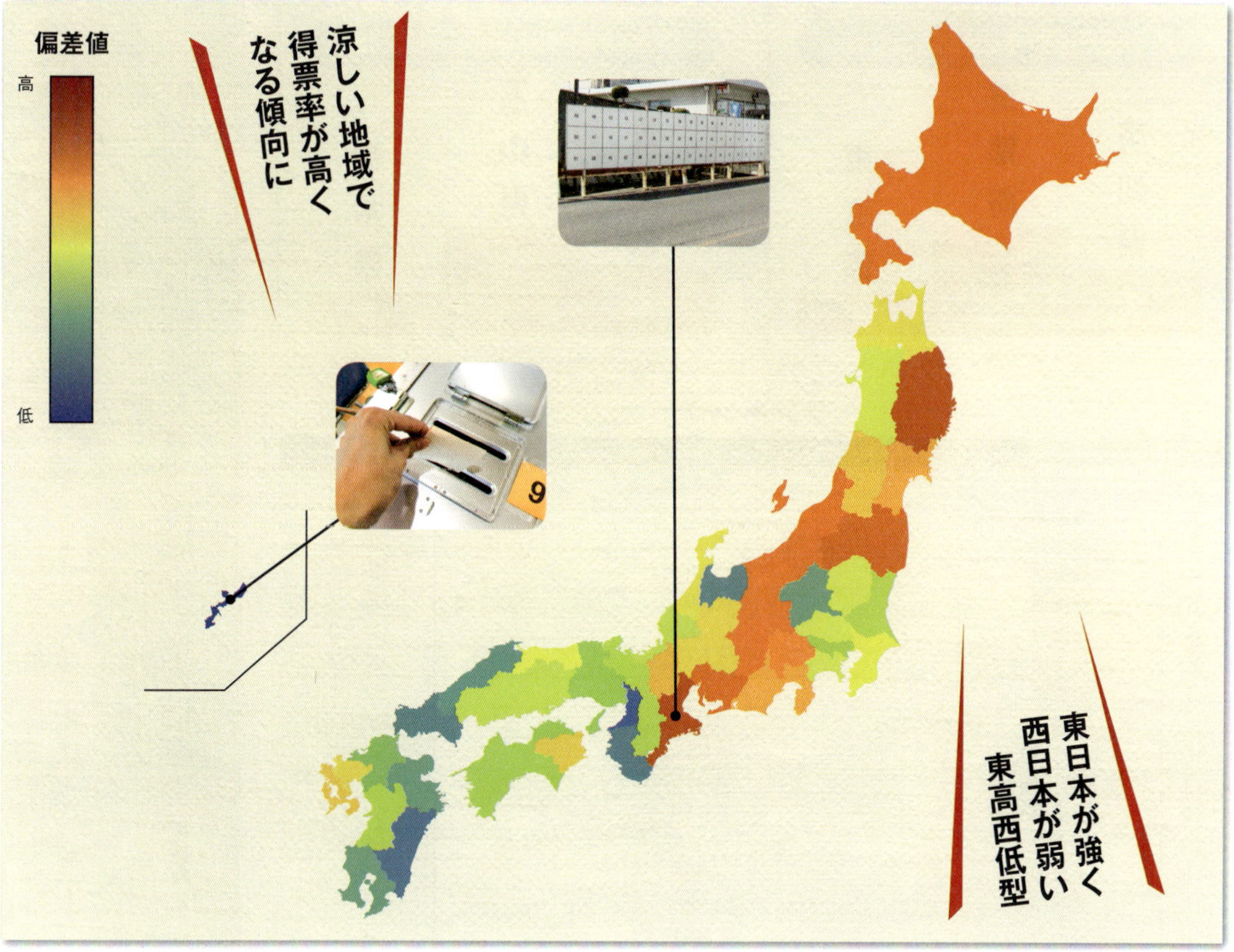

偏差値
高
低
涼しい地域で得票率が高くなる傾向に
9
東日本が強く西日本が弱い東高西低型

相関データ

【正の相関】

係数	項目
0.47	年間雪日数
0.44	ラーメン外食費用
0.44	りんご消費量
0.43	サケ消費量
0.43	びっくりドンキー店舗数
0.41	納豆消費量
0.41	2017年衆議院比例代表：投票率
0.41	高校進学率
0.40	日本酒消費量
0.40	葬儀費用

【負の相関】

係数	項目
-0.61	年間平均気温
-0.55	年間熱帯夜日数
-0.53	公明党得票率(直近10年間)
-0.52	カラオケボックス店舗数
-0.50	プロ野球選手出身地
-0.49	少年犯罪検挙人数
-0.49	年間真夏日数
-0.47	センター試験浪人率
-0.46	離婚件数
-0.45	独居老人（60代以上ひとり暮らし）

東高西低、東で強い

前項と同じく、総務省選挙関連資料から算出。2009年の衆議院議員選挙以降、2016年に維新の党と合流し民進党に改称するまでの7回の選挙での得票率です。2018年現在、民主党という名称の政党はありませんので、注意してください。

比例代表得票率の平均値を比較し、支持率計算に無効票は含まれません。

10年間の民主党平均得票率は26・09%です。1位は三重で33・28%。岩手、福島、愛知、新潟と続きます。三重は元代表・岡田克也の、そして岩手は小沢一郎の地元です。

いっぽう最下位は沖縄の17・19%。それに大阪、宮崎、和歌山が続きます。

他党のランキングを見ると、西日本で得票率の高い公明党得票率と負の相関があります。

選挙区には政党だけでなく、候補者の好みが反映される可能性があるので除外し、無効票は含みません。

日本共産党得票率（直近10年平均）

全国平均は8％強だが、大学生の多い京都や東京では10％を超える。高知や長野でも高い傾向に。

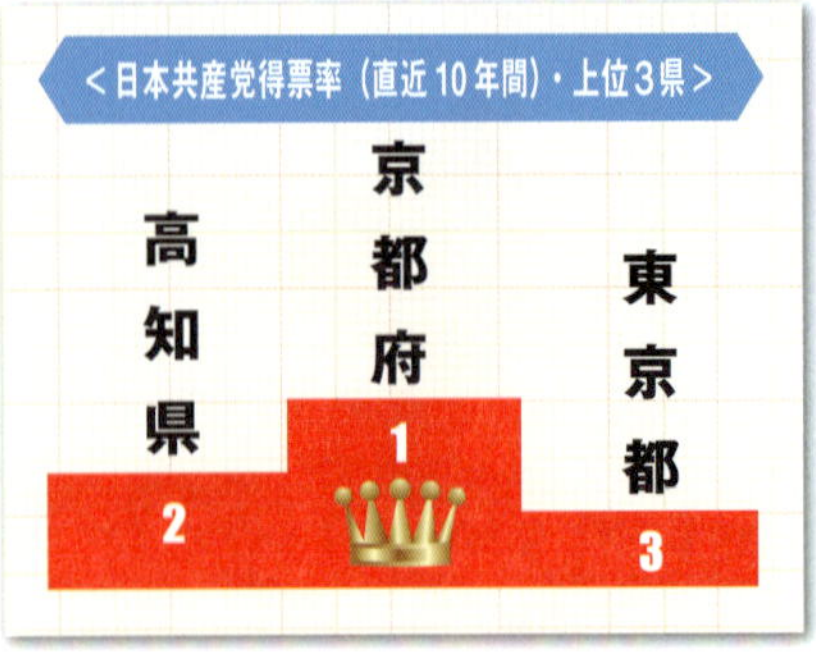

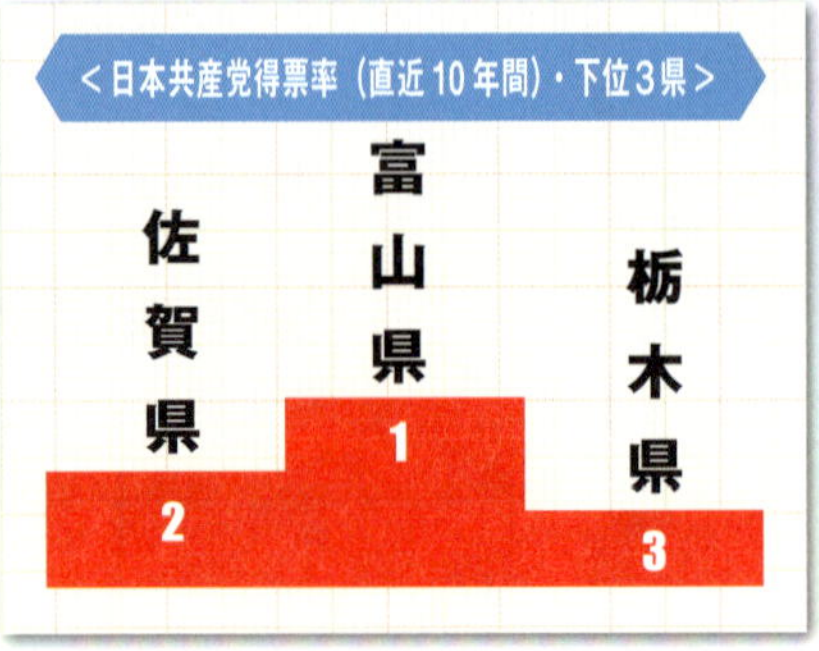

ランキング

順位	県名	データ	偏差値
1	京都府	15.41%	83.78
2	高知県	14.55%	80.08
3	東京都	11.27%	65.94
4	長野県	11.20%	65.64
5	沖縄県	10.66%	63.31
6	大阪府	10.31%	61.80
7	埼玉県	9.91%	60.07
8	滋賀県	9.22%	57.10
9	北海道	9.09%	56.54
10	和歌山県	8.94%	55.89
11	神奈川県	8.91%	55.76
12	兵庫県	8.61%	54.47
13	奈良県	8.36%	53.39
14	千葉県	8.30%	53.13
15	岩手県	8.28%	53.05
16	福岡県	7.98%	51.75
17	青森県	7.83%	51.11
18	福島県	7.79%	50.94
19	宮城県	7.70%	50.55
20	山梨県	7.69%	50.50
21	群馬県	7.56%	49.94
22	愛知県	7.44%	49.43
23	徳島県	7.42%	49.34
24	岐阜県	7.24%	48.56
25	岡山県	6.96%	47.36
26	静岡県	6.90%	47.10
27	新潟県	6.82%	46.75
28	広島県	6.55%	45.59
28	茨城県	6.55%	45.59
30	島根県	6.53%	45.50
31	鳥取県	6.46%	45.20
32	山口県	6.42%	45.03
33	三重県	6.36%	44.77
34	秋田県	6.08%	43.56
35	山形県	5.98%	43.13
36	宮崎県	5.77%	42.23
37	香川県	5.76%	42.18
38	愛媛県	5.67%	41.80
39	大分県	5.66%	41.75
40	石川県	5.26%	40.03
41	熊本県	5.21%	39.81
42	長崎県	5.20%	39.77
43	鹿児島県	4.99%	38.87
44	福井県	4.96%	38.74
45	栃木県	4.86%	38.31
46	佐賀県	4.73%	37.74
47	富山県	4.58%	37.10
-	全国	8.42%	-

選挙関連資料（総務省）

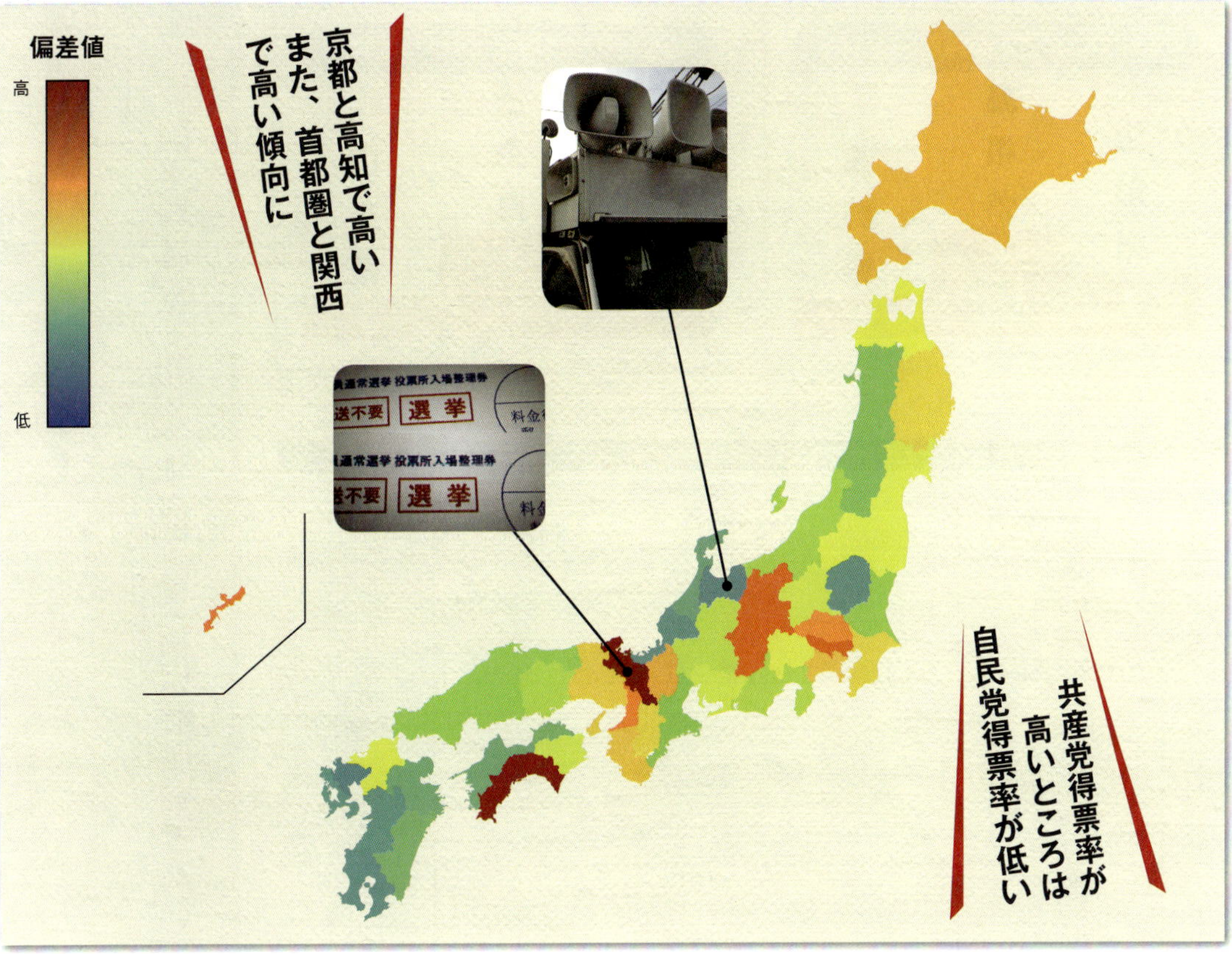
偏差値
高
低
京都と高知で高い
また、首都圏と関西
で高い傾向に
共産党得票率が
高いところは
自民党得票率が低い

相関データ

【正の相関】

係数	項目
0.67	2012年最高裁判所国民審査罷免賛成率
0.60	国立・私立中学生徒数（中学受験率）
0.60	中学生長時間ネット利用率
0.56	大学生数
0.54	Twitterユーザー数
0.54	新聞購読費
0.54	女性初婚年齢
0.53	非正規雇用率
0.50	高齢者の生活保護受給者数
0.49	在日韓国・朝鮮人

【負の相関】

係数	項目
-0.68	自由民主党得票率(直近10年平均)
-0.62	高卒就職率
-0.57	ガソリン消費量
-0.56	自家用車通勤・通学率
-0.54	自動車普及率
-0.54	NHK受信料支払率
-0.53	自動車保有台数
-0.52	小学生早寝早起き率
-0.49	共働き率
-0.47	住宅延べ床面積

京都、高知が目を引く

ここまでと同様、２００９年の衆議院議員選挙以降、７回の選挙での共産党比例代表の平均得票率を算出。

共産党の平均得票率は８・42％となりました。得票率がもっとも高いのは京都で、15・41％。２位は高知、以下、東京、長野、沖縄と続きます。

いっぽう最下位は富山で４・58％でした。さらに佐賀、栃木、福井、鹿児島と４％台が続いています。

大学生数と正の相関があり、大学生の多いところで得票率が高くなっています。また高卒就職率と負の相関があり、高校を卒業して就職した人が多いところでは得票率が低くなります。

他党との関係を見ると、自由民主党得票率とは負の相関があり、共産党得票率が高い地域は自民党得票率が低い傾向にあります。

選挙区には政党だけでなく、候補者の好みが反映される可能性があるので除外し、無効票は含みません。

比例代表投票率（直近10年平均）

全国平均は57・08%、1位の島根は65%強と高い。地域社会への関心の高さとの関係がうかがえる。

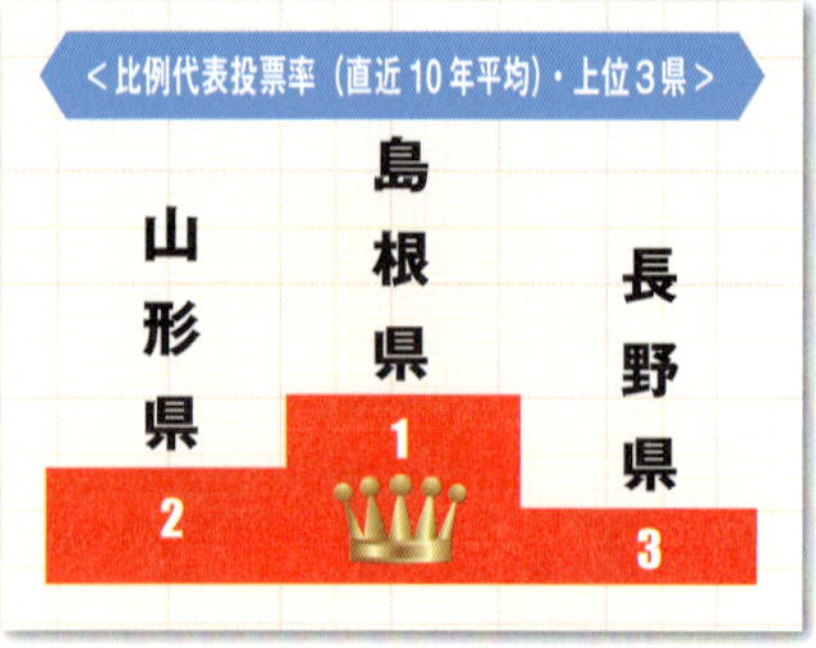

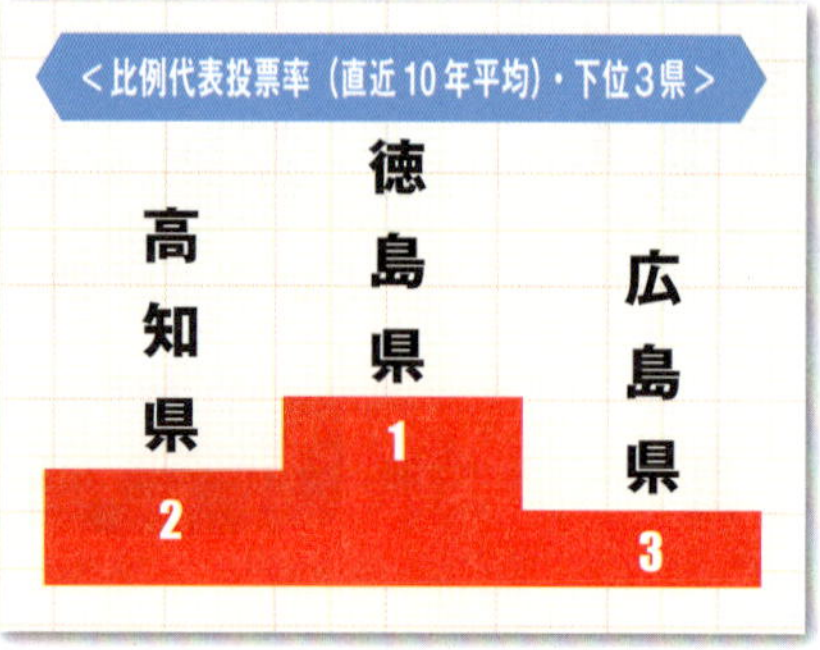

ランキング

順位	県名	データ	偏差値
1	島根県	65.53%	75.82
2	山形県	64.26%	71.54
3	長野県	62.89%	66.92
4	山梨県	62.48%	65.54
5	秋田県	62.13%	64.35
6	鳥取県	61.41%	61.93
7	岩手県	60.87%	60.10
8	佐賀県	60.78%	59.80
9	三重県	60.76%	59.73
10	新潟県	60.70%	59.53
11	北海道	60.29%	58.15
12	大分県	60.26%	58.05
13	奈良県	59.63%	55.92
14	福井県	59.61%	55.85
15	石川県	59.51%	55.52
16	岐阜県	59.29%	54.77
17	福島県	59.16%	54.34
18	滋賀県	58.96%	53.66
19	長崎県	58.72%	52.85
20	静岡県	58.38%	51.71
21	和歌山県	58.13%	50.86
22	東京都	58.03%	50.52
23	山口県	57.96%	50.29
24	愛知県	57.58%	49.01
25	熊本県	57.57%	48.97
26	富山県	57.53%	48.84
27	鹿児島県	57.07%	47.29
28	神奈川県	57.06%	47.25
29	愛媛県	56.33%	44.79
30	香川県	56.12%	44.08
31	群馬県	55.84%	43.14
32	沖縄県	55.66%	42.53
33	茨城県	55.54%	42.13
34	福岡県	55.21%	41.01
35	兵庫県	55.16%	40.84
36	埼玉県	55.15%	40.81
37	大阪府	55.07%	40.54
38	京都府	55.03%	40.41
39	栃木県	54.50%	38.62
40	宮崎県	54.49%	38.58
41	岡山県	54.46%	38.48
42	宮城県	54.43%	38.38
43	千葉県	54.36%	38.15
44	青森県	54.25%	37.77
45	広島県	54.19%	37.57
46	高知県	54.04%	37.07
47	徳島県	53.72%	35.99
-	全国	57.08%	-

各都道府県選挙管理委員会（総務省）

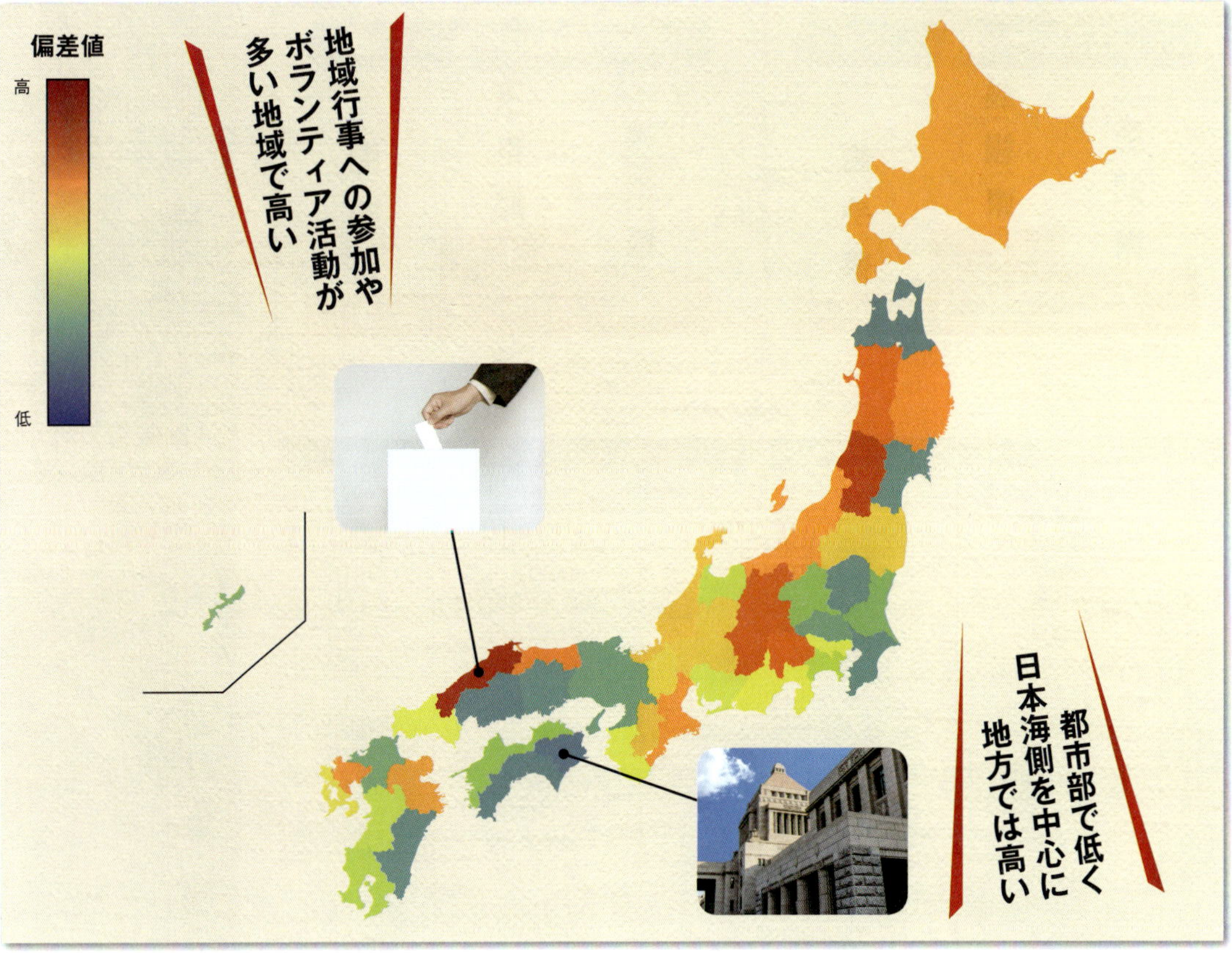
偏差値
高
低
地域行事への参加やボランティア活動が多い地域で高い
都市部で低く日本海側を中心に地方では高い

相関データ

【正の相関】

係数	項目
0.61	小学生地域行事参加率
0.58	老舗企業数
0.57	老衰死亡者数
0.55	住宅延べ床面積
0.55	日本酒酒造場数
0.55	寺院数
0.55	三世代世帯人数
0.53	中学生地域行事参加率
0.51	共働き率
0.50	25歳以上ボランティア人口

【負の相関】

係数	項目
-0.55	核家族率
-0.47	少年犯罪検挙人数
-0.47	年間完全失業率
-0.46	小学生携帯電話・スマートフォン所有率
-0.44	重要犯罪認知件数
-0.44	離婚件数
-0.44	生活保護受給者
-0.43	刑法犯認知件数
-0.42	独居老人（60代以上ひとり暮らし）
-0.41	人口集中度

地方、日本海側が高め

総務省の選挙関連資料をもとに、2009年の衆議院議員選挙以降、7回の選挙の比例代表投票率の平均値を算出し、都道府県ごとに比較しました。

全国の平均は57・08％です。もっとも高いのは島根で65・53％。山形、長野、山梨、秋田と続きます。いっぽう、もっとも低いのは徳島の53・72％％。さらに高知、広島、青森、千葉の順となります。

他のランキングを見ると、小学生地域行事参加率、中学生地域行事参加率、25歳以上ボランティア人口と正の相関があります。

ここから、地域行事に参加する子どもやボランティア活動する大人が多い地域では、投票率が高いことがわかります。

つまり、地域や社会への関心の高さが、投票率の高さと関係があるようです。

地方交付税額

首位の島根は約49万円。最下位・東京との差がはげしく、その差はなんと100倍となっている。

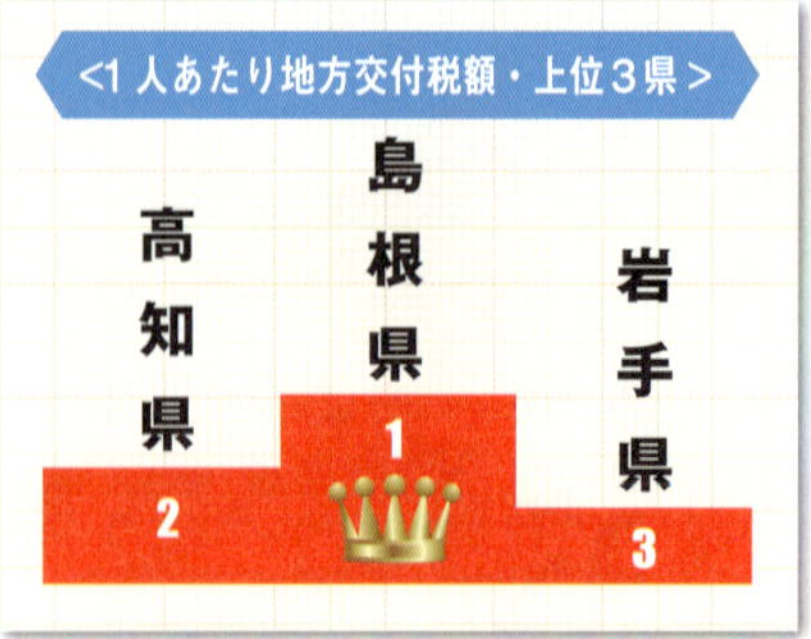

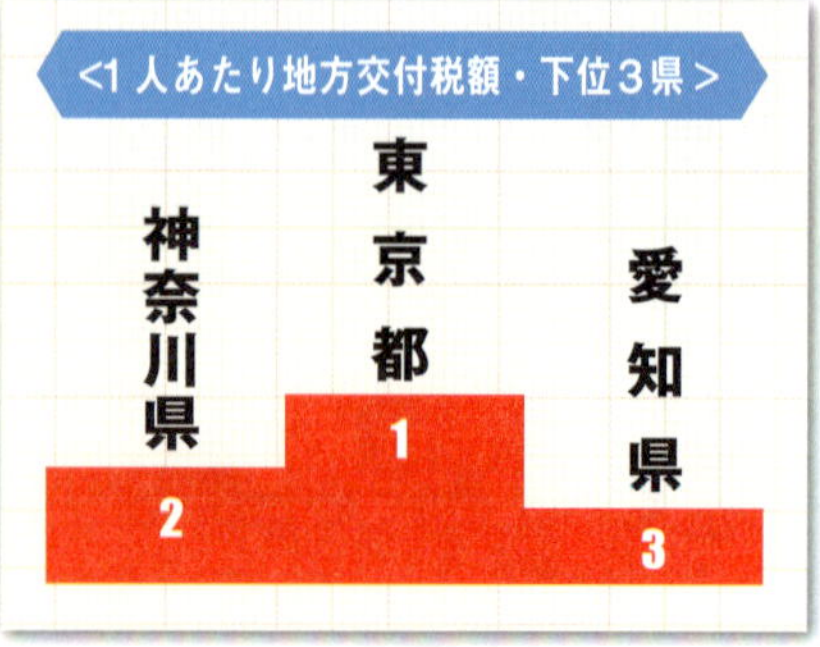

ランキング

順位	県名	データ	1人あたり	偏差値
1	島根県	3,396億円	48.92万円	73.41
2	高知県	3,186億円	43.73万円	68.90
3	岩手県	5,510億円	43.05万円	68.31
4	鳥取県	2,329億円	40.60万円	66.18
5	秋田県	3,956億円	38.67万円	64.50
6	青森県	4,376億円	33.44万円	59.96
7	鹿児島県	5,393億円	32.71万円	59.32
8	徳島県	2,460億円	32.53万円	59.17
9	長崎県	4,347億円	31.55万円	58.32
10	和歌山県	2,979億円	30.91万円	57.76
11	山形県	3,391億円	30.19万円	57.14
12	宮崎県	3,317億円	30.04万円	57.00
13	佐賀県	2,477億円	29.73万円	56.73
14	山梨県	2,342億円	28.05万円	55.27
15	福島県	5,321億円	27.81万円	55.07
16	北海道	1兆4,858億円	27.60万円	54.89
17	大分県	3,161億円	27.09万円	54.45
18	福井県	2,037億円	25.88万円	53.40
19	熊本県	4,511億円	25.25万円	52.84
20	沖縄県	3,572億円	24.91万円	52.55
21	新潟県	5,485億円	23.79万円	51.58
22	愛媛県	3,293億円	23.76万円	51.55
23	宮城県	5,479億円	23.47万円	51.30
24	長野県	4,779億円	22.76万円	50.68
25	山口県	3,156億円	22.47万円	50.43
26	富山県	2,260億円	21.18万円	49.31
27	石川県	2,405億円	20.84万円	49.01
28	奈良県	2,831億円	20.74万円	48.93
29	香川県	1,967億円	20.14万円	48.41
30	岡山県	3,531億円	18.37万円	46.87
31	岐阜県	3,516億円	17.30万円	45.94
32	三重県	2,682億円	14.77万円	43.74
33	滋賀県	2,084億円	14.75万円	43.73
34	広島県	3,949億円	13.88万円	42.97
35	茨城県	3,964億円	13.59万円	42.72
36	群馬県	2,525億円	12.79万円	42.03
37	京都府	3,295億円	12.62万円	41.88
38	福岡県	6,142億円	12.04万円	41.37
39	栃木県	2,194億円	11.11万円	40.57
40	兵庫県	6,139億円	11.09万円	40.55
41	静岡県	2,601億円	7.03万円	37.02
42	大阪府	5,481億円	6.20万円	36.30
43	千葉県	3,513億円	5.64万円	35.82
44	埼玉県	3,668億円	5.05万円	35.30
45	愛知県	1,796億円	2.40万円	33.00
46	神奈川県	1,718億円	1.88万円	32.55
47	東京都	532億円	0.39万円	31.26
-	全国	17兆3,906億円	13.68万円	-

地方財政状況調査関係資料（総務省）

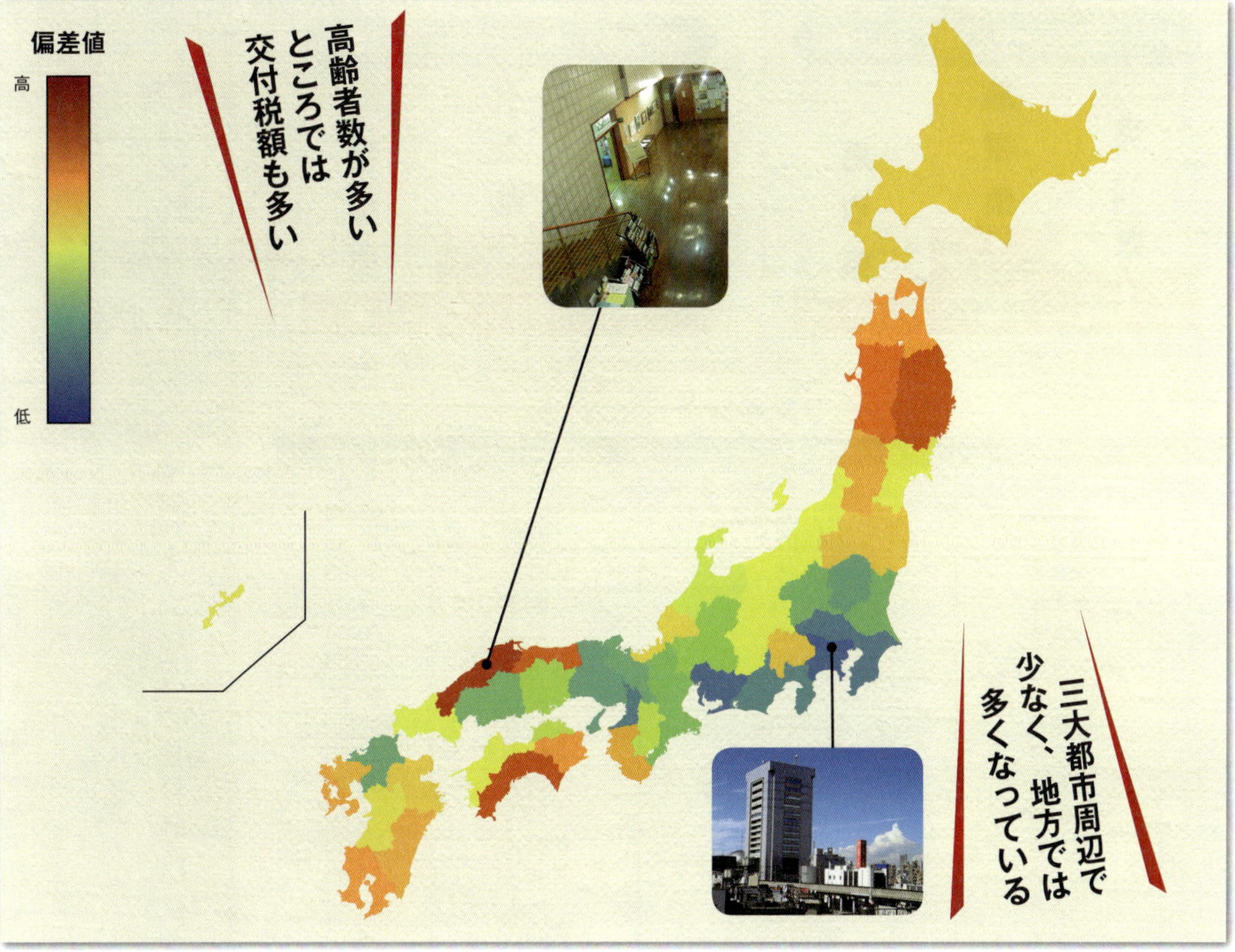
偏差値
高
低
高齢者数が多いところでは交付税額も多い
三大都市周辺で少なく、地方では多くなっている

相関データ

【正の相関】

係数	項目
0.93	地方公務員数
0.91	教職員数
0.91	高校数
0.91	郵便局軒数
0.89	中学校数
0.87	小学校数
0.84	地方債発行額
0.83	都道府県議会議員数
0.82	農業就業人口
0.72	65歳以上人口（高齢者数）

【負の相関】

係数	項目
-0.88	自主財源比率
-0.83	最低賃金
-0.83	海外旅行者数
-0.82	在日外国人
-0.79	総人口増減率
-0.79	家賃
-0.78	四年制大学進学率
-0.78	生産年齢人口
-0.75	通勤時間
-0.74	日経新聞販売部数

島根は東京の約１００倍！

総務省の地方財政状況調査関係資料から算出。

２０１５年に各都道府県、市区町村が受け取った額の合計を人口で割り、１人あたりの額を比較しました。

２０１５年の地方交付税は合計17兆３９０６億円で、国民１人あたり13・68万円です。

１位は島根で48・92万円。これは平均の3倍以上の額となりました。高知、岩手、鳥取、秋田と続きます。最下位は東京で０・51万円（５１００円）。以下、神奈川、愛知、埼玉、千葉と続きます。

高齢者数と正の相関があり、生産年齢人口と負の相関があることから、高齢者が多く現役世代が少ないところで地方交付税額が多くなっています。

現役世代から高齢世代に地方交付税というかたちで資金がわたっているようです。

地方公務員数

総数は約253万人。人口100人あたりでは約2人となる。全体に日本海側に多い傾向がある。

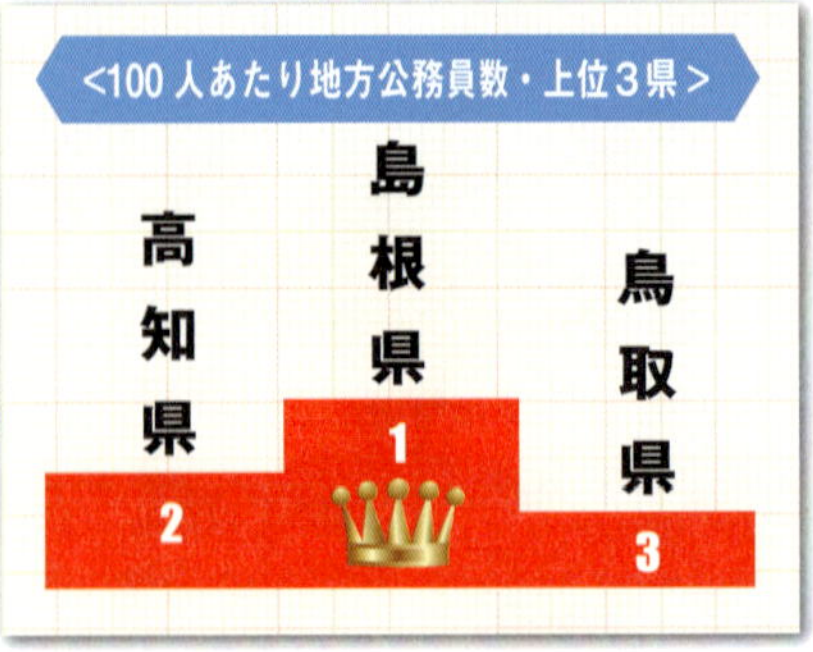

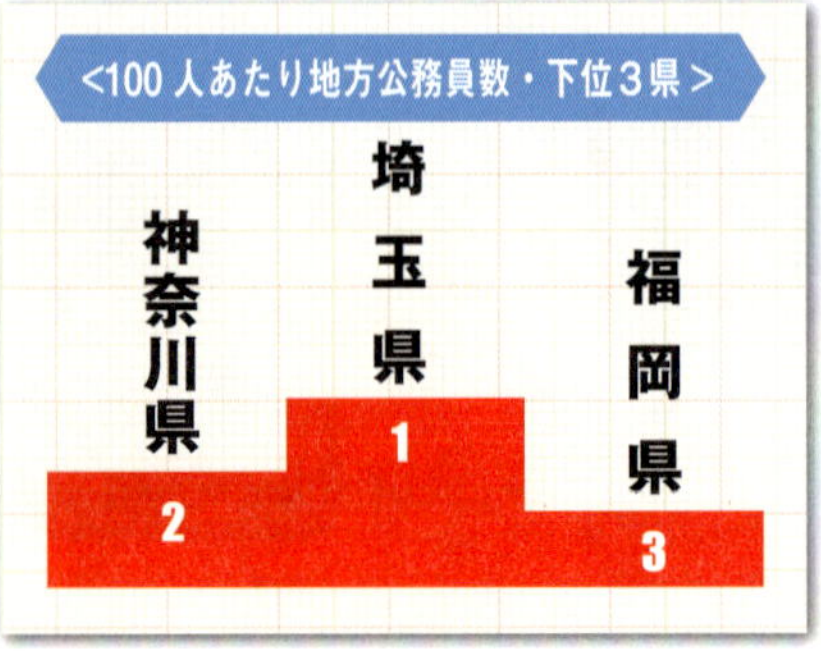

ランキング

順位	県名	データ	100人あたり	偏差値
1	島根県	22,077人	3.20人	73.06
2	高知県	22,182人	3.08人	69.99
3	鳥取県	17,497人	3.07人	69.82
4	徳島県	21,525人	2.87人	64.83
5	岩手県	35,975人	2.84人	64.01
6	福井県	21,193人	2.71人	60.84
7	山形県	29,811人	2.68人	60.05
8	和歌山県	24,862人	2.61人	58.24
9	山梨県	21,547人	2.60人	57.99
10	青森県	33,338人	2.58人	57.55
11	秋田県	25,708人	2.55人	56.73
12	鹿児島県	41,391人	2.53人	56.30
13	富山県	26,666人	2.51人	55.93
14	北海道	131,728人	2.46人	54.63
15	沖縄県	35,391人	2.46人	54.58
16	宮崎県	26,771人	2.44人	54.16
17	佐賀県	20,214人	2.44人	54.13
18	愛媛県	33,120人	2.41人	53.32
19	新潟県	54,615人	2.39人	52.83
20	香川県	23,220人	2.39人	52.82
21	大分県	27,513人	2.37人	52.39
22	石川県	26,938人	2.34人	51.61
23	福島県	44,271人	2.33人	51.32
24	山口県	32,327人	2.32人	51.07
25	長崎県	31,553人	2.31人	50.80
26	長野県	47,621人	2.28人	50.12
27	滋賀県	31,969人	2.26人	49.66
28	熊本県	39,282人	2.21人	48.46
29	宮城県	51,333人	2.20人	48.18
30	三重県	39,209人	2.17人	47.32
31	岐阜県	43,657人	2.16人	47.08
32	岡山県	39,341人	2.05人	44.47
33	群馬県	40,165人	2.04人	44.16
34	奈良県	27,371人	2.02人	43.57
35	京都府	50,862人	1.95人	41.92
36	兵庫県	105,637人	1.91人	40.95
37	広島県	54,284人	1.91人	40.95
38	栃木県	37,213人	1.89人	40.43
39	茨城県	54,548人	1.88人	40.06
40	静岡県	69,135人	1.87人	39.98
41	愛知県	137,395人	1.83人	38.87
42	東京都	239,378人	1.76人	37.04
43	大阪府	151,851人	1.72人	36.10
44	千葉県	105,768人	1.70人	35.52
45	福岡県	84,121人	1.65人	34.32
46	神奈川県	138,281人	1.51人	30.93
47	埼玉県	110,155人	1.51人	30.91
-	全国	2,530,009人	1.99人	-

地方公共団体の定員や給与の状況（総務省）

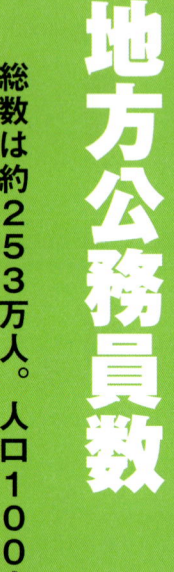

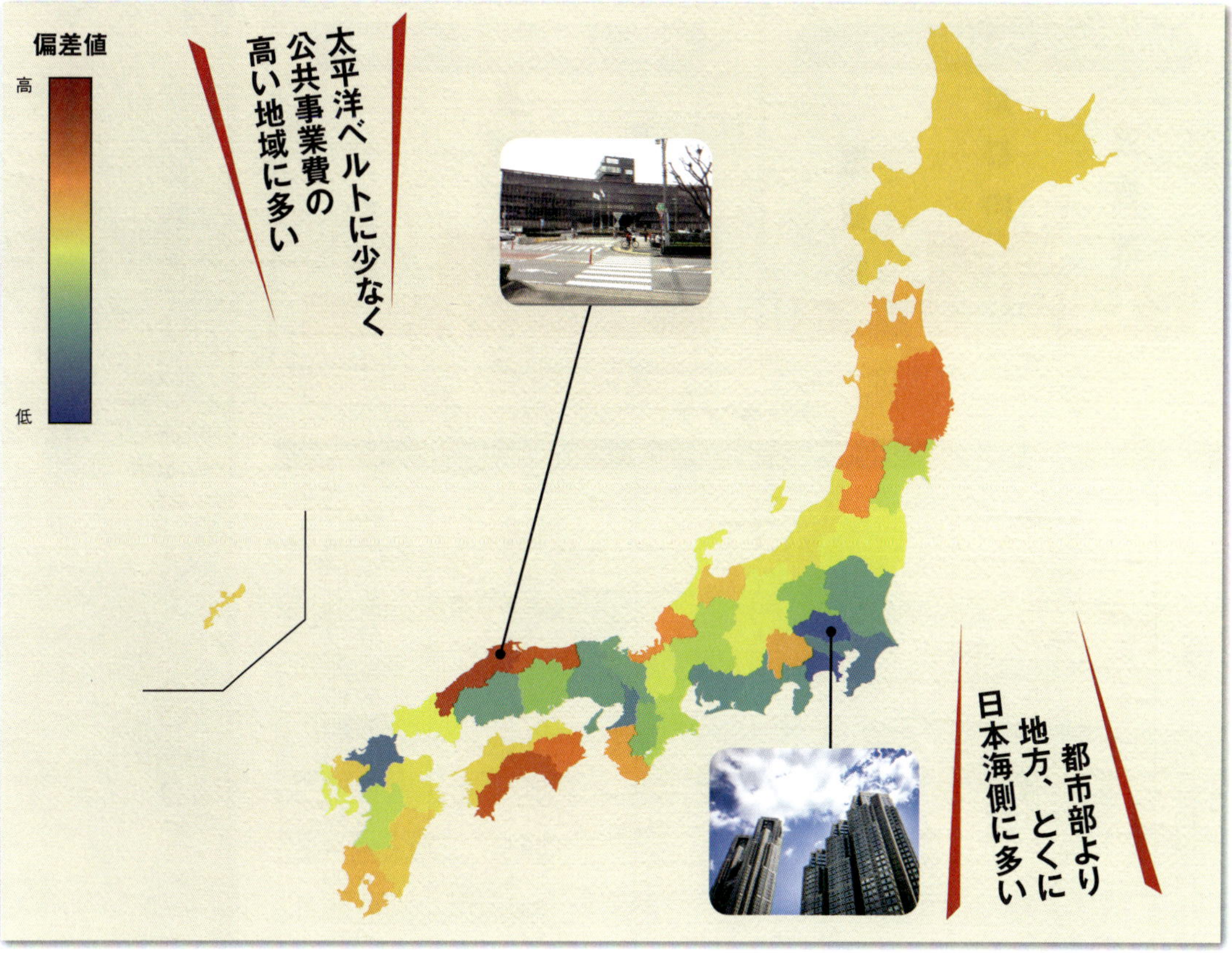

相関データ

【正の相関】

係数	項目
0.93	地方交付税額
0.93	教職員数
0.88	高校数
0.87	郵便局軒数
0.85	小学校数
0.83	河川延長
0.83	スーパーマーケット店舗数
0.81	中学校数
0.80	公共事業費
0.78	保育園数

【負の相関】

係数	項目
-0.79	自主財源比率
-0.78	通勤時間
-0.76	最低賃金
-0.75	鉄道切符代
-0.74	海外旅行者数
-0.73	サラリーマン年収
-0.73	生産年齢人口
-0.72	人口集中度
-0.72	家賃
-0.72	総人口増減率

日本海側に多い傾向

総務省が発表する「地方公共団体の定員や給与の状況」より、都道府県職員数、市町村職員数、政令指定都市職員数の合計を比較しました。このほか、各県に振りわけられない、県をまたがった組織や国家公務員は含みません。

その結果、地方公務員数の総数は２５３万９人で、人口１００人あたり平均１・９９人です。１位は島根で３・２０人。高知、鳥取、徳島、岩手と続きます。全体に、太平洋側よりも日本海側が多い傾向があります。

最下位は埼玉で１・５１人。そこから神奈川、福岡、千葉、大阪という順です。

相関ランキングを見ると、山がちな地形で、公共事業費が高く、小学校が多い地域に公務員が多いことがわかります。地方公務員の40%が教員であることも一因でしょう。

大学生数

全国の大学生は約２５７万人で、人口１００人あたり約２人。京都、東京が１位２位で、圧倒的に多い。

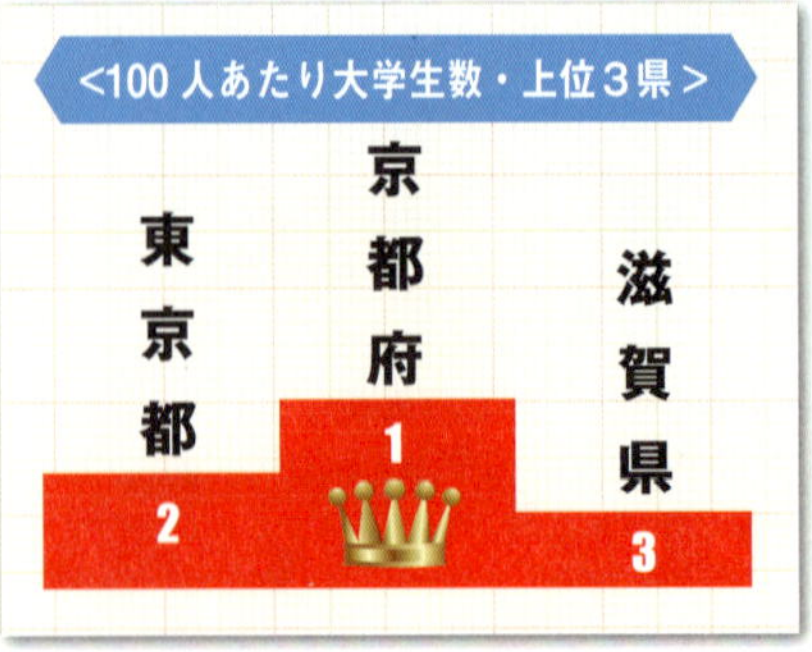

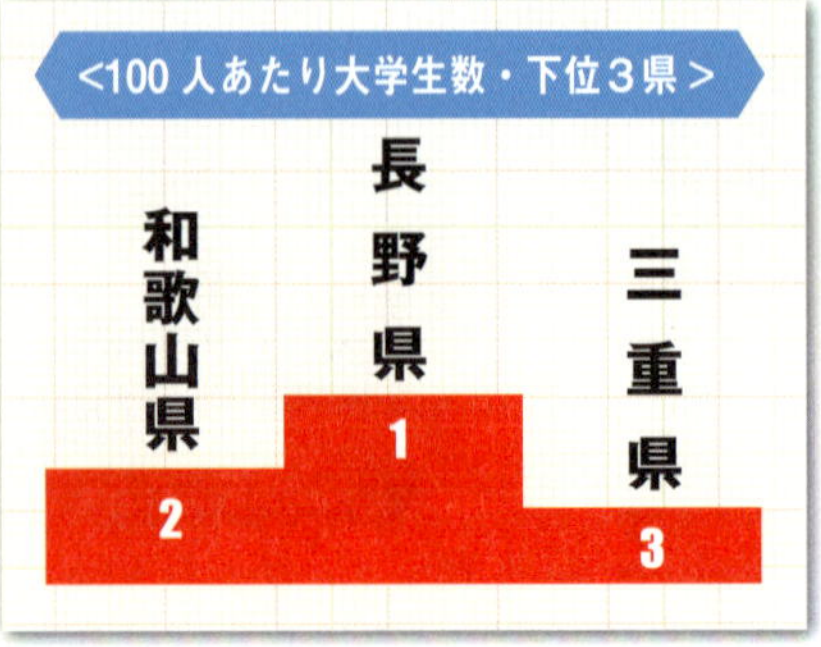

ランキング

順位	県名	データ	100人あたり	偏差値
1	京都府	139,276人	5.35人	93.05
2	東京都	642,914人	4.72人	86.00
3	滋賀県	33,933人	2.40人	59.95
4	大阪府	206,486人	2.34人	59.23
5	愛知県	172,004人	2.29人	58.71
6	宮城県	50,206人	2.15人	57.17
7	福岡県	109,361人	2.14人	57.04
8	石川県	24,552人	2.13人	56.93
9	神奈川県	189,578人	2.07人	56.25
10	兵庫県	114,321人	2.07人	56.23
11	山梨県	16,269人	1.96人	54.98
12	広島県	54,104人	1.91人	54.39
13	岡山県	36,105人	1.89人	54.14
14	千葉県	106,202人	1.70人	52.09
15	埼玉県	118,690人	1.63人	51.26
16	奈良県	21,485人	1.58人	50.76
17	徳島県	11,768人	1.57人	50.59
18	北海道	79,970人	1.49人	49.75
19	熊本県	26,296人	1.48人	49.61
20	群馬県	26,146人	1.33人	47.89
21	大分県	15,106人	1.30人	47.59
22	沖縄県	18,359人	1.28人	47.29
23	長崎県	17,256人	1.26人	47.14
24	山口県	17,211人	1.23人	46.83
25	愛媛県	15,860人	1.15人	45.92
26	青森県	14,848人	1.15人	45.86
27	高知県	8,059人	1.12人	45.52
28	福井県	8,624人	1.10人	45.35
29	新潟県	24,871人	1.09人	45.18
30	鳥取県	6,002人	1.05人	44.79
31	茨城県	30,571人	1.05人	44.78
32	栃木県	20,205人	1.03人	44.50
33	山形県	11,224人	1.01人	44.29
34	鹿児島県	16,255人	0.99人	44.11
35	富山県	10,207人	0.96人	43.76
36	岐阜県	19,097人	0.94人	43.57
37	香川県	9,136人	0.94人	43.52
38	宮崎県	10,245人	0.93人	43.46
39	佐賀県	7,737人	0.93人	43.45
40	島根県	6,395人	0.93人	43.37
41	岩手県	11,519人	0.91人	43.16
42	静岡県	31,760人	0.86人	42.63
43	秋田県	8,393人	0.83人	42.29
44	福島県	15,508人	0.82人	42.12
45	三重県	13,669人	0.76人	41.45
46	和歌山県	7,088人	0.74人	41.30
47	長野県	14,478人	0.69人	40.74
-	全国	2,569,349人	2.02人	-

学校基本調査（文部科学省）

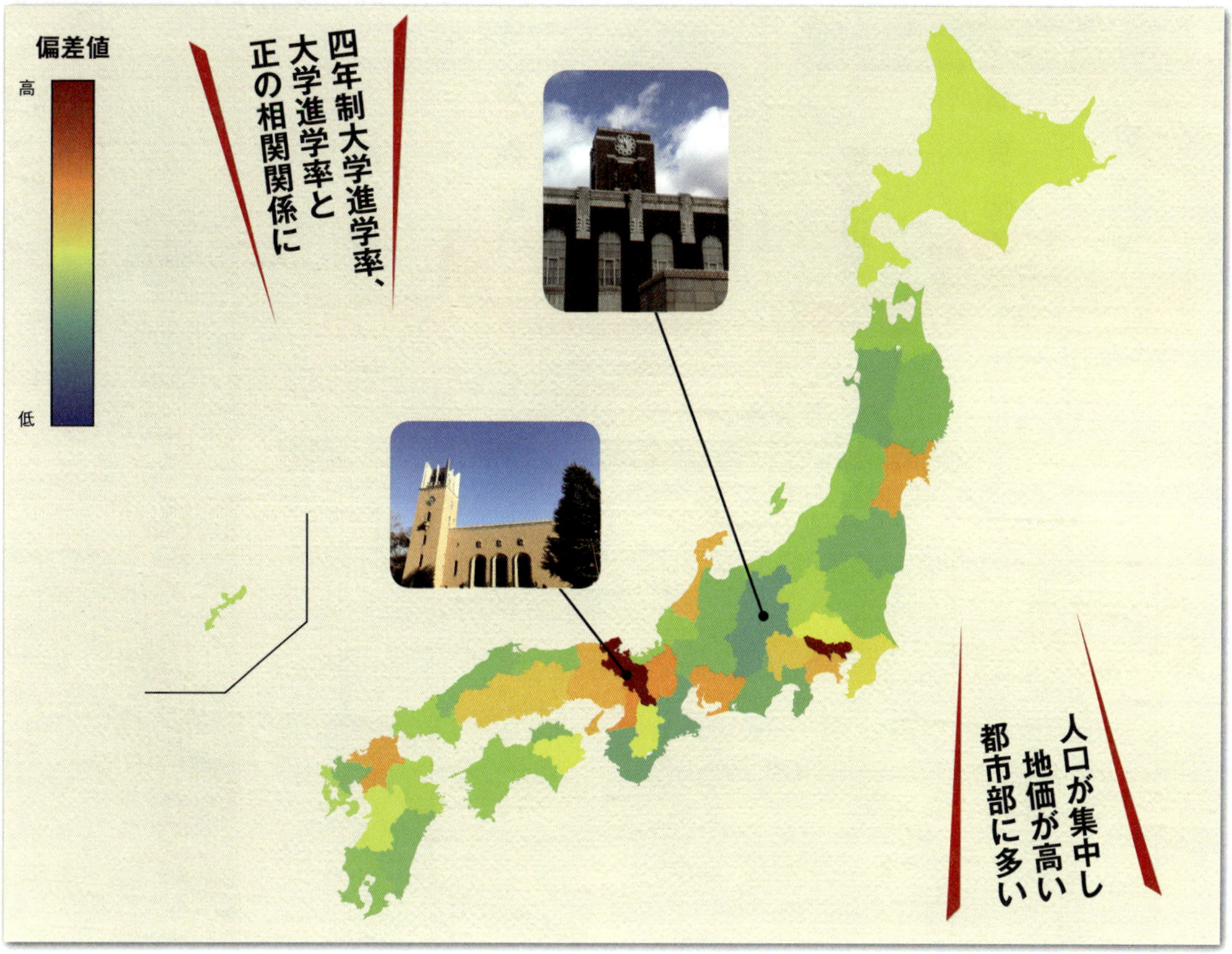
偏差値
高
低
四年制大学進学率、
大学進学率と
正の相関関係に
人口が集中し
地価が高い
都市部に多い

相関データ

【正の相関】

係数	項目
0.89	大学院生数
0.75	20代ひとり暮らし
0.74	携帯電話契約数
0.73	鉄道旅客輸送量
0.73	Facebookユーザー数
0.72	ブロードバンド契約数
0.71	在日韓国・朝鮮人
0.71	大学進学率
0.69	人口集中度
−	−

【負の相関】

係数	項目
-0.73	賃貸住宅延べ床面積
-0.71	自家用車通勤・通学率
-0.69	ガソリン消費量
-0.68	自動車普及率
-0.66	小学生早寝早起き率
-0.66	軽自動車普及率
-0.66	高卒就職率
-0.65	戸建て率
-0.56	仕送り額
-0.54	共働き率

東京、京都の二極化

文部科学省の学校基本調査より。大学生数は学校の所在地から計上し、大学院生は含まれません。大学生の総数は256万9349人で、人口100人あたり平均2・02人です。

1位は京都で5・35人、2位は東京で4・72人です。続く滋賀、大阪、愛知とくらべ、1位2位は突出しています。

最下位は長野で、0・69人。以下、和歌山、三重、福島、秋田と僅差で続きます。

20代ひとり暮らし率と正の相関が、仕送り額と負の相関があります。これは、大学が少なく大学生数も少ないところから県外に転出した学生が、ひとり暮らしをするために仕送りを受けているというケースが考えられます。

また大学進学率とも正の相関があり、大学生が多いところは大学進学率が高くなります。

大学進学率

全国平均は54・7%と、高校を卒業した人の過半数が大学へと進学している。本州中央部が高い傾向も。

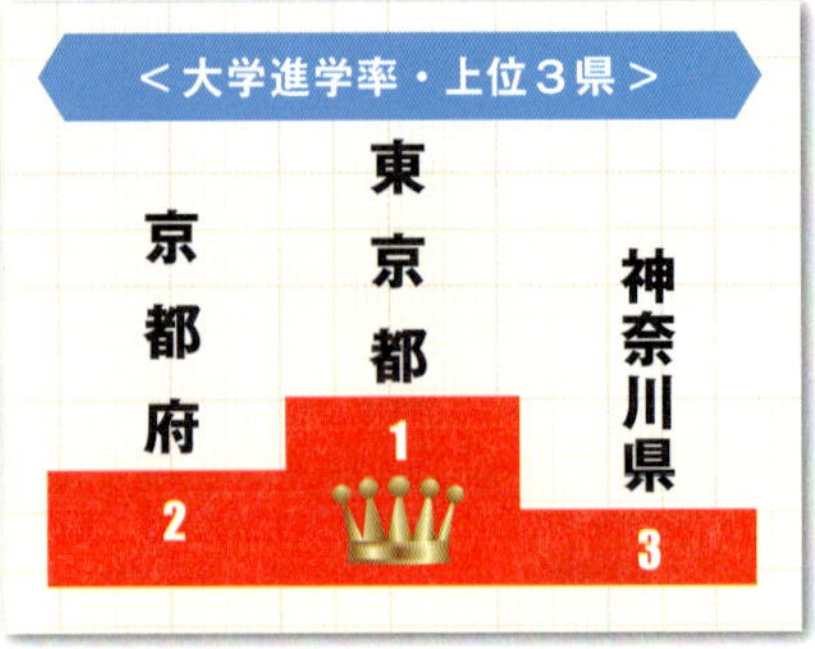

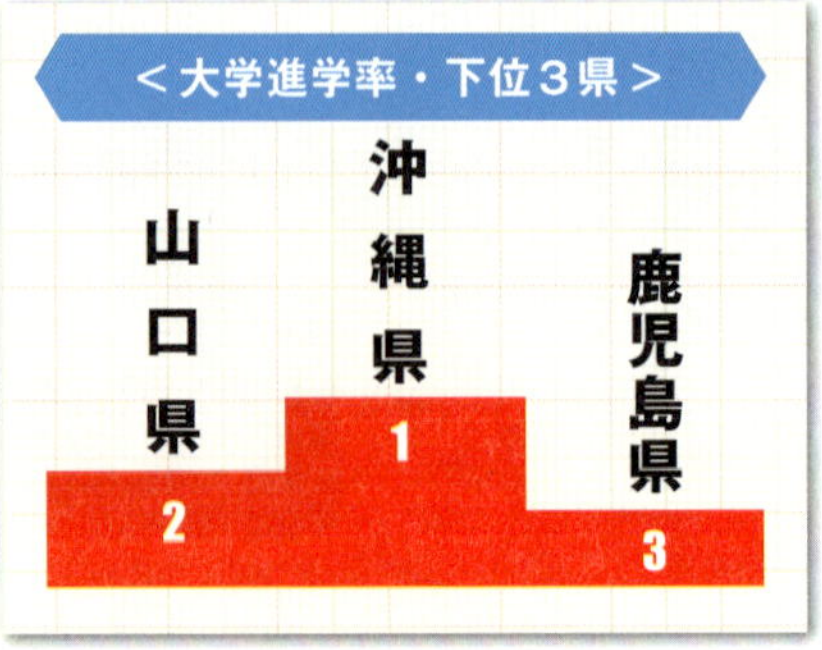

ランキング

順位	県名	データ	偏差値
1	東京都	66.5%	73.63
2	京都府	66.4%	73.48
3	神奈川県	61.5%	65.97
4	兵庫県	60.6%	64.59
5	大阪府	60.5%	64.43
6	広島県	59.9%	63.51
7	奈良県	58.9%	61.98
8	愛知県	58.7%	61.67
9	埼玉県	56.9%	58.91
10	山梨県	56.3%	57.99
11	福井県	56.0%	57.53
11	千葉県	56.0%	57.53
13	岐阜県	55.1%	56.15
14	滋賀県	55.0%	56.00
15	石川県	54.7%	55.54
16	福岡県	54.4%	55.08
17	静岡県	53.0%	52.94
18	群馬県	52.6%	52.32
19	愛媛県	52.2%	51.71
20	栃木県	52.0%	51.40
20	富山県	52.0%	51.40
22	徳島県	51.7%	50.94
23	香川県	50.6%	49.26
24	岡山県	50.5%	49.10
24	三重県	50.5%	49.10
24	茨城県	50.5%	49.10
27	和歌山県	49.5%	47.57
27	宮城県	49.5%	47.57
29	長野県	48.9%	46.65
30	高知県	47.4%	44.35
31	島根県	47.0%	43.74
32	大分県	46.4%	42.82
33	新潟県	46.2%	42.51
34	熊本県	46.1%	42.36
35	福島県	45.7%	41.74
36	宮崎県	45.1%	40.82
37	山形県	44.8%	40.36
38	長崎県	44.6%	40.06
38	秋田県	44.6%	40.06
40	岩手県	44.2%	39.45
41	青森県	43.6%	38.53
42	鳥取県	43.5%	38.37
43	北海道	43.3%	38.07
44	佐賀県	43.0%	37.61
45	鹿児島県	42.7%	37.15
45	山口県	42.7%	37.15
47	沖縄県	39.2%	31.78
-	全国	54.7%	-

学校基本調査（文部科学省）

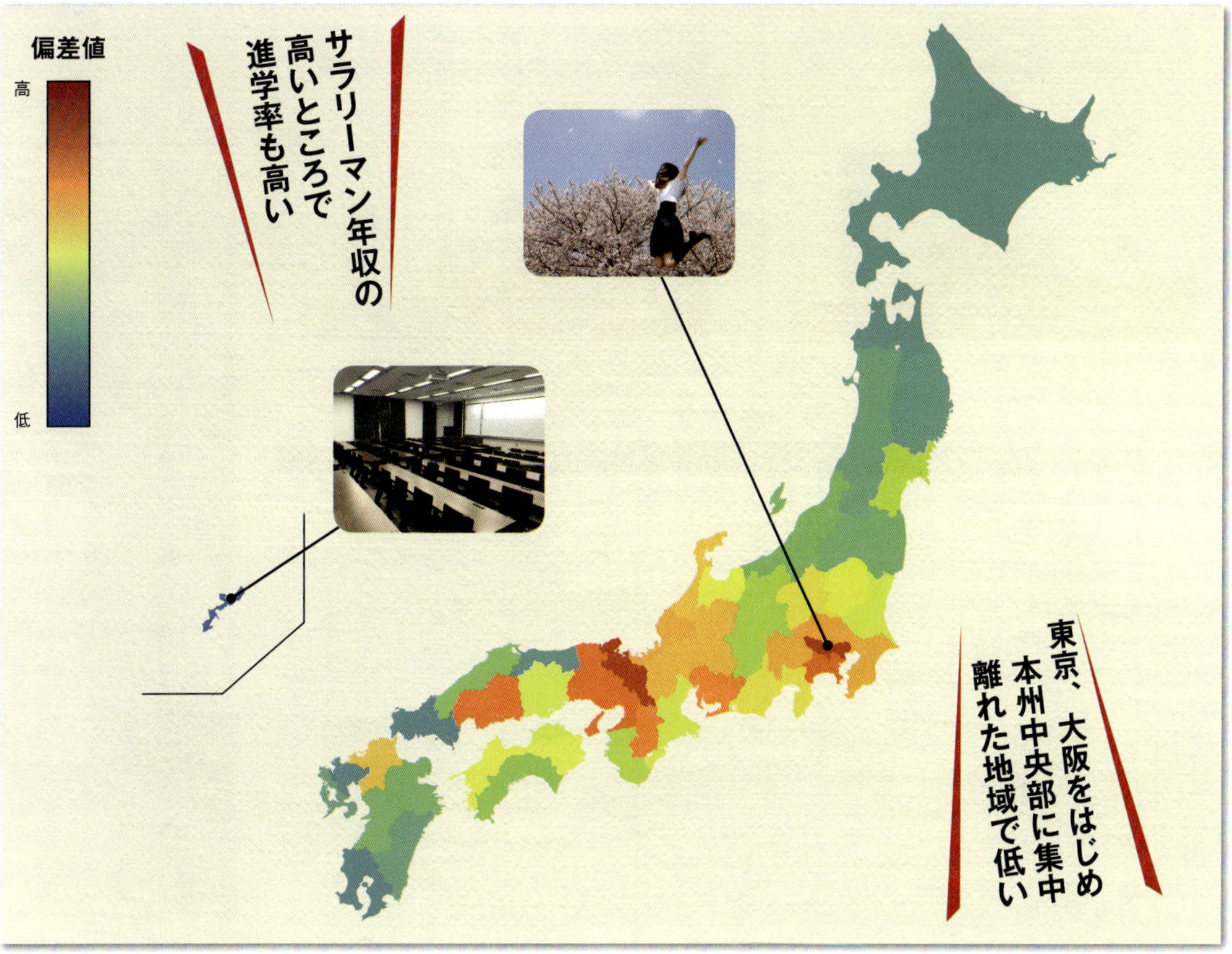
偏差値
高
低
サラリーマン年収の
高いところで
進学率も高い
東京、大阪をはじめ
本州中央部に集中
離れた地域で低い

相関データ

【正の相関】

係数	項目
0.85	海外旅行者数
0.85	サラリーマン年収
0.84	日経新聞販売部数
0.82	1世帯あたり貯蓄額
0.80	最低賃金
0.77	外食費用
0.76	家賃
0.75	鉄道通勤・通学率
0.73	通勤時間
0.71	大学生数

【負の相関】

係数	項目
-0.82	デキ婚率
-0.81	高卒就職率
-0.72	軽自動車普及率
-0.71	農業就業人口
-0.71	スーパーマーケット店舗数
-0.71	自家用車通勤・通学率
-0.70	睡眠時間
-0.68	国公立大学生比率
-0.66	小学校数
-0.63	ガソリン消費量

本州中央部で高い傾向

文部科学省の学校基本調査から算出。２０１６年３月に高校を卒業した生徒のうち、大学、短期大学に進学した生徒の割合を比較しています。通信制大学、専門学校は含まれません。

全国平均は54・7%。１位は東京で66・5%です。以下、京都、神奈川、兵庫、大阪の順に並びます。最下位は沖縄で39・２%。さらに山口、鹿児島、佐賀、北海道と続きます。

本州の中央部が高く、北海道、東北、四国、九州と中央部から離れた地域は進学率が低い傾向が見られます。

大学生数と正の相関があり、大学が多い都市部は、進学先が多く大学進学率も高くなっているといえそうです。逆にいえば、地方の進学率を上げ、地方の才能を発掘するには、地方に大学を増やす必要があるでしょう。

東京大学合格者数

東大合格者数は、全国平均で高校3年生1000人あたり2・83人。なかでも東京がダントツで多い。

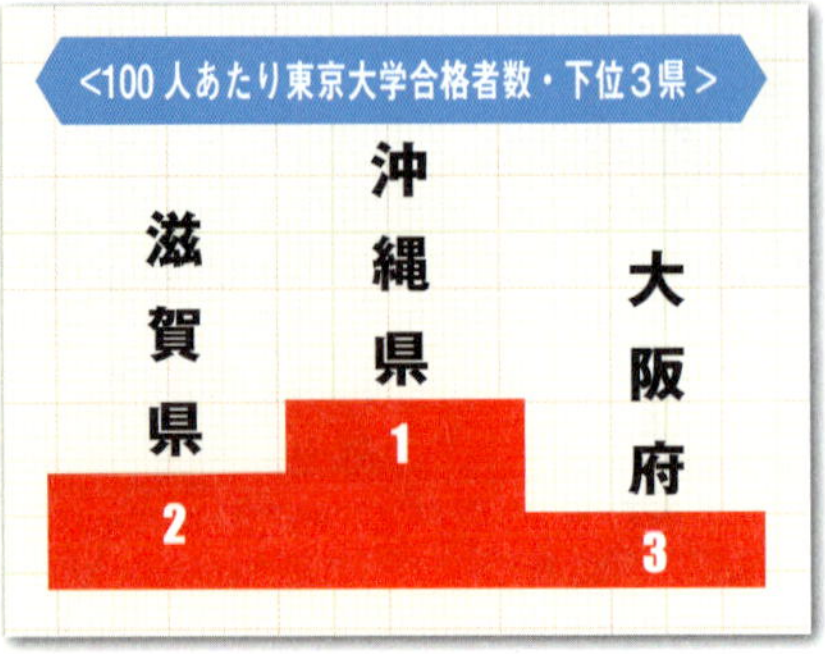

ランキング

順位	県名	データ	100人あたり	偏差値
1	東京都	1,117.8人	10.81人	103.53
2	奈良県	67.0人	5.52人	71.37
3	神奈川県	289.4人	4.29人	63.89
4	兵庫県	179.8人	3.77人	60.75
5	富山県	33.0人	3.59人	59.63
6	鹿児島県	53.0人	3.56人	59.43
7	石川県	30.0人	2.82人	54.97
8	千葉県	133.8人	2.69人	54.14
9	愛媛県	30.4人	2.62人	53.77
10	広島県	62.6人	2.61人	53.67
11	茨城県	60.4人	2.37人	52.23
12	愛知県	150.0人	2.28人	51.66
13	長崎県	28.4人	2.17人	51.01
14	岡山県	37.0人	2.06人	50.36
15	香川県	17.2人	1.97人	49.80
16	京都府	46.4人	1.96人	49.70
17	山梨県	16.2人	1.95人	49.68
18	福岡県	78.8人	1.84人	48.99
19	埼玉県	105.6人	1.83人	48.92
20	福井県	13.6人	1.78人	48.63
21	三重県	27.8人	1.69人	48.11
22	栃木県	29.6人	1.68人	48.01
23	群馬県	28.6人	1.67人	47.94
24	静岡県	51.0人	1.54人	47.16
25	大分県	15.0人	1.46人	46.71
26	高知県	8.8人	1.43人	46.48
27	鳥取県	7.0人	1.42人	46.47
28	宮崎県	14.6人	1.39人	46.27
29	熊本県	21.4人	1.36人	46.06
30	和歌山県	12.2人	1.33人	45.91
31	岐阜県	24.6人	1.33人	45.89
32	佐賀県	10.8人	1.32人	45.86
33	長野県	24.4人	1.28人	45.59
34	島根県	7.8人	1.28人	45.58
35	秋田県	10.8人	1.26人	45.47
36	新潟県	22.6人	1.15人	44.79
37	山口県	12.8人	1.13人	44.67
38	徳島県	7.2人	1.11人	44.54
39	北海道	45.0人	1.05人	44.17
40	山形県	10.2人	1.01人	43.93
41	宮城県	19.6人	0.98人	43.77
42	岩手県	10.4人	0.89人	43.22
43	青森県	9.6人	0.79人	42.61
44	福島県	12.8人	0.72人	42.19
45	大阪府	50.8人	0.66人	41.83
46	滋賀県	5.6人	0.43人	40.44
47	沖縄県	6.0人	0.40人	40.22
-	全国	3,056.0人	2.83人	-

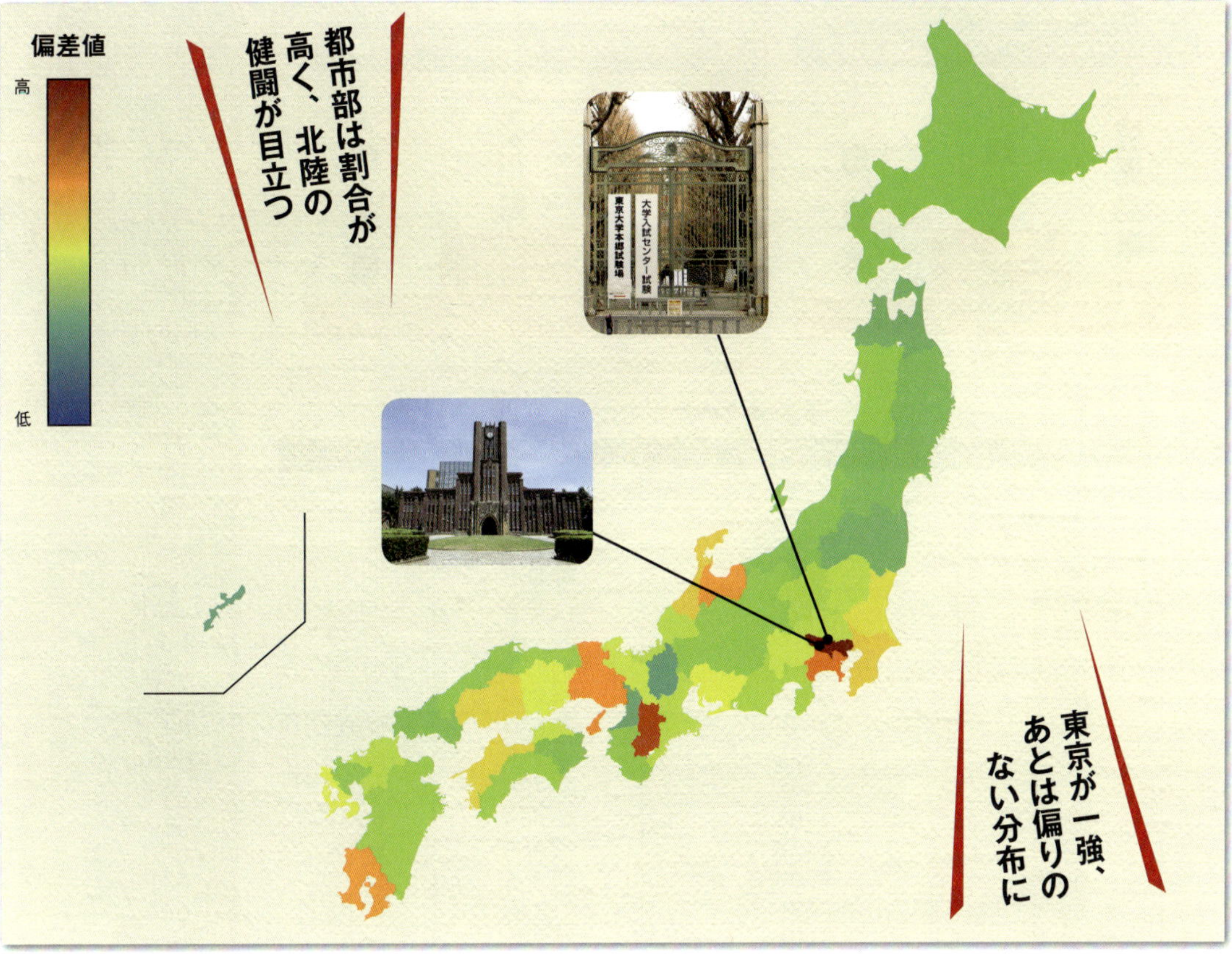
偏差値
高
低
都市部は割合が高く、北陸の健闘が目立つ
大学入試センター試験
東京大学本郷試験場
東京が一強、あとは偏りのない分布に

相関データ

【正の相関】

係数	項目
0.83	慶応義塾大学合格者数
0.78	早稲田大学合格者数
0.76	携帯電話契約数
0.75	基準地価：工業地
0.75	鉄道旅客輸送量
0.75	日経新聞販売部数
0.75	基準地価：住宅地
0.75	基準地価：商業地
0.74	上場企業数
0.67	家賃

【負の相関】

係数	項目
-0.60	自動車普及率
-0.56	自家用車通勤・通学率
-0.53	軽自動車普及率
-0.52	高卒就職率
-0.49	睡眠時間
-0.46	中学生数
-0.45	戸建て率
-0.44	農業就業人口
-0.43	ガソリン消費量
-0.42	共働き率

東京が頭抜けの1位

２０１７年までの過去５年間の平均合格者数を、高校３年生の生徒数で割った、東大合格者の比率です。

なお、各都道府県の合格者数は高校の住所を基準とし、越境通学者など他県出身者も含まれるものとします。

やはり東京が突出して多く、高校生の１００人に１人が東大へ進学しています。地理的な要因もあるのでしょうか、２位の奈良県とくらべても圧倒的な差があることがわかります。

また、全国学力テスト正答率上位の北陸は合格者が多く、同じく上位の東北は少ないことでわかるように、全国学力テスト正答率と東大合格者数の２つのデータに相関はありません。

基準地価と鉄道旅客輸送量に正の相関があり、都市部は東大進学者が多いといえます。

小学校数

全国に小学校は約2万校で、人口10万人あたりの平均は15・83校。集落ごとに必要不可欠な存在だ。

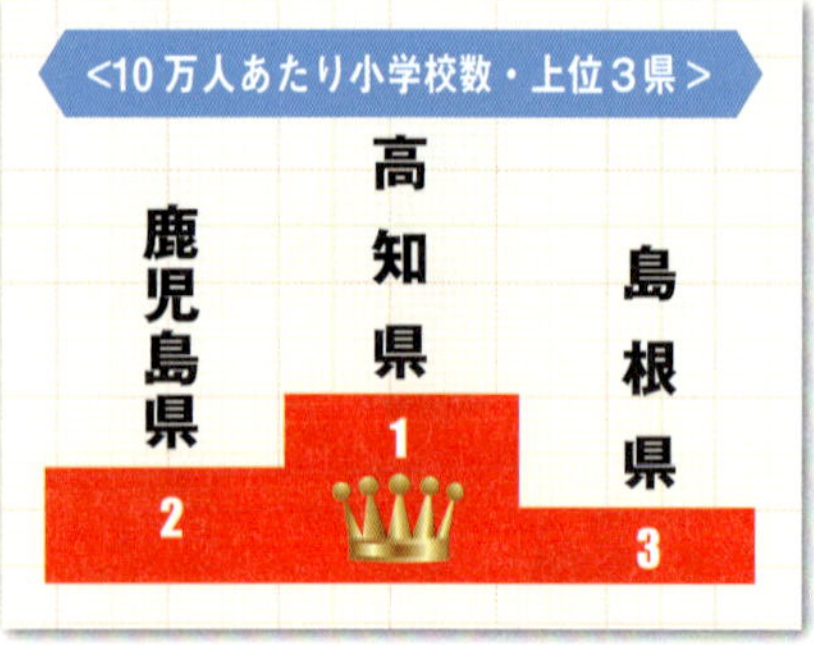

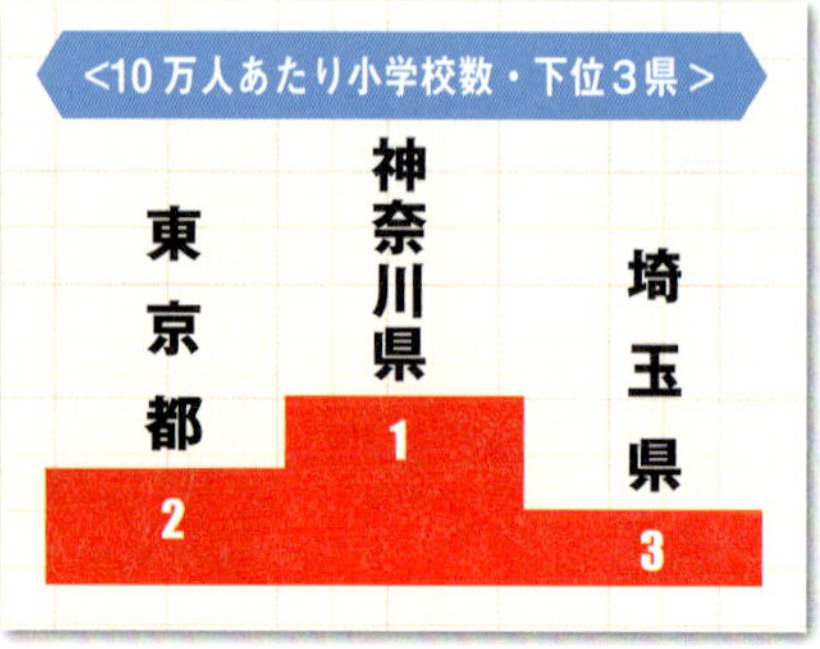

ランキング

順位	県名	データ	10万人あたり	偏差値
1	高知県	234校	32.46校	74.19
2	鹿児島県	525校	32.07校	73.47
3	島根県	204校	29.57校	68.75
4	和歌山県	260校	27.25校	64.40
5	徳島県	199校	26.53校	63.04
6	岩手県	326校	25.71校	61.49
7	福井県	201校	25.70校	61.48
8	長崎県	338校	24.73校	59.64
9	福島県	454校	23.88校	58.05
10	大分県	275校	23.71校	57.72
11	山形県	258校	23.18校	56.73
12	鳥取県	128校	22.46校	55.37
13	山口県	313校	22.45校	55.36
14	青森県	289校	22.35校	55.17
15	宮崎県	243校	22.17校	54.83
16	山梨県	182校	21.93校	54.37
17	三重県	379校	20.96校	52.55
18	愛媛県	288校	20.95校	52.52
19	新潟県	474校	20.74校	52.13
20	岡山県	396校	20.68校	52.02
21	熊本県	361校	20.35校	51.40
22	佐賀県	166校	20.05校	50.83
23	秋田県	202校	20.00校	50.74
24	北海道	1,061校	19.82校	50.41
25	沖縄県	271校	18.83校	48.55
26	栃木県	369校	18.77校	48.42
27	岐阜県	371校	18.35校	47.63
28	石川県	211校	18.33校	47.60
29	富山県	193校	18.19校	47.33
30	長野県	372校	17.82校	46.63
31	茨城県	505校	17.38校	45.82
32	広島県	488校	17.20校	45.47
33	香川県	166校	17.08校	45.24
34	宮城県	395校	16.95校	45.01
35	滋賀県	226校	15.99校	43.20
36	群馬県	312校	15.86校	42.95
37	奈良県	209校	15.41校	42.11
38	京都府	395校	15.16校	41.64
39	福岡県	748校	14.66校	40.68
40	兵庫県	766校	13.88校	39.21
41	静岡県	510校	13.83校	39.12
42	愛知県	975校	12.99校	37.54
43	千葉県	805校	12.91校	37.39
44	大阪府	1,011校	11.45校	34.64
45	埼玉県	819校	11.24校	34.24
46	東京都	1,335校	9.80校	31.54
47	神奈川県	887校	9.70校	31.35
-	全国	20,095校	15.83校	-

学校基本調査（文部科学省）

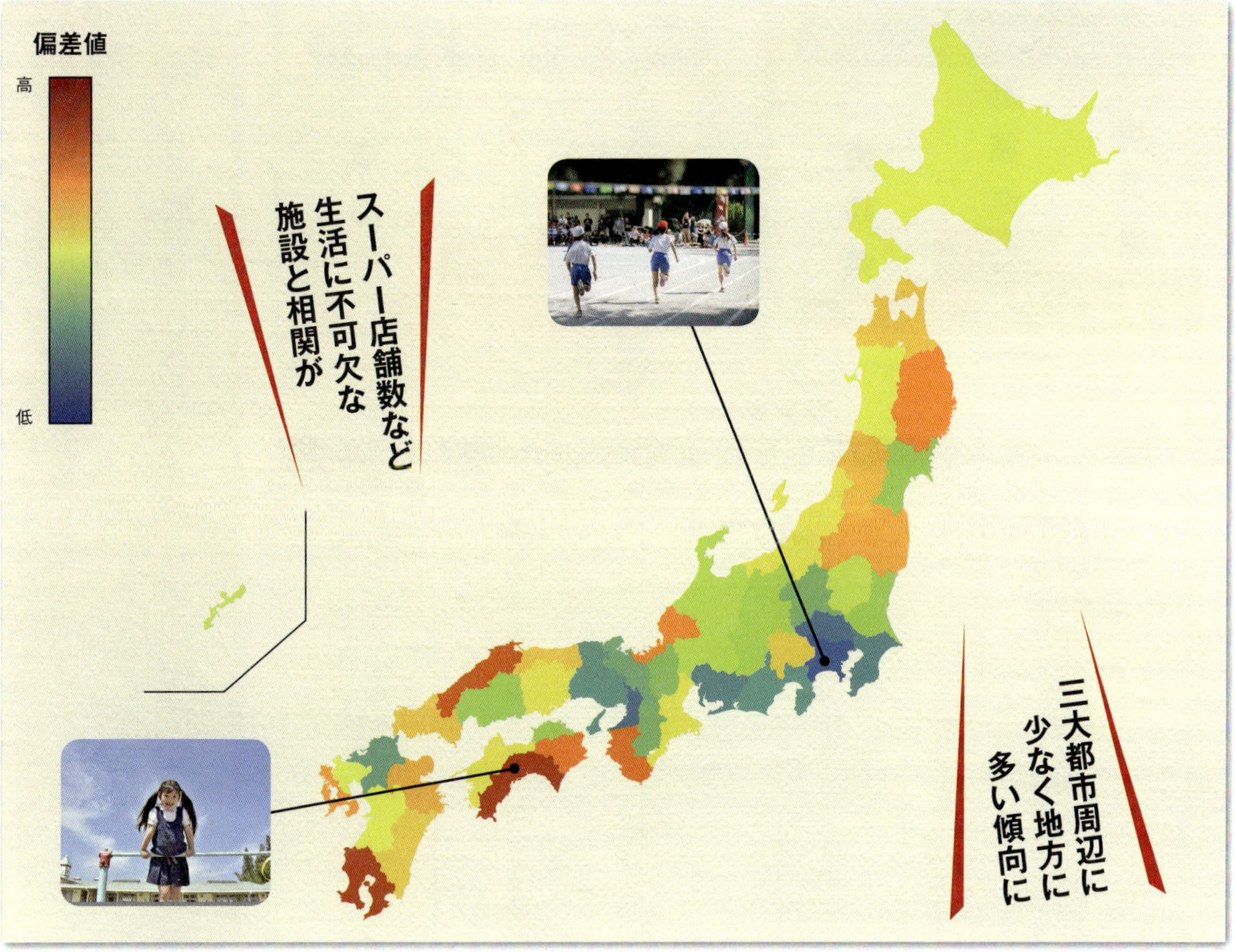
偏差値
高
低
スーパー店舗数など
生活に不可欠な
施設と相関が
三大都市周辺に
少なく地方に
多い傾向に

相関データ

【正の相関】

係数	項目
0.93	中学校数
0.88	郵便局軒数
0.88	スーパーマーケット店舗数
0.88	教職員数
0.87	地方交付税額
0.86	高校数
0.85	地方公務員数
0.74	道路延長
0.67	森林面積
0.66	面積

【負の相関】

係数	項目
-0.81	自主財源比率
-0.78	海外旅行者数
-0.78	最低賃金
-0.77	生産年齢人口
-0.77	家賃
-0.76	総人口増減率
-0.73	鉄道通勤・通学率
-0.73	四年制大学進学率
-0.73	通勤時間
-0.73	下水道普及率

人口集中度と相関あり

文部科学省の学校基本調査から算出しました。小学校の総数は2万95校で、人口10万人あたり平均15・83校です。

もっとも多いのは高知で、人口10万人あたり32・46校。2位以下は、鹿児島、島根、和歌山、徳島となりました。

もっとも少ないのは神奈川の9・70校。こちらは東京、埼玉、大阪、千葉と続きます。

相関をみると、森林率と正の相関が、人口集中度と負の相関があります。小学校は人口がまばらであっても、山などで分断されない集落に1つ以上あるべきとされます。そうしないと小学生が通学できないからです。

これらの相関は、そういった事情を表わしたものといえます。

郵便局軒数、スーパーマーケット店舗数なども同様で、これらと正の相関があります。

保育園数

0~6歳児1000人あたりの全国平均は4・42園。しかし首位と最下位の差は7倍以上開いている。

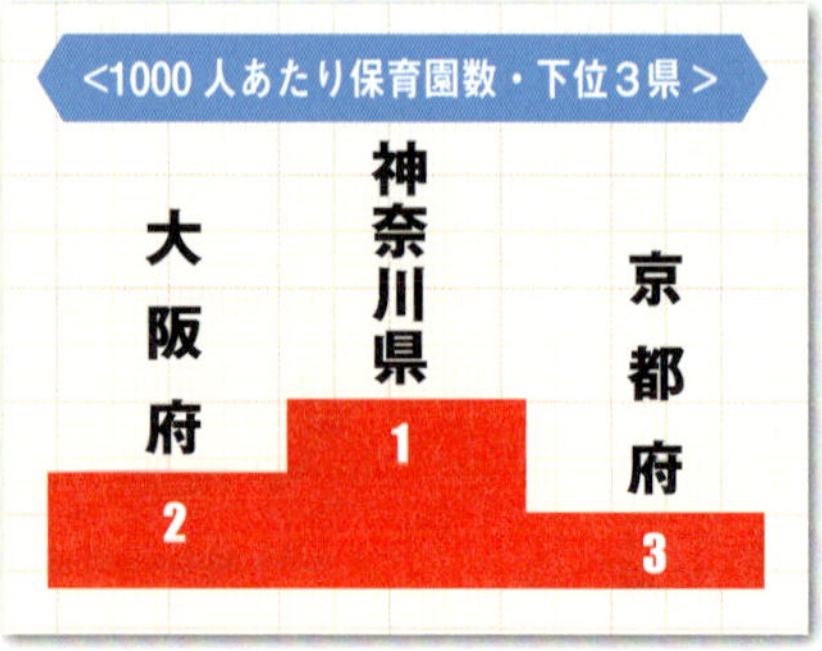

ランキング

順位	県名	データ	1000人あたり	偏差値
1	島根県	303園	7.94園	73.83
2	福井県	317園	7.07園	68.57
3	青森県	418園	6.80園	66.90
4	鳥取県	213園	6.55園	65.41
5	徳島県	244園	6.45園	64.79
6	山形県	354園	6.13園	62.90
7	山梨県	259園	5.96園	61.82
8	沖縄県	684園	5.90園	61.51
9	佐賀県	287園	5.62園	59.77
10	岩手県	353園	5.51園	59.11
11	長崎県	412園	5.23園	57.42
12	宮崎県	348園	5.17園	57.04
13	高知県	183園	5.07園	56.47
14	東京都	3,650園	5.01園	56.09
15	秋田県	211園	4.82園	54.94
16	長野県	548園	4.76園	54.61
17	三重県	477園	4.69園	54.16
18	鹿児島県	459園	4.59園	53.58
19	熊本県	484園	4.41園	52.47
20	富山県	238園	4.36園	52.17
21	山口県	324園	4.34園	52.05
22	新潟県	520園	4.34園	52.03
23	茨城県	677園	4.32園	51.91
24	愛媛県	285園	3.85園	49.10
25	石川県	249園	3.83園	48.97
26	大分県	240園	3.67園	47.96
27	岐阜県	419園	3.64園	47.83
28	栃木県	383園	3.48園	46.82
29	和歌山県	160園	3.19園	45.09
30	福島県	303園	3.15園	44.84
31	埼玉県	1,216園	3.00園	43.94
32	群馬県	319園	2.99園	43.85
33	滋賀県	254園	2.79園	42.64
34	北海道	739園	2.78園	42.62
35	宮城県	340園	2.69園	42.08
36	香川県	141園	2.63園	41.71
37	奈良県	176園	2.43園	40.50
38	千葉県	761園	2.26園	39.48
39	広島県	376園	2.20園	39.11
40	静岡県	445園	2.12園	38.58
41	福岡県	642園	2.06園	38.23
42	愛知県	927園	1.99園	37.84
43	岡山県	214園	1.95園	37.57
44	兵庫県	605園	1.94園	37.54
45	京都府	261園	1.88園	37.18
46	大阪府	735園	1.51園	34.94
47	神奈川県	535園	1.04園	32.04
-	全国	31,343園	4.42園	-

社会福祉施設等調査（厚生労働省）

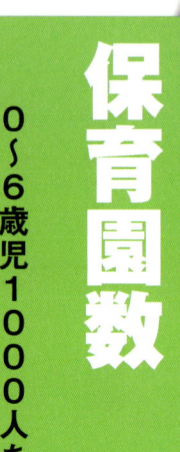

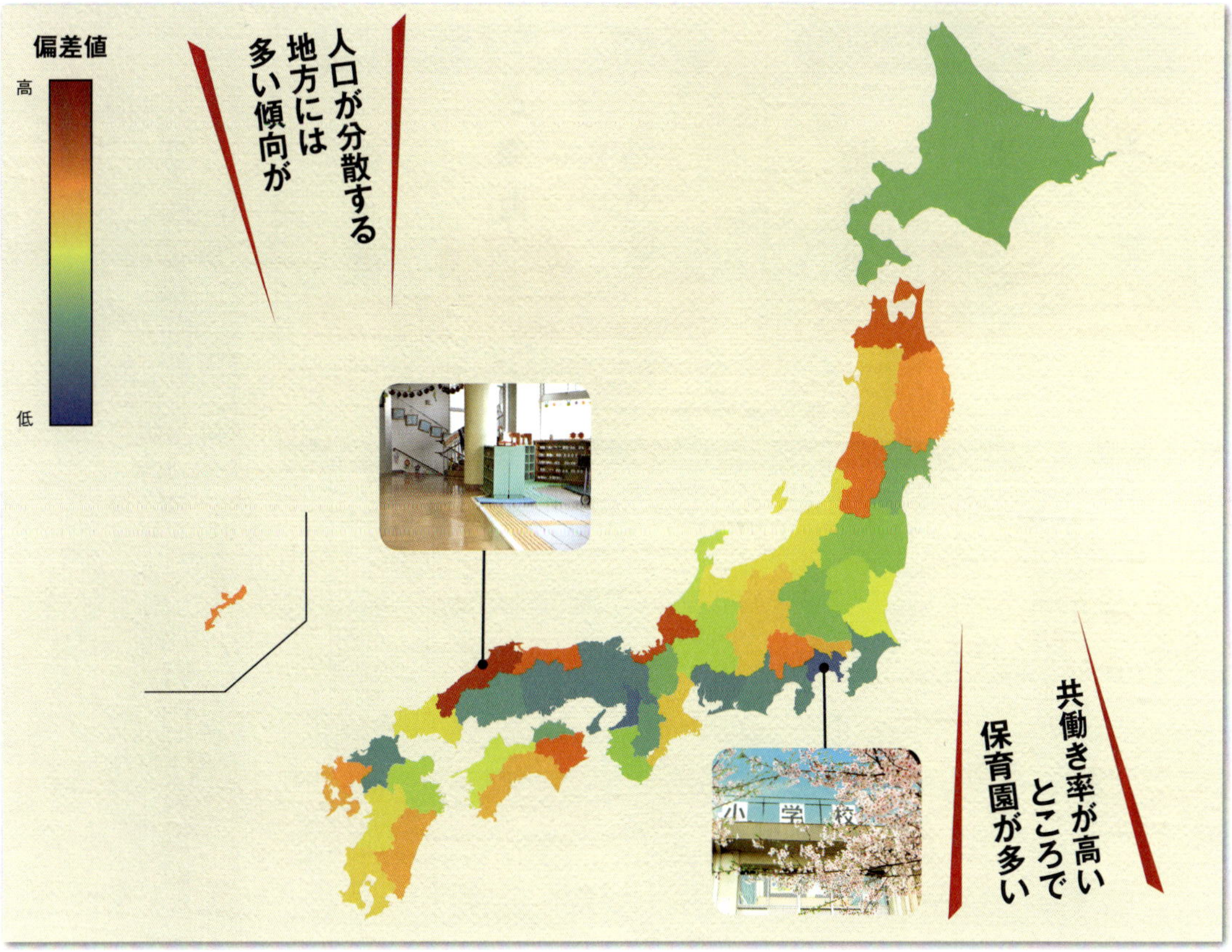
偏差値
高
低
人口が分散する地方には多い傾向が
共働き率が高いところで保育園が多い
小学校

相関データ

【正の相関】

係数	項目
0.78	公共事業費
0.78	地方公務員数
0.73	教職員数
0.72	地方交付税額
0.71	高校数
0.68	スーパーマーケット店舗数
0.65	小学校数
0.65	共働き率
0.65	郵便局軒数
0.62	中学校数

【負の相関】

係数	項目
-0.65	鉄道切符代
-0.61	人口集中度
-0.61	小学生長時間ネット利用率
-0.60	インターネット利用率
-0.59	通勤時間
-0.58	最低賃金
-0.58	25歳以上帰省人口
-0.57	小学生通塾率
-0.56	自主財源比率
-0.56	四年制大学進学率

共働き率と正の相関が

厚生労働省の社会福祉施設等調査、報道発表資料「認可外保育施設の現況取りまとめ」から算出したものです。認可園、認可外施設の数の合計を、保育の対象となる0~6歳児の人口で割り、比較しています。

全国平均は保育人口1000人あたり4・42園です。1位は島根で、7・94園、そして最下位の神奈川は1・04園ですから、7倍以上の格差が横たわっていることがわかります。

共働き率と正の相関があり、共働き家庭の多いところで保育園が多いことがわかります。また、人口がまばらで公共事業費が多いところにも多くなっていることもうかがえます。

これらは小学校数、中学校数、高校数と似た分布で、教育面の行政サービスに共通の特徴といえるでしょう。

教育費

全国平均は年間およそ13万5000円。首位の埼玉は22万円を超える金額となっている。

＜教育費・上位３県＞

1 埼玉県
2 東京都
3 神奈川県

＜教育費・下位３県＞

1 長崎県
2 鳥取県
3 岩手県

ランキング

順位	県名	データ	偏差値
1	埼玉県	223,384円	79.28
2	東京都	211,999円	75.65
3	神奈川県	200,574円	72.02
4	奈良県	176,118円	64.23
5	京都府	166,814円	61.27
6	滋賀県	164,591円	60.56
7	鹿児島県	162,984円	60.05
8	石川県	159,774円	59.03
9	大阪府	156,346円	57.94
10	栃木県	152,866円	56.83
11	愛知県	152,037円	56.57
12	徳島県	151,146円	56.29
13	愛媛県	147,426円	55.10
14	岐阜県	144,629円	54.21
15	茨城県	140,978円	53.05
16	山形県	139,690円	52.64
17	岡山県	139,046円	52.43
18	福岡県	137,407円	51.91
19	千葉県	136,130円	51.51
20	静岡県	134,899円	51.12
21	高知県	129,152円	49.29
22	広島県	128,712円	49.15
23	佐賀県	127,502円	48.76
24	兵庫県	127,273円	48.69
25	宮城県	125,777円	48.21
26	山口県	124,942円	47.95
27	熊本県	123,419円	47.46
28	香川県	123,119円	47.37
29	富山県	122,725円	47.24
30	和歌山県	119,874円	46.33
31	長野県	119,061円	46.07
32	山梨県	118,618円	45.93
33	新潟県	114,521円	44.63
34	北海道	114,169円	44.52
35	福井県	109,537円	43.04
36	三重県	107,600円	42.43
37	宮崎県	104,952円	41.58
38	沖縄県	104,932円	41.58
39	群馬県	102,772円	40.89
40	福島県	98,539円	39.54
41	大分県	95,088円	38.44
42	青森県	92,574円	37.64
43	秋田県	91,826円	37.41
44	島根県	91,630円	37.34
45	岩手県	89,702円	36.73
46	鳥取県	89,050円	36.52
47	長崎県	79,680円	33.54
-	全国	135,361円	-

家計調査（総務省統計局）

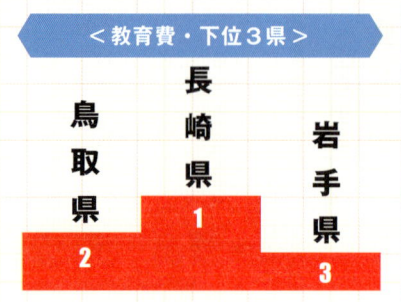

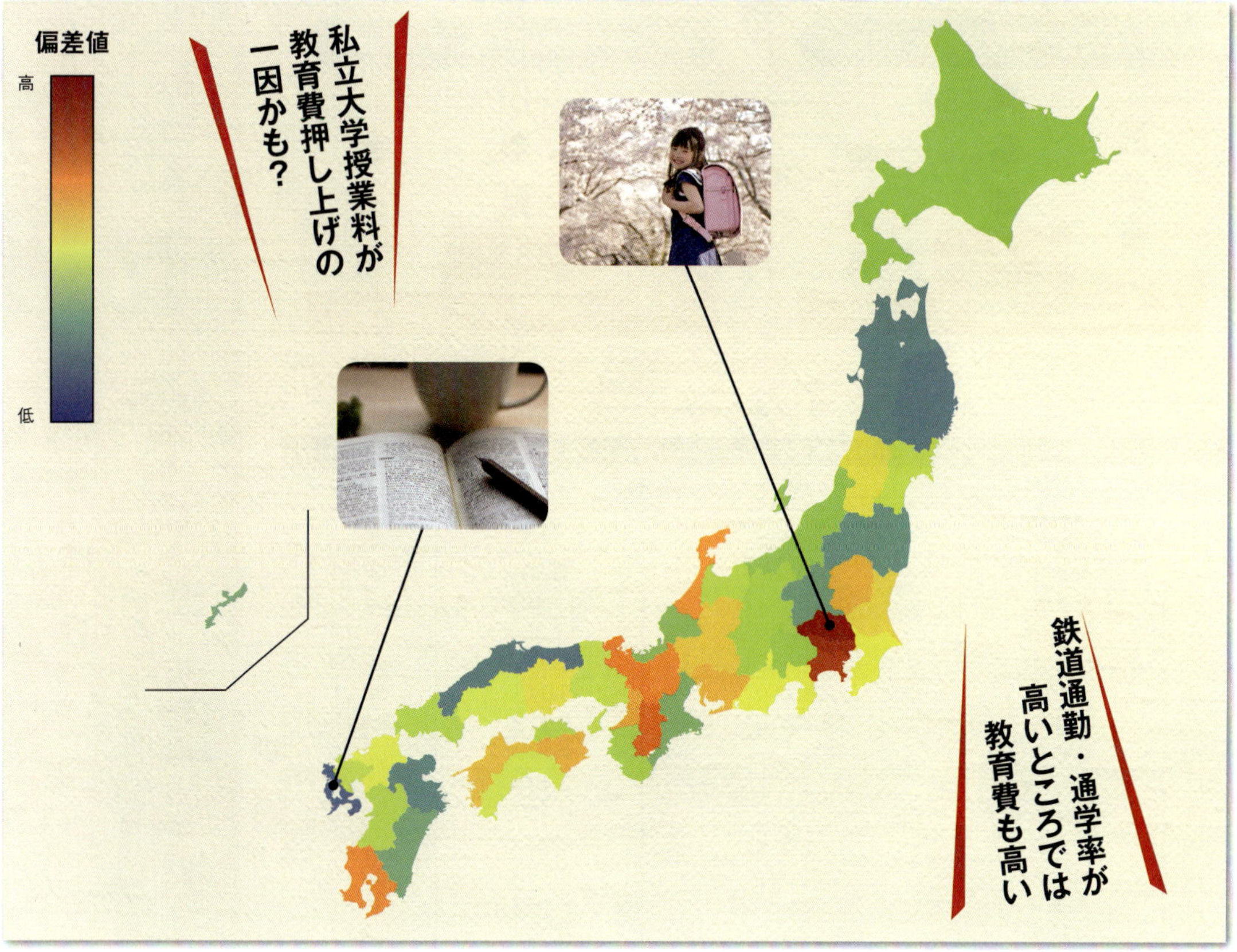
偏差値
高
低
私立大学授業料が
教育費押し上げの
一因かも?
鉄道通勤・通学率が
高いところでは
教育費も高い

相関データ

【正の相関】

係数	項目
0.80	学習塾・予備校費用
0.78	外食費用
0.73	家賃
0.73	海外旅行者数
0.72	衣服・靴購入費
0.72	鉄道通勤・通学率
0.71	通勤時間
0.70	第一子出生時年齢：男性
0.70	サラリーマン年収
0.69	最低賃金

【負の相関】

係数	項目
-0.67	自家用車通勤・通学率
-0.67	教職員数
-0.65	高校数
-0.64	軽自動車普及率
-0.64	高卒就職率
-0.63	デキ婚率
-0.63	国公立大学生比率
-0.61	道路延長
-0.61	睡眠時間
-0.60	地方公務員数

東京、大阪周辺が強い

総務省が全国の９０００世帯を対象に行なった家計調査から算出しました。

幼児教育や学校の授業料、塾や専門学校の費用、教科書、学習参考書代などを教育費としたランキングです。

年による変動が考えられるので、直近5年間の平均値をとって集計しています。

教育費の全国平均は13万５３６１円です。1位は埼玉で22万３３８４円。2位は東京の21万１９９９円で、以下、神奈川、奈良、京都と、東京、大阪の都市近郊がランクインしています。

最下位は長崎で7万９６８０円。これに鳥取、岩手、島根、秋田と続きます。

学習塾・予備校費用と正の相関があることから、教育費の多いところは塾や予備校などへの費用も多いことがうかがえます。

国立・私立中学生徒数（中学受験率）

中学生100人あたり約8人が、受験などを経て入学している。都市部で多いなか高知が2位につける。

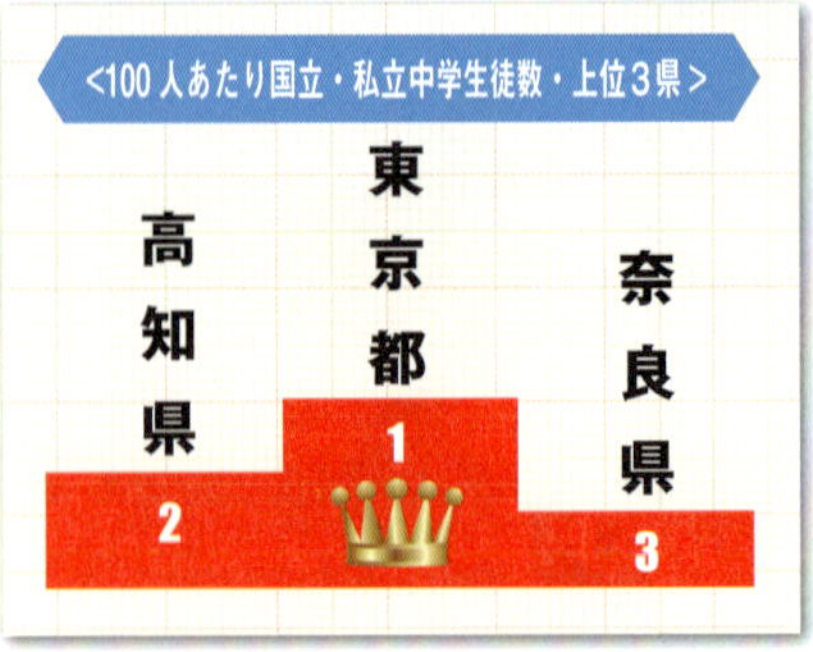

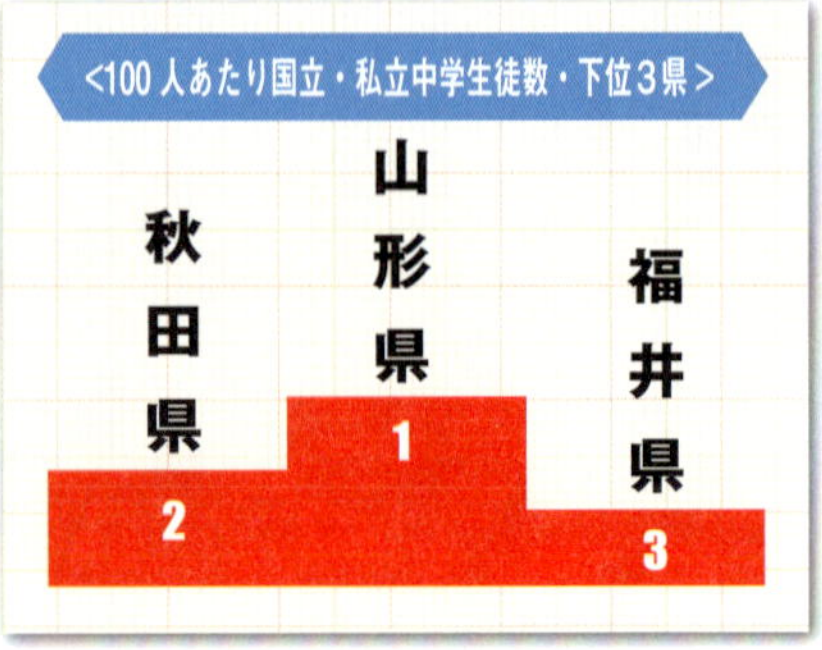

ランキング

順位	県名	データ	100人あたり	偏差値
1	東京都	76,981人	25.31人	91.62
2	高知県	3,665人	20.44人	81.05
3	奈良県	5,115人	13.55人	66.06
4	京都府	9,029人	13.33人	65.59
5	広島県	8,738人	11.42人	61.43
6	神奈川県	25,947人	11.30人	61.17
7	和歌山県	2,689人	10.60人	59.65
8	大阪府	22,862人	9.84人	58.01
9	兵庫県	12,781人	8.54人	55.18
10	宮崎県	2,325人	7.54人	53.00
11	佐賀県	1,765人	7.40人	52.70
12	山梨県	1,456人	6.43人	50.59
13	千葉県	10,115人	6.26人	50.22
14	静岡県	6,350人	6.23人	50.16
15	長崎県	2,278人	6.10人	49.87
16	福岡県	8,263人	6.04人	49.74
17	香川県	1,619人	5.95人	49.54
18	岡山県	3,063人	5.81人	49.25
19	三重県	2,863人	5.68人	48.95
20	沖縄県	2,690人	5.52人	48.60
21	鹿児島県	2,519人	5.46人	48.48
22	茨城県	4,253人	5.39人	48.33
23	愛知県	10,976人	5.20人	47.92
24	山口県	1,831人	5.16人	47.83
25	滋賀県	2,156人	5.13人	47.76
26	埼玉県	9,531人	5.01人	47.50
27	鳥取県	732人	4.71人	46.85
28	徳島県	887人	4.61人	46.63
29	大分県	1,266人	4.23人	45.80
30	愛媛県	1,445人	4.13人	45.60
31	熊本県	1,871人	3.80人	44.87
32	島根県	682人	3.74人	44.73
33	長野県	2,058人	3.52人	44.26
34	岐阜県	1,999人	3.45人	44.10
35	北海道	4,261人	3.25人	43.68
36	群馬県	1,704人	3.13人	43.42
37	栃木県	1,659人	3.08人	43.30
38	新潟県	1,719人	3.02人	43.17
39	宮城県	1,818人	2.97人	43.07
40	富山県	799人	2.80人	42.70
41	青森県	941人	2.77人	42.64
42	石川県	739人	2.35人	41.72
43	福島県	1,154人	2.24人	41.48
44	岩手県	644人	1.95人	40.85
45	福井県	399人	1.83人	40.59
46	秋田県	437人	1.83人	40.59
47	山形県	427人	1.44人	39.75
-	全国	269,501人	8.09人	-

学校基本調査（文部科学省）

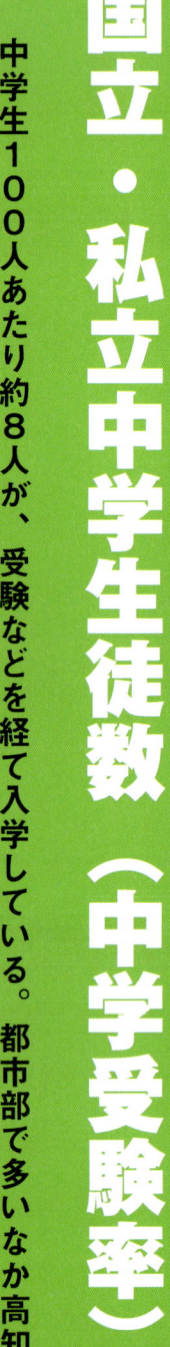

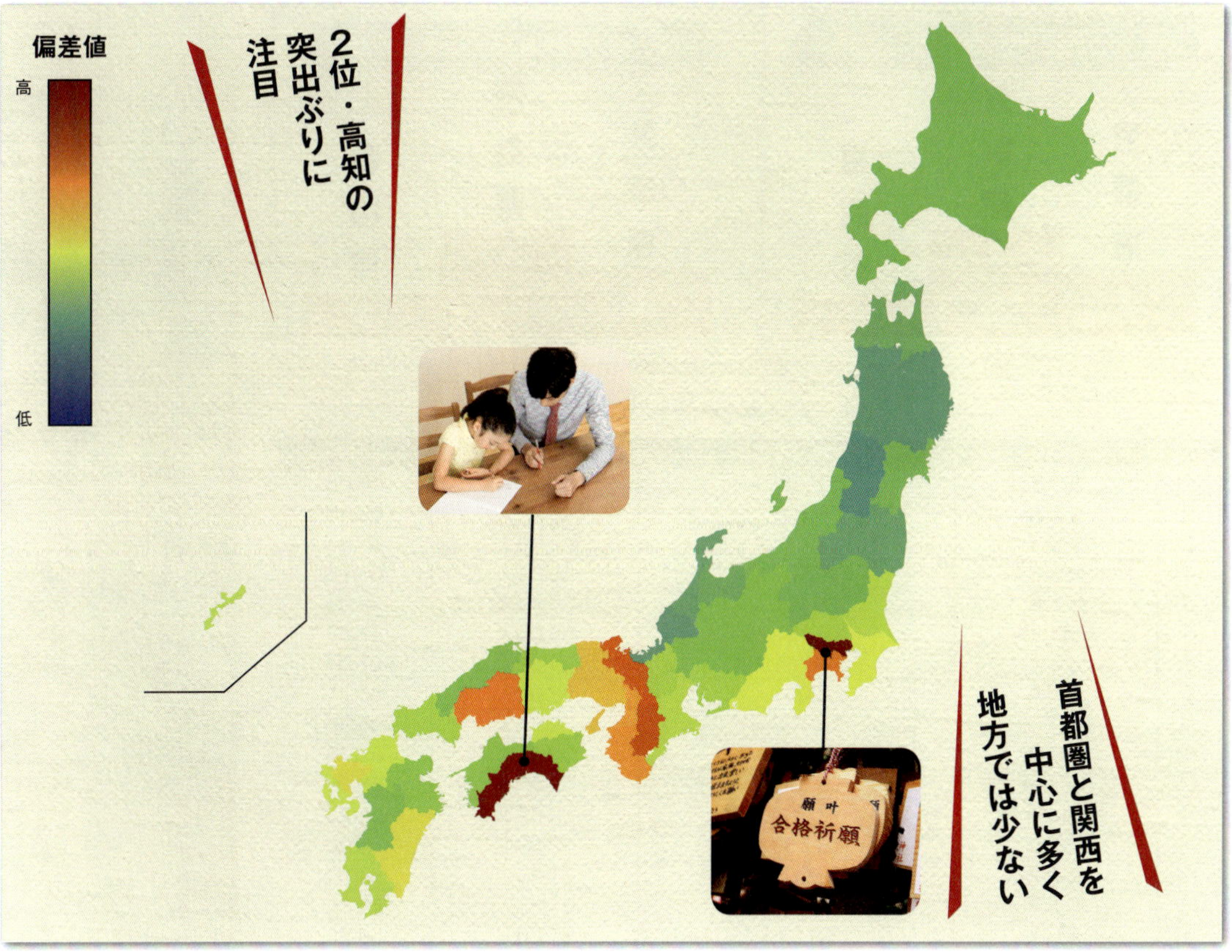

相関データ

【正の相関】

係数	項目
0.71	基準地価：工業地
0.69	基準地価：商業地
0.69	基準地価：住宅地
0.69	鉄道旅客輸送量
0.69	救急出動件数
0.68	携帯電話契約数
0.67	弁護士数
0.66	不動産屋店舗数
0.65	東大合格者数
0.64	小学生携帯電話・スマートフォン所有率

【負の相関】

係数	項目
-0.68	自家用車通勤・通学率
-0.68	自動車普及率
-0.63	高卒就職率
-0.62	自動車普及率（2台以上）
-0.59	三世代世帯人数
-0.58	住宅延べ床面積
-0.57	建設業者数
-0.57	子育て世帯数
-0.55	共働き率
-0.53	戸建て率

2位の高知はかなり意外？

文部科学省の学校基本調査より算出しました。各都道府県の中学生徒数に占める、国立・私立中学生徒数の比率を比較しています。他県から越境入学する場合もありますが、その誤差は反映されません。

国立・私立中学の総生徒数は26万9501人で、中学生100人あたり全国平均では8・09人が国立・私立の中学校に在籍していることになります。

1位はやはり東京で、中学生100人あたり25・31人。2位は高知で20・44人。以下、奈良、京都、広島の順です。

最下位は山形で1・44人、続いて秋田、福井、岩手、福島。

相関をみると、地価が高く、鉄道輸送網が発達した都市部に多い傾向があることがわかりますが、いずれにもあてはまらない高知の高順位が目立ちます。

国立・私立高校生徒数

全日制高校生100人あたり、約33人が国立・私立の高校に通っている。都市部と九州が多い傾向。

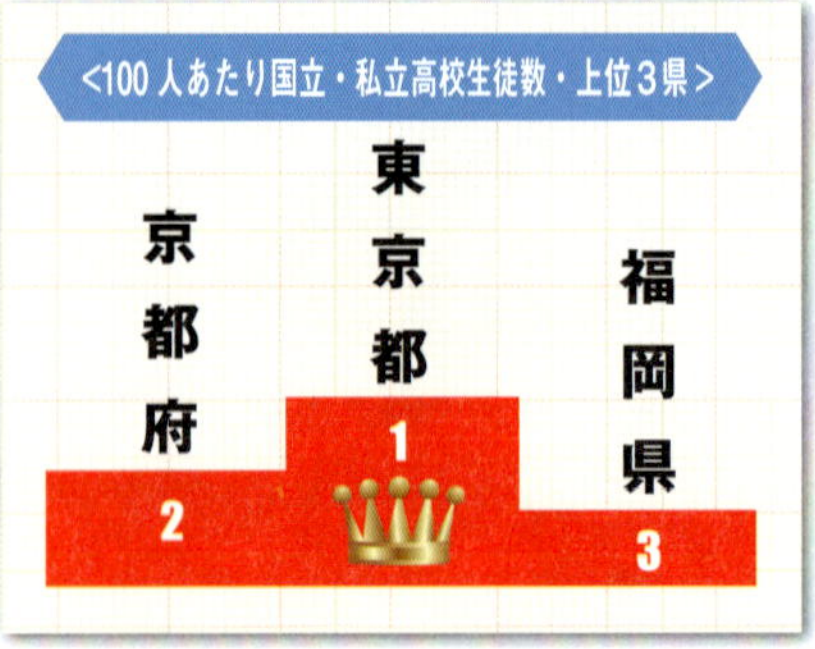

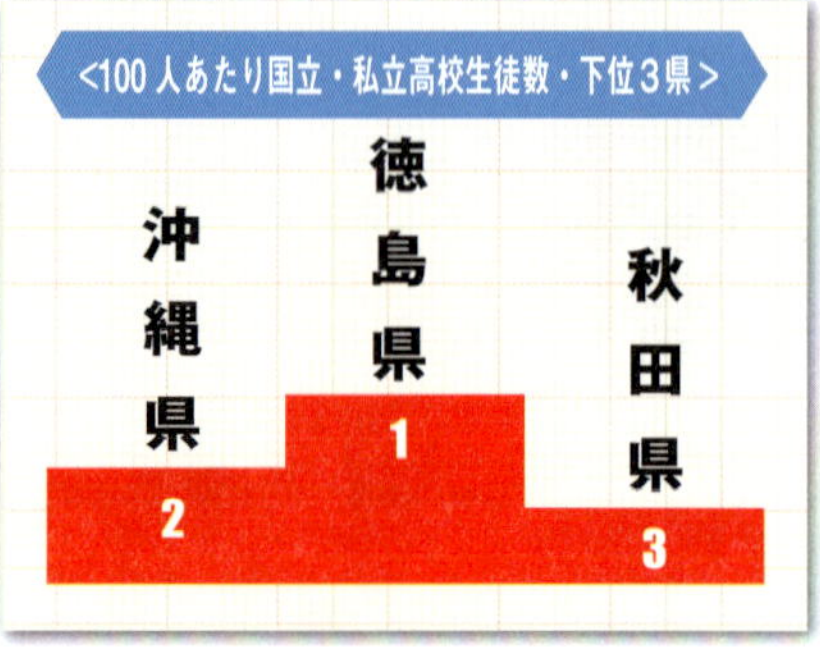

ランキング

順位	県名	データ	100人あたり	偏差値
1	東京都	178,285人	58.79人	83.64
2	京都府	32,129人	45.73人	69.46
3	福岡県	54,442人	42.48人	65.94
4	大阪府	96,507人	42.31人	65.75
5	熊本県	17,401人	36.42人	59.35
6	神奈川県	70,197人	35.06人	57.88
7	広島県	24,761人	34.81人	57.61
8	静岡県	32,001人	33.07人	55.71
9	鹿児島県	15,168人	32.76人	55.38
10	長崎県	12,438人	32.67人	55.28
11	埼玉県	56,376人	32.65人	55.26
12	岡山県	17,254人	32.62人	55.23
13	千葉県	48,259人	32.39人	54.98
14	愛知県	62,007人	31.95人	54.50
15	栃木県	16,469人	31.31人	53.80
16	高知県	5,772人	31.26人	53.75
17	宮崎県	9,671人	31.08人	53.56
18	山口県	10,395人	30.46人	52.88
19	山形県	9,208人	30.38人	52.79
20	大分県	9,251人	29.59人	51.94
21	奈良県	10,387人	29.24人	51.55
22	宮城県	17,073人	28.81人	51.09
23	石川県	9,097人	28.57人	50.83
24	福井県	5,967人	27.59人	49.77
25	茨城県	21,135人	27.45人	49.61
26	青森県	9,520人	27.27人	49.42
27	山梨県	6,482人	26.51人	48.60
28	兵庫県	35,786人	26.21人	48.26
29	愛媛県	8,805人	25.83人	47.85
30	群馬県	12,967人	25.30人	47.28
31	佐賀県	6,072人	24.48人	46.38
32	香川県	6,327人	24.17人	46.05
33	北海道	29,614人	24.12人	45.99
34	鳥取県	3,554人	23.84人	45.69
35	新潟県	12,782人	22.59人	44.34
36	島根県	4,159人	22.48人	44.21
37	三重県	10,567人	22.39人	44.12
38	富山県	6,101人	22.18人	43.89
39	岐阜県	11,712人	21.56人	43.21
40	福島県	10,470人	20.42人	41.98
41	岩手県	6,947人	20.38人	41.94
42	滋賀県	7,673人	19.96人	41.48
43	長野県	10,511人	18.68人	40.09
44	和歌山県	4,777人	18.06人	39.42
45	秋田県	2,449人	10.13人	30.80
46	沖縄県	2,822人	6.27人	26.61
47	徳島県	881人	4.65人	24.85
-	全国	1,052,628人	32.99人	-

学校基本調査（文部科学省）

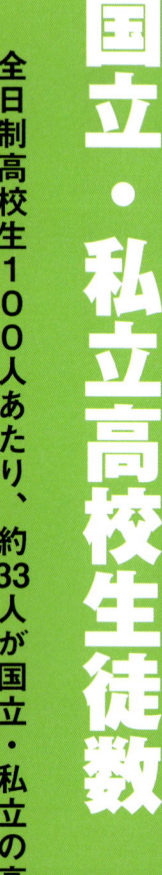

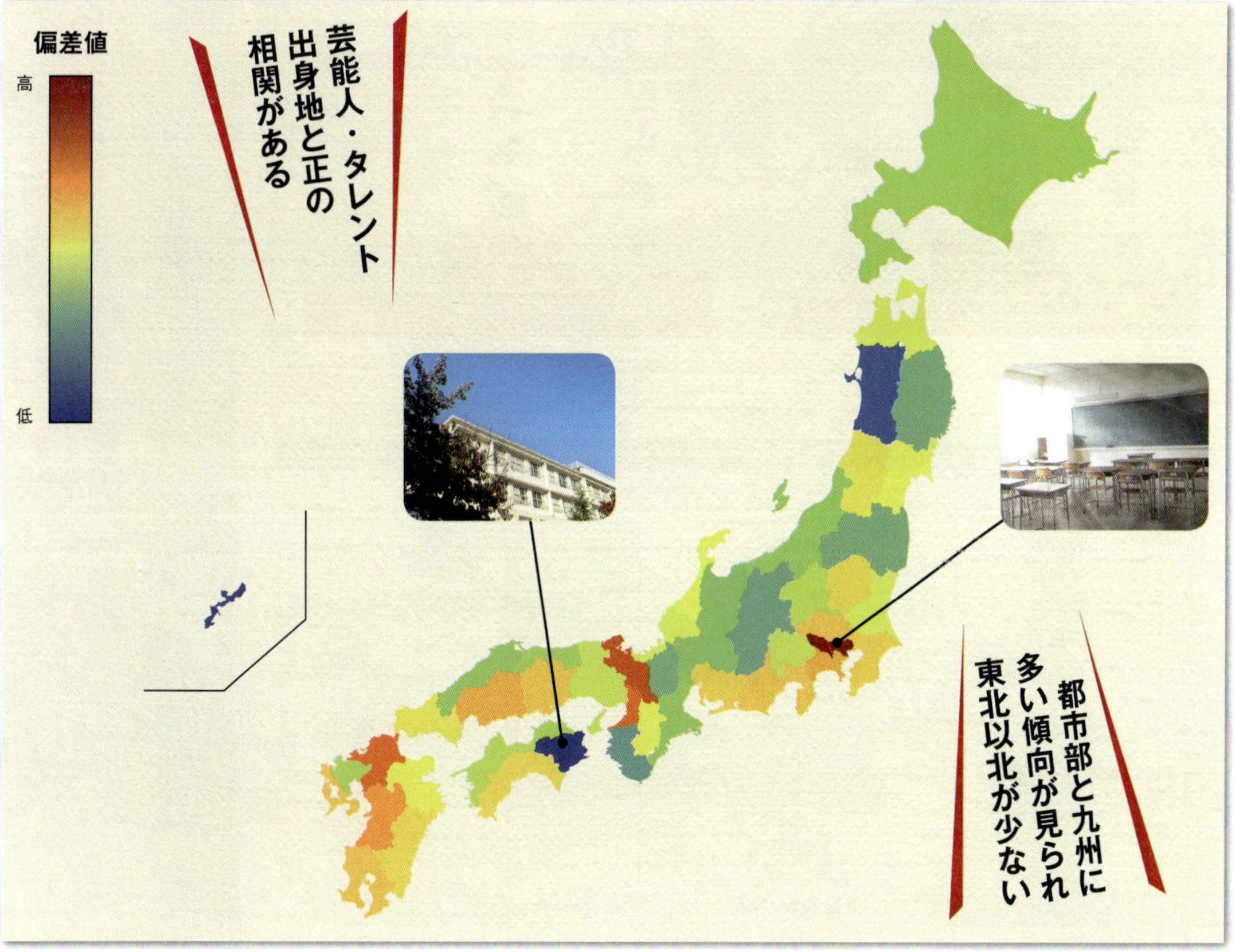
偏差値
高
低
芸能人・タレント
出身地と正の
相関がある
都市部と九州に
多い傾向が見られ
東北以北が少ない

相関データ

【正の相関】

係数	項目
0.67	基準地価：商業地
0.66	鉄道旅客輸送量
0.65	芸能人・タレント出身地
0.65	携帯電話契約数
0.64	外国人観光客訪問率
0.64	ひとり暮らし率
0.64	大学生数
0.63	基準地価：住宅地
0.61	人口集中度
0.61	基準地価：工業地

【負の相関】

係数	項目
-0.63	自家用車通勤・通学率
-0.60	ダイソー店舗数
-0.60	軽自動車普及率
-0.59	自動車普及率
-0.57	道路延長
-0.55	地方公務員数
-0.54	戸建て率
-0.53	運転免許保有者数
-0.53	市区町村数
-0.53	子育て世帯数

都市部と九州に多い

文部科学省の学校基本調査から、各県の高校生徒数に占める、国立・私立高校生徒数の比率をランキングにしました。

国立・私立高校生徒数は全国に１０５万２６２８人いて、全日制高校生１００人あたり32・99人となっています。残りの約67人が、公立高校に通っていることになります。

１位は東京で、１００人あたり58・79人。京都、福岡、大阪、熊本と続きます。いっぽう最下位は徳島で４・65人。沖縄、秋田、和歌山、長野と続きます。

相関ランキングを見ると、地価が高く鉄道が発達した都市部に集中していることがわかります。国立・私立中学生徒数と同じ傾向といってよいでしょう。

また、芸能人・タレント出身地と、意外ともいえる正の相関があります。

学習塾軒数

首位の和歌山をはじめ、徳島、香川、愛媛、兵庫と西日本の温暖な気候のところに多い傾向がある。

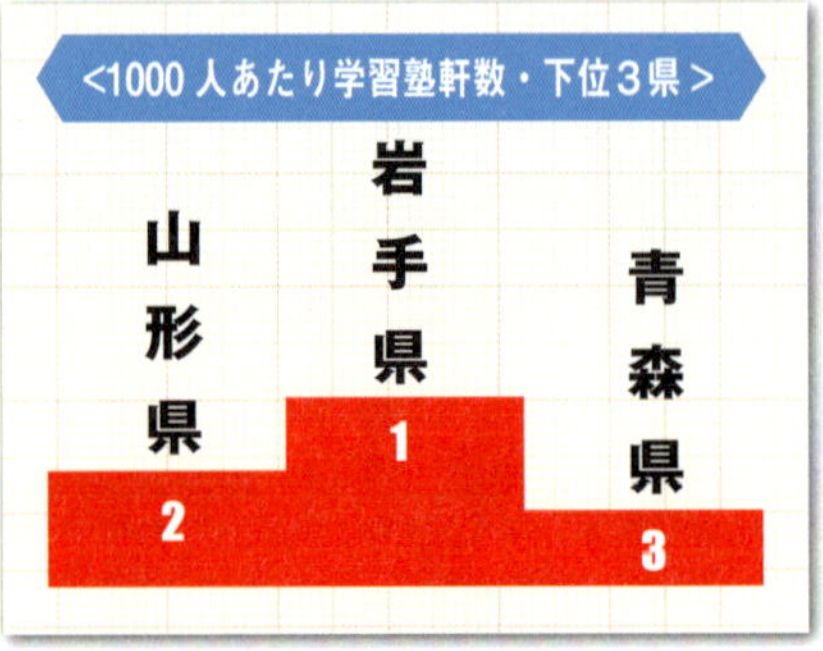

ランキング

順位	県名	データ	1000人あたり	偏差値
1	和歌山県	622軒	5.85軒	74.45
2	徳島県	438軒	5.59軒	70.98
3	香川県	565軒	5.22軒	65.94
4	愛媛県	728軒	5.01軒	63.15
5	兵庫県	3,006軒	4.98軒	62.70
6	広島県	1,519軒	4.93軒	62.08
7	奈良県	741軒	4.91軒	61.71
8	京都府	1,311軒	4.74軒	59.51
9	岐阜県	1,094軒	4.72軒	59.25
10	滋賀県	775軒	4.66軒	58.43
11	高知県	350軒	4.66軒	58.34
12	三重県	945軒	4.66軒	58.32
13	山口県	666軒	4.61軒	57.64
14	沖縄県	874軒	4.45軒	55.50
15	神奈川県	4,007軒	4.40軒	54.89
16	静岡県	1,755軒	4.32軒	53.73
17	埼玉県	3,233軒	4.29軒	53.37
18	鳥取県	268軒	4.28軒	53.24
19	愛知県	3,563軒	4.27軒	53.04
20	大阪府	3,989軒	4.24軒	52.67
21	岡山県	890軒	4.14軒	51.32
22	栃木県	892軒	4.11軒	50.93
23	新潟県	984軒	4.11軒	50.93
24	東京都	4,984軒	4.10軒	50.78
25	山梨県	387軒	4.07軒	50.43
26	千葉県	2,579軒	4.02軒	49.73
27	石川県	499軒	3.90軒	48.11
28	長野県	917軒	3.87軒	47.73
29	大分県	465軒	3.70軒	45.39
30	福島県	770軒	3.68軒	45.14
31	茨城県	1,139軒	3.57軒	43.61
32	秋田県	358軒	3.57軒	43.59
33	長崎県	553軒	3.55軒	43.35
34	群馬県	774軒	3.54軒	43.27
35	佐賀県	354軒	3.53軒	43.08
36	福岡県	1,930軒	3.52軒	42.90
37	宮城県	860軒	3.48軒	42.40
38	福井県	307軒	3.39軒	41.23
39	宮崎県	429軒	3.35軒	40.71
40	富山県	375軒	3.27軒	39.61
41	鹿児島県	608軒	3.24軒	39.16
42	島根県	231軒	3.11軒	37.42
43	北海道	1,599軒	3.03軒	36.27
44	熊本県	602軒	3.01軒	36.10
45	青森県	422軒	3.00軒	35.90
46	山形県	336軒	2.76軒	32.61
47	岩手県	344軒	2.52軒	29.40
-	全国	55,037軒	4.10軒	-

経済センサス - 基礎調査（総務省統計局）

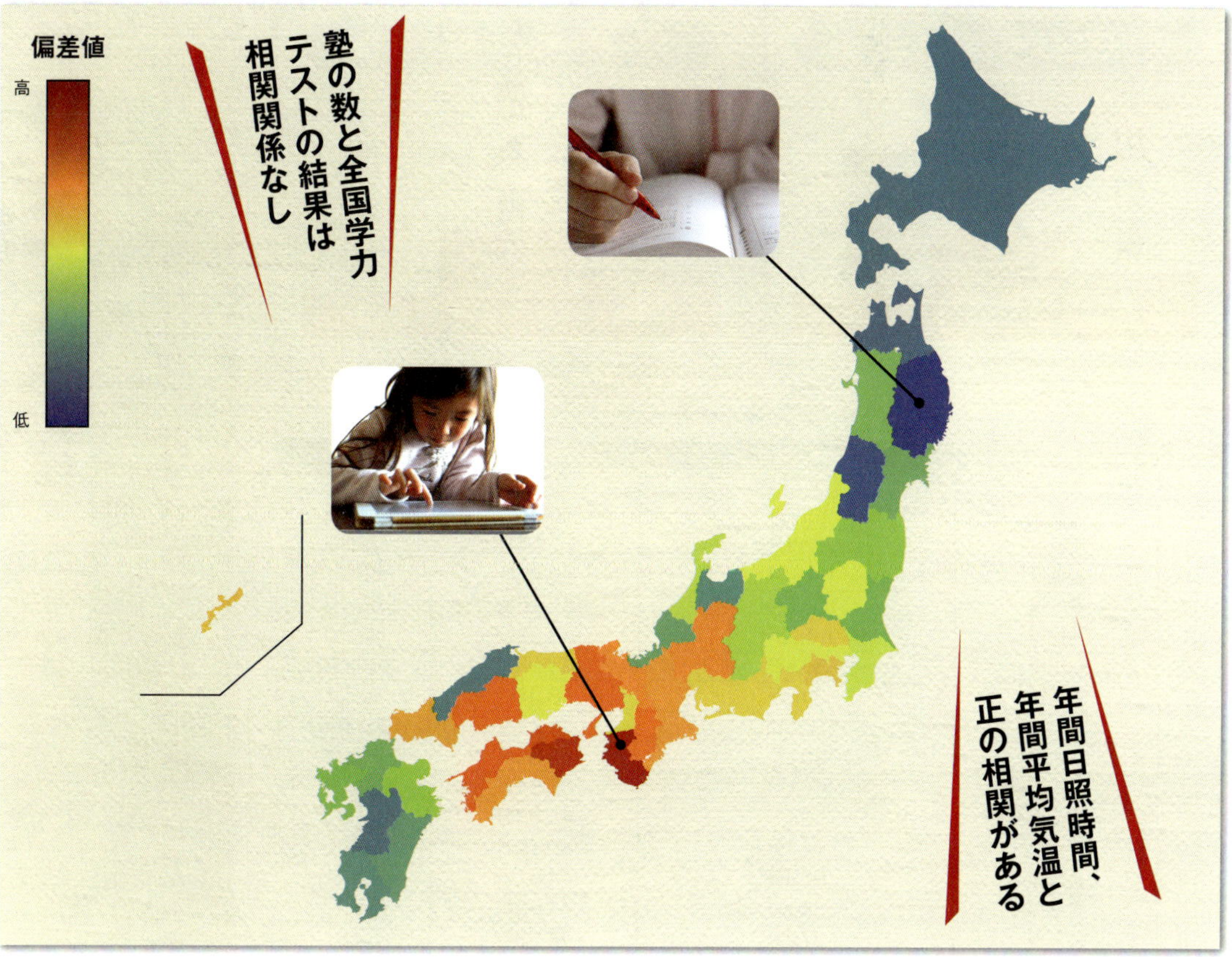
偏差値
高
低
塾の数と全国学力テストの結果は相関関係なし
年間日照時間、年間平均気温と正の相関がある

相関データ

【正の相関】

係数	項目
0.74	小学生通塾率
0.73	中学生通塾率
0.63	小学生・学校外学習率
0.63	バイク・スクーター普及率
0.62	交通事故死亡者数（オートバイ乗員）
0.61	喫茶店店舗数
0.60	学習塾・予備校費用
0.54	1世帯あたり純資産
0.52	1世帯あたり貯蓄額
0.50	年間日照時間

【負の相関】

係数	項目
-0.65	味噌消費量
-0.65	納豆消費量
-0.60	食糧自給率(カロリーベース)
-0.57	可住地面積
-0.53	年間降雪量
-0.51	年間雪日数
-0.49	保育園定員充足率
-0.49	睡眠時間
-0.49	第一次産業従業者数
-0.48	中学生朝食摂取率

四国強し。カギは温暖さか

総務省の経済センサス基礎調査から小中高校生徒１０００人あたりの学習塾軒数の多さを比較しました。英会話教室や学校が運営する予備校は含みません。

もっとも多いのは和歌山で5・85軒でした。続いて徳島、香川、愛媛、兵庫と西側、とくに四国に多くなっています。

最下位は岩手の2・52軒。山形、青森、熊本、北海道が続きます。東北地方に塾が少ない傾向が見られます。

小中学生通塾率、小学生・学校外学習率と正の相関があり、塾が多いところは学校外で勉強する機会も多いことがわかります。ただし、全国学力テスト正答率との相関はありませんでした。

興味深いのは、年間日照時間と正の相関があること。気候が学習意識に影響を与えているのかもしれません。

コンビニ店舗数

コンビニ総数は約5万7000軒で、人口10万人あたり約45軒。1位の北海道はコンビニ激戦区だ。

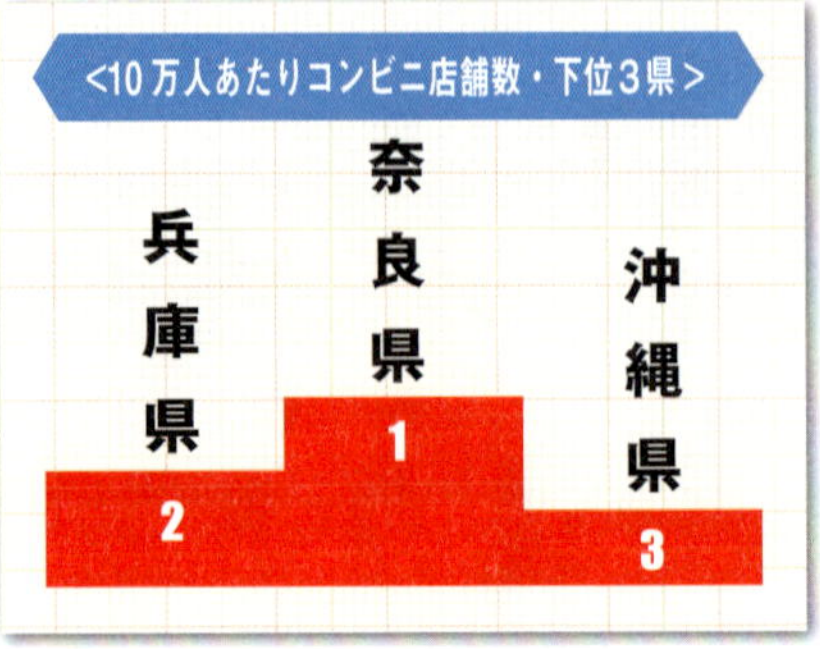

ランキング

順位	県名	データ	10万人あたり	偏差値
1	北海道	2,971軒	55.51軒	76.75
2	山梨県	457軒	55.06軒	75.75
3	東京都	7,280軒	53.44軒	72.15
4	宮城県	1,151軒	49.40軒	63.21
5	愛知県	3,692軒	49.18軒	62.73
6	茨城県	1,423軒	48.99軒	62.30
7	富山県	512軒	48.26軒	60.68
8	群馬県	945軒	48.04軒	60.21
9	静岡県	1,724軒	46.75軒	57.34
10	栃木県	901軒	45.83軒	55.31
11	秋田県	461軒	45.64軒	54.90
12	石川県	524軒	45.53軒	54.64
13	三重県	817軒	45.19軒	53.89
14	長野県	939軒	44.97軒	53.41
15	青森県	581軒	44.93軒	53.33
16	佐賀県	372軒	44.93軒	53.31
17	福島県	850軒	44.71軒	52.84
18	大阪府	3,949軒	44.71軒	52.82
19	福岡県	2,275軒	44.57軒	52.53
20	徳島県	334軒	44.53軒	52.44
21	福井県	345軒	44.12軒	51.52
22	岐阜県	887軒	43.87軒	50.96
23	鳥取県	245軒	42.98軒	49.00
24	千葉県	2,669軒	42.80軒	48.60
25	香川県	416軒	42.80軒	48.59
26	愛媛県	588軒	42.76軒	48.52
27	大分県	492軒	42.41軒	47.74
28	岩手県	532軒	41.96軒	46.73
29	広島県	1,183軒	41.70軒	46.16
30	京都府	1,086軒	41.69軒	46.14
31	熊本県	735軒	41.43軒	45.57
32	島根県	284軒	41.16軒	44.96
33	鹿児島県	665軒	40.62軒	43.78
34	新潟県	923軒	40.38軒	43.23
35	山形県	446軒	40.07軒	42.56
36	山口県	557軒	39.96軒	42.30
37	岡山県	765軒	39.95軒	42.28
38	滋賀県	563軒	39.84軒	42.05
39	神奈川県	3,639軒	39.79軒	41.94
40	埼玉県	2,898軒	39.76軒	41.86
41	高知県	279軒	38.70軒	39.51
42	宮崎県	421軒	38.41軒	38.88
43	和歌山県	362軒	37.95軒	37.85
44	長崎県	516軒	37.75軒	37.41
45	沖縄県	539軒	37.46軒	36.77
46	兵庫県	2,039軒	36.94軒	35.62
47	奈良県	460軒	33.92軒	28.94
-	全国	56,692軒	44.66軒	-

各コンビニの店舗数をもとに集計

偏差値
高
低
東日本には多く関西には少ない傾向がある
24h
酒
銀行
ATM
セイコーマートの牙城、北海道はコンビニ激戦区！

相関データ

【正の相関】

係数	項目
0.60	ウイスキー消費量
0.59	中華料理店店舗数
0.55	県内総生産
0.52	喫煙率：女性
0.50	喫煙率：男性
0.48	すし外食費用
0.47	地震回数（震度5弱以上：補正なし）
0.47	起業家数
0.47	県民所得
0.43	おにぎり消費量

【負の相関】

係数	項目
-0.56	発泡酒・第3のビール比率
-0.56	小麦粉消費量
-0.49	25歳以上釣り人口
-0.47	軽自動車比率
-0.47	牛肉消費量
-0.44	バイク・スクーター普及率
-0.42	年間平均気温
-0.42	家電量販店
-0.42	カラオケボックス店舗数
-0.40	衆議院小選挙区議席数（一票の格差）

東高西低型の分布

日本の主要コンビニチェーン（セブンイレブン、ローソン、ファミリーマート、ミニストップ、デイリーヤマザキ、セイコーマート、ポプラ、セーブオン）の店舗数をすべて合計し、人口10万人に対しての多さを比較しました。

集計すると、全国のコンビニ数は5万6692軒で、人口10万人あたりでは44・66軒が平均です。

順位を見ると、コンビニ激戦区といわれる北海道が1位で、人口10万人あたり55・51軒です。続いて山梨、東京、宮城、愛知の順になりました。

最下位の奈良は33・92軒で、続いて兵庫、沖縄、長崎、和歌山となっています。

全体的に東日本に多く、関西では少ない傾向にあります。つまり、いわゆる東高西低型といってよいでしょう。

ローソン以外の店舗数は2018年1月～2月の店舗数なのに対し、ローソンは2018年の店舗数が公開されていないため、2017年11月の店舗数となっている。2017年12月～1月にかけてポプラやスリーエフ、セーブオンの店舗がローソンに転換しており、ポプラ、スリーエフ、セーブオンの店舗数が大幅に減少しているが、この分がローソンに計上されていないため、見かけ上店舗数が減っている。

セブンイレブン店舗数

全国に約2万軒、人口10万人あたり約16軒が存在。店舗が多いところと少ないところの差が激しい。

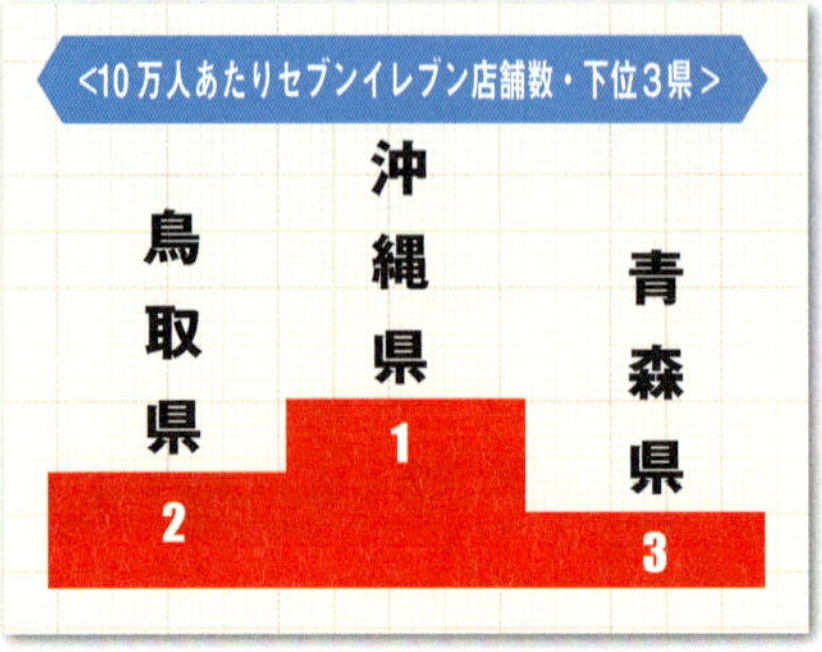

ランキング

順位	県名	データ	10万人あたり	偏差値
1	山梨県	209軒	25.18軒	68.54
2	群馬県	459軒	23.34軒	65.35
3	佐賀県	191軒	23.07軒	64.89
4	山口県	317軒	22.74軒	64.32
5	福島県	431軒	22.67軒	64.20
6	栃木県	432軒	21.97軒	63.00
7	茨城県	636軒	21.89軒	62.86
8	長野県	453軒	21.70軒	62.51
9	広島県	575軒	20.27軒	60.05
10	静岡県	710軒	19.25軒	58.29
11	福岡県	976軒	19.12軒	58.07
12	東京都	2,601軒	19.09軒	58.02
13	北海道	983軒	18.37軒	56.77
14	新潟県	417軒	18.24軒	56.55
15	熊本県	322軒	18.15軒	56.39
16	千葉県	1,077軒	17.27軒	54.87
17	宮崎県	189軒	17.25軒	54.83
18	宮城県	400軒	17.17軒	54.69
19	滋賀県	235軒	16.63軒	53.77
20	埼玉県	1,178軒	16.16軒	52.96
21	山形県	177軒	15.90軒	52.51
22	岡山県	298軒	15.56軒	51.92
23	神奈川県	1,393軒	15.23軒	51.35
24	大分県	163軒	14.05軒	49.31
25	愛知県	1,034軒	13.77軒	48.83
26	長崎県	187軒	13.68軒	48.67
27	大阪府	1,174軒	13.29軒	48.00
28	京都府	334軒	12.82軒	47.19
29	兵庫県	697軒	12.63軒	46.85
30	富山県	132軒	12.44軒	46.53
31	徳島県	90軒	12.00軒	45.77
32	鹿児島県	189軒	11.55軒	44.98
33	石川県	132軒	11.47軒	44.85
34	岩手県	140軒	11.04軒	44.11
35	奈良県	143軒	10.55軒	43.26
36	香川県	101軒	10.39軒	42.99
37	秋田県	96軒	9.51軒	41.46
38	岐阜県	178軒	8.80軒	40.25
39	三重県	157軒	8.68軒	40.04
40	福井県	66軒	8.44軒	39.62
41	和歌山県	77軒	8.07軒	38.98
42	島根県	54軒	7.83軒	38.56
43	愛媛県	107軒	7.78軒	38.48
44	高知県	37軒	5.13軒	33.91
45	青森県	62軒	4.80軒	33.32
46	鳥取県	24軒	4.21軒	32.31
99	沖縄県	0軒	0.00軒	25.04
-	全国	20,033軒	15.78軒	-

国内都道府県別店舗数（セブン-イレブン・ジャパンの公式サイトより）

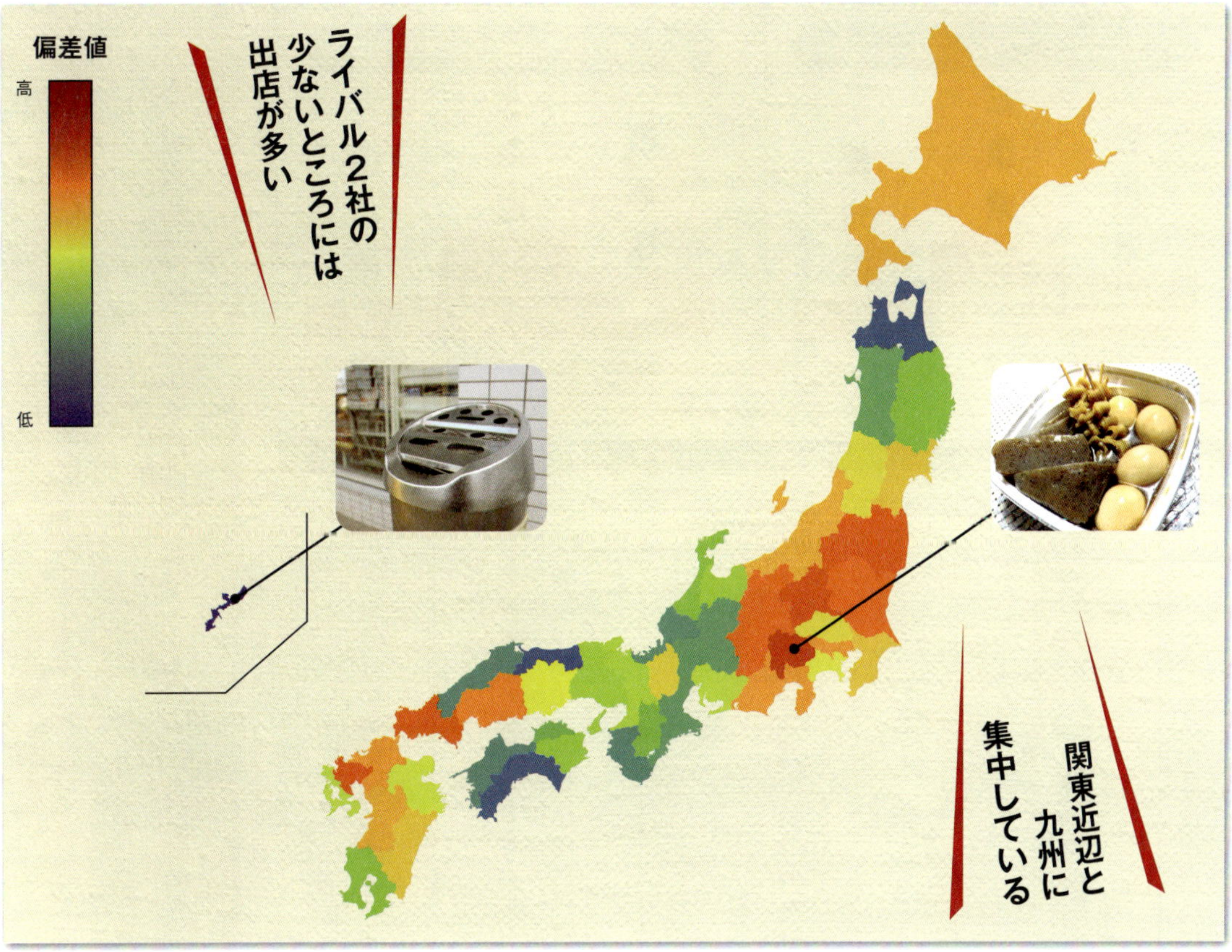
偏差値
高
低
ライバル2社の少ないところには出店が多い
関東近辺と九州に集中している

相関データ

【正の相関】

係数	項目
0.58	男性用下着購入費
0.53	25歳以上日帰り旅行人口
0.51	結婚式費用
0.49	女性用下着購入費
0.47	男性用洋服購入費
0.46	デニーズ店舗数
0.46	納豆消費量
0.45	みんなの党得票率(直近10年間)
0.43	地震回数(震度5弱以上：補正あり)
0.42	公務員年収

【負の相関】

係数	項目
-0.65	ローソン店舗数
-0.57	ファミリーマート店舗数
-0.57	新聞店店舗数
-0.55	喫茶店店舗数
-0.52	衆議院小選挙区議席数(一票の格差)
-0.51	銀行店舗数
-0.45	地方公務員数
-0.42	貧困率
-0.42	スーパーマーケット店舗数
-0.42	ゲームセンター店舗数

ドミナント政策の特徴が

２０１８年１月末現在のセブンイレブンの店舗数を人口で割り、10万人あたりの店舗数を比較したランキングです。

全国のセブンイレブン店舗数は２万33軒で、人口10万人あたり15・78軒。１位から、山梨、群馬、佐賀、山口と、関東と九州に集中しています。

いっぽう最下位の沖縄には出店がなく、鳥取、青森、高知、愛媛と続きます。

全体的に店舗が多い地区と少ない地区にはっきりと分かれているのは、特定の地域に集中的に出店する「ドミナント戦略」の結果でしょう。

ローソン店舗数、ファミリーマート店舗数と負の相関にあり、セブンイレブンが多いところでは、ローソンやファミリマートが少なくなっています。３者のライバル関係がうかがえます。

ファミリーマート店舗数

全店舗数は約1万7000軒で、人口10万人あたり約14軒。サークルKサンクスの地盤、中部に多い。

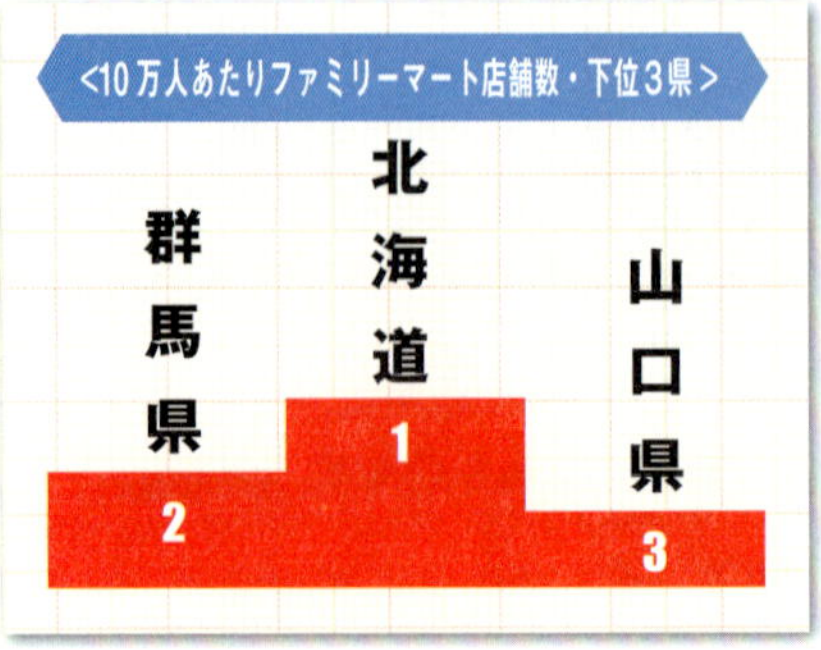

ランキング

順位	県名	データ	10万人あたり	偏差値
1	三重県	427軒	23.62軒	72.93
2	石川県	268軒	23.28軒	72.18
3	愛知県	1,697軒	22.61軒	70.64
4	沖縄県	321軒	22.31軒	69.97
5	福井県	159軒	20.33軒	65.50
6	岐阜県	391軒	19.34軒	63.25
7	東京都	2,553軒	18.74軒	61.90
8	愛媛県	248軒	18.04軒	60.31
9	青森県	230軒	17.79軒	59.75
10	鹿児島県	282軒	17.23軒	58.48
11	大阪府	1,419軒	16.07軒	55.85
12	宮城県	372軒	15.97軒	55.62
13	富山県	169軒	15.93軒	55.54
14	秋田県	159軒	15.74軒	55.12
15	静岡県	565軒	15.32軒	54.16
16	岩手県	189軒	14.91軒	53.22
17	高知県	106軒	14.70軒	52.76
18	山形県	153軒	13.75軒	50.60
19	香川県	132軒	13.58軒	50.23
20	長野県	277軒	13.27軒	49.52
21	岡山県	249軒	13.00軒	48.92
22	和歌山県	124軒	13.00軒	48.91
23	京都府	338軒	12.98軒	48.86
24	鳥取県	71軒	12.46軒	47.68
25	茨城県	341軒	11.74軒	46.06
26	栃木県	229軒	11.65軒	45.86
27	滋賀県	164軒	11.61軒	45.76
28	徳島県	87軒	11.60軒	45.75
29	宮崎県	127軒	11.59軒	45.72
30	長崎県	158軒	11.56軒	45.65
31	熊本県	205軒	11.56軒	45.65
32	神奈川県	1,050軒	11.48軒	45.48
33	埼玉県	805軒	11.04軒	44.49
34	奈良県	146軒	10.77軒	43.86
35	福岡県	547軒	10.72軒	43.75
36	千葉県	644軒	10.33軒	42.87
37	兵庫県	566軒	10.25軒	42.70
38	大分県	118軒	10.17軒	42.52
39	山梨県	84軒	10.12軒	42.40
40	広島県	276軒	9.73軒	41.52
41	島根県	66軒	9.57軒	41.14
42	福島県	176軒	9.26軒	40.45
43	佐賀県	76軒	9.18軒	40.27
44	新潟県	187軒	8.18軒	38.01
45	山口県	93軒	6.67軒	34.60
46	群馬県	126軒	6.41軒	34.00
47	北海道	239軒	4.47軒	29.61
-	全国	17,409軒	13.72軒	-

ファミリーマート地域別店舗数（ユニー・ファミリーマートホールディングスのウェブサイトより）

偏差値
高
低
じつは国内よりも
海外のほうが
店舗が多い
三重、石川に多く、
地盤のあった中部に
密集している

相関データ

【正の相関】

係数	項目
0.72	サークルKサンクス店舗数
0.51	百貨店・総合スーパー店舗数
0.50	ユニー店舗数
0.46	カーマ店舗数
0.46	エイデン店舗数
0.43	楽器・CD・レコード店店舗数
0.43	CoCo壱番屋店舗数
0.42	研修医比率
0.42	喫茶店店舗数
–	–

【負の相関】

係数	項目
-0.57	セブンイレブン店舗数
-0.45	読売新聞販売部数
-0.40	麻酔科医師比率
-0.40	専修学校進学率
-0.38	専修学校進学率：男子
-0.37	専修学校進学率：女子
-0.34	小学生長時間テレビ視聴率
-0.32	高校進学率
-0.31	姉さん女房比率
-0.31	セイコーマート店舗数

中部地方に多く出店

ファミリーマートの店舗数を人口で割り、10万人あたりの店舗数を比較したランキング。２０１８年１月現在のデータで、店舗数には２０１６年に経営統合したサークルKサンクスの店舗が含まれています。

全国のファミリーマートの店舗数は１万７４０９軒で、全国平均は人口10万人あたり14・23軒。ところが、都道府県ごとの差が大きく見られます。

１位は三重で、23・62軒。石川、愛知、沖縄、福井と続きます。最下位の北海道は4・47軒で、群馬、山口、新潟、佐賀までが下位5道県となります。分布をみると、もともとサークルKサンクスの地盤だった中部に店舗が多いことがわかります。

カーマ店舗数、エイデン店舗数など、中部に店舗が多いランキングと正の相関があります。

ローソン店舗数

全店舗数は約1万3700軒で、人口10万人あたり約11軒。セブンイレブンとは対照的な分布に。

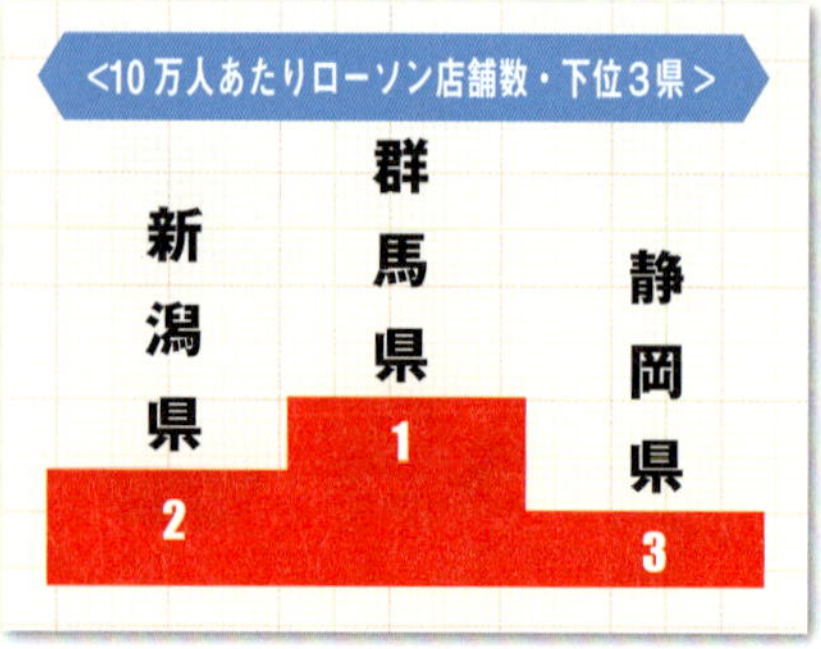

ランキング

順位	県名	データ	10万人あたり	偏差値
1	鳥取県	140軒	24.56軒	79.94
2	島根県	148軒	21.45軒	72.62
3	高知県	136軒	18.86軒	66.54
4	青森県	243軒	18.79軒	66.38
5	秋田県	188軒	18.61軒	65.96
6	徳島県	134軒	17.87軒	64.20
7	富山県	189軒	17.81軒	64.07
8	愛媛県	218軒	15.86軒	59.47
9	大分県	183軒	15.78軒	59.28
10	山梨県	129軒	15.54軒	58.73
11	沖縄県	218軒	15.15軒	57.81
12	和歌山県	142軒	14.89軒	57.19
13	福井県	113軒	14.45軒	56.17
14	香川県	133軒	13.68軒	54.36
15	岩手県	169軒	13.33軒	53.53
16	京都府	338軒	12.98軒	52.70
17	大阪府	1,111軒	12.58軒	51.76
18	北海道	656軒	12.26軒	51.01
19	兵庫県	673軒	12.19軒	50.85
20	東京都	1,631軒	11.97軒	50.34
21	鹿児島県	194軒	11.85軒	50.05
22	滋賀県	154軒	10.90軒	47.81
23	神奈川県	953軒	10.42軒	46.69
24	奈良県	137軒	10.10軒	45.94
25	宮城県	233軒	10.00軒	45.70
26	山形県	109軒	9.79軒	45.21
27	栃木県	191軒	9.72軒	45.03
28	福岡県	492軒	9.64軒	44.85
29	千葉県	600軒	9.62軒	44.81
30	岡山県	182軒	9.50軒	44.53
31	宮崎県	104軒	9.49軒	44.50
32	石川県	104軒	9.04軒	43.43
33	埼玉県	656軒	9.00軒	43.35
34	愛知県	672軒	8.95軒	43.24
35	山口県	118軒	8.47軒	42.09
36	岐阜県	171軒	8.46軒	42.07
37	熊本県	150軒	8.46軒	42.07
38	佐賀県	70軒	8.45軒	42.06
39	長野県	176軒	8.43軒	42.01
40	長崎県	106軒	7.75軒	40.42
41	三重県	138軒	7.63軒	40.13
42	広島県	209軒	7.37軒	39.51
43	福島県	137軒	7.21軒	39.13
44	茨城県	208軒	7.16軒	39.02
45	静岡県	264軒	7.16軒	39.02
46	新潟県	156軒	6.82軒	38.23
47	群馬県	117軒	5.95軒	36.17
-	全国	13,693軒	10.79軒	-

ローソン企業情報（ローソンのウェブサイトより）

偏差値
高
低
セブンイレブンが
少ないところでは
ローソンが多い
中国、北東北や
関西、四国で
出店が多い

相関データ

【正の相関】

係数	項目
0.65	地方公務員数
0.64	都道府県議会議員数
0.61	大学医学部数
0.58	地方交付税額
0.57	銀行店舗数
0.55	タクシー旅客輸送量
0.51	書店数
0.50	公共事業費
0.50	図書館数
0.50	保育園数

【負の相関】

係数	項目
-0.65	セブンイレブン店舗数
-0.55	ペット飼育費用
-0.52	結婚式費用
-0.46	出産費用
-0.44	自主財源比率
-0.43	外国車普及率
-0.42	サイゼリヤ店舗数
-0.42	25歳以上ゴルフ人口
-0.41	楽器購入額
-0.41	25歳以上日帰り旅行人口

セブンイレブンと対照的

２０１７年11月末現在のローソンの店舗数を人口で割り、10万人あたり店舗数を比較したランキングです。

全国の店舗数は１万３６９３軒で、人口10万人あたり10・79軒となっています。また、全国すべての都道府県に出店しているのも特徴です。

上位は鳥取、島根、高知、青森、秋田となっており、中国、北東北で店舗が多いことがわかります。

さらに創業地である関西や、四国にも多い傾向があります。

反対に下位は、群馬、新潟、静岡、茨城、福島と関東を中心とした県が並びます。

セブンイレブン店舗数は関東と九州に多く、それとのはっきりとした負の相関があります。

つまり、ローソンが多いところはセブンイレブンが少なくなっているのです。

スターバックスコーヒー店舗数

日本全国に1320軒あるが、都市周辺に多く地方では少ない傾向がはっきりしている。

ランキング

順位	県名	データ	10万人あたり	偏差値
1	東京都	317軒	2.33軒	94.40
2	沖縄県	21軒	1.46軒	68.69
3	京都府	33軒	1.27軒	63.00
4	愛知県	92軒	1.23軒	61.79
5	栃木県	24軒	1.22軒	61.64
6	山梨県	10軒	1.21軒	61.16
7	大阪府	98軒	1.11軒	58.32
8	佐賀県	9軒	1.09軒	57.67
9	神奈川県	99軒	1.08軒	57.55
10	茨城県	31軒	1.07軒	57.08
11	千葉県	64軒	1.03軒	55.86
12	滋賀県	14軒	0.99軒	54.82
13	福岡県	48軒	0.94軒	53.31
14	長野県	19軒	0.91軒	52.42
15	宮城県	21軒	0.90軒	52.16
16	三重県	16軒	0.89軒	51.68
17	兵庫県	48軒	0.87軒	51.24
18	石川県	10軒	0.87軒	51.21
19	埼玉県	63軒	0.86軒	51.06
20	富山県	9軒	0.85軒	50.59
21	香川県	8軒	0.82軒	49.85
22	静岡県	30軒	0.81軒	49.55
23	広島県	23軒	0.81軒	49.49
23	奈良県	11軒	0.81軒	49.49
25	福井県	6軒	0.77軒	48.19
26	群馬県	15軒	0.76軒	48.07
27	和歌山県	7軒	0.73軒	47.21
28	愛媛県	10軒	0.73軒	47.00
29	鳥取県	4軒	0.70軒	46.26
30	青森県	9軒	0.70軒	46.09
31	秋田県	7軒	0.69軒	46.00
32	北海道	35軒	0.65軒	44.84
33	岐阜県	13軒	0.64軒	44.52
34	岡山県	12軒	0.63軒	44.04
35	大分県	7軒	0.60軒	43.33
36	長崎県	8軒	0.59軒	42.80
37	島根県	4軒	0.58軒	42.65
38	熊本県	10軒	0.56軒	42.18
39	高知県	4軒	0.56軒	41.91
40	岩手県	7軒	0.55軒	41.82
41	山形県	6軒	0.54軒	41.43
42	徳島県	4軒	0.53軒	41.26
43	新潟県	12軒	0.53軒	41.02
44	山口県	6軒	0.43軒	38.21
45	福島県	7軒	0.37軒	36.37
46	宮崎県	4軒	0.37軒	36.28
47	鹿児島県	5軒	0.31軒	34.50
-	全国	1,320軒	1.04軒	-

スターバックスコーヒー店舗検索（スターバックスコーヒーの公式サイトより）

偏差値
高
低
生産年齢人口が多く
高齢者が少ない
ところに多い
東京、愛知、大阪
周辺の中央部に
密集する傾向が

相関データ

【正の相関】

係数	項目
0.81	携帯電話契約数
0.79	生産年齢人口
0.77	25歳以上英語学習人口
0.77	Twitterユーザー数
0.76	生産年齢人口増減率
0.75	基準地価：工業地
0.75	弁理士数
0.75	特許登録件数
0.75	基準地価：商業地
0.75	基準地価：住宅地

【負の相関】

係数	項目
-0.73	65歳以上人口（高齢者数）
-0.65	高卒就職率
-0.64	小学校数
-0.63	第一次産業従業者数
-0.62	自動車普及率
-0.62	郵便局軒数
-0.61	戸建て率
-0.61	地方債発行額
-0.60	軽自動車普及率
-0.60	道路延長

都市部に多く若者向け

スターバックス店舗数のランキング。

全国の総店舗数は１３２０軒で、人口10万人あたり平均１・04軒となっています。長らく鳥取に店舗がありませんでしたが、２０１５年に１号店が開店し、ニュースになりました。

くわしく見ると、１位は東京の２・33軒、以下は沖縄、京都、愛知、栃木と続いています。最下位は鹿児島で０・31軒となりました。これに宮崎、福島、山口、新潟が続きます。

基準地価と正の相関があり、地価が高い都市周辺に多く、地方に少ない傾向にあります。また生産年齢人口と正の相関があり、65歳以上人口（高齢者数）と負の相関があることから、働きざかりの世代が多く高齢者が少ないところにスターバックスコーヒーが多いことがわかります。

マクドナルド店舗数

ここ数年で店舗数は減少傾向にあるが、それでも10万人あたり2・27軒。とくに京都と東京に多い。

ランキング

順位	県名	データ	10万人あたり	偏差値
1	京都府	80軒	3.07軒	70.19
2	沖縄県	41軒	2.85軒	65.53
3	滋賀県	40軒	2.83軒	65.15
4	茨城県	78軒	2.69軒	62.08
5	奈良県	36軒	2.66軒	61.44
6	大阪府	233軒	2.64軒	61.09
7	兵庫県	144軒	2.61軒	60.48
8	石川県	30軒	2.61軒	60.41
9	香川県	25軒	2.57軒	59.70
10	愛知県	193軒	2.57軒	59.68
11	埼玉県	187軒	2.57軒	59.57
12	福井県	20軒	2.56軒	59.40
13	東京都	346軒	2.54軒	59.03
14	山梨県	21軒	2.53軒	58.81
15	千葉県	154軒	2.47軒	57.55
16	富山県	26軒	2.45軒	57.15
17	神奈川県	221軒	2.42軒	56.44
18	静岡県	89軒	2.41軒	56.35
19	和歌山県	23軒	2.41軒	56.31
20	三重県	43軒	2.38軒	55.62
21	栃木県	45軒	2.29軒	53.75
22	岐阜県	43軒	2.13軒	50.34
23	群馬県	41軒	2.08軒	49.43
24	大分県	24軒	2.07軒	49.12
25	愛媛県	28軒	2.04軒	48.42
26	徳島県	15軒	2.00軒	47.67
27	佐賀県	16軒	1.93軒	46.24
28	熊本県	34軒	1.92軒	45.92
29	福岡県	97軒	1.90軒	45.56
30	岡山県	36軒	1.88軒	45.14
31	広島県	53軒	1.87軒	44.89
32	山口県	26軒	1.87軒	44.83
33	長野県	38軒	1.82軒	43.88
34	宮城県	42軒	1.80軒	43.52
35	鳥取県	10軒	1.75軒	42.49
36	福島県	33軒	1.74軒	42.11
37	北海道	87軒	1.63軒	39.80
38	青森県	21軒	1.62軒	39.76
39	新潟県	37軒	1.62軒	39.65
40	山形県	18軒	1.62軒	39.61
41	宮崎県	17軒	1.55軒	38.22
42	長崎県	21軒	1.54軒	37.91
43	高知県	11軒	1.53軒	37.70
44	秋田県	15軒	1.49軒	36.83
45	鹿児島県	24軒	1.47軒	36.43
46	島根県	8軒	1.16軒	29.98
47	岩手県	14軒	1.10軒	28.82
-	全国	2,884軒	2.27軒	-

マクドナルド店舗検索（マクドナルド公式ページより）

偏差値
高
低
若者が暮らす都市部をターゲットにしている
大学生が多い京都と東京に店舗が多い

相関データ

【正の相関】

係数	項目
0.73	25歳以上映画鑑賞人口
0.71	中学生通塾率
0.68	四年制大学進学率
0.68	小学生通塾率
0.67	海外旅行者数
0.66	中学生携帯電話・スマートフォン所有率
0.66	大学進学率
0.66	サラリーマン年収
0.61	生産年齢人口
0.57	最低賃金

【負の相関】

係数	項目
-0.73	第一次産業従業者数
-0.72	面積
-0.70	食糧自給率(生産額ベース)
-0.69	可住地面積
-0.69	道路延長
-0.68	河川延長
-0.66	パチンコ店舗数
-0.63	65歳以上人口（高齢者数）
-0.60	自殺者数
-0.60	ガソリンスタンド数

若者の多い都市部に集中

マクドナルドの公式ページより、人口10万人あたりの店舗数のランキングです。

全国のマクドナルド総店舗数は2884軒で、全国平均では人口10万人あたり2・27軒という結果になりました。

1位の京都は3・07軒。以下、沖縄、滋賀、茨城、奈良と続きます。いっぽう最下位は岩手県で1・10件、続いて島根、鹿児島、秋田、高知です。

東京と関西を頂点としたふたつの山があり、そこに近ければ多く、離れるほど少ないというきれいな分布がみてとれます。ある意味、マーケティング戦略に忠実な出店といえるでしょう。

高齢者数と負の相関があり、海外旅行者数や最低賃金と正の相関があります。

若い人の多い都市部に、出店が多いようです。

スーパーマーケット店舗数

地方で多く都市部で少ない。広い面積に人口が分散している地方では、店舗あたりの人口が少なくなる。

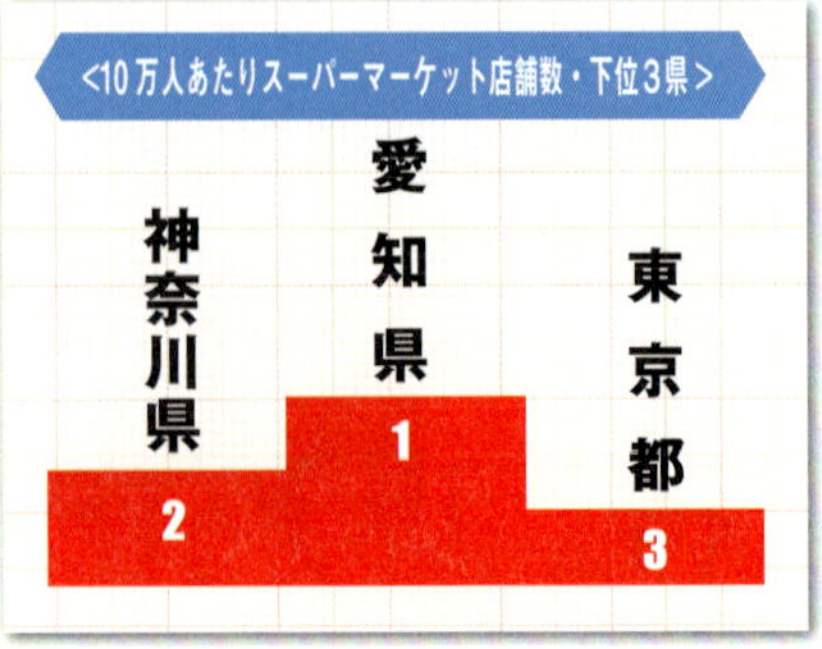

ランキング

順位	県名	データ	10万人あたり	偏差値
1	島根県	341軒	48.92軒	77.08
2	鹿児島県	679軒	40.71軒	67.01
3	岩手県	516軒	40.19軒	66.37
4	秋田県	407軒	39.25軒	65.22
5	高知県	278軒	37.67軒	63.28
6	宮崎県	414軒	37.16軒	62.66
7	和歌山県	349軒	35.94軒	61.17
8	青森県	469軒	35.50軒	60.63
9	長崎県	479軒	34.56軒	59.47
10	愛媛県	470軒	33.69軒	58.41
11	徳島県	251軒	32.85軒	57.38
12	熊本県	574軒	32.00軒	56.33
13	大分県	372軒	31.77軒	56.05
14	沖縄県	446軒	31.39軒	55.58
15	山口県	436軒	30.97軒	55.07
16	鳥取県	172軒	29.97軒	53.84
17	山形県	334軒	29.53軒	53.31
18	新潟県	682軒	29.49軒	53.25
19	香川県	285軒	29.05軒	52.72
20	佐賀県	242軒	28.98軒	52.63
21	福井県	227軒	28.73軒	52.33
22	岡山県	543軒	28.22軒	51.70
23	三重県	494軒	27.07軒	50.29
24	山梨県	226軒	26.87軒	50.05
25	岐阜県	539軒	26.41軒	49.48
26	福島県	506軒	26.15軒	49.16
27	広島県	732軒	25.84軒	48.78
28	石川県	292軒	25.26軒	48.07
29	北海道	1,316軒	24.37軒	46.98
30	長野県	505軒	23.95軒	46.46
31	富山県	244軒	22.80軒	45.06
32	宮城県	521軒	22.38軒	44.54
33	群馬県	428軒	21.66軒	43.66
34	奈良県	298軒	21.66軒	43.66
35	茨城県	607軒	20.80軒	42.60
36	栃木県	411軒	20.76軒	42.55
37	京都府	505軒	19.35軒	40.83
38	兵庫県	1,028軒	18.55軒	39.85
39	静岡県	682軒	18.41軒	39.67
40	滋賀県	254軒	17.94軒	39.10
41	千葉県	1,047軒	16.90軒	37.82
42	福岡県	830軒	16.30軒	37.09
43	大阪府	1,352軒	15.30軒	35.86
44	埼玉県	1,079軒	14.91軒	35.38
45	東京都	1,911軒	14.27軒	34.60
46	神奈川県	1,220軒	13.41軒	33.55
47	愛知県	992軒	13.31軒	33.42
-	全国	26,985軒	21.23軒	-

経済センサス - 基礎調査（総務省統計局）

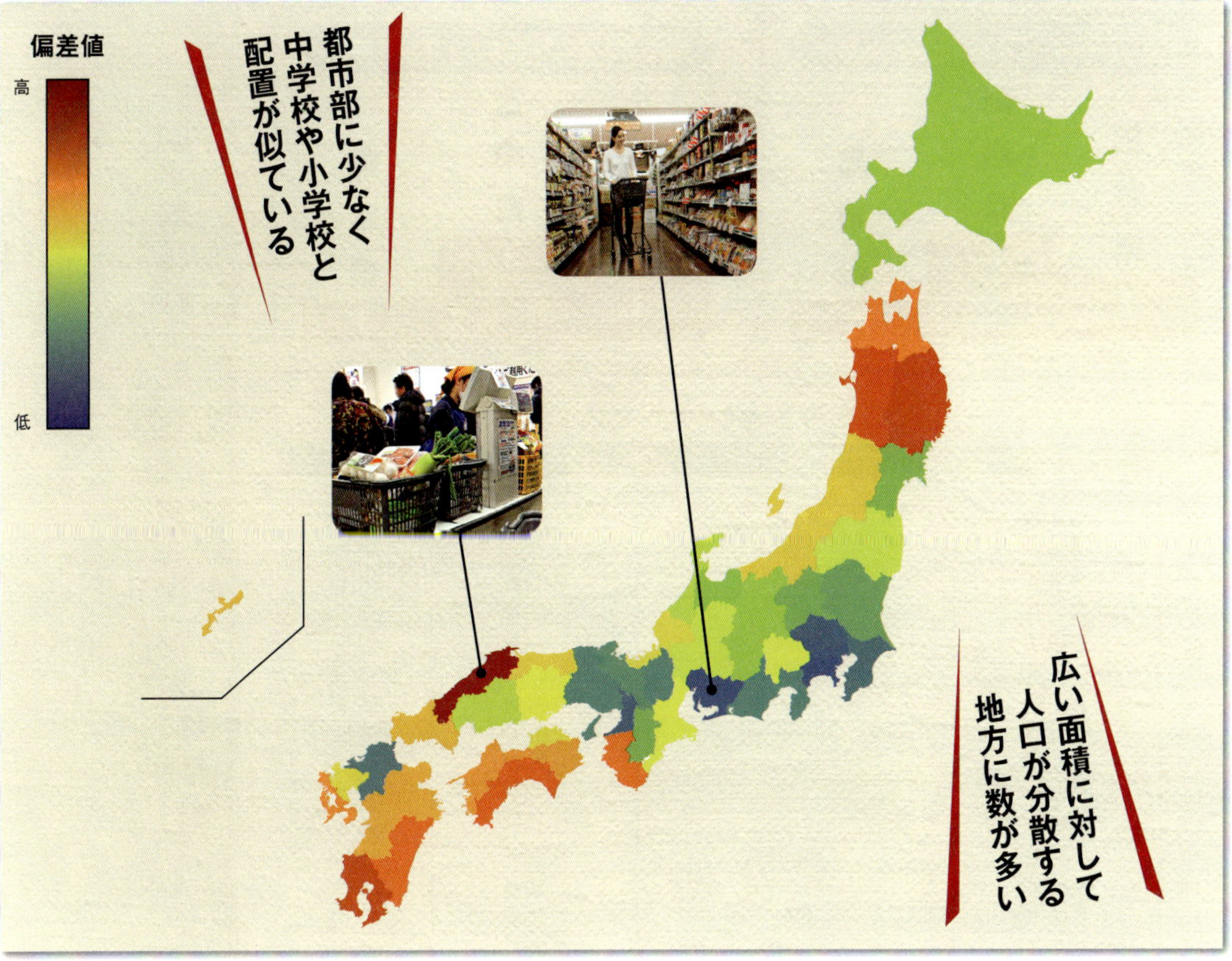
偏差値
高
低
都市部に少なく中学校や小学校と配置が似ている
広い面積に対して人口が分散する地方に数が多い

相関データ

【正の相関】

係数	項目
0.89	中学校数
0.88	小学校数
0.87	郵便局軒数
0.85	高校数
0.83	地方公務員数
0.79	軽自動車比率
0.78	第一次産業従業者数
0.78	ガソリンスタンド数
0.77	地方債発行額
0.76	酒屋店舗数

【負の相関】

係数	項目
-0.83	自主財源比率
-0.82	インターネット利用率
-0.81	海外旅行者数
-0.80	生産年齢人口
-0.80	最低賃金
-0.80	25歳以上読書人口
-0.80	25歳以上海外旅行人口
-0.79	サラリーマン年収
-0.76	家賃
-0.76	四年制大学進学率

地方に数多く分布

総務省の経済センサス基礎調査に基づく、人口10万人あたりのスーパーマーケット店舗数を比較したランキングです。

ここでは食料品全般を扱う「各種食料品小売業」をスーパーと定義しています。青果店や鮮魚店は含みません。

全国には合計で2万6985軒あり、平均では人口10万人あたり21・23軒。1位の島根は、人口10万人あたり48・92軒で、鹿児島、岩手、秋田と続きます。

反対に、47位は愛知で13・31軒。神奈川、東京、埼玉、大阪が続きます。

広い面積に人口が分散している地方では、集落ごとに店舗を置く必要があるため店舗あたりの人口が少なくなります。これは小学校や中学校の置かれ方と同じなため、小学校数や中学校数と正の相関があります。

書店数

全国平均は約7軒だが、1位の徳島には11軒もある。他の四国も比較的多く、九州には少ない。

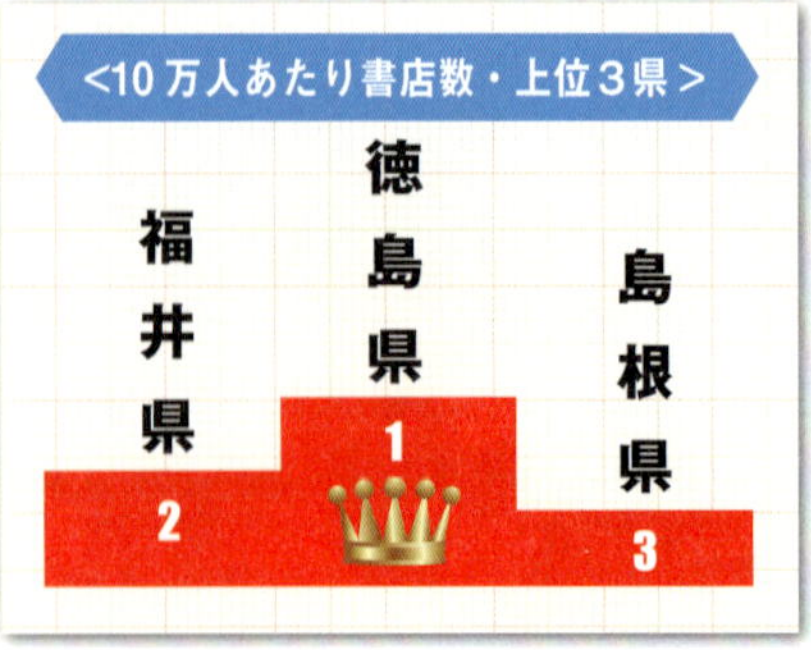

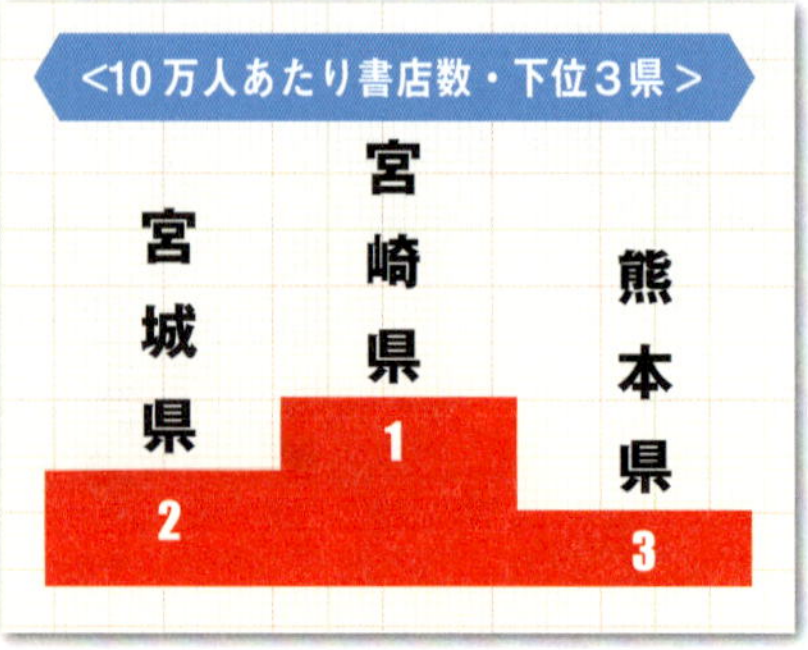

ランキング

順位	県名	データ	10万人あたり	偏差値
1	徳島県	86軒	11.08軒	73.41
2	福井県	84軒	10.51軒	69.79
3	島根県	73軒	10.33軒	68.59
4	鳥取県	56軒	9.62軒	64.11
5	京都府	251軒	9.56軒	63.73
6	石川県	111軒	9.54軒	63.61
7	山梨県	81軒	9.51軒	63.38
8	香川県	94軒	9.51軒	63.37
9	和歌山県	88軒	8.91軒	59.56
10	高知県	66軒	8.78軒	58.73
11	岐阜県	176軒	8.54軒	57.22
12	長野県	179軒	8.40軒	56.30
13	東京都	1,095軒	8.28軒	55.54
14	愛媛県	116軒	8.20軒	55.04
15	富山県	88軒	8.13軒	54.62
16	岩手県	104軒	7.98軒	53.66
17	新潟県	185軒	7.88軒	53.02
18	三重県	142軒	7.72軒	51.97
19	秋田県	82軒	7.71軒	51.95
20	岡山県	149軒	7.70軒	51.84
21	長崎県	106軒	7.53軒	50.77
22	滋賀県	105軒	7.42軒	50.08
23	大阪府	645軒	7.28軒	49.21
24	山口県	104軒	7.27軒	49.11
25	山形県	83軒	7.21軒	48.71
26	愛知県	535軒	7.20軒	48.70
27	奈良県	97軒	6.98軒	47.26
28	青森県	94軒	6.96軒	47.17
29	静岡県	257軒	6.88軒	46.65
30	群馬県	136軒	6.83軒	46.30
31	北海道	372軒	6.81軒	46.21
32	兵庫県	378軒	6.79軒	46.03
33	栃木県	129軒	6.48軒	44.07
34	大分県	75軒	6.33軒	43.13
35	広島県	180軒	6.32軒	43.07
36	茨城県	180軒	6.12軒	41.77
37	福島県	119軒	6.07軒	41.45
38	千葉県	375軒	6.05軒	41.37
39	鹿児島県	102軒	6.04軒	41.26
40	神奈川県	524軒	5.78軒	39.62
41	福岡県	287軒	5.64軒	38.76
42	埼玉県	397軒	5.51軒	37.88
43	佐賀県	44軒	5.22軒	36.06
44	沖縄県	73軒	5.18軒	35.81
45	熊本県	92軒	5.09軒	35.24
46	宮城県	113軒	4.86軒	33.77
47	宮崎県	50軒	4.44軒	31.09
-	全国	8,958軒	7.03軒	-

経済センサス - 活動調査（総務省統計局）

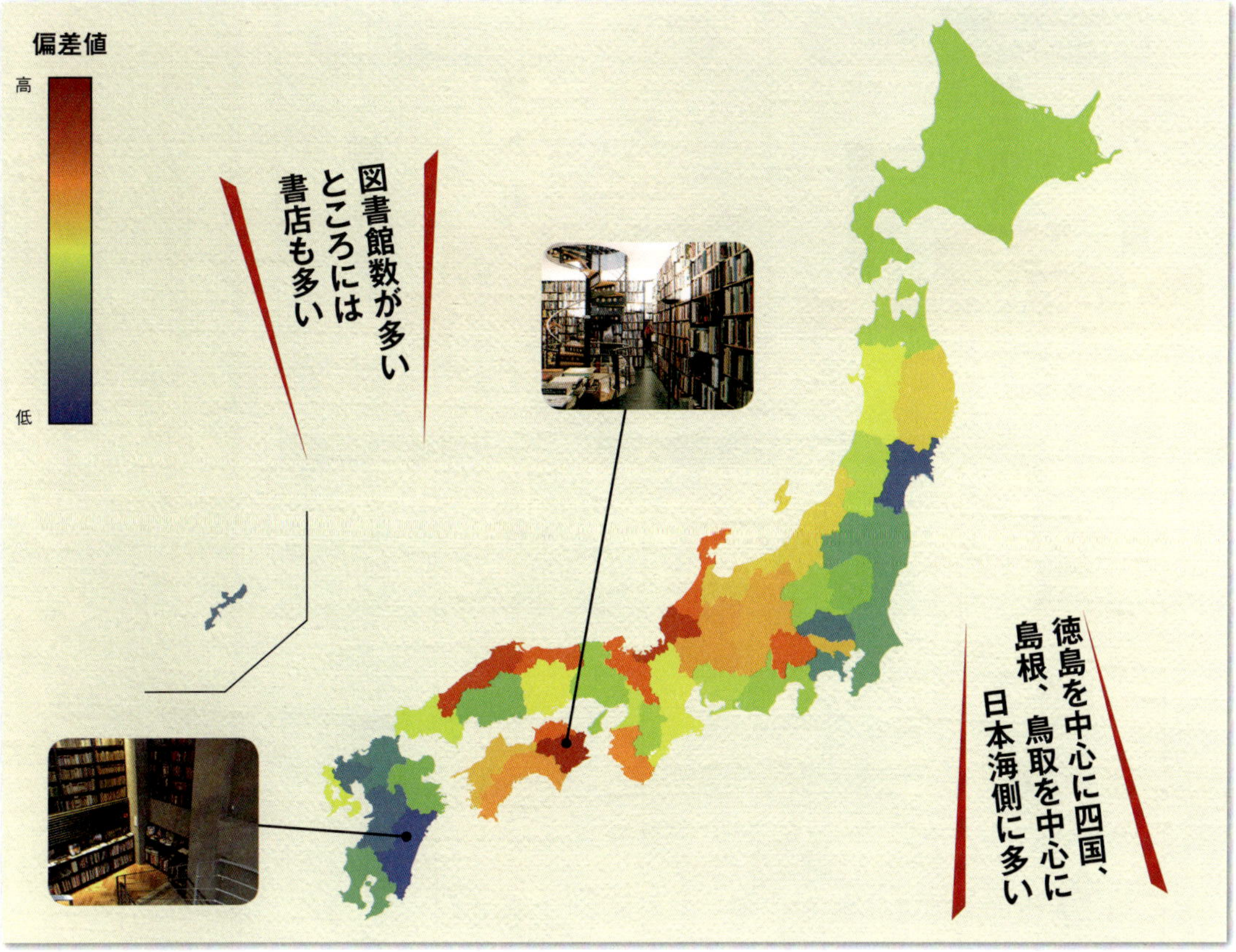
偏差値
高
低
図書館数が多いところには書店も多い
徳島を中心に四国、島根、鳥取を中心に日本海側に多い

相関データ

【正の相関】

係数	項目
0.65	図書館数
0.63	老舗企業数
0.60	大学医学部数
0.60	呉服店店舗数
0.58	小学生新聞購読率
0.57	電気使用料
0.55	企業数
0.55	中小企業数
0.53	図書館蔵書数
0.51	都道府県議会議員数

【負の相関】

係数	項目
-0.58	転職率
-0.46	住宅着工件数
-0.45	労働時間
-0.45	可住地面積率
-0.44	中学生保護者の学校行事参加率
-0.44	乗合バス旅客域内移動率
-0.43	男性肥満率
-0.43	離婚件数
-0.42	農業生産額
-0.42	弁当消費量

徳島は読書環境が充実

総務省の経済センサス活動調査から算出した書店数のランキング。貸本業や古書店は含みません。

全国の合計は8958軒で、人口10万人あたりの全国平均は7・03軒です。

1位の徳島は11・08軒。福井、鳥取、島根、京都と続き、四国と日本海側の地域に多いようです。反対に最下位は宮崎で4・44軒。宮城、熊本、沖縄、佐賀と続き、九州は書店が少ないことがわかります。

雑誌・書籍購入費のランキングとの相関はないため、書店が多いからといって読書がさかんというわけではないようですが、図書館数、図書館蔵書数のランキングとは正の相関があります。

書店が多い地域は、図書館数もその蔵書も多く、読書をしやすい環境が整っている傾向にあるといえるでしょう。

カラオケボックス店舗数

総店舗数は6821軒で、人口10万人あたり約5軒の計算。首位は和歌山で、西高東低型の分布。

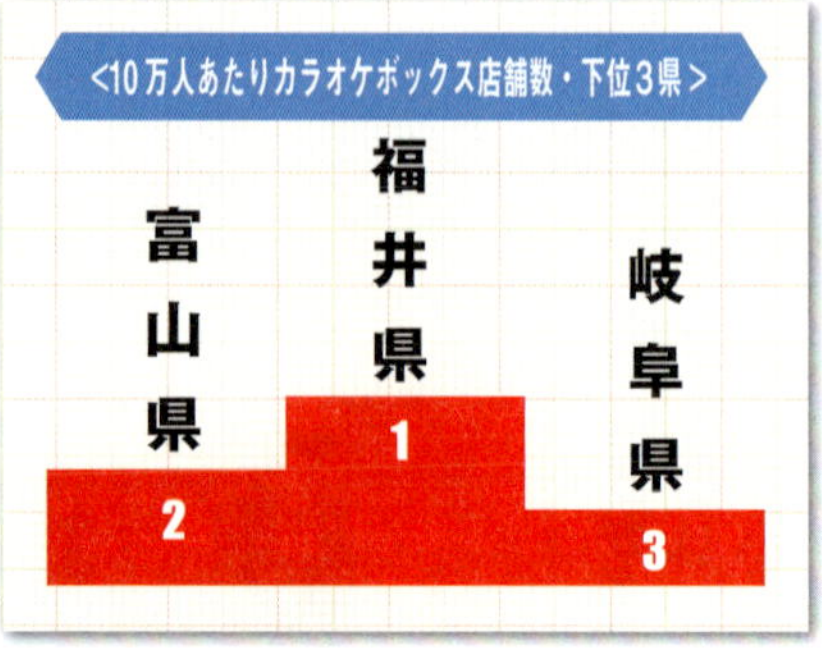

ランキング

順位	県名	データ	10万人あたり	偏差値
1	和歌山県	122軒	12.56軒	85.17
2	熊本県	174軒	9.70軒	71.06
3	鹿児島県	156軒	9.35軒	69.36
4	沖縄県	121軒	8.52軒	65.23
5	大分県	96軒	8.20軒	63.67
6	奈良県	109軒	7.92軒	62.31
7	福岡県	366軒	7.19軒	58.70
8	宮崎県	80軒	7.18軒	58.66
9	長崎県	99軒	7.14軒	58.47
10	大阪府	604軒	6.84軒	56.96
11	高知県	50軒	6.78軒	56.66
12	香川県	65軒	6.63軒	55.93
13	茨城県	187軒	6.41軒	54.84
14	東京都	856軒	6.39軒	54.78
15	埼玉県	452軒	6.24軒	54.05
16	佐賀県	52軒	6.23軒	53.97
17	愛媛県	82軒	5.88軒	52.24
18	広島県	165軒	5.82軒	51.98
19	岡山県	110軒	5.72軒	51.45
20	徳島県	43軒	5.63軒	51.01
21	山口県	73軒	5.19軒	48.83
22	三重県	93軒	5.10軒	48.39
23	千葉県	315軒	5.08軒	48.33
24	鳥取県	29軒	5.05軒	48.18
25	山梨県	42軒	4.99軒	47.89
26	兵庫県	273軒	4.93軒	47.56
27	京都府	125軒	4.79軒	46.88
28	青森県	60軒	4.54軒	45.66
29	群馬県	84軒	4.25軒	44.23
30	滋賀県	59軒	4.17軒	43.82
31	山形県	47軒	4.16軒	43.76
32	神奈川県	375軒	4.12軒	43.60
33	栃木県	80軒	4.04軒	43.19
34	静岡県	147軒	3.97軒	42.84
35	新潟県	90軒	3.89軒	42.46
36	長野県	81軒	3.84軒	42.21
37	岩手県	47軒	3.66軒	41.32
38	島根県	25軒	3.59軒	40.96
39	福島県	69軒	3.57軒	40.86
40	愛知県	264軒	3.54軒	40.73
41	宮城県	82軒	3.52軒	40.64
42	北海道	185軒	3.43軒	40.17
43	秋田県	35軒	3.38軒	39.92
44	石川県	37軒	3.20軒	39.06
45	岐阜県	65軒	3.19軒	38.98
46	富山県	29軒	2.71軒	36.64
47	福井県	21軒	2.66軒	36.38
-	全国	6,821軒	5.37軒	-

経済センサス - 基礎調査（総務省統計局）

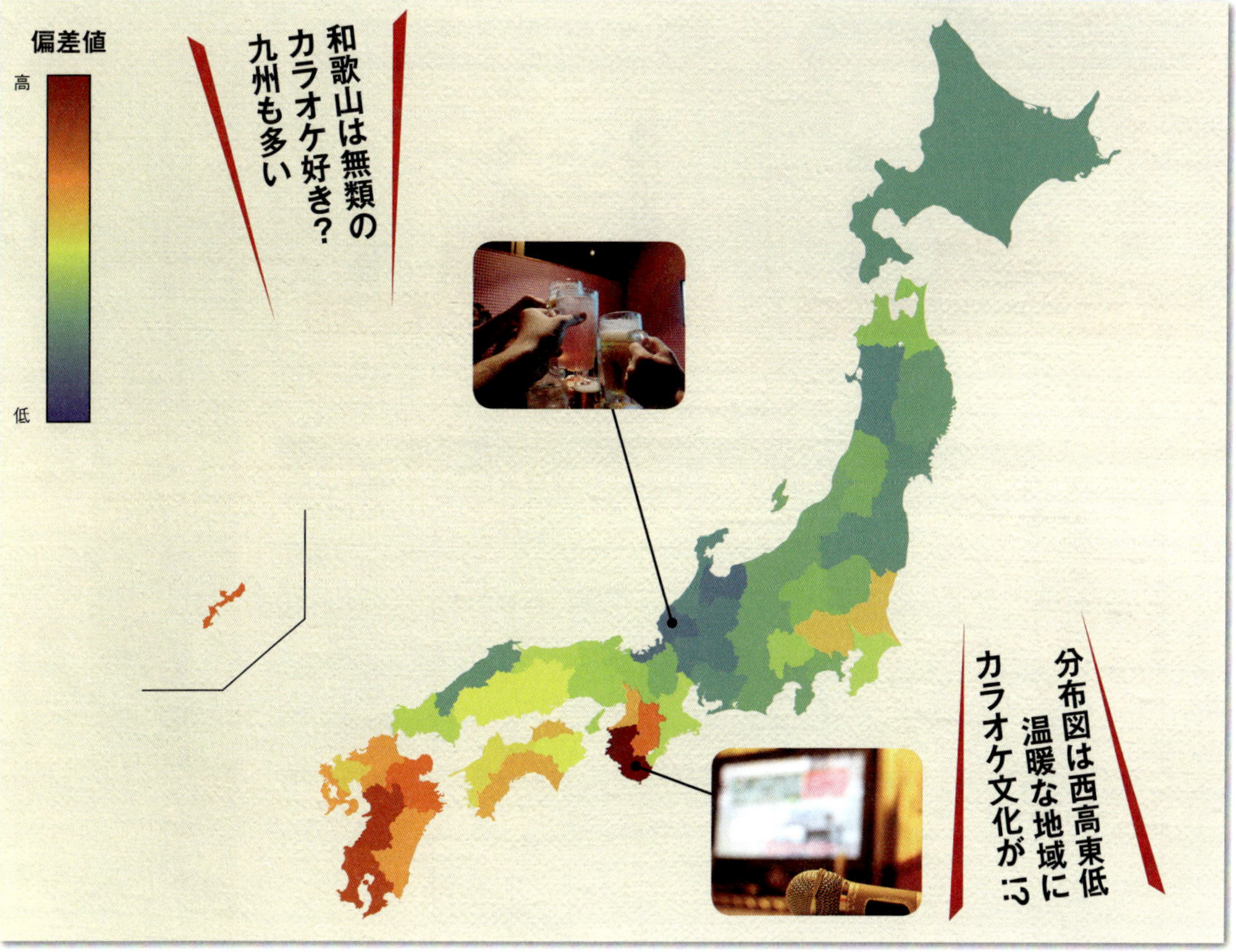
偏差値
高
低
和歌山は無類のカラオケ好き？九州も多い
分布図は西高東低温暖な地域にカラオケ文化が!?

相関データ

【正の相関】

係数	項目
0.71	公明党得票率(直近10年間)
0.66	肉屋店舗数
0.63	20～30代男女比
0.63	弁当店・テイクアウト店店舗数
0.62	バイク・スクーター普及率
0.60	父子・母子家庭数
0.60	年間平均気温
0.59	年間真夏日数
0.55	鶏肉消費量
0.55	貧困率

【負の相関】

係数	項目
-0.69	25歳以上スキー・スノーボード人口
-0.59	小学生朝食摂取率
-0.58	正社員数（サラリーマン数）
-0.58	お菓子消費量
-0.57	中学生部活動参加率
-0.57	米生産量
-0.56	おにぎり消費量
-0.54	第二次産業従業者数
-0.54	年間雪日数
-0.52	民進党（民主党）得票率(直近10年間)

九州人はカラオケ好き？

総務省の経済センサス基礎調査から、人口10万人あたりのカラオケボックス店舗数のランキングです。「カラオケボックス」は「個室において、主としてカラオケを行うための施設を提供する事業所」と定義されています。

全国のカラオケボックスの総店舗数は6821軒で、人口10万人あたり5・37軒が平均です。

首位は和歌山で12・56軒。これは全国平均の2倍以上の店舗数で、2位の熊本9・70軒との差は歴然です。鹿児島、沖縄、大分と続き、九州を中心に西日本に集中しています。

最下位は福井で、人口10万人あたり2・66軒でした。

年間平均気温や年間熱帯夜日数と正の相関があり、カラオケボックスは温暖な地域に多いことがわかります。

パチンコ店舗数

総数は１万９８６軒。１位は鹿児島の17・87軒（18歳以上人口１００人あたり）。最下位は沖縄。

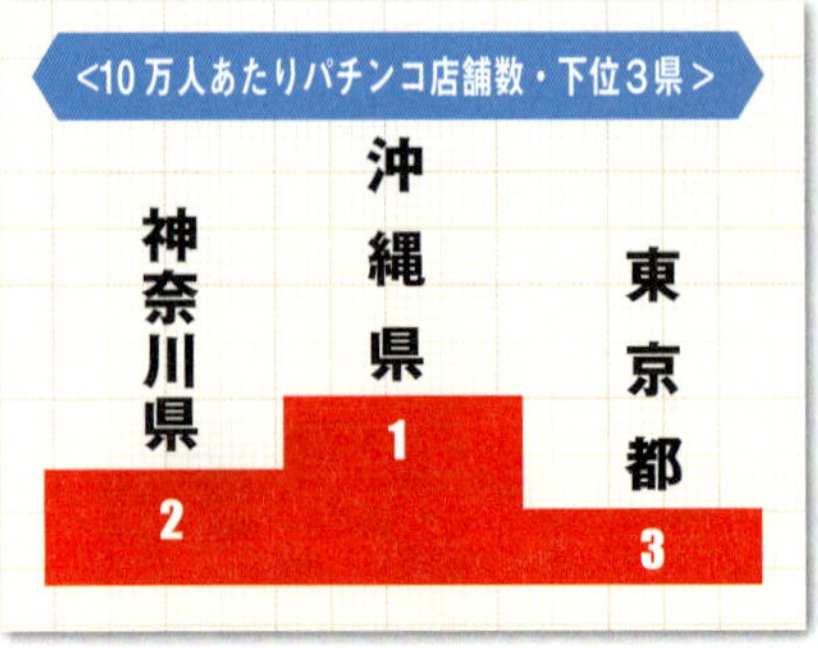

ランキング

順位	県名	データ	10万人あたり	偏差値
1	鹿児島県	245軒	17.87軒	80.60
2	高知県	95軒	15.37軒	69.20
3	鳥取県	73軒	15.18軒	68.37
4	宮崎県	139軒	15.17軒	68.31
5	長崎県	166軒	14.41軒	64.83
6	大分県	131軒	13.35軒	60.05
7	秋田県	115軒	13.07軒	58.73
8	福島県	211軒	13.02軒	58.51
9	青森県	142軒	12.77軒	57.40
10	島根県	74軒	12.65軒	56.82
11	岩手県	137軒	12.62軒	56.71
12	山口県	149軒	12.57軒	56.50
13	群馬県	205軒	12.35軒	55.47
14	栃木県	204軒	12.29軒	55.20
15	北海道	559軒	12.13軒	54.46
16	福井県	77軒	11.77軒	52.86
17	茨城県	288軒	11.73軒	52.64
18	岐阜県	194軒	11.44軒	51.36
19	山形県	108軒	11.38軒	51.08
20	広島県	271軒	11.37軒	51.01
21	大阪府	845軒	11.28軒	50.62
22	和歌山県	91軒	11.22軒	50.36
23	滋賀県	130軒	11.14軒	49.98
24	長野県	195軒	11.07軒	49.65
25	熊本県	164軒	11.05軒	49.56
26	愛媛県	125軒	10.71軒	48.03
27	宮城県	209軒	10.58軒	47.41
28	静岡県	328軒	10.54軒	47.25
29	徳島県	67軒	10.43軒	46.73
30	佐賀県	71軒	10.33軒	46.30
31	山梨県	72軒	10.24軒	45.88
32	石川県	99軒	10.23軒	45.82
33	香川県	82軒	9.95軒	44.58
34	新潟県	194軒	9.95軒	44.56
35	愛知県	614軒	9.81軒	43.91
36	兵庫県	447軒	9.61軒	43.00
37	福岡県	404軒	9.44軒	42.24
38	三重県	142軒	9.32軒	41.72
39	岡山県	149軒	9.26軒	41.42
40	埼玉県	567軒	9.18軒	41.08
41	千葉県	451軒	8.51軒	38.02
42	富山県	76軒	8.40軒	37.51
43	京都府	185軒	8.35軒	37.28
44	奈良県	92軒	8.01軒	35.73
45	東京都	934軒	7.95軒	35.45
46	神奈川県	588軒	7.59軒	33.81
47	沖縄県	82軒	7.19軒	31.99
-	全国	10,986軒	10.22軒	-

全国防犯協会連合会のウェブサイトより

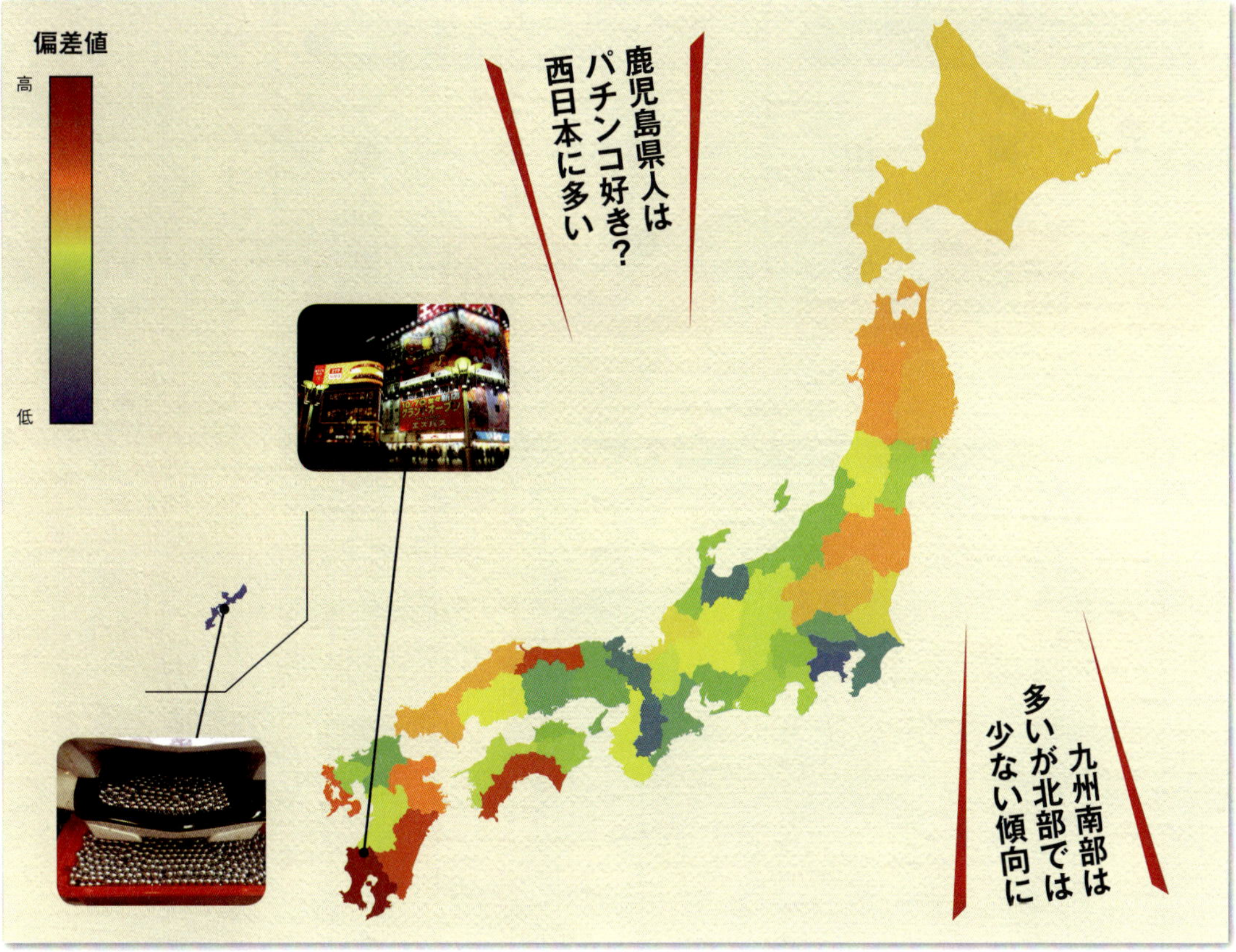
偏差値
高
低
鹿児島県人はパチンコ好き？
西日本に多い
九州南部は
多いが北部では
少ない傾向に

相関データ

【正の相関】

係数	項目
0.72	第一次産業従業者数
0.71	中学校数
0.70	食糧自給率(生産額ベース)
0.69	小学校数
0.69	パチスロ台数
0.68	犬・猫保健所引き取り数
0.67	郵便局軒数
0.64	高卒求職者数
0.64	火災死亡者数
0.61	道路延長

【負の相関】

係数	項目
-0.68	25歳以上映画鑑賞人口
-0.66	マクドナルド店舗数
-0.65	四年制大学進学率
-0.64	25歳以上読書人口
-0.64	25歳以上水泳人口
-0.63	インターネット利用率
-0.62	総人口増減率
-0.61	海外旅行者数
-0.61	スターバックスコーヒー店舗数
-0.61	家賃

鹿児島が圧倒的に多い

全国防犯協会連合会より、パチンコ店舗数のランキング。全国のパチンコ店の総数は1万986軒で、パチンコ店に入店できる18歳以上の人口10万人あたり、平均10・22軒という数字になりました。

1位は、ダントツで鹿児島の17・87軒。2位の高知とはかなりの差があります。以下は、鳥取、宮崎、長崎の順で並んでいます。

最下位は沖縄で7・19軒。さらに神奈川、東京、奈良、京都と続きます。

このうち沖縄は、ゲームセンター店舗数が突出して高くなっています。パチンコではなくゲームセンターで遊ぶ人が多いのかもしれません。

相関ランキングからは、人口が減少し農業就業者が多く、大学進学率が低い地域にパチンコ店が多い傾向があることがわかります。

ホテル軒数

全国に1万101軒あり、人口10万人あたりでは7・96軒。沖縄と長野は際立って多くなっている。

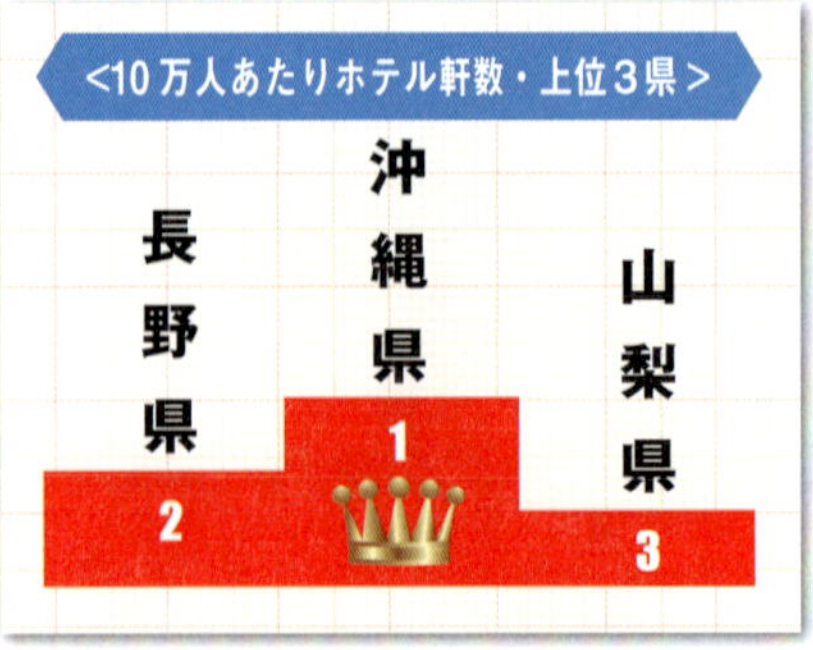

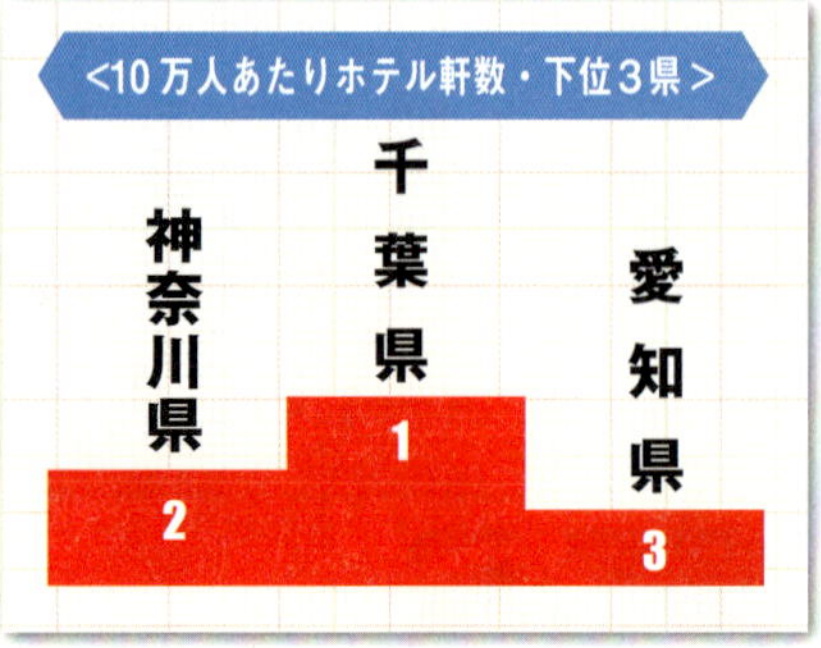

ランキング

順位	県名	データ	10万人あたり	偏差値
1	沖縄県	386軒	26.82軒	87.57
2	長野県	510軒	24.43軒	82.25
3	山梨県	124軒	14.94軒	61.21
4	大分県	166軒	14.31軒	59.81
5	岩手県	174軒	13.72軒	58.51
6	福島県	260軒	13.68軒	58.41
7	香川県	132軒	13.58軒	58.19
8	新潟県	292軒	12.77軒	56.40
9	北海道	673軒	12.58軒	55.97
10	宮崎県	136軒	12.41軒	55.60
11	愛媛県	166軒	12.07軒	54.85
12	高知県	86軒	11.93軒	54.53
13	山形県	131軒	11.77軒	54.18
14	群馬県	228軒	11.59軒	53.78
15	宮城県	262軒	11.25軒	53.02
16	石川県	125軒	10.86軒	52.16
17	鹿児島県	175軒	10.69軒	51.78
18	青森県	136軒	10.52軒	51.40
19	和歌山県	100軒	10.48軒	51.32
20	静岡県	376軒	10.20軒	50.69
21	鳥取県	58軒	10.18軒	50.64
22	岐阜県	204軒	10.09軒	50.45
23	茨城県	288軒	9.91軒	50.06
24	福井県	77軒	9.85軒	49.91
25	島根県	67軒	9.71軒	49.61
26	秋田県	97軒	9.60軒	49.38
27	富山県	99軒	9.33軒	48.77
28	京都府	239軒	9.18軒	48.42
29	滋賀県	127軒	8.99軒	48.01
30	岡山県	168軒	8.77軒	47.53
31	栃木県	164軒	8.34軒	46.58
32	福岡県	403軒	7.90軒	45.59
33	兵庫県	428軒	7.75軒	45.27
34	熊本県	129軒	7.27軒	44.20
35	佐賀県	58軒	7.01軒	43.61
36	広島県	187軒	6.59軒	42.69
37	山口県	86軒	6.17軒	41.76
38	長崎県	83軒	6.07軒	41.54
39	徳島県	44軒	5.87軒	41.09
40	三重県	97軒	5.37軒	39.97
41	埼玉県	373軒	5.12軒	39.42
42	東京都	693軒	5.09軒	39.36
43	大阪府	421軒	4.77軒	38.65
44	奈良県	63軒	4.65軒	38.38
45	愛知県	296軒	3.94軒	36.82
46	神奈川県	336軒	3.67軒	36.22
47	千葉県	178軒	2.85軒	34.41
-	全国	10,101軒	7.96軒	-

衛生行政報告例（厚生労働省）

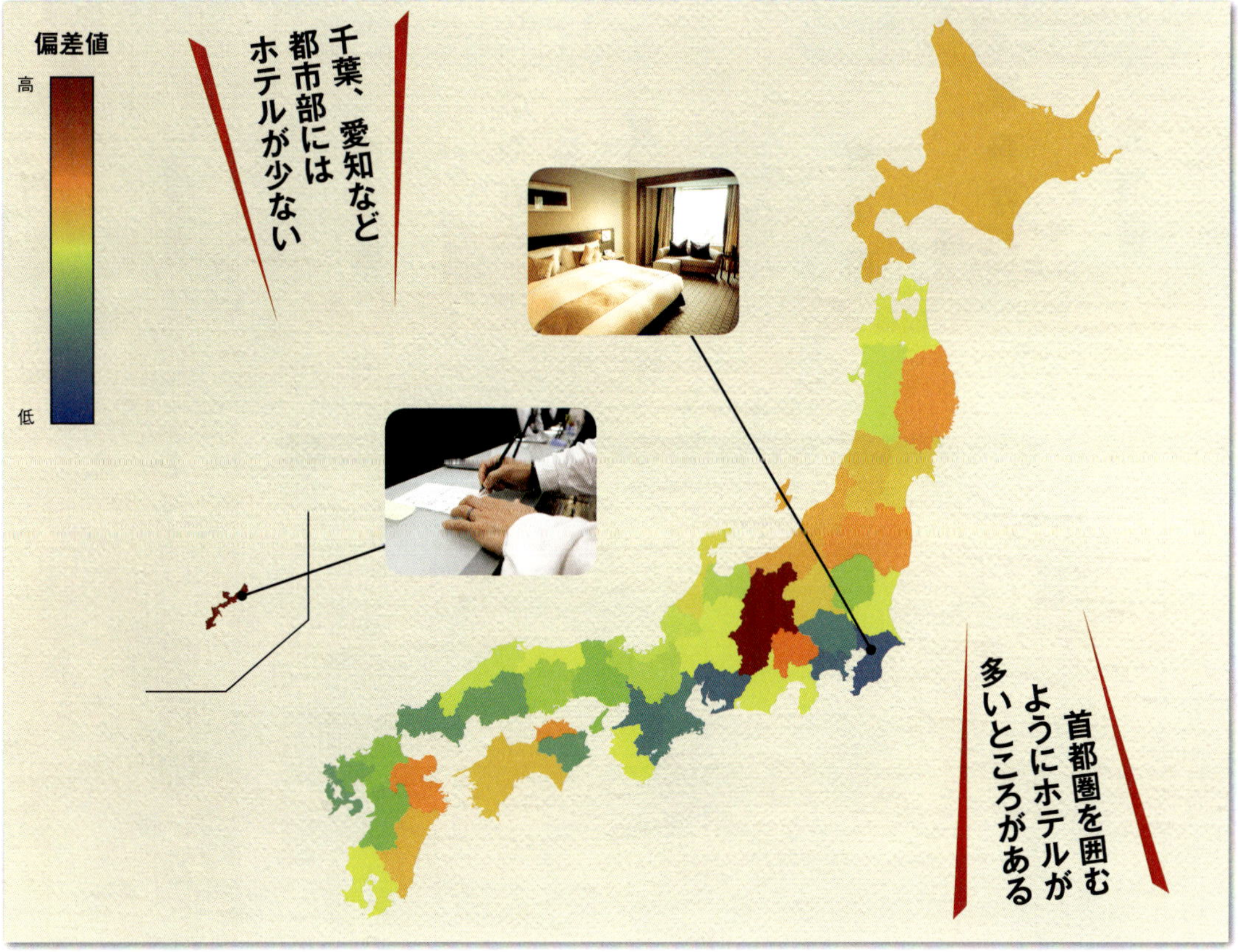
偏差値
高
低
千葉、愛知など都市部にはホテルが少ない
首都圏を囲むようにホテルが多いところがある

相関データ

【正の相関】

係数	項目
0.86	ホテル客室数
0.76	宿泊者数
0.76	宿泊施設数
0.63	社会民主党得票率(直近10年間)
0.59	教会数
0.57	飲み屋店舗数
0.56	ゲームセンター店舗数
0.53	市区町村数
0.52	軽自動車保有台数
0.51	地方紙比率

【負の相関】

係数	項目
-0.56	通勤時間
-0.55	1世帯あたり貯蓄額
-0.54	鉄道通勤・通学率
-0.53	衣服・靴購入費
-0.52	公共交通機関通勤・通学率
-0.51	日経新聞販売部数
-0.51	サラリーマン年収
-0.50	倒産率
-0.50	海外旅行者数
-0.48	大学進学率

沖縄と長野が突出している

厚生労働省の衛生行政報告から算出。

全国にある宿泊施設8万412軒のうちホテルは1万101軒あり、人口10万人あたりでは7・96軒となっています。

1位の沖縄は26・82軒、2位の長野24・43軒で、この2県は突出しています。以下、山梨、大分、岩手と続きます。

最下位は千葉で2・85軒。これに神奈川、愛知、奈良、大阪と続き、都市部でホテルが少ないことがわかります。

分布をみると、首都圏を囲むようにホテルが多いところがありますが、これは首都圏の観光需要によるものでしょう。

飲食店営業数（衛生行政報告例ベース）と正の相関が高いのは、両者とも都市部の観光客向けの施設が多いためだと思われます。

サケ消費量

東日本で多く西日本で少ない、東高西低型。豚肉消費量や納豆消費量と正の相関が高く、同じ分布を示す。

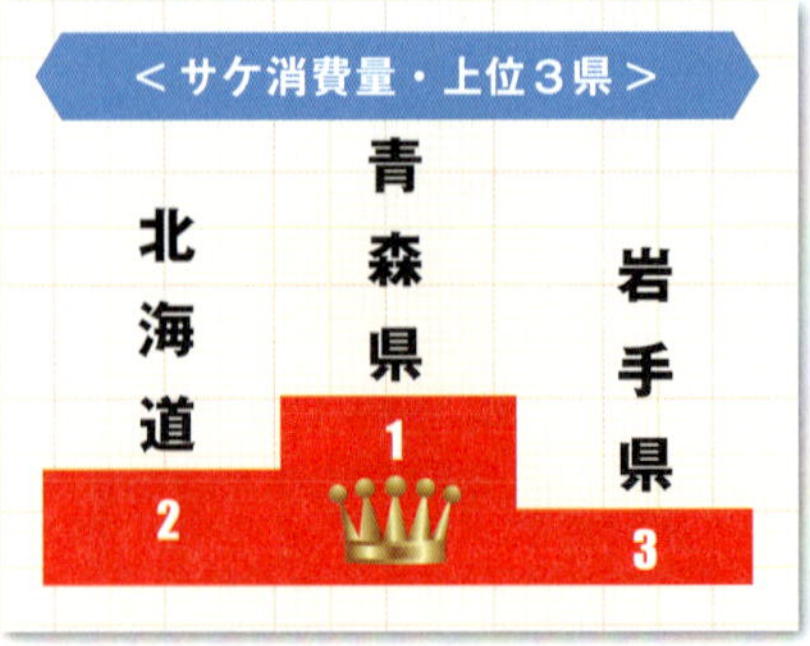

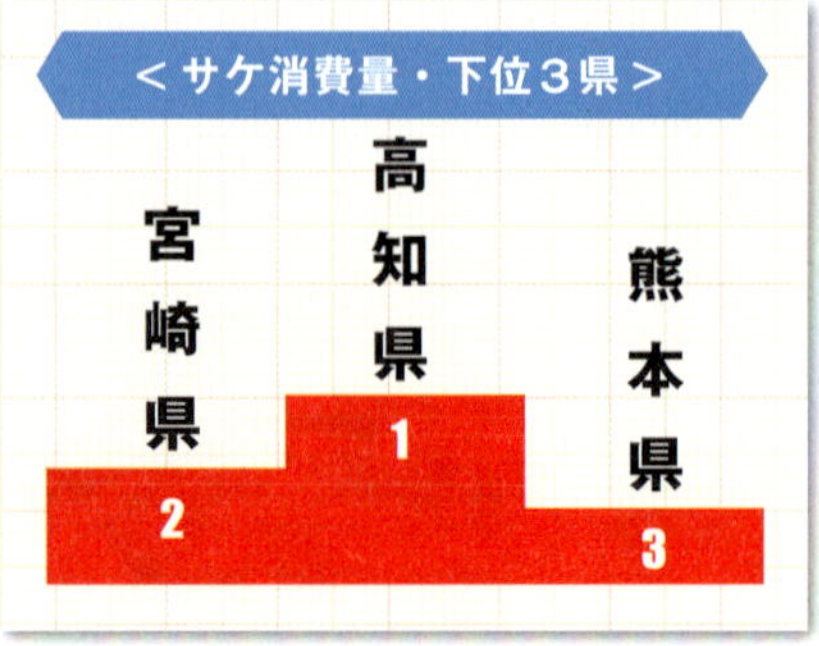

ランキング

順位	県名	データ	偏差値
1	青森県	4,766g	79.01
2	北海道	4,390g	73.37
3	岩手県	3,946g	66.72
4	群馬県	3,847g	65.24
5	新潟県	3,843g	65.18
6	長野県	3,800g	64.54
7	秋田県	3,689g	62.88
8	山梨県	3,659g	62.43
9	福島県	3,575g	61.17
10	宮城県	3,468g	59.57
11	栃木県	3,240g	56.15
12	山形県	3,239g	56.14
13	神奈川県	3,191g	55.42
14	茨城県	3,168g	55.07
15	埼玉県	3,154g	54.86
16	千葉県	3,009g	52.69
17	富山県	2,809g	49.70
18	奈良県	2,756g	48.90
19	京都府	2,741g	48.68
20	佐賀県	2,696g	48.01
21	滋賀県	2,695g	47.99
22	東京都	2,660g	47.47
23	静岡県	2,641g	47.18
24	広島県	2,633g	47.06
25	島根県	2,577g	46.22
26	岡山県	2,558g	45.94
27	石川県	2,546g	45.76
28	福岡県	2,540g	45.67
29	沖縄県	2,508g	45.19
30	山口県	2,496g	45.01
31	香川県	2,474g	44.68
32	福井県	2,457g	44.43
33	愛知県	2,450g	44.32
34	大阪府	2,440g	44.17
35	愛媛県	2,421g	43.89
36	和歌山県	2,382g	43.30
37	岐阜県	2,372g	43.15
38	長崎県	2,325g	42.45
39	鹿児島県	2,323g	42.42
40	大分県	2,249g	41.31
41	兵庫県	2,248g	41.30
42	三重県	2,174g	40.19
43	鳥取県	2,164g	40.04
44	徳島県	2,126g	39.47
45	熊本県	2,005g	37.66
46	宮崎県	1,974g	37.19
47	高知県	1,549g	30.83
-	全国	2,848g	-

家計調査（総務省統計局）

偏差値
高
低
東日本が高く
西日本が低い
東高西低の分布
東日本沿岸では
古来から遡上する
サケを獲っていた

相関データ

【正の相関】

係数	項目
0.78	サンマ消費量
0.75	豚肉消費量
0.74	納豆消費量
0.68	ほたて貝消費量
0.68	りんご消費量
0.67	ウイスキー消費量
0.67	干物消費量
0.65	年間降雪量
0.60	生鮮野菜消費量
0.60	イカ消費量

【負の相関】

係数	項目
-0.77	年間平均気温
-0.73	エアコン普及率
-0.70	年間真夏日数
-0.65	牛肉消費量
-0.63	灯油価格
-0.58	熱中症救急搬送者数
-0.57	スポーツ活動率
-0.56	総医師数
-0.56	喫茶店店舗数
-0.51	年間降水量

サケの遡上地域で消費

総務省家計調査をもとに一世帯あたりの購入量を調査。これを1世帯の消費量としました。数値は2012年～2016年の平均値です。

トップ5は、青森、北海道、岩手、群馬、新潟。反対に少ないのは下から順番に、高知、宮崎、熊本、徳島、鳥取と続きます。

この分布から、東北・北海道を中心とした東日本で消費量が多く、四国・九州を中心とした西日本で消費量が少ないことがよくわかります。

サケの消費量が多いのは、サケが遡上する地域とほぼ重なっています。4位の群馬は海に面していませんが、県内を流れる利根川には毎年多くのサケが遡上してきます。

消費量の多い地域では、昔からサケは身近な食料で、遡上するサケをとらえて食べる文化が受け継がれてきたのでしょう。

ブリ消費量

西日本で多く東日本では少ない、典型的な西高東低型。年取り魚の分布と同様、地域差が明らかです。

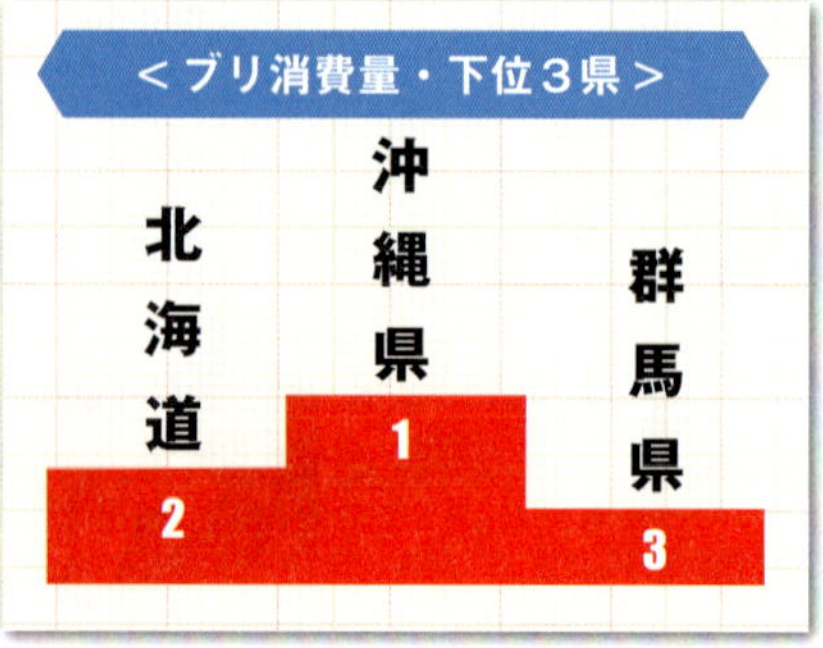

ランキング

順位	県名	データ	偏差値
1	富山県	6,084g	93.64
2	石川県	3,926g	69.28
3	島根県	3,519g	64.68
4	鳥取県	3,079g	59.71
5	福井県	3,066g	59.57
6	山口県	3,049g	59.37
7	香川県	2,849g	57.12
8	大分県	2,840g	57.01
9	長崎県	2,748g	55.98
10	佐賀県	2,702g	55.46
11	福岡県	2,618g	54.51
12	三重県	2,558g	53.83
13	新潟県	2,546g	53.69
14	高知県	2,532g	53.54
15	和歌山県	2,489g	53.05
16	徳島県	2,477g	52.92
17	滋賀県	2,452g	52.63
18	岡山県	2,353g	51.52
19	京都府	2,348g	51.46
20	広島県	2,330g	51.26
21	奈良県	2,306g	50.98
22	大阪府	2,300g	50.92
23	兵庫県	2,274g	50.62
24	愛媛県	2,266g	50.53
25	鹿児島県	2,250g	50.35
26	宮崎県	2,081g	48.44
27	熊本県	2,080g	48.43
28	千葉県	2,039g	47.97
29	秋田県	1,944g	46.90
30	神奈川県	1,934g	46.78
31	愛知県	1,895g	46.34
32	岩手県	1,858g	45.93
33	埼玉県	1,802g	45.29
34	東京都	1,768g	44.91
35	岐阜県	1,646g	43.53
36	山形県	1,604g	43.06
37	茨城県	1,601g	43.02
38	長野県	1,534g	42.27
39	宮城県	1,507g	41.96
40	青森県	1,461g	41.44
41	栃木県	1,456g	41.39
42	静岡県	1,328g	39.94
43	福島県	1,189g	38.37
44	山梨県	1,175g	38.21
45	群馬県	1,096g	37.32
46	北海道	771g	33.65
47	沖縄県	553g	31.19
-	全国	2,007g	-

家計調査（総務省統計局）

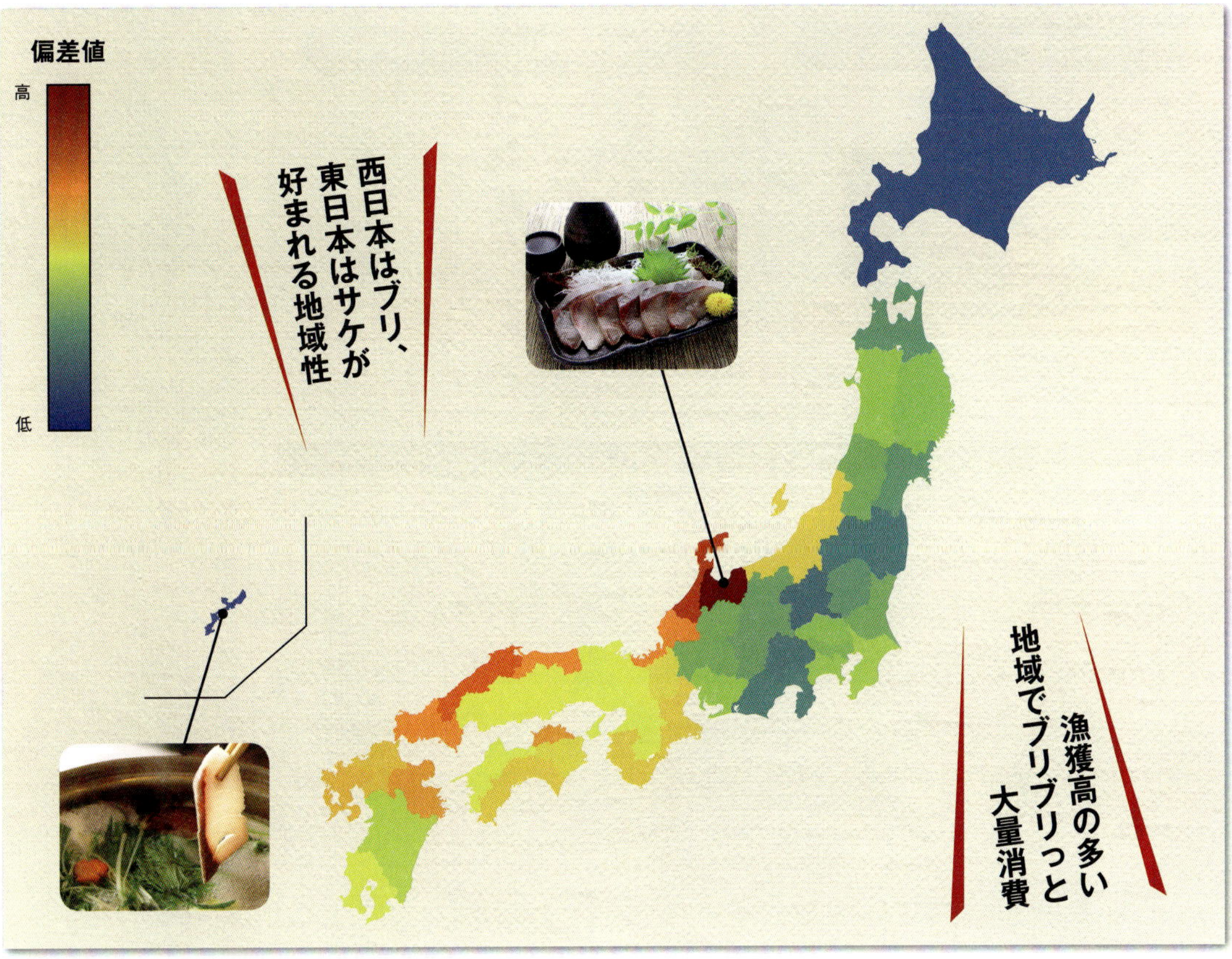
偏差値
高
低
西日本はブリ、東日本はサケが好まれる地域性
漁獲高の多い地域でブリブリっと大量消費

相関データ

【正の相関】

係数	項目
0.62	年間雨日数
0.62	電気使用量
0.62	呉服店店舗数
0.61	団塊の世代人口
0.60	アジ消費量
0.57	自由民主党得票率(直近10年平均)
0.53	米生産額比率
0.53	エビ漁獲量
0.52	イワシ消費量
0.50	年間雷日数

【負の相関】

係数	項目
-0.56	非正規雇用率
-0.53	マグロ消費量
-0.52	ケンタッキーフライドチキン店舗数
-0.47	2017年衆議院比例代表：立憲民主党得票率
-0.46	地震回数(震度5弱以上：補正あり)
-0.46	イトーヨーカドー店舗数
-0.45	60歳以上男性未婚率
-0.43	離婚件数
-0.42	サケ消費量
-0.42	年間完全失業率

寒ブリの富山が断トツ

１０４ページのサケ消費量の調査と同じ方法で算出しました。数値は２０１２年～２０１６年の平均値です。

１位はぶっちぎりで富山。以下、石川、島根、鳥取、福井と日本海に面した北陸・山陰地方の県が上位に並びます。

これらはブリ漁獲高上位の県。なかでも富山には「寒ブリの聖地」とまで呼ばれる氷見漁港があります。つまり、漁獲高の多い地域で消費されていることが明確にわかります。

反対に消費量がもっとも少ないのは沖縄。以下、北海道、群馬、山梨、福島と漁獲量が少ない地域が続きます。

また消費量が高い西日本では、年取り魚としてブリが用いられます。

これは東日本ではサケが用いられるのと対をなしています。

牛肉消費量

上位４県はすべて近畿地方。最少は新潟で、その消費量は上位の半分以下となっている。

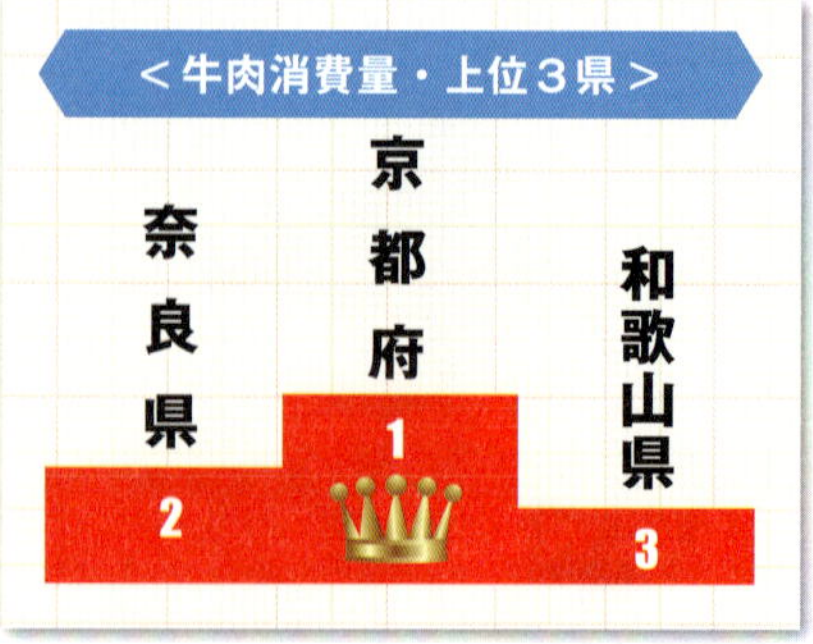

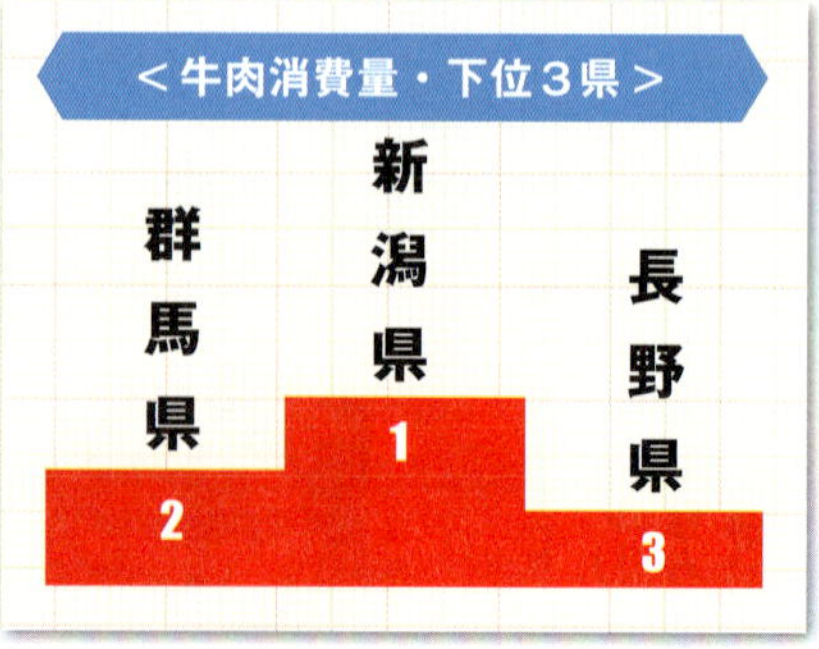

ランキング

順位	県名	データ	偏差値
1	京都府	10,061g	66.28
2	奈良県	9,963g	65.79
3	和歌山県	9,942g	65.68
4	大阪府	9,568g	63.83
5	愛媛県	9,356g	62.77
6	広島県	9,244g	62.22
7	山口県	9,058g	61.29
8	滋賀県	8,995g	60.98
9	福岡県	8,994g	60.98
10	佐賀県	8,949g	60.75
11	兵庫県	8,806g	60.04
12	熊本県	8,709g	59.56
13	大分県	8,661g	59.32
14	徳島県	8,483g	58.44
15	岡山県	8,370g	57.88
16	山形県	8,202g	57.04
17	三重県	7,963g	55.85
18	福井県	7,741g	54.75
19	香川県	7,708g	54.59
20	長崎県	7,506g	53.58
21	鳥取県	7,087g	51.50
22	高知県	6,981g	50.98
23	沖縄県	6,529g	48.73
24	岐阜県	6,515g	48.66
25	石川県	6,456g	48.37
26	愛知県	6,402g	48.10
27	東京都	6,398g	48.08
28	富山県	6,326g	47.72
29	宮崎県	6,157g	46.88
30	神奈川県	6,025g	46.23
31	埼玉県	6,014g	46.17
32	鹿児島県	5,767g	44.95
33	島根県	5,732g	44.77
34	千葉県	5,704g	44.63
35	青森県	5,364g	42.94
36	静岡県	4,635g	39.32
37	山梨県	4,584g	39.07
38	栃木県	4,549g	38.90
39	北海道	4,512g	38.71
40	宮城県	4,494g	38.62
41	秋田県	4,306g	37.69
42	茨城県	3,984g	36.09
43	福島県	3,879g	35.57
44	岩手県	3,850g	35.42
45	長野県	3,618g	34.27
46	群馬県	3,567g	34.02
47	新潟県	3,155g	31.97
-	全国	6,567g	-

家計調査（総務省統計局）

偏差値
高
低
西が多く
東が少ない
西高東低型
関西では
肉じゃがの
肉は牛肉

相関データ

【正の相関】

係数	項目
0.68	鶏肉消費量
0.67	タイ消費量
0.63	お好み焼・焼きそば・たこ焼店店舗数
0.60	エビ消費量
0.59	総医師数
0.58	パン消費量
0.57	京大合格者数
0.55	ソース消費量
0.53	2012年衆議院比例代表：日本維新の会得票率
0.52	プロ野球野手出身地

【負の相関】

係数	項目
-0.74	納豆消費量
-0.65	サケ消費量
-0.61	ラーメン外食費用
-0.61	小学生朝食摂取率
-0.61	マグロ消費量
-0.58	味噌消費量
-0.57	豚肉消費量
-0.54	中学生早寝早起き率
-0.54	中学生読書率
-0.52	ウイスキー消費量

関西圏は新潟の約３倍

２人以上の世帯の牛肉消費量を比較しました。総務省の家計調査から２０１２年〜２０１６年の平均値です。

１位は約１万グラムの京都。２位以下は奈良、和歌山、大阪、愛知と続き、関西の２府２県がベスト４を占めています。

反対に最少は、関西２府２県の約３割の量でしかない３１５５グラムの新潟。以下、群馬、長野、岩手、福島と続き、群馬以外は東北地方の県が占める結果となりました。

この分布からわかるのは、牛肉は関西を中心に西日本で消費量が多く、東日本で少ないことです。たとえばコンビニでもおなじみの「肉まん」は、関西ではわざわざ「豚まん」と呼ばれます。またカレーや肉じゃがといった庶民の味でも、肉といえばもっぱら牛肉を使うのです。

鶏肉消費量

1位の山口は年間2キロの消費量。47位の群馬はその半分の年間1キロと大きな差が生じている。

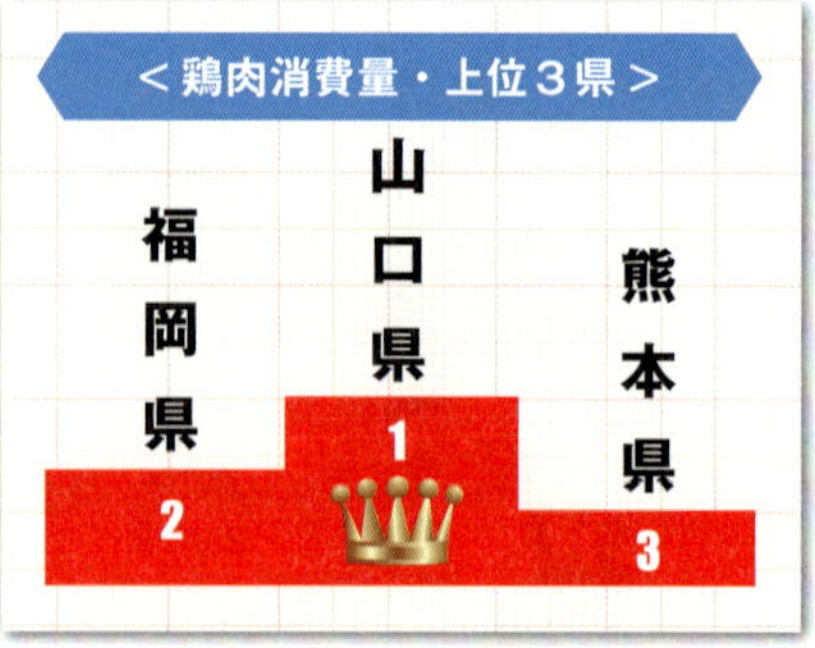

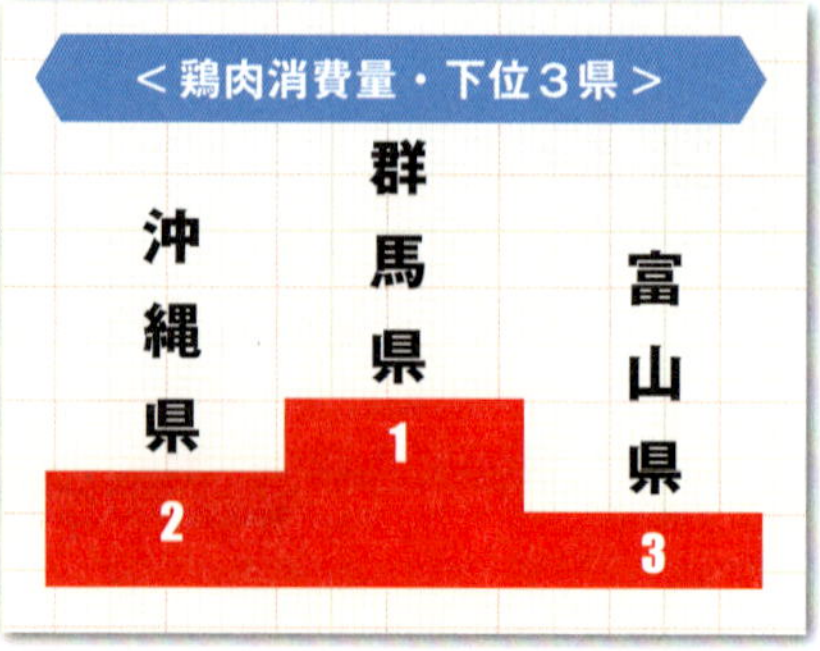

ランキング

順位	県名	データ	偏差値
1	山口県	19,072g	66.11
2	福岡県	19,037g	65.96
3	熊本県	19,027g	65.91
4	広島県	18,769g	64.75
5	大分県	18,737g	64.60
6	岡山県	18,401g	63.09
7	宮崎県	18,244g	62.38
8	和歌山県	18,152g	61.96
9	佐賀県	18,036g	61.44
10	鹿児島県	17,785g	60.31
11	長崎県	17,429g	58.70
12	島根県	17,163g	57.50
13	奈良県	16,943g	56.51
14	愛媛県	16,786g	55.80
15	鳥取県	16,680g	55.32
16	北海道	16,649g	55.18
17	大阪府	16,648g	55.18
18	京都府	16,544g	54.71
19	滋賀県	16,477g	54.41
20	兵庫県	16,432g	54.21
21	徳島県	16,242g	53.35
22	三重県	16,043g	52.45
23	香川県	15,858g	51.62
24	高知県	15,720g	50.99
25	神奈川県	15,714g	50.97
26	埼玉県	15,310g	49.14
27	青森県	15,160g	48.47
28	秋田県	14,788g	46.79
29	愛知県	14,750g	46.62
30	千葉県	14,613g	46.00
31	東京都	14,308g	44.62
32	静岡県	14,272g	44.46
33	岐阜県	13,806g	42.36
34	栃木県	13,800g	42.33
35	山梨県	13,404g	40.55
36	岩手県	13,322g	40.18
37	山形県	13,275g	39.96
38	宮城県	13,169g	39.49
39	石川県	13,148g	39.39
40	新潟県	13,104g	39.19
41	福井県	12,853g	38.06
42	長野県	12,802g	37.83
43	茨城県	12,783g	37.75
44	福島県	12,374g	35.90
45	富山県	12,127g	34.79
46	沖縄県	11,990g	34.17
47	群馬県	10,743g	28.54
-	全国	15,436g	-

家計調査（総務省統計局）

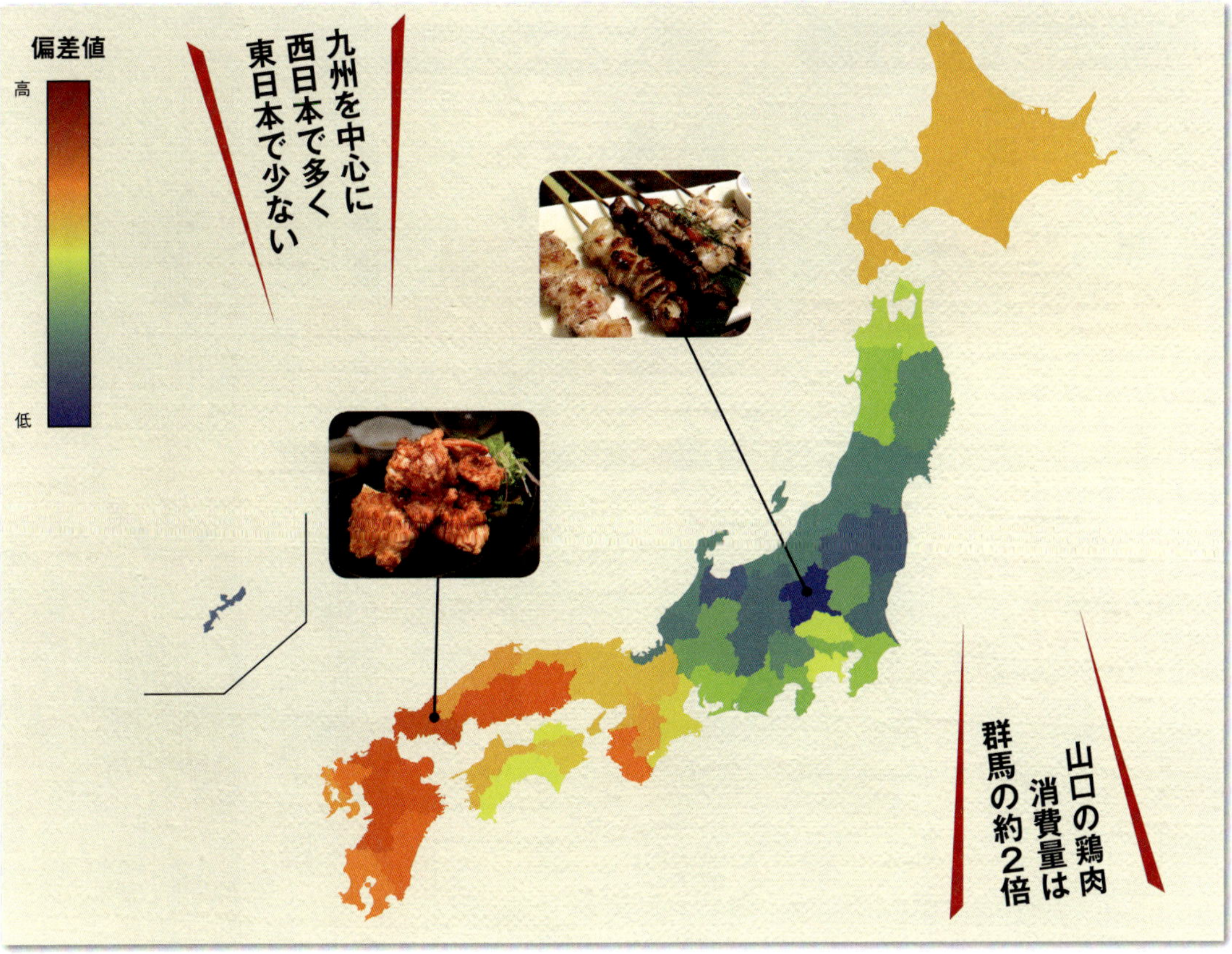

相関データ

【正の相関】

係数	項目
0.90	生鮮肉消費量
0.77	タイ消費量
0.68	牛肉消費量
0.65	20～30代男女比
0.62	エビ消費量
0.62	公明党得票率(直近10年間)
0.62	肝がん死亡率
0.60	アジ消費量
0.59	サバ消費量
0.55	カラオケボックス店舗数

【負の相関】

係数	項目
-0.71	おにぎり消費量
-0.70	マグロ消費量
-0.65	そば屋店舗数
-0.62	納豆消費量
-0.61	天ぷら・フライ消費量
-0.59	野菜摂取量（女性）
-0.54	小学生朝食摂取率
-0.53	野菜摂取量（男性）
-0.50	サケ消費量
-0.47	昆布消費量

九州は鶏の産地で消費地

１０８ページの牛肉の消費調査と同様、総務省の家計調査から割り出したもの。数値は２０１２年～２０１６年の平均値です。

トップは山口。２位以下は福岡、熊本、広島、大分。九州勢がベスト５に３県、ベスト10に６県も入っているのは、九州が鶏の産地であり、一大消費地であることを表わしています。

消費量が少ないのは、群馬、沖縄、富山、福島、茨城の順。沖縄以外は東日本の県が並びます。

なお、トップの山口が１万９０７２グラム、最下位の群馬が１万０７４３グラムなので、山口の消費量は群馬の倍近くあり、大きな差が生じています。

鶏肉消費量は九州を中心に西日本で多く、東日本で少ないのが特徴。牛肉消費量と正の相関が認められ、牛肉を食べるところでは鶏肉も食べられます。

豚肉消費量

首位は北海道。上位は東日本が占めている。牛肉消費量と負の相関があり、肉じゃがの肉などがその典型。

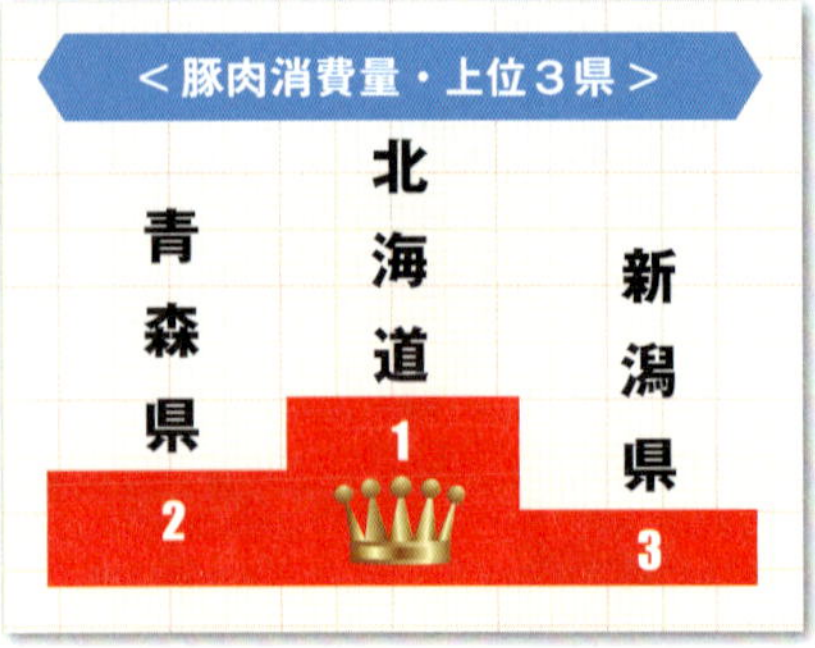

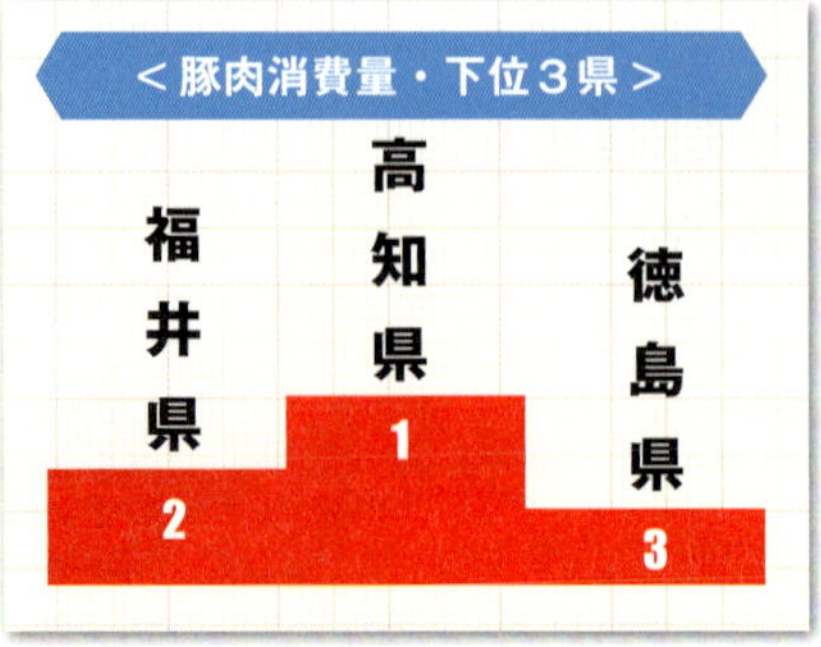

ランキング

順位	県名	データ	偏差値
1	北海道	23,171g	71.80
2	青森県	23,060g	71.25
3	新潟県	22,613g	69.02
4	静岡県	22,271g	67.31
5	神奈川県	22,210g	67.00
6	埼玉県	21,495g	63.43
7	福島県	21,238g	62.15
8	秋田県	21,139g	61.65
9	宮城県	20,947g	60.70
10	岩手県	20,523g	58.58
11	山梨県	20,424g	58.08
12	山形県	20,020g	56.07
13	千葉県	19,881g	55.37
14	長野県	19,339g	52.67
15	東京都	19,335g	52.65
16	岡山県	19,268g	52.31
17	富山県	19,260g	52.27
18	栃木県	19,160g	51.77
19	奈良県	19,108g	51.51
20	沖縄県	19,105g	51.50
21	愛知県	18,874g	50.34
22	広島県	18,864g	50.29
23	和歌山県	18,771g	49.83
24	茨城県	18,768g	49.81
25	島根県	18,459g	48.27
26	鹿児島県	18,448g	48.22
27	鳥取県	18,192g	46.94
28	大阪府	18,155g	46.75
29	石川県	18,053g	46.24
30	熊本県	18,051g	46.23
31	福岡県	17,819g	45.07
32	岐阜県	17,738g	44.67
33	愛媛県	17,483g	43.40
34	滋賀県	17,461g	43.29
35	佐賀県	17,390g	42.93
36	宮崎県	17,264g	42.30
37	兵庫県	17,154g	41.75
38	山口県	17,081g	41.39
38	長崎県	17,081g	41.39
40	京都府	17,044g	41.20
41	群馬県	16,849g	40.23
42	大分県	16,619g	39.08
43	三重県	16,314g	37.56
44	香川県	15,953g	35.75
45	徳島県	15,703g	34.51
46	福井県	15,405g	33.02
47	高知県	15,294g	32.46
-	全国	19,564g	-

家計調査（総務省統計局）

偏差値
高
低
豚肉は東日本
牛肉は西日本で
食べられている
北海道、東北、
関東が上位を、
四国が下位を占める

相関データ

【正の相関】

係数	項目
0.75	サケ消費量
0.65	サンマ消費量
0.62	チーズ消費量
0.61	ウイスキー消費量
0.60	ベーコン消費量
0.57	干物消費量
0.55	納豆消費量
0.54	ほたて貝消費量
0.49	年間降雪量
0.49	イカ消費量

【負の相関】

係数	項目
-0.57	牛肉消費量
-0.57	総医師数
-0.52	年間平均気温
-0.51	喫茶店店舗数
-0.50	犬・猫殺処分数
-0.49	病院数
-0.47	うどん屋/そば屋比率
-0.46	焼肉店店舗数
-0.45	年間晴れ日数
-0.45	タイ消費量

北海道は高知の1・5倍

１０８ページの牛肉の消費量調査と同じで、総務省の家計調査から豚肉購入量を調べたもの。数値は２０１２年～２０１６年の平均です。

もっとも多いのは２３１７１グラムの北海道。２位以下は青森、新潟、静岡、神奈川と、東北と関東の県が上位を占めています。

もっとも少ないのは、１５２９４グラムの高知。１位の北海道は最下位の高知の約１・５倍の豚肉消費量があることがわかります。高知に続く下位は、福井、徳島、香川、三重。豚肉は四国ではあまり好まれていないことがわかります。

この分布から、豚肉消費量は典型的な東高西低型であることがわかります。牛肉消費量と負の相関があるので、豚肉は東日本、牛肉は西日本で好まれる傾向がはっきりとうかがえます。

アルコール消費量

全国平均は6・77リットル。これはビールに換算すると年間に135リットルを飲んでいる計算に。

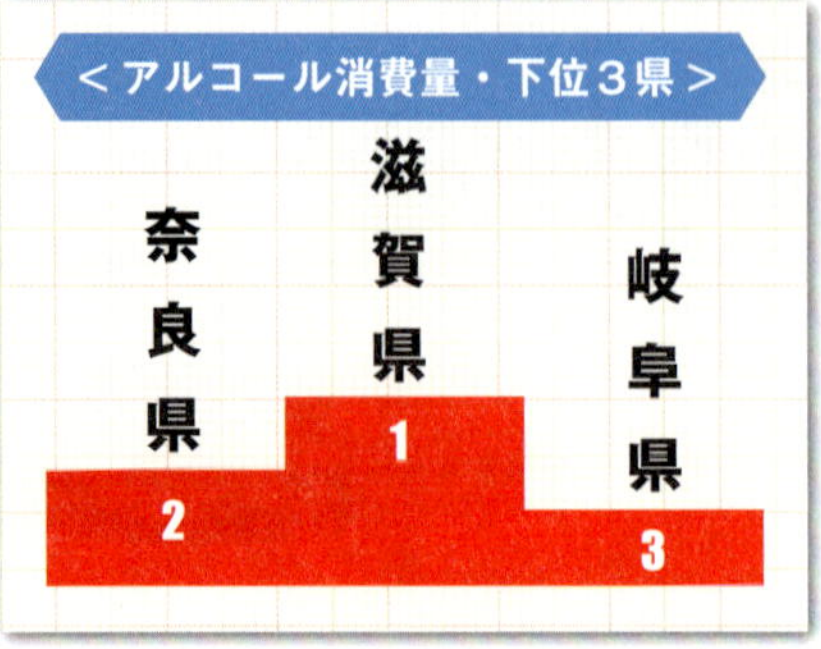

ランキング

順位	県名	データ	1人あたり	偏差値
1	東京都	110,043リットル	9.54リットル	75.19
2	鹿児島県	12,630リットル	9.43リットル	74.12
3	宮崎県	8,362リットル	9.34リットル	73.38
4	沖縄県	9,694リットル	8.75リットル	67.99
5	秋田県	7,114リットル	8.24リットル	63.40
6	青森県	8,893リットル	8.18リットル	62.85
7	新潟県	15,456リットル	8.11リットル	62.16
8	岩手県	8,199リットル	7.72リットル	58.67
9	大分県	7,330リットル	7.64リットル	57.97
10	北海道	33,810リットル	7.49リットル	56.57
11	高知県	4,501リットル	7.44リットル	56.13
12	山形県	6,772リットル	7.30リットル	54.84
13	宮城県	14,085リットル	7.29リットル	54.81
14	福島県	11,465リットル	7.24リットル	54.30
15	山梨県	4,891リットル	7.13リットル	53.31
16	大阪府	51,675リットル	7.06リットル	52.70
17	島根県	3,986リットル	6.97リットル	51.85
18	福岡県	29,078リットル	6.95リットル	51.73
19	長野県	11,898リットル	6.91リットル	51.36
20	鳥取県	3,221リットル	6.85リットル	50.80
21	石川県	6,462リットル	6.84リットル	50.68
22	広島県	15,796リットル	6.78リットル	50.17
23	長崎県	7,428リットル	6.60リットル	48.49
24	京都府	14,210リットル	6.56リットル	48.19
25	富山県	5,754リットル	6.50リットル	47.63
26	熊本県	9,375リットル	6.47リットル	47.30
27	佐賀県	4,301リットル	6.42リットル	46.89
28	栃木県	10,101リットル	6.22リットル	45.11
29	群馬県	10,035リットル	6.19リットル	44.80
30	愛媛県	7,063リットル	6.19リットル	44.80
31	千葉県	32,053リットル	6.18リットル	44.75
32	和歌山県	4,898リットル	6.18リットル	44.75
33	神奈川県	46,518リットル	6.14リットル	44.33
34	兵庫県	27,742リットル	6.11リットル	44.03
35	福井県	3,873リットル	6.07リットル	43.72
36	山口県	6,913リットル	5.96リットル	42.76
37	静岡県	18,090リットル	5.95リットル	42.60
38	埼玉県	35,485リットル	5.88リットル	42.00
39	茨城県	14,078リットル	5.87リットル	41.89
40	徳島県	3,679リットル	5.85リットル	41.71
41	香川県	4,678リットル	5.81リットル	41.37
42	岡山県	8,979リットル	5.72リットル	40.50
43	愛知県	33,363リットル	5.46リットル	38.20
44	三重県	7,894リットル	5.31リットル	36.82
45	岐阜県	8,498リットル	5.14リットル	35.27
46	奈良県	5,560リットル	4.96リットル	33.65
47	滋賀県	5,619リットル	4.94リットル	33.49
-	全国	711,856リットル	6.77リットル	-

国税庁統計情報（国税庁）

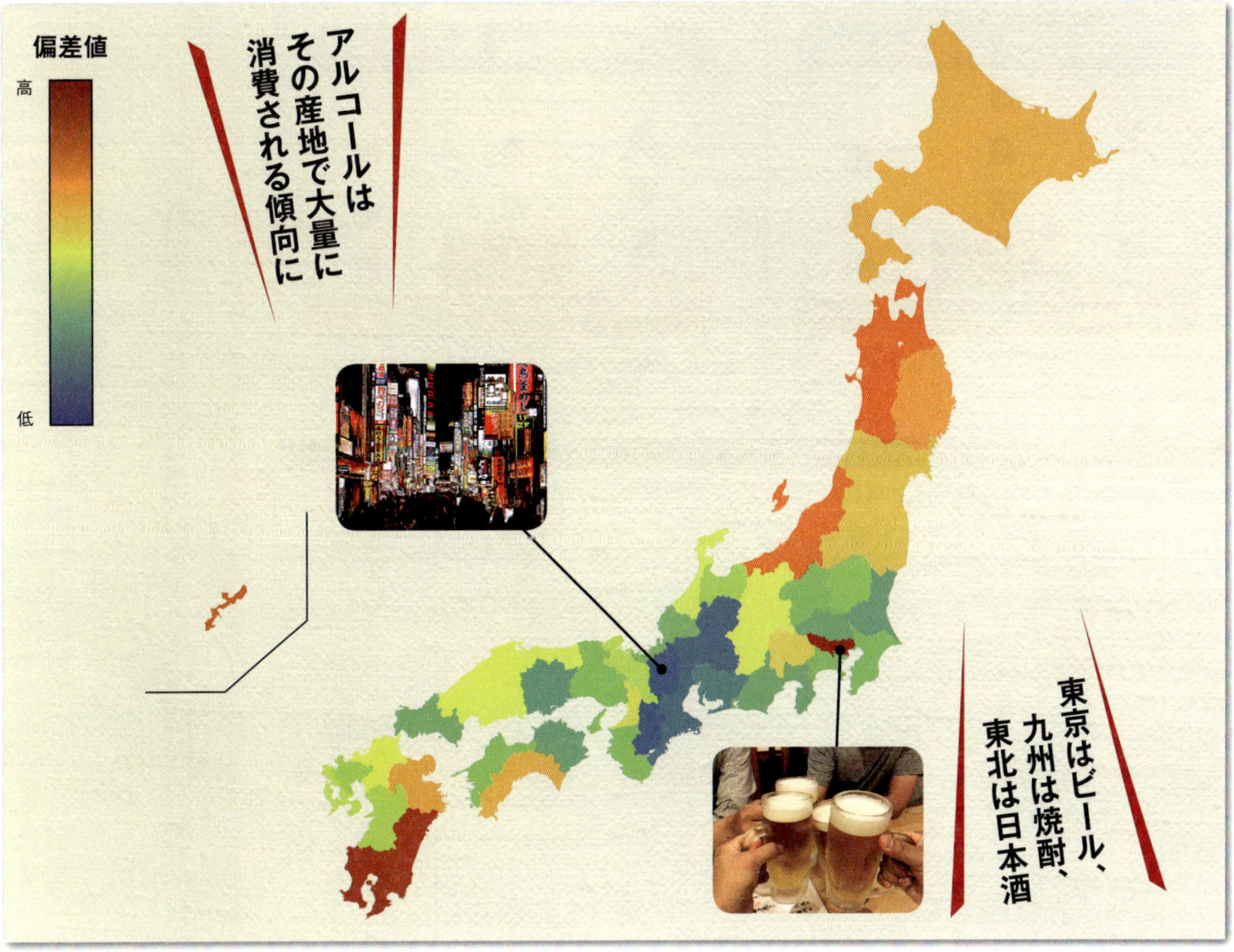
偏差値
高
低
アルコールは
その産地で大量に
消費される傾向に
東京はビール、
九州は焼酎、
東北は日本酒

相関データ

【正の相関】

係数	項目
0.75	飲み屋店舗数
0.75	焼酎消費量
0.66	ビール消費量
0.61	50代男性未婚率
0.59	ホテル客室数
0.56	飲食店店舗数（経済センサスベース）
0.55	肉用牛飼育頭数
0.54	60歳以上男性未婚率
0.54	貧困率
0.51	自殺者数：男性

【負の相関】

係数	項目
-0.63	ピアノ普及率
-0.62	高校生就職内定率
-0.61	女性の家事労働時間
-0.61	夫婦数
-0.59	中学生通塾率
-0.55	1世帯あたり純資産
-0.55	パソコン普及率
-0.54	1世帯あたり貯蓄額
-0.51	中華外食費用
-0.51	携帯電話普及率

焼酎と酒の産地が強い

各都道府県の日本酒、焼酎、ワイン、ウイスキー・ブランデー、リキュール消費量に標準的なアルコール度数をかけてアルコール消費量を算出。これを成人人口で割ってひとりあたり消費量を比較しています。

トップは東京。以下、鹿児島、宮崎、沖縄、秋田の順。6〜8位には、青森、新潟、岩手と東北の県が続きます。東京以外では、九州と東北の県が上位を占めているのが特徴。

ただ、よく飲まれるアルコールの種類は異なります。東京ではビールが、九州は焼酎が、さらに東北は日本酒が、そして山梨ではワインの消費量が多いのです。

50代男性未婚率や男性の自殺者数と正の相関があり、アルコール消費量が多いところは独身男性や自殺する男性が多いことがうかがえます。

各種アルコール消費量にアルコール濃度をかけ、アルコール消費量（エタノール消費量）を比較したもの（アルコール換算ベース）。

男性喫煙率

サケ消費量や納豆消費量のような東西対立型。東日本で高く、西日本で低くなる傾向に。

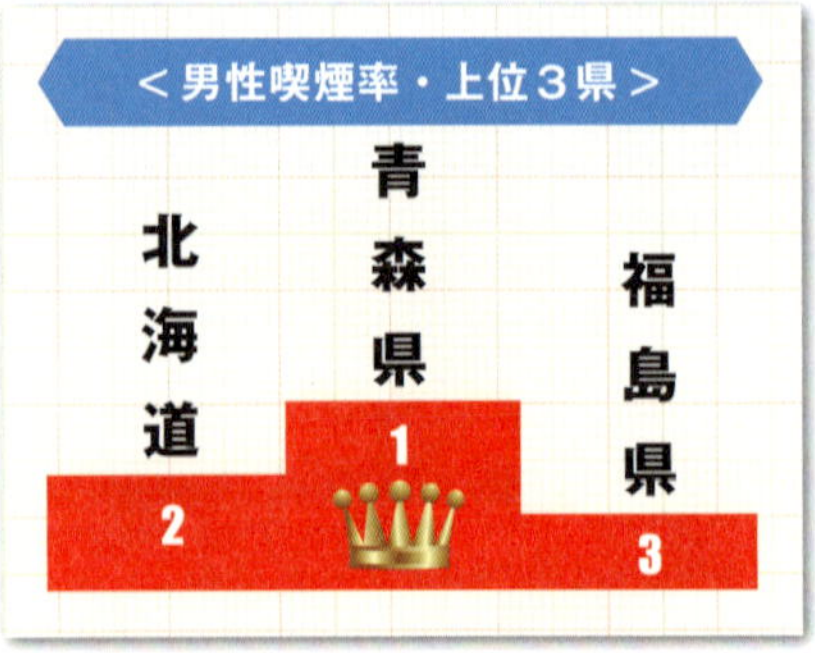

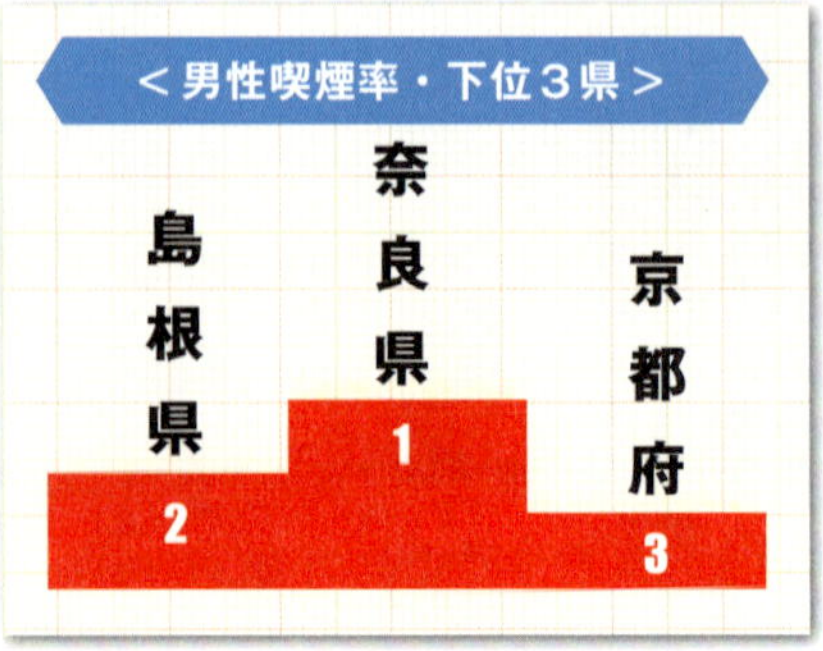

ランキング

順位	県名	データ	偏差値
1	青森県	45.3%	76.65
2	北海道	43.9%	69.85
3	福島県	42.8%	64.50
4	石川県	42.4%	62.56
4	栃木県	42.4%	62.56
6	宮城県	42.3%	62.07
6	愛知県	42.3%	62.07
8	群馬県	42.2%	61.58
9	佐賀県	41.9%	60.13
9	新潟県	41.9%	60.13
11	山梨県	41.6%	58.67
12	岩手県	41.2%	56.72
12	秋田県	41.2%	56.72
14	茨城県	40.7%	54.29
15	福岡県	40.3%	52.35
16	岡山県	40.2%	51.86
16	山形県	40.2%	51.86
16	熊本県	40.2%	51.86
19	徳島県	40.1%	51.38
20	広島県	40.0%	50.89
21	三重県	39.9%	50.40
21	埼玉県	39.9%	50.40
23	大阪府	39.8%	49.92
24	千葉県	39.7%	49.43
24	富山県	39.7%	49.43
26	滋賀県	39.6%	48.95
27	宮崎県	39.4%	47.97
27	香川県	39.4%	47.97
29	高知県	39.3%	47.49
30	福井県	39.2%	47.00
30	和歌山県	39.2%	47.00
32	岐阜県	39.1%	46.51
33	長野県	39.0%	46.03
34	山口県	38.9%	45.54
35	愛媛県	38.6%	44.08
36	神奈川県	38.5%	43.60
36	大分県	38.5%	43.60
38	長崎県	38.3%	42.63
39	兵庫県	38.0%	41.17
40	静岡県	37.9%	40.68
41	鳥取県	37.5%	38.74
41	鹿児島県	37.5%	38.74
43	沖縄県	37.4%	38.25
44	東京都	36.7%	34.85
45	京都府	36.6%	34.36
46	島根県	35.8%	30.47
47	奈良県	34.9%	26.10
-	全国	39.7%	-

国民生活基礎調査（厚生労働省）

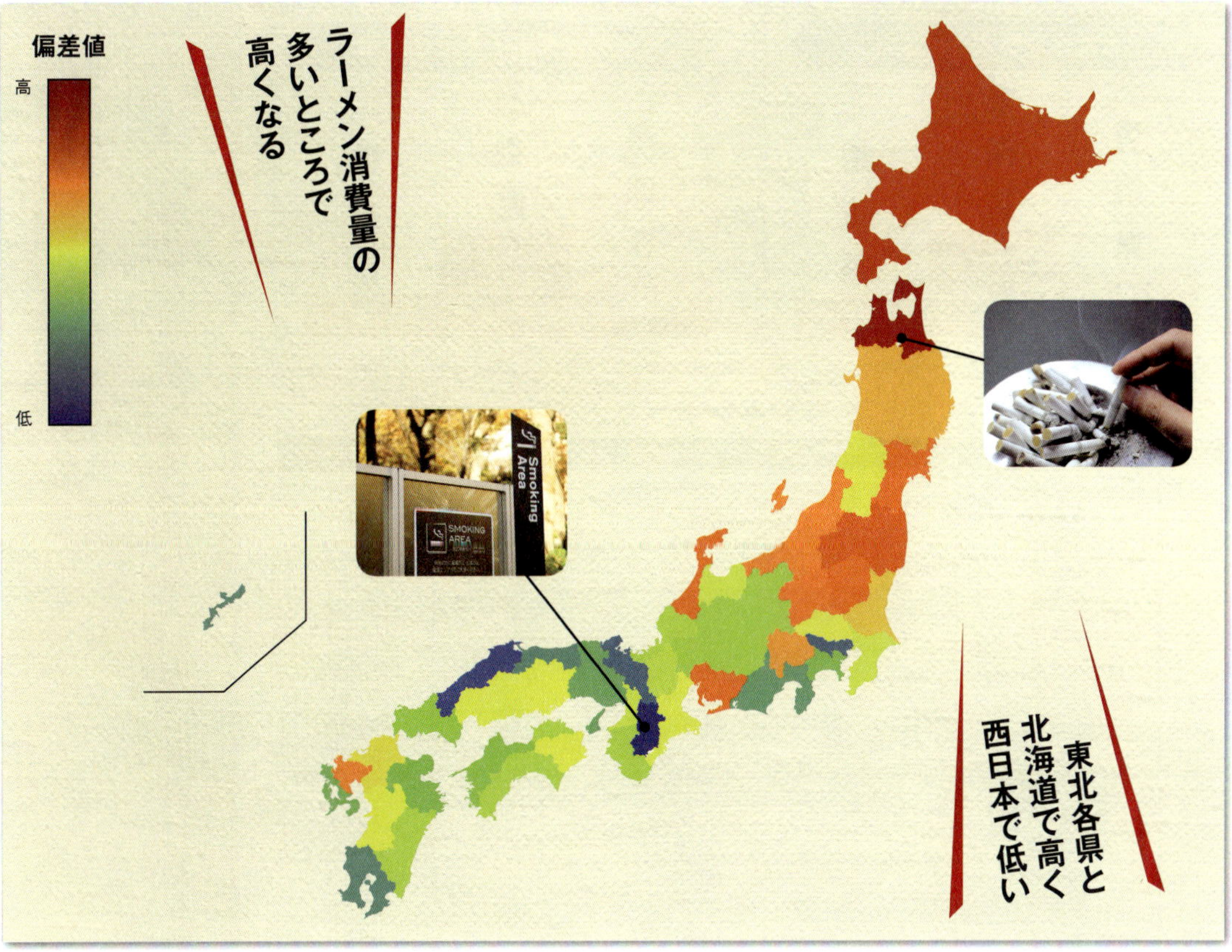
偏差値
高
低
ラーメン消費量の多いところで高くなる
Smoking Area
SMOKING AREA
東北各県と北海道で高く西日本で低い

相関データ

【正の相関】

係数	項目
0.60	サケ消費量
0.56	炭酸飲料消費量
0.53	サンマ消費量
0.53	納豆消費量
0.51	男子小中学生肥満率
0.50	食糧自給率(カロリーベース)
0.50	コンビニ店舗数
0.49	年間降雪量
0.49	ラーメン店舗数
0.40	インスタントラーメン消費量

【負の相関】

係数	項目
-0.55	年間平均気温
-0.52	灯油価格
-0.50	年間真夏日数
-0.49	パン消費量
-0.49	エアコン普及率
-0.47	国立・私立中学生徒数（中学受験率）
-0.46	小麦粉消費量
-0.45	女性の家事労働時間
-0.44	牛肉消費量
-0.43	司法書士数

青森、北海道が上位

厚生労働省の国民生活基礎調査から、男性の喫煙率を比較したものです。

男性の全国平均の喫煙率は39・7%です。首位は青森で45・3%。以下、北海道、福島、石川、栃木の順。反対に低いのは、奈良、島根、京都、東京、沖縄の順となりました。

北関東から東北各県と北海道で高く、西日本で低くなる、いわゆる東西対立型といえ、同様の傾向があるサケ消費量や納豆消費量と正の相関があります。

さらに、ラーメン店舗数やインスタントラーメン消費量とも正の相関があり、パンの消費量とは負の相関があります。これは、ラーメン消費量が多い地域で喫煙率が高く、パン消費量が多いところでは喫煙率が低いことを表わしています。

女性喫煙率

全体に男性と同様に東日本が高いが、同時に東京や大阪周辺の都市部が上位に入っている。

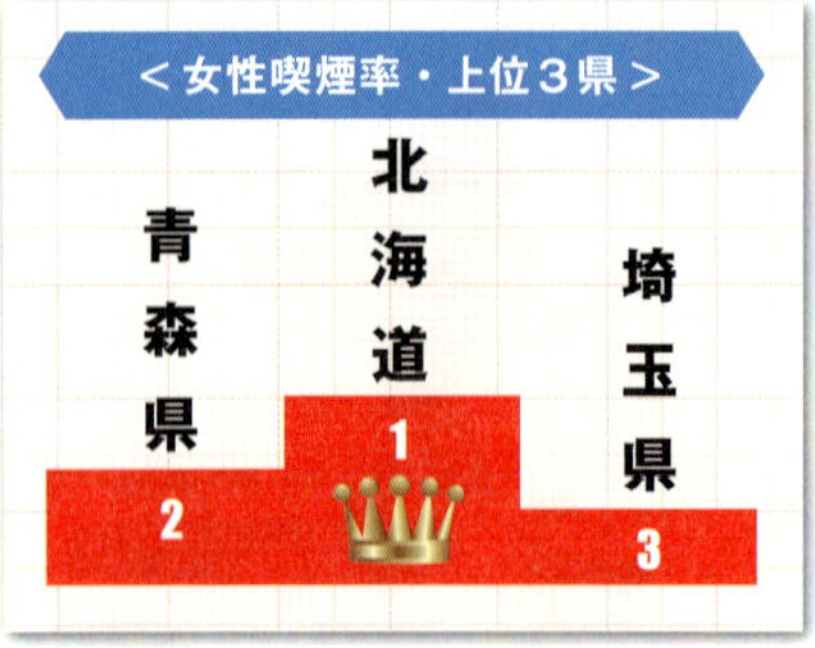

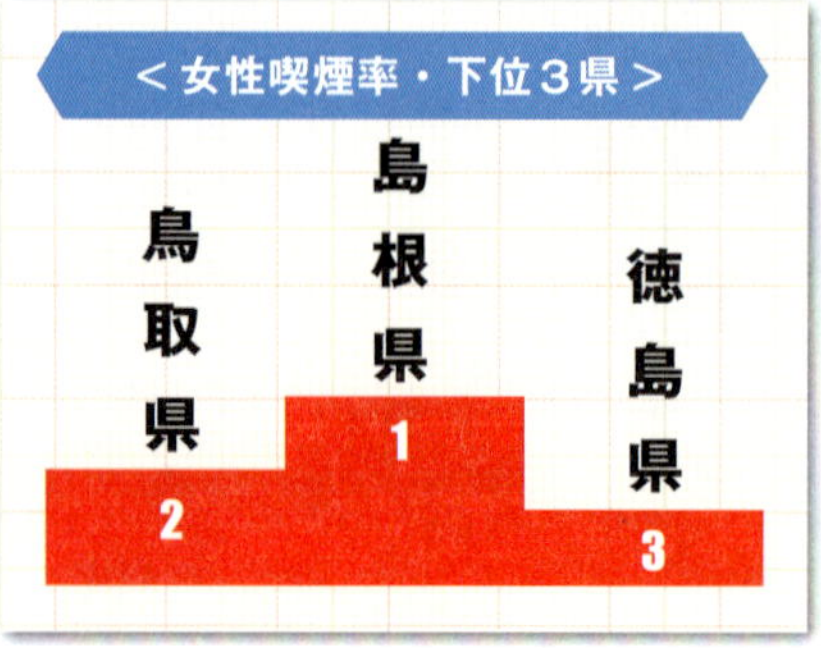

ランキング

順位	県名	データ	偏差値
1	北海道	17.8%	88.77
2	青森県	14.2%	71.21
3	埼玉県	13.1%	65.85
4	大阪府	12.9%	64.88
5	宮城県	12.0%	60.49
5	福岡県	12.0%	60.49
7	福島県	11.9%	60.00
8	茨城県	11.8%	59.51
9	東京都	11.5%	58.05
10	山梨県	11.3%	57.07
11	秋田県	11.1%	56.10
12	高知県	11.0%	55.61
13	栃木県	10.9%	55.12
14	静岡県	10.7%	54.15
14	群馬県	10.7%	54.15
16	千葉県	10.6%	53.66
17	佐賀県	10.4%	52.69
18	岩手県	10.2%	51.71
19	宮崎県	9.9%	50.25
19	大分県	9.9%	50.25
19	長崎県	9.9%	50.25
22	神奈川県	9.8%	49.76
23	沖縄県	9.7%	49.27
24	岐阜県	9.5%	48.30
25	石川県	9.3%	47.32
25	愛知県	9.3%	47.32
27	新潟県	9.1%	46.35
28	広島県	9.0%	45.86
29	山形県	8.9%	45.37
30	熊本県	8.7%	44.40
30	兵庫県	8.7%	44.40
32	長野県	8.6%	43.91
32	京都府	8.6%	43.91
34	福井県	8.5%	43.42
35	和歌山県	8.4%	42.94
36	山口県	8.3%	42.45
37	三重県	8.2%	41.96
38	香川県	8.1%	41.47
39	鹿児島県	8.0%	40.99
40	富山県	7.9%	40.50
41	愛媛県	7.8%	40.01
41	岡山県	7.8%	40.01
43	滋賀県	7.7%	39.52
44	奈良県	7.5%	38.55
45	徳島県	7.4%	38.06
46	鳥取県	7.3%	37.57
47	島根県	7.0%	36.11
-	全国	10.7%	-

国民生活基礎調査（厚生労働省）

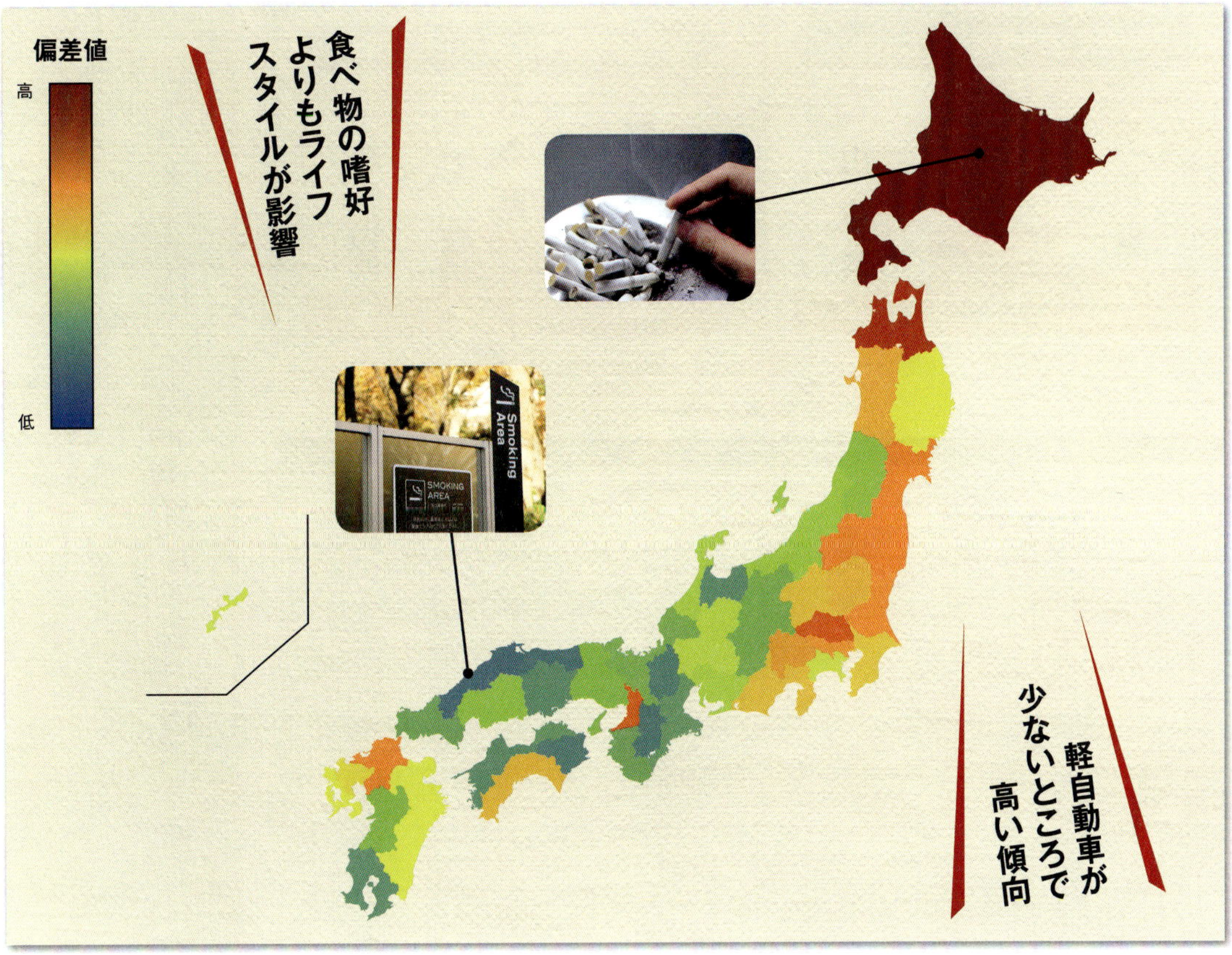
偏差値
高
低
食べ物の嗜好よりもライフスタイルが影響
Smoking Area
SMOKING AREA
軽自動車が少ないところで高い傾向

相関データ

【正の相関】

係数	項目
0.62	ウイスキー消費量
0.58	喫煙率：男性
0.56	サケ消費量
0.56	肺がん死亡率：女性
0.54	乳用牛飼育頭数
0.53	豚肉消費量
0.53	がん年齢調整死亡率
0.44	50代ひとり暮らし
0.44	40代ひとり暮らし
0.40	30代ひとり暮らし

【負の相関】

係数	項目
-0.64	食器洗い機普及率
-0.61	エアコン普及率
-0.52	電気使用量
-0.51	ブリ消費量
-0.49	平均寿命：女性
-0.45	軽自動車普及率
-0.44	合計特殊出生率
-0.42	兄弟姉妹数
-0.42	日本酒酒造場数
-0.42	牛肉消費量

都市部が上位に並ぶ

116ページの男性の喫煙率と同様に比較したもの。なお、ここでいう喫煙者とは「毎日吸っている、または時々吸う日がある」人を指します。

女性の全国平均の喫煙率は10・7%と、男性の喫煙率よりもかなり低い数字です。もっとも高いのは北海道で17・8%。つづいて東京、青森、神奈川、埼玉の順。

男性の場合は北関東から東北・北海道で高い傾向がありましたが、女性では東京や大阪周辺の都市部が上位に入っています。

50代、40代、30代のひとり暮らし率と正の相関があり、ひとり暮らしが多いところで女性の喫煙率が高くなっています。

携帯電話通信料

全国平均では、年間で10万6457円。月額では約8800円となる。トップは高知で最下位は兵庫。

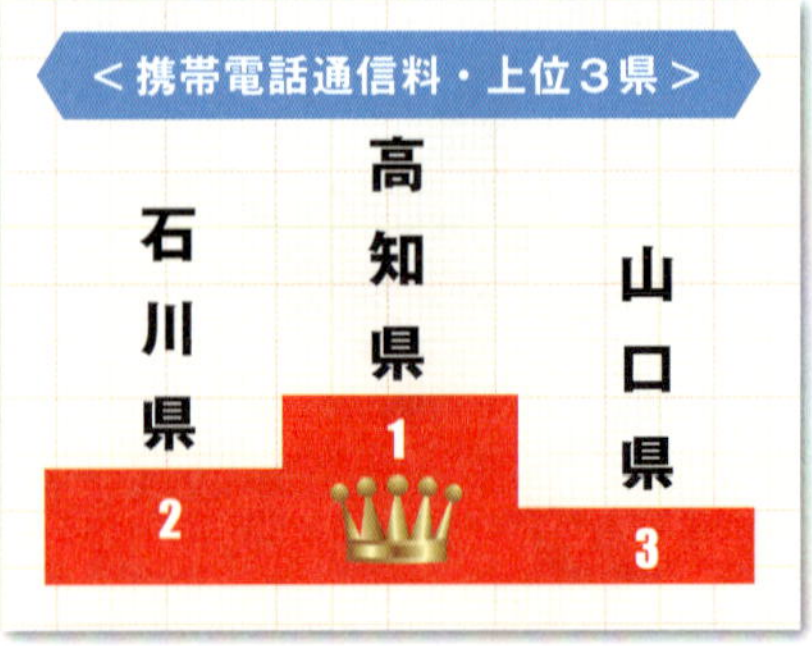

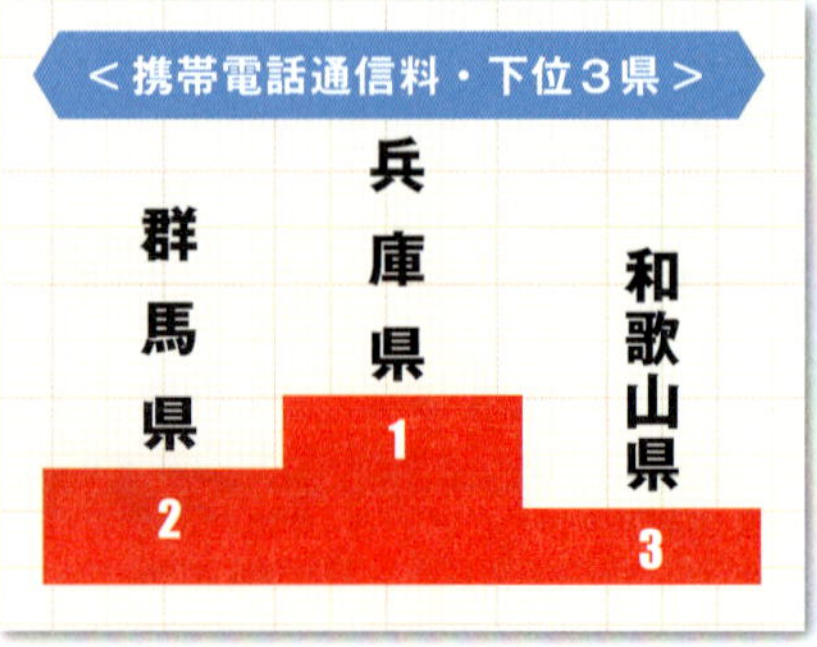

ランキング

順位	県名	データ	偏差値
1	高知県	140,193円	72.34
2	石川県	133,343円	67.17
3	山口県	130,084円	64.72
4	山形県	129,247円	64.08
5	富山県	127,396円	62.69
6	佐賀県	125,780円	61.47
7	島根県	125,353円	61.15
8	鹿児島県	125,331円	61.13
9	徳島県	123,186円	59.52
10	香川県	122,796円	59.22
11	大分県	121,389円	58.16
12	熊本県	121,254円	58.06
13	茨城県	120,929円	57.81
14	愛媛県	120,846円	57.75
15	岡山県	119,384円	56.65
16	福島県	119,277円	56.57
17	沖縄県	116,963円	54.82
18	埼玉県	115,367円	53.62
19	岐阜県	114,866円	53.24
20	北海道	114,258円	52.78
21	福井県	112,593円	51.53
22	栃木県	110,748円	50.14
23	山梨県	110,721円	50.12
24	大阪府	110,301円	49.80
25	静岡県	109,557円	49.24
26	鳥取県	109,165円	48.95
27	秋田県	108,839円	48.70
28	長野県	107,395円	47.61
29	広島県	106,169円	46.69
30	神奈川県	105,452円	46.15
31	宮崎県	105,451円	46.15
32	奈良県	104,816円	45.67
33	福岡県	102,865円	44.20
34	宮城県	101,385円	43.08
35	青森県	100,155円	42.15
36	愛知県	99,638円	41.76
37	三重県	99,276円	41.49
38	東京都	97,941円	40.48
39	岩手県	97,618円	40.24
40	滋賀県	96,543円	39.43
41	新潟県	94,968円	38.24
42	千葉県	93,391円	37.05
43	京都府	92,068円	36.06
44	長崎県	91,621円	35.72
45	和歌山県	91,368円	35.53
46	群馬県	91,202円	35.40
47	兵庫県	78,026円	25.47
-	全国	106,457円	-

家計調査（総務省統計局）

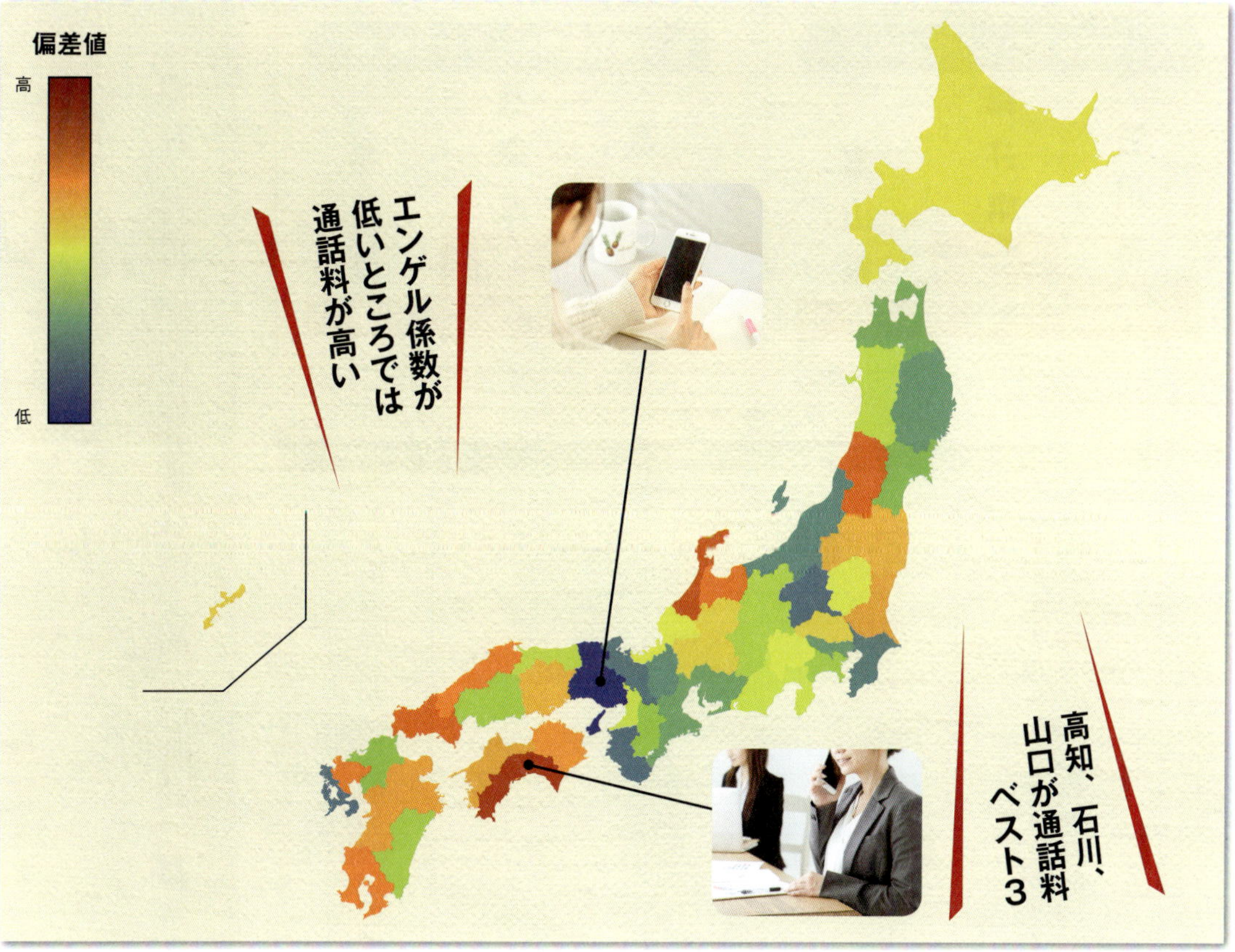
偏差値
高
低
エンゲル係数が低いところでは通話料が高い
高知、石川、山口が通話料ベスト3

相関データ

【正の相関】

係数	項目
0.60	スナック菓子消費量
0.56	ガソリン消費量
0.54	仕送り額
0.52	冷凍食品消費量
0.50	病院数
0.50	チョコレート消費量
0.47	限界集落率
0.46	銀行店舗数
0.46	神社数
0.45	玩具購入量

【負の相関】

係数	項目
-0.69	エンゲル係数
-0.51	15歳以上買い物時間
-0.46	女性の家事労働時間
-0.46	乗合バス旅客輸送量
-0.46	公共交通機関通勤・通学率
-0.45	高校生通学時間(往復)
-0.44	バス通勤・通学率
-0.43	鉄道通勤・通学率
-0.43	四年制大学進学率
-0.42	通勤時間

高知と兵庫の差は6万円

総務省の家計調査（2012〜2016年）をもとに、2人以上の世帯の年間の携帯電話通信料を比較しています。

全国平均が年間10万6457円であるのに対し、もっとも多いのは高知で14万0193円。2位以下は、石川、山口、山形、富山と地方に分散しています。

通信料がもっとも少ないのは兵庫で、7万8026円。首位の高知との差額は6万2167円もあり、大きなひらきがあります。以下、下位から群馬、和歌山、長崎、京都の順に少なく、近畿地方は総じて通信料が少ないことがわかります。

エンゲル係数と、負の相関があります。つまりエンゲル係数が低い、経済的な余裕のあるところでは通信料に使える料金も多くなるようです。

電気使用料

福井、石川、富山の北陸３県が高く、宮崎、長崎など九州地方が低い傾向に。全国平均は12万７０００円。

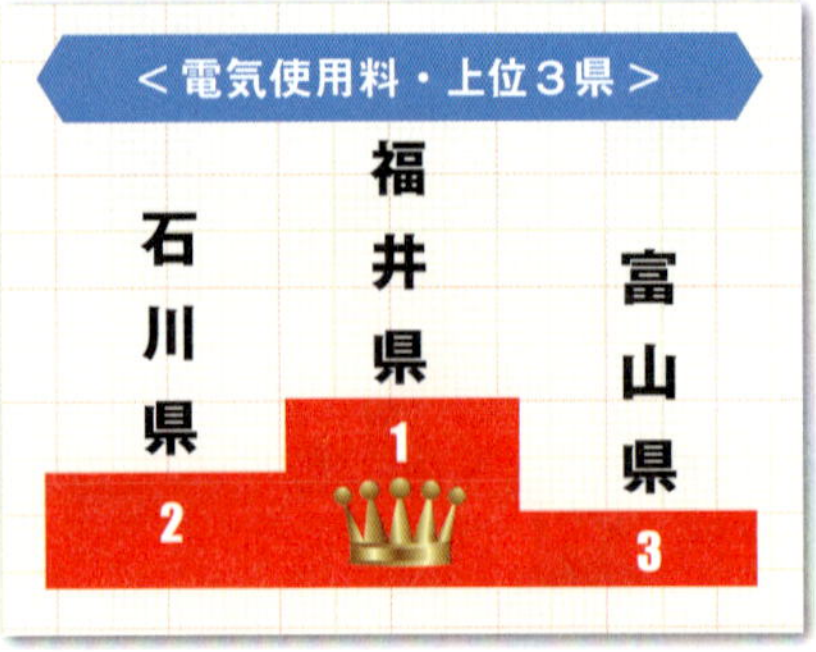

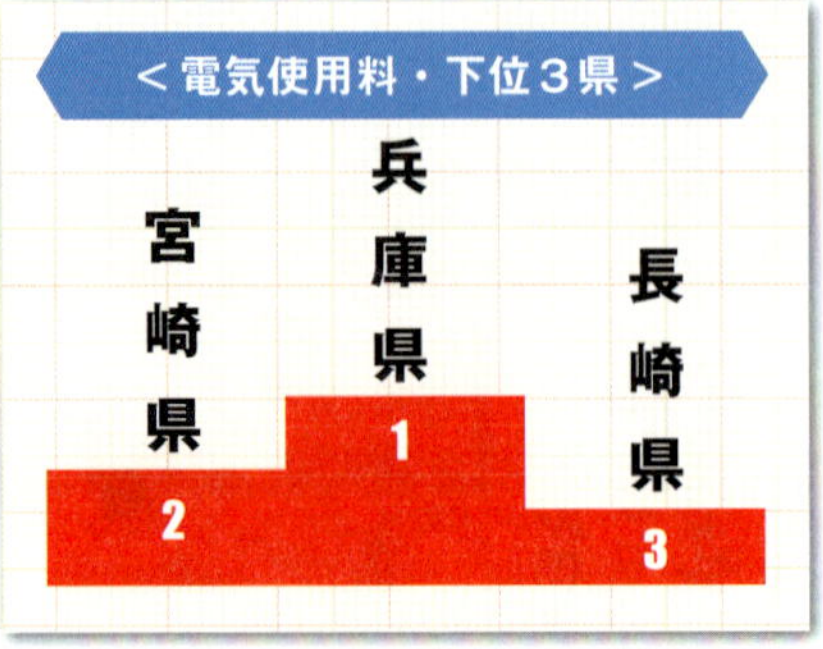

ランキング

順位	県名	データ	偏差値
1	福井県	152,980円	73.51
2	石川県	146,730円	67.85
3	富山県	145,742円	66.95
4	福島県	143,135円	64.59
5	山形県	142,992円	64.46
6	徳島県	142,456円	63.98
7	和歌山県	138,654円	60.53
8	島根県	138,560円	60.45
9	岐阜県	137,437円	59.43
10	新潟県	134,387円	56.67
11	青森県	133,907円	56.24
12	静岡県	132,615円	55.07
13	茨城県	131,816円	54.34
14	香川県	131,725円	54.26
15	岩手県	130,879円	53.49
16	埼玉県	130,382円	53.04
17	鳥取県	129,683円	52.41
18	山口県	128,771円	51.58
19	奈良県	128,156円	51.03
20	東京都	128,136円	51.01
21	愛媛県	127,808円	50.71
22	高知県	127,296円	50.25
23	岡山県	126,910円	49.90
24	山梨県	126,886円	49.88
25	北海道	126,723円	49.73
26	秋田県	126,691円	49.70
27	栃木県	126,538円	49.56
28	大阪府	125,873円	48.96
29	京都府	125,563円	48.68
30	三重県	125,264円	48.41
31	佐賀県	124,823円	48.01
32	滋賀県	124,157円	47.41
33	愛知県	124,111円	47.36
34	神奈川県	122,037円	45.49
35	宮城県	121,888円	45.35
36	広島県	121,744円	45.22
37	沖縄県	120,817円	44.38
38	長野県	119,353円	43.05
39	群馬県	119,038円	42.77
40	大分県	117,204円	41.11
41	熊本県	116,292円	40.28
42	千葉県	113,987円	38.20
43	福岡県	110,467円	35.01
44	鹿児島県	108,772円	33.47
45	長崎県	107,469円	32.29
46	宮崎県	105,869円	30.84
47	兵庫県	97,300円	23.08
-	全国	127,764円	-

家計調査（総務省統計局）

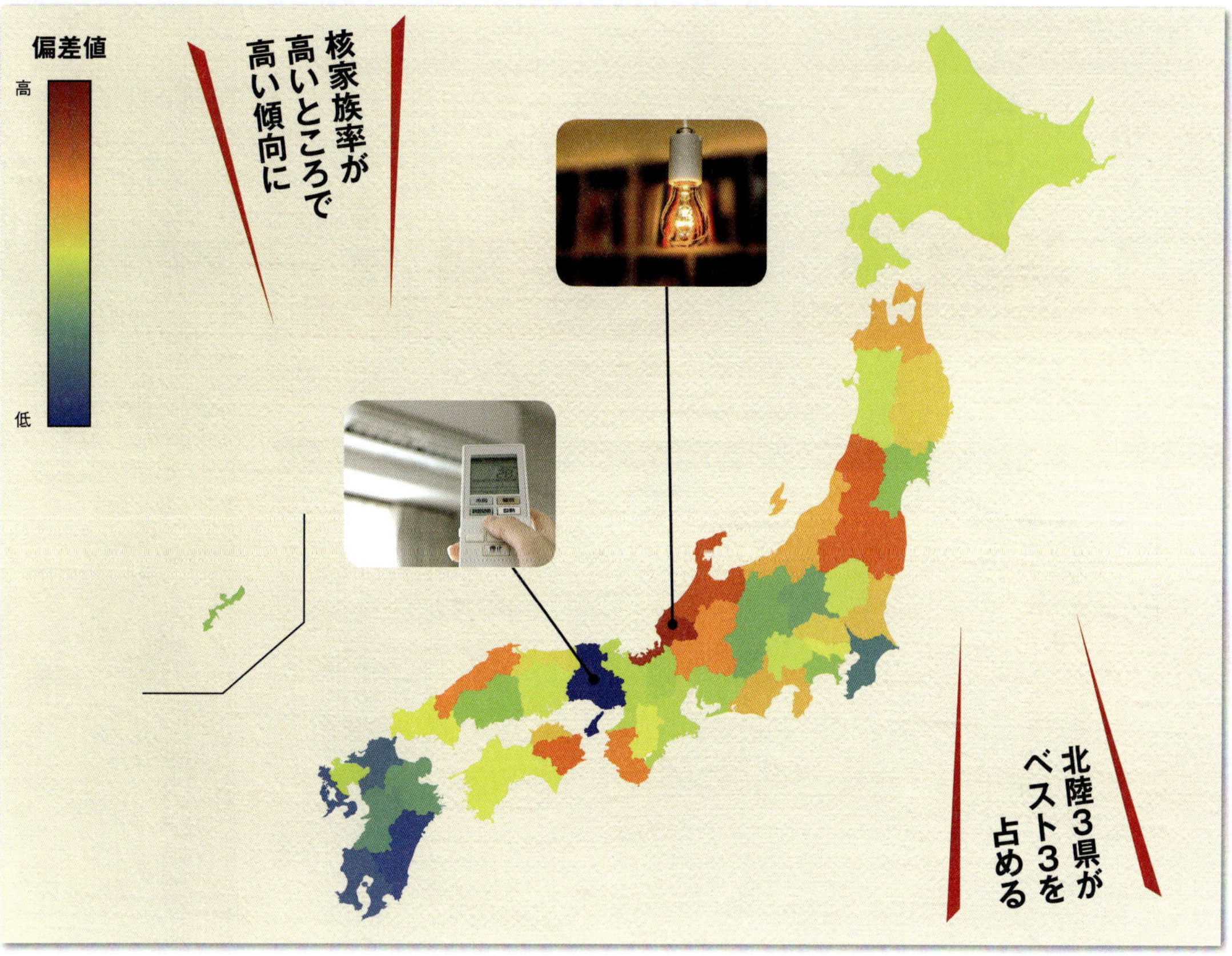
偏差値
高
低
核家族率が高いところで高い傾向に
北陸3県がベスト3を占める

相関データ

【正の相関】

係数	項目
0.64	老舗企業数
0.59	住宅延べ床面積
0.58	三世代世帯人数
0.57	呉服店店舗数
0.57	書店数
0.56	日本酒消費量
0.55	日本酒酒造場数
0.54	中学生部活動参加率
0.48	賃貸住宅空室率
0.47	凍死者数

【負の相関】

係数	項目
-0.58	核家族率
-0.50	転職率
-0.50	焼酎生産量
-0.50	年間晴れ日数
-0.49	非正規雇用率
-0.49	独居老人（60代以上ひとり暮らし）
-0.48	住宅用太陽光発電普及率
-0.48	40代女性未婚率
-0.46	ミネラルウォーター消費量
-0.44	バス通勤・通学率

全国平均は月額1万円

総務省が発表する家計調査をもとに、年間の電気使用料金を割り出したもの。

全国平均は12万7764円と、月額ではおよそ1万円強となっています。1位は福井の15万2980円、さらに石川、富山、福島、山形と北陸や東北が上位を占めます。

いっぽう最下位は兵庫県の9万7300円で、全国で唯一10万円台を割りこみました。続いて低い順に宮崎、長崎、鹿児島、福岡の順となっています。

住宅延べ床面積や三世代世帯人数と正の相関があり、住宅が広く、そこで暮らす人数が多いところでは、電気使用料も高くなっています。

また、住宅用太陽光発電普及率と負の相関があり、使用した電力の一部または全部を、太陽光発電でまかなっていることが想定されます。

ガソリン消費量

都市部で消費量が少なく、それ以外の地方では消費量が多い。都会と地方を分ける指標となりうる。

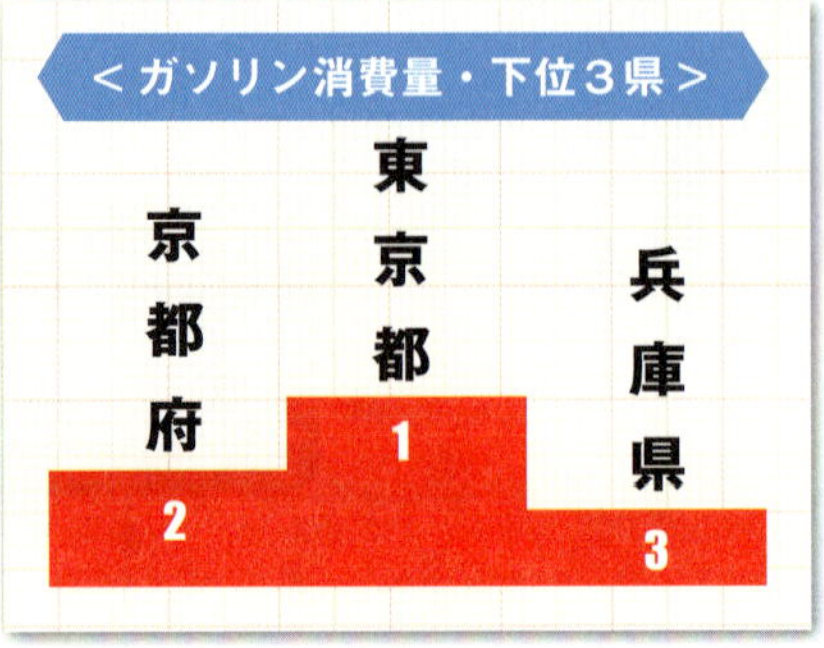

ランキング

順位	県名	データ	偏差値
1	山口県	813.3リットル	70.54
2	山形県	705.7リットル	63.01
3	富山県	701.9リットル	62.75
4	茨城県	690.6リットル	61.96
5	石川県	672.9リットル	60.72
6	三重県	662.5リットル	59.99
7	島根県	662.0リットル	59.95
8	栃木県	647.1リットル	58.91
9	群馬県	643.2リットル	58.64
10	鳥取県	640.0リットル	58.41
11	福島県	635.9リットル	58.13
12	佐賀県	634.2リットル	58.01
13	長野県	633.2リットル	57.94
14	宮崎県	623.9リットル	57.29
15	岐阜県	604.4リットル	55.92
16	大分県	600.6リットル	55.66
17	福井県	588.6リットル	54.82
18	新潟県	588.1リットル	54.78
19	岡山県	581.6リットル	54.33
20	静岡県	568.1リットル	53.38
21	鹿児島県	565.6リットル	53.21
22	秋田県	553.2リットル	52.34
23	香川県	552.1リットル	52.26
24	青森県	549.5リットル	52.08
25	山梨県	545.1リットル	51.77
26	高知県	536.4リットル	51.16
27	岩手県	523.0リットル	50.23
28	徳島県	517.9リットル	49.87
29	愛媛県	508.3リットル	49.20
30	熊本県	507.4リットル	49.13
31	北海道	496.1リットル	48.34
32	宮城県	471.7リットル	46.63
33	奈良県	455.2リットル	45.48
34	和歌山県	440.1リットル	44.42
35	滋賀県	438.2リットル	44.29
36	沖縄県	433.2リットル	43.94
37	広島県	430.1リットル	43.72
38	福岡県	418.8リットル	42.93
39	愛知県	395.9リットル	41.33
40	千葉県	359.3リットル	38.77
41	長崎県	359.0リットル	38.75
42	埼玉県	343.3リットル	37.65
43	神奈川県	269.4リットル	32.48
44	大阪府	242.0リットル	30.56
45	兵庫県	237.9リットル	30.27
46	京都府	223.9リットル	29.29
47	東京都	159.4リットル	24.78
-	全国	489.3リットル	-

家計調査（総務省統計局）

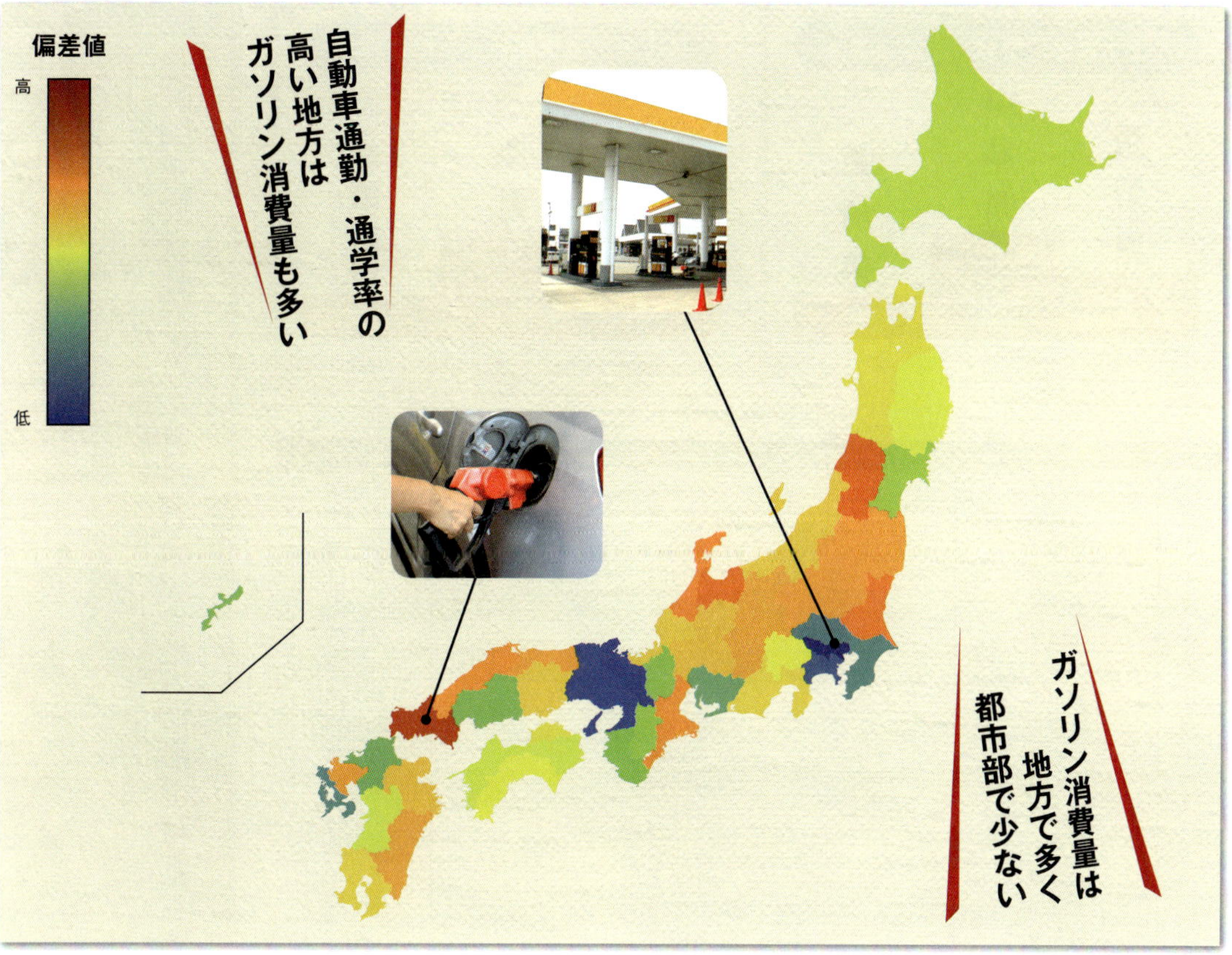
偏差値
高
低
自動車通勤・通学率の高い地方はガソリン消費量も多い
ガソリン消費量は地方で多く都市部で少ない

相関データ

【正の相関】

係数	項目
0.90	自家用車通勤・通学率
0.88	自動車保有台数
0.79	戸建て率
0.77	自動車販売店数
0.75	仕送り額
0.75	共働き率
0.73	ガソリンスタンド数
0.73	軽自動車普及率
0.70	交通事故死亡者数（歩行者）
0.67	道路延長

【負の相関】

係数	項目
-0.81	公共交通機関通勤・通学率
-0.79	人口集中度
-0.77	鉄道通勤・通学率
-0.75	乗合バス旅客輸送量
-0.74	バス通勤・通学率
-0.74	鉄道旅客輸送量
-0.74	小学生携帯電話・スマートフォン所有率
-0.73	基準地価：住宅地
-0.72	通勤時間
-0.70	人口

東京の5倍も消費する山口

総務省の家計調査をもとに、２人以上の世帯の年間ガソリン消費量を比較したものです。数値は２０１１年～２０１６年の５年間の平均値で、全国平均は４８９・３リットルでした。

もっとも消費量が多かったのは山口で、８１３・３リットル。以下、山形、富山、茨城、石川の順です。

いっぽう最少は東京で１５９・４リットル。トップの山口とは６５３・９リットルと、大きな差が生まれています。以下、少ない順に京都、兵庫、大阪、神奈川となっています。

この分布から、ガソリン消費量は地方で多く関東・首都圏の都市部で少ないことがわかります。また自家用車通勤・通学率と正の相関が高いことから、自動車通勤する人が多いところでガソリン消費量が多くなります。

上下水道使用料

全国平均は約6万1800円だが、山形では約8万8000円もかかる。ほかの東北地方も高い傾向。

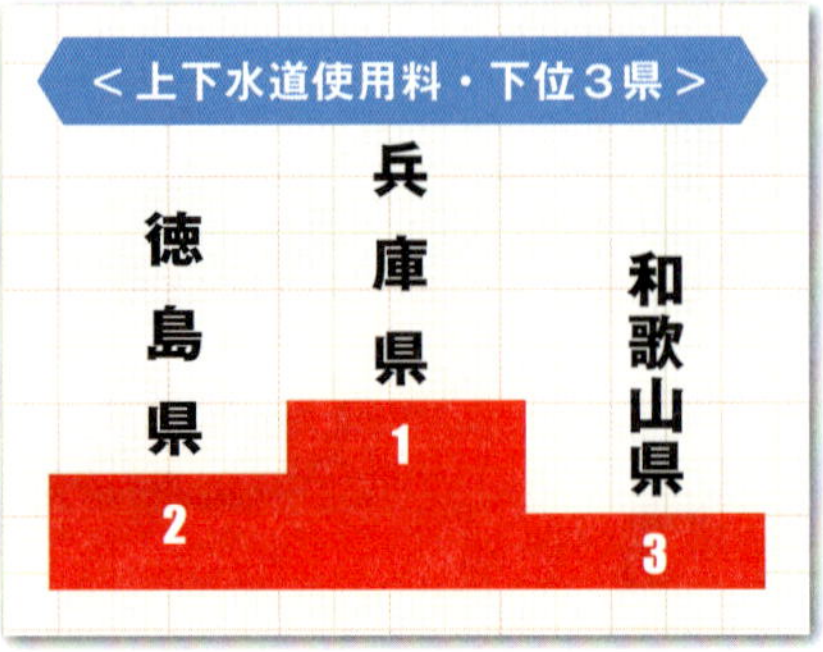

ランキング

順位	県名	データ	偏差値
1	山形県	88,077円	76.99
2	長野県	83,381円	71.78
3	長崎県	76,415円	64.05
4	埼玉県	75,204円	62.71
5	島根県	74,804円	62.27
6	富山県	74,301円	61.71
7	福島県	73,377円	60.68
8	新潟県	73,013円	60.28
9	佐賀県	72,473円	59.68
10	滋賀県	71,692円	58.81
11	栃木県	71,611円	58.72
12	岩手県	71,471円	58.57
13	京都府	71,275円	58.35
14	奈良県	70,468円	57.46
15	青森県	68,970円	55.79
16	秋田県	68,812円	55.62
17	山梨県	68,283円	55.03
18	石川県	67,848円	54.55
19	岡山県	64,688円	51.04
20	宮城県	64,180円	50.48
21	東京都	63,740円	49.99
22	神奈川県	63,061円	49.24
23	静岡県	62,228円	48.32
24	大分県	61,553円	47.57
25	愛知県	61,162円	47.13
26	大阪府	60,998円	46.95
27	鳥取県	60,437円	46.33
28	沖縄県	60,415円	46.31
29	千葉県	59,899円	45.73
30	山口県	59,756円	45.57
31	熊本県	59,476円	45.26
32	福井県	59,149円	44.90
33	広島県	59,069円	44.81
34	香川県	58,795円	44.51
35	岐阜県	58,601円	44.29
36	福岡県	58,480円	44.16
37	茨城県	56,325円	41.77
38	高知県	55,953円	41.36
39	三重県	55,881円	41.28
40	群馬県	55,536円	40.89
41	愛媛県	53,769円	38.93
42	鹿児島県	53,753円	38.92
43	北海道	51,732円	36.67
44	宮崎県	51,188円	36.07
45	和歌山県	49,287円	33.96
46	徳島県	48,738円	33.35
47	兵庫県	46,744円	31.14
-	全国	61,805円	-

家計調査（総務省統計局）

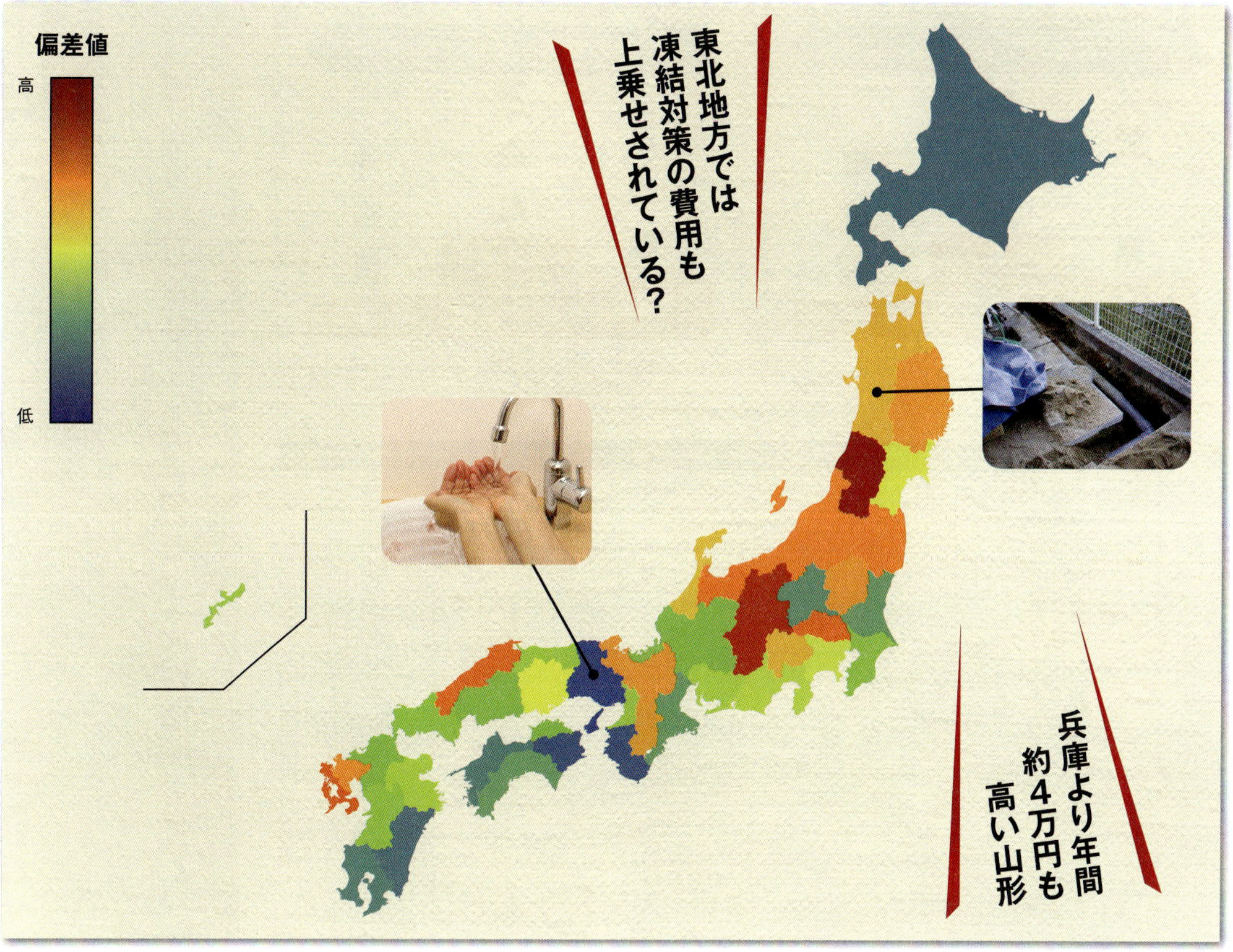
偏差値
高
低
東北地方では凍結対策の費用も上乗せされている？
兵庫より年間約４万円も高い山形

相関データ

【正の相関】

係数	項目
0.56	ラーメン外食費用
0.54	三世代世帯人数
0.53	昆布消費量
0.53	もやし消費量
0.50	美術館数
0.50	日本酒消費量
0.50	小学生朝食摂取率
0.49	比例代表投票率(直近10年平均)
0.49	漬物消費量
0.48	小学生地域行事参加率

【負の相関】

係数	項目
-0.53	公明党得票率(直近10年間)
-0.53	核家族率
-0.52	年間晴れ日数
-0.51	独居老人(60代以上ひとり暮らし)
-0.51	甲子園通算勝率
-0.50	再婚件数
-0.49	年間日照時間
-0.48	父子・母子家庭数
-0.44	弁当店・テイクアウト店店舗数
-0.41	喫茶店店舗数

山形は兵庫の約１・９倍

総務省の家計調査（２０１２〜２０１６年）をもとにした水道使用料のランキング。２人以上の世帯の年間上下水道使用料の平均を比較したものです。全国平均は６万１８０５円。

首位は山形で８万８０７７円。これは全国平均より約２万６０００円も高くなっています。以下、長野、長崎、埼玉、島根と続きます。

反対に使用料がもっとも安いのは兵庫で、４万６７４４円でした。トップの山形は、最下位兵庫の約１・９倍も支払っている計算になります。以下、少ない県は、徳島、和歌山、宮崎、北海道の順になっています。

この分布から、水道使用料は東北から北陸にかけての日本海側の地域で高いほか、滋賀、京都、奈良など近畿地方でも高くなっていることがわかります。

外食費

平均は15万4812円だが、三大都市圏で高く、地方では低くなる。年収が高いところで外食費も高い。

＜外食費・上位3県＞

1 東京都
2 愛知県
3 埼玉県

＜外食費・下位3県＞

1 青森県
2 鳥取県
3 沖縄県

ランキング

順位	県名	データ	偏差値
1	東京都	232,619円	85.01
2	愛知県	192,946円	68.38
3	埼玉県	187,494円	66.10
4	神奈川県	185,142円	65.11
5	岐阜県	181,655円	63.65
6	京都府	174,654円	60.71
7	石川県	169,900円	58.72
8	奈良県	166,279円	57.21
9	高知県	164,864円	56.61
10	大阪府	164,844円	56.60
11	栃木県	162,738円	55.72
12	千葉県	162,709円	55.71
13	長野県	160,907円	54.95
14	兵庫県	160,331円	54.71
15	広島県	155,764円	52.80
16	茨城県	153,761円	51.96
17	静岡県	153,182円	51.72
18	香川県	152,176円	51.30
19	熊本県	152,046円	51.24
20	徳島県	150,193円	50.46
21	滋賀県	149,688円	50.25
22	富山県	148,305円	49.67
23	群馬県	148,221円	49.64
24	福岡県	147,693円	49.42
25	鹿児島県	146,994円	49.12
26	佐賀県	146,429円	48.89
27	岡山県	145,407円	48.46
28	山梨県	144,945円	48.27
29	三重県	144,721円	48.17
30	山形県	144,556円	48.10
31	福井県	141,057円	46.64
32	宮城県	140,283円	46.31
33	島根県	137,161円	45.00
34	大分県	136,575円	44.76
35	宮崎県	135,258円	44.21
36	岩手県	132,926円	43.23
37	長崎県	131,577円	42.66
38	和歌山県	131,434円	42.60
39	福島県	129,415円	41.76
40	新潟県	129,286円	41.70
41	愛媛県	127,597円	41.00
42	北海道	127,300円	40.87
43	山口県	125,235円	40.01
44	秋田県	117,027円	36.57
45	沖縄県	115,915円	36.10
46	鳥取県	112,286円	34.58
47	青森県	85,501円	23.35
-	全国	154,812円	-

家計調査（総務省統計局）

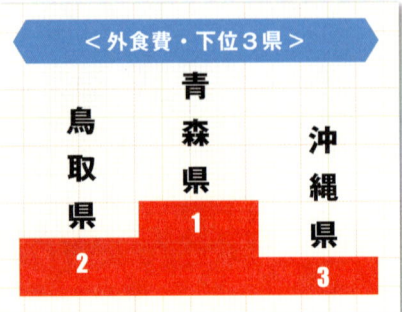

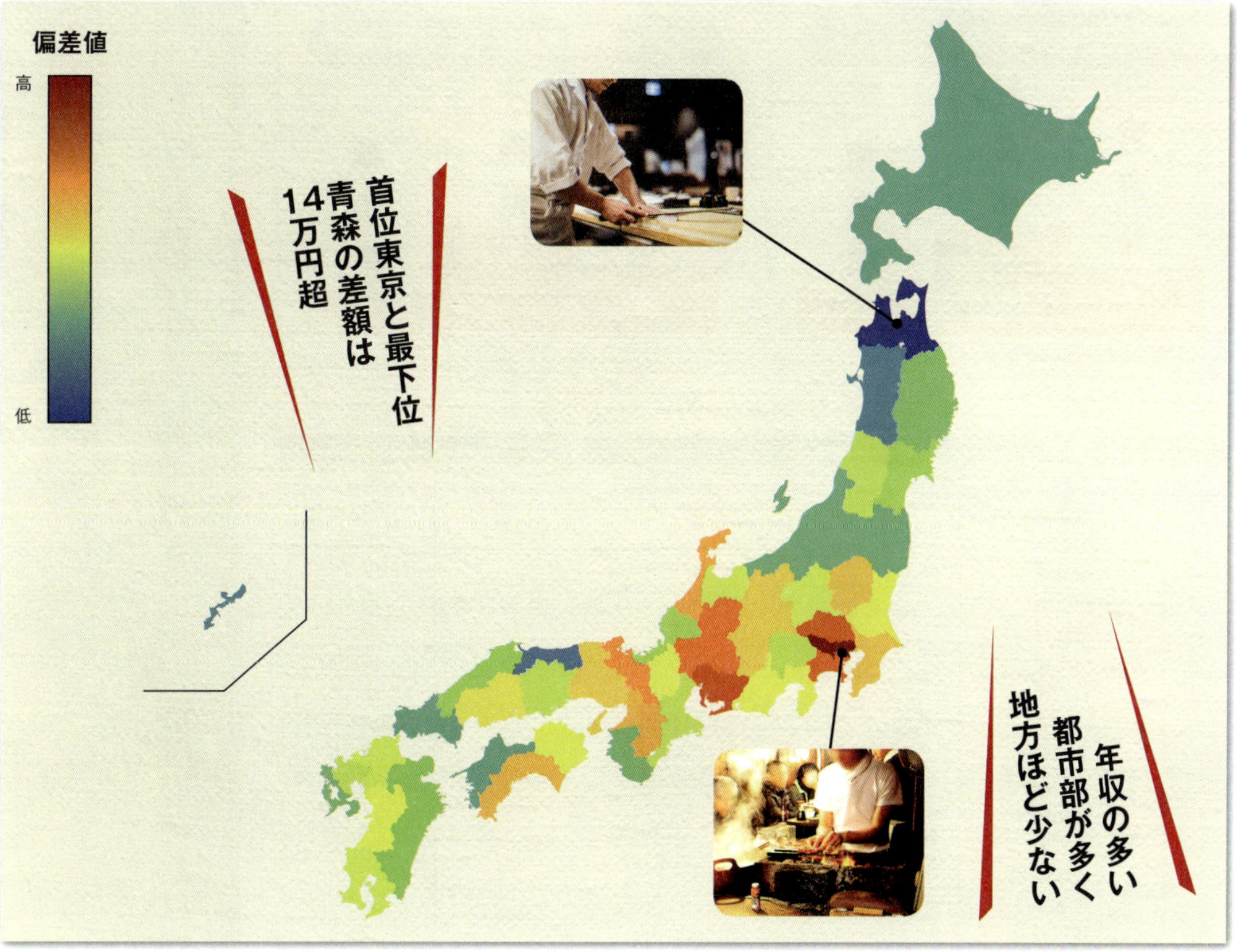
偏差値
高
低
首位東京と最下位
青森の差額は
14万円超
年収の多い
都市部が多く
地方ほど少ない

相関データ

【正の相関】

係数	項目
0.81	海外旅行者数
0.79	サラリーマン年収
0.78	教育費
0.78	携帯電話契約数
0.77	家賃
0.77	大学進学率
0.77	日経新聞販売部数
0.76	喫茶費用
0.75	衣服・靴購入費
0.75	四年制大学進学率

【負の相関】

係数	項目
-0.70	デキ婚率
-0.68	軽自動車比率
-0.68	高卒就職率
-0.67	賃貸住宅延べ床面積
-0.65	高校数
-0.64	睡眠時間
-0.63	農業就業人口
-0.63	理容室数
-0.63	スーパーマーケット店舗数
-0.62	可住地面積

東京が突出して首位

総務省の家計調査をもとに、２人以上の世帯の外食費用を比較。金額は２０１６年までの５年間の年間の平均値です。

全国平均が15万４８１２円のところ、１位は東京で23万２６１９円となりました。これは全国平均の１・５倍、２位の愛知19万２９４６円と比較しても約４万円も多い額です。３位以下は埼玉、神奈川、岐阜と続き、都市部が上位に並んでいます。

いっぽう、最少は青森の８５５０１円。首位東京との差は歴然ですが、全国平均とくらべても大きな差が生じています。下位には、鳥取、沖縄、秋田、山口と地方の県が続きます。

外食費は首都圏など都市部で多く、地方で少なくなります。またサラリーマン年収と正の相関があり、年収が多いところほど外食費は高くなります。

衣服購入費

全国平均14万6205円のところ、首位の徳島は約20万円。最下位の沖縄はその半分以下の約9万円。

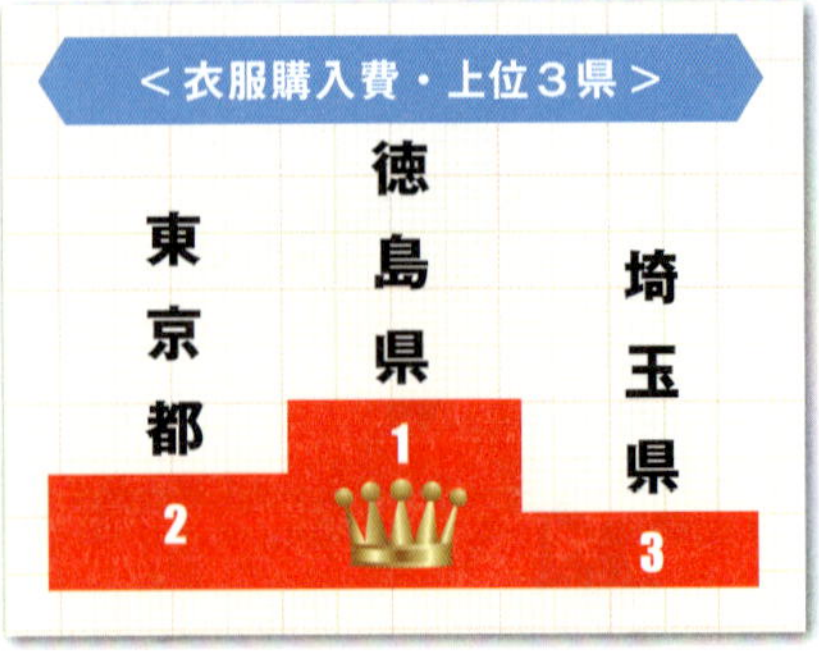

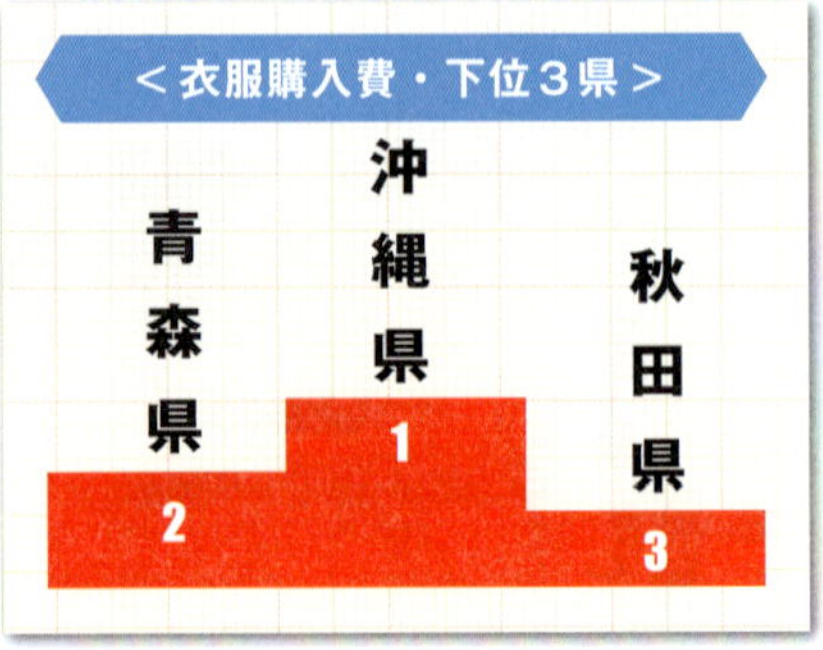

ランキング

順位	県名	データ	偏差値
1	徳島県	197,786円	76.76
2	東京都	192,550円	74.02
3	埼玉県	185,293円	70.22
4	奈良県	180,575円	67.75
5	神奈川県	164,895円	59.55
6	愛知県	164,078円	59.12
7	栃木県	158,713円	56.31
8	石川県	156,388円	55.10
9	香川県	155,710円	54.74
10	宮城県	155,520円	54.64
11	京都府	155,017円	54.38
12	福岡県	154,652円	54.19
13	滋賀県	154,643円	54.18
14	茨城県	154,374円	54.04
15	熊本県	154,291円	54.00
16	岡山県	152,932円	53.29
17	千葉県	152,880円	53.26
18	山梨県	150,710円	52.12
19	大分県	150,684円	52.11
20	群馬県	150,495円	52.01
21	静岡県	149,336円	51.41
22	富山県	148,992円	51.23
23	広島県	148,854円	51.15
24	三重県	148,316円	50.87
25	長野県	147,307円	50.34
26	大阪府	145,986円	49.65
27	鹿児島県	145,096円	49.19
28	北海道	144,671円	48.96
29	岐阜県	144,330円	48.79
30	兵庫県	144,050円	48.64
31	佐賀県	139,081円	46.04
32	山形県	139,009円	46.00
33	福島県	138,420円	45.69
34	福井県	138,008円	45.48
35	山口県	136,627円	44.76
36	岩手県	135,623円	44.23
37	愛媛県	134,709円	43.75
38	高知県	132,962円	42.84
39	和歌山県	132,927円	42.82
40	島根県	132,310円	42.50
41	長崎県	132,240円	42.46
42	鳥取県	125,697円	39.04
43	宮崎県	124,460円	38.39
44	新潟県	123,388円	37.83
45	秋田県	121,511円	36.85
46	青森県	104,316円	27.85
47	沖縄県	92,125円	21.47
-	全国	146,205円	-

家計調査（総務省統計局）

偏差値
高
低
サラリーマン年収の多い県が衣服・靴購入費の上位
衣服・靴購入費は都市部で多く沖縄や東北で少ない

相関データ

【正の相関】

係数	項目
0.75	外食費用
0.72	1世帯あたり貯蓄額
0.72	教育費
0.71	ハンドバッグ購入費
0.70	25歳以上ウォーキング・体操人口
0.69	ビデオカメラ普及率
0.68	パソコン普及率
0.67	25歳以上スポーツ人口
0.66	公務員年収
0.66	起業家数

【負の相関】

係数	項目
-0.63	飲み屋店舗数
-0.61	老人福祉・介護事業所数
-0.59	軽自動車比率
-0.58	睡眠時間
-0.57	新聞店店舗数
-0.56	ホテル客室数
-0.56	スーパーマーケット店舗数
-0.54	国公立大学生比率
-0.53	公共事業費
-0.52	自殺者数

徳島と沖縄の差は10万円

総務省の家計調査をもとに、2人以上の世帯における年間の衣服・靴購入費を比較したもの。

全国平均は14万6205円です。なお、ここには衣服や靴だけでなく、靴下や帽子、またクリーニング代なども含まれているので注意してください。

首位は徳島で19万7786円、2位は東京で19万2550円。3位以下は埼玉、奈良、神奈川と続きます。

もっとも少ないのは沖縄で9万2125円。首位の徳島とは、約10万円という大きな差が。さらに、青森、秋田、新潟、宮崎など地方の県が続きます。

この分布から、首都圏と関西圏で購入費が高い傾向にあることがわかります。また、サラリーマン年収と正の相関があり、年収の高い都市部では、衣服・靴購入費が高くなっています。

世帯貯蓄額

三大都市圏とその周辺で多い。貧困率とは負の相関があり、貯蓄額が多いところは貧困率が低い。

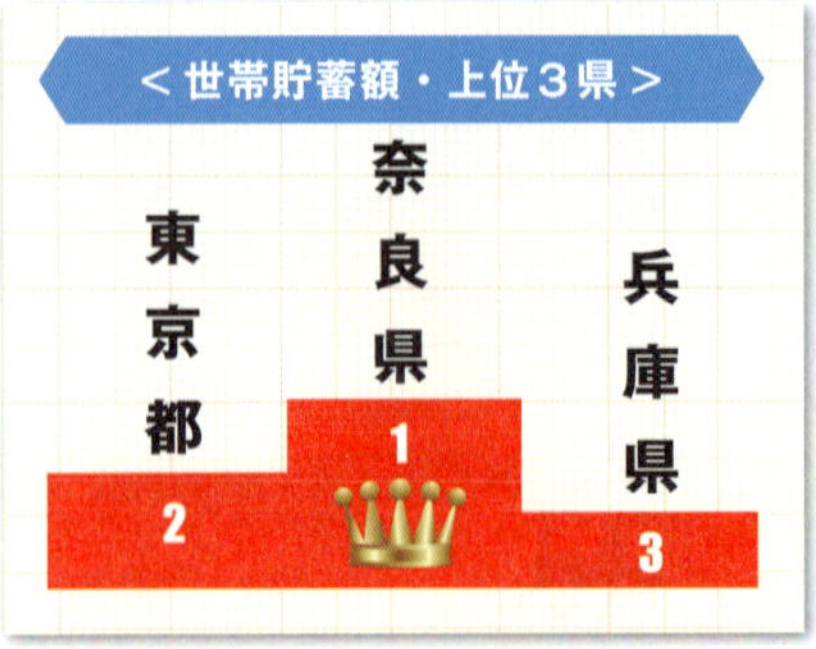

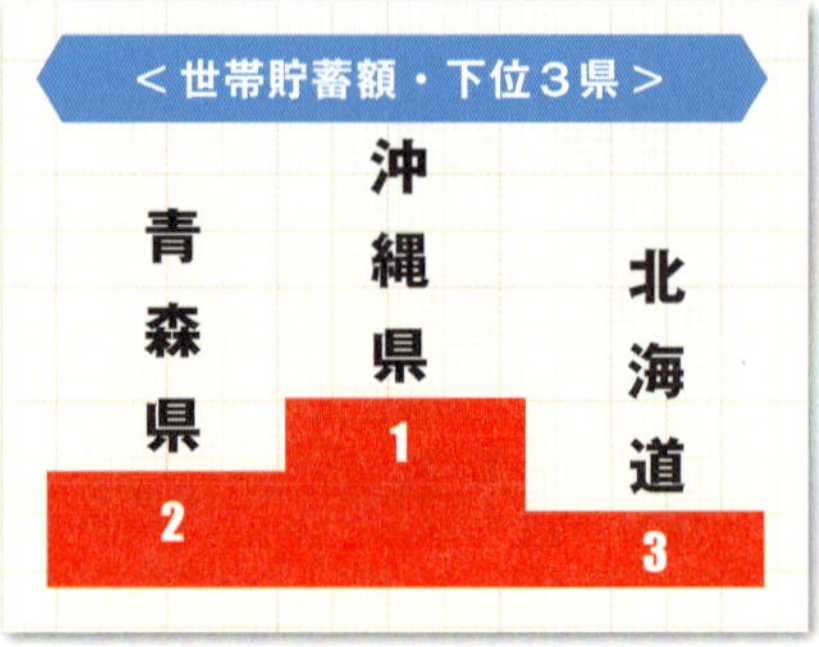

ランキング

順位	県名	データ	偏差値
1	奈良県	2,338万円	70.32
2	東京都	2,285万円	68.78
3	兵庫県	2,243万円	67.56
4	神奈川県	2,062万円	62.30
5	埼玉県	2,055万円	62.09
6	三重県	2,052万円	62.00
7	京都府	2,025万円	61.22
8	香川県	2,008万円	60.72
9	千葉県	1,975万円	59.77
10	栃木県	1,941万円	58.78
11	滋賀県	1,910万円	57.87
12	愛知県	1,895万円	57.44
13	静岡県	1,894万円	57.41
14	広島県	1,886万円	57.18
15	群馬県	1,796万円	54.56
16	岐阜県	1,783万円	54.18
17	石川県	1,780万円	54.09
18	大阪府	1,759万円	53.48
19	和歌山県	1,731万円	52.67
20	徳島県	1,730万円	52.64
21	福井県	1,683万円	51.27
22	富山県	1,649万円	50.28
23	長野県	1,632万円	49.79
24	山梨県	1,613万円	49.24
25	鳥取県	1,609万円	49.12
26	岡山県	1,590万円	48.57
27	宮城県	1,584万円	48.39
28	福岡県	1,564万円	47.81
29	新潟県	1,560万円	47.70
30	茨城県	1,550万円	47.40
31	山口県	1,529万円	46.79
32	島根県	1,503万円	46.04
33	高知県	1,443万円	44.29
34	福島県	1,441万円	44.23
35	岩手県	1,406万円	43.22
35	佐賀県	1,406万円	43.22
37	愛媛県	1,388万円	42.69
38	山形県	1,379万円	42.43
39	秋田県	1,325万円	40.86
40	鹿児島県	1,310万円	40.43
41	大分県	1,302万円	40.19
42	長崎県	1,287万円	39.76
43	熊本県	1,255万円	38.83
44	宮崎県	1,181万円	36.67
45	北海道	1,153万円	35.86
46	青森県	857万円	27.25
47	沖縄県	697万円	22.60
-	全国	1,764万円	-

家計調査（総務省統計局）

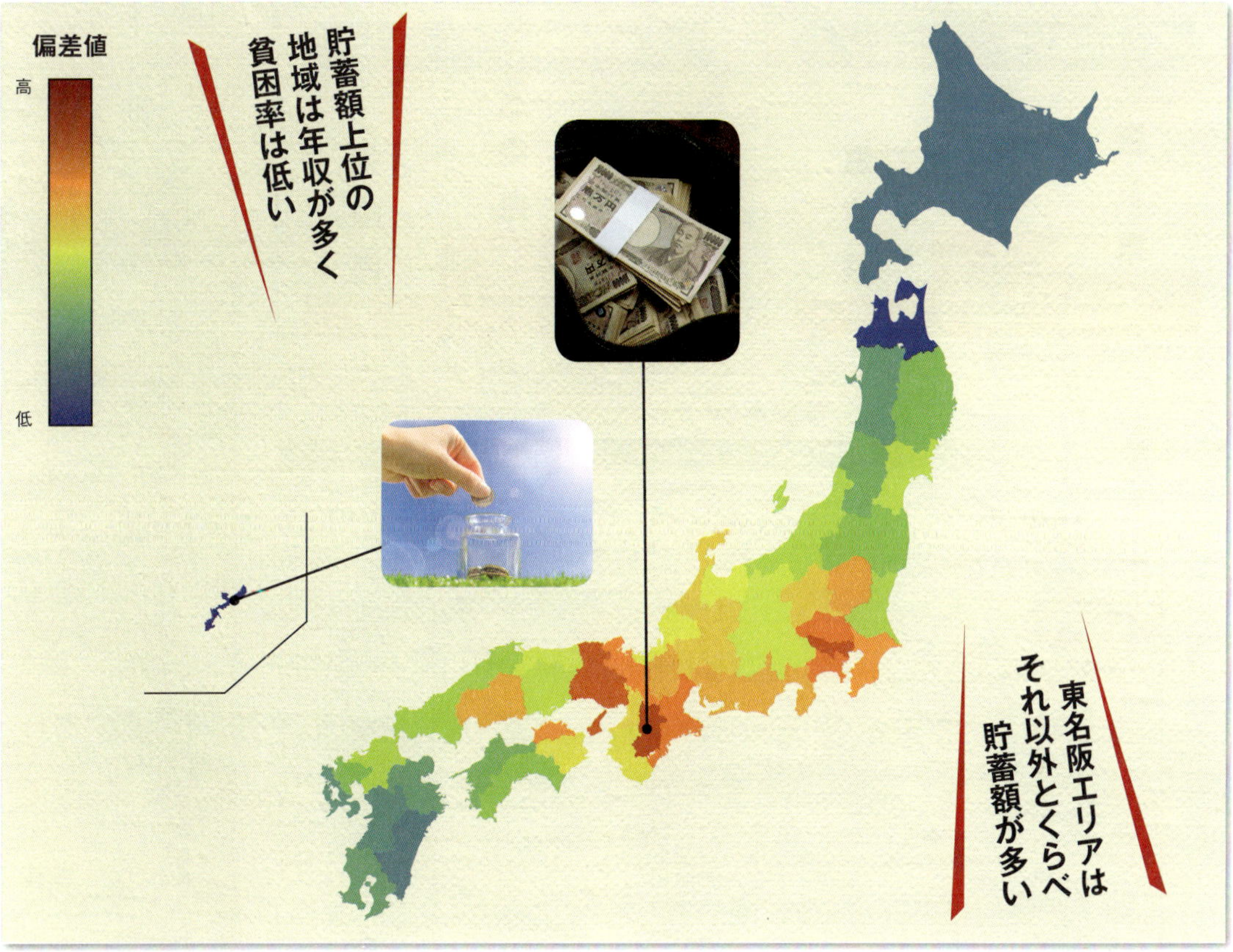
偏差値
高
低
貯蓄額上位の地域は年収が多く貧困率は低い
東名阪エリアはそれ以外とくらべ貯蓄額が多い

相関データ

【正の相関】

係数	項目
0.97	1世帯あたり純資産
0.82	大学進学率
0.81	サラリーマン年収
0.80	四年制大学進学率
0.80	日経新聞販売部数
0.78	海外旅行者数
0.77	鉄道切符代
0.76	中学生通塾率
0.75	年収1000万円以上世帯数
0.75	小学生通塾率

【負の相関】

係数	項目
-0.72	世帯の負債比率
-0.70	睡眠時間
-0.65	貧困率
-0.65	高校数
-0.64	高卒就職率
-0.64	地方交付税額
-0.63	可住地面積
-0.62	レンタルビデオ店店舗数
-0.62	精神科・心療内科医師比率
-0.62	自殺者数：男性

1位奈良は沖縄の3倍強

総務省の家計調査から割り出した、１世帯あたりの貯蓄額の平均値（２０１２年から５年間）です。全国平均は１７６４万円という結果になりました。

トップは奈良県の２３３８万円。以下は、東京、兵庫、神奈川、埼玉と続き、関西と関東の都市部が上位を占めています。

最下位は沖縄で６９７万円。これは、トップの奈良県とは３倍以上の差があります。下位には青森、北海道、宮崎、熊本と地方の県が並びました。

この分布から、貯蓄額は首都圏と関西圏、中京圏で多く、それ以外の地域は相対的に少ないことがわかります。

貯蓄額は年収と正の相関があり、貧困率と負の相関があります。貯蓄額が多い地域は収入も多く、貧困率が低いという相関関係になっています。

新聞購読費

三大都市圏で高く、また鉄道切符代や通勤時間と正の相関があり、通勤時間に新聞を読む層が想定される。

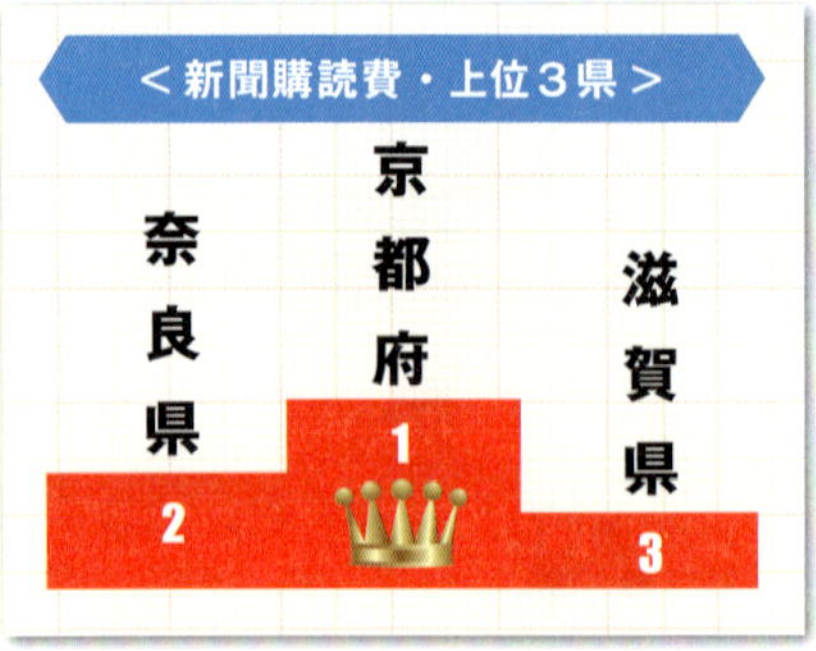

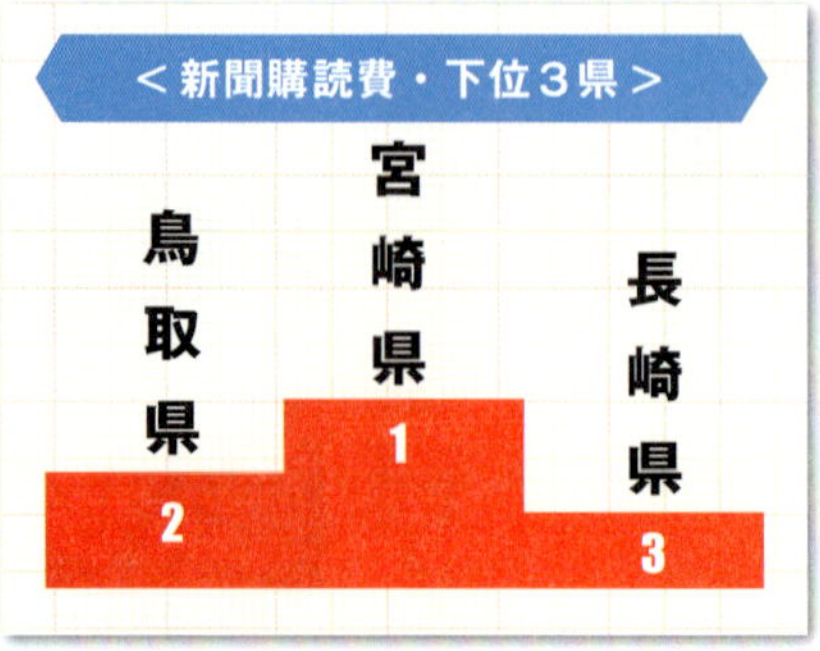

ランキング

順位	県名	データ	偏差値
1	京都府	37,482円	68.85
2	奈良県	37,084円	67.62
3	滋賀県	37,076円	67.60
4	千葉県	35,824円	63.73
5	北海道	35,493円	62.71
6	埼玉県	35,477円	62.66
7	神奈川県	34,810円	60.60
8	愛知県	34,681円	60.20
9	徳島県	34,586円	59.91
10	東京都	34,382円	59.28
11	高知県	33,801円	57.48
12	和歌山県	33,667円	57.07
13	兵庫県	33,644円	57.00
14	石川県	33,641円	56.99
15	長野県	33,418円	56.30
16	新潟県	33,344円	56.07
17	大阪府	32,944円	54.84
18	岐阜県	32,686円	54.04
19	三重県	32,313円	52.89
20	青森県	32,264円	52.74
21	静岡県	32,234円	52.64
22	富山県	31,626円	50.77
23	宮城県	31,356円	49.93
24	福島県	31,147円	49.29
25	栃木県	31,129円	49.23
26	香川県	31,076円	49.07
27	島根県	31,006円	48.85
28	秋田県	30,873円	48.44
29	山梨県	30,479円	47.22
30	群馬県	30,386円	46.94
31	広島県	30,157円	46.23
32	大分県	30,120円	46.12
33	山形県	30,046円	45.89
34	岩手県	29,872円	45.35
35	佐賀県	29,383円	43.84
36	福岡県	29,325円	43.66
37	茨城県	29,123円	43.04
38	鹿児島県	28,483円	41.06
39	山口県	28,080円	39.82
40	福井県	28,056円	39.74
41	熊本県	27,510円	38.05
42	岡山県	26,941円	36.30
43	愛媛県	26,401円	34.63
44	沖縄県	25,709円	32.49
45	長崎県	25,596円	32.14
46	鳥取県	25,087円	30.57
47	宮崎県	24,947円	30.14
-	全国	32,382円	-

家計調査（総務省統計局）

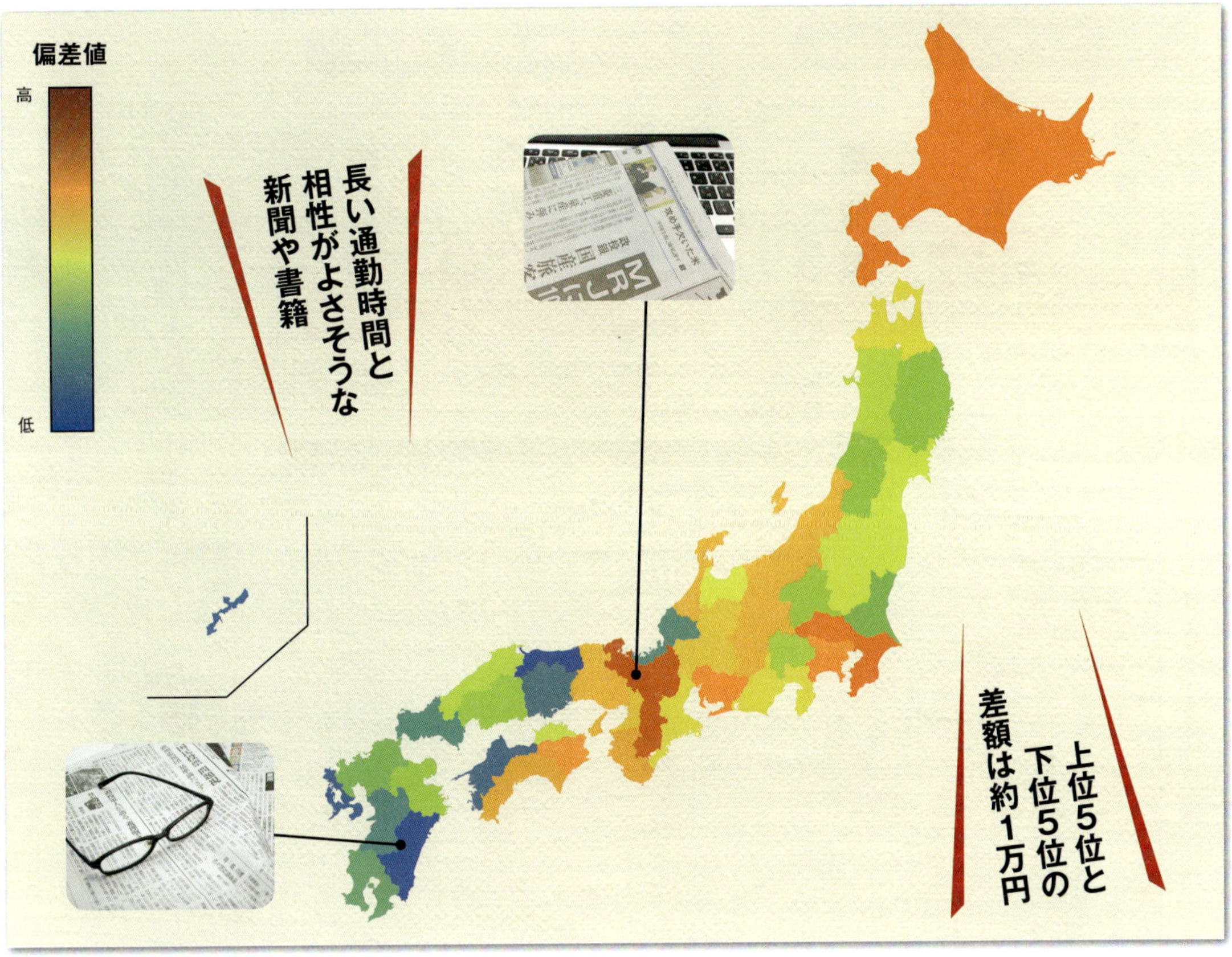
偏差値
高
低
長い通勤時間と
相性がよさそうな
新聞や書籍
上位5位と
下位5位の
差額は約1万円

相関データ

【正の相関】

係数	項目
0.67	20代男性未婚率
0.63	鉄道切符代
0.62	自転車保有台数
0.60	1世帯あたり貯蓄額
0.60	鉄道通勤・通学率
0.58	25歳以上国内旅行人口
0.58	最低賃金
0.58	インターネット利用率
0.57	四年制大学進学率
0.57	大学進学率

【負の相関】

係数	項目
-0.67	デキ婚率
-0.66	合計特殊出生率
-0.65	パチスロ台数
-0.64	中学生図書館利用率
-0.62	兄弟姉妹数
-0.56	小学生・スポーツ活動率
-0.56	軽自動車比率
-0.56	老人福祉・介護事業所数
-0.55	中学生保護者の学校行事参加率
-0.55	高卒就職率

関西圏がトップ3を独占

総務省の家計調査から導き出した新聞購読費のランキング。数値は直近5年間（2011年〜2016年）の平均値を示しています。

全国平均は年間3万2382円。そのうちもっとも高いのは京都で、平均より1・2倍多い3万7482円。2位奈良、3位滋賀と関西圏がトップ3を占め、以下、千葉、北海道、埼玉、神奈川の順となりました。

通勤時間や25歳以上読書人口と正の相関があり、通勤時間が長く読書人口が多いところで新聞購読費が高くなりました。

ここから、長い通勤時間を、新聞や本を読んで過ごすスタイルがうかがえます。

分布からは、新聞購読費が関西圏と首都圏など都市部で高く、北海道をのぞく地方では低くなっていることがわかります。

雑誌・書籍購入費

全国平均は約1万3000円で、月額に直すと1100円強。首位は長野で最下位は長崎という結果に。

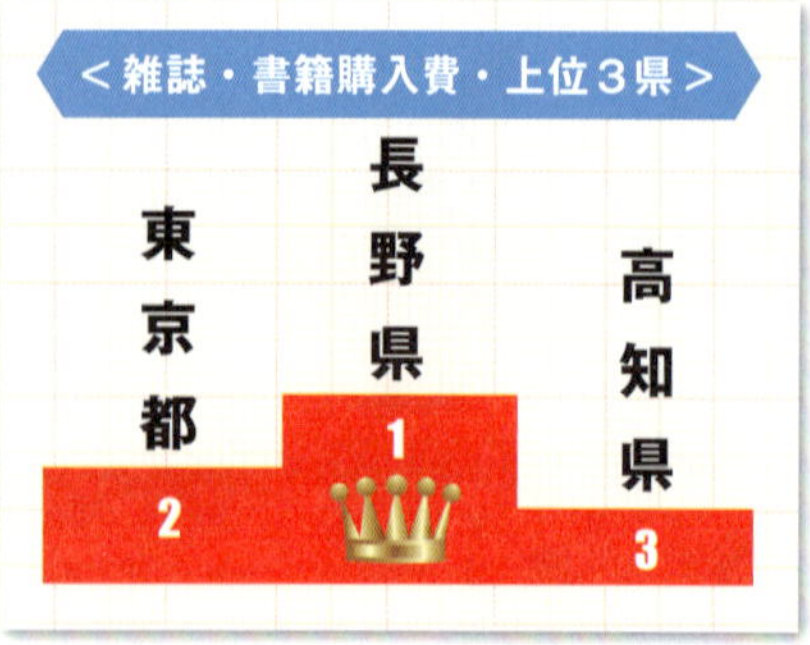

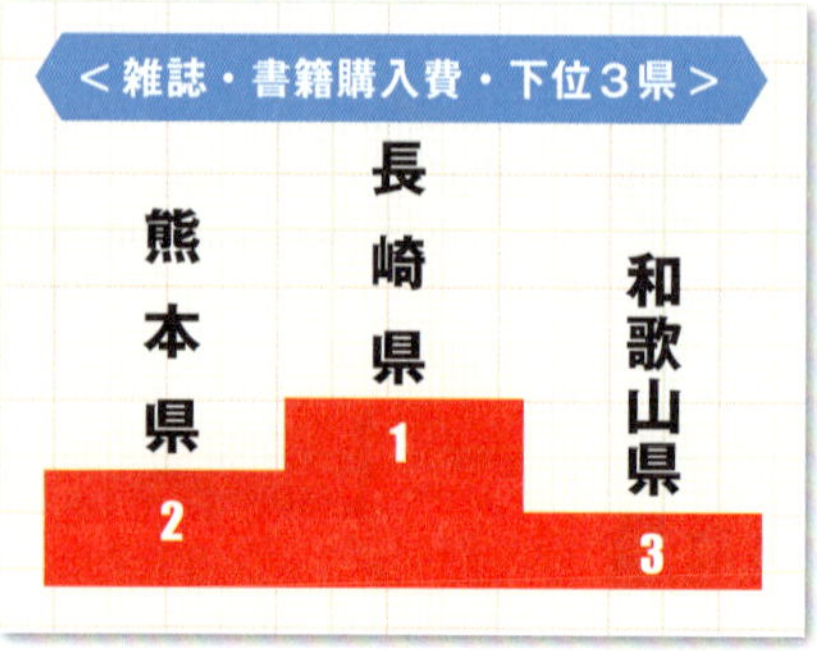

ランキング

順位	県名	データ	偏差値
1	長野県	17,760円	70.40
2	東京都	17,424円	68.69
3	高知県	17,095円	67.01
4	岩手県	16,281円	62.87
5	石川県	16,231円	62.62
6	神奈川県	16,203円	62.48
7	山口県	16,114円	62.02
8	茨城県	15,994円	61.41
9	山梨県	15,705円	59.94
10	群馬県	15,418円	58.48
11	埼玉県	15,350円	58.14
12	千葉県	15,151円	57.12
13	奈良県	15,042円	56.57
14	香川県	14,944円	56.07
15	徳島県	14,924円	55.97
16	岡山県	14,700円	54.83
17	愛知県	14,568円	54.16
18	福島県	14,554円	54.09
19	三重県	14,500円	53.81
20	島根県	14,422円	53.41
21	富山県	14,202円	52.30
22	京都府	14,104円	51.80
23	宮城県	14,065円	51.60
24	栃木県	13,973円	51.13
25	愛媛県	13,886円	50.69
26	大分県	13,432円	48.38
27	鳥取県	13,314円	47.78
28	佐賀県	13,259円	47.50
29	広島県	13,083円	46.60
30	岐阜県	12,971円	46.03
31	新潟県	12,949円	45.92
32	兵庫県	12,894円	45.64
33	北海道	12,862円	45.48
34	滋賀県	12,678円	44.54
35	鹿児島県	12,176円	41.99
36	山形県	12,173円	41.97
37	福岡県	12,013円	41.16
38	静岡県	11,810円	40.13
39	大阪府	11,743円	39.79
40	沖縄県	11,485円	38.47
41	福井県	11,297円	37.52
42	秋田県	10,854円	35.26
43	青森県	10,794円	34.96
44	宮崎県	10,757円	34.77
45	和歌山県	10,717円	34.57
46	熊本県	10,444円	33.18
47	長崎県	9,973円	30.78
-	全国	13,249円	-

家計調査（総務省統計局）

偏差値
高
低
長野と長崎の金額差は年間約7800円
関東から東北の太平洋岸で購入費が多い

相関データ

【正の相関】

係数	項目
0.57	男性初婚年齢
0.55	お菓子消費量
0.53	医療費
0.51	文房具購入量
0.51	中学生文化部参加率
0.50	衣服・靴購入費
0.49	外食費用
0.48	25歳以上読書人口
0.48	化粧品購入量
0.48	女性初婚年齢

【負の相関】

係数	項目
-0.48	小学生・スポーツ活動率
-0.47	デキ婚率
-0.44	保育園定員充足率
-0.43	男女比
-0.41	軽自動車比率
-0.40	プロ野球選手出身地
-0.40	貧困率
-0.39	高卒就職率
-0.36	飲み屋店舗数
-0.35	合計特殊出生率

長野は日本一の読書県？

総務省の家計調査をもとにした1世帯あたり雑誌・書籍購入費ランキングです。数値は2017年までの5年間の平均値となっています。

全国平均が1万3249円のところ、購入費がもっとも多いのは長野で1万7760円。僅差で2位となっているのは東京で1万7424円。以下、高知、岩手、石川の順。対して購入費が最少なのは長崎で9973円。続いて少ない順に、熊本、和歌山、宮崎、青森です。

お菓子消費量や文房具購入費と正の相関があり、書籍・雑誌購入費が多いところはお菓子や文具をたくさん購入していることがわかります。

書籍・雑誌購入費は関東から東北の太平洋岸にかけて多く、九州は全体的に少ない傾向にあることがわかります。

消費者物価

首都圏や関西では高い傾向にあり、さらに家賃などと正の相関がある。ただし愛知はさほど高くない。

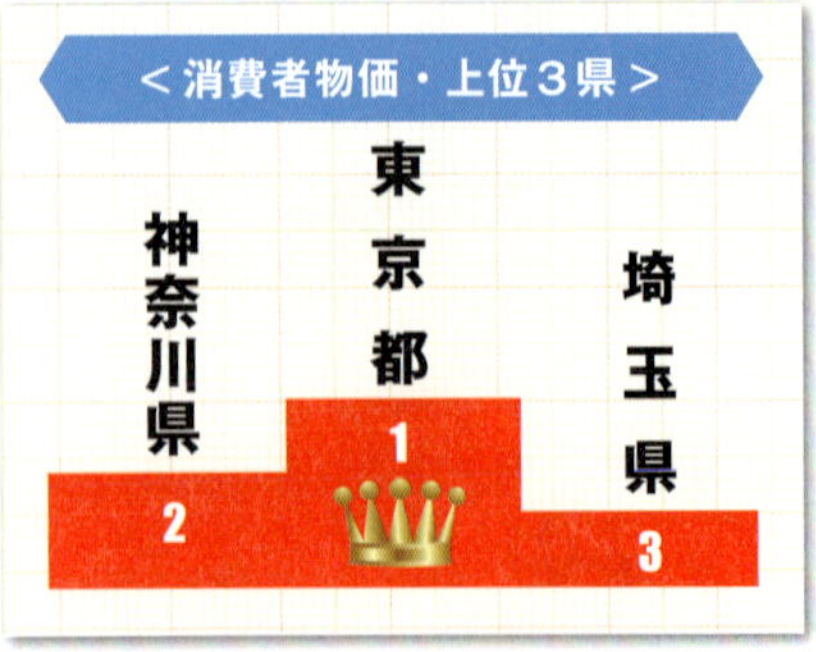

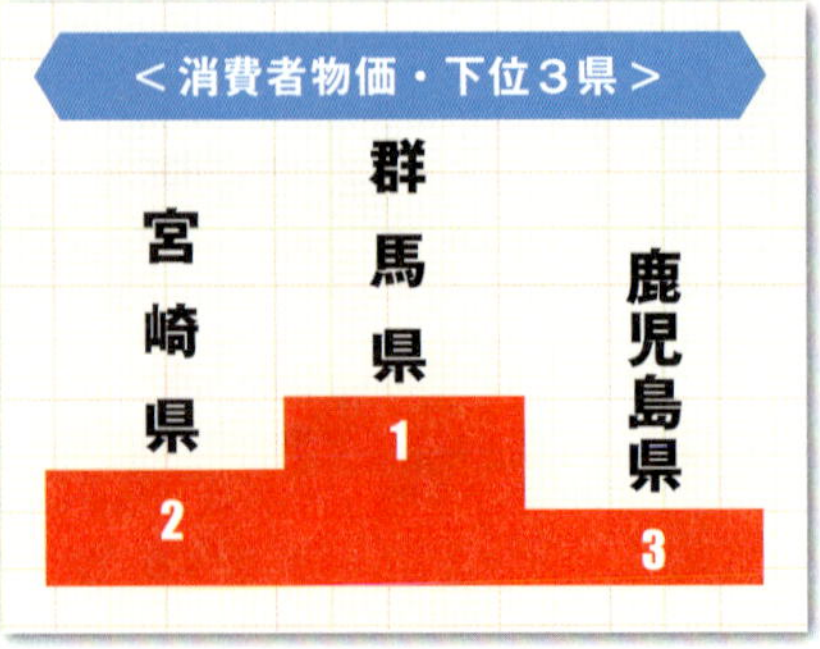

ランキング

順位	県名	データ	偏差値
1	東京都	104.4	81.58
2	神奈川県	104.3	81.01
3	埼玉県	101.5	64.98
4	兵庫県	100.8	60.97
4	京都府	100.8	60.97
6	山形県	100.7	60.39
7	石川県	100.4	58.68
8	長崎県	100.2	57.53
9	和歌山県	100.0	56.39
9	大阪府	100.0	56.39
9	千葉県	100.0	56.39
12	島根県	99.9	55.81
13	福島県	99.8	55.24
14	滋賀県	99.5	53.52
15	徳島県	99.3	52.38
15	福井県	99.3	52.38
17	高知県	99.2	51.80
17	北海道	99.2	51.80
19	山口県	99.1	51.23
19	広島県	99.1	51.23
21	新潟県	98.9	50.09
22	青森県	98.8	49.51
23	鳥取県	98.7	48.94
24	愛媛県	98.6	48.37
24	熊本県	98.6	48.37
26	香川県	98.5	47.79
26	三重県	98.5	47.79
26	岩手県	98.5	47.79
26	富山県	98.5	47.79
30	栃木県	98.4	47.22
30	宮城県	98.4	47.22
32	沖縄県	98.3	46.65
32	山梨県	98.3	46.65
34	愛知県	98.2	46.08
35	秋田県	98.1	45.50
36	岡山県	98.0	44.93
37	静岡県	97.9	44.36
38	茨城県	97.6	42.64
39	大分県	97.1	39.78
40	福岡県	97.0	39.20
41	長野県	96.9	38.63
42	岐阜県	96.8	38.06
42	佐賀県	96.8	38.06
44	奈良県	96.6	36.91
45	鹿児島県	96.1	34.05
45	宮崎県	96.1	34.05
47	群馬県	95.9	32.90
-	全国	100.0	-

小売物価統計調査（構造編）（総務省統計局）

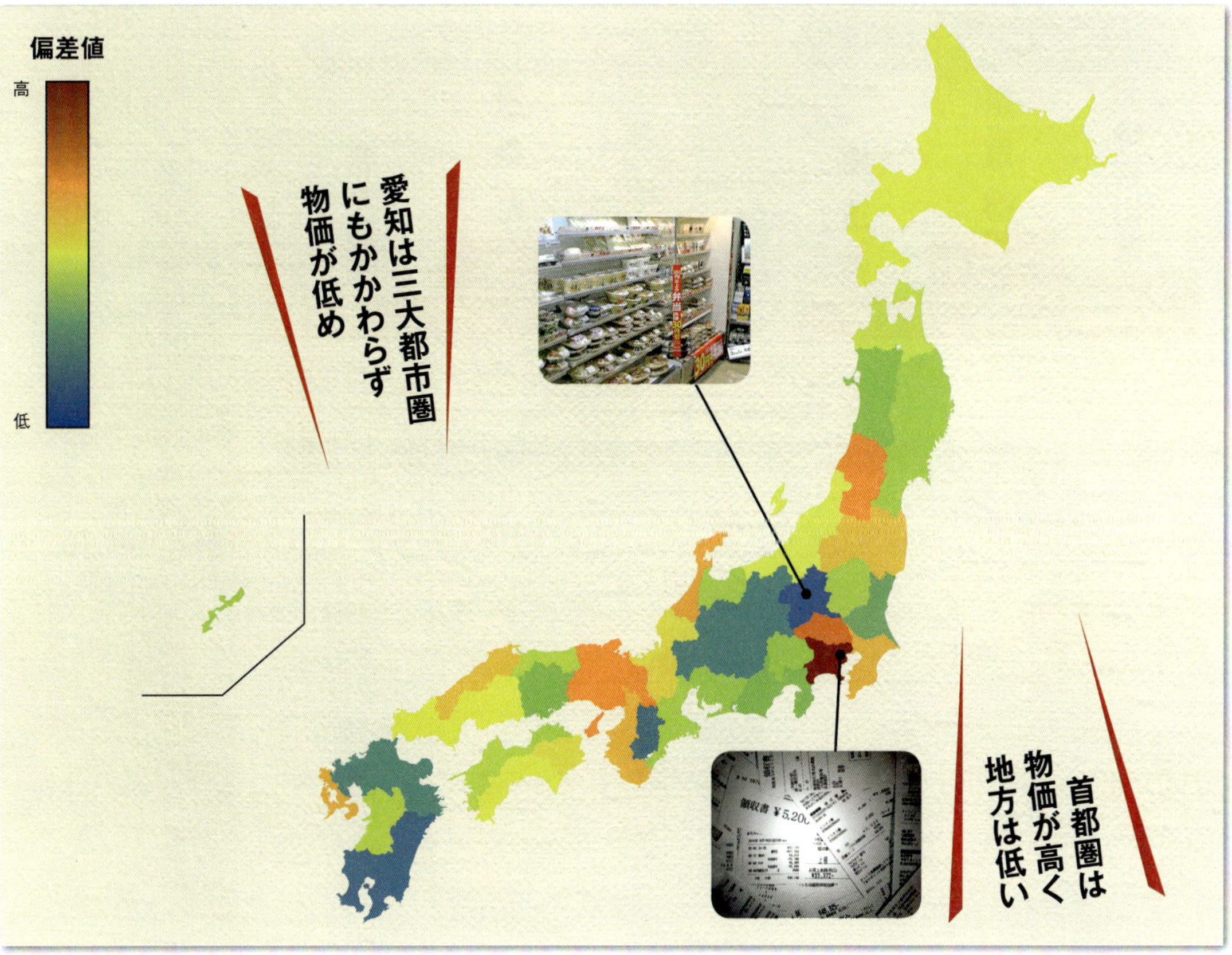
偏差値
高
低
愛知は三大都市圏にもかかわらず物価が低め
首都圏は物価が高く地方は低い

相関データ

【正の相関】

係数	項目
0.68	基準地価：住宅地
0.67	家賃
0.66	鉄道旅客輸送量
0.62	人口密度
0.62	美容室1店舗あたり美容師数
0.61	消費者物価地域差指数（食料）
0.61	公共交通機関通勤・通学率
0.60	基準地価：商業地
0.60	最低賃金
0.57	人口

【負の相関】

係数	項目
-0.67	自動車普及率
-0.61	自家用車通勤・通学率
-0.61	自動車普及率（2台以上）
-0.55	賃貸住宅延べ床面積
-0.52	ガソリンスタンド数
-0.51	中学生数
-0.49	戸建て率
-0.49	パチンコ台数
-0.48	兄弟姉妹数
-0.46	高卒求職者数

物価が高い東京と神奈川

総務省統計局小売物価統計調査（２０１６年）をもとにした、消費者物価地域差指数のランキング。

この指数は、物価の全国平均を１００としたときの各都道府県の物価の差を数値で表わしたものです。

数値がもっとも高いのは東京で１０４・４。2位は僅差で神奈川の１０４・３。この2都県は突出して高く、3位の埼玉（１０１・５）とは約3ポイントの差。さらに4位は兵庫と京都で１００・８です。

もっとも指数が低いのは群馬で95・9。首位東京とは8・4ポイントの差があります。以下、少ない順に宮崎、鹿児島、奈良、佐賀の順となりました。

基準地価や家賃、最低賃金と正の相関があり、物価が高いところは地価や家賃が高く、最低賃金も高いことがうかがえます。

家賃

全国平均は約５万３０００円。首位の東京と最下位の和歌山の差はじつに４万円となっている。

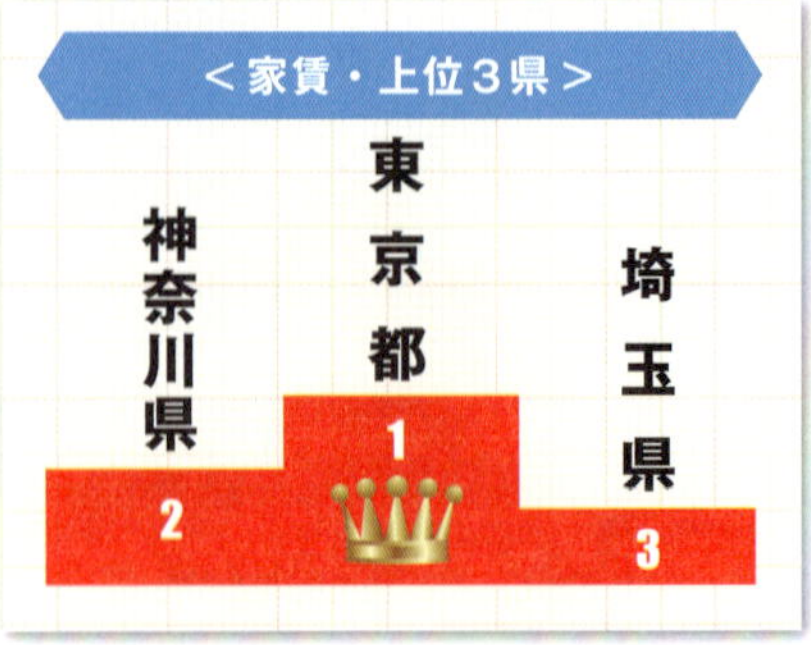

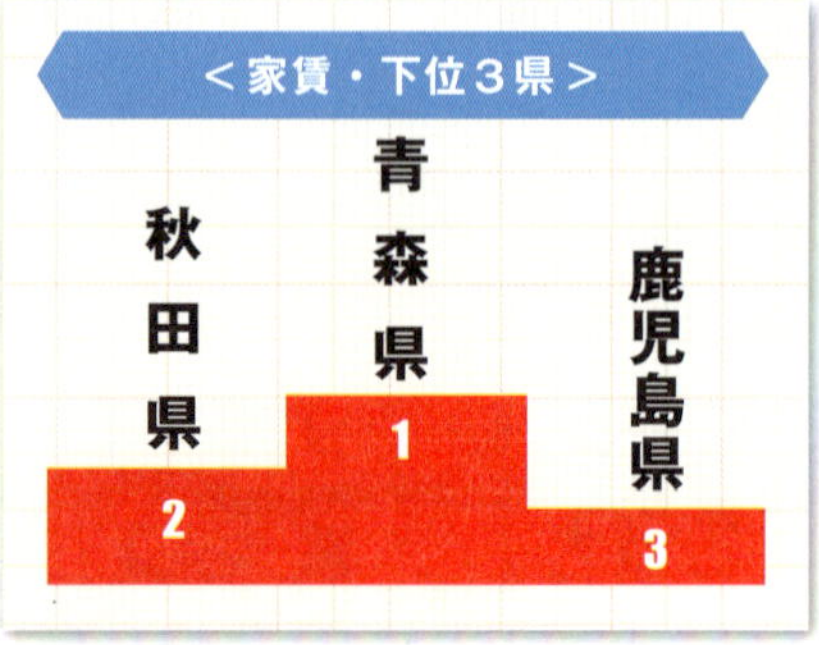

ランキング

順位	県名	データ	偏差値
1	東京都	78,552円	91.84
2	神奈川県	68,847円	79.29
3	埼玉県	59,663円	67.42
4	千葉県	57,706円	64.89
5	大阪府	54,349円	60.56
6	兵庫県	53,882円	59.95
7	京都府	53,354円	59.27
8	愛知県	51,634円	57.05
9	静岡県	51,579円	56.98
10	滋賀県	49,203円	53.91
11	宮城県	48,830円	53.42
12	広島県	48,241円	52.66
13	栃木県	47,928円	52.26
14	奈良県	47,330円	51.49
15	福岡県	47,129円	51.23
16	茨城県	46,357円	50.23
17	岡山県	45,836円	49.55
18	三重県	45,604円	49.25
19	新潟県	44,921円	48.37
20	沖縄県	44,852円	48.28
21	石川県	44,794円	48.21
22	富山県	44,749円	48.15
23	岐阜県	44,736円	48.13
24	長野県	44,682円	48.06
25	福井県	44,360円	47.65
26	香川県	44,169円	47.40
27	山形県	43,403円	46.41
28	群馬県	43,154円	46.09
29	山梨県	43,148円	46.08
30	長崎県	42,039円	44.65
31	佐賀県	41,830円	44.38
32	愛媛県	41,633円	44.12
33	福島県	41,603円	44.08
34	岩手県	41,485円	43.93
35	鳥取県	41,372円	43.79
36	熊本県	41,364円	43.77
37	和歌山県	41,206円	43.57
38	北海道	41,161円	43.51
39	徳島県	40,939円	43.23
40	大分県	40,590円	42.77
41	山口県	40,036円	42.06
42	高知県	39,451円	41.30
43	宮崎県	39,231円	41.02
44	島根県	39,045円	40.78
45	鹿児島県	38,718円	40.36
46	秋田県	38,321円	39.84
47	青森県	37,485円	38.76
-	全国	55,200円	-

住宅・土地統計調査（総務省統計局）

偏差値
高
低
家賃が高いところは賃貸住宅延べ床面積がせまい
家賃が高いのは東京周辺都市と大阪・兵庫

相関データ

【正の相関】

係数	項目
0.92	海外旅行者数
0.92	基準地価：住宅地
0.92	最低賃金
0.91	鉄道旅客輸送量
0.89	公共交通機関通勤・通学率
0.89	美容室1店舗あたり美容師数
0.87	第一子出生時年齢：男性
0.87	人口
0.86	分譲マンション率
0.86	通勤時間

【負の相関】

係数	項目
-0.84	賃貸住宅延べ床面積
-0.82	自家用車通勤・通学率
-0.81	ガソリンスタンド数
-0.77	美容室数
-0.76	高卒就職率
-0.76	スーパーマーケット店舗数
-0.76	一般廃棄物処理業事業所数
-0.74	道路延長
-0.74	戸建て率
-0.73	郵便局軒数

東京の家賃は和歌山の倍

総務省の住宅・土地統計調査を用いた平均家賃の比較。全国平均は５万５２００円となっています。

トップは東京の７万８５５２円。２位以降は、神奈川、埼玉、千葉、大阪、兵庫となっており、首都圏と関西の都市、その周辺の県が上位を占めます。

これに対し家賃がもっとも安いのは青森で３万７４８５円。首位東京の約半分で、その差は約４万円です。以下、家賃が低い順に、秋田、鹿児島、島根、宮崎と地方の県が続きます。

この結果から、家賃は都市部で高く、地方で安いこと、またその格差が著しいことがよくわかります。

家賃は住宅地地価と相関関係にあり、当然のことながら地価の高い地域ほど家賃は高くなるということです。

現役力士出身地

日本人力士は615人。首位は鹿児島だが、鹿児島出身力士の過半数は奄美群島の出身となっている。

<10万人あたり現役力士数・上位3県>

1 鹿児島県
2 高知県
3 青森県

<10万人あたり現役力士数・下位3県>

1 滋賀県
2 岡山県
3 宮城県

ランキング

順位	県名	データ	10万人あたり	偏差値
1	鹿児島県	31人	1.89人	85.21
2	高知県	12人	1.66人	79.03
3	青森県	17人	1.32人	69.64
4	島根県	8人	1.16人	65.45
5	長崎県	15人	1.10人	63.78
6	熊本県	18人	1.02人	61.57
7	秋田県	10人	0.99人	60.90
8	石川県	11人	0.96人	59.99
9	山形県	10人	0.90人	58.43
10	福島県	17人	0.89人	58.32
11	山梨県	7人	0.84人	56.95
12	佐賀県	6人	0.73人	53.77
13	香川県	7人	0.72人	53.64
14	福岡県	33人	0.65人	51.67
15	兵庫県	33人	0.60人	50.36
16	茨城県	17人	0.59人	50.01
17	三重県	10人	0.55人	49.15
18	長野県	11人	0.53人	48.45
19	愛知県	38人	0.51人	47.88
20	岐阜県	10人	0.50人	47.59
21	岩手県	6人	0.47人	47.00
22	宮崎県	5人	0.46人	46.54
23	奈良県	6人	0.44人	46.16
24	新潟県	10人	0.44人	46.03
25	大分県	5人	0.43人	45.87
26	京都府	11人	0.42人	45.62
27	和歌山県	4人	0.42人	45.54
28	群馬県	8人	0.41人	45.22
28	栃木県	8人	0.41人	45.22
30	千葉県	24人	0.39人	44.63
31	大阪府	33人	0.37人	44.33
32	愛媛県	5人	0.36人	44.06
33	東京都	49人	0.36人	43.96
34	山口県	5人	0.36人	43.93
35	鳥取県	2人	0.35人	43.71
36	沖縄県	5人	0.35人	43.61
37	埼玉県	24人	0.33人	43.12
38	静岡県	12人	0.33人	43.01
39	北海道	17人	0.32人	42.83
40	広島県	9人	0.32人	42.80
41	神奈川県	28人	0.31人	42.50
42	富山県	3人	0.28人	41.89
43	徳島県	2人	0.27人	41.45
44	福井県	2人	0.26人	41.16
45	宮城県	5人	0.22人	40.06
46	岡山県	4人	0.21人	39.90
47	滋賀県	2人	0.14人	38.09
-	全国	615人	0.49人	-

力士検索（日本相撲協会）

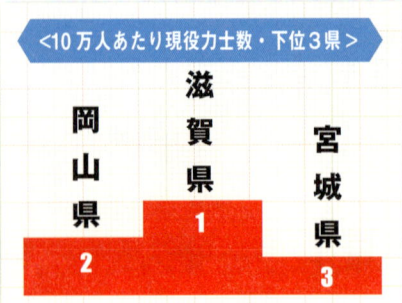

偏差値
高
低
奄美群島は全国平均の29倍もの輩出数
九州、東北強し！九州は上位15県に5県が入る

相関データ

【正の相関】

係数	項目
0.63	犬・猫保健所引き取り数
0.63	現役親方出身地
0.62	戦後幕内力士出身地
0.56	小学校数
0.53	焼酎酒造場数
0.53	睡眠時間
0.50	日帰り温泉数
0.50	酒屋店舗数
0.48	火災死亡者数
0.46	焼酎消費量

【負の相関】

係数	項目
-0.52	中学生通塾率
-0.51	25歳以上テレビゲーム人口
-0.51	25歳以上トレーニング人口
-0.50	25歳以上読書人口
-0.49	パソコン普及率
-0.48	スマートフォン普及率
-0.48	総人口増減率
-0.48	自主財源比率
-0.45	外国車普及率
-0.45	マクドナルド店舗数

奄美群島が圧倒的

日本相撲協会の力士検索より算出しています。番付外の力士は含みません。

２０１８年初場所での現役力士数は６５０人で、うち日本人は６１５人。人口10万人あたり平均０・49人となります。

もっとも多いのは鹿児島の１・89人です。鹿児島出身の31人のうち、16人が奄美出身で、奄美群島の人口10万人あたりの力士数は14・４人と、全国平均の29倍もの多さになっています。

２位の高知も割合が多く、続いて青森、島根、長崎の順となっています。

いっぽう最下位は滋賀の０・14人。岡山、宮城、福井、徳島と続きます。

九州で数値が高いなど分布が似ている、犬・猫保健所引き取り数、また焼酎消費量と正の相関があります。

現役プロ野球選手出身地

プロ野球選手は全体で825人。首位の沖縄は10万人あたり約2人を輩出。山梨県出身はわずか1人。

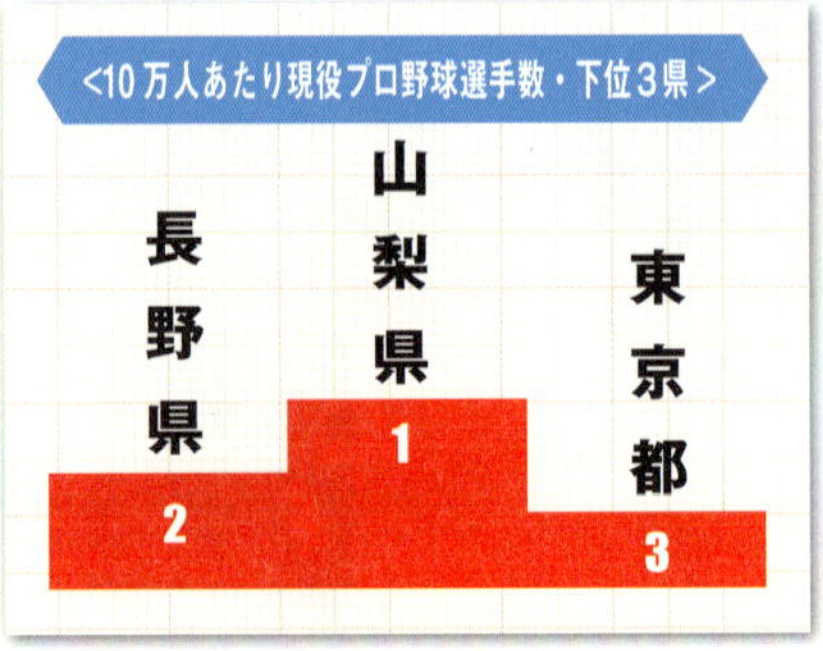

ランキング

順位	県名	データ	10万人あたり	偏差値
1	沖縄県	30人	2.09人	89.01
2	佐賀県	13人	1.57人	74.14
3	和歌山県	12人	1.26人	65.12
4	大分県	14人	1.21人	63.65
5	福井県	9人	1.15人	62.03
6	石川県	12人	1.04人	58.91
7	福岡県	49人	0.96人	56.52
8	奈良県	13人	0.96人	56.49
9	熊本県	17人	0.96人	56.46
10	徳島県	7人	0.93人	55.74
11	京都府	24人	0.92人	55.39
12	広島県	26人	0.92人	55.24
13	群馬県	18人	0.92人	55.22
14	大阪府	79人	0.89人	54.61
15	滋賀県	12人	0.85人	53.31
16	兵庫県	46人	0.83人	52.85
17	三重県	15人	0.83人	52.76
18	宮崎県	9人	0.82人	52.50
19	鹿児島県	13人	0.79人	51.72
20	長崎県	10人	0.73人	49.93
21	岡山県	14人	0.73人	49.90
22	島根県	5人	0.73人	49.73
23	山形県	8人	0.72人	49.55
24	秋田県	7人	0.69人	48.80
24	高知県	5人	0.69人	48.80
26	茨城県	20人	0.69人	48.66
27	岩手県	8人	0.63人	47.01
28	栃木県	12人	0.61人	46.40
29	宮城県	14人	0.60人	46.14
30	千葉県	36人	0.58人	45.45
31	静岡県	21人	0.57人	45.22
32	富山県	6人	0.57人	45.13
33	神奈川県	50人	0.55人	44.58
34	岐阜県	11人	0.54人	44.50
35	香川県	5人	0.51人	43.63
36	山口県	7人	0.50人	43.28
37	愛知県	37人	0.49人	43.02
38	青森県	6人	0.46人	42.19
39	愛媛県	6人	0.44人	41.38
40	北海道	23人	0.43人	41.20
41	福島県	8人	0.42人	40.94
42	埼玉県	30人	0.41人	40.68
43	新潟県	9人	0.39人	40.16
44	鳥取県	2人	0.35人	38.92
45	東京都	43人	0.32人	37.91
46	長野県	3人	0.14人	32.94
47	山梨県	1人	0.12人	32.25
-	全国	825人	0.65人	-

サンケイスポーツプロ野球選手名鑑（サンケイスポーツ）

偏差値
高
低
暖かい地域では
プロ野球選手を
多く輩出している
西日本側に多く
典型的な
西高東低型分布

相関データ

【正の相関】

係数	項目
0.60	小学生数
0.60	15歳未満人口（子供の数）
0.58	ゲームセンター店舗数
0.58	中学生数
0.57	年間熱帯夜日数
0.55	兄弟姉妹数
0.54	年間平均気温
0.50	貧困率
0.47	年間真夏日数
0.45	合計特殊出生率

【負の相関】

係数	項目
-0.58	小学生家庭内会話率
-0.53	25歳以上スキー・スノーボード人口
-0.52	中学生文化部参加率
-0.50	中華料理店店舗数
-0.50	民進党（民主党）得票率(直近10年間)
-0.47	ウイスキー消費量
-0.44	中学生読書率
-0.40	中学生部活動参加率
-0.40	NHK受信料支払率
-0.40	雑誌・書籍購入費

暖かい西の地域に集中

２０１８年のサンケイスポーツ選手名鑑から算出しました。各球団の支配下登録選手８２５人（育成選手を含む）の日本出身地を比較しています。

人口10万人あたりプロ野球選手数の全国平均は０・65人です。ダントツ1位は沖縄で、２・09人、平均の3倍以上の数字です。以下、佐賀、和歌山、大分、福井の順に並びます。

最下位は山梨の０・12人で、実数でもわずか1人でした。これに長野、東京、鳥取、新潟が続きます。

相関ランキングでは、年間熱帯夜日数、年間平均気温と正の相関があります。ここから、暖かい地域にプロ野球選手が多いことがわかります。

いっぽう、25歳以上野球人口や中学男子軟式野球部員数とは相関がありませんでした。

現役Jリーガー出身地

サッカー王国・静岡をのぞけば、地元クラブチームが地元出身選手を採用するか否かがポイント。

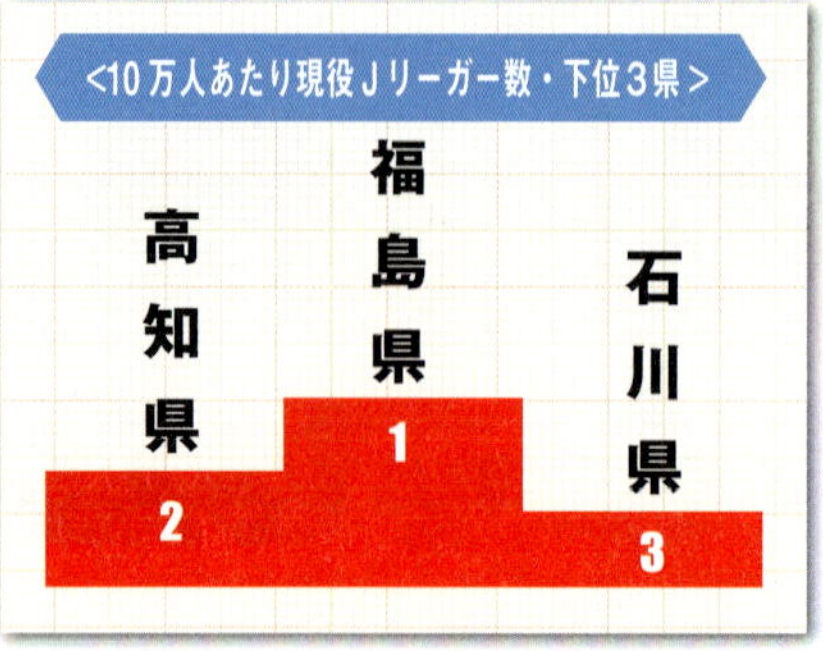

ランキング

順位	県名	データ	10万人あたり	偏差値
1	静岡県	80人	2.17人	72.62
2	鹿児島県	35人	2.14人	72.02
3	大分県	22人	1.90人	67.37
4	熊本県	32人	1.80人	65.57
5	神奈川県	151人	1.65人	62.62
6	千葉県	100人	1.60人	61.71
7	滋賀県	22人	1.56人	60.80
8	広島県	43人	1.52人	60.01
9	埼玉県	108人	1.48人	59.35
10	山梨県	12人	1.45人	58.66
11	三重県	26人	1.44人	58.50
12	奈良県	19人	1.40人	57.79
13	群馬県	27人	1.37人	57.25
14	長崎県	18人	1.32人	56.17
15	大阪府	113人	1.28人	55.44
16	徳島県	9人	1.20人	53.91
17	東京都	163人	1.20人	53.83
18	兵庫県	61人	1.11人	52.08
19	宮崎県	12人	1.10人	51.88
20	愛媛県	15人	1.09人	51.81
21	茨城県	30人	1.03人	50.69
22	栃木県	20人	1.02人	50.38
23	島根県	7人	1.01人	50.32
24	京都府	26人	1.00人	50.01
25	佐賀県	8人	0.97人	49.39
26	富山県	10人	0.94人	48.95
27	沖縄県	13人	0.90人	48.18
28	福岡県	45人	0.88人	47.77
29	山口県	12人	0.86人	47.37
30	新潟県	17人	0.74人	45.11
31	和歌山県	7人	0.73人	44.91
32	北海道	39人	0.73人	44.82
33	鳥取県	4人	0.70人	44.30
34	宮城県	16人	0.69人	44.01
35	岐阜県	13人	0.64人	43.16
36	岡山県	12人	0.63人	42.85
37	愛知県	42人	0.56人	41.54
38	岩手県	7人	0.55人	41.40
39	香川県	5人	0.51人	40.67
40	山形県	5人	0.45人	39.41
41	長野県	8人	0.38人	38.14
42	青森県	4人	0.31人	36.71
43	福井県	2人	0.26人	35.69
44	秋田県	2人	0.20人	34.57
45	石川県	2人	0.17人	34.10
46	高知県	1人	0.14人	33.43
47	福島県	2人	0.11人	32.77
-	全国	1,427人	1.12人	-

クラブ・選手名鑑（Jリーグ公式サイトより）

偏差値
高
低
雪が少なく天気がいい地域に多い
九州に多いのは地元選手積極採用の影響？

相関データ

【正の相関】

係数	項目
0.58	スポーツ活動率
0.52	年間快晴日数
0.50	25歳以上サッカー人口
0.49	核家族率
0.48	25歳以上スポーツ人口
0.45	年間日照時間
0.44	住宅用太陽光発電普及率
0.43	中学生通塾率
0.42	年間平均気温
0.42	高校県外進学率

【負の相関】

係数	項目
-0.58	年間雪日数
-0.57	日本酒消費量
-0.53	小学生新聞購読率
-0.53	年間降雪量
-0.52	睡眠時間
-0.48	日本酒酒造場数
-0.46	電気使用料
-0.46	三世代世帯人数
-0.45	住宅延べ床面積
-0.44	森林面積

地元選手の採用率がキモ

Jリーグの J1～3に所属する日本出身のサッカー選手数のランキングです。

日本出身選手は全体で1427人で、人口10万人あたり1・12人が平均です。

1位はサッカー王国として名高い静岡で、2・17人。2位はこれもサッカー王国の鹿児島県。以下、大分、熊本、神奈川となりました。

鹿児島と熊本は、地元クラブチームが、地元出身選手を積極的に採用している結果だといえるでしょう。

最下位は福井で0・13人しかいません。実数でもわずか1人という結果に。これに福島、石川、長野、鳥取が続きます。

年間快晴日数と正の相関が、年間雪日数と負の相関があり、雪が少なく天気がいい地域に多いことがわかります。

甲子園通算勝率

強豪校ひしめく大阪、神奈川、四国勢は高い。近年健闘している北海道・東北は通算成績ではまだまだ。

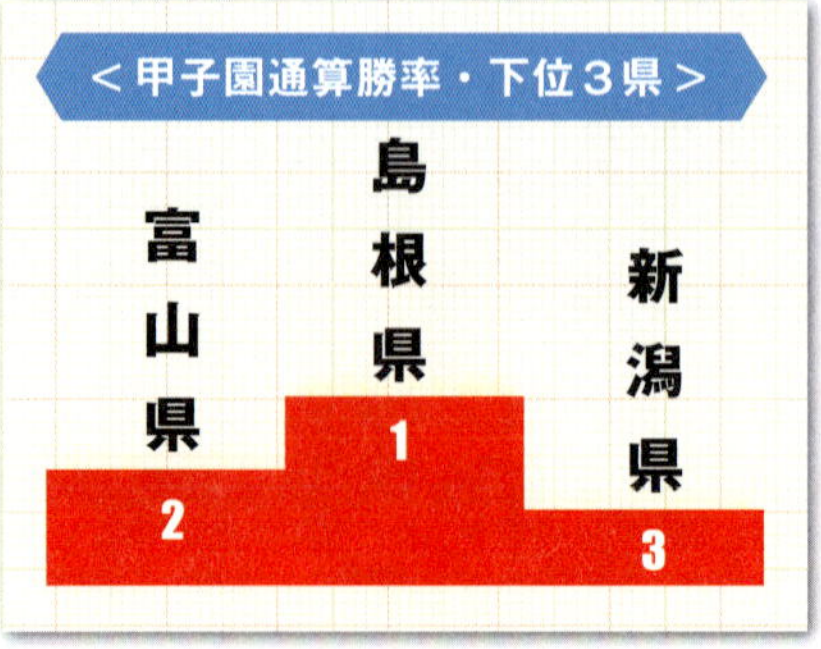

ランキング

順位	県名	データ	偏差値
1	大阪府	62.12%	66.60
2	神奈川県	62.03%	66.50
3	高知県	60.54%	64.87
4	愛媛県	60.20%	64.50
5	愛知県	59.96%	64.24
6	広島県	59.26%	63.47
7	徳島県	57.02%	61.02
8	兵庫県	56.11%	60.02
9	岐阜県	55.69%	59.56
10	千葉県	55.19%	59.01
11	埼玉県	55.12%	58.94
12	沖縄県	54.80%	58.59
13	和歌山県	54.57%	58.34
14	東京都	54.01%	57.72
15	奈良県	53.78%	57.47
16	京都府	52.97%	56.58
17	香川県	50.59%	53.98
18	栃木県	50.53%	53.91
19	熊本県	49.76%	53.07
20	宮城県	49.50%	52.78
21	静岡県	48.78%	52.00
22	群馬県	48.60%	51.80
23	岡山県	48.20%	51.36
24	福岡県	47.57%	50.67
25	鹿児島県	47.24%	50.31
26	茨城県	46.47%	49.47
27	山口県	46.35%	49.34
28	山梨県	45.71%	48.63
29	大分県	45.18%	48.05
30	宮崎県	45.03%	47.89
31	福井県	44.22%	47.00
32	青森県	43.28%	45.97
33	長崎県	42.18%	44.77
34	三重県	39.86%	42.23
35	長野県	39.52%	41.86
36	佐賀県	38.26%	40.48
37	石川県	38.06%	40.26
38	福島県	37.29%	39.41
39	鳥取県	36.77%	38.85
40	秋田県	36.24%	38.26
41	滋賀県	35.29%	37.22
42	岩手県	34.93%	36.83
43	北海道	33.72%	35.51
44	山形県	32.35%	34.01
45	新潟県	31.00%	32.53
46	富山県	30.84%	32.35
47	島根県	30.30%	31.76
-	全国	50.13%	-

asahi.com 甲子園ランキング（バーチャル高校野球のサイトより）

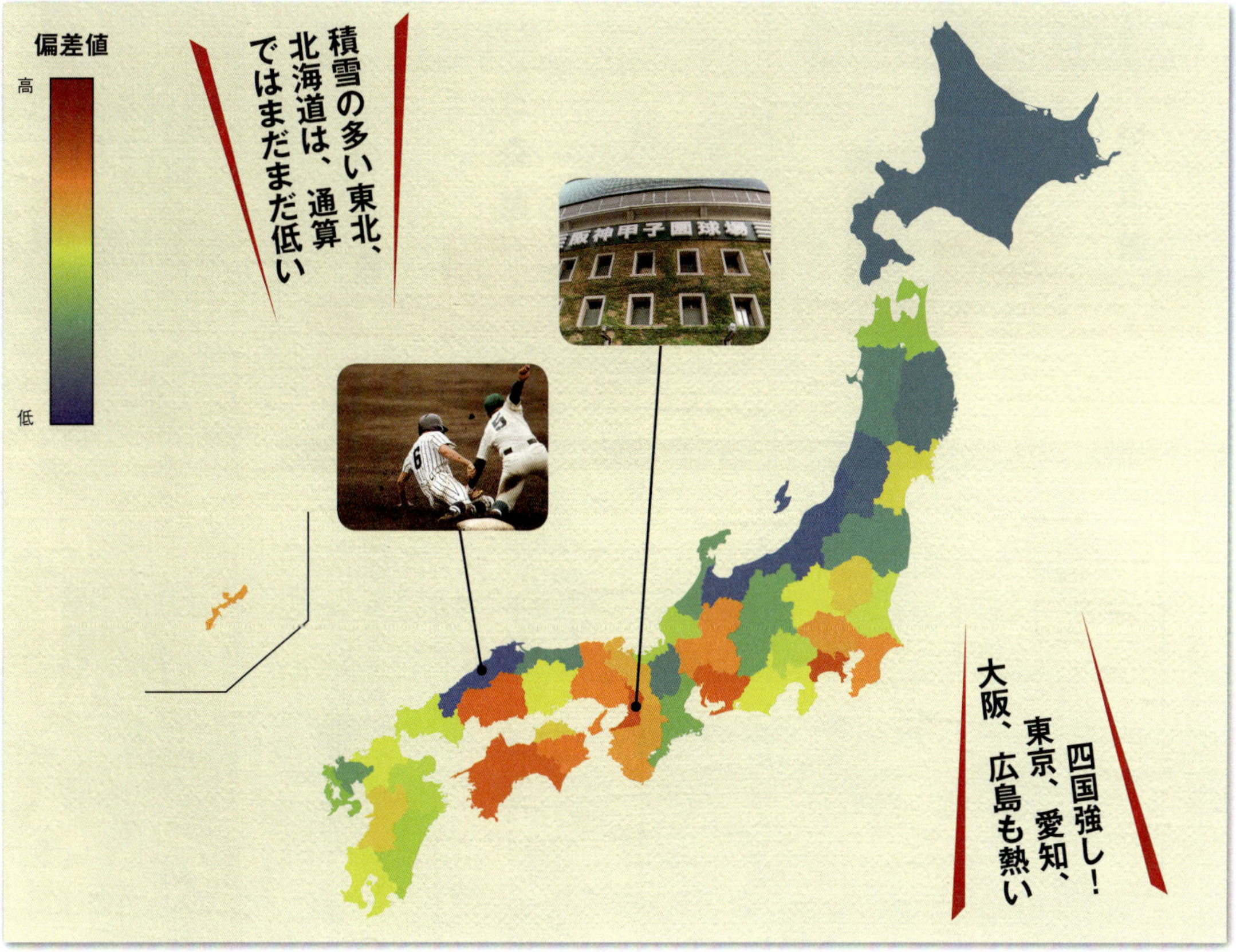
偏差値
高
低
積雪の多い東北、北海道は、通算ではまだまだ低い
阪神甲子園球場
四国強し！東京、愛知、大阪、広島も熱い

相関データ

【正の相関】

係数	項目
0.70	小学生通塾率
0.69	核家族率
0.67	年間晴れ日数
0.65	年間日照時間
0.63	中学生通塾率
0.61	学習塾・予備校費用
0.60	学習塾軒数
0.56	通勤時間
0.54	大学進学率
0.54	人口集中度

【負の相関】

係数	項目
-0.69	住宅延べ床面積
-0.68	比例代表投票率(直近10年平均)
-0.68	可住地面積
-0.68	三世代世帯人数
-0.68	中学生朝食摂取率
-0.67	共働き率
-0.66	夏の甲子園予選出場校数
-0.64	年間雪日数
-0.62	年間降雪量
-0.62	自家用車通勤・通学率

四国勢は甲子園に強い

朝日新聞より、1915年の第1回大会から2017年の選手権大会（夏の甲子園）まで、各県の勝率を算出しました。データには戦前の台湾や朝鮮、満州の参加が含まれるため、全国平均では50%ではなく50・13%となります。

1位は大阪で62・12%。これに神奈川、高知、愛媛、愛知と続きます。最下位は島根で30・30%。以下は富山、新潟、山形、北海道です。

夏の甲子園予選出場校数と負の相関があり、出場校数が少ないところは勝率が高くなります。一部の学校に野球少年が集中することで、そのチームが強くなるからでしょう。

天候面では、年間日照時間と正の相関が、年間降雪量と負の相関があり、雪が少なく天気のよいところは強いことがわかります。

25歳以上スポーツ人口

25歳以上人口100人あたり64・31人という結果に。首位は東京で、これに都市部が続く。

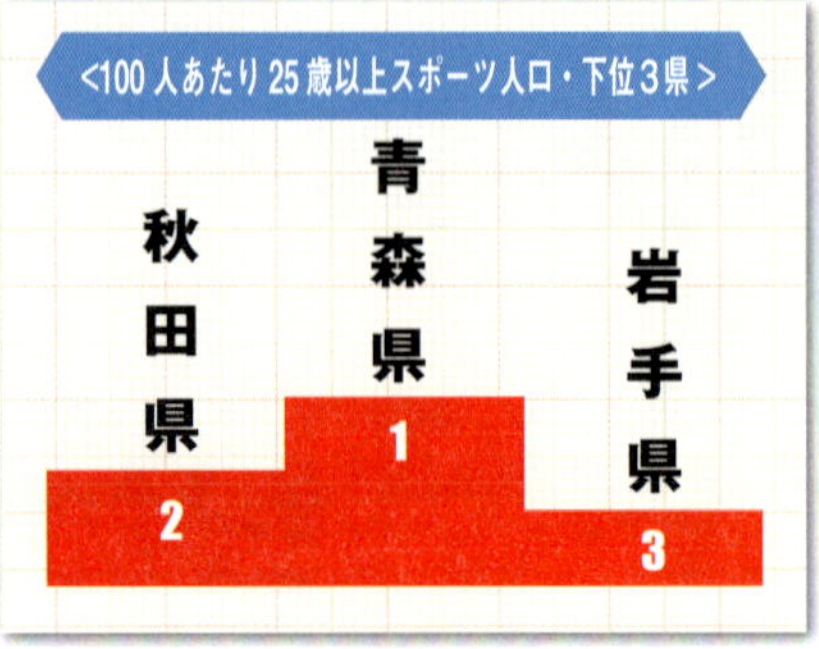

ランキング

順位	県名	データ	100人あたり	偏差値
1	東京都	778.3万人	72.66人	76.44
2	埼玉県	390.6万人	69.19人	68.08
3	神奈川県	483.7万人	68.33人	66.00
4	千葉県	331.4万人	68.04人	65.29
5	愛知県	382.1万人	66.94人	62.66
6	滋賀県	71.0万人	66.79人	62.30
7	京都府	132.7万人	66.22人	60.92
8	兵庫県	281.0万人	65.55人	59.30
9	栃木県	100.0万人	64.94人	57.83
10	奈良県	68.3万人	64.74人	57.36
11	茨城県	146.4万人	64.52人	56.83
12	静岡県	185.5万人	64.01人	55.60
13	群馬県	98.1万人	63.95人	55.46
14	長野県	105.1万人	63.89人	55.31
15	石川県	56.3万人	63.33人	53.96
16	山梨県	40.8万人	62.96人	53.08
17	岐阜県	98.4万人	62.92人	52.97
18	大阪府	429.8万人	62.75人	52.58
19	宮城県	113.2万人	62.61人	52.23
20	富山県	52.6万人	62.32人	51.54
21	鹿児島県	79.7万人	62.31人	51.52
22	三重県	87.6万人	62.17人	51.18
23	愛媛県	67.6万人	62.02人	50.81
24	広島県	136.1万人	61.98人	50.71
25	沖縄県	64.2万人	61.91人	50.54
26	岡山県	91.1万人	61.72人	50.09
27	香川県	47.0万人	61.20人	48.83
28	大分県	55.8万人	61.12人	48.64
29	熊本県	84.0万人	61.05人	48.47
30	福岡県	235.6万人	60.16人	46.34
31	山口県	66.2万人	60.02人	45.99
32	徳島県	35.9万人	59.93人	45.79
33	福井県	36.2万人	59.74人	45.31
34	北海道	253.7万人	59.26人	44.17
35	鳥取県	26.5万人	59.15人	43.90
36	宮崎県	50.5万人	59.06人	43.69
37	和歌山県	44.4万人	58.73人	42.89
38	長崎県	62.5万人	58.25人	41.73
39	福島県	87.7万人	58.08人	41.32
40	島根県	31.6万人	57.66人	40.32
41	佐賀県	36.6万人	57.64人	40.26
42	新潟県	103.3万人	56.95人	38.59
43	高知県	32.8万人	56.65人	37.88
44	山形県	49.2万人	55.47人	35.03
45	岩手県	56.2万人	55.42人	34.93
46	秋田県	45.6万人	54.81人	33.45
47	青森県	51.9万人	50.00人	21.87
-	全国	6,364.3万人	64.31人	-

社会生活基本調査（総務省統計局）

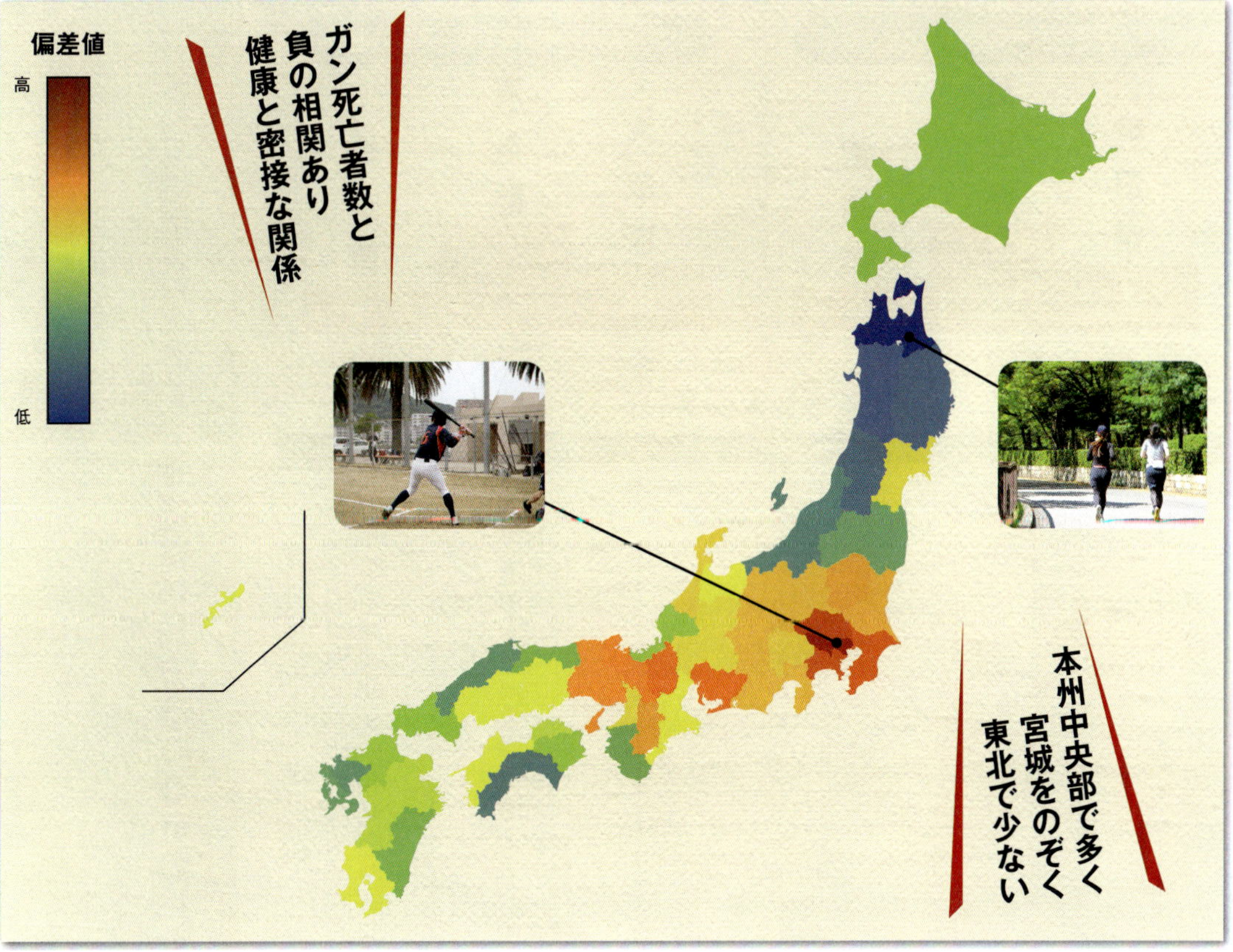
偏差値
高
低
ガン死亡者数と
負の相関あり
健康と密接な関係
本州中央部で多く
宮城をのぞく
東北で少ない

相関データ

【正の相関】

係数	項目
0.92	25歳以上ウォーキング・体操人口
0.90	25歳以上遊園地・動植物園来園人口
0.88	25歳以上水泳人口
0.85	海外旅行者数
0.85	サラリーマン年収
0.85	25歳以上海外旅行人口
0.84	25歳以上写真撮影人口
0.82	総人口増減率
0.81	インターネット利用率
0.81	25歳以上読書人口

【負の相関】

係数	項目
-0.84	睡眠時間
-0.81	地方交付税額
-0.78	高校数
-0.77	ガン死亡者数：男性
-0.77	農業就業人口
-0.76	ガン死亡者数：女性
-0.76	スーパーマーケット店舗数
-0.75	脳梗塞死亡者数
-0.74	高卒就職率
-0.74	教職員数

東京を中心に都市に多い

社会統計基本調査から算出。この1年間でスポーツをしたと答えた25歳以上の人数を比較したものです。全国の25歳以上スポーツ人口は6364万人で、25歳以上人口100あたり64・31人です。

1位は東京で72・66人。これに埼玉、神奈川、千葉、愛知が続きます。最下位は青森で50人。さらに秋田、岩手県、山形、高知の順です。

人口増減率と正の相関があることから、都市部にスポーツ人口が多いといえそうです。他の相関ランキングを見ても、25歳以上遊園地・動植物園来園人口や海外旅行者数と正の相関があるなど、アクティブに動く人が多いところでスポーツ人口も多いようです。

さらにスポーツ人口が多いところは、がんが少なく健康といえそうです。

体育館数

学校施設をのぞくと、全国には約９０００軒の体育館がある。とくに日本海側と南日本に多い。

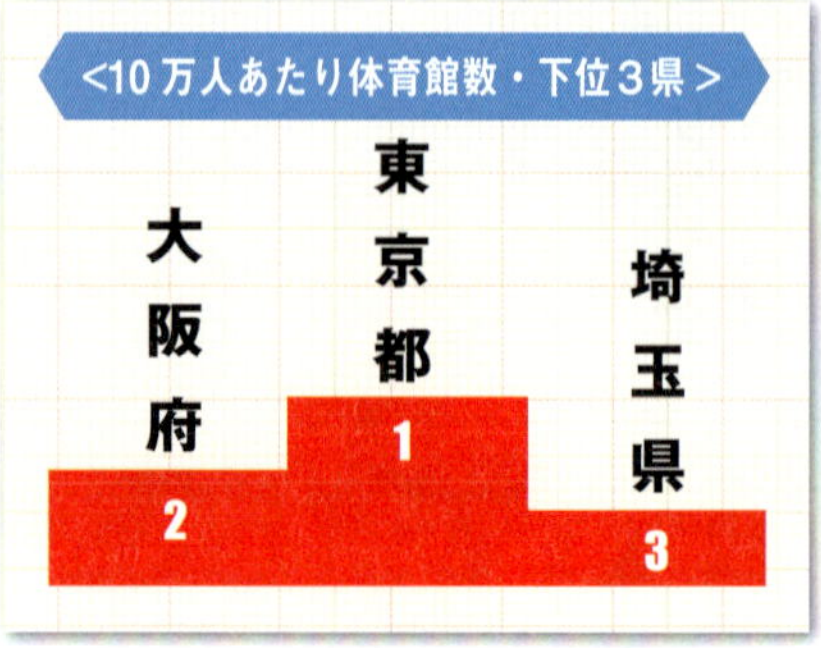

ランキング

順位	県名	データ	10万人あたり	偏差値
1	鳥取県	167軒	29.11軒	80.96
2	秋田県	238軒	23.27軒	71.05
3	宮崎県	224軒	20.28軒	65.99
4	岩手県	253軒	19.77軒	65.12
5	島根県	134軒	19.30軒	64.33
6	熊本県	330軒	18.47軒	62.92
7	山梨県	151軒	18.08軒	62.26
8	福島県	321軒	16.78軒	60.05
9	長野県	331軒	15.76軒	58.33
10	富山県	163軒	15.28軒	57.51
11	徳島県	113軒	14.95軒	56.95
12	福井県	111軒	14.10軒	55.52
13	石川県	162軒	14.03軒	55.40
14	新潟県	316軒	13.71軒	54.85
15	愛媛県	184軒	13.28軒	54.12
16	高知県	94軒	12.90軒	53.49
17	長崎県	170軒	12.34軒	52.53
18	山形県	136軒	12.11軒	52.14
19	岐阜県	233軒	11.46軒	51.05
20	鹿児島県	187軒	11.34軒	50.84
21	佐賀県	94軒	11.28軒	50.74
22	奈良県	151軒	11.06軒	50.37
23	大分県	124軒	10.63軒	49.63
24	青森県	133軒	10.16軒	48.84
25	北海道	536軒	9.96軒	48.49
26	和歌山県	95軒	9.86軒	48.32
27	山口県	137軒	9.75軒	48.14
28	香川県	91軒	9.32軒	47.41
29	栃木県	182軒	9.22軒	47.24
30	宮城県	197軒	8.44軒	45.92
31	群馬県	159軒	8.06軒	45.27
32	広島県	210軒	7.38軒	44.13
33	滋賀県	100軒	7.08軒	43.61
34	岡山県	126軒	6.56軒	42.73
35	茨城県	176軒	6.03軒	41.84
36	三重県	106軒	5.84軒	41.51
37	福岡県	276軒	5.41軒	40.79
38	兵庫県	290軒	5.24軒	40.50
39	沖縄県	68軒	4.74軒	39.66
40	静岡県	174軒	4.70軒	39.59
41	京都府	118軒	4.52軒	39.28
42	愛知県	266軒	3.55軒	37.64
43	千葉県	203軒	3.26軒	37.15
44	神奈川県	296軒	3.24軒	37.12
45	埼玉県	233軒	3.21軒	37.06
46	大阪府	244軒	2.76軒	36.30
47	東京都	294軒	2.18軒	35.31
-	全国	9,097軒	7.16軒	-

体育・スポーツ施設現況調査（文部科学省）

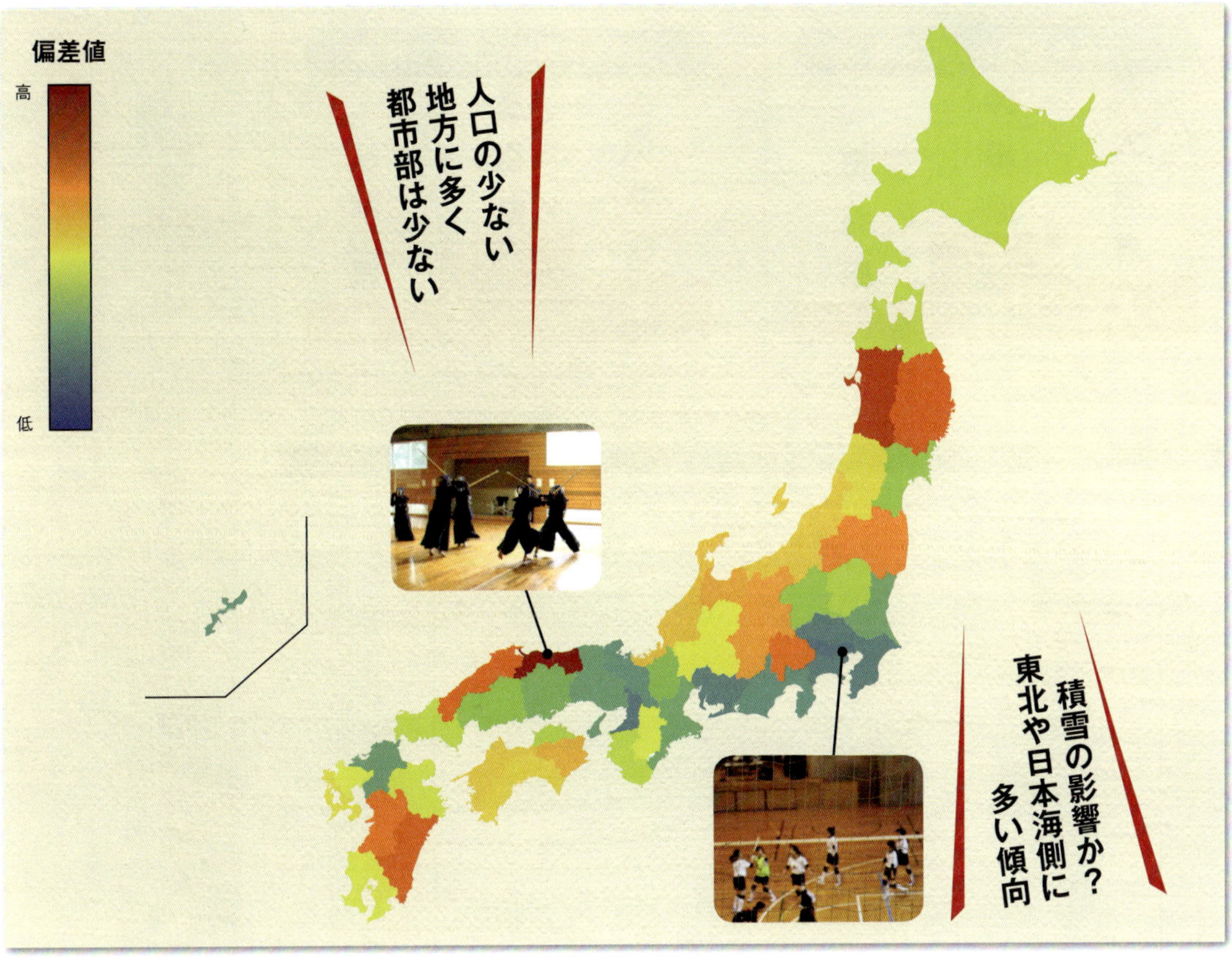
偏差値
高
低
人口の少ない
地方に多く
都市部は少ない
積雪の影響か？
東北や日本海側に
多い傾向

相関データ

【正の相関】

係数	項目
0.80	地方交付税額
0.79	郵便局軒数
0.78	農業就業人口
0.76	地方公務員数
0.75	共働き率
0.75	河川延長
0.74	道路延長
0.72	ホームセンター店舗数
0.69	森林面積
0.68	スーパーマーケット店舗数

【負の相関】

係数	項目
-0.71	25歳以上映画鑑賞人口
-0.71	総人口増減率
-0.70	人口集中度
-0.70	生産年齢人口
-0.68	最低賃金
-0.67	通勤時間
-0.67	サラリーマン年収
-0.66	インターネット利用率
-0.65	刑法犯認知件数
-0.65	家賃

日本海側の積雪地帯で多い

文部科学省の体育・スポーツ施設現況調査から算出。学校施設は含まず、公共と民間の体育館数を比較しました。

全国の体育館数は９０９７軒で、人口10万人あたり平均７・16軒。1位は鳥取の29・11軒で、２位は秋田、そして宮崎、岩手、島根。

最下位は東京で２・18軒。さらに大阪、埼玉、神奈川、千葉と都市部が並びます。

全体に日本海側に多いのは、雪に閉ざされる冬の間のスポーツ施設として利用されているからかもしれません。

相関ランキングでは、地方交付税額、地方公務員数と正の相関に、人口増減率、人口集中度と負の相関にあります。ここから地方交付税や公務員の多いところに体育館が多く、都市部には少ないことがわかります。

完全失業率

全国平均は３・１%。もっとも高いのは沖縄で、もっとも低いのは島根。山陰や北陸では少ない傾向に。

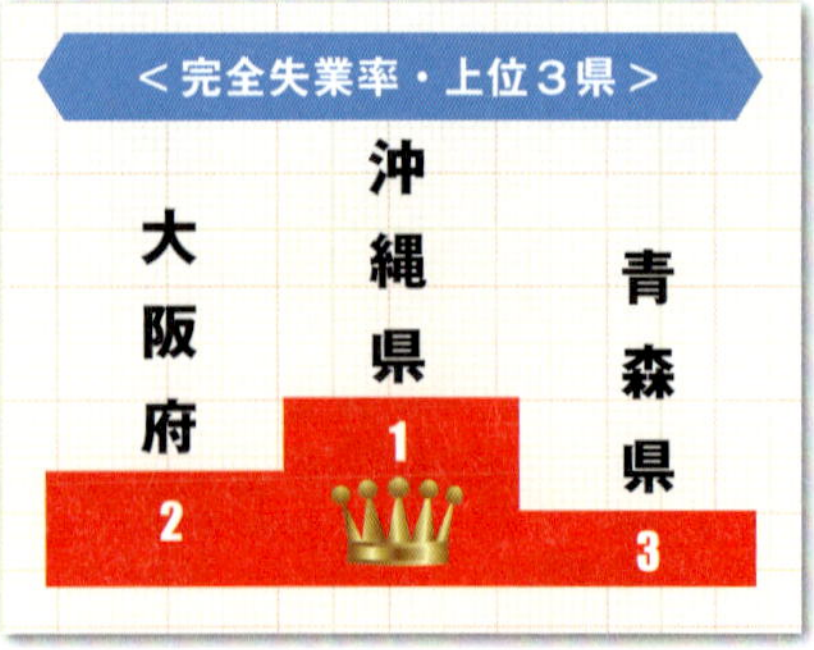

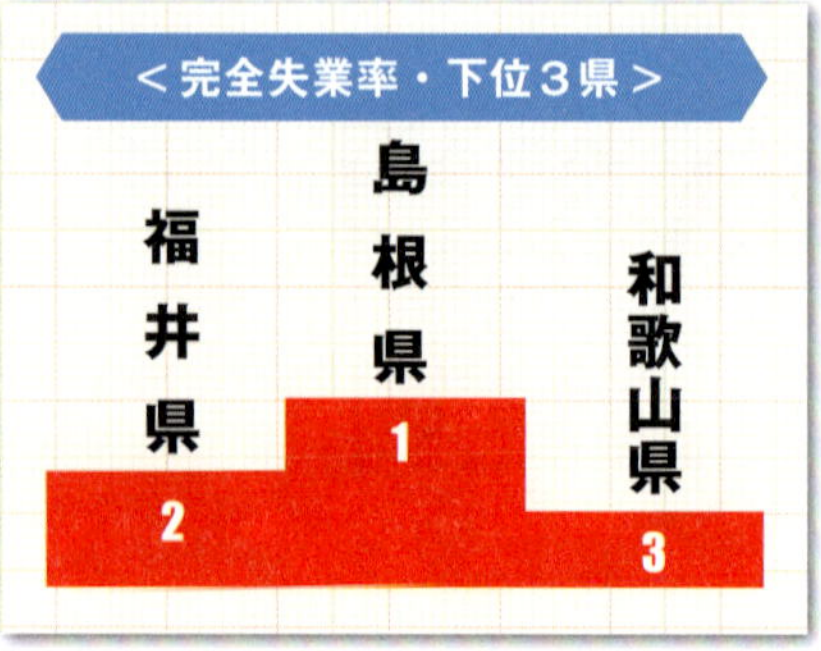

ランキング

順位	県名	データ	偏差値
1	沖縄県	4.4%	79.39
2	大阪府	4.0%	72.15
2	青森県	4.0%	72.15
4	北海道	3.6%	64.90
5	福岡県	3.5%	63.09
6	兵庫県	3.4%	61.28
7	高知県	3.3%	59.47
8	東京都	3.2%	57.66
8	奈良県	3.2%	57.66
8	秋田県	3.2%	57.66
8	熊本県	3.2%	57.66
8	宮城県	3.2%	57.66
13	京都府	3.1%	55.85
13	埼玉県	3.1%	55.85
13	神奈川県	3.1%	55.85
16	茨城県	2.9%	52.23
16	千葉県	2.9%	52.23
18	新潟県	2.8%	50.42
18	鹿児島県	2.8%	50.42
18	長崎県	2.8%	50.42
21	広島県	2.7%	48.61
21	栃木県	2.7%	48.61
21	徳島県	2.7%	48.61
21	岡山県	2.7%	48.61
25	福島県	2.6%	46.80
25	愛媛県	2.6%	46.80
25	香川県	2.6%	46.80
25	大分県	2.6%	46.80
25	山梨県	2.6%	46.80
30	静岡県	2.5%	44.99
30	群馬県	2.5%	44.99
30	滋賀県	2.5%	44.99
30	長野県	2.5%	44.99
34	愛知県	2.4%	43.18
34	岩手県	2.4%	43.18
34	鳥取県	2.4%	43.18
34	岐阜県	2.4%	43.18
34	山口県	2.4%	43.18
34	山形県	2.4%	43.18
40	石川県	2.3%	41.37
40	富山県	2.3%	41.37
40	宮崎県	2.3%	41.37
43	佐賀県	2.1%	37.75
44	三重県	2.0%	35.94
44	和歌山県	2.0%	35.94
46	福井県	1.9%	34.13
47	島根県	1.7%	30.51
-	全国	3.1%	-

労働力調査（総務省統計局）

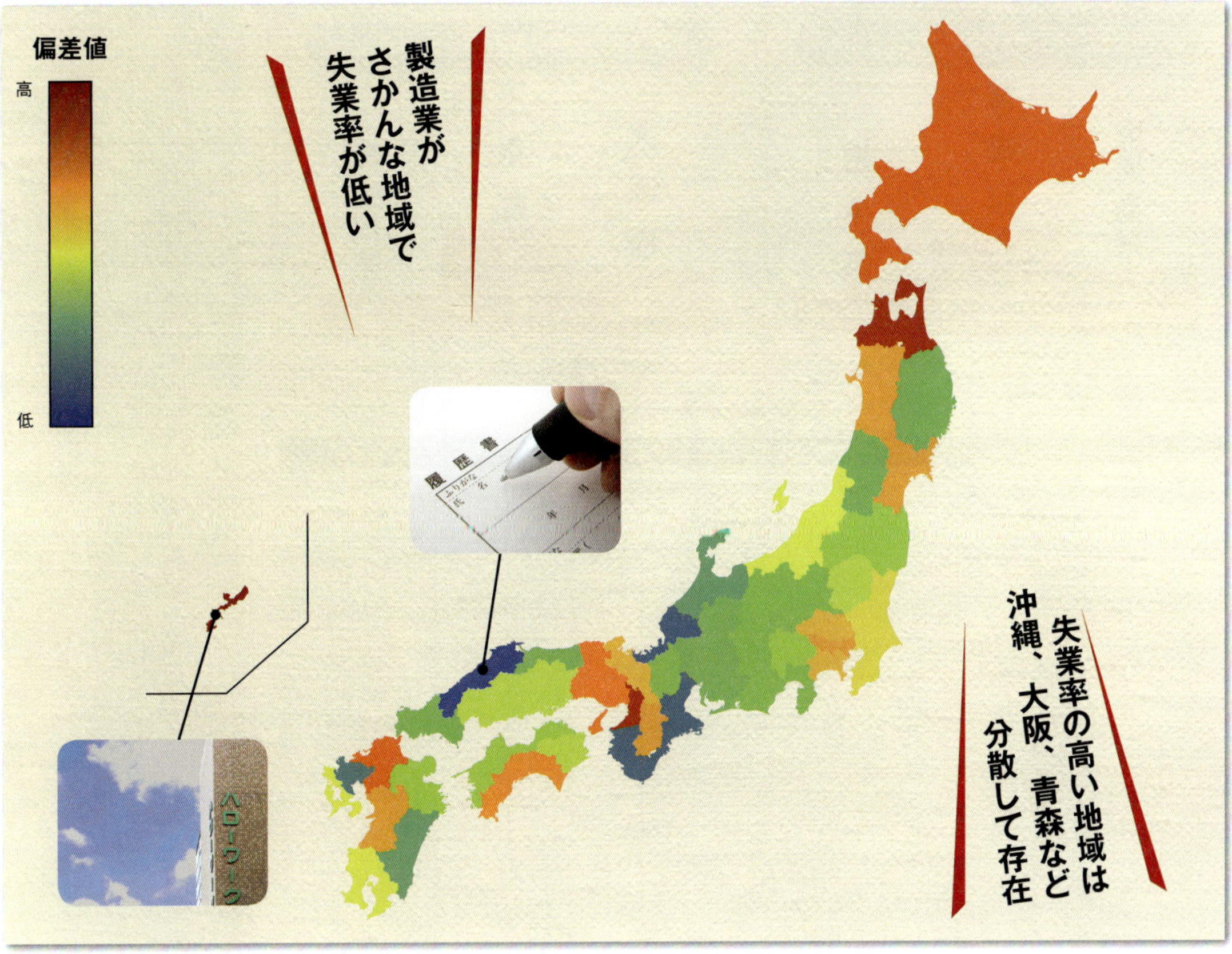
偏差値
高
低
製造業がさかんな地域で失業率が低い
失業率の高い地域は沖縄、大阪、青森など分散して存在
ハローワーク

相関データ

【正の相関】

係数	項目
0.80	高齢者の生活保護受給者数
0.76	生活保護受給世帯数
0.74	生活保護受給者
0.68	子どもの生活保護受給者数
0.63	子育て世帯の相対的貧困率
0.62	離婚件数
0.59	非正規雇用率
0.58	人口集中度
0.58	50代ひとり暮らし
0.58	センター試験浪人率

【負の相関】

係数	項目
-0.66	夫婦数
-0.65	第二次産業従業者数
-0.63	製造業従業者数
-0.63	NHK受信料支払率
-0.62	自動車普及率（2台以上）
-0.61	持ち家率
-0.61	共働き率
-0.60	高校生就職内定率
-0.60	戸建て率
-0.60	派遣切り

完全失業率1位は沖縄

総務省の労働力調査（２０１６年）を出典とする完全実業率のランキングです。

全国平均３・１％に対し、失業率がもっとも高いのは沖縄で４・４％。２位は大阪と青森がともに４％で並び、北海道、福岡と続きます。

逆にもっとも低いのは島根で１・７％。続いて、福井、和歌山、三重、佐賀の順となりました。

完全失業率は沖縄・九州、関西、北海道などで高く、山陰や北陸では低い傾向にあります。

また、失業率は製造業従業者数と負の相関関係にあり、製造業がさかんな地域は失業率が少なくなっています。

さらに生活保護受給者と正の相関が高く、失業率が高いところは、生活保護を受ける人が多いことがはっきりとわかります。

第一次産業従業者数

全国平均は人口1000人あたり4・68人。最多の宮崎は全国平均の約4倍の多さをほこる。

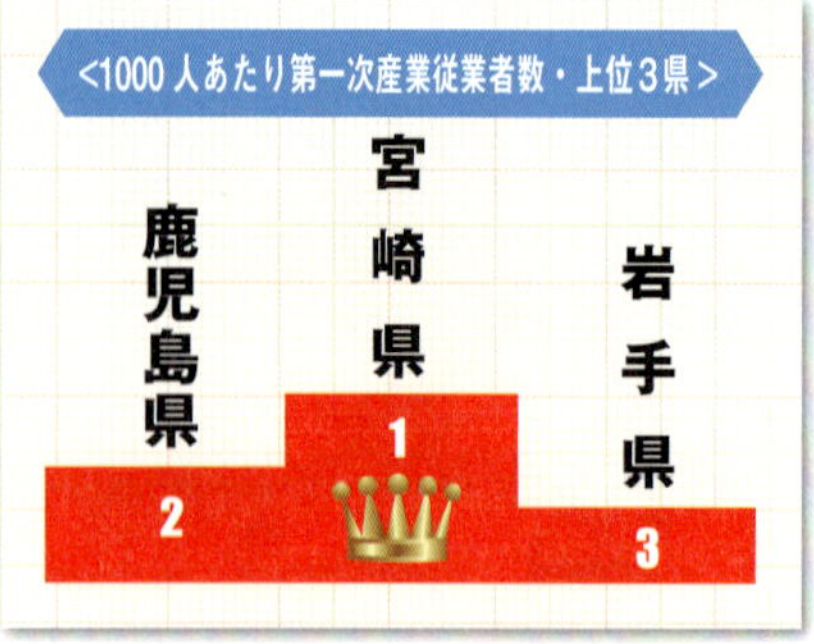

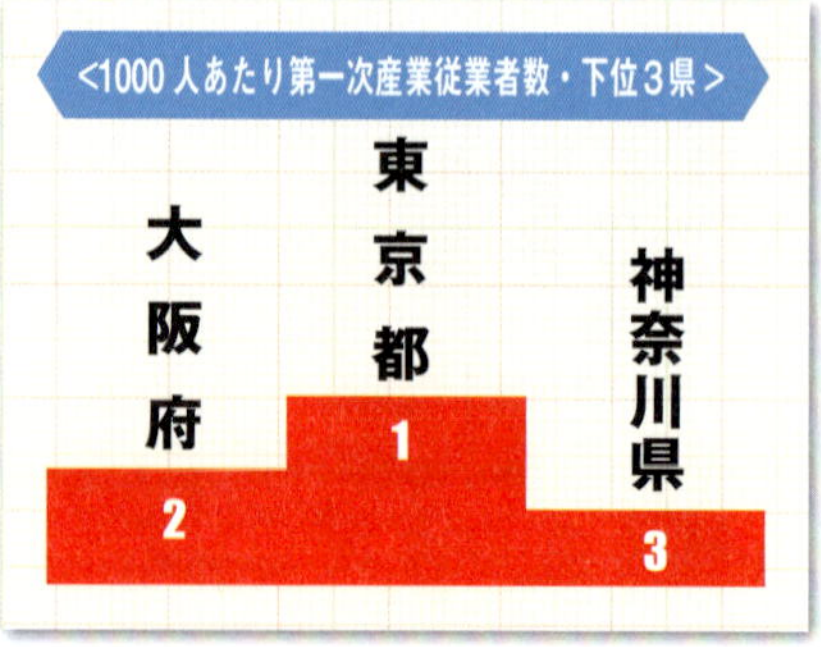

ランキング

順位	県名	データ	1000人あたり	偏差値
1	宮崎県	11,870人	18.49人	76.27
2	鹿児島県	14,874人	15.43人	69.10
3	岩手県	10,819人	14.44人	66.79
4	北海道	44,181人	13.55人	64.70
5	秋田県	7,946人	13.54人	64.67
6	島根県	5,123人	13.27人	64.05
7	大分県	8,477人	12.56人	62.38
8	高知県	4,937人	11.93人	60.89
9	長野県	14,251人	11.71人	60.39
10	青森県	8,896人	11.35人	59.54
11	新潟県	15,220人	11.20人	59.19
12	富山県	6,634人	10.73人	58.11
13	鳥取県	3,547人	10.62人	57.84
14	熊本県	9,422人	9.01人	54.06
15	山形県	5,638人	8.63人	53.19
16	長崎県	6,907人	8.59人	53.08
17	福井県	3,879人	8.34人	52.50
18	香川県	4,582人	8.07人	51.86
19	愛媛県	6,302人	7.83人	51.30
20	徳島県	3,337人	7.55人	50.65
21	佐賀県	3,342人	6.79人	48.87
22	山口県	5,357人	6.74人	48.75
23	福島県	7,519人	6.49人	48.17
24	三重県	7,068人	6.49人	48.17
25	石川県	4,419人	6.39人	47.92
26	山梨県	3,119人	6.18人	47.43
27	滋賀県	5,387人	6.15人	47.37
28	群馬県	7,303人	6.14人	47.35
29	岐阜県	7,233人	5.98人	46.96
30	茨城県	10,535人	5.89人	46.75
31	広島県	9,856人	5.85人	46.66
32	栃木県	6,733人	5.49人	45.83
33	和歌山県	2,922人	5.26人	45.27
34	宮城県	7,367人	5.05人	44.79
35	岡山県	5,495人	4.87人	44.36
36	静岡県	8,840人	3.98人	42.30
37	沖縄県	3,512人	3.90人	42.09
38	千葉県	11,034人	2.87人	39.68
39	京都府	4,207人	2.65人	39.18
40	福岡県	8,220人	2.63人	39.13
41	兵庫県	7,602人	2.27人	38.28
42	愛知県	9,448人	2.02人	37.69
43	奈良県	1,264人	1.54人	36.58
44	埼玉県	6,601人	1.44人	36.35
45	神奈川県	6,010人	1.03人	35.38
46	大阪府	2,595人	0.48人	34.08
47	東京都	4,151人	0.47人	34.06
-	全国	363,981人	4.68人	-

経済センサス基礎調査（総務省統計局）

偏差値
高
低
農地の少ない
都市部では
従事者も少ない
農畜産業のさかんな
宮崎と鹿児島が
１位・２位

相関データ

【正の相関】

係数	項目
0.84	食糧自給率(生産額ベース)
0.80	面積
0.79	道路延長
0.79	可住地面積
0.78	スーパーマーケット店舗数
0.78	森林面積
0.78	河川延長
0.78	ガソリンスタンド数
0.77	郵便局軒数
0.73	地方公務員数

【負の相関】

係数	項目
-0.79	中学生通塾率
-0.78	海外旅行者数
-0.76	通勤時間
-0.74	小学生通塾率
-0.74	生産年齢人口
-0.73	サラリーマン年収
-0.73	マクドナルド店舗数
-0.71	家賃
-0.71	大学進学率
-0.70	最低賃金

農地の多い地域が上位

総務省の経済センサス基礎調査（２０１４年）をもとに、生産年齢人口１０００人あたりの第一次産業（農林水産業）従事者数を比較したもの。

全国平均は４・６８人のところ、最多は宮崎で18・49人。これは全国平均の約４倍の多さです。２位以下は、鹿児島、岩手、北海道、秋田の順。

宮崎、鹿児島は農畜産業がさかんな地域。岩手、北海道、秋田は農業資源に恵まれた環境を生かし、日本の食料供給基地としての役割を担っています。

数が少ないのは下位から、東京、大阪、神奈川、埼玉、奈良。農地の少ない都市部で第一次産業従事者数が少ないのは当然の結果といえるでしょう。

可住地面積と正の相関があるのは、広くて平らな土地では農業がさかんだからでしょう。

第二次産業従業者数

大企業の製造工場があるところが上位を占める。また「労働者の受け皿」という側面も見逃せない。

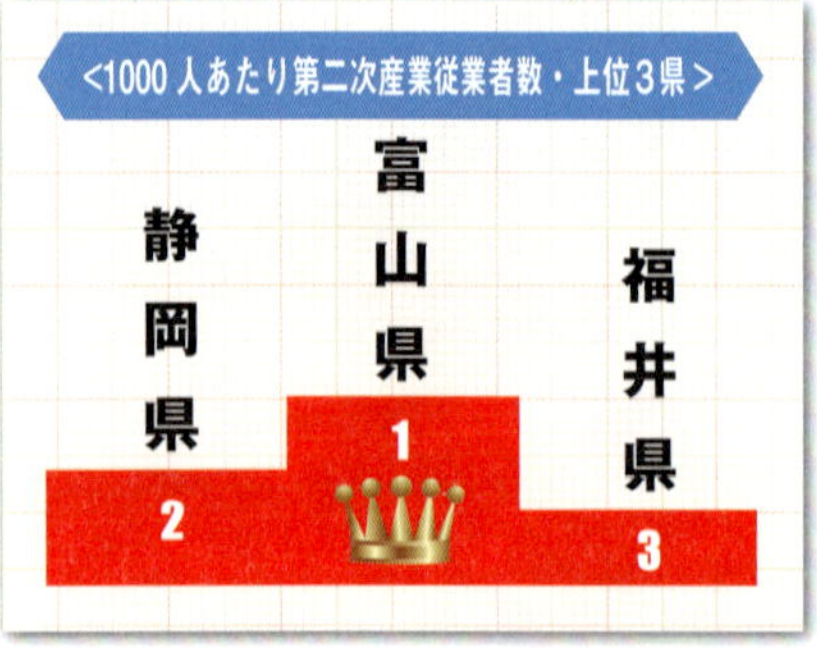

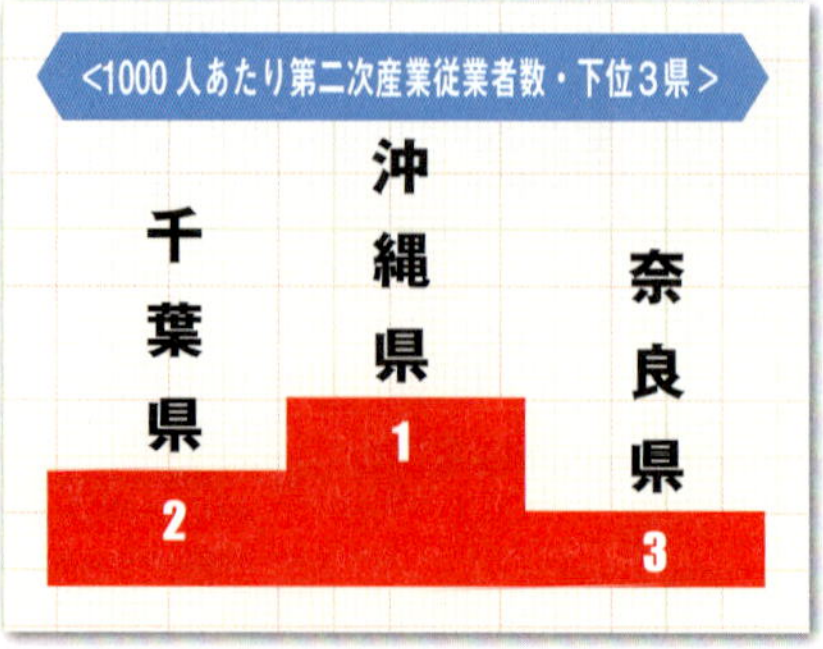

ランキング

順位	県名	データ	1000人あたり	偏差値
1	富山県	170,889人	276.52人	71.43
2	静岡県	562,768人	253.61人	66.33
3	福井県	114,254人	245.71人	64.56
4	愛知県	1,133,510人	241.89人	63.71
5	群馬県	285,481人	240.10人	63.31
6	三重県	259,554人	238.34人	62.92
7	岐阜県	282,800人	233.72人	61.89
8	長野県	279,827人	229.93人	61.05
9	山形県	149,953人	229.64人	60.98
10	滋賀県	199,859人	228.15人	60.65
11	新潟県	305,144人	224.54人	59.85
12	栃木県	269,031人	219.44人	58.71
13	石川県	150,296人	217.19人	58.21
14	福島県	244,220人	210.90人	56.81
15	山梨県	105,351人	208.62人	56.30
16	茨城県	372,156人	207.91人	56.14
17	岡山県	222,292人	196.89人	53.69
18	香川県	110,843人	195.15人	53.30
19	岩手県	145,614人	194.41人	53.13
20	広島県	322,343人	191.19人	52.41
21	島根県	72,822人	188.66人	51.85
22	山口県	148,063人	186.24人	51.31
23	佐賀県	90,198人	183.33人	50.66
24	秋田県	107,590人	183.29人	50.65
25	徳島県	78,956人	178.63人	49.62
26	大分県	113,749人	168.52人	47.36
27	愛媛県	134,007人	166.47人	46.91
28	大阪府	890,440人	163.44人	46.23
29	鳥取県	53,446人	160.02人	45.47
30	兵庫県	530,176人	158.26人	45.08
31	和歌山県	87,848人	158.00人	45.02
32	京都府	239,824人	151.31人	43.53
33	宮城県	220,291人	150.99人	43.46
34	宮崎県	96,158人	149.78人	43.19
35	青森県	114,068人	145.49人	42.23
36	熊本県	151,642人	144.97人	42.12
37	鹿児島県	138,455人	143.63人	41.81
38	長崎県	115,309人	143.42人	41.77
39	埼玉県	648,521人	141.82人	41.41
40	東京都	1,181,237人	133.31人	39.52
41	福岡県	406,281人	130.01人	38.78
42	高知県	52,262人	126.24人	37.94
43	北海道	391,589人	120.12人	36.58
44	神奈川県	688,519人	118.32人	36.18
45	奈良県	95,082人	116.10人	35.68
46	千葉県	396,014人	102.91人	32.74
47	沖縄県	71,723人	79.60人	27.55
-	全国	13,000,455人	167.00人	-

経済センサス基礎調査（総務省統計局）

偏差値
高
低
製造業は「職」の受け皿となっている
トップは製造業大手の工場が集まる富山

相関データ

【正の相関】

係数	項目
0.97	製造業従業者数
0.88	製造業事業所数
0.73	建設業者数
0.72	派遣切り
0.72	工業生産額
0.70	小学生地域行事参加率
0.69	夫婦数
0.68	住宅延べ床面積
0.68	自動車普及率（2台以上）
0.65	中学生地域行事参加率

【負の相関】

係数	項目
-0.78	30代女性未婚率
-0.75	生活保護受給者
-0.74	40代女性未婚率
-0.72	50代女性未婚率
-0.70	60歳以上女性未婚率
-0.68	子どもの生活保護受給者数
-0.65	子育て世帯の相対的貧困率
-0.65	年間完全失業率
-0.64	離婚件数
-0.60	貧困率

製造業がさかんな富山

総務省の経済センサス基礎調査をもとに、生産年齢人口１０００人あたりの第二次産業（製造業）従事者数を比較したものです。全国平均は１６７人でした。

首位は富山で２７７人。２位以下は、静岡、福井、愛知、群馬の順となりました。

いっぽう第二次産業従事者数が少ないのは、下位から沖縄、千葉、奈良、神奈川、北海道の順。これらの県には大企業の製造工場の進出が少ないため、従事者も少なくなっています。

相関関係をみると、年間完全失業率や生活保護受給者と負の相関があり、製造業などの第二次産業が労働者の受け皿になっているようすがみえてきます。

また小学生地域行事参加率と正の相関があるなど、「古きよき日本」の生活スタイルを下支えしている側面もありそうです。

第三次産業従業者数

いわゆるサムライ業（士業）の数などとともに、典型的な東京一極集中型のランキング結果に。

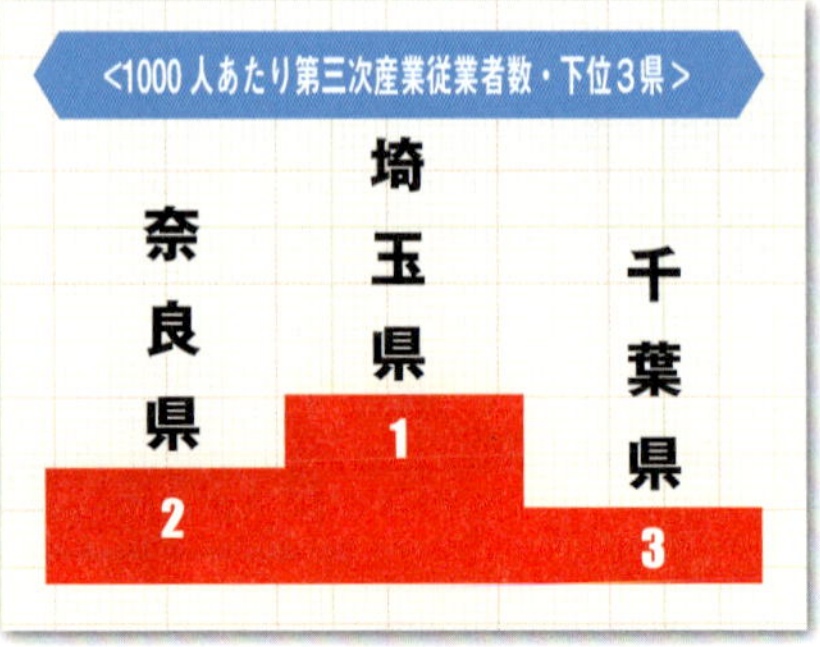

ランキング

順位	県名	データ	1000人あたり	偏差値
1	東京都	8,471,918人	956.09人	101.19
2	大阪府	3,836,290人	704.16人	65.44
3	島根県	251,091人	650.49人	57.83
4	香川県	365,813人	644.04人	56.91
5	高知県	265,294人	640.81人	56.45
6	福岡県	1,974,664人	631.89人	55.19
7	広島県	1,064,903人	631.62人	55.15
8	京都府	998,076人	629.70人	54.88
9	石川県	434,606人	628.04人	54.64
10	福井県	290,370人	624.45人	54.13
11	長崎県	497,097人	618.28人	53.26
12	山口県	490,784人	617.34人	53.12
13	鹿児島県	594,637人	616.84人	53.05
14	北海道	2,009,602人	616.44人	53.00
15	宮崎県	392,801人	611.84人	52.34
16	鳥取県	203,671人	609.79人	52.05
17	大分県	410,478人	608.12人	51.81
18	愛知県	2,841,150人	606.31人	51.56
19	愛媛県	487,335人	605.39人	51.43
20	富山県	373,878人	604.98人	51.37
21	宮城県	873,202人	598.49人	50.45
22	佐賀県	294,295人	598.16人	50.40
23	長野県	726,422人	596.90人	50.22
24	徳島県	263,316人	595.74人	50.06
25	秋田県	349,691人	595.73人	50.06
26	熊本県	621,497人	594.17人	49.83
27	沖縄県	534,586人	593.33人	49.72
28	和歌山県	329,449人	592.53人	49.60
29	新潟県	804,996人	592.34人	49.58
30	岩手県	438,855人	585.92人	48.66
31	岡山県	657,145人	582.06人	48.12
32	静岡県	1,286,203人	579.63人	47.77
33	山梨県	292,292人	578.80人	47.65
34	青森県	452,833人	577.59人	47.48
35	山形県	375,136人	574.48人	47.04
36	群馬県	675,161人	567.84人	46.10
37	三重県	610,352人	560.47人	45.05
38	兵庫県	1,848,407人	551.76人	43.82
39	岐阜県	665,734人	550.19人	43.60
40	福島県	622,014人	537.15人	41.74
41	栃木県	655,257人	534.47人	41.36
42	茨城県	938,758人	524.45人	39.94
43	神奈川県	3,031,395人	520.95人	39.45
44	滋賀県	452,489人	516.54人	38.82
45	千葉県	1,874,275人	487.08人	34.64
46	奈良県	390,431人	476.72人	33.17
47	埼玉県	2,105,768人	460.48人	30.86
-	全国	48,424,417人	622.04人	-

経済センサス基礎調査（総務省統計局）

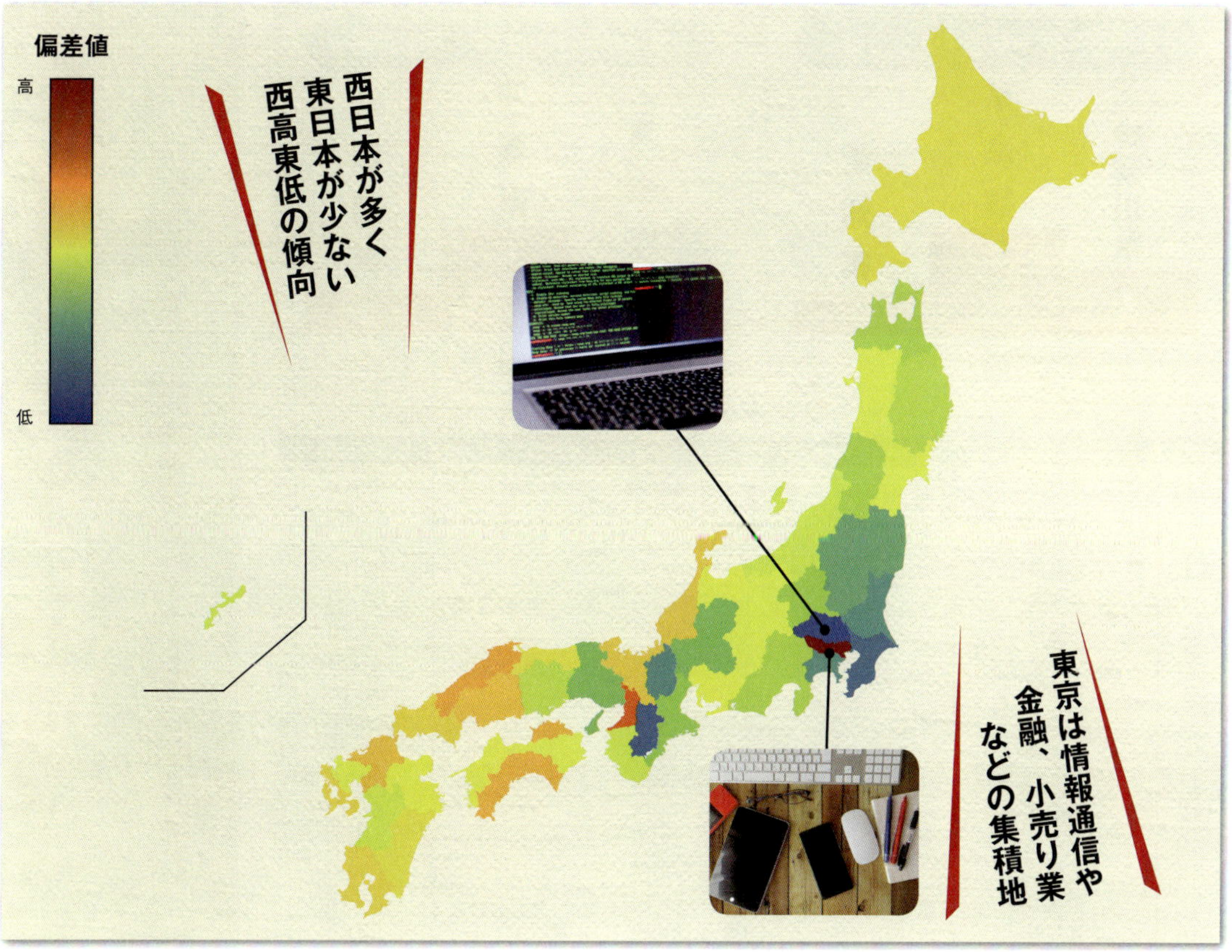
偏差値
高
低
西日本が多く
東日本が少ない
西高東低の傾向
東京は情報通信や
金融、小売り業
などの集積地

相関データ

【正の相関】

係数	項目
0.82	弁護士数
0.81	大企業数
0.79	商標登録件数
0.79	上場企業数
0.76	公認会計士数
0.70	司法書士数
0.69	弁理士数
0.69	ひとり暮らし率
0.69	税理士数
0.68	基準地価：商業地

【負の相関】

係数	項目
-0.58	夫婦数
-0.56	子育て世帯数
-0.53	25歳以上園芸・ガーデニング人口
-0.47	運転免許保有者数
-0.46	自動車普及率
-0.46	持ち家率
-0.42	高校県外進学率
-0.42	25歳以上日曜大工人口
-0.39	園芸用品購入量
-0.37	戸建て率

９割が第三次産業の東京

総務省の経済センサス基礎調査をもとに、小売り・情報通信・金融・サービス業などの第三次産業従事者数を生産年齢人口１０００人あたりで比較したもの。全国平均は６２２人となりました。

首位は東京で９５６・０９人。東京は農林水産業と製造業はさかんではありませんが、そのかわりに生産年齢人口比で約96%が第三次産業に従事する、突出した集積地になっています。２位以下は、大阪、島根、香川、高知の順で、西日本に偏っています。

いっぽう少ないのは、下位から順に、埼玉、奈良、千葉、滋賀、神奈川の順。こうした分布から、東京をのぞけば全国的には西日本が多く、東日本が少ないという傾向がわかります。

士業数など、東京突出型のランキングと強い正の相関があるのが特徴的です。

サラリーマン年収

三大都市圏とその周辺部で高く、そこから離れるほど低くなる傾向に。首位と最下位の差は２４３万円。

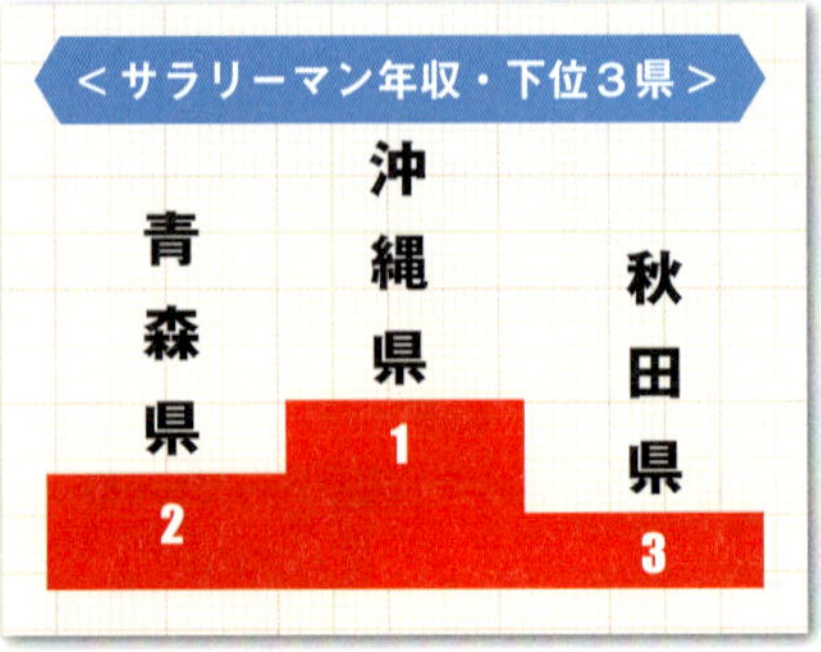

ランキング

順位	県名	データ	偏差値
1	東京都	5,823,600円	80.70
2	神奈川県	5,324,200円	70.96
3	愛知県	5,182,900円	68.20
4	京都府	4,871,000円	62.12
5	滋賀県	4,838,100円	61.48
6	大阪府	4,832,900円	61.38
7	茨城県	4,826,000円	61.24
8	兵庫県	4,767,600円	60.10
9	三重県	4,698,100円	58.75
10	千葉県	4,644,900円	57.71
11	埼玉県	4,616,700円	57.16
12	静岡県	4,578,700円	56.42
13	栃木県	4,572,100円	56.29
14	広島県	4,495,500円	54.80
15	群馬県	4,462,900円	54.16
16	奈良県	4,439,000円	53.69
17	岡山県	4,412,500円	53.18
18	和歌山県	4,386,900円	52.68
19	岐阜県	4,324,100円	51.45
20	山梨県	4,302,800円	51.04
21	福岡県	4,302,400円	51.03
22	富山県	4,295,200円	50.89
22	長野県	4,295,200円	50.89
24	福井県	4,217,400円	49.37
25	山口県	4,208,900円	49.21
26	宮城県	4,198,100円	49.00
27	石川県	4,182,700円	48.70
28	香川県	4,168,800円	48.43
29	徳島県	4,080,800円	46.71
30	新潟県	3,983,600円	44.81
31	熊本県	3,973,100円	44.61
32	愛媛県	3,957,100円	44.30
33	鹿児島県	3,954,100円	44.24
34	福島県	3,925,300円	43.68
35	長崎県	3,877,000円	42.73
36	北海道	3,857,700円	42.36
37	高知県	3,796,700円	41.17
38	鳥取県	3,765,200円	40.55
39	大分県	3,746,100円	40.18
40	島根県	3,742,700円	40.12
41	佐賀県	3,673,300円	38.76
42	山形県	3,635,300円	38.02
43	宮崎県	3,628,500円	37.89
44	岩手県	3,521,600円	35.80
45	秋田県	3,507,100円	35.52
46	青森県	3,445,700円	34.32
47	沖縄県	3,389,400円	33.23
-	全国	4,726,500円	-

賃金構造基本統計調査（厚生労働省）

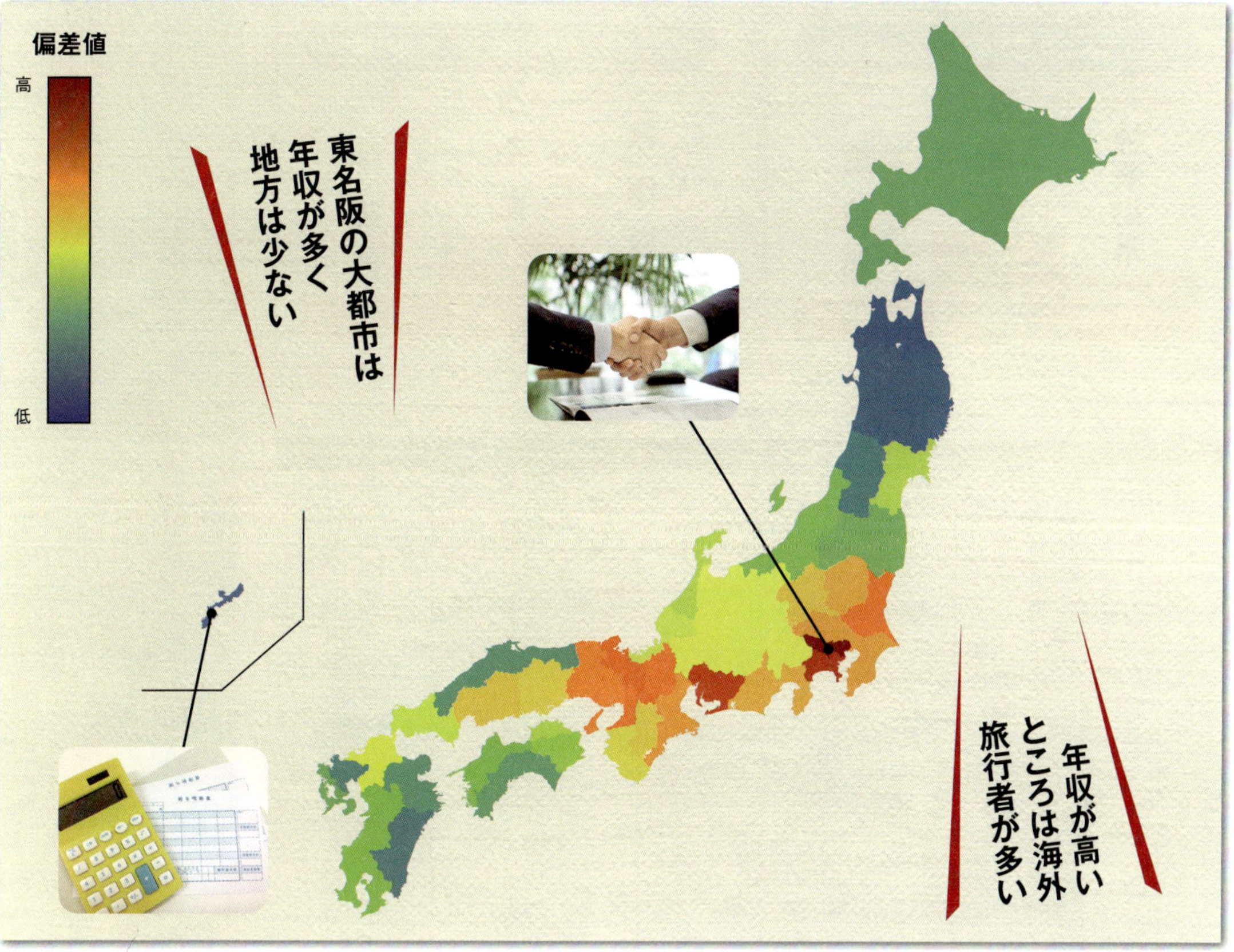
偏差値
高
低
東名阪の大都市は年収が多く地方は少ない
年収が高いところは海外旅行者が多い

相関データ

【正の相関】

係数	項目
0.92	海外旅行者数
0.90	25歳以上遊園地・動植物園来園人口
0.89	最低賃金
0.87	四年制大学進学率
0.87	在日外国人
0.86	日経新聞販売部数
0.85	自主財源比率
0.83	家賃
0.83	インターネット利用率
0.81	県民所得

【負の相関】

係数	項目
-0.79	スーパーマーケット店舗数
-0.78	軽自動車比率
-0.77	高校数
-0.75	睡眠時間
-0.74	農業就業人口
-0.73	地方公務員数
-0.73	第一次産業従業者数
-0.72	美容室数
-0.71	可住地面積
-0.71	食糧自給率(生産額ベース)

全国平均は４７２万円

厚生労働省の賃金構造基本統計調査をもとに、サラリーマンの年収の平均値を比較したものです。全国平均は４７２万６５００円です。なお、この金額は年間収入を指し、いわゆる「手取り」ではなく「額面」です。

首位は東京で、全国平均より１０９万７１００円多い５８２万３６００円。２位以下は、神奈川、愛知、京都、滋賀の順。

もっとも低いのは沖縄で３３８万９４００円。続いて、青森、秋田、岩手、宮崎の順に低く、沖縄と宮崎を除けば東北の県の低さが目立っています。

海外旅行者数と正の相関が非常に高く、年収が高いところは、海外旅行者が多いことがわかります。

また最低賃金と正の相関が高く、最低賃金が高いところはサラリーマン年収が高くなっています。

起業家数

総人口のおよそ1%が起業家。とくに人や情報、資金が集まる東京は起業しやすい傾向がうかがえる。

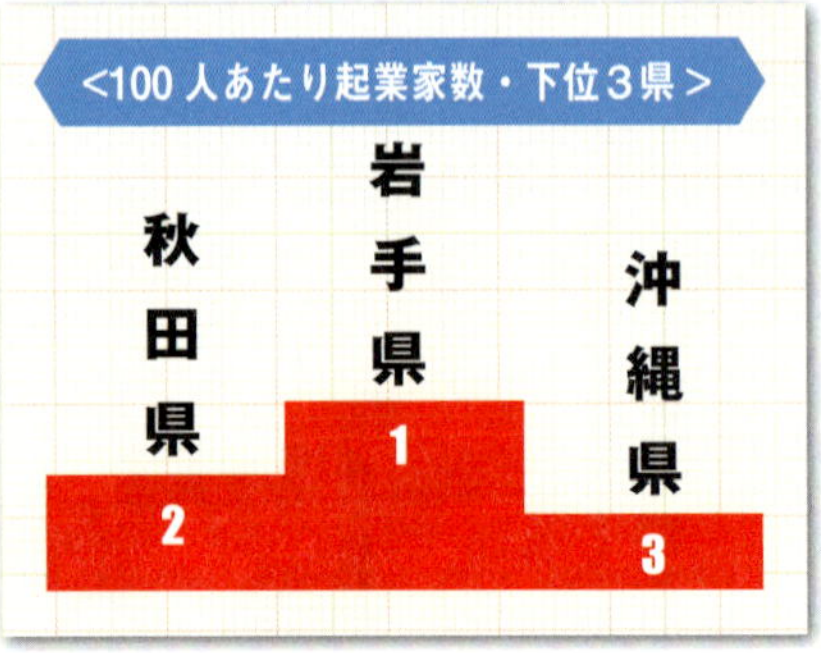

ランキング

順位	県名	データ	100人あたり	偏差値
1	東京都	252,000人	1.90人	93.28
2	神奈川県	117,500人	1.30人	64.34
3	埼玉県	93,100人	1.29人	64.10
4	群馬県	24,900人	1.25人	62.15
5	山梨県	10,400人	1.22人	60.76
6	大阪府	106,400人	1.20人	59.84
7	徳島県	9,200人	1.19人	59.09
8	北海道	62,400人	1.14人	57.06
9	熊本県	20,600人	1.14人	56.92
10	千葉県	70,400人	1.14人	56.75
11	福井県	8,900人	1.11人	55.68
12	香川県	11,000人	1.11人	55.60
13	福島県	21,600人	1.10人	55.06
14	栃木県	21,900人	1.10人	54.99
15	愛知県	81,100人	1.09人	54.64
16	広島県	30,400人	1.07人	53.47
17	大分県	12,600人	1.06人	53.28
18	宮城県	24,600人	1.06人	53.03
19	福岡県	53,100人	1.04人	52.37
20	静岡県	39,000人	1.04人	52.37
21	山形県	12,000人	1.04人	52.25
22	京都府	25,600人	0.98人	49.09
23	兵庫県	53,300人	0.96人	48.21
24	石川県	11,000人	0.95人	47.69
25	岡山県	18,100人	0.93人	47.17
26	鹿児島県	15,800人	0.93人	47.17
27	愛媛県	13,200人	0.93人	47.07
28	茨城県	27,400人	0.93人	46.99
29	鳥取県	5,300人	0.91人	46.02
30	岐阜県	18,700人	0.91人	45.86
31	長野県	19,200人	0.90人	45.54
32	新潟県	20,900人	0.89人	45.06
33	宮崎県	10,000人	0.89人	44.95
34	奈良県	12,300人	0.88人	44.79
35	富山県	9,500人	0.88人	44.47
36	三重県	16,000人	0.87人	44.06
37	和歌山県	8,300人	0.84人	42.66
38	長崎県	11,700人	0.83人	42.23
39	青森県	10,900人	0.81人	41.11
40	島根県	5,600人	0.79人	40.38
41	佐賀県	6,600人	0.78人	39.94
42	山口県	11,200人	0.78人	39.93
43	滋賀県	10,800人	0.76人	39.01
44	高知県	5,500人	0.73人	37.49
45	沖縄県	10,200人	0.72人	37.14
46	秋田県	7,100人	0.67人	34.48
47	岩手県	8,700人	0.67人	34.47
-	全国	1,455,800人	1.14人	-

就業構造基本調査（総務省統計局）

偏差値
高
低
独立を志す者は
人や情報、資金が
集まる首都圏に多い
東京は
100人に
2人が起業家

相関データ

【正の相関】

係数	項目
0.76	ブロードバンド契約数
0.76	携帯電話契約数
0.74	税理士数
0.74	早稲田大学合格者数
0.72	基準地価：商業地
0.72	基準地価：住宅地
0.72	慶応義塾大学合格者数
0.71	鉄道旅客輸送量
0.70	家賃
0.70	上場企業数

【負の相関】

係数	項目
-0.63	衆議院小選挙区議席数（一票の格差）
-0.63	軽自動車普及率
-0.62	地方債発行額
-0.59	教職員数
-0.59	地方交付税額
-0.57	国公立大学生比率
-0.56	自動車普及率
-0.55	戸建て率
-0.54	夏の甲子園予選出場校数
-0.52	高卒就職率

断トツで多い東京

起業家数ランキングは、総務省の就業構造基本調査をベースにして、人口１００人あたりの数を比較したものです。

全国平均１・14人に対し、トップは東京の１・９人。東京は偏差値93と突出して高く、「１００人のうち２人が起業家」となっています。

２位以下は、神奈川、埼玉、群馬、山梨と続きます。この分布は、人や情報、資金が集まる東京とその周辺の県に起業家が多いことを表わしています。起業を志す者は首都圏に集まる傾向が強いということです。

最少は岩手県で０・67人。続いて下位から順に、秋田、沖縄、高知、滋賀となります。

また、起業家数は商業地の基準地価や家賃と正の相関があります。起業家は地価や家賃の高い地域に多いといえます。

倒産率

三大都市圏とその周辺で高いことがわかる。また、最低賃金や鉄道通勤・通学率と正の相関が高い。

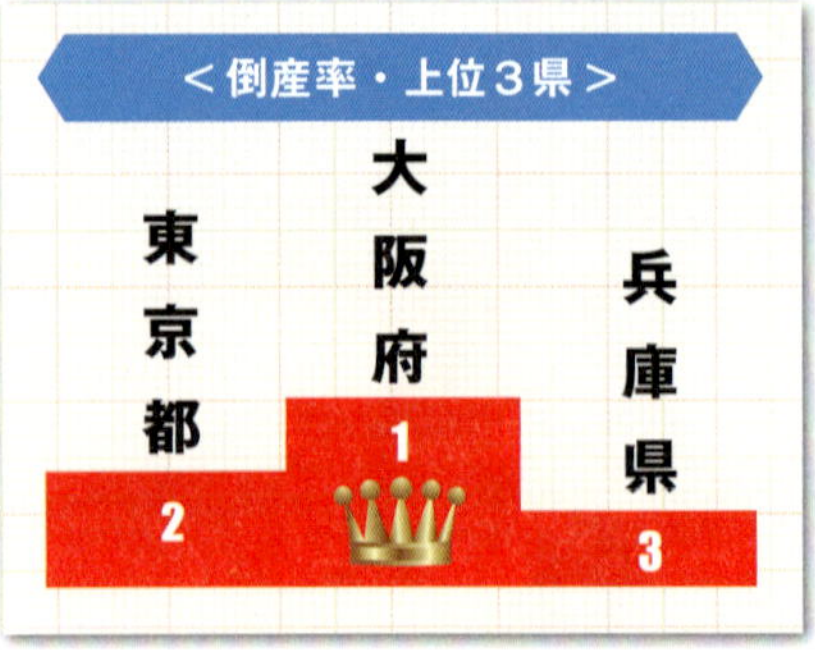

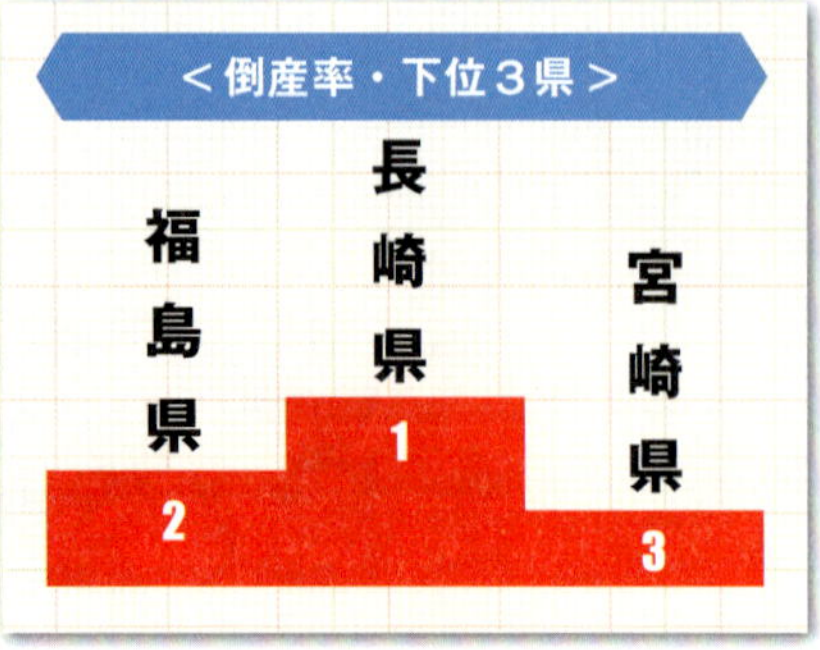

ランキング

順位	県名	データ	偏差値
1	大阪府	0.402%	83.14
2	東京都	0.369%	78.49
3	兵庫県	0.294%	67.94
4	京都府	0.270%	64.57
5	奈良県	0.269%	64.43
6	神奈川県	0.254%	62.32
7	愛知県	0.246%	61.19
8	滋賀県	0.222%	57.82
9	静岡県	0.218%	57.25
10	和歌山県	0.208%	55.85
11	栃木県	0.206%	55.57
12	埼玉県	0.204%	55.29
13	福岡県	0.201%	54.86
14	岐阜県	0.196%	54.16
15	千葉県	0.193%	53.74
16	三重県	0.182%	52.19
17	島根県	0.174%	51.07
18	北海道	0.173%	50.92
19	広島県	0.172%	50.78
20	福井県	0.162%	49.38
21	秋田県	0.159%	48.96
22	鳥取県	0.150%	47.69
23	茨城県	0.149%	47.55
24	宮城県	0.146%	47.13
25	富山県	0.142%	46.56
26	石川県	0.141%	46.42
27	群馬県	0.139%	46.14
28	佐賀県	0.138%	46.00
29	山口県	0.128%	44.60
30	岡山県	0.127%	44.45
31	徳島県	0.126%	44.31
32	長野県	0.123%	43.89
33	香川県	0.122%	43.75
34	山梨県	0.121%	43.61
34	岩手県	0.121%	43.61
34	鹿児島県	0.121%	43.61
37	山形県	0.116%	42.91
38	高知県	0.115%	42.77
39	大分県	0.113%	42.49
40	青森県	0.109%	41.92
41	沖縄県	0.100%	40.66
42	愛媛県	0.094%	39.81
43	熊本県	0.090%	39.25
44	新潟県	0.084%	38.41
45	宮崎県	0.083%	38.27
46	福島県	0.075%	37.14
46	長崎県	0.075%	37.14
-	全国	0.219%	-

倒産集計（帝国データバンク）

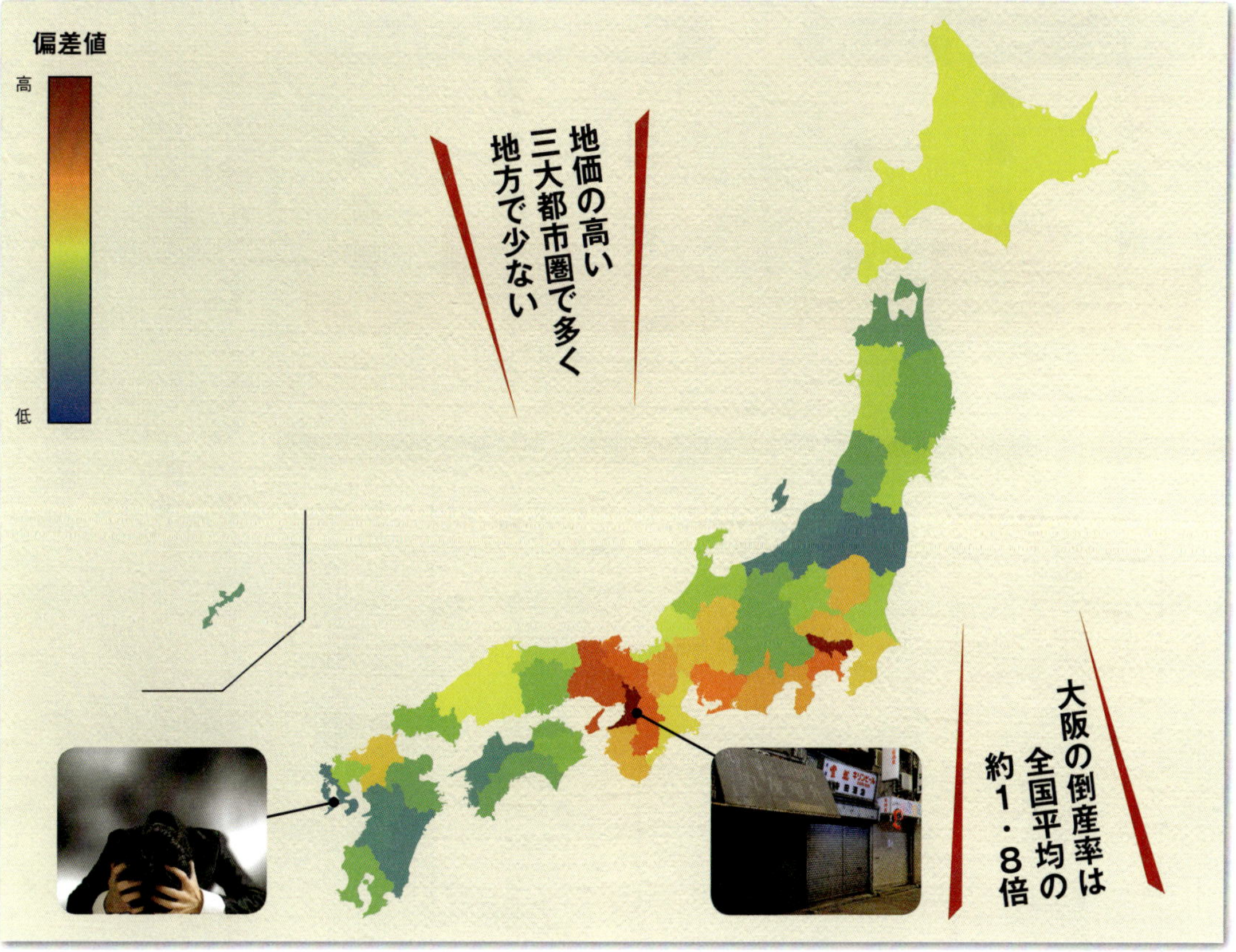
偏差値
高
低
地価の高い三大都市圏で多く地方で少ない
大阪の倒産率は全国平均の約1・8倍

相関データ

【正の相関】

係数	項目
0.82	最低賃金
0.82	鉄道通勤・通学率
0.81	在日韓国・朝鮮人
0.79	鉄道旅客輸送量
0.79	有効パスポート数
0.78	日経新聞販売部数
0.77	大学進学率
0.76	四年制大学進学率
0.76	基準地価：住宅地
0.76	サラリーマン年収

【負の相関】

係数	項目
-0.77	自家用車通勤・通学率
-0.75	ガソリンスタンド数
-0.73	自動車普及率
-0.69	教職員数
-0.69	高卒就職率
-0.68	農業就業人口
-0.67	デキ婚率
-0.67	共働き率
-0.66	ガソリン消費量
-0.64	スーパーマーケット店舗数

倒産率の高い大阪と東京

帝国データバンクの倒産集計をもとに、直近3年間（2015年〜2017年）の倒産件数の平均を企業数で割って算出した倒産率の比較です。全国平均は0・219％でした。

首位は大阪で0・402％。これは全国平均の約1・8倍の多さです。2位は東京、3位〜5位は兵庫、京都、奈良と近畿圏が占めます。さらに6位・神奈川、7位・愛知と続いています。

もっとも低いのは長崎で、0・075％。大阪の約5分の1の割合です。以下、低い順に福島、宮崎、新潟、熊本。

この分布からわかるのは、倒産率は三大都市圏とその周辺で高く、東北や九州など地方で少ないということ。地価が高く大企業が集まる都市部では、企業の新陳代謝も活発に行なわれているようです。

大企業数

全国には大企業が１万社超あり、その４割が東京に、また１割が大阪に存在する。最下位は奈良。

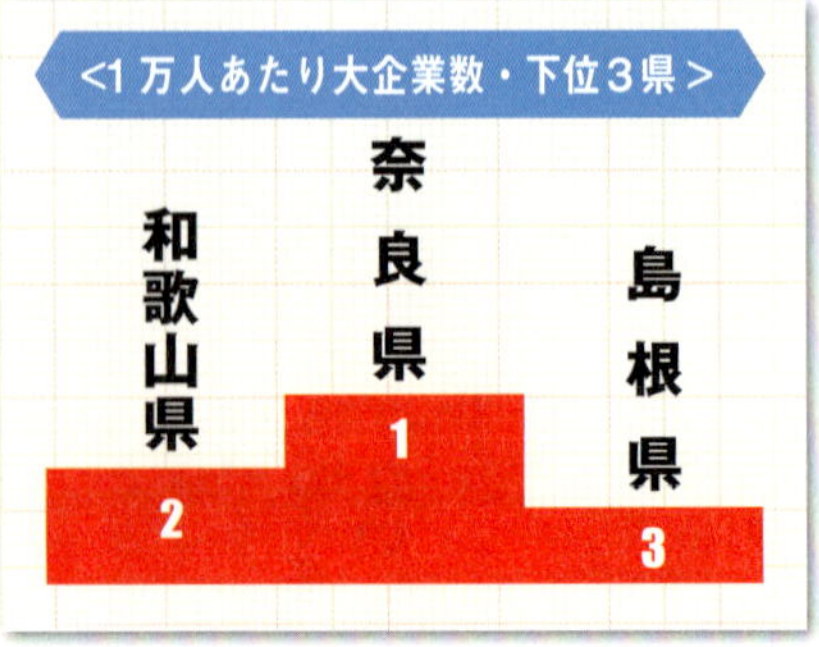

ランキング

順位	県名	データ	1万人あたり	偏差値
1	東京都	4,538社	3.39社	111.98
2	大阪府	1,106社	1.25社	65.16
3	愛知県	644社	0.86社	56.66
4	富山県	90社	0.84社	56.16
5	石川県	88社	0.76社	54.41
6	京都府	194社	0.74社	54.02
7	福岡県	350社	0.69社	52.80
8	香川県	62社	0.63社	51.58
9	新潟県	146社	0.63社	51.56
10	神奈川県	572社	0.63社	51.51
11	長野県	130社	0.62社	51.24
12	広島県	164社	0.58社	50.42
13	宮城県	134社	0.58社	50.35
14	山形県	64社	0.57社	50.13
15	岩手県	72社	0.56社	50.02
16	静岡県	203社	0.55社	49.74
17	兵庫県	303社	0.55社	49.72
18	愛媛県	76社	0.54社	49.67
19	福井県	43社	0.54社	49.66
20	北海道	279社	0.52社	49.06
21	沖縄県	73社	0.51社	48.99
22	岡山県	98社	0.51社	48.90
23	栃木県	99社	0.50社	48.69
24	群馬県	97社	0.49社	48.49
25	岐阜県	96社	0.47社	48.04
26	三重県	85社	0.47社	47.94
27	山梨県	38社	0.45社	47.63
28	鳥取県	25社	0.44社	47.28
29	滋賀県	60社	0.42社	47.02
30	佐賀県	34社	0.41社	46.66
31	青森県	52社	0.39社	46.36
32	千葉県	226社	0.36社	45.73
33	熊本県	65社	0.36社	45.67
34	福島県	70社	0.36社	45.66
35	大分県	42社	0.36社	45.60
36	長崎県	49社	0.35社	45.48
37	高知県	26社	0.35社	45.46
38	埼玉県	253社	0.35社	45.39
39	山口県	49社	0.35社	45.36
40	鹿児島県	56社	0.34社	45.09
41	徳島県	25社	0.33社	44.91
42	茨城県	93社	0.32社	44.72
43	宮崎県	35社	0.31社	44.62
44	秋田県	32社	0.31社	44.50
45	島根県	21社	0.30社	44.34
46	和歌山県	26社	0.27社	43.60
47	奈良県	27社	0.20社	42.04
-	全国	11,110社	0.87社	-

中小企業の企業数・事業所数（中小企業庁）

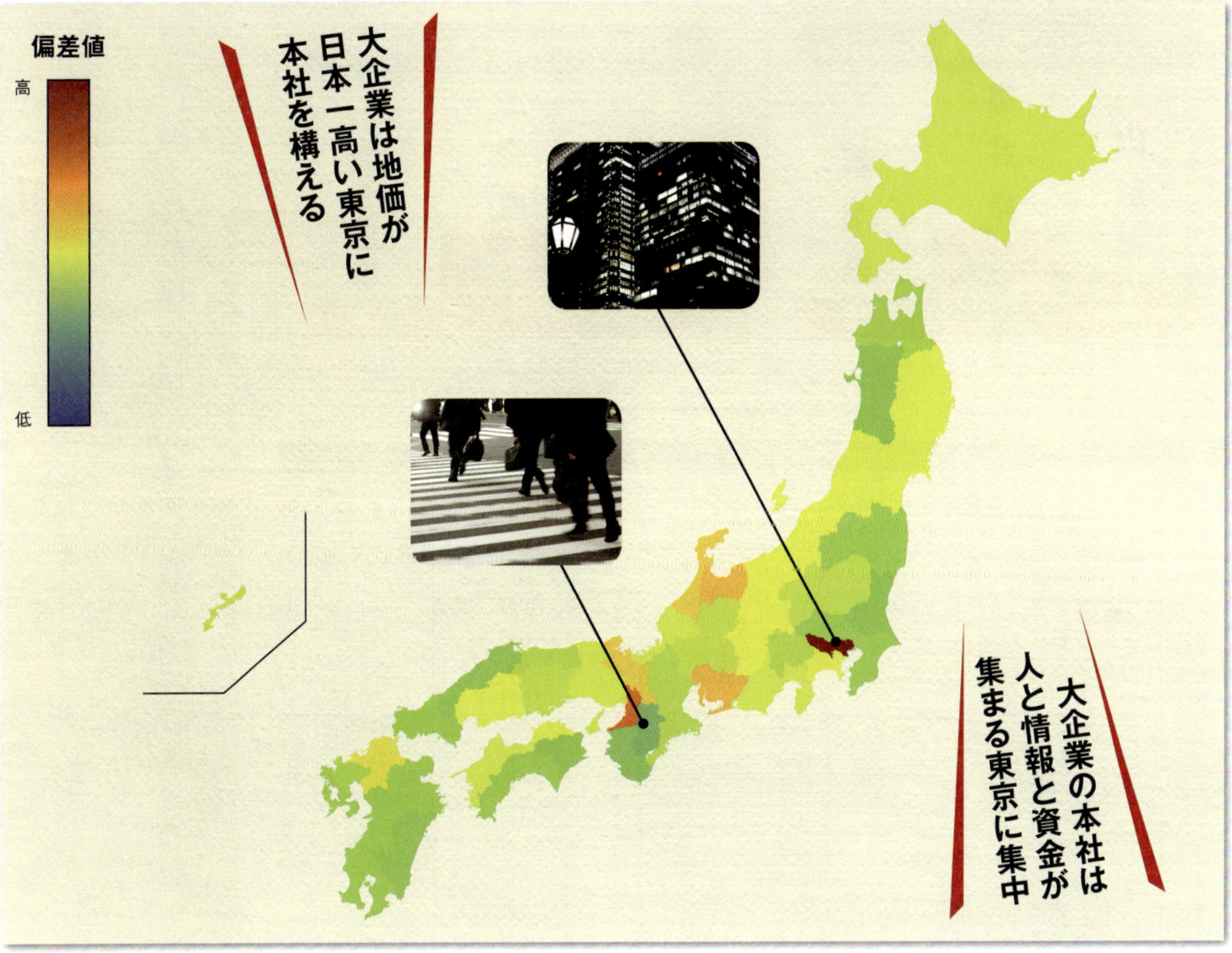
偏差値
高
低
大企業は地価が
日本一高い東京に
本社を構える
大企業の本社は
人と情報と資金が
集まる東京に集中

相関データ

【正の相関】

係数	項目
0.98	上場企業数
0.97	公認会計士数
0.96	弁護士数
0.93	弁理士数
0.93	特許登録件数
0.92	基準地価：商業地
0.89	携帯電話契約数
0.84	鉄道旅客輸送量
0.81	第三次産業従業者数
0.79	人口密度

【負の相関】

係数	項目
-0.69	自動車普及率
-0.57	賃貸住宅延べ床面積
-0.52	地方債発行額
-0.52	自家用車通勤・通学率
-0.51	持ち家率
-0.50	発泡酒・第3のビール比率
-0.50	教職員数
-0.49	ガソリンスタンド数
-0.47	夫婦数
-0.47	高卒就職率

本社数は東京に一極集中

中小企業庁の統計情報をもとにした大企業（本社）数のランキング。ここでの大企業とは中小企業基本法の分離に基づくもので、業種によって異なりますが、おおむね101人または301人超の企業を指します。

人口1万人あたりの比較で、全国平均は0・87社。首位は東京が突出して多く3・39社。実数では全国1万1110社の大企業のうち4538社が東京にあり、全国の40・8%を占めています。2位は大阪で1・25社。以下、愛知、富山、石川の順。

いっぽう最少は奈良で0・2社。以下、少ない順に、和歌山、島根、秋田、宮崎。

この分布から、東京の一極集中は明白です。また、本社数は商業地地価と正の相関があり、地価の高い東京に大企業の本社が集積しています。

老舗企業数

創業100年超のいわゆる老舗は、日本酒酒造や呉服店といった業種の多い日本海側に多く存在する。

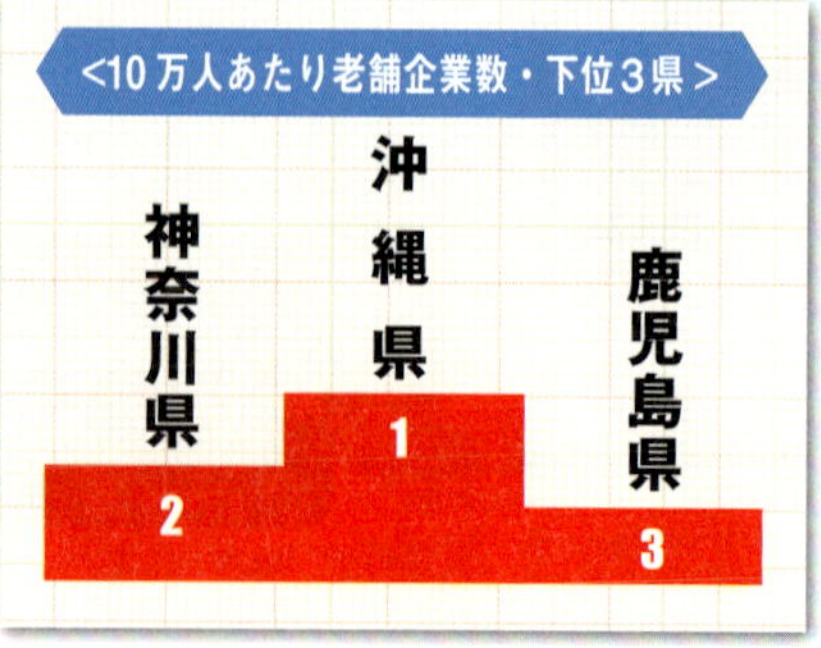

ランキング

順位	県名	データ	10万人あたり	偏差値
1	福井県	518軒	66.24軒	76.73
2	山形県	706軒	63.43軒	74.70
3	新潟県	1,319軒	57.70軒	70.56
4	島根県	367軒	53.19軒	67.30
5	富山県	518軒	48.82軒	64.14
6	京都府	1,255軒	48.18軒	63.68
7	長野県	889軒	42.58軒	59.63
8	石川県	473軒	41.10軒	58.56
9	佐賀県	324軒	39.13軒	57.14
10	山梨県	313軒	37.71軒	56.11
11	鳥取県	212軒	37.19軒	55.74
12	香川県	360軒	37.04軒	55.63
13	和歌山県	339軒	35.54軒	54.54
14	秋田県	349軒	34.55軒	53.83
15	三重県	624軒	34.51軒	53.80
16	福島県	647軒	34.04軒	53.46
17	徳島県	254軒	33.87軒	53.33
18	滋賀県	478軒	33.83軒	53.31
19	岡山県	583軒	30.44軒	50.86
20	静岡県	1,085軒	29.42軒	50.12
21	岩手県	351軒	27.68軒	48.86
22	岐阜県	559軒	27.65軒	48.84
23	奈良県	362軒	26.70軒	48.15
24	群馬県	518軒	26.34軒	47.89
25	大分県	299軒	25.78軒	47.49
26	広島県	726軒	25.59軒	47.35
27	愛媛県	346軒	25.16軒	47.05
28	山口県	349軒	25.04軒	46.95
29	高知県	179軒	24.83軒	46.80
30	栃木県	485軒	24.67軒	46.69
31	長崎県	325軒	23.78軒	46.04
32	茨城県	658軒	22.65軒	45.23
33	青森県	285軒	22.04軒	44.79
34	宮城県	506軒	21.72軒	44.55
35	熊本県	376軒	21.20軒	44.18
36	愛知県	1,517軒	20.21軒	43.46
37	東京都	2,656軒	19.50軒	42.95
38	兵庫県	1,047軒	18.97軒	42.57
39	大阪府	1,532軒	17.34軒	41.39
40	北海道	925軒	17.28軒	41.35
41	宮崎県	168軒	15.33軒	39.94
42	福岡県	685軒	13.42軒	38.56
43	千葉県	718軒	11.51軒	37.18
44	埼玉県	825軒	11.32軒	37.04
45	鹿児島県	183軒	11.18軒	36.94
46	神奈川県	762軒	8.33軒	34.88
47	沖縄県	17軒	1.18軒	29.72
-	全国	28,972軒	22.83軒	-

帝国データバンク史料館（帝国データバンク）

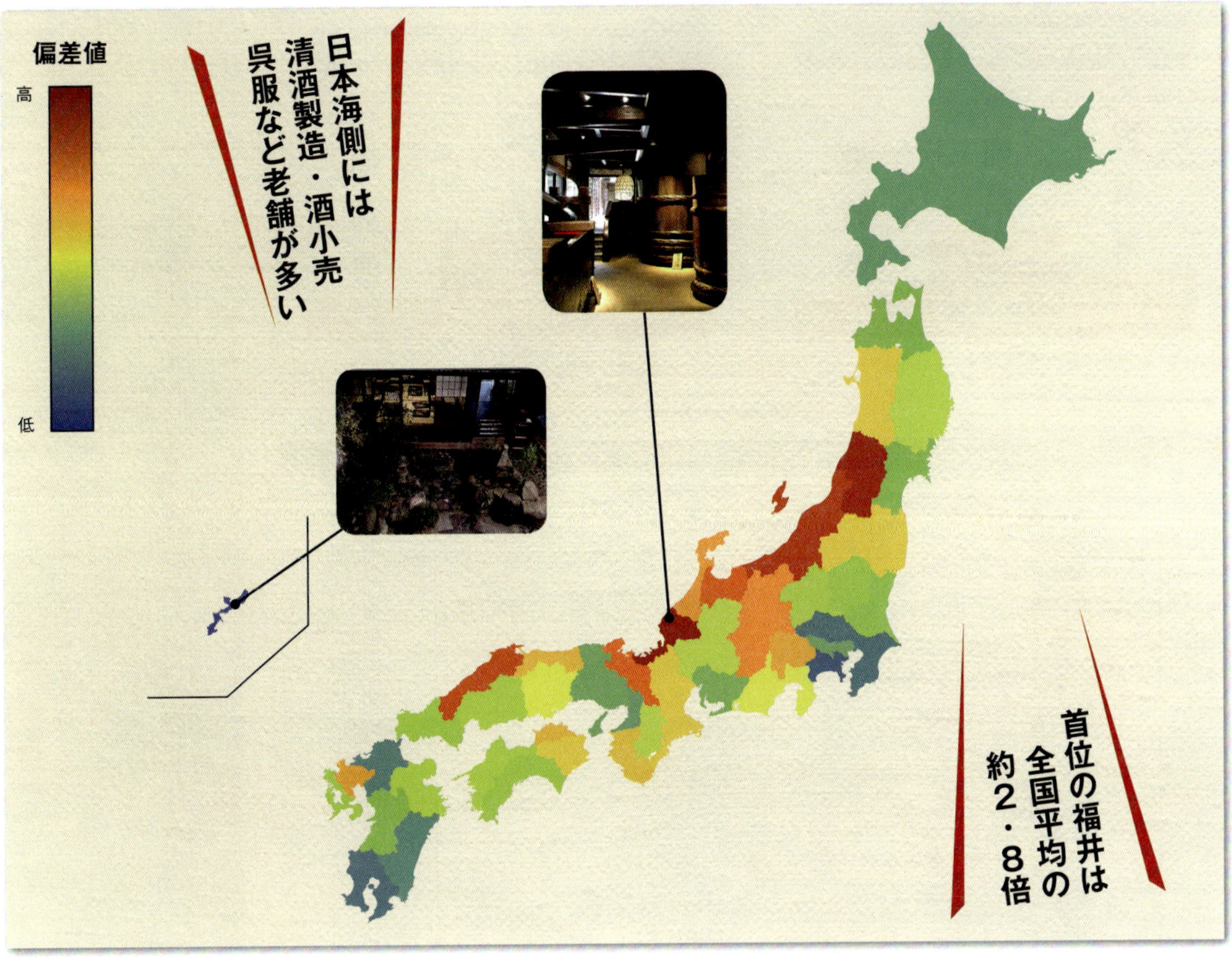
偏差値
高
低
日本海側には
清酒製造・酒小売
呉服など老舗が多い
首位の福井は
全国平均の
約2・8倍

相関データ

【正の相関】

係数	項目
0.79	日本酒酒造場数
0.77	寺院数
0.73	日本酒消費量
0.72	呉服店店舗数
0.71	共働き率
0.66	持ち家率
0.65	神社数
0.65	小学生地域行事参加率
0.63	書店数
0.63	戸建て率

【負の相関】

係数	項目
-0.73	核家族率
-0.68	離婚件数
-0.63	50代ひとり暮らし
-0.60	非正規雇用率
-0.60	年間完全失業率
-0.59	転職率
-0.58	40代女性未婚率
-0.57	甲子園通算勝率
-0.57	50代女性未婚率
-0.55	生活保護受給者

老舗は日本海側に多い

帝国データバンクの企業概要データベースから、人口10万人あたりで比較したランキングです。ここでの老舗とは、1916年までに創業し100年以上にわたり存続する企業を指しています。

集計すると、全国に老舗企業数は2万8972社あり、平均すれば人口10万人あたり約23社です。

最多は福井で66・24社。全国平均の約2・8倍の数です。2位以下は山形、新潟、島根、富山となり、上位を日本海側が占めています。最少は沖縄で1・18社と抜きん出て少なく、以下、少ない順に神奈川、鹿児島、埼玉、千葉となります。

老舗企業を業種別に集計すれば、清酒製造・酒小売、呉服が多くなります。

これらの業種の老舗企業が、日本海側に集まっているといえるでしょう。

転職率

1位の沖縄をのぞけば、首都圏や関西、九州、さらに東北太平洋岸が高い。低いのは和歌山と山口。

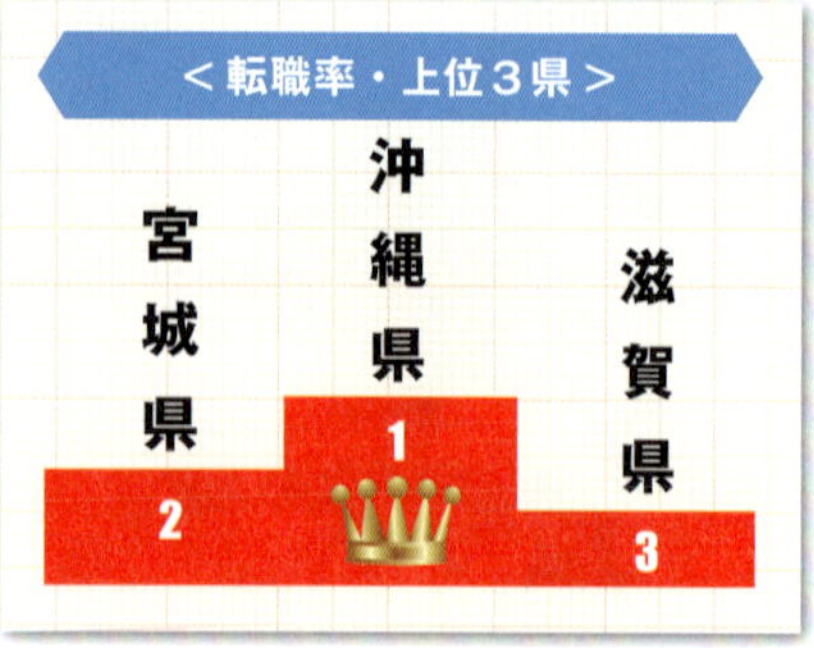

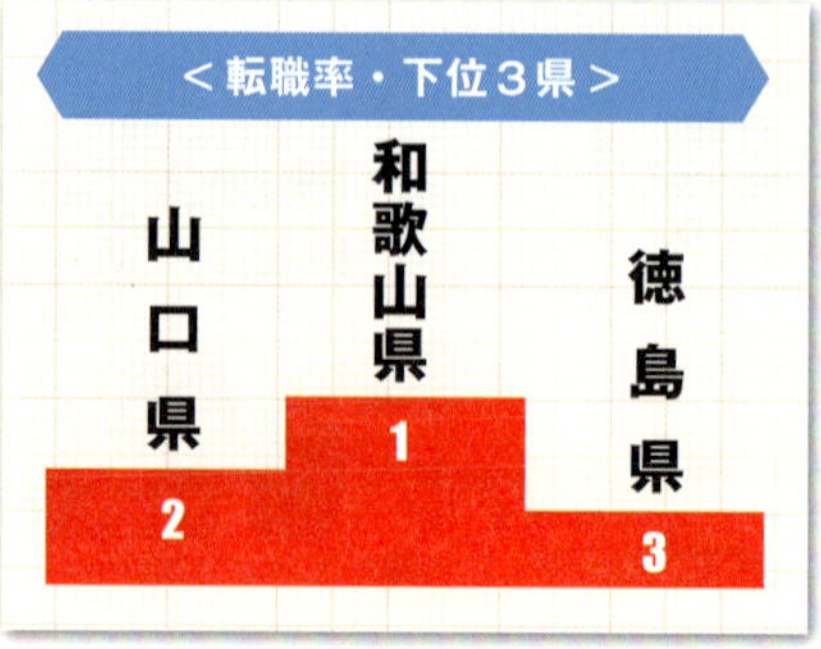

ランキング

順位	県名	データ	偏差値
1	沖縄県	6.18%	79.20
2	宮城県	5.88%	72.95
3	滋賀県	5.48%	64.62
4	福岡県	5.43%	63.57
5	北海道	5.38%	62.53
6	千葉県	5.30%	60.87
7	宮崎県	5.29%	60.66
8	岩手県	5.27%	60.24
9	埼玉県	5.26%	60.03
10	兵庫県	5.23%	59.41
11	鹿児島県	5.22%	59.20
12	神奈川県	5.20%	58.78
13	東京都	5.18%	58.37
14	熊本県	5.08%	56.28
15	大阪府	5.05%	55.66
16	茨城県	4.96%	53.78
17	静岡県	4.85%	51.49
18	長崎県	4.82%	50.86
19	京都府	4.79%	50.24
20	鳥取県	4.77%	49.82
21	佐賀県	4.74%	49.20
22	愛知県	4.73%	48.99
23	岐阜県	4.70%	48.36
24	山梨県	4.69%	48.16
25	群馬県	4.67%	47.74
25	石川県	4.67%	47.74
27	広島県	4.63%	46.91
28	愛媛県	4.61%	46.49
28	福島県	4.61%	46.49
30	大分県	4.60%	46.28
31	三重県	4.57%	45.66
32	岡山県	4.55%	45.24
33	奈良県	4.49%	43.99
34	山形県	4.44%	42.95
35	富山県	4.43%	42.74
35	島根県	4.43%	42.74
37	新潟県	4.40%	42.11
38	栃木県	4.35%	41.07
38	香川県	4.35%	41.07
40	秋田県	4.34%	40.86
41	福井県	4.33%	40.65
42	長野県	4.26%	39.20
42	高知県	4.26%	39.20
44	青森県	4.20%	37.95
45	徳島県	4.06%	35.03
46	山口県	3.93%	32.32
46	和歌山県	3.93%	32.32
-	全国	4.97%	-

就業構造基本調査（総務省統計局）

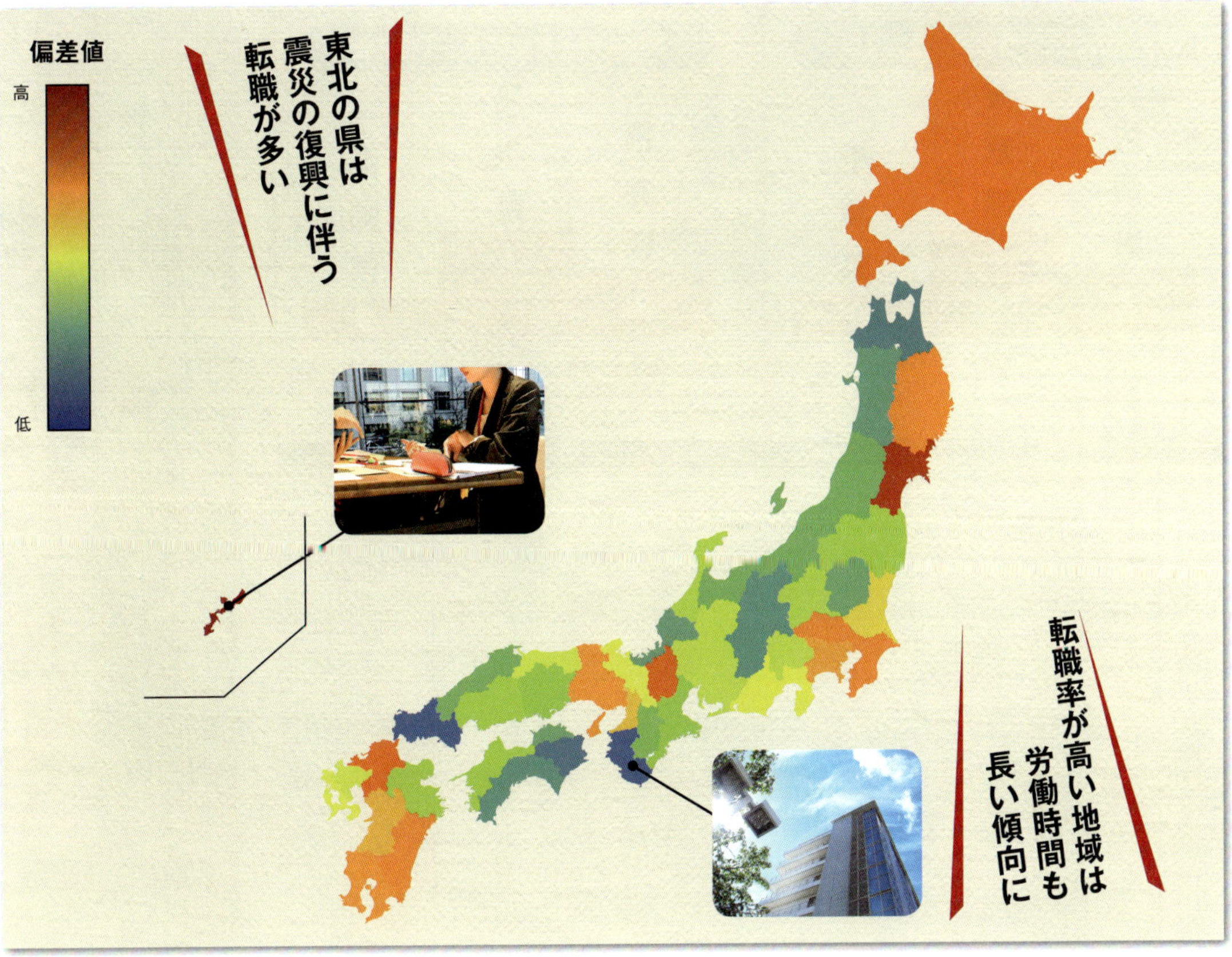
偏差値
高
低
東北の県は震災の復興に伴う転職が多い
転職率が高い地域は労働時間も長い傾向に

相関データ

【正の相関】

係数	項目
0.67	生産年齢人口増減率
0.66	非正規労働者数
0.65	学校給食費滞納率
0.62	総人口増減率
0.62	非正規雇用率
0.61	生産年齢人口
0.60	待機児童数
0.59	離婚件数
0.56	労働時間
0.53	2005年完全失業率

【負の相関】

係数	項目
-0.69	65歳以上人口（高齢者数）
-0.68	団塊の世代人口
-0.65	持ち家率
-0.64	戸建て率
-0.61	NHK受信料支払率
-0.59	老舗企業数
-0.59	老衰死亡者数
-0.58	書店数
-0.57	仕送り額
-0.56	住宅延べ床面積

沖縄がダントツで高い

総務省統計局の就業構造基本調査（2012年）を用いて、有業者のうち1年以内に転職した転職者の割合を比較しました。全国平均は4・97%です。

もっとも高いのは沖縄で6・18%。全国でも6%台は沖縄のみとなりました。

2位は宮城で5・88%、3位以下は滋賀、福岡、北海道の順となっています。

転職率が一番低いのは和歌山と山口で、3・93%。続いて徳島の4・06%。この3県は沖縄よりも2ポイント以上低くなっています。以下、青森、高知の順となりました。

宮城の転職率の高さは、調査年が東日本大震災の翌年で、震災の復興に伴って転職者が増加したことが影響しているようです。また、総じて首都圏、関西、九州で高くなる傾向がみられます。

外国人観光客訪問率

日本を訪れた外国人の約６割が東京を訪問。東京からの移動に時間がかかるところは低い結果に。

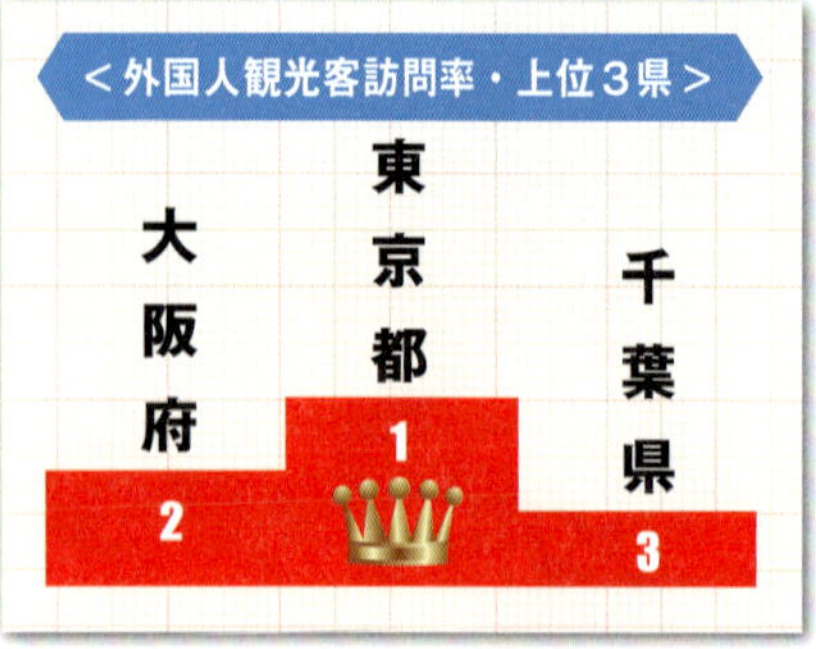

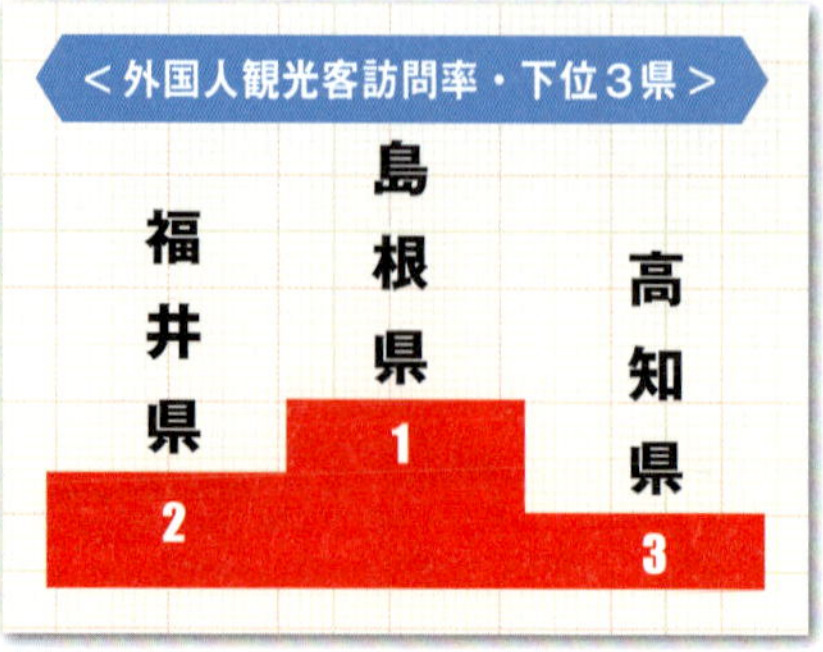

ランキング

順位	県名	データ	偏差値
1	東京都	50.56%	95.38
2	大阪府	34.44%	79.25
3	千葉県	31.93%	76.74
4	京都府	24.60%	69.40
5	神奈川県	11.08%	55.87
6	愛知県	9.50%	54.29
7	福岡県	9.45%	54.24
8	北海道	7.87%	52.66
9	兵庫県	6.31%	51.10
10	沖縄県	5.81%	50.60
11	奈良県	5.69%	50.48
12	山梨県	5.55%	50.34
13	静岡県	5.08%	49.87
14	大分県	4.04%	48.83
15	広島県	3.30%	48.09
16	長野県	2.97%	47.76
17	熊本県	2.70%	47.49
18	岐阜県	2.65%	47.44
19	長崎県	2.40%	47.19
20	石川県	1.81%	46.60
21	栃木県	1.68%	46.47
22	埼玉県	1.47%	46.26
23	和歌山県	1.28%	46.07
24	富山県	1.27%	46.06
25	茨城県	0.94%	45.73
26	宮城県	0.92%	45.71
27	岡山県	0.84%	45.63
28	鹿児島県	0.77%	45.56
29	山口県	0.72%	45.51
30	香川県	0.71%	45.50
31	滋賀県	0.67%	45.46
32	三重県	0.65%	45.44
32	新潟県	0.65%	45.44
32	群馬県	0.65%	45.44
35	佐賀県	0.63%	45.42
36	青森県	0.47%	45.26
37	愛媛県	0.39%	45.18
38	福島県	0.36%	45.15
39	山形県	0.29%	45.08
40	宮崎県	0.28%	45.07
41	秋田県	0.26%	45.05
42	岩手県	0.25%	45.04
43	鳥取県	0.22%	45.01
44	徳島県	0.19%	44.98
44	高知県	0.19%	44.98
46	福井県	0.18%	44.97
46	島根県	0.18%	44.97
-	全国	100.00%	-

訪日外客訪問地調査（観光庁）

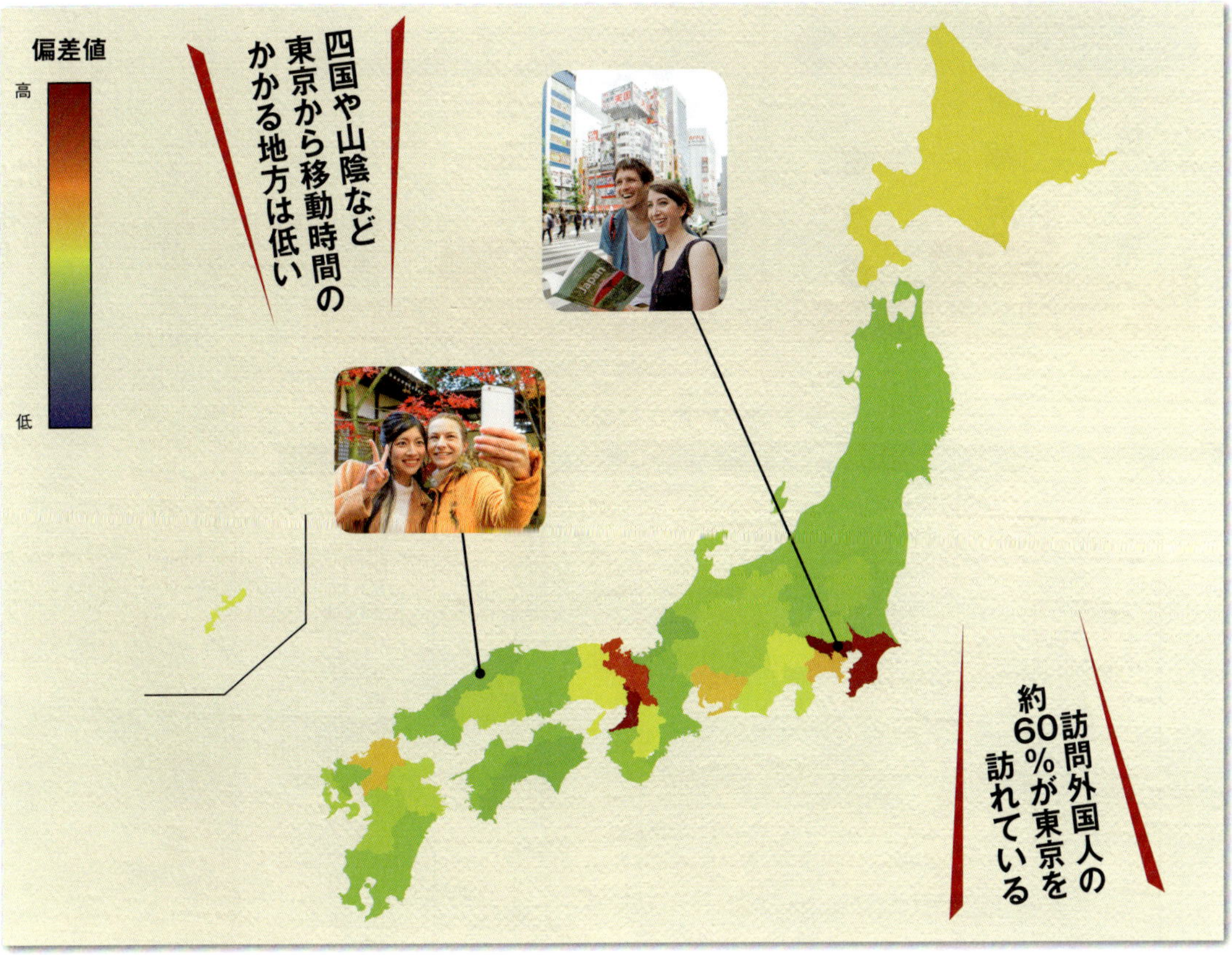

相関データ

【正の相関】

係数	項目
0.89	外国人宿泊率
0.89	鉄道旅客輸送量
0.84	在日イギリス人
0.82	携帯電話契約数
0.82	人口密度
0.81	在日フランス人
0.81	在日台湾人
0.80	在日イタリア人
0.79	分譲マンション率
0.79	上場企業数

【負の相関】

係数	項目
-0.86	自動車普及率
-0.78	自家用車通勤・通学率
-0.75	軽自動車普及率
-0.74	戸建て率
-0.69	ガソリン消費量
-0.66	交通事故死亡者数
-0.63	共働き率
-0.61	持ち家率
-0.60	道路延長
-0.59	住宅延べ床面積

人気は東京、大阪、京都

日本政府観光局の報道発表資料をもとにした、外国人観光客訪問率です。２００８年～２０１０年の3年間のデータを平均して比較しています。

トップは東京で59・23％。日本を訪れた外国人の半数以上が、東京を訪問したことになります。東京は日本の顔ともいえる都市なので、1位は順当な結果でしょう。ただしこのデータにはビジネス目的の外国人も含まれていますので注意が必要です。

2位は大阪で25％、3位の京都22％、以下、神奈川、千葉と続きます。反対に訪問率が少ないのは、下位から順に、高知０・13％、徳島、島根、鳥取は同率で０・２％となっています。

東京から移動するには時間のかかる地方はおのずと訪問率も少なくなるのでしょう。

医師数

医師不足が深刻化しているが、とくに東京をのぞく東日本で不足している西高東低型の分布を示す。

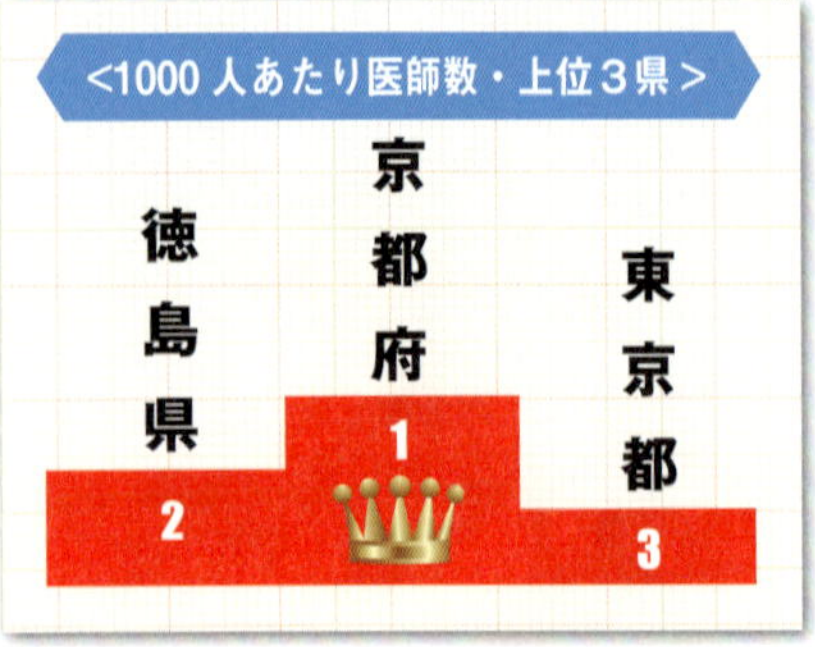

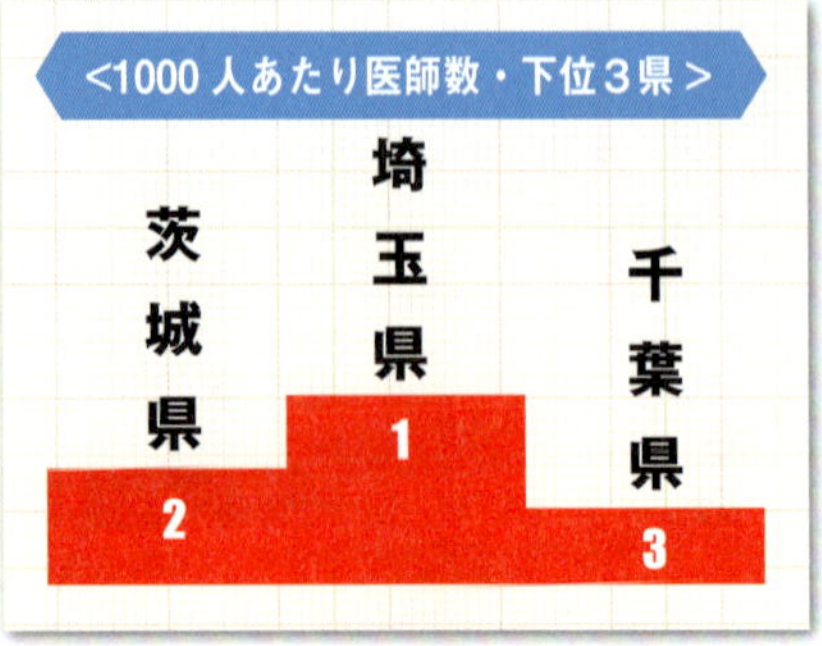

ランキング

順位	県名	データ	1000人あたり	偏差値
1	京都府	8,723人	3.35人	68.93
2	徳島県	2,500人	3.33人	68.56
3	東京都	44,136人	3.24人	66.29
4	鳥取県	1,805人	3.17人	64.53
5	高知県	2,276人	3.16人	64.29
6	福岡県	15,997人	3.13人	63.75
7	岡山県	5,975人	3.12人	63.41
8	長崎県	4,218人	3.09人	62.57
9	和歌山県	2,868人	3.01人	60.66
10	石川県	3,405人	2.96人	59.50
11	熊本県	5,230人	2.95人	59.25
12	香川県	2,813人	2.89人	57.95
13	佐賀県	2,377人	2.87人	57.39
14	島根県	1,975人	2.86人	57.18
15	大阪府	25,003人	2.83人	56.42
16	大分県	3,230人	2.78人	55.30
17	鹿児島県	4,461人	2.73人	53.87
18	愛媛県	3,745人	2.72人	53.83
19	広島県	7,534人	2.66人	52.19
20	山口県	3,615人	2.59人	50.68
21	富山県	2,723人	2.57人	50.04
22	福井県	2,002人	2.56人	49.88
23	兵庫県	13,979人	2.53人	49.21
24	宮崎県	2,754人	2.51人	48.74
25	奈良県	3,407人	2.51人	48.73
26	沖縄県	3,609人	2.51人	48.62
27	北海道	13,309人	2.49人	48.11
28	宮城県	5,653人	2.43人	46.65
29	山梨県	1,990人	2.40人	45.96
30	長野県	4,930人	2.36人	45.08
31	秋田県	2,384人	2.36人	45.06
32	群馬県	4,620人	2.35人	44.78
33	山形県	2,597人	2.33人	44.41
34	滋賀県	3,270人	2.31人	43.94
35	栃木県	4,498人	2.29人	43.31
36	三重県	4,081人	2.26人	42.57
37	愛知県	16,410人	2.19人	40.85
38	岐阜県	4,358人	2.16人	40.11
39	神奈川県	19,476人	2.13人	39.49
40	青森県	2,702人	2.09人	38.52
41	静岡県	7,662人	2.08人	38.23
42	岩手県	2,631人	2.07人	38.16
43	新潟県	4,698人	2.06人	37.69
44	福島県	3,888人	2.05人	37.45
45	千葉県	12,278人	1.97人	35.60
46	茨城県	5,513人	1.90人	33.89
47	埼玉県	12,172人	1.67人	28.38
-	全国	319,480人	2.52人	-

医師・歯科医師・薬剤師調査（厚生労働省）

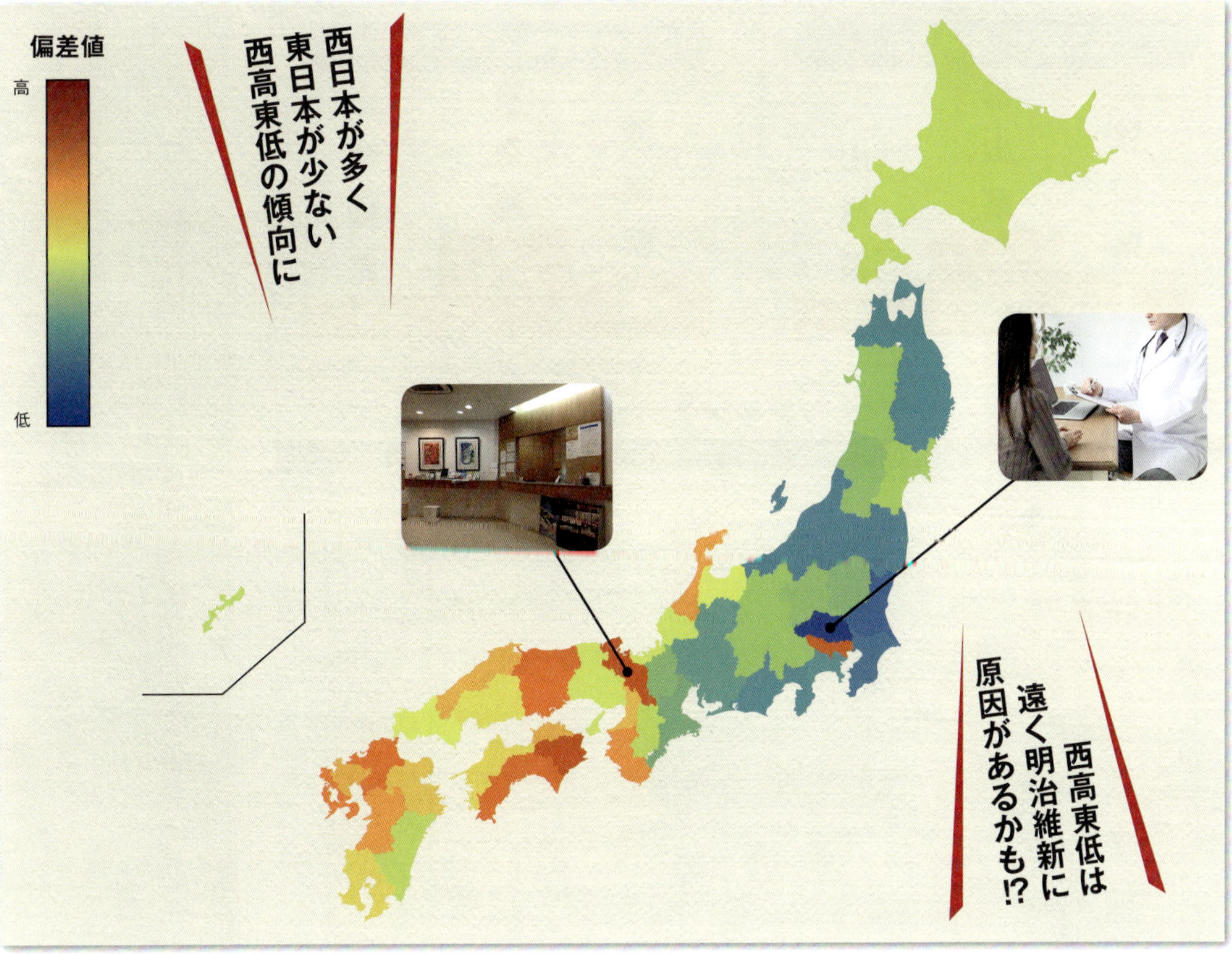
偏差値
高
低
西日本が多く
東日本が少ない
西高東低の傾向に
西高東低は
遠く明治維新に
原因があるかも⁉

相関データ

【正の相関】

係数	項目
1.00	現役医師数
0.96	男性医師数
0.85	内科医師数
0.80	女性医師数
0.75	診療所数
0.69	若手医師数
0.63	大学医学部数
0.63	一般病床数
0.58	看護師数
0.58	病院数

【負の相関】

係数	項目
-0.63	納豆消費量
-0.61	マグロ消費量
-0.57	豚肉消費量
-0.56	産科・産婦人科医師比率
-0.56	イトーヨーカドー店舗数
-0.56	サケ消費量
-0.53	地震回数（震度5弱以上：補正あり）
-0.50	小学生朝食摂取率
-0.48	子育て世帯数
-0.48	ペット飼育費用

京都は埼玉の約2倍

厚生労働省の医師・歯科医師・薬剤師調査をもとに、医療施設に従事する現役医師数を割り出し、人口10万人あたりで比較したものです。

トップは京都で308人でした。2位以下は、東京、徳島、高知、福岡と続いています。いっぽうの下位は、下から順に埼玉、茨城、千葉、新潟、福島となっています。

最下位の埼玉は153人なので、1位京都の約半分の医師数しかなく、上位と下位とでは大きな格差が生じています。

分布地図からわかるのは、四国や九州、山陰地方など西日本に偏在していることです。次に、東京近辺では東京に一極集中していることです。

その結果、埼玉、茨城、千葉など関東では医師の数が著しく不足しています。

持ち家率

富山を筆頭に、北陸・東北の各県が上位を占める。最下位の東京と46位の沖縄のみ50%を切っている。

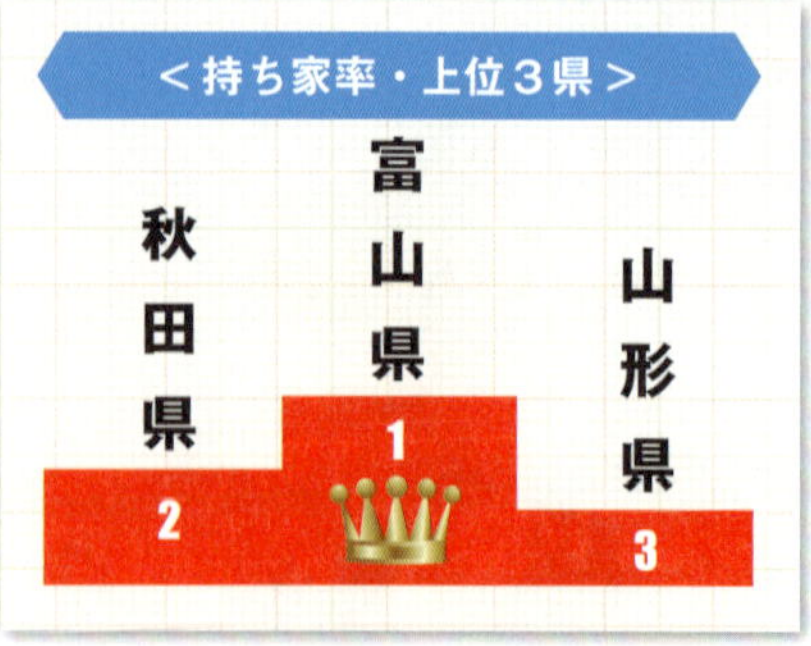

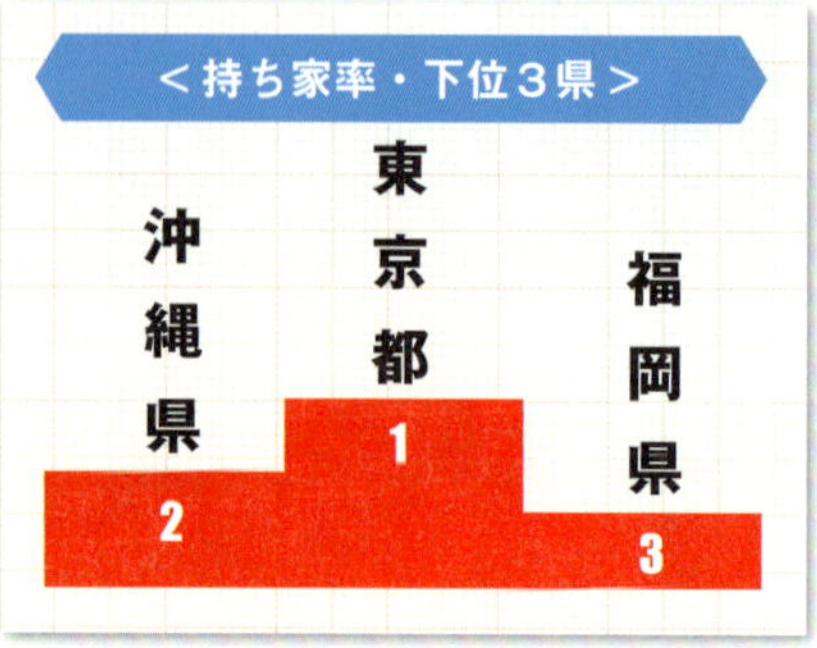

ランキング

順位	県名	データ	偏差値
1	富山県	79.48%	66.71
2	秋田県	78.18%	64.91
3	山形県	76.76%	62.95
4	福井県	76.53%	62.64
5	新潟県	75.55%	61.29
6	和歌山県	74.69%	60.10
7	岐阜県	74.62%	60.00
8	奈良県	73.93%	59.05
9	三重県	73.16%	57.99
10	長野県	72.99%	57.76
11	滋賀県	72.80%	57.49
12	島根県	72.02%	56.42
13	徳島県	71.89%	56.24
14	茨城県	71.40%	55.56
15	青森県	71.39%	55.55
16	山梨県	71.21%	55.30
17	香川県	71.08%	55.12
18	石川県	70.95%	54.94
19	栃木県	70.70%	54.60
20	群馬県	70.69%	54.58
21	佐賀県	70.50%	54.32
22	鳥取県	69.92%	53.52
23	岩手県	68.65%	51.77
24	岡山県	67.96%	50.82
25	静岡県	67.85%	50.67
26	宮崎県	67.57%	50.28
27	山口県	67.39%	50.03
28	愛媛県	66.54%	48.86
29	福島県	66.52%	48.83
30	千葉県	66.40%	48.67
31	埼玉県	66.37%	48.63
32	長崎県	66.13%	48.30
33	高知県	65.99%	48.10
34	鹿児島県	65.53%	47.47
35	熊本県	64.39%	45.90
36	大分県	63.78%	45.06
37	兵庫県	63.74%	45.00
38	広島県	62.69%	43.55
39	京都府	60.97%	41.18
40	神奈川県	59.01%	38.48
41	愛知県	58.88%	38.30
42	宮城県	58.17%	37.32
43	北海道	57.94%	37.00
44	大阪府	54.53%	32.30
45	福岡県	54.02%	31.60
46	沖縄県	48.32%	23.74
47	東京都	46.41%	21.10
-	全国	61.98%	-

住宅・土地統計調査（総務省統計局）

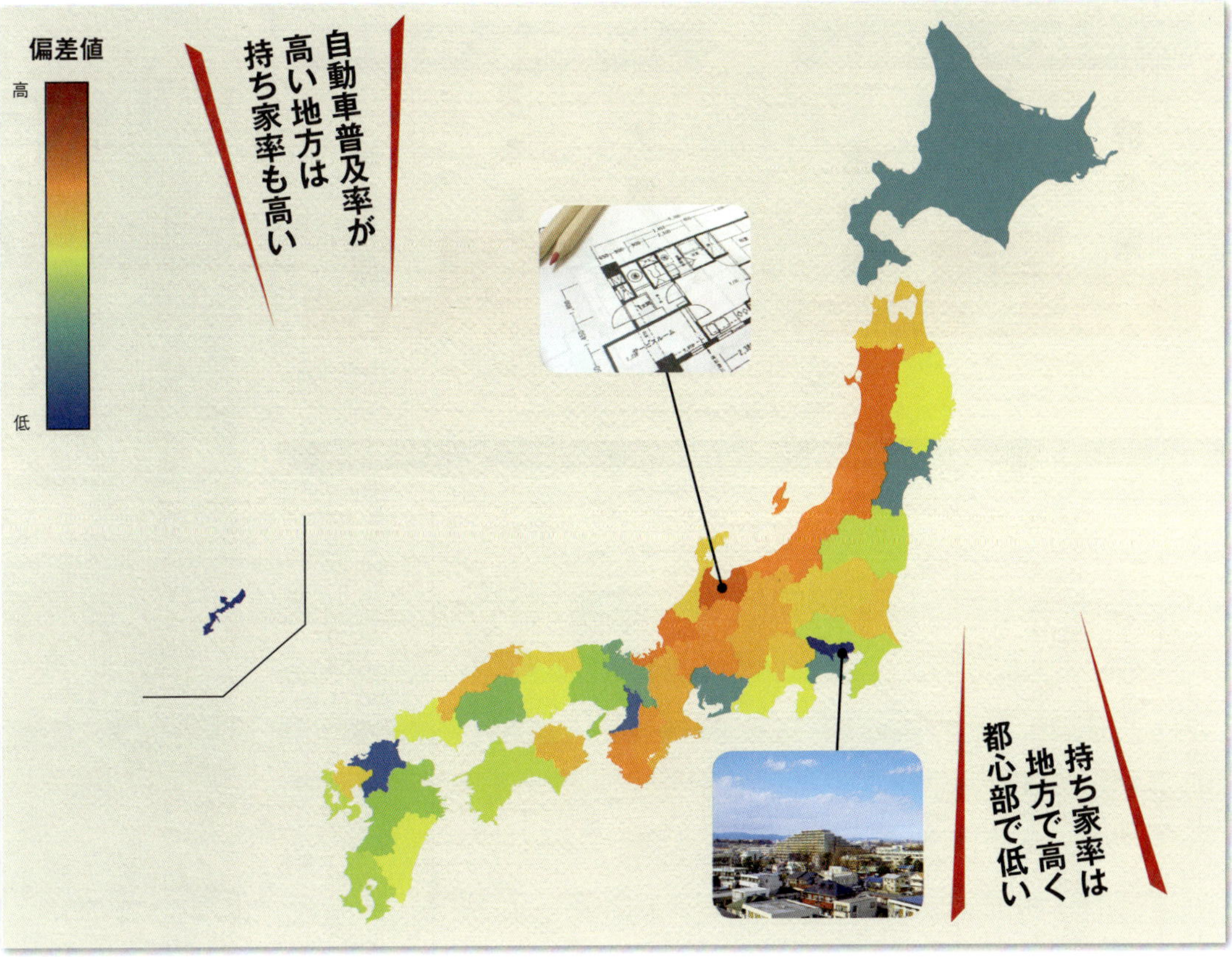
偏差値
高
低
自動車普及率が高い地方は持ち家率も高い
持ち家率は地方で高く都心部で低い

相関データ

【正の相関】係数	項目	【負の相関】係数	項目
0.88	住宅延べ床面積	-0.83	ひとり暮らし率
0.80	夫婦数	-0.79	分譲マンション率
0.79	持ち家住宅延べ床面積	-0.77	離婚件数
0.79	NHK受信料支払率	-0.75	人口集中度
0.72	ホームセンター店舗数	-0.70	生産年齢人口増減率
0.71	共働き率	-0.68	核家族率
0.70	自動車普及率	-0.67	生活保護受給者
0.70	三世代世帯人数	-0.66	総人口増減率
0.68	小学生新聞購読率	-0.66	人口
0.67	自家用車通勤・通学率	-0.65	転職率

富山は8割近くが持ち家

総務省の住宅・土地統計調査を用い、全世帯に占める持ち家住宅世帯の比率を比較したものです。全国平均は61・84%と50%を超えています。

1位は79・38%と8割近い世帯が持ち家で暮らしている富山。以下、秋田、山形、福井、新潟と、北陸・東北の県が上位を独占しています。

いっぽう、もっとも低いのは東京の45・94%でした。東京は住宅地地価が日本一高い地域なので、これは当然の結果といえるでしょう。東京に続く低い県は、沖縄、福岡、大阪、北海道の順となりました。

持ち家率は、地方で高く都心部で低いことが明らかです。また、自動車普及率と正の相関関係にあることから、交通手段に自動車が欠かせない地方で持ち家率が高いことがわかります。

自動車普及率

栃木はほぼ100%近い普及率を誇る。もっとも低いのは東京で、そのほかの都市部も低い傾向に。

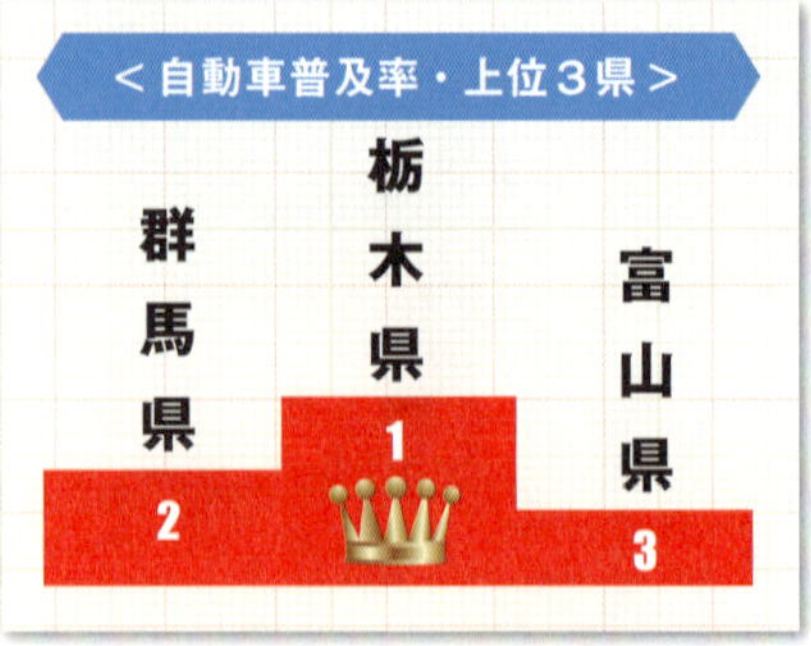

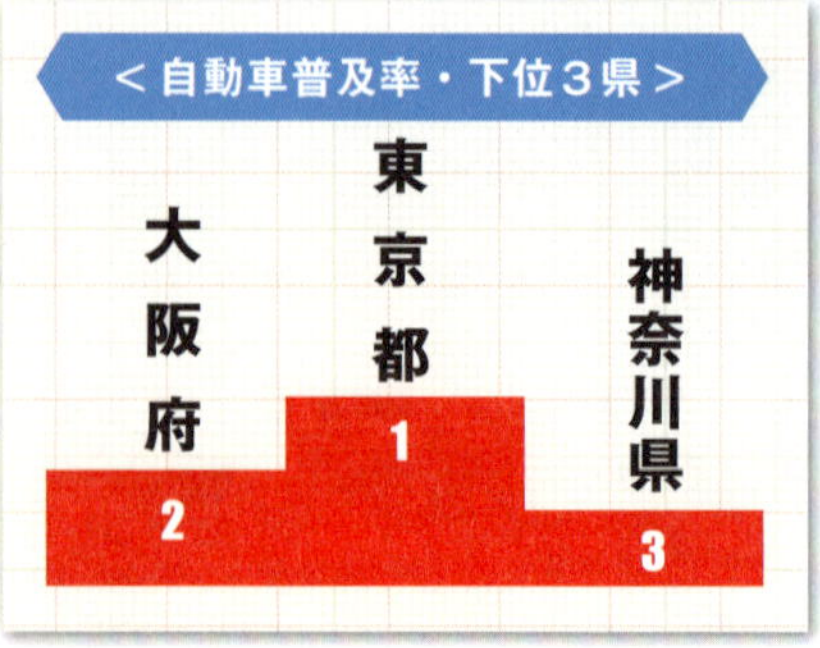

ランキング

順位	県名	データ	偏差値
1	栃木県	97.8%	59.06
2	群馬県	96.9%	57.82
3	富山県	96.8%	57.68
3	山梨県	96.8%	57.68
5	石川県	96.4%	57.13
6	長野県	96.3%	56.99
7	山形県	96.2%	56.85
8	岡山県	96.1%	56.71
9	茨城県	95.7%	56.16
9	島根県	95.7%	56.16
11	三重県	95.6%	56.02
12	徳島県	95.5%	55.88
13	和歌山県	95.3%	55.61
14	福井県	95.2%	55.47
15	岐阜県	95.1%	55.33
15	宮崎県	95.1%	55.33
17	熊本県	95.0%	55.19
18	香川県	94.8%	54.91
19	新潟県	94.7%	54.77
20	鳥取県	94.6%	54.64
21	鹿児島県	94.4%	54.36
21	福島県	94.4%	54.36
23	佐賀県	94.3%	54.22
24	岩手県	94.1%	53.94
25	大分県	94.0%	53.81
26	秋田県	93.7%	53.39
26	山口県	93.7%	53.39
28	静岡県	93.6%	53.25
29	愛知県	92.7%	52.01
30	愛媛県	92.6%	51.87
31	滋賀県	92.5%	51.73
32	青森県	92.1%	51.18
33	宮城県	91.0%	49.66
34	広島県	90.9%	49.52
35	高知県	90.8%	49.38
36	福岡県	89.7%	47.86
37	奈良県	88.4%	46.06
38	北海道	87.8%	45.23
39	沖縄県	87.2%	44.40
40	長崎県	86.9%	43.98
41	埼玉県	85.1%	41.49
42	千葉県	83.3%	39.00
43	京都府	81.8%	36.93
44	兵庫県	81.7%	36.79
45	神奈川県	75.3%	27.93
46	大阪府	70.4%	21.15
47	東京都	60.7%	7.73
-	全国	85.5%	-

全国消費実態調査（総務省統計局）

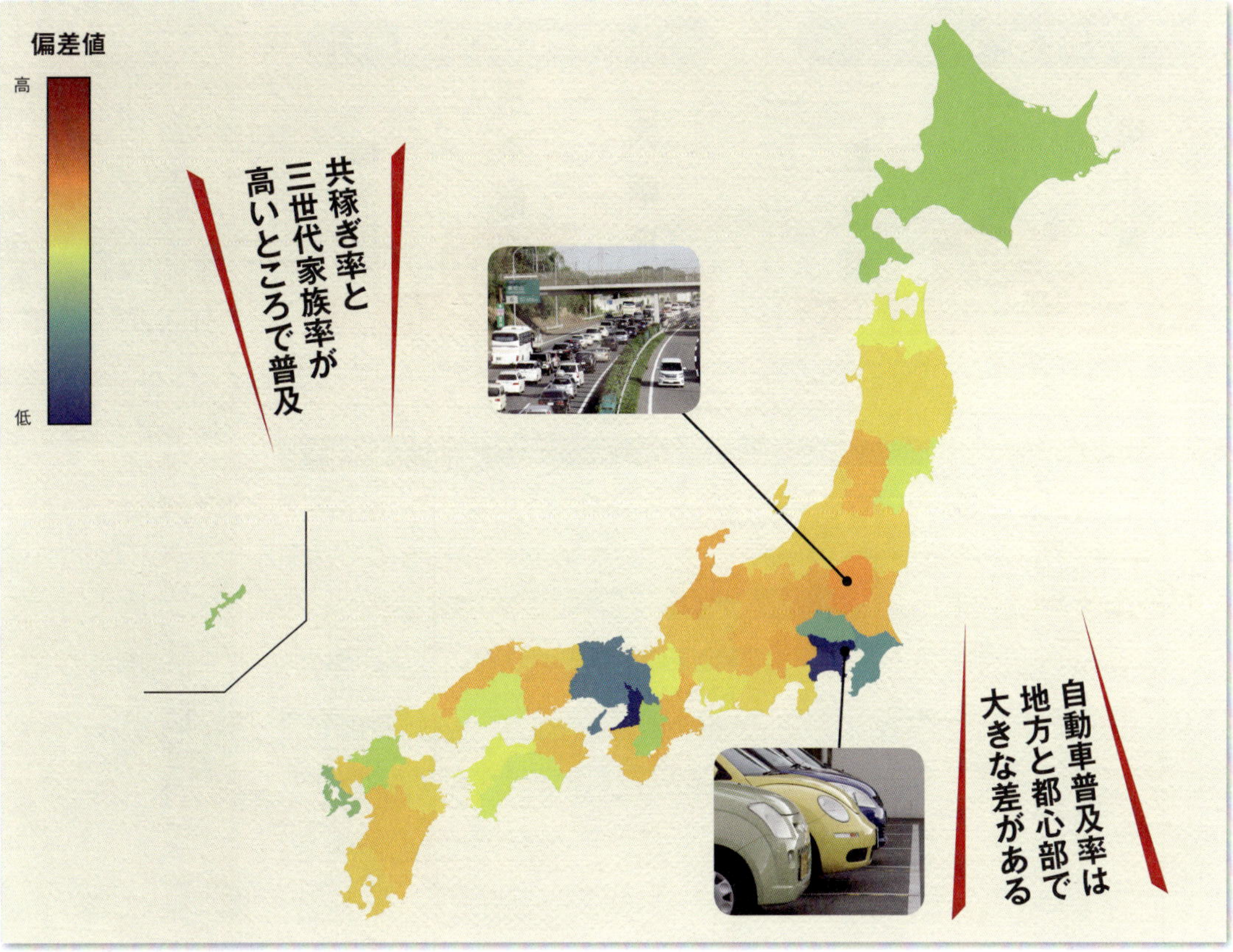
偏差値
高
低
共稼ぎ率と三世代家族率が高いところで普及
自動車普及率は地方と都心部で大きな差がある

相関データ

【正の相関】

係数	項目
0.95	自動車保有台数
0.93	自動車普及率（2台以上）
0.92	自家用車通勤・通学率
0.87	自動車販売店数
0.85	戸建て率
0.84	軽自動車普及率
0.84	ガソリン消費量
0.83	運転免許保有者数
0.77	ガソリンスタンド数
0.75	交通事故死亡者数

【負の相関】

係数	項目
-0.92	鉄道旅客輸送量
-0.89	基準地価：住宅地
-0.89	人口密度
-0.88	公共交通機関通勤・通学率
-0.88	基準地価：商業地
-0.85	人口集中度
-0.85	鉄道通勤・通学率
-0.84	人口
-0.81	家賃
-0.74	乗合バス旅客輸送量

地方が多く都心部は少ない

総務省の全国消費実態調査をもとにした、2人以上の世帯を対象にした自動車普及率のランキングです。全国平均は85・5%となりました。

首位は栃木の97・8%。2位以下は、群馬、富山、山梨と95%以上の県が続きます。

逆にもっとも普及率が低いのは東京で60・7%。以下、低い順に、大阪、神奈川、兵庫、京都と都市部が続きます。

この結果から自動車の普及率は地方で高く、都市部ほど低くなっていることがわかります。

さらに、自動車普及率は人口集中度と強い負の相関があります。これはつまり、人口のまばらな地方では移動手段にマイカーを使う率が高く、人口が集中している都市部ではマイカー以外の電車やバスを使う割合が高いということです。

共働き率

全国平均は57・59%と、過半数が共働き世帯。地方で高く都市部で低い傾向が顕著となっている。

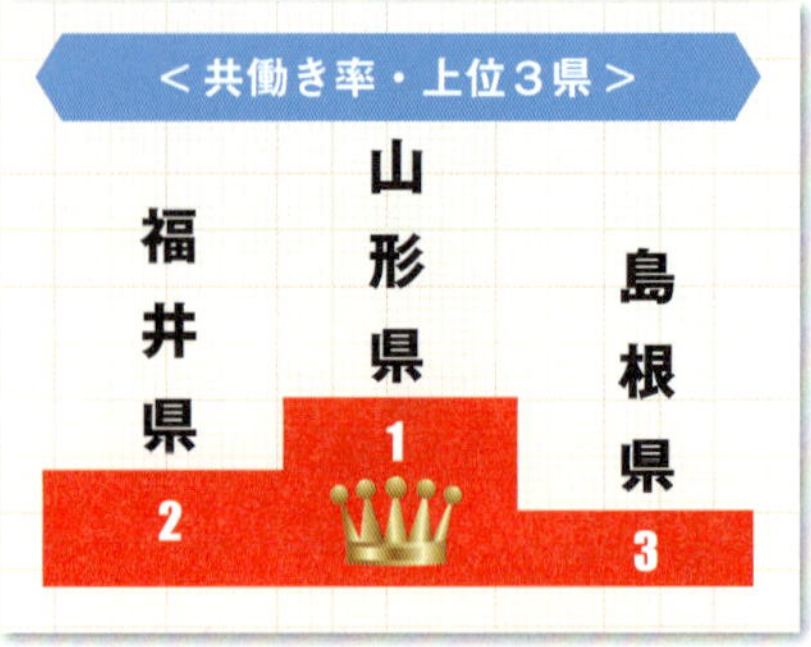

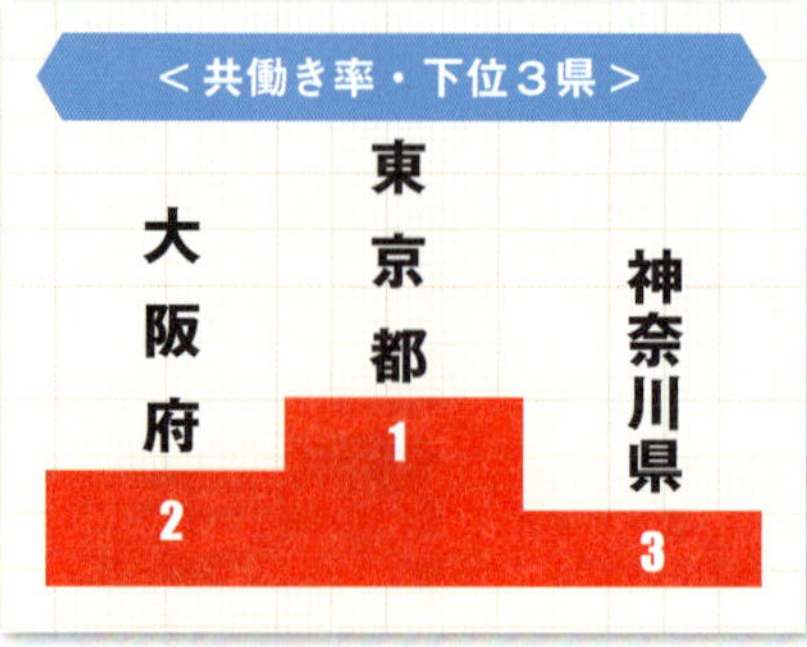

ランキング

順位	県名	データ	偏差値
1	山形県	71.15%	67.39
2	福井県	70.50%	66.21
3	島根県	70.22%	65.70
4	富山県	69.08%	63.63
5	新潟県	68.67%	62.89
6	鳥取県	68.65%	62.85
7	石川県	67.88%	61.46
8	長野県	67.10%	60.04
9	秋田県	66.95%	59.77
10	岩手県	66.78%	59.46
11	佐賀県	66.70%	59.32
12	宮崎県	66.01%	58.07
13	熊本県	64.65%	55.60
14	青森県	64.55%	55.42
15	岐阜県	64.51%	55.34
16	山梨県	64.46%	55.25
17	福島県	63.88%	54.20
18	高知県	63.31%	53.17
19	群馬県	63.05%	52.70
20	静岡県	62.99%	52.59
21	徳島県	62.97%	52.55
22	長崎県	62.93%	52.48
23	鹿児島県	62.71%	52.08
24	大分県	62.44%	51.59
25	岡山県	61.91%	50.63
26	香川県	61.86%	50.54
27	愛媛県	61.49%	49.87
28	三重県	61.41%	49.72
29	栃木県	60.76%	48.54
30	茨城県	60.15%	47.44
31	滋賀県	59.98%	47.13
32	山口県	59.49%	46.24
33	和歌山県	59.21%	45.73
34	広島県	59.11%	45.55
35	宮城県	58.23%	43.96
36	愛知県	58.22%	43.94
37	京都府	57.25%	42.18
38	福岡県	55.94%	39.80
39	埼玉県	55.34%	38.71
40	北海道	55.23%	38.51
41	沖縄県	54.37%	36.95
42	千葉県	54.05%	36.37
43	兵庫県	53.38%	35.16
44	奈良県	52.08%	32.80
45	神奈川県	51.33%	31.44
46	大阪府	50.55%	30.03
47	東京都	49.98%	28.99
-	全国	57.59%	-

国勢調査（総務省統計局）

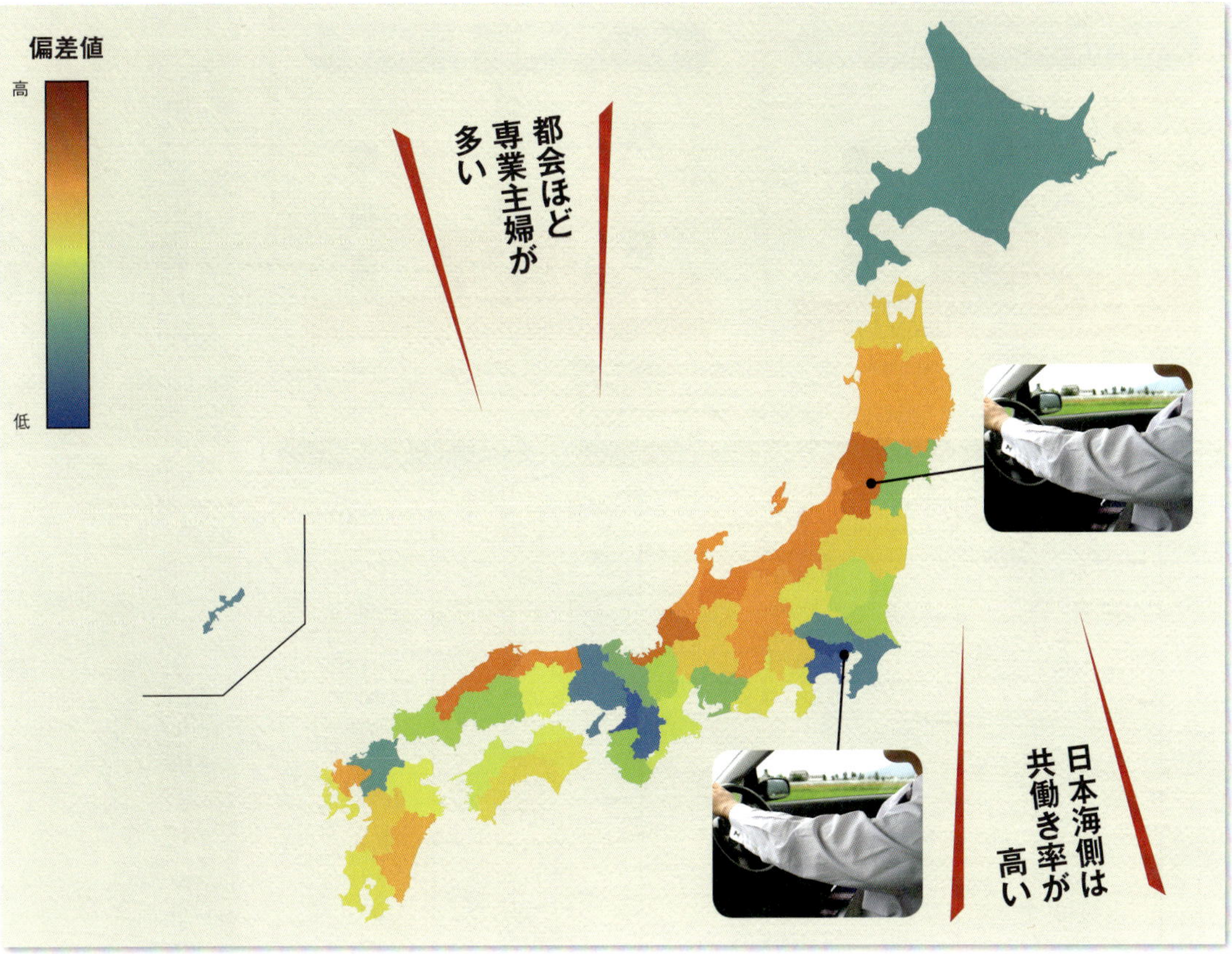

相関データ

【正の相関】

係数	項目
0.86	自家用車通勤・通学率
0.85	自動車普及率（2台以上）
0.84	住宅延べ床面積
0.84	戸建て率
0.80	中学生朝食摂取率
0.80	軽自動車普及率
0.80	三世代世帯人数
0.75	ガソリン消費量
0.75	体育館数
0.73	農業就業人口

【負の相関】

係数	項目
-0.84	分譲マンション率
-0.83	人口集中度
-0.82	公共交通機関通勤・通学率
-0.82	小学生携帯電話・スマートフォン所有率
-0.82	核家族率
-0.80	通勤時間
-0.80	鉄道通勤・通学率
-0.78	中学生携帯電話・スマートフォン所有率
-0.73	40代ひとり暮らし
-0.72	人口

地方は高く都市部は低い

共働き率は、国勢調査から割り出した「夫も妻も就業者である夫婦世帯」の割合です。全国平均は57・59％でした。

上位5県は、山形、福井、島根、富山、新潟と日本海側の県が占めており、このうち上位3県は、すべて70％を超えています。

反対に率が低いのは、下位から東京、大阪、神奈川、奈良、兵庫です。

このことから、共働き率は地方で高く、大都市で低いことがわかります。つまり、都市部ほど専業主婦が多いということです。

共働き率の高い地方ほど大家族で、低い地方ほど核家族率が高いという相関があります。

これは、地方では高度経済成長期に生まれた「サラリーマン＋専業主婦」というスタイルがさほど広まらなかったことを示しています。

婚姻件数

全体に、西日本で多く東日本で少ない傾向に。首位の沖縄は、離婚率でもトップとなっている。

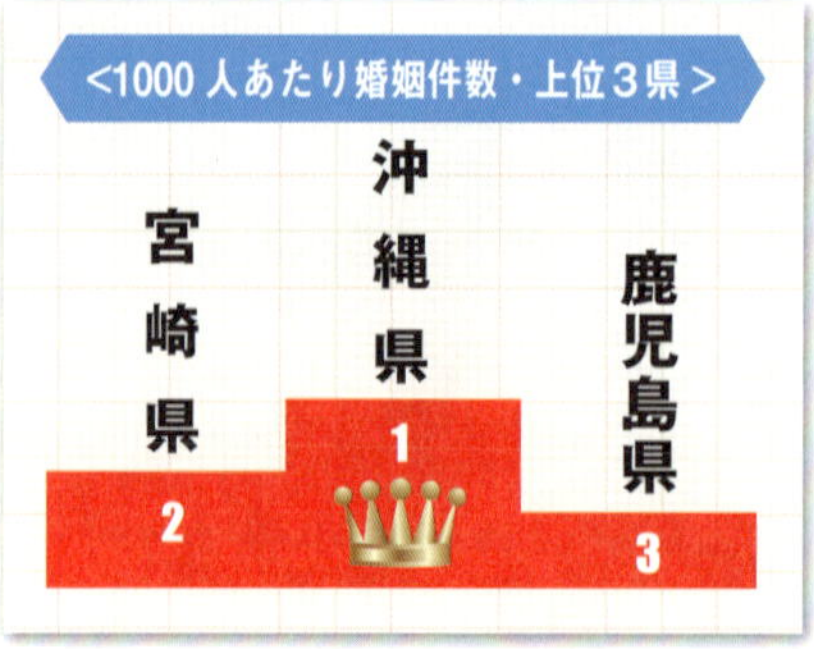

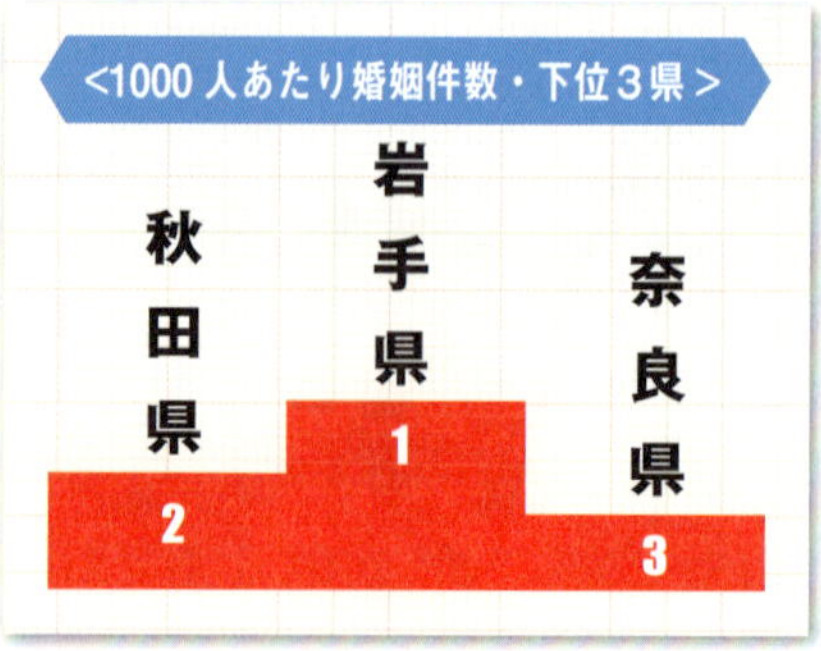

ランキング

順位	県名	データ	1000人あたり	偏差値
1	沖縄県	8,464件	17.77件	79.17
2	宮崎県	5,097件	17.09件	71.01
3	鹿児島県	7,483件	16.94件	69.16
4	東京都	86,009件	16.78件	67.29
5	香川県	4,593件	16.42件	62.91
6	長崎県	6,013件	16.28件	61.26
7	福岡県	26,567件	16.26件	61.01
8	福島県	8,682件	16.22件	60.60
9	大阪府	46,186件	16.01件	58.12
10	愛知県	40,671件	15.90件	56.77
11	熊本県	7,976件	15.81件	55.70
12	大分県	5,151件	15.80件	55.56
13	北海道	24,636件	15.71件	54.52
14	佐賀県	3,726件	15.71件	54.45
15	和歌山県	4,061件	15.69件	54.25
16	静岡県	17,079件	15.61件	53.29
17	広島県	13,594件	15.52件	52.22
18	山口県	5,906件	15.50件	51.97
19	山梨県	3,673件	15.42件	51.00
20	長野県	8,967件	15.39件	50.60
21	愛媛県	5,861件	15.38件	50.56
22	福井県	3,453件	15.35件	50.12
23	徳島県	3,177件	15.30件	49.61
24	兵庫県	25,808件	15.30件	49.59
25	岡山県	8,916件	15.28件	49.36
26	高知県	2,916件	15.25件	48.98
27	栃木県	9,321件	15.25件	48.97
28	鳥取県	2,444件	15.20件	48.36
29	三重県	8,174件	15.14件	47.62
30	神奈川県	46,695件	15.04件	46.44
31	島根県	2,753件	15.03件	46.30
32	茨城県	13,201件	14.91件	44.94
33	宮城県	11,127件	14.87件	44.44
34	滋賀県	6,822件	14.77件	43.18
35	富山県	4,486件	14.76件	43.06
36	青森県	5,135件	14.72件	42.65
37	千葉県	29,610件	14.71件	42.46
38	石川県	5,126件	14.60件	41.14
39	岐阜県	8,581件	14.39件	38.71
40	京都府	12,143件	14.37件	38.48
41	新潟県	9,311件	14.36件	38.37
42	群馬県	8,444件	14.28件	37.40
43	山形県	4,284件	14.19件	36.34
44	埼玉県	34,199件	14.18件	36.22
45	奈良県	5,628件	14.18件	36.12
46	秋田県	3,510件	14.09件	35.03
47	岩手県	4,872件	14.06件	34.69
-	全国	620,531件	15.50件	-

人口動態調査（厚生労働省）

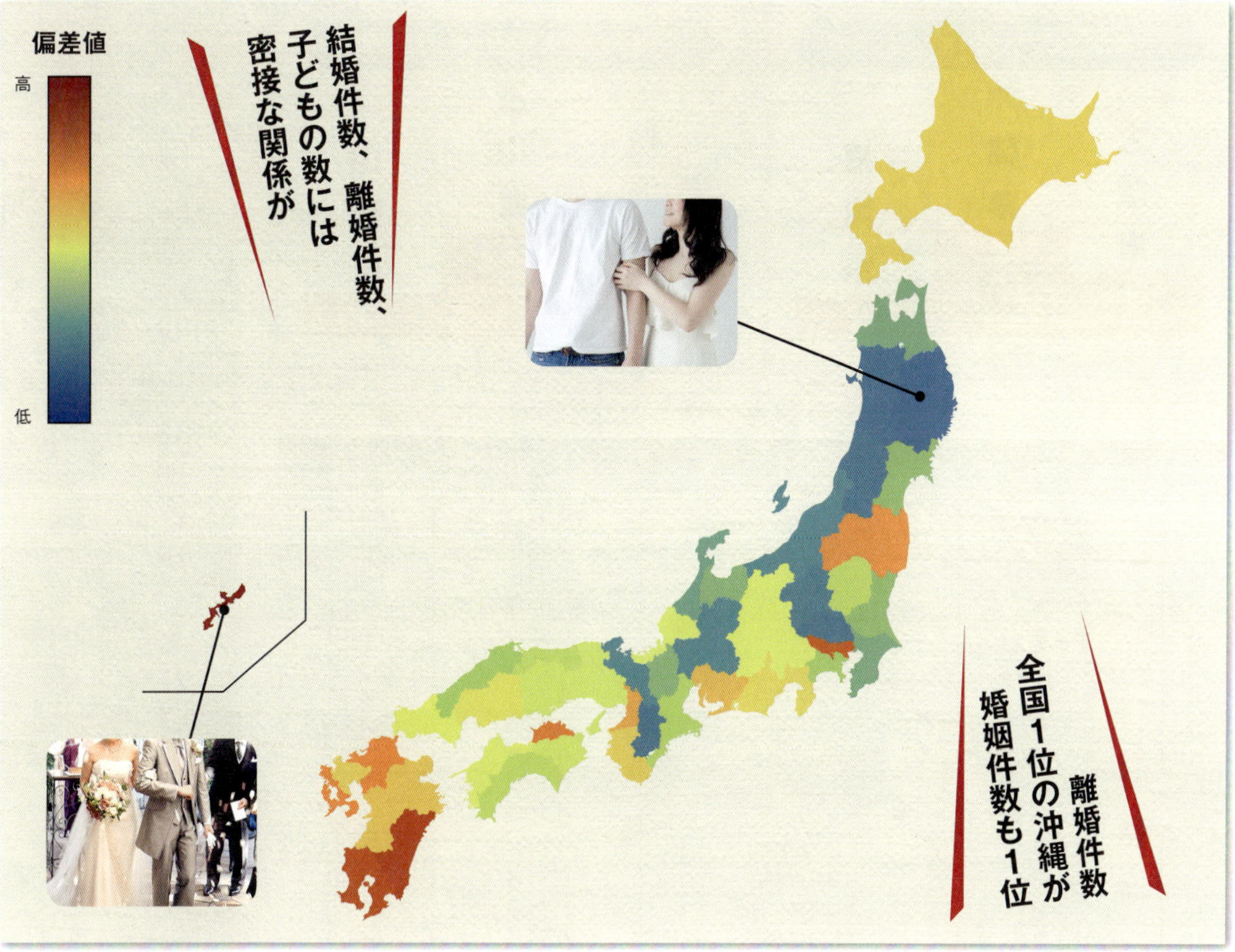
偏差値
高
低
結婚件数、離婚件数、子どもの数には密接な関係が
離婚件数全国1位の沖縄が婚姻件数も1位

相関データ

【正の相関】

係数	項目
0.72	再婚件数
0.71	離婚件数
0.60	60歳以上女性未婚率
0.59	独居老人（60代以上ひとり暮らし）
0.58	飲み屋店舗数
0.56	父子・母子家庭数
0.55	50代ひとり暮らし
0.54	弁当店・テイクアウト店店舗数
0.53	合計特殊出生率
0.52	貧困率

【負の相関】

係数	項目
-0.64	漬物消費量
-0.57	持ち家率
-0.56	日本酒消費量
-0.55	胃がん死亡率
-0.55	20代男性未婚率
-0.52	胃がん死亡率：女性
-0.51	高校進学率
-0.51	夫婦数
-0.51	住宅延べ床面積
-0.48	NHK受信料支払率

結婚率の高い沖縄

厚生労働省の人口動態調査をもとに、結婚適齢人口1000人あたりの婚姻件数を比較したランキングです。なお、ここでは結婚適齢を18歳〜44歳としています。

全国平均15・5件のところ、1位は沖縄の17・77件、2位は宮崎の17・09件。3位以下は鹿児島、東京、香川の順です。婚姻件数が少ないのは、最下位から順に、岩手、秋田、奈良、埼玉、山形と続き、東北地方の県がベスト5に3つも入っています。

全体的な傾向として、西日本で多く東日本で少ない傾向にあることがわかります。

婚姻件数は離婚件数と正の相関があります。結婚しないと離婚もできないので、結婚件数が多いと離婚件数も多くなるのです。ちなみに、沖縄は婚姻・離婚件数とも全国トップです。

離婚件数

トップは沖縄の1・28件だが、それ以外では太平洋側で多く、日本海側では少ない傾向がみられる。

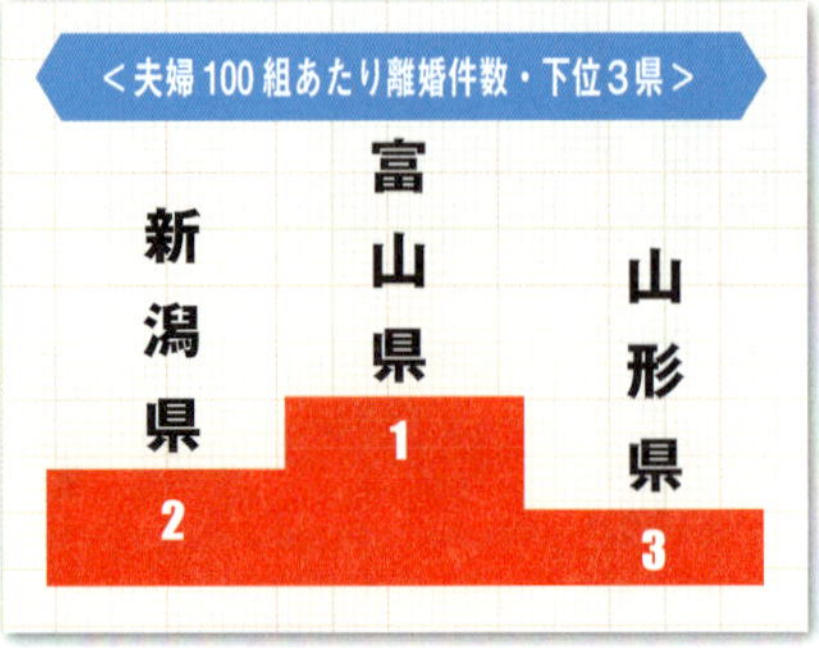

ランキング

順位	県名	データ	100組あたり	偏差値
1	沖縄県	3,700件	1.28件	99.32
2	大阪府	17,279件	0.87件	64.86
3	福岡県	9,772件	0.86件	63.90
4	宮崎県	2,202件	0.84件	62.43
5	北海道	10,476件	0.83件	61.11
6	東京都	23,470件	0.82件	60.19
7	鹿児島県	2,891件	0.76件	55.18
8	和歌山県	1,771件	0.75件	54.86
9	高知県	1,228件	0.75件	54.45
10	神奈川県	15,673件	0.73件	52.52
11	大分県	1,999件	0.72件	52.08
12	福島県	3,278件	0.72件	52.02
13	青森県	2,164件	0.71件	51.40
14	岡山県	3,245件	0.71件	51.40
15	京都府	4,222件	0.71件	51.20
16	埼玉県	12,481件	0.71件	51.09
17	栃木県	3,429件	0.71件	51.09
18	佐賀県	1,378件	0.71件	50.92
19	千葉県	10,612件	0.71件	50.85
20	兵庫県	9,302件	0.70件	50.50
21	愛知県	12,464件	0.70件	50.17
22	宮城県	3,783件	0.70件	50.11
23	熊本県	2,915件	0.70件	49.94
24	鳥取県	937件	0.69件	49.77
25	広島県	4,691件	0.69件	49.53
26	静岡県	6,237件	0.68件	49.00
27	香川県	1,613件	0.68件	48.97
28	愛媛県	2,244件	0.68件	48.85
29	山梨県	1,369件	0.68件	48.39
30	長崎県	2,169件	0.68件	48.32
31	群馬県	3,241件	0.68件	48.29
32	茨城県	4,816件	0.67件	48.12
33	徳島県	1,184件	0.66件	46.67
34	三重県	2,923件	0.65件	45.97
35	奈良県	2,183件	0.64件	45.17
36	山口県	2,149件	0.64件	45.08
37	滋賀県	2,202件	0.63件	44.67
38	岩手県	1,877件	0.62件	43.26
39	長野県	3,180件	0.61件	42.38
40	岐阜県	3,058件	0.60件	41.65
41	石川県	1,653件	0.60件	41.54
42	福井県	1,119件	0.57件	39.76
43	島根県	949件	0.56件	38.78
44	秋田県	1,393件	0.55件	37.53
45	山形県	1,522件	0.54件	36.66
46	新潟県	2,987件	0.52件	35.53
47	富山県	1,368件	0.51件	34.52
-	全国	216,798件	0.73件	-

人口動態調査（厚生労働省）

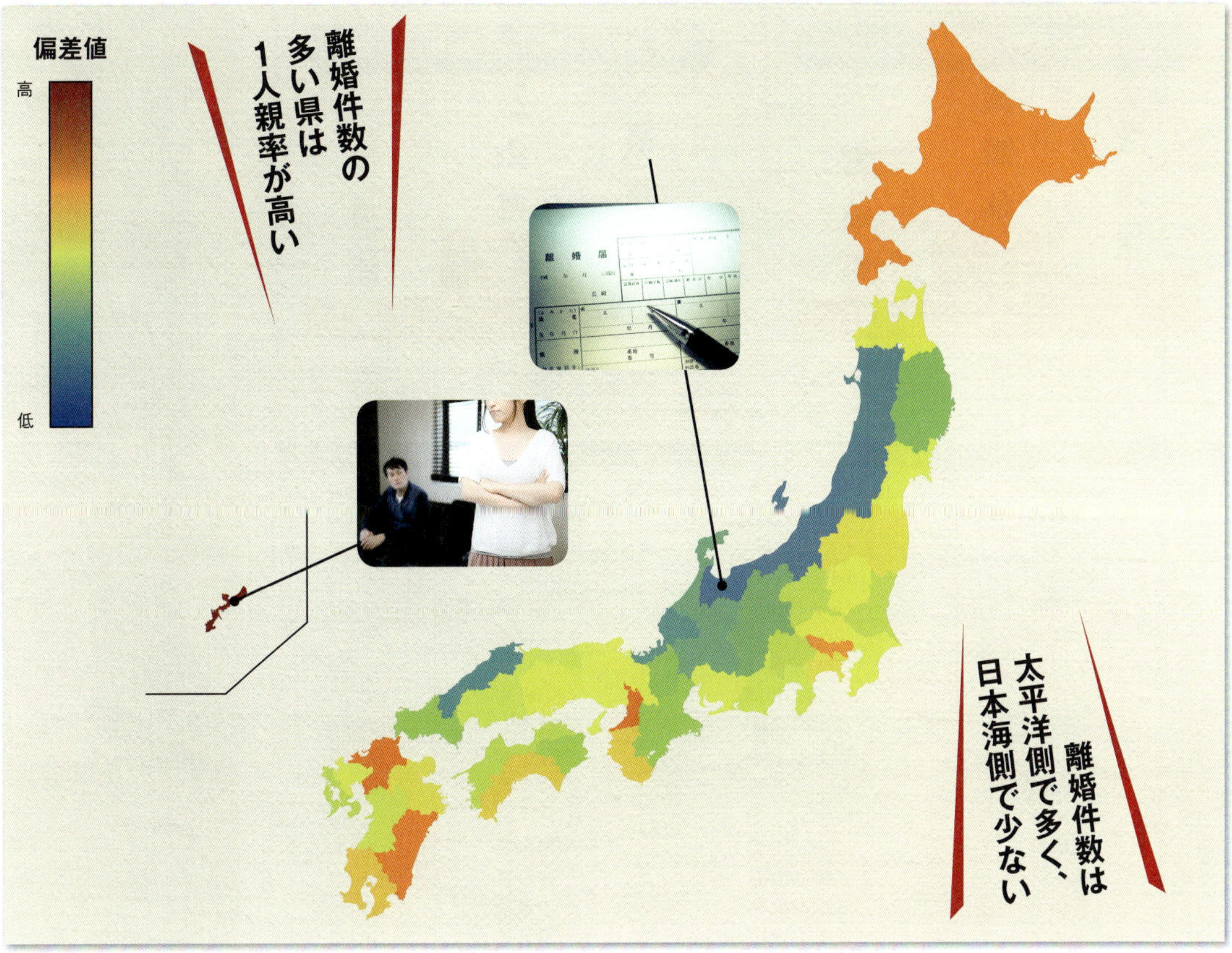
偏差値
高
低
離婚件数の多い県は1人親率が高い
離婚件数は太平洋側で多く、日本海側で少ない

相関データ

【正の相関】

係数	項目
0.76	学校給食費滞納率
0.76	2005年完全失業率
0.72	60歳以上女性未婚率
0.71	子育て世帯の相対的貧困率
0.71	婚姻件数
0.69	センター試験浪人率
0.68	再婚件数
0.67	少年犯罪検挙人数
0.66	非正規雇用率
0.65	待機児童数

【負の相関】

係数	項目
-0.82	NHK受信料支払率
-0.77	持ち家率
-0.73	住宅延べ床面積
-0.72	夫婦数
-0.71	小学生地域行事参加率
-0.71	全国学力テスト（知識：A）
-0.69	高校進学率
-0.65	全国学力テスト（活用：B）
-0.64	中学生部活動参加率
-0.64	戸建て率

離婚率1位は沖縄

厚生労働省の人口動態調査をもとに、夫婦100組あたりの1年間の離婚件数を比較しました。「1年間」の件数であることに注意してください。

1位は沖縄で1・28件。全国平均0・73件の1・8倍の多さです。2位以下は、大阪、福岡、宮崎、北海道の順。反対に離婚件数が少ないのは、下位から富山、新潟、山形、秋田、島根となり、日本海側の県が並びます。

この分布から、離婚件数は太平洋側で多く日本海側で少ない傾向にあることがわかります。

さらに離婚件数は父子・母子家庭率と、また年間完全失業率とも正の相関関係にあります。失業率が高い地域で離婚件数が多いのは、不安定な経済環境が離婚の原因のひとつになっている、あるいは離婚が失業率を引き上げていると考えられます。

父子・母子家庭数

18歳未満の子どもがいる世帯のうち、6・67世帯が父子・母子家庭。実数にして約76万世帯。

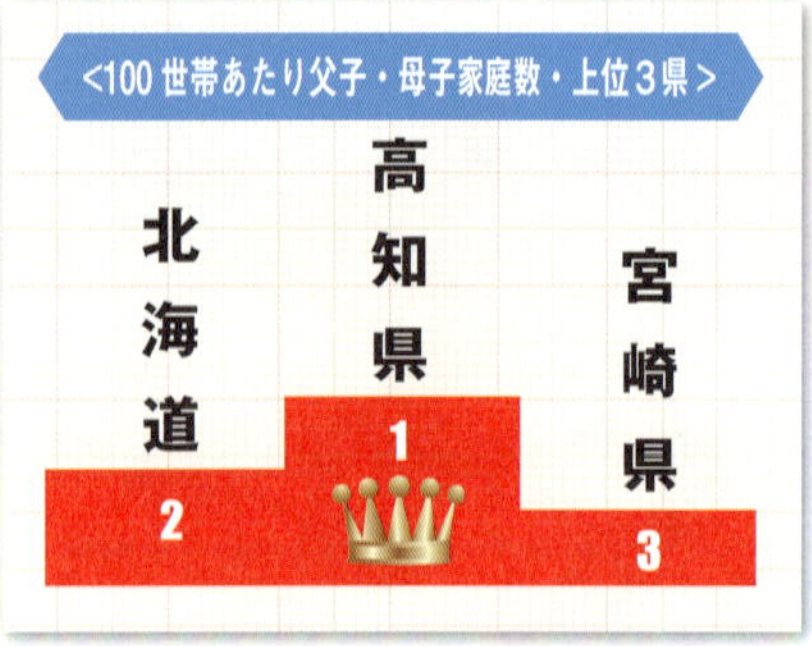

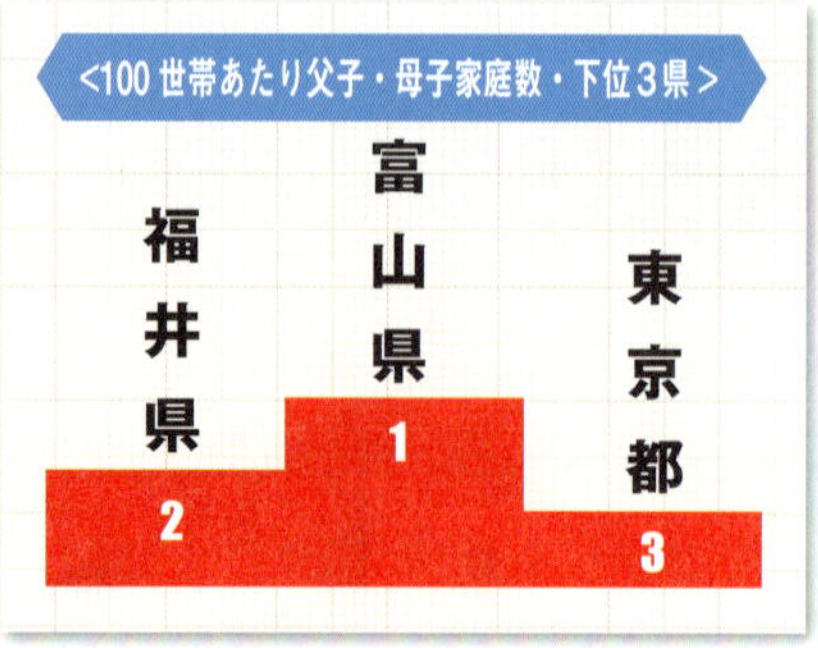

ランキング

順位	県名	データ	100世帯あたり	偏差値
1	高知県	6,125世帯	10.39世帯	72.35
2	北海道	45,350世帯	10.16世帯	70.83
3	宮崎県	10,054世帯	10.07世帯	70.19
4	鹿児島県	14,267世帯	9.80世帯	68.39
5	沖縄県	14,935世帯	9.72世帯	67.87
6	和歌山県	7,601世帯	9.12世帯	63.81
7	山口県	10,200世帯	8.68世帯	60.85
8	愛媛県	10,280世帯	8.66世帯	60.73
9	青森県	9,439世帯	8.57世帯	60.14
10	福岡県	39,885世帯	8.57世帯	60.13
11	長崎県	9,981世帯	8.31世帯	58.37
12	熊本県	12,814世帯	8.01世帯	56.39
13	大阪府	63,599世帯	7.99世帯	56.26
14	大分県	7,803世帯	7.81世帯	55.02
15	香川県	6,550世帯	7.66世帯	54.01
16	徳島県	4,636世帯	7.46世帯	52.66
17	鳥取県	3,733世帯	7.45世帯	52.60
18	広島県	19,265世帯	7.38世帯	52.15
19	京都府	16,451世帯	7.29世帯	51.54
20	佐賀県	5,523世帯	7.23世帯	51.12
21	山梨県	5,204世帯	7.06世帯	50.03
22	岡山県	11,736世帯	6.90世帯	48.95
23	岩手県	7,244世帯	6.75世帯	47.93
24	奈良県	8,188世帯	6.72世帯	47.70
25	福島県	10,923世帯	6.70世帯	47.56
26	兵庫県	33,764世帯	6.67世帯	47.36
27	群馬県	12,008世帯	6.64世帯	47.20
28	島根県	3,791世帯	6.59世帯	46.82
29	茨城県	16,664世帯	6.36世帯	45.34
30	三重県	10,461世帯	6.32世帯	45.01
31	宮城県	12,754世帯	6.20世帯	44.21
32	秋田県	4,786世帯	6.03世帯	43.07
33	栃木県	10,912世帯	6.01世帯	42.97
34	静岡県	20,185世帯	5.95世帯	42.53
35	長野県	11,216世帯	5.94世帯	42.45
36	愛知県	41,349世帯	5.70世帯	40.90
37	石川県	5,810世帯	5.59世帯	40.12
38	岐阜県	10,459世帯	5.59世帯	40.11
39	山形県	5,301世帯	5.51世帯	39.58
40	千葉県	30,864世帯	5.50世帯	39.56
41	埼玉県	36,580世帯	5.46世帯	39.27
42	新潟県	10,610世帯	5.37世帯	38.68
43	滋賀県	7,431世帯	5.28世帯	38.07
44	神奈川県	44,469世帯	5.23世帯	37.71
45	東京都	59,534世帯	5.19世帯	37.45
46	福井県	3,643世帯	5.15世帯	37.19
47	富山県	4,730世帯	5.10世帯	36.85
-	全国	759,107世帯	6.67世帯	-

国勢調査（総務省統計局）

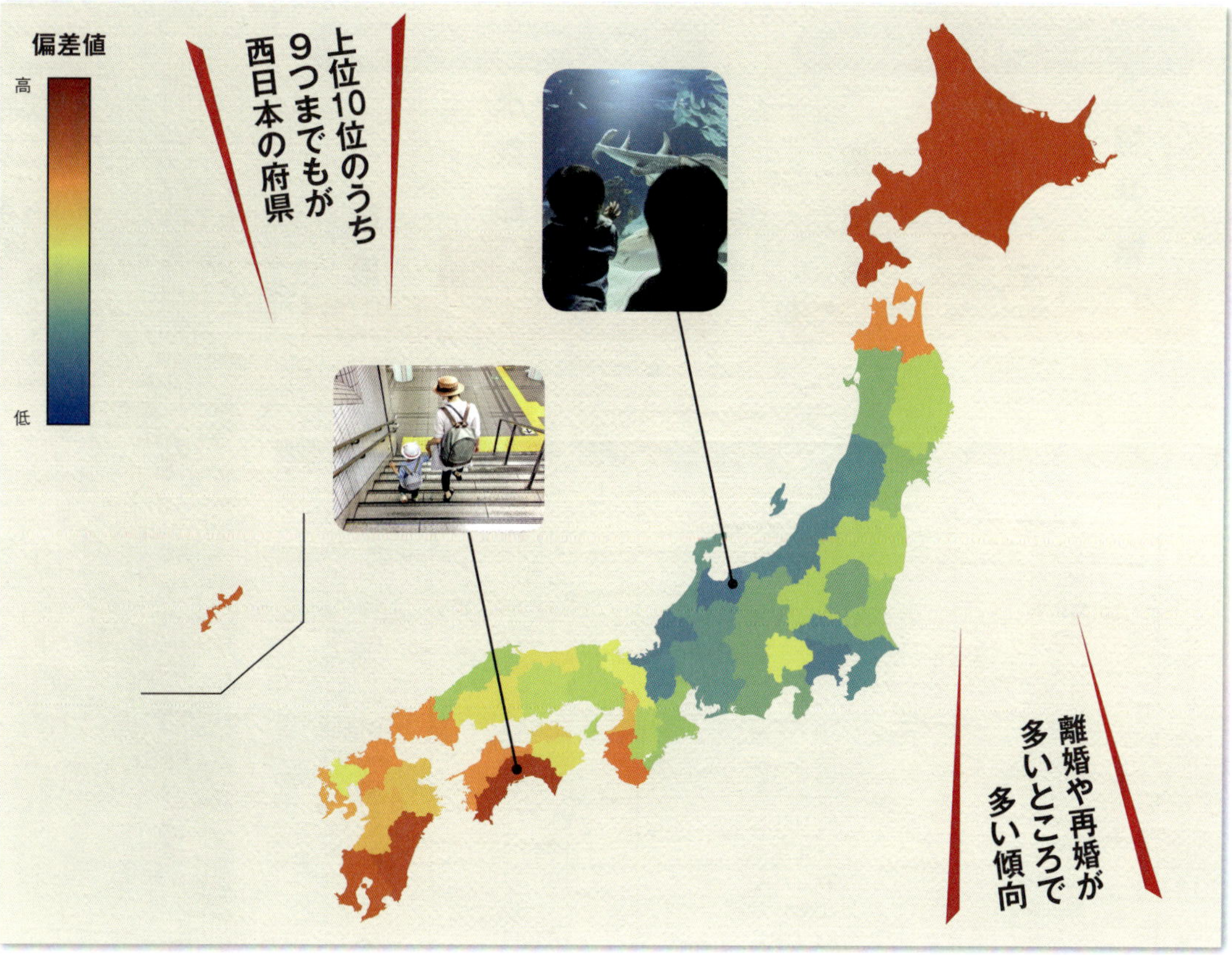
偏差値
高
低
上位10位のうち
9つまでもが
西日本の府県
離婚や再婚が
多いところで
多い傾向

相関データ

【正の相関】

係数	項目
0.84	再婚件数
0.82	貧困率
0.71	公明党得票率(直近10年間)
0.70	病院数
0.69	犬・猫殺処分数
0.67	男女比
0.66	弁当店・テイクアウト店店舗数
0.66	生活保護受給世帯数
0.60	姉さん女房比率
0.58	相対的貧困世帯率

【負の相関】

係数	項目
-0.87	年収1000万円以上世帯数
-0.82	子育て世帯年収
-0.78	正社員数（サラリーマン数）
-0.71	パソコン普及率
-0.69	お菓子消費量
-0.68	結婚式費用
-0.66	出産費用
-0.66	おにぎり消費量
-0.58	1世帯あたり貯蓄額
-0.57	葬儀費用

西日本に多い傾向が

国勢調査（２０１５年）をもとに、子育て世帯に占めるひとり親世帯（父子・母子家庭）の比率を１００世帯あたりで比較したランキング。

全国平均は6・67世帯です。つまり子育て世帯１００世帯あたり、6・67世帯がひとり親世帯ということになります。

最多は高知で10・39世帯。2位以下は、北海道、宮崎、鹿児島、沖縄となります。最少は富山で5・10世帯。以下、少ない順に、福井、東京、神奈川、滋賀と続きます。

上位10都道府県のうち、9都道府県が西日本を占めていることから、父子・母子家庭は西日本で多いことがわかります。

再婚件数、離婚件数と正の相関があり、離婚や再婚が多いところで父子・母子家庭が多くなっています。

三世代世帯人数

日本海側から東北にかけて、三世代世帯が多い。また農業がさかんで人口がまばらな地方に多い傾向も。

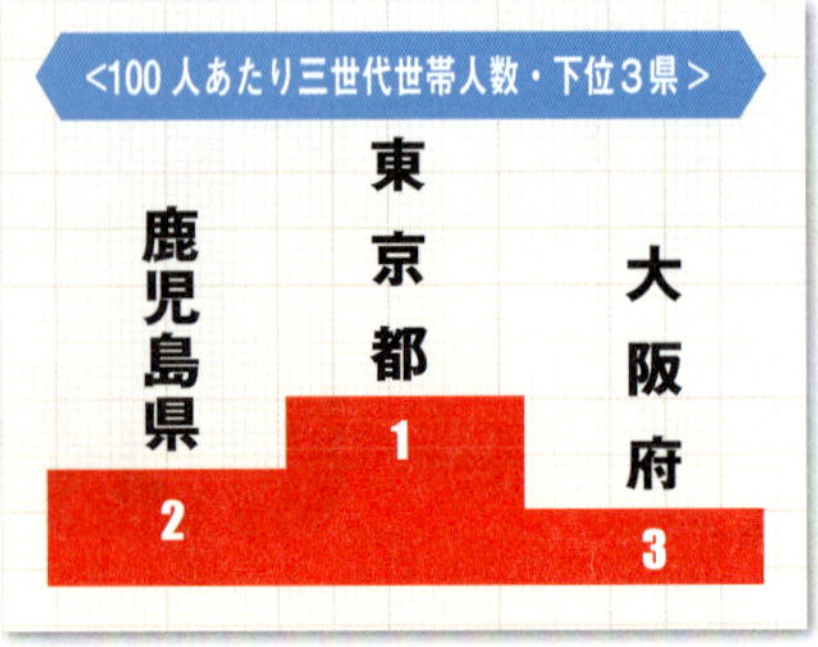

ランキング

順位	県名	データ	100人あたり	偏差値
1	山形県	36.8万人	32.74人	75.32
2	福井県	22.1万人	28.04人	68.43
3	新潟県	61.2万人	26.56人	66.25
4	秋田県	26.3万人	25.70人	64.99
5	富山県	26.5万人	24.88人	63.79
6	岩手県	31.1万人	24.29人	62.92
7	福島県	45.9万人	23.99人	62.48
8	島根県	16.1万人	23.18人	61.29
9	佐賀県	19.2万人	23.04人	61.09
10	鳥取県	13.2万人	22.96人	60.96
11	青森県	28.3万人	21.63人	59.01
12	岐阜県	43.0万人	21.17人	58.33
13	長野県	41.1万人	19.57人	55.99
14	栃木県	37.8万人	19.12人	55.32
15	静岡県	70.6万人	19.06人	55.24
16	宮城県	44.3万人	18.98人	55.12
17	茨城県	54.3万人	18.61人	54.58
18	石川県	20.3万人	17.57人	53.06
19	滋賀県	24.3万人	17.22人	52.54
20	熊本県	28.8万人	16.10人	50.90
21	徳島県	12.0万人	15.91人	50.61
22	山梨県	13.1万人	15.70人	50.30
23	群馬県	29.6万人	14.99人	49.26
24	三重県	27.1万人	14.90人	49.13
25	岡山県	27.8万人	14.48人	48.51
26	長崎県	18.4万人	13.38人	46.90
27	香川県	12.9万人	13.26人	46.72
28	愛知県	94.4万人	12.61人	45.76
29	奈良県	17.1万人	12.54人	45.67
30	和歌山県	11.9万人	12.32人	45.35
31	大分県	13.9万人	11.95人	44.79
32	愛媛県	13.7万人	9.88人	41.76
33	千葉県	60.2万人	9.68人	41.46
34	山口県	13.5万人	9.63人	41.40
35	福岡県	49.0万人	9.60人	41.35
36	兵庫県	52.4万人	9.46人	41.15
37	埼玉県	68.4万人	9.41人	41.07
38	宮崎県	10.4万人	9.40人	41.05
39	高知県	6.8万人	9.35人	40.99
40	広島県	26.2万人	9.22人	40.79
41	沖縄県	12.7万人	8.87人	40.28
42	京都府	22.8万人	8.73人	40.06
43	北海道	36.7万人	6.83人	37.27
44	神奈川県	56.7万人	6.21人	36.38
45	大阪府	53.1万人	6.00人	36.07
46	鹿児島県	8.7万人	5.27人	34.99
47	東京都	56.2万人	4.16人	33.35
-	全国	1,516.9万人	11.93人	-

国勢調査（総務省統計局）

偏差値
高
低
大家族の多い地域は
共稼ぎ率が低く
持ち家率が高い
三世代家族は
日本海側の県に多く
核家族は大都市に多い

相関データ

【正の相関】

係数	項目
0.89	住宅延べ床面積
0.80	共働き率
0.75	建設業者数
0.73	老舗企業数
0.72	自動車普及率（2台以上）
0.71	日本酒酒造場数
0.71	自家用車通勤・通学率
0.71	小学生地域行事参加率
0.71	戸建て率
0.70	持ち家率

【負の相関】

係数	項目
-0.99	核家族率
-0.87	独居老人（60代以上ひとり暮らし）
-0.73	救急出動件数
-0.72	ひとり暮らし率
-0.68	不動産屋店舗数
-0.67	高齢者の生活保護受給者数
-0.67	生活保護受給者
-0.66	年間晴れ日数
-0.63	人口集中度
-0.61	離婚件数

日本海側の県は大家族

国勢調査をもとに、人口に占める三世代世帯人数をランキングしたものです。

1位から順に、山形、福井、新潟、秋田、富山と日本海側の県が続きます。少ないのは、下位から順に東京、鹿児島、大阪、神奈川、北海道。この分布から、大家族は日本海側、とくに東北に多く、大都市のある地域で少ないことがわかります。

上位は共稼ぎ率の高い地域と重なっています。三世代世帯では祖父母が子供をみる環境があるため、女性が仕事に出やすいからと考えられます。

さらに、農業就業率や持ち家率と正の相関があり、核家族や人口集中度と負の相関があることにも注目してください。これらから、地方では昔からあったような大家族の農村型社会がまだ残っていることがみてとれます。

世帯負債額

都市部で多く地方で少ない傾向。1位の神奈川と最下位の福井では、2倍以上の差がある。

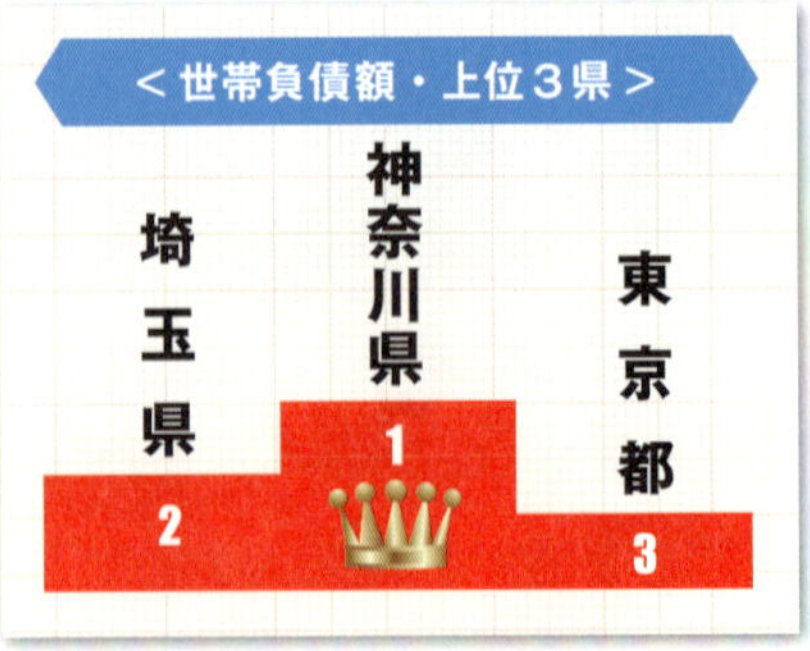

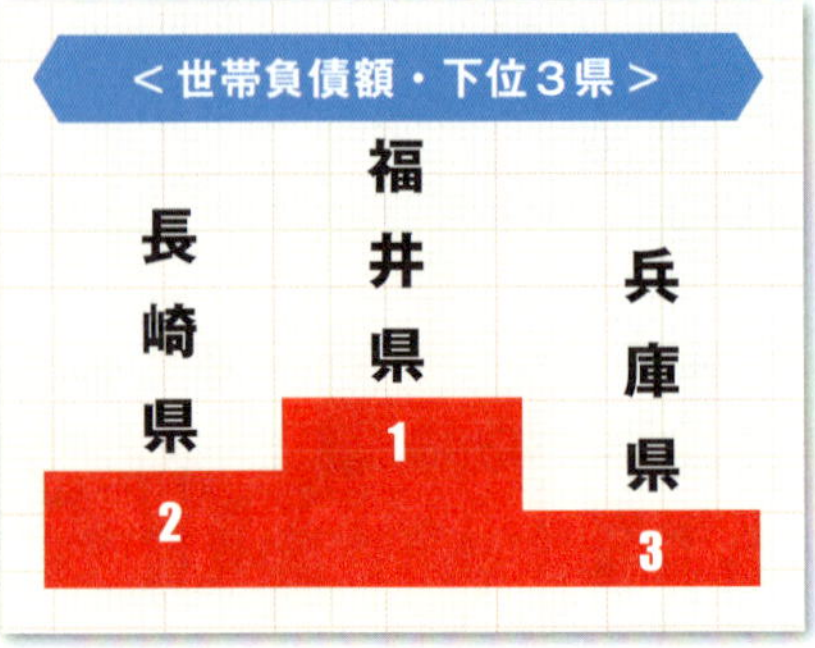

ランキング

順位	県名	データ	偏差値
1	神奈川県	711万円	76.09
2	埼玉県	668万円	71.14
3	東京都	654万円	69.53
4	大阪府	641万円	68.04
5	千葉県	629万円	66.65
6	岡山県	593万円	62.51
7	石川県	581万円	61.13
8	静岡県	551万円	57.68
9	滋賀県	548万円	57.33
10	茨城県	538万円	56.18
11	岐阜県	531万円	55.38
11	山形県	531万円	55.38
13	秋田県	528万円	55.03
14	山口県	512万円	53.19
15	福島県	504万円	52.27
16	長野県	502万円	52.04
17	香川県	500万円	51.81
18	鹿児島県	499万円	51.70
19	愛媛県	496万円	51.35
20	群馬県	493万円	51.01
21	大分県	491万円	50.78
22	奈良県	490万円	50.66
23	岩手県	487万円	50.32
24	鳥取県	480万円	49.51
25	島根県	476万円	49.05
26	富山県	475万円	48.94
27	栃木県	471万円	48.47
28	愛知県	469万円	48.24
29	京都府	466万円	47.90
30	北海道	461万円	47.32
31	三重県	460万円	47.21
32	和歌山県	459万円	47.09
33	宮崎県	440万円	44.91
34	宮城県	437万円	44.56
35	徳島県	433万円	44.10
36	山梨県	431万円	43.87
37	福岡県	412万円	41.69
38	青森県	407万円	41.11
39	広島県	403万円	40.65
40	沖縄県	398万円	40.08
41	熊本県	397万円	39.96
42	佐賀県	379万円	37.89
43	新潟県	378万円	37.77
44	高知県	358万円	35.47
45	兵庫県	339万円	33.29
46	長崎県	330万円	32.25
47	福井県	323万円	31.45
-	全国	497万円	-

家計調査（総務省統計局）

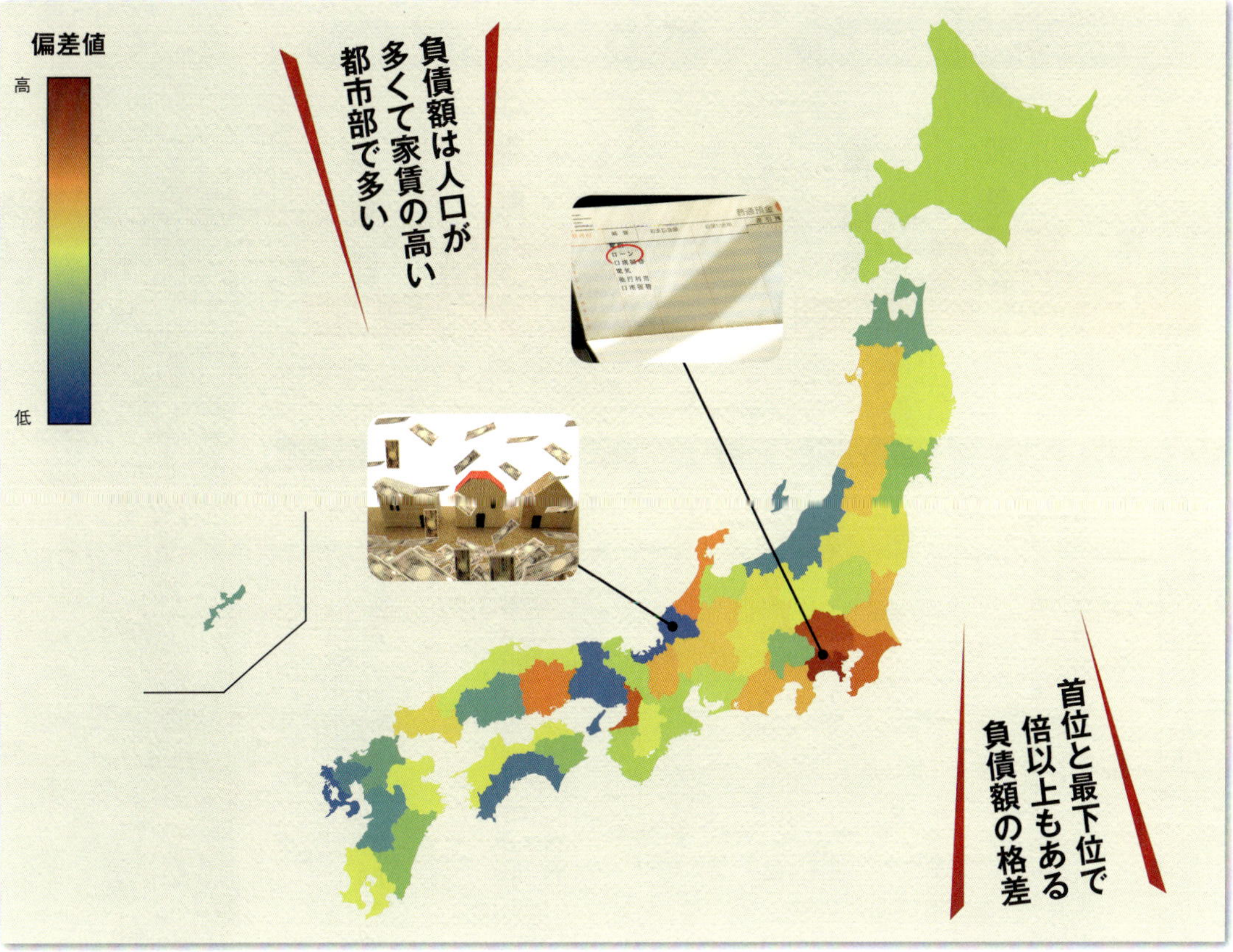
偏差値
高
低
負債額は人口が多くて家賃の高い都市部で多い
首位と最下位で倍以上もある負債額の格差

相関データ

【正の相関】

係数	項目
0.62	インターネット通販利用率
0.61	教育費
0.60	早稲田大学合格者数
0.59	最低賃金
0.58	人口密度
0.58	家賃
0.56	鉄道通勤・通学率
0.56	慶応義塾大学合格者数
0.55	通勤時間
0.55	男性初婚年齢

【負の相関】

係数	項目
-0.59	軽自動車比率
-0.56	地方債発行額
-0.54	教職員数
-0.53	賃貸住宅延べ床面積
-0.51	男女比
-0.49	地方紙比率
-0.49	地方交付税額
-0.48	公共事業費
-0.47	デキ婚率
-0.47	100歳以上高齢者数

福井の倍以上ある神奈川

総務省の家計調査から割り出した、１世帯あたりの負債額のランキングです。数値は２０１２年～２０１６年の平均値で、全国平均は４９７万円。

１位は神奈川で７１１万円。２位埼玉、３位東京と上位３位を首都圏が独占し、以下、大阪、千葉と都市部が続きます。最少は福井で３２３万円。首位神奈川の半分以下の数字です。福井に続いて、長崎、兵庫、高知、新潟で負債が少なくなっています。

この分布から、負債額は都市部で多く地方で少ない傾向にあることがわかります。また負債額は、家賃や人口密度と正の相関があることから、人口が多くて家賃の高い地域で負債額が多くなっていること、わかります。

なお、４位の大阪と45位の兵庫が隣接しているのも興味深いデータです。

神社数

もっとも多い高知では人口10万人あたり３００も存在。人口がまばらな農村型社会に多い傾向がある。

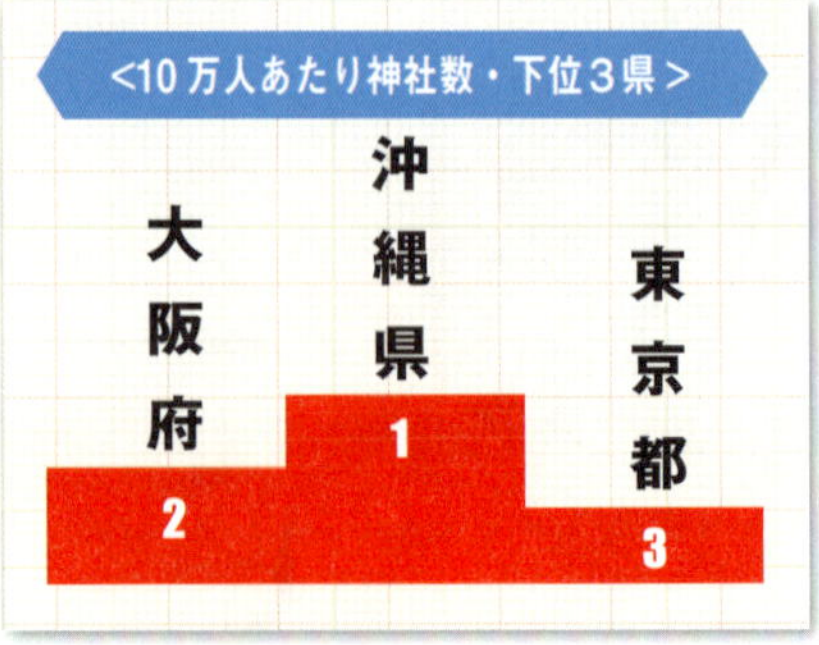

ランキング

順位	県名	データ	10万人あたり	偏差値
1	高知県	2,170社	300.97社	81.58
2	福井県	1,711社	218.80社	68.71
3	富山県	2,277社	214.61社	68.06
4	新潟県	4,727社	206.78社	66.83
5	大分県	2,123社	183.02社	63.11
6	徳島県	1,309社	174.53社	61.78
7	島根県	1,172社	169.86社	61.05
8	石川県	1,890社	164.21社	60.17
9	岐阜県	3,268社	161.62社	59.76
10	福島県	3,057社	160.81社	59.63
11	山形県	1,746社	156.87社	59.02
12	山梨県	1,286社	154.94社	58.71
13	鳥取県	825社	144.74社	57.12
14	佐賀県	1,106社	133.58社	55.37
15	長野県	2,461社	117.86社	52.91
16	秋田県	1,148社	113.66社	52.25
17	滋賀県	1,443社	102.12社	50.44
18	奈良県	1,379社	101.70社	50.38
19	広島県	2,783社	98.10社	49.81
20	栃木県	1,919社	97.61社	49.74
21	長崎県	1,325社	96.93社	49.63
22	愛媛県	1,246社	90.62社	48.64
23	岡山県	1,652社	86.27社	47.96
24	茨城県	2,491社	85.75社	47.88
25	香川県	802社	82.51社	47.37
26	熊本県	1,390社	78.35社	46.72
27	静岡県	2,843社	77.09社	46.52
28	兵庫県	3,857社	69.87社	45.39
29	鹿児島県	1,131社	69.09社	45.27
30	岩手県	870社	68.61社	45.20
31	青森県	886社	68.52社	45.18
32	京都府	1,757社	67.45社	45.01
33	福岡県	3,419社	66.99社	44.94
34	群馬県	1,215社	61.77社	44.12
35	宮崎県	676社	61.68社	44.11
36	山口県	752社	53.95社	42.90
37	千葉県	3,185社	51.07社	42.45
38	三重県	845社	46.74社	41.77
39	和歌山県	443社	46.44社	41.72
40	愛知県	3,358社	44.73社	41.46
41	宮城県	947社	40.64社	40.82
42	埼玉県	2,031社	27.86社	38.82
43	北海道	799社	14.93社	36.79
44	神奈川県	1,153社	12.61社	36.43
45	東京都	1,455社	10.68社	36.12
46	大阪府	726社	8.22社	35.74
47	沖縄県	13社	0.90社	34.59
-	全国	81,067社	63.87社	-

宗教統計調査（文部科学省）

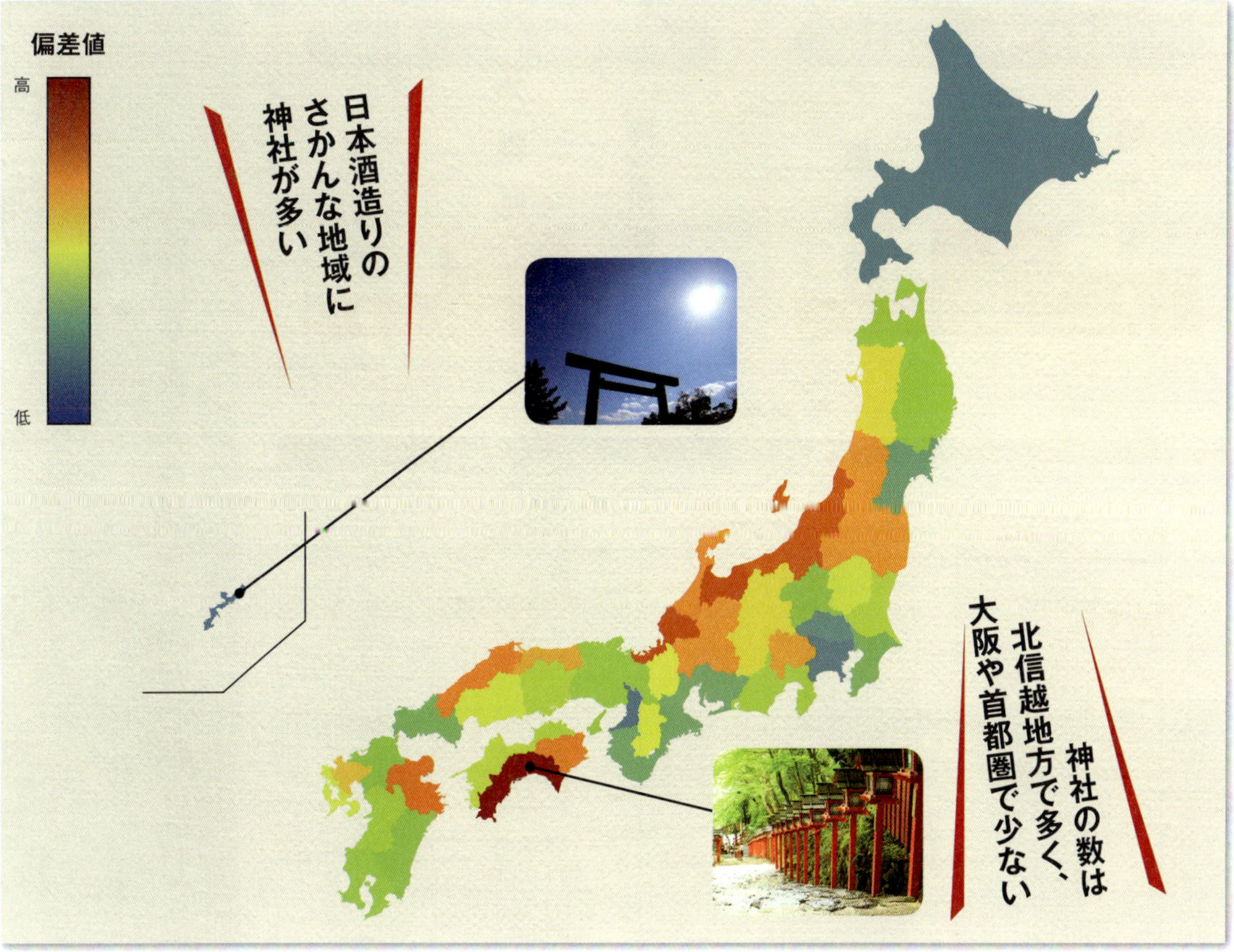
偏差値
高
低
日本酒造りのさかんな地域に神社が多い
神社の数は北信越地方で多く、大阪や首都圏で少ない

相関データ

【正の相関】

係数	項目
0.71	日本酒酒造場数
0.69	共働き率
0.66	図書館数
0.65	住宅延べ床面積
0.65	老舗企業数
0.65	酒屋店舗数
0.64	仕送り額
0.63	鉄道駅数
0.62	地方債発行額
0.62	河川延長

【負の相関】

係数	項目
-0.66	非正規雇用率
-0.63	非正規労働者数
-0.58	人口集中度
-0.58	核家族率
-0.57	生産年齢人口
-0.57	ケンタッキーフライドチキン店舗数
-0.57	分譲マンション率
-0.56	人口
-0.54	総人口増減率
-0.53	転職率

高知は平均の4・5倍

文化庁が公表している『宗教年鑑』をもとに、人口10万人あたりの神社数を比較したランキング。この数字は各宗教団体による自己申告に基づくものなので、少し注意が必要です。

平均64社のところ、トップは高知で285社。これは全国平均の4・5倍にあたります。2位以下は福井、富山、新潟と北信越の県が続きます。

もっとも少ないのは沖縄で、0・94社しかありません。沖縄に続く下位は、少ない順に大阪、東京、神奈川、埼玉となり、都市部が並びます。

神社数は共働き率と正の相関があり、人口がまばらで共働きが多い地方に神社が多いようです。

また日本酒酒造場数とも正の相関があります。神事と日本酒には切っても切れない縁があるのかもしれません。

寺院数

平均は人口10万人あたり60寺で神社とほぼ同じ水準。高知をのぞき神社数の多い地域は寺院も多い。

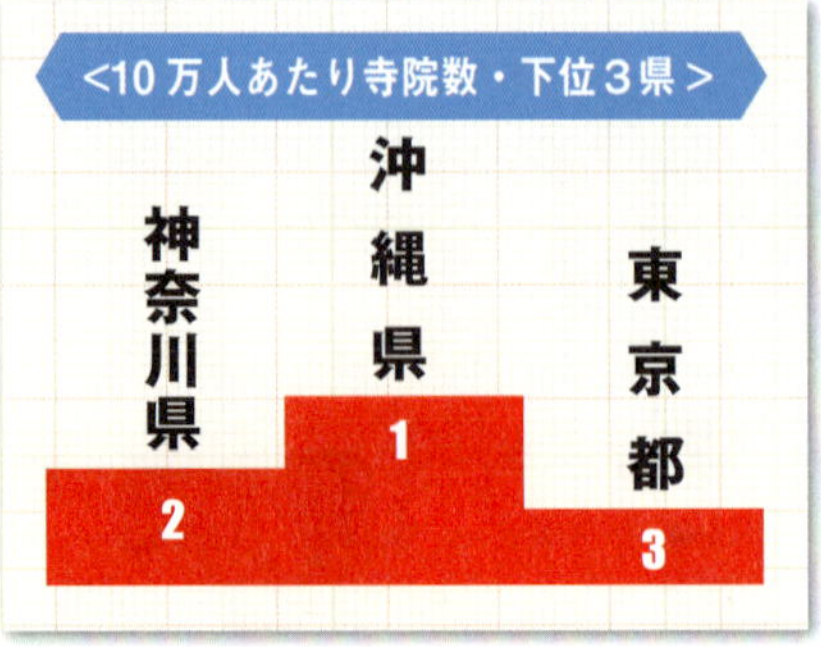

ランキング

順位	県名	データ	10万人あたり	偏差値
1	滋賀県	3,213寺	227.39寺	77.48
2	福井県	1,684寺	215.35寺	75.15
3	島根県	1,308寺	189.57寺	70.18
4	山梨県	1,502寺	180.96寺	68.52
5	和歌山県	1,586寺	166.25寺	65.68
6	富山県	1,583寺	149.20寺	62.39
7	奈良県	1,816寺	133.92寺	59.44
8	山形県	1,486寺	133.51寺	59.36
9	佐賀県	1,087寺	131.28寺	58.93
10	三重県	2,349寺	129.92寺	58.67
11	新潟県	2,796寺	122.31寺	57.20
12	石川県	1,373寺	119.29寺	56.61
13	京都府	3,076寺	118.08寺	56.38
14	岐阜県	2,263寺	111.92寺	55.19
15	大分県	1,239寺	106.81寺	54.21
16	山口県	1,430寺	102.58寺	53.39
17	香川県	874寺	89.92寺	50.94
18	徳島県	629寺	83.87寺	49.78
19	鳥取県	468寺	82.11寺	49.44
20	福島県	1,541寺	81.06寺	49.24
21	愛媛県	1,084寺	78.84寺	48.81
22	長野県	1,569寺	75.14寺	48.09
23	岡山県	1,400寺	73.11寺	47.70
24	静岡県	2,640寺	71.58寺	47.41
25	熊本県	1,204寺	67.87寺	46.69
26	秋田県	681寺	67.43寺	46.60
27	群馬県	1,209寺	61.46寺	45.45
28	愛知県	4,589寺	61.13寺	45.39
29	広島県	1,724寺	60.77寺	45.32
30	兵庫県	3,285寺	59.51寺	45.08
31	長崎県	736寺	53.84寺	43.98
32	高知県	365寺	50.62寺	43.36
33	栃木県	994寺	50.56寺	43.35
34	岩手県	631寺	49.76寺	43.19
35	千葉県	3,008寺	48.24寺	42.90
36	福岡県	2,379寺	46.61寺	42.59
37	茨城県	1,297寺	44.65寺	42.21
38	北海道	2,330寺	43.54寺	41.99
39	宮城県	950寺	40.77寺	41.46
40	大阪府	3,395寺	38.44寺	41.01
41	青森県	477寺	36.89寺	40.71
42	宮崎県	344寺	31.39寺	39.65
43	埼玉県	2,260寺	31.01寺	39.57
44	鹿児島県	487寺	29.75寺	39.33
45	東京都	2,882寺	21.15寺	37.67
46	神奈川県	1,896寺	20.73寺	37.59
47	沖縄県	87寺	6.05寺	34.76
-	全国	77,206寺	60.82寺	-

宗教統計調査（文部科学省）

偏差値
高
低
沖縄は神社も寺院も全国最少
寺院が多い県は神社の数も多く、都市部は両方少ない

相関データ

【正の相関】

係数	項目
0.77	老舗企業数
0.67	日本酒酒造場数
0.66	名勝数
0.65	住宅延べ床面積
0.65	呉服店店舗数
0.62	持ち家率
0.59	図書館蔵書数
0.54	国宝・重要文化財数（建造物）
0.54	戸建て率
0.52	神社数

【負の相関】

係数	項目
-0.63	年間完全失業率
-0.56	高齢者の生活保護受給者数
-0.54	離婚件数
-0.53	生活保護受給者
-0.53	男性肥満率
-0.49	子育て世帯の相対的貧困率
-0.48	ひとり暮らし率
-0.47	人口
-0.45	核家族率
-0.45	人口集中度

お寺がいっぱいの滋賀

194ページの神社数と同じく、文化庁の『宗教年鑑』をもとに、人口10万人あたりの寺院数を比較しています。全国平均は61寺となりました。

1位は滋賀で、人口10万人あたり229寺でした。これは全国平均の3・8倍の多さです。2位は福井で211寺。福井は寺院だけでなく神社も多い県です。3位以下は島根、山梨、和歌山となりました。

最下位は、神社数も全国最少だった沖縄で5・57寺。下位には、神奈川、東京、埼玉、大阪など都市部が続きます。これは神社数と同じ傾向です。なお、高知と鹿児島は明治時代の廃仏毀釈によって数が少なくなったという事情もありそうです。

また、寺院数は神社数と正の相関があり、神社が多い県は寺院数も多いといえます。

医療費

トップの東京と最下位の沖縄の差は年間で約４万円ほど。貯蓄額や教育費などと正の相関がある。

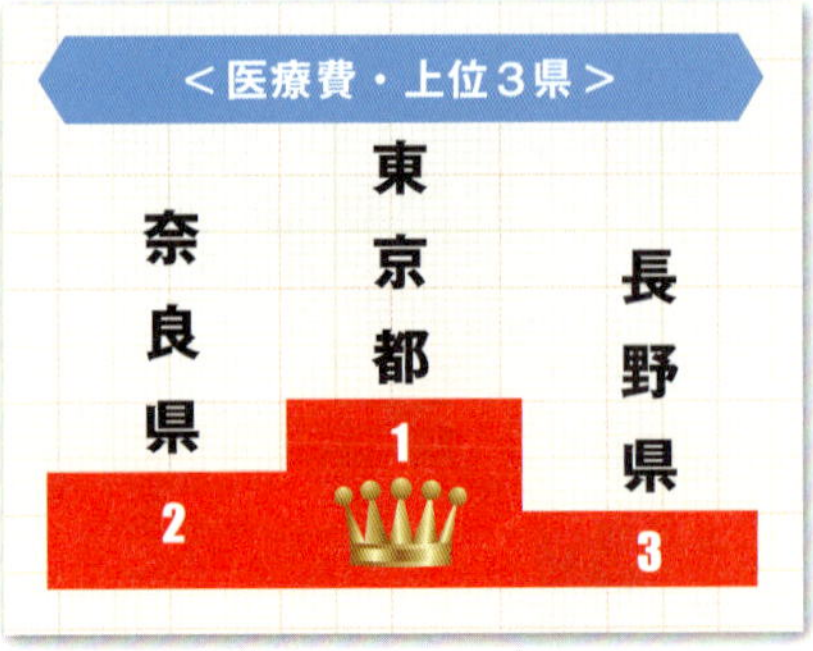

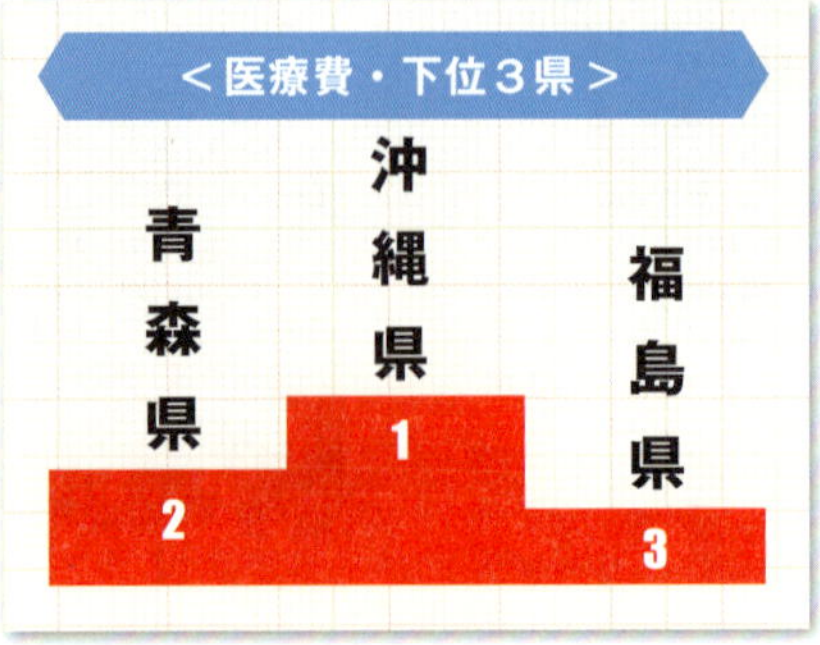

ランキング

順位	県名	データ	偏差値
1	東京都	108,980円	76.43
2	奈良県	105,580円	73.13
3	長野県	101,042円	68.71
4	栃木県	97,822円	65.58
5	神奈川県	96,550円	64.34
6	山形県	90,469円	58.42
7	千葉県	90,259円	58.22
8	佐賀県	89,744円	57.72
9	石川県	89,439円	57.42
10	大阪府	88,470円	56.48
11	岡山県	88,332円	56.34
12	埼玉県	88,186円	56.20
13	香川県	87,976円	56.00
14	三重県	87,133円	55.18
15	岐阜県	86,155円	54.22
16	兵庫県	85,671円	53.75
17	岩手県	85,551円	53.64
18	鹿児島県	85,174円	53.27
19	徳島県	84,777円	52.88
20	静岡県	82,761円	50.92
21	茨城県	81,854円	50.04
22	福岡県	81,365円	49.56
23	愛媛県	80,750円	48.97
24	京都府	80,713円	48.93
25	宮城県	80,687円	48.90
26	滋賀県	79,975円	48.21
27	山口県	79,928円	48.17
28	北海道	79,655円	47.90
29	広島県	79,524円	47.77
30	愛知県	79,410円	47.66
31	高知県	78,642円	46.91
32	宮崎県	78,581円	46.86
33	富山県	78,172円	46.46
34	群馬県	77,536円	45.84
35	秋田県	76,361円	44.70
36	和歌山県	76,245円	44.58
37	新潟県	75,702円	44.05
38	島根県	75,156円	43.52
39	山梨県	74,293円	42.68
40	熊本県	72,626円	41.06
41	大分県	68,950円	37.48
42	福井県	68,223円	36.78
43	鳥取県	66,750円	35.34
44	長崎県	65,738円	34.36
45	福島県	64,176円	32.84
46	青森県	62,151円	30.87
47	沖縄県	61,968円	30.69
-	全国	85,378円	-

家計調査（総務省統計局）

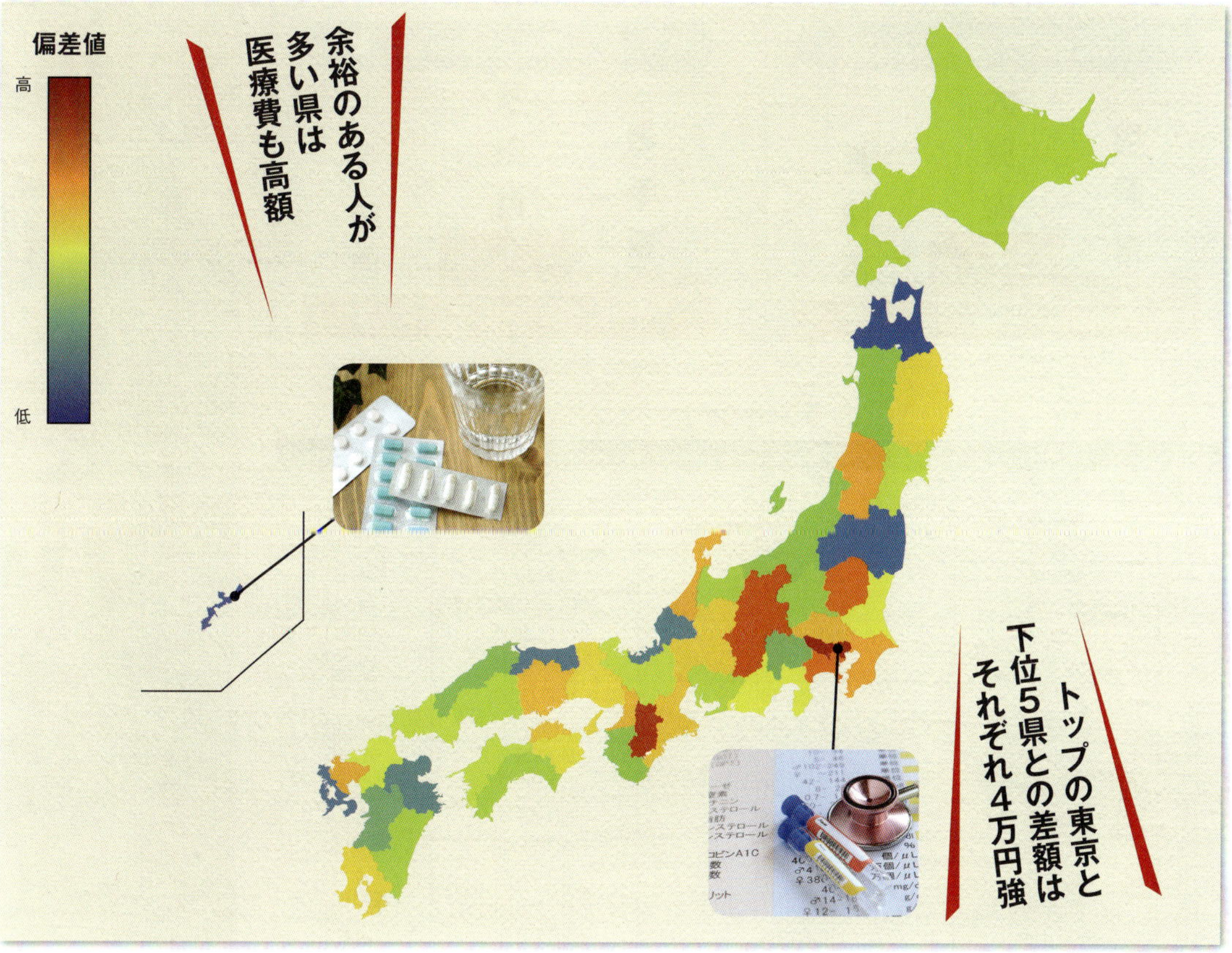
偏差値
高
低
余裕のある人が多い県は医療費も高額
トップの東京と下位5県との差額はそれぞれ4万円強

相関データ

【正の相関】

係数	項目
0.71	外食費用
0.69	教育費
0.67	学習塾・予備校費用
0.67	日経新聞販売部数
0.65	1世帯あたり貯蓄額
0.65	衣服・靴購入費
0.64	1世帯あたり貯蓄額に占める有価証券比率
0.60	犬猫病院獣医師数
0.60	25歳以上芸術・文化学習人口
0.60	海外旅行者数

【負の相関】

係数	項目
-0.53	教職員数
-0.52	合計特殊出生率
-0.50	軽自動車保有台数
-0.48	レンタルビデオ店店舗数
-0.48	公共事業費
-0.47	地方交付税額
-0.46	睡眠時間
-0.45	地方公務員数
-0.44	貧困率
-0.44	地方債発行額

上位3位は年間10万円台

総務省の家計調査から割り出した2人以上の世帯の年間医療費のランキングです。2011年〜2016年の5年間の平均値を比較しています。

全国平均が8万5378円のところ、もっとも多いのは東京で10万8980円。全国平均の約1・3倍の額です。2位奈良、3位長野も10万円台。以下、栃木、神奈川と続きます。

反対にもっとも少ないのは沖縄で6万1968円。以下、少ない順に、青森、福島、長崎、鳥取。下位5県はトップ東京より4万円以上少なくなっており、大きな差が生じています。

医療費は貯蓄額や外食費と正の相関があります。生活に余裕のある人の率の高い県で医療費が高く、生活に余裕のない人が多い県で少なくなっているようです。

刑法犯認知件数

人口1万人あたりの全国平均は95件。1位の大阪と最下位の秋田では、4倍以上もの差がある。

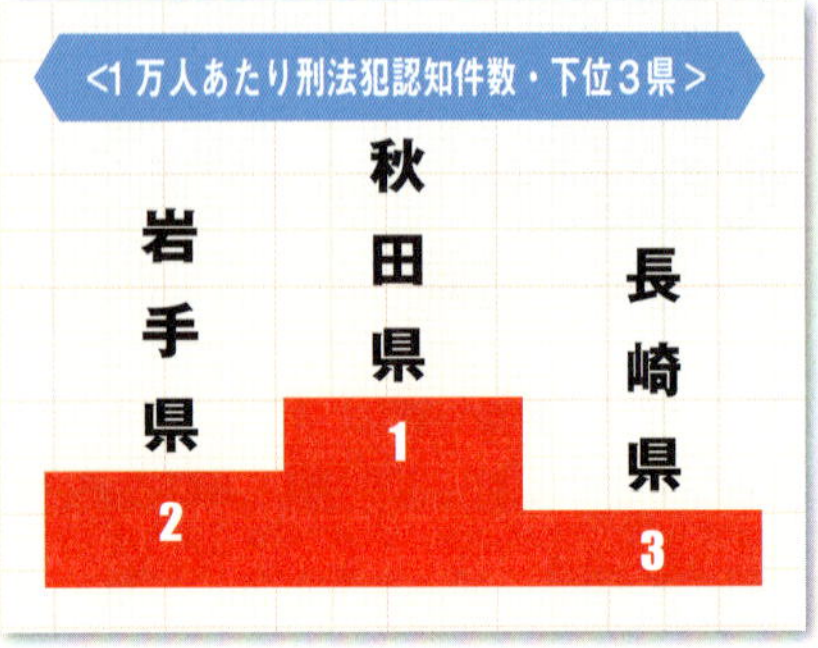

ランキング

順位	県名	データ	1万人あたり	偏差値
1	大阪府	140,249件	158.78件	82.62
2	福岡県	60,715件	118.96件	66.31
3	兵庫県	64,728件	117.26件	65.62
4	愛知県	86,755件	115.57件	64.93
5	東京都	155,573件	114.19件	64.36
6	千葉県	69,133件	110.86件	63.00
7	埼玉県	79,416件	108.95件	62.22
8	茨城県	31,624件	108.86件	62.18
9	京都府	27,606件	105.97件	61.00
10	岐阜県	20,175件	99.78件	58.46
11	三重県	17,612件	97.41件	57.49
12	滋賀県	12,780件	90.45件	54.64
13	岡山県	17,297件	90.32件	54.59
14	愛媛県	12,276件	89.28件	54.16
15	群馬県	17,443件	88.68件	53.92
16	和歌山県	8,403件	88.08件	53.67
17	栃木県	16,704件	84.96件	52.40
18	高知県	5,956件	82.61件	51.43
19	奈良県	10,998件	81.11件	50.82
20	香川県	7,856件	80.82件	50.70
21	山梨県	6,680件	80.48件	50.56
22	宮城県	18,353件	78.77件	49.86
23	佐賀県	6,371件	76.94件	49.11
24	神奈川県	68,112件	74.48件	48.10
25	広島県	20,700件	72.96件	47.48
26	北海道	38,877件	72.64件	47.35
27	静岡県	26,594件	72.11件	47.13
28	福島県	13,579件	71.43件	46.86
29	新潟県	16,273件	71.19件	46.76
30	沖縄県	9,862件	68.53件	45.67
31	徳島県	5,001件	66.68件	44.91
32	鳥取県	3,793件	66.54件	44.85
33	宮崎県	7,145件	65.19件	44.30
34	山口県	8,868件	63.62件	43.66
35	熊本県	11,203件	63.15件	43.47
36	石川県	7,262件	63.09件	43.44
37	長野県	13,125件	62.86件	43.35
38	福井県	4,623件	59.12件	41.81
39	島根県	4,008件	58.09件	41.39
40	富山県	6,159件	58.05件	41.38
41	鹿児島県	8,618件	52.65件	39.16
42	山形県	5,488件	49.31件	37.80
43	大分県	5,514件	47.53件	37.07
44	青森県	6,046件	46.76件	36.75
45	長崎県	6,284件	45.97件	36.43
46	岩手県	5,292件	41.74件	34.70
47	秋田県	3,577件	35.42件	32.11
-	全国	1,200,703件	94.59件	-

犯罪統計資料（警察庁）

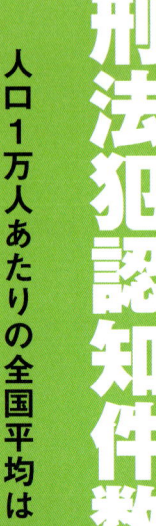

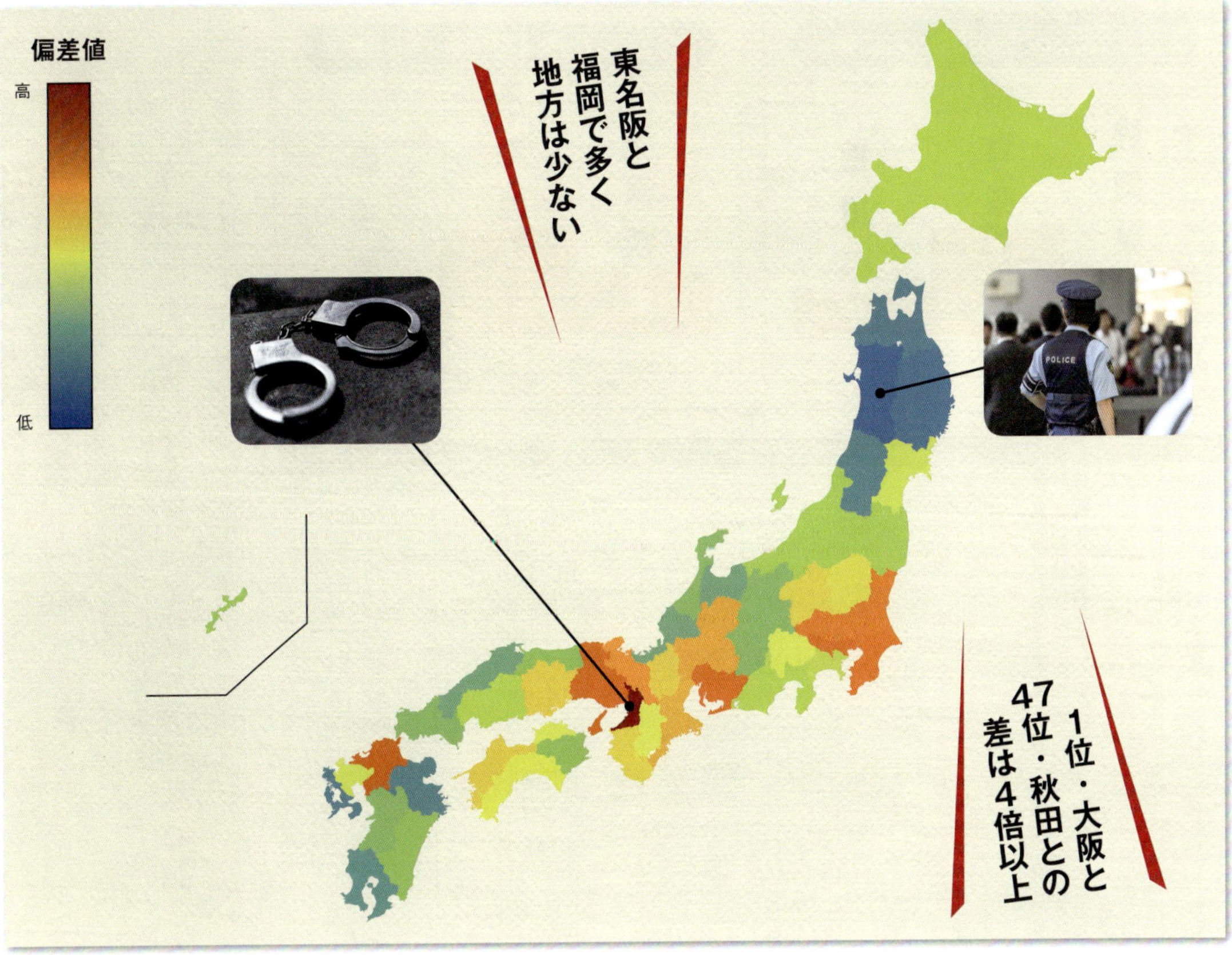
偏差値
高
低
東名阪と福岡で多く地方は少ない
1位・大阪と47位・秋田との差は4倍以上

相関データ

【正の相関】

係数	項目
0.85	重要犯罪認知件数
0.78	重要窃盗犯認知件数
0.76	性犯罪認知件数
0.71	小学生通塾率
0.71	倒産率
0.71	サラリーマン年収
0.70	在日韓国・朝鮮人
0.69	海外旅行者数
0.69	四年制大学進学率
0.68	在日外国人

【負の相関】

係数	項目
-0.80	刑法犯検挙率
-0.72	第一次産業従業者数
-0.71	地方交付税額
-0.69	スーパーマーケット店舗数
-0.67	共働き率
-0.67	郵便局軒数
-0.66	可住地面積
-0.65	小学生早寝早起き率
-0.65	中学生自宅学習率
-0.64	軽自動車普及率

大阪は全国平均の1・7倍

警察庁の犯罪統計資料をもとにした刑法犯認知件数ランキングです。認知件数とは、警察などの捜査機関によって認知された発生件数という意味で、捜査機関の判断によって認知されたりされなかったりする場合があるので、注意が必要です。

数値は2010年~2014年の5年間のデータの平均値を用い、人口1万人あたりの犯罪件数を比較しています。

全国平均が95件のところ、もっとも多いのは大阪で159件。全国平均の約1・7倍の多さです。2位以下は、福岡、兵庫、愛知、東京の順。反対に最少は秋田で35件。このほか、岩手、山形、長崎、青森など地方で少ない傾向にあります。

倒産率と正の相関があり、倒産率の高いところほど件数が増しています。

交通事故件数

日照時間が短く雪の日が多い北日本や日本海側で事故が少ないのは、危機意識が高いからかも。

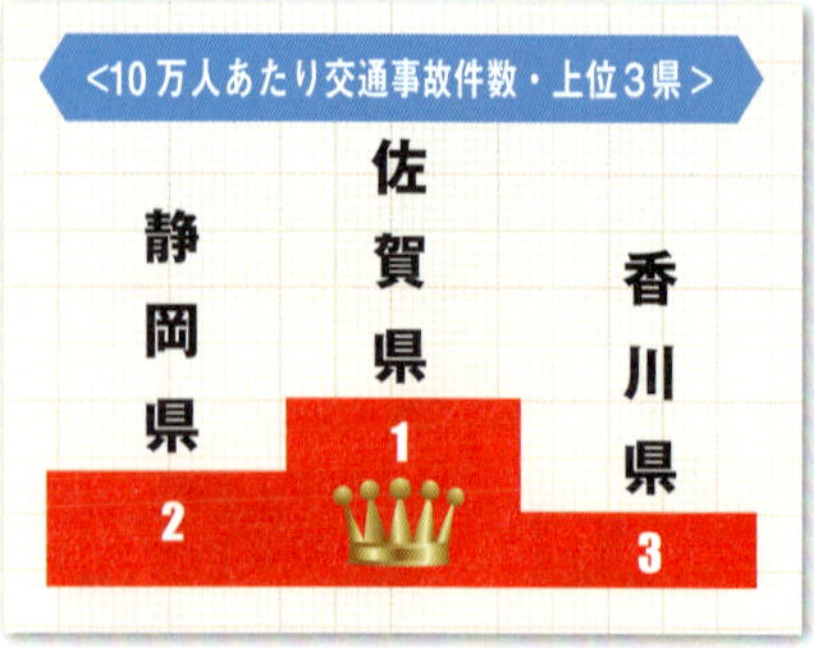

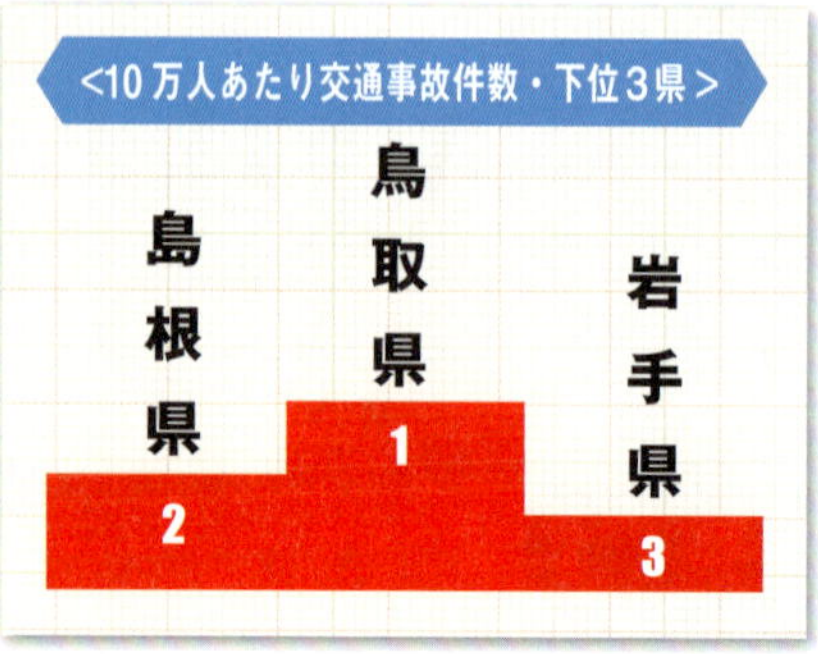

ランキング

順位	県名	データ	10万人あたり	偏差値
1	佐賀県	8,734件	1,054.83件	79.75
2	静岡県	33,936件	920.17件	72.85
3	香川県	8,859件	911.42件	72.40
4	宮崎県	9,893件	902.65件	71.95
5	群馬県	16,246件	825.93件	68.02
6	福岡県	41,013件	803.55件	66.87
7	岡山県	12,206件	637.39件	58.36
8	愛知県	46,130件	614.49件	57.18
9	山形県	6,635件	596.14件	56.24
10	山梨県	4,911件	591.69件	56.02
11	徳島県	4,326件	576.80件	55.25
12	兵庫県	30,558件	553.59件	54.06
13	鹿児島県	8,539件	521.63件	52.43
14	大阪府	43,116件	488.12件	50.71
15	滋賀県	6,736件	476.72件	50.12
16	長崎県	6,487件	474.54件	50.01
17	三重県	8,253件	456.47件	49.09
18	大分県	5,276件	454.83件	49.00
19	山口県	6,297件	451.72件	48.84
20	長野県	9,341件	447.37件	48.62
21	広島県	12,523件	441.42件	48.32
22	熊本県	7,785件	438.84件	48.18
23	和歌山県	4,138件	433.75件	47.92
24	茨城県	12,523件	431.08件	47.79
25	埼玉県	31,409件	430.91件	47.78
26	沖縄県	6,143件	426.89件	47.57
27	愛媛県	5,826件	423.71件	47.41
28	岐阜県	8,396件	415.23件	46.97
29	福島県	7,829件	411.84件	46.80
30	富山県	4,282件	403.58件	46.38
31	宮城県	9,202件	394.94件	45.93
32	京都府	10,272件	394.32件	45.90
33	奈良県	5,206件	383.92件	45.37
34	高知県	2,702件	374.76件	44.90
35	石川県	4,240件	368.38件	44.57
36	栃木県	6,743件	342.98件	43.27
37	神奈川県	31,347件	342.78件	43.26
38	青森県	4,382件	338.90件	43.06
39	千葉県	20,155件	323.20件	42.26
40	福井県	2,498件	319.44件	42.07
41	東京都	38,668件	283.82件	40.24
42	新潟県	6,459件	282.55件	40.17
43	北海道	12,684件	237.00件	37.84
44	秋田県	2,389件	236.54件	37.82
45	岩手県	2,822件	222.56件	37.10
46	島根県	1,531件	221.88件	37.07
47	鳥取県	1,175件	206.14件	36.26
-	全国	580,820件	457.58件	-

警察白書（警察庁）

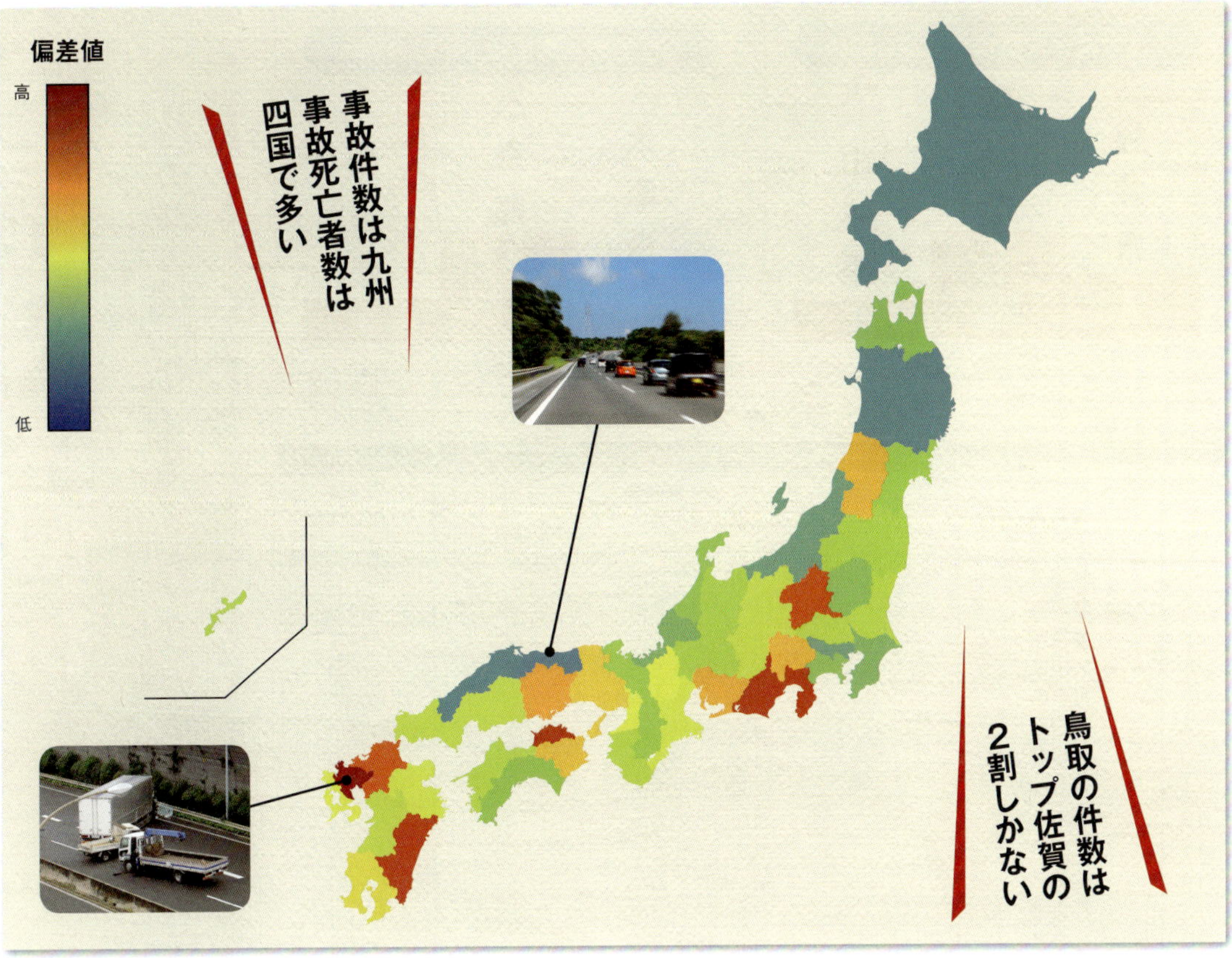
偏差値
高
低
事故件数は九州
事故死亡者数は
四国で多い
鳥取の件数は
トップ佐賀の
2割しかない

相関データ

【正の相関】

係数	項目
0.62	住宅用太陽光発電普及率
0.54	スポーツ活動率
0.53	年間日照時間
0.49	年間快晴日数
0.45	年間晴れ日数
0.40	運転免許保有者数
0.40	犬登録頭数（飼育頭数）
0.40	薬局数
0.38	うどん・そば外食費用
0.36	年間平均気温

【負の相関】

係数	項目
-0.44	年間雪日数
-0.41	消費者物価地域差指数
-0.39	イカ消費量
-0.39	サンマ消費量
-0.39	年間降雪量
-0.36	高齢うつ病患者数
-0.36	昆布消費量
-0.36	コーヒー消費量
-0.35	森林面積
-0.34	日本酒消費量

交通事故最多県は佐賀

警察庁の警察白書をもとに、人口10万人あたりの交通事故件数を比較しています。数値は２０１２年～２０１６年の平均値で、５年間の平均事故件数は４５８件となっています。

最多は佐賀で１０５５件。これは全国平均の倍以上の件数です。2位以下は、静岡、香川、宮崎、群馬の順。

いっぽう少ないのは下位から、鳥取、島根、岩手、秋田、北海道の順。最少の鳥取は２０６件で、これはトップ佐賀の約20%の割合でしかありません。

この分布から、九州で多く、日本海側で少ない傾向にあることがわかります。

年間日照時間と正の相関があり、年間雪日数と負の相関があることから、日照時間が短く雪の日が多い北日本や日本海側で事故が少ないといえそうです。

住宅延べ床面積

首位の富山は100畳以上の広さがあり、最下位・東京の2倍以上。地価の高い都市部はせまい傾向に。

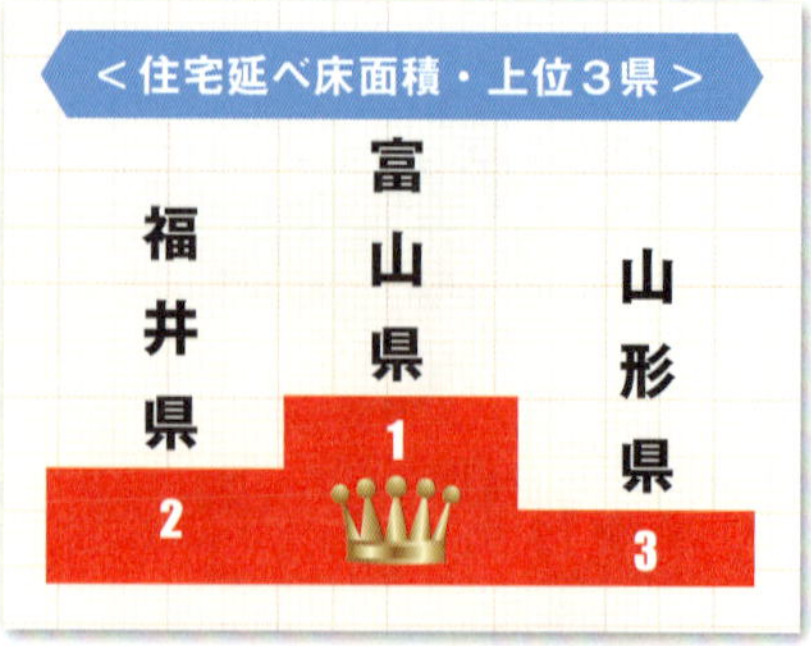

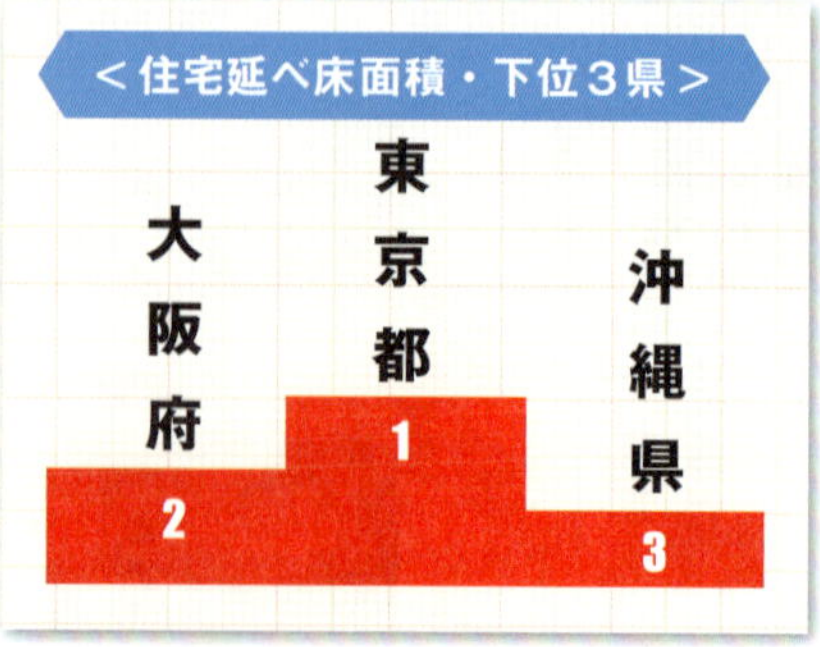

ランキング

順位	県名	データ	偏差値
1	富山県	152.18平方m	72.84
2	福井県	146.16平方m	69.71
3	山形県	141.51平方m	67.29
4	秋田県	138.61平方m	65.78
5	新潟県	134.93平方m	63.86
6	島根県	130.73平方m	61.67
7	石川県	130.21平方m	61.40
8	長野県	127.84平方m	60.17
9	鳥取県	126.09平方m	59.26
10	岐阜県	124.23平方m	58.29
11	青森県	123.31平方m	57.81
12	岩手県	122.61平方m	57.44
13	滋賀県	122.05平方m	57.15
14	佐賀県	118.31平方m	55.20
15	福島県	114.63平方m	53.29
16	三重県	114.15平方m	53.04
17	香川県	114.06平方m	52.99
18	徳島県	113.96平方m	52.94
19	山梨県	113.27平方m	52.58
20	奈良県	112.63平方m	52.25
21	岡山県	111.71平方m	51.77
22	栃木県	110.24平方m	51.00
23	和歌山県	110.23平方m	51.00
24	群馬県	109.89平方m	50.82
25	茨城県	108.55平方m	50.12
26	静岡県	105.42平方m	48.49
27	山口県	104.60平方m	48.07
28	愛媛県	102.45平方m	46.95
29	熊本県	101.66平方m	46.53
30	大分県	99.88平方m	45.61
31	長崎県	99.54平方m	45.43
32	宮崎県	98.53平方m	44.90
33	広島県	97.29平方m	44.26
34	宮城県	97.07平方m	44.14
35	高知県	95.69平方m	43.43
36	愛知県	95.01平方m	43.07
37	兵庫県	94.91平方m	43.02
38	北海道	93.08平方m	42.07
39	鹿児島県	89.64平方m	40.27
40	千葉県	89.40平方m	40.15
41	京都府	87.86平方m	39.35
42	埼玉県	86.58平方m	38.68
43	福岡県	86.55平方m	38.67
44	神奈川県	76.62平方m	33.49
45	沖縄県	76.28平方m	33.32
46	大阪府	76.22平方m	33.29
47	東京都	64.48平方m	27.17
-	全国	94.42平方m	-

住宅・土地統計調査（総務省統計局）

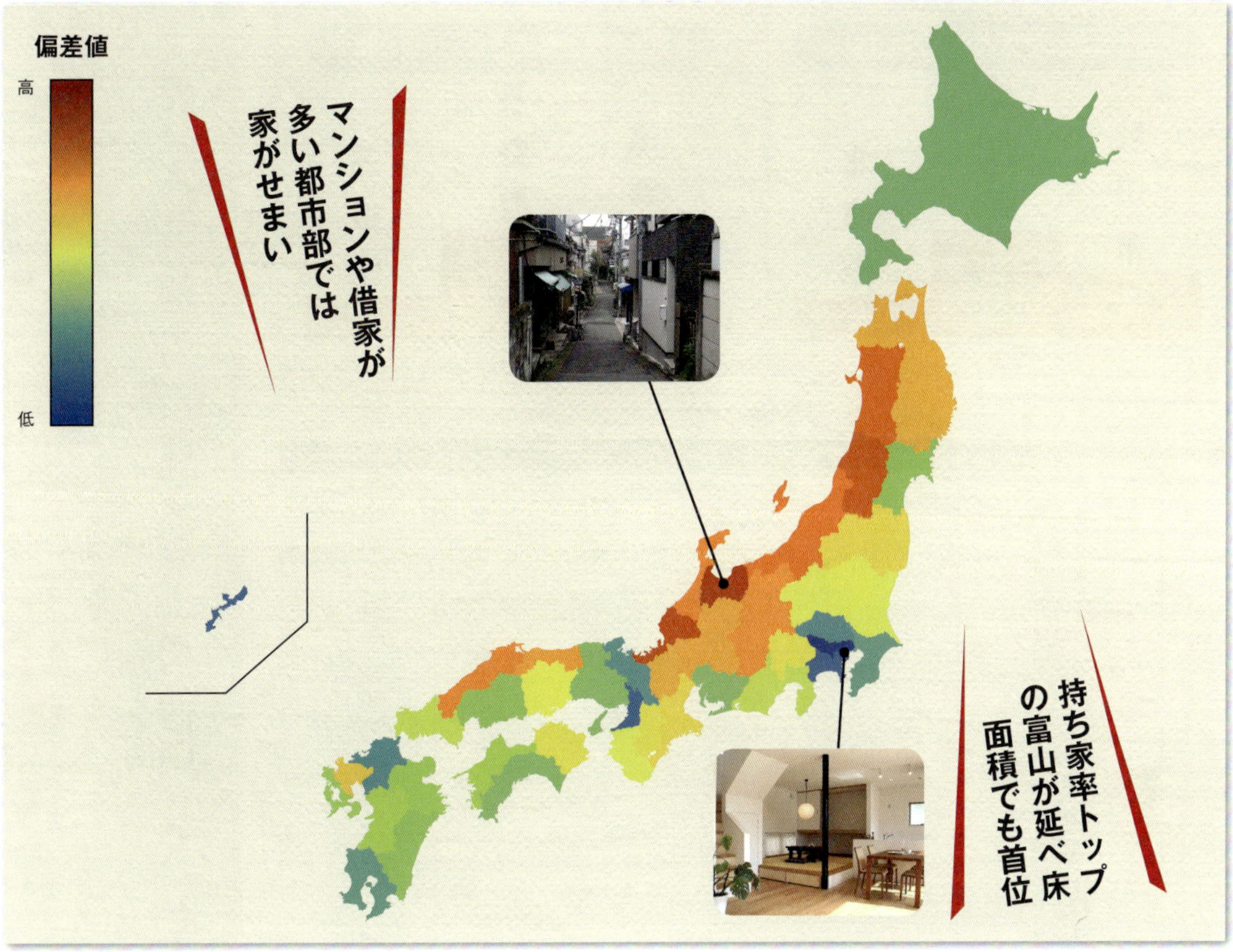
偏差値
高
低
マンションや借家が多い都市部では家がせまい
持ち家率トップの富山が延べ床面積でも首位

相関データ

【正の相関】

係数	項目
0.89	三世代世帯人数
0.88	持ち家率
0.86	戸建て率
0.84	共働き率
0.81	自動車普及率（2台以上）
0.81	小学生新聞購読率
0.80	老舗企業数
0.79	日本酒酒造場数
0.78	NHK受信料支払率
0.77	自家用車通勤・通学率

【負の相関】

係数	項目
-0.88	核家族率
-0.79	独居老人（60代以上ひとり暮らし）
-0.78	分譲マンション率
-0.76	ひとり暮らし率
-0.75	人口集中度
-0.74	救急出動件数
-0.73	離婚件数
-0.71	不動産屋店舗数
-0.67	子どもの生活保護受給者数
-0.66	人口比率

上位は日本海側の県

総務省の住宅・土地統計調査をもとに、人口単位あたりの住宅延べ床面積を比較したもの。ここでは持ち家、借家のいずれも含んでいます。

全国平均は94・42平方メートル。首位は富山で、152・18平方メートルと100畳以上の広さを誇ります。

ちなみに富山は持ち家率でも首位です。2位以下は福井、山形、秋田、新潟と続き、北陸と東北の県が独占しています。

反対に面積がせまいのは、東京の64・48平方メートル。これは富山の半分以下のせまさです。以下、少ない順に、大阪、沖縄、神奈川、福岡と続き、沖縄以外は都市部が並びます。

延べ床面積は農業がさかんな日本海側の県ほど広く、地価の高い都市部ほど少ないという結果になっています。

がん年齢調整死亡率

北日本、北関東、山陰、北部九州、四国など、がん死亡率が高いところが数カ所に固まっている傾向。

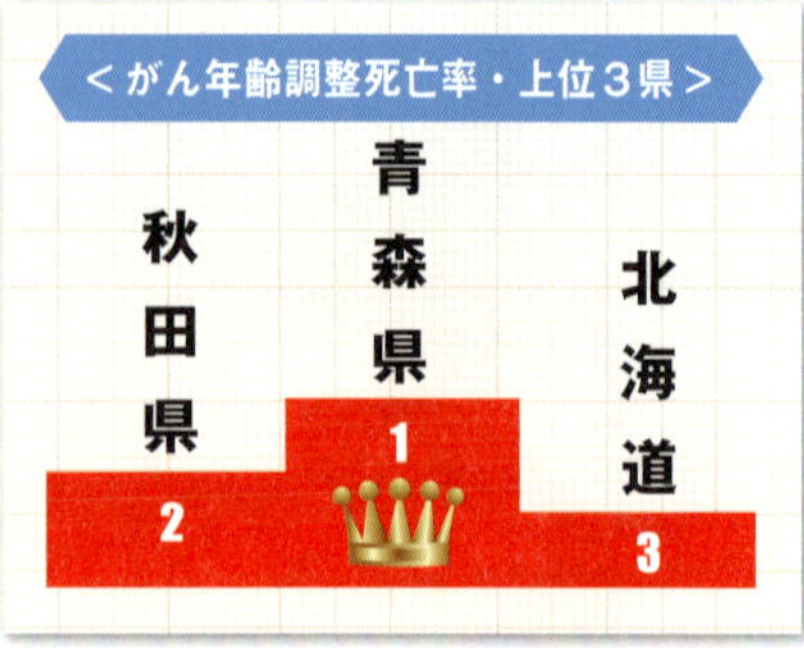

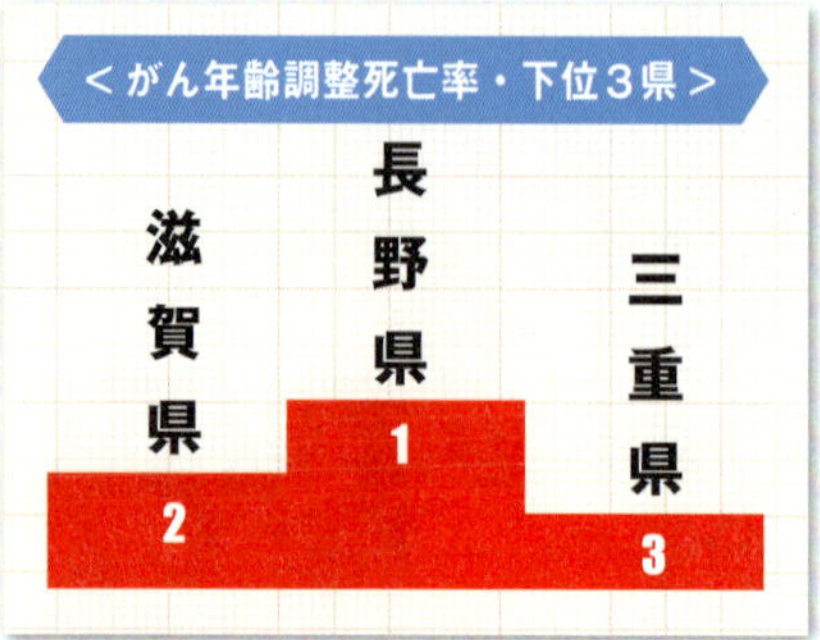

ランキング

順位	県名	データ	偏差値
1	青森県	96.06	85.41
2	秋田県	88.38	70.91
3	北海道	87.17	68.63
4	鳥取県	86.58	67.51
5	大阪府	83.21	61.15
6	長崎県	82.45	59.71
7	福岡県	82.36	59.54
8	佐賀県	81.62	58.15
9	岩手県	80.57	56.16
10	茨城県	80.56	56.15
11	高知県	80.12	55.31
12	和歌山県	79.97	55.03
13	島根県	79.51	54.16
14	栃木県	79.38	53.92
15	福島県	79.02	53.24
16	愛媛県	78.92	53.05
17	山口県	78.73	52.69
18	鹿児島県	78.59	52.43
19	埼玉県	77.67	50.69
20	東京都	77.26	49.91
21	兵庫県	77.22	49.84
22	新潟県	76.92	49.27
23	神奈川県	76.79	49.03
24	宮崎県	76.72	48.89
25	石川県	76.65	48.76
26	千葉県	75.87	47.29
27	沖縄県	75.81	47.18
28	山形県	75.48	46.55
29	愛知県	75.40	46.40
30	宮城県	75.28	46.18
31	群馬県	74.50	44.70
32	京都府	74.47	44.65
33	静岡県	74.35	44.42
34	岐阜県	74.32	44.36
35	徳島県	74.23	44.19
36	香川県	74.17	44.08
37	奈良県	73.30	42.44
38	広島県	73.18	42.21
39	富山県	73.16	42.17
40	山梨県	72.62	41.15
41	岡山県	72.43	40.80
42	熊本県	72.26	40.47
43	大分県	72.13	40.23
44	福井県	71.71	39.44
45	三重県	71.64	39.30
46	滋賀県	70.42	37.00
47	長野県	64.19	25.24
-	全国	77.68	-

がん情報サービス（国立がん研究センターがん対策情報センター）

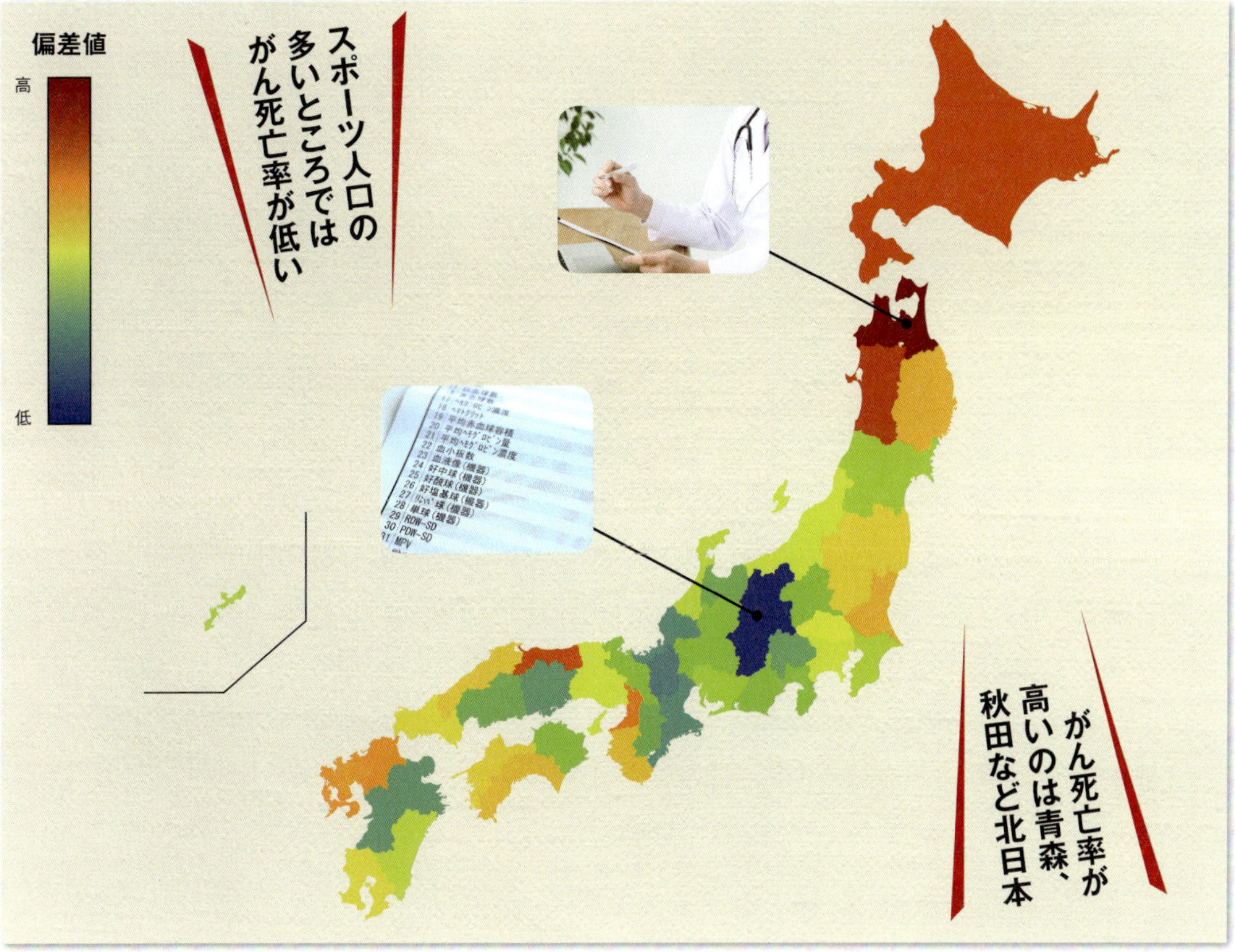
偏差値
高
低
スポーツ人口の多いところではがん死亡率が低い
がん死亡率が高いのは青森、秋田など北日本

相関データ

【正の相関】

係数	項目
0.93	がん死亡率：男性
0.88	年齢調整死亡率（男性）
0.81	がん死亡率：女性
0.70	大腸がん死亡率
0.70	肺がん死亡率：男性
0.65	肺がん死亡率
0.64	大腸がん死亡率：男性
0.64	年齢調整死亡率（女性）
0.63	食道がん死亡率：男性
0.62	大腸がん死亡率：女性

【負の相関】

係数	項目
-0.82	平均寿命：男性
-0.64	平均寿命：女性
-0.53	携帯電話普及率
-0.51	25歳以上スポーツ人口
-0.51	外国車普及率
-0.50	ゴルフ用具普及率
-0.50	パソコン普及率
-0.49	スポーツクラブ数
-0.45	25歳以上ボランティア人口
-0.44	標高

青森は長野の約1・4倍

国立がん研究センターがん対策情報センターの情報サービスをもとに、75歳未満の人口10万人あたりのがん死亡者数を比較したものです。全国平均は77・68となっています。

1位の青森は、全国平均より約1・2倍多い96・06。2位以下は秋田、北海道、鳥取、大阪と続きます。東北・北海道での死亡率の高さが目立っています。

反対にもっとも少ないのは長野で64・19。以下少ない順に、滋賀、三重、福井、大分と続きます。最下位の長野を基準にすれば、青森は約1・5倍も多いことになり、死亡率に大きな差があることがわかります。

なお、がん死亡率は平均寿命と負の相関があります。つまり、がんで亡くなる人が多い地域ほど平均寿命が短いのです。

「がん年齢調整死亡率」とは、がんの死亡数をもとに人口の高齢化の影響をのぞいた数値。単位が「人」とはならないことに注意。

第2章

47都道府県別ランキング

北海道

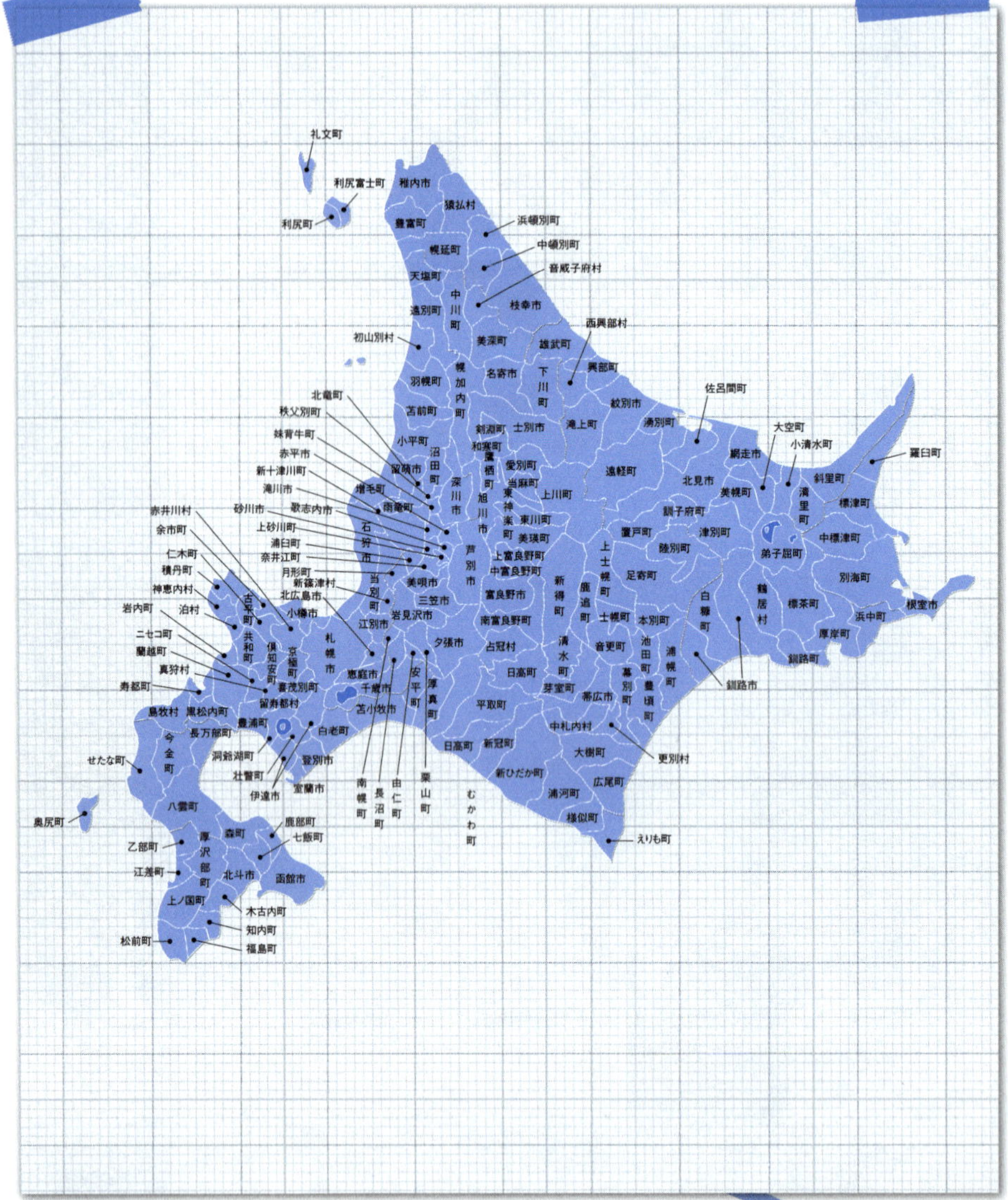

DATA

人口総数（人）	5,352,000
男性人口（人）	2,521,000
女性人口（人）	2,830,000
面積（km²）	8,342,382
平均気温（℃）	9.3
年間降水（mm）	1,360.0
市町村数	179
県庁所在地	札幌市

広大な面積を誇る北海道だが人口集中度が高く、イメージに反して都市型の生活スタイルをうかがわせる。食生活では、豚肉やサケの消費量が高いなどイメージどおりの結果に。

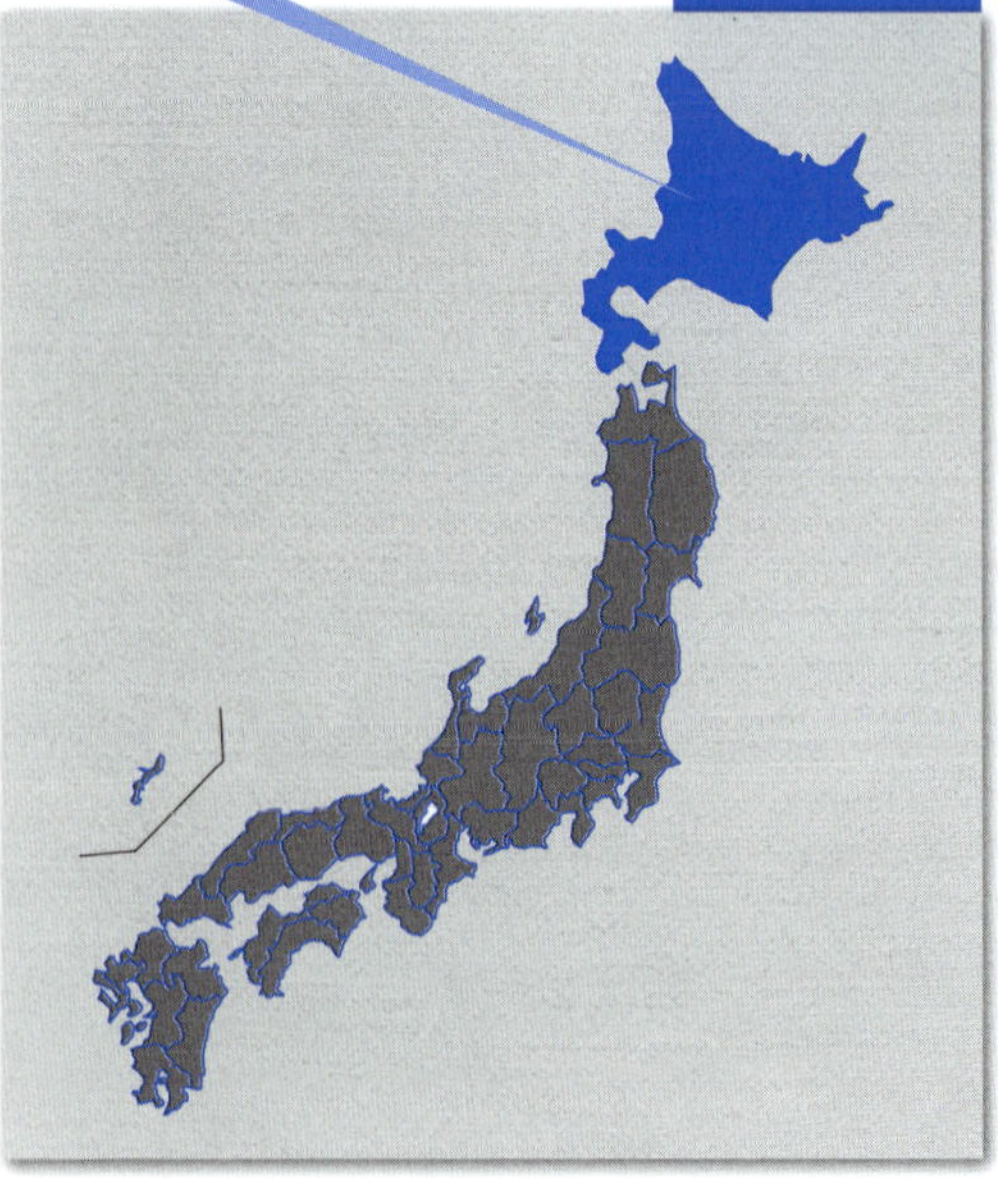

北海道のランキング

1位	豚肉消費量	112P
1位	女性喫煙率	118P
1位	コンビニ店舗数	82P
1位	限界集落率	40P
1位	1人あたりの面積	10P
2位	男性喫煙率	116P
2位	父子・母子家庭数	188P
2位	サケ消費量	104P
3位	がん年齢調整死亡率	206P
4位	完全失業率	154P
4位	第一次産業従業者数	156P
5位	新聞購読費	134P
5位	転職率	172P
5位	離婚件数	186P
5位	民主党得票率（直近10年間）	54P
8位	外国人観光客訪問率	174P
8位	起業家数	164P
8位	人口集中度	24P
9位	日本共産党得票率（直近10年間）	56P
9位	ホテル軒数	102P
9位	河川延長距離	14P
10位	60歳以上女性未婚率	34P
10位	アルコール消費量	114P
11位	比例代表投票率（直近10年平均）	58P
13位	セブンイレブン店舗数	84P
13位	婚姻件数	184P
13位	道路延長	16P
14位	第三次産業従業者数	160P
14位	地方公務員数	62P
15位	パチンコ店舗数	100P
16位	鶏肉消費量	110P
16位	生産年齢人口	26P
16位	地方交付税額	60P
17位	消費者物価	138P
18位	ローソン店舗数	88P
18位	倒産率	166P
18位	大学生数	64P
20位	森林率	8P
20位	携帯電話通信料	120P
20位	大企業数	168P
20位	65歳以上人口（高齢者数）	28P
22位	日帰り温泉数	18P
24位	小学校数	70P
25位	体育館数	152P
25位	平均標高	12P
25位	電気使用料	122P
26位	刑法犯認知件数	200P
27位	公明党得票率（直近10年間）	52P
27位	医師数	176P
28位	商業地の地価	22P
28位	衣服購入費	130P
28位	医療費	198P
28位	人口増減率	38P
29位	通勤時間	36P
29位	スーパーマーケット店舗数	94P
30位	世帯負債額	192P
31位	ガソリン消費量	124P
31位	書店数	96P
32位	スターバックスコーヒー店舗数	90P
32位	現役Jリーガー出身地	146P
33位	国立・私立高校生徒数	78P
33位	60歳以上男性未婚率	32P
33位	雑誌・書籍購入費	136P
34位	保育園数	72P
34位	25歳以上スポーツ人口	150P
34位	教育費	74P
34位	男性平均寿命	42P
35位	国立・私立中学生徒数（中学受験率）	76P
36位	年間日照時間	20P
36位	サラリーマン年収	162P
37位	女性平均寿命	44P
37位	マクドナルド店舗数	92P
38位	自動車普及率	180P
38位	家賃	140P
38位	寺院数	196P
38位	住宅延べ床面積	204P
39位	牛肉消費量	108P
39位	東京大学合格者数	68P
39位	現役力士出身地	142P
40位	現役プロ野球選手出身地	144P
40位	老舗企業数	170P
40位	共働き率	182P
42位	カラオケボックス店舗数	98P
42位	外食費	128P
42位	在日外国人	46P
43位	三世代世帯人数	190P
43位	自由民主党得票率（直近10年平均）	50P
43位	神社数	194P
43位	甲子園通算勝率	148P
43位	上下水道使用料	126P
43位	交通事故件数	202P
43位	持ち家率	178P
43位	学習塾軒数	80P
43位	大学進学率	66P
43位	第二次産業従業者数	158P
45位	世帯貯蓄額	132P
46位	ブリ消費量	106P
46位	15歳未満人口（子どもの数）	30P
46位	合計特殊出生率	48P
47位	ファミリーマート店舗数	86P

青森県

DATA

人口総数（人）	1,293,000
男性人口（人）	608,000
女性人口（人）	686,000
面積（km²）	964,556
平均気温（℃）	11.0
年間降水（mm）	1,389.5
市町村数	40
県庁所在地	青森市

本州の最北端に位置する青森県。冬の寒さに鍛えられるせいか、現役力士の輩出数は全国３位。消費量全国１位のサケと２位の豚肉が、そのパワーの源かもしれない。

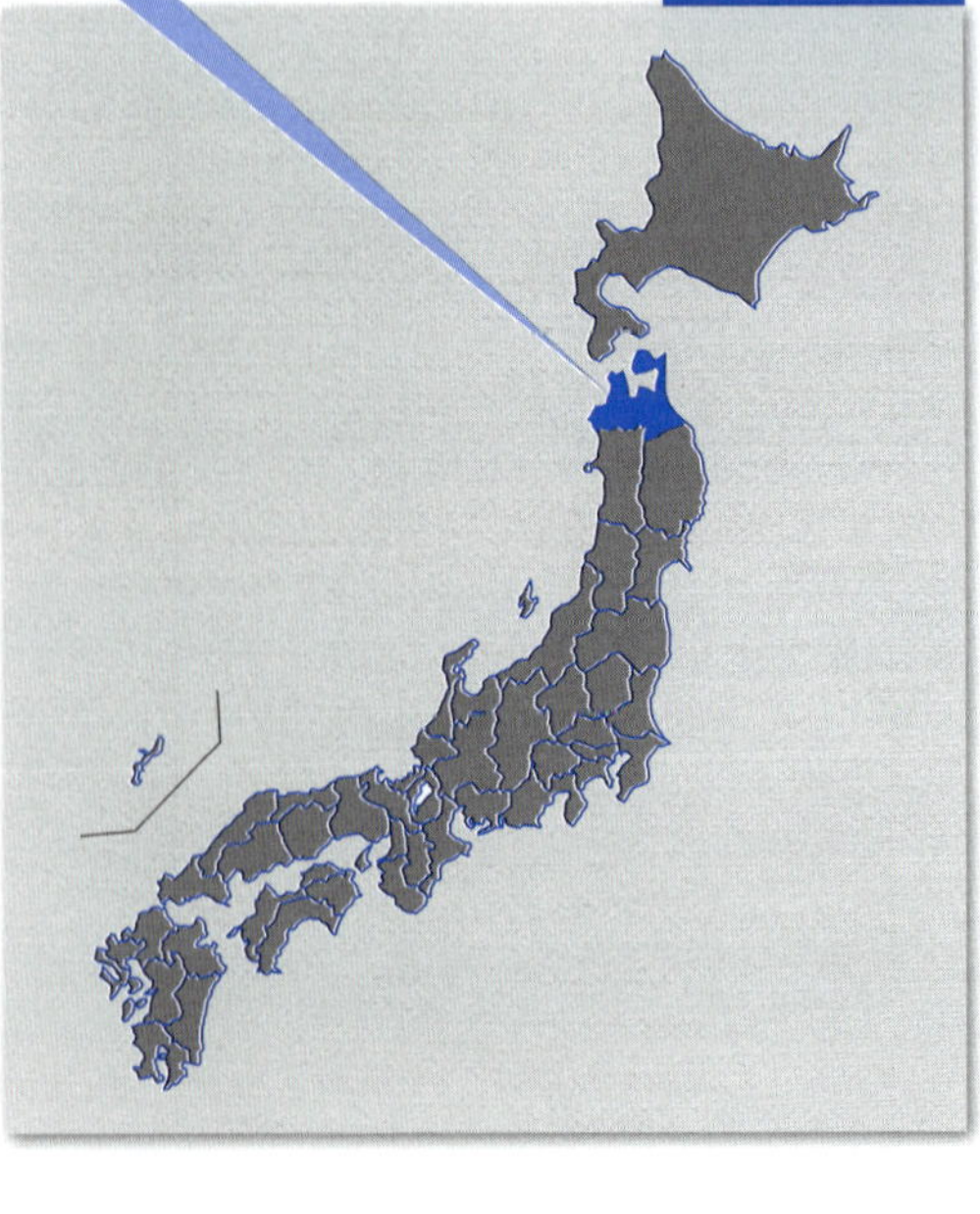

青森県のランキング

1位	サケ消費量	104P
1位	がん年齢調整死亡率	206P
1位	男性喫煙率	116P
2位	女性喫煙率	118P
2位	完全失業率	154P
2位	豚肉消費量	112P
3位	保育園数	72P
3位	現役力士出身地	142P
4位	ローソン店舗数	88P
5位	日帰り温泉数	18P
6位	地方交付税額	60P
6位	アルコール消費量	114P
7位	1人あたりの面積	10P
8位	スーパーマーケット店舗数	94P
9位	父子・母子家庭数	188P
9位	パチンコ店舗数	100P
9位	ファミリーマート店舗数	86P
10位	地方公務員数	62P
10位	第一次産業従業者数	156P
11位	電気使用料	122P
11位	住宅延べ床面積	204P
11位	三世代世帯人数	190P
12位	自由民主党得票率（直近10年平均）	50P
12位	65歳以上人口（高齢者数）	28P
13位	離婚件数	186P
14位	共働き率	182P
14位	小学校数	70P
15位	コンビニ店舗数	82P
15位	持ち家率	178P
15位	道路延長	16P
15位	上下水道使用料	126P
17位	日本共産党得票率（直近10年間）	56P
17位	民主党得票率（直近10年間）	54P
18位	ホテル軒数	102P
18位	60歳以上男性未婚率	32P
20位	60歳以上女性未婚率	34P
20位	新聞購読費	134P
21位	限界集落率	40P
22位	消費者物価	138P
24位	河川延長距離	14P
24位	体育館数	152P
24位	ガソリン消費量	124P
25位	生産年齢人口	26P
25位	人口集中度	24P
26位	国立・私立高校生徒数	78P
26位	大学生数	64P
27位	鶏肉消費量	110P
28位	カラオケボックス店舗数	98P
28位	森林率	8P
28位	書店数	96P
30位	スターバックスコーヒー店舗数	90P
30位	合計特殊出生率	48P
31位	神社数	194P
31位	大企業数	168P
32位	自動車普及率	180P
32位	甲子園通算勝率	148P
33位	老舗企業数	170P
34位	第三次産業従業者数	160P
35位	牛肉消費量	108P
35位	携帯電話通信料	120P
35位	第二次産業従業者数	158P
35位	平均標高	12P
36位	公明党得票率（直近10年間）	52P
36位	外国人観光客訪問率	174P
36位	婚姻件数	184P
38位	現役プロ野球選手出身地	144P
38位	マクドナルド店舗数	92P
38位	世帯負債額	192P
38位	通勤時間	36P
38位	交通事故件数	202P
39位	起業家数	164P
40位	医師数	176P
40位	倒産率	166P
40位	ブリ消費量	106P
41位	大学進学率	66P
41位	寺院数	196P
41位	国立・私立中学生徒数（中学受験率）	76P
42位	教育費	74P
42位	現役Jリーガー出身地	146P
43位	東京大学合格者数	68P
43位	雑誌・書籍購入費	136P
44位	比例代表投票率（直近10年平均）	58P
44位	刑法犯認知件数	200P
44位	転職率	172P
45位	15歳未満人口（子どもの数）	30P
45位	セブンイレブン店舗数	84P
45位	学習塾軒数	80P
46位	人口増減率	38P
46位	在日外国人	46P
46位	商業地の地価	22P
46位	世帯貯蓄額	132P
46位	衣服購入費	130P
46位	年間日照時間	20P
46位	サラリーマン年収	162P
46位	医療費	198P
47位	家賃	140P
47位	外食費	128P
47位	25歳以上スポーツ人口	150P
47位	女性平均寿命	44P
47位	男性平均寿命	42P

岩手県

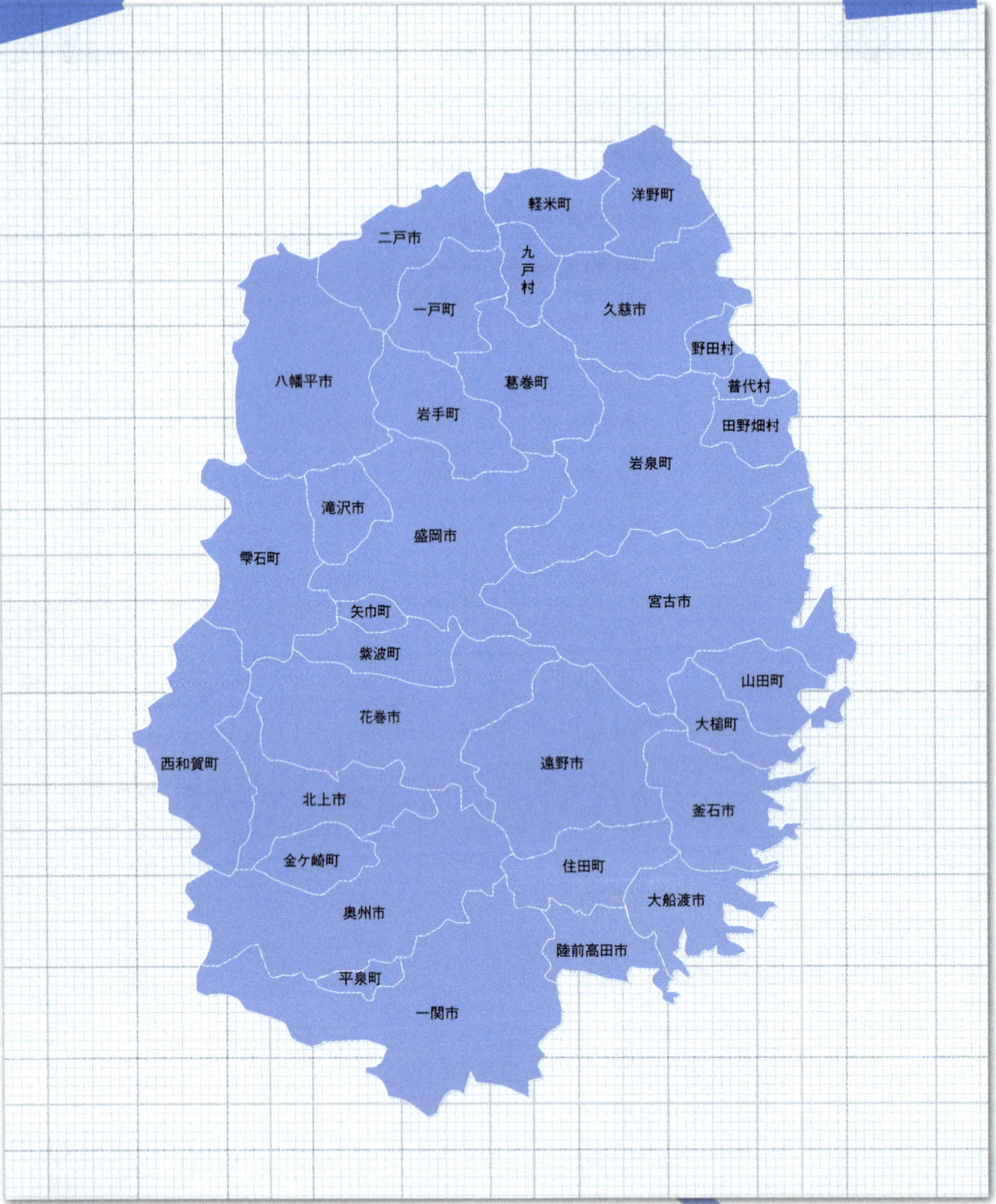

47都道府県のなかで、北海道についで2番目に広い岩手県。政治家の小沢一郎のお膝元だけあってか、民進党得票率、比例代表得票率がともに高く、政治熱が高い。

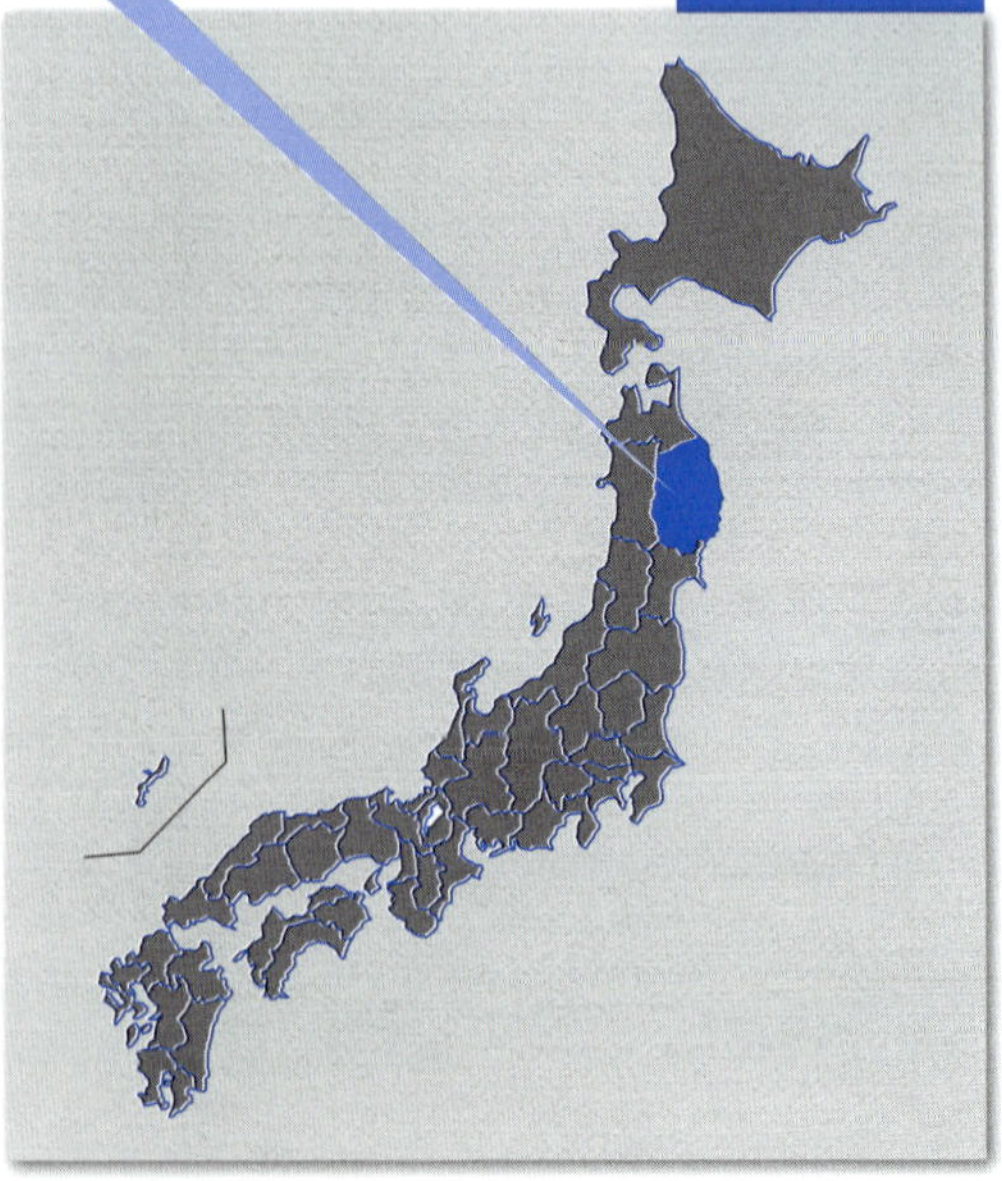

DATA

人口総数（人）	1,268,000
男性人口（人）	610,000
女性人口（人）	658,000
面積（km²）	1,527,501
平均気温（℃）	11.2
年間降水（mm）	1,318.0
市町村数	33
県庁所在地	盛岡市

岩手県のランキング

2位	民主党得票率（直近10年間）	54P
2位	1人あたりの面積	10P
2位	道路延長	16P
3位	第一次産業従業者数	156P
3位	サケ消費量	104P
3位	スーパーマーケット店舗数	94P
3位	地方交付税額	60P
4位	雑誌・書籍購入費	136P
4位	体育館数	152P
5位	河川延長距離	14P
5位	ホテル軒数	102P
5位	地方公務員数	62P
6位	小学校数	70P
6位	三世代世帯人数	190P
7位	比例代表投票率（直近10年平均）	58P
8位	転職率	172P
8位	森林率	8P
8位	アルコール消費量	114P
9位	がん年齢調整死亡率	206P
10位	豚肉消費量	112P
10位	保育園数	72P
10位	共働き率	182P
11位	60歳以上男性未婚率	32P
11位	パチンコ店舗数	100P
11位	65歳以上人口（高齢者数）	28P
12位	上下水道使用料	126P
12位	住宅延べ床面積	204P
12位	男性喫煙率	116P
13位	平均標高	12P
15位	大企業数	168P
15位	日本共産党得票率（直近10年間）	56P
15位	ローソン店舗数	88P
15位	電気使用料	122P
16位	ファミリーマート店舗数	86P
16位	書店数	96P
17位	医療費	198P
18位	女性喫煙率	118P
19位	第二次産業従業者数	158P
21位	現役力士出身地	142P
21位	老舗企業数	170P
23位	父子・母子家庭数	188P
23位	世帯負債額	192P
23位	60歳以上女性未婚率	34P
23位	持ち家率	178P
24位	自動車普及率	180P
25位	日帰り温泉数	18P
26位	消費者物価	138P
27位	ガソリン消費量	124P
27位	現役プロ野球選手出身地	144P
28位	コンビニ店舗数	82P
29位	通勤時間	36P
30位	生産年齢人口	26P
30位	神社数	194P
30位	第三次産業従業者数	160P
32位	ブリ消費量	106P
34位	寺院数	196P
34位	家賃	140P
34位	新聞購読費	134P
34位	セブンイレブン店舗数	84P
34位	完全失業率	154P
34位	倒産率	166P
35位	世帯貯蓄額	132P
35位	限界集落率	40P
36位	鶏肉消費量	110P
36位	合計特殊出生率	48P
36位	衣服購入費	130P
36位	外食費	128P
37位	カラオケボックス店舗数	98P
38位	離婚件数	186P
38位	現役Jリーガー出身地	146P
39位	商業地の地価	22P
39位	年間日照時間	20P
39位	携帯電話通信料	120P
40位	スターバックスコーヒー店舗数	90P
40位	大学進学率	66P
41位	大学生数	64P
41位	15歳未満人口（子ども数）	30P
41位	自由民主党得票率（直近10年平均）	50P
41位	国立・私立高校生徒数	78P
42位	外国人観光客訪問率	174P
42位	医師数	176P
42位	甲子園通算勝率	148P
42位	女性平均寿命	44P
42位	人口増減率	38P
42位	東京大学合格者数	68P
44位	人口集中度	24P
44位	サラリーマン年収	162P
44位	牛肉消費量	108P
44位	在日外国人	46P
44位	国立・私立中学生徒数（中学受験率）	76P
45位	交通事故件数	202P
45位	男性平均寿命	42P
45位	25歳以上スポーツ人口	150P
45位	教育費	74P
46位	刑法犯認知件数	200P
47位	婚姻件数	184P
47位	マクドナルド店舗数	92P
47位	起業家数	164P
47位	公明党得票率（直近10年間）	52P
47位	学習塾軒数	80P

宮城県

杜の都・仙台を擁する宮城県。商業地の地価が高く、大企業数も多いなど、東北地方の経済活動の中心地となっている。転職率も高く、労働流動性も目立つが失業率も高い。

DATA

人口総数（人）	2,330,000
男性人口（人）	1,139,000
女性人口（人）	1,191,000
面積（km²）	728,222
平均気温（℃）	13.5
年間降水（mm）	1,209.0
市町村数	35
県庁所在地	仙台市

宮城県のランキング

2位	転職率	172P
4位	コンビニ店舗数	82P
5位	女性喫煙率	118P
6位	大学生数	64P
6位	生産年齢人口	26P
6位	男性喫煙率	116P
8位	完全失業率	154P
9位	豚肉消費量	112P
10位	人口増減率	38P
10位	民主党得票率（直近10年間）	54P
10位	衣服購入費	130P
10位	サケ消費量	104P
10位	商業地の地価	22P
11位	家賃	140P
12位	ファミリーマート店舗数	86P
13位	アルコール消費量	114P
13位	通勤時間	36P
13位	大企業数	168P
14位	人口集中度	24P
15位	ホテル軒数	102P
15位	スターバックスコーヒー店舗数	90P
15位	男性平均寿命	42P
16位	三世代世帯人数	190P
18位	起業家数	164P
18位	セブンイレブン店舗数	84P
19位	25歳以上スポーツ人口	150P
19位	日本共産党得票率（直近10年間）	56P
20位	上下水道使用料	126P
20位	女性平均寿命	44P
20位	甲子園通算勝率	148P
21位	第三次産業従業者数	160P
21位	60歳以上女性未婚率	34P
22位	国立・私立高校生徒数	78P
22位	離婚件数	186P

22位	刑法犯認知件数	200P
23位	地方交付税額	60P
23位	新聞購読費	134P
23位	雑誌・書籍購入費	136P
24位	倒産率	166P
24位	60歳以上男性未婚率	32P
25位	医療費	198P
25位	ローソン店舗数	88P
25位	教育費	74P
26位	外国人観光客訪問率	174P
26位	サラリーマン年収	162P
27位	大学進学率	66P
27位	日帰り温泉数	18P
27位	パチンコ店舗数	100P
27位	世帯貯蓄額	132P
28位	医師数	176P
29位	1人あたりの面積	10P
29位	15歳未満人口（子どもの数）	30P
29位	公明党得票率（直近10年間）	52P
29位	自由民主党得票率（直近10年平均）	50P
29位	現役プロ野球選手出身地	144P
29位	地方公務員数	62P
30位	体育館数	152P
30位	消費者物価	138P
30位	在日外国人	46P
30位	がん年齢調整死亡率	206P
31位	交通事故件数	202P
31位	父子・母子家庭数	188P
32位	スーパーマーケット店舗数	94P
32位	外食費	128P
32位	ガソリン消費量	124P
33位	第二次産業従業者数	158P
33位	年間日照時間	20P
33位	婚姻件数	184P

33位	自動車普及率	180P
34位	小学校数	70P
34位	道路延長	16P
34位	老舗企業数	170P
34位	住宅延べ床面積	204P
34位	第一次産業従業者数	156P
34位	森林率	8P
34位	携帯電話通信料	120P
34位	世帯負債額	192P
34位	現役Jリーガー出身地	146P
34位	マクドナルド店舗数	92P
35位	共働き率	182P
35位	河川延長距離	14P
35位	電気使用料	122P
35位	保育園数	72P
37位	平均標高	12P
37位	学習塾軒数	80P
38位	鶏肉消費量	110P
39位	寺院数	196P
39位	ブリ消費量	106P
39位	国立・私立中学生徒数（中学受験率）	76P
40位	限界集落率	40P
40位	牛肉消費量	108P
41位	東京大学合格者数	68P
41位	65歳以上人口（高齢者数）	28P
41位	神社数	194P
41位	カラオケボックス店舗数	98P
42位	持ち家率	178P
42位	比例代表投票率（直近10年平均）	58P
44位	合計特殊出生率	48P
45位	現役力士出身地	142P
46位	書店数	96P

秋田県

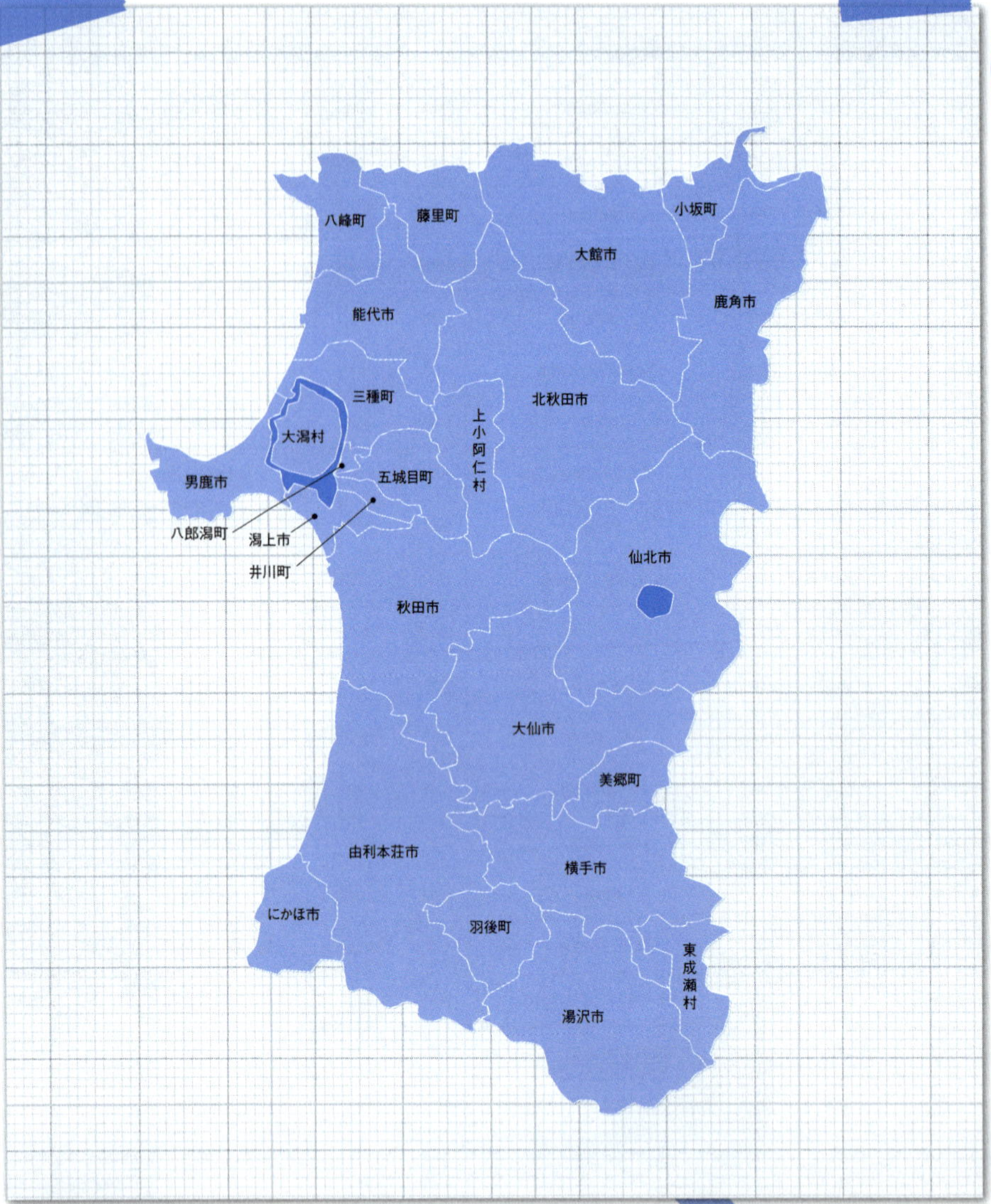

DATA

人口総数（人）	1,010,000
男性人口（人）	474,000
女性人口（人）	536,000
面積（km²）	1,163,752
平均気温（℃）	12.5
年間降水（mm）	1,795.5
市町村数	25
県庁所在地	秋田市

内陸部の約90％の地域が、特別豪雪地帯に指定されている秋田県。厳しい冬を乗り切るためか、持ち家率、戸建率、住宅延べ床面積が高く、住環境は充実している。

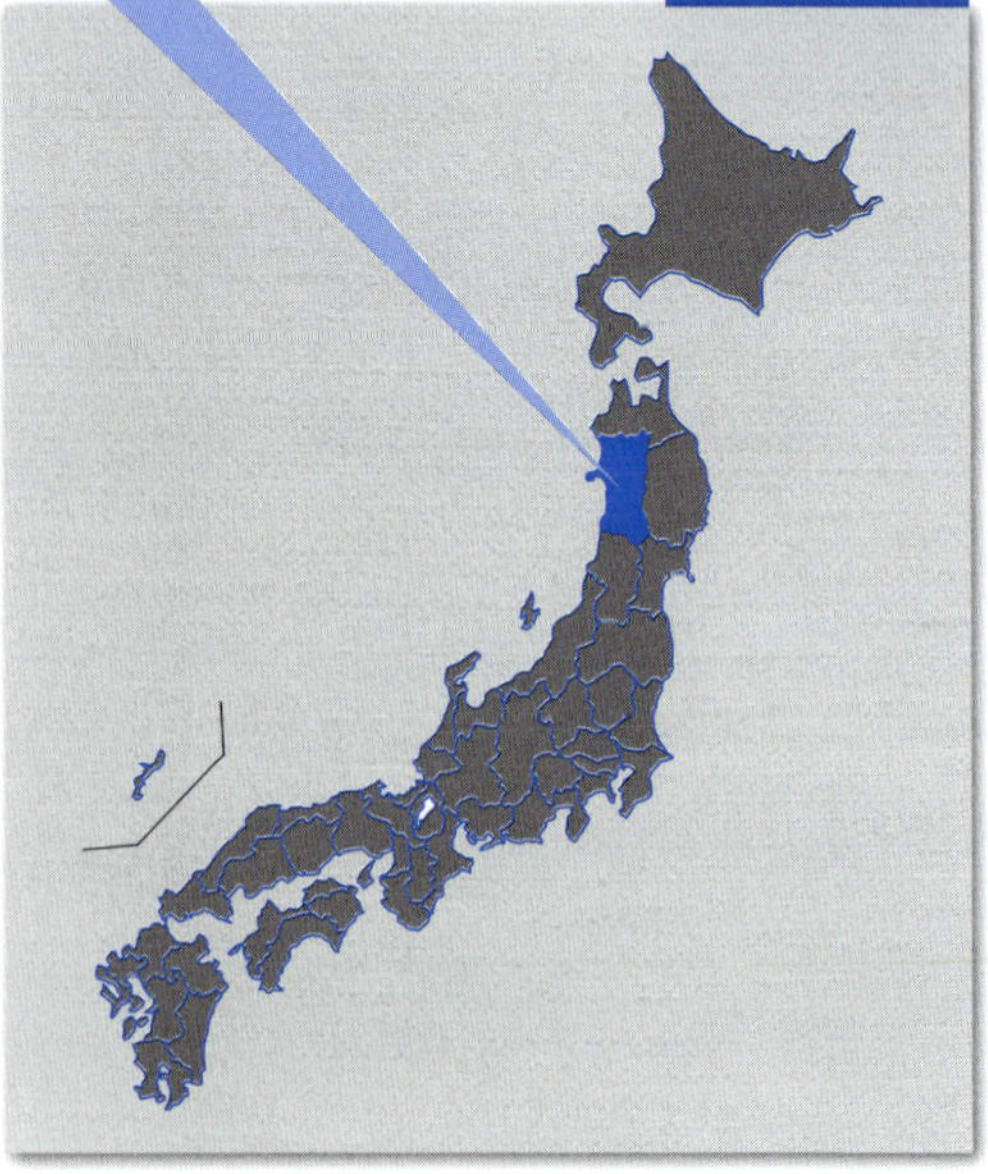

秋田県のランキング

1位	65歳以上人口(高齢者数)	28P
2位	がん年齢調整死亡率	206P
2位	持ち家率	178P
2位	体育館数	152P
3位	道路延長	16P
3位	1人あたりの面積	10P
4位	スーパーマーケット店舗数	94P
4位	三世代世帯人数	190P
4位	住宅延べ床面積	204P
4位	日帰り温泉数	18P
4位	河川延長距離	14P
5位	第一次産業従業者数	156P
5位	アルコール消費量	114P
5位	地方交付税額	60P
5位	ローソン店舗数	88P
5位	比例代表投票率(直近10年平均)	58P
7位	サケ消費量	104P
7位	パチンコ店舗数	100P
7位	現役力士出身地	142P
8位	完全失業率	154P
8位	豚肉消費量	112P
9位	共働き率	182P
11位	コンビニ店舗数	82P
11位	地方公務員数	62P
11位	女性喫煙率	118P
12位	男性喫煙率	116P
13位	世帯負債額	192P
14位	ファミリーマート店舗数	86P
14位	森林率	8P
14位	自由民主党得票率(直近10年平均)	50P
14位	老舗企業数	170P
15位	保育園数	72P
16位	神社数	194P
16位	上下水道使用料	126P
16位	限界集落率	40P
19位	書店数	96P
21位	倒産率	166P
22位	ガソリン消費量	124P
23位	小学校数	70P
23位	民主党得票率(直近10年間)	54P
24位	第二次産業従業者数	158P
24位	現役プロ野球選手出身地	144P
25位	第三次産業従業者数	160P
26位	ホテル軒数	102P
26位	電気使用料	122P
26位	平均標高	12P
26位	寺院数	196P
26位	自動車普及率	180P
27位	携帯電話通信料	120P
28位	鶏肉消費量	110P
28位	60歳以上男性未婚率	32P
28位	新聞購読費	134P
29位	ブリ消費量	106P
31位	スターバックスコーヒー店舗数	90P
31位	医師数	176P
32位	父子・母子家庭数	188P
32位	学習塾軒数	80P
34位	日本共産党得票率(直近10年間)	56P
35位	東京大学合格者数	68P
35位	医療費	198P
35位	消費者物価	138P
37位	60歳以上女性未婚率	34P
37位	セブンイレブン店舗数	84P
38位	大学進学率	66P
38位	合計特殊出生率	48P
39位	世帯貯蓄額	132P
40位	公明党得票率(直近10年間)	52P
40位	人口集中度	24P
40位	甲子園通算勝率	148P
40位	転職率	172P
41位	牛肉消費量	108P
41位	通勤時間	36P
41位	外国人観光客訪問率	174P
42位	雑誌・書籍購入費	136P
43位	教育費	74P
43位	カラオケボックス店舗数	98P
43位	大学生数	64P
44位	現役Jリーガー出身地	146P
44位	交通事故件数	202P
44位	離婚件数	186P
44位	マクドナルド店舗数	92P
44位	外食費	128P
44位	女性平均寿命	44P
44位	大企業数	168P
45位	衣服購入費	130P
45位	生産年齢人口	26P
45位	サラリーマン年収	162P
45位	国立・私立高校生徒数	78P
46位	家賃	140P
46位	国立・私立中学生徒数(中学受験率)	76P
46位	婚姻件数	184P
46位	男性平均寿命	42P
46位	起業家数	164P
46位	25歳以上スポーツ人口	150P
47位	商業地の地価	22P
47位	年間日照時間	20P
47位	在日外国人	46P
47位	人口増減率	38P
47位	15歳未満人口(子どもの数)	30P
47位	刑法犯認知件数	200P

山形県

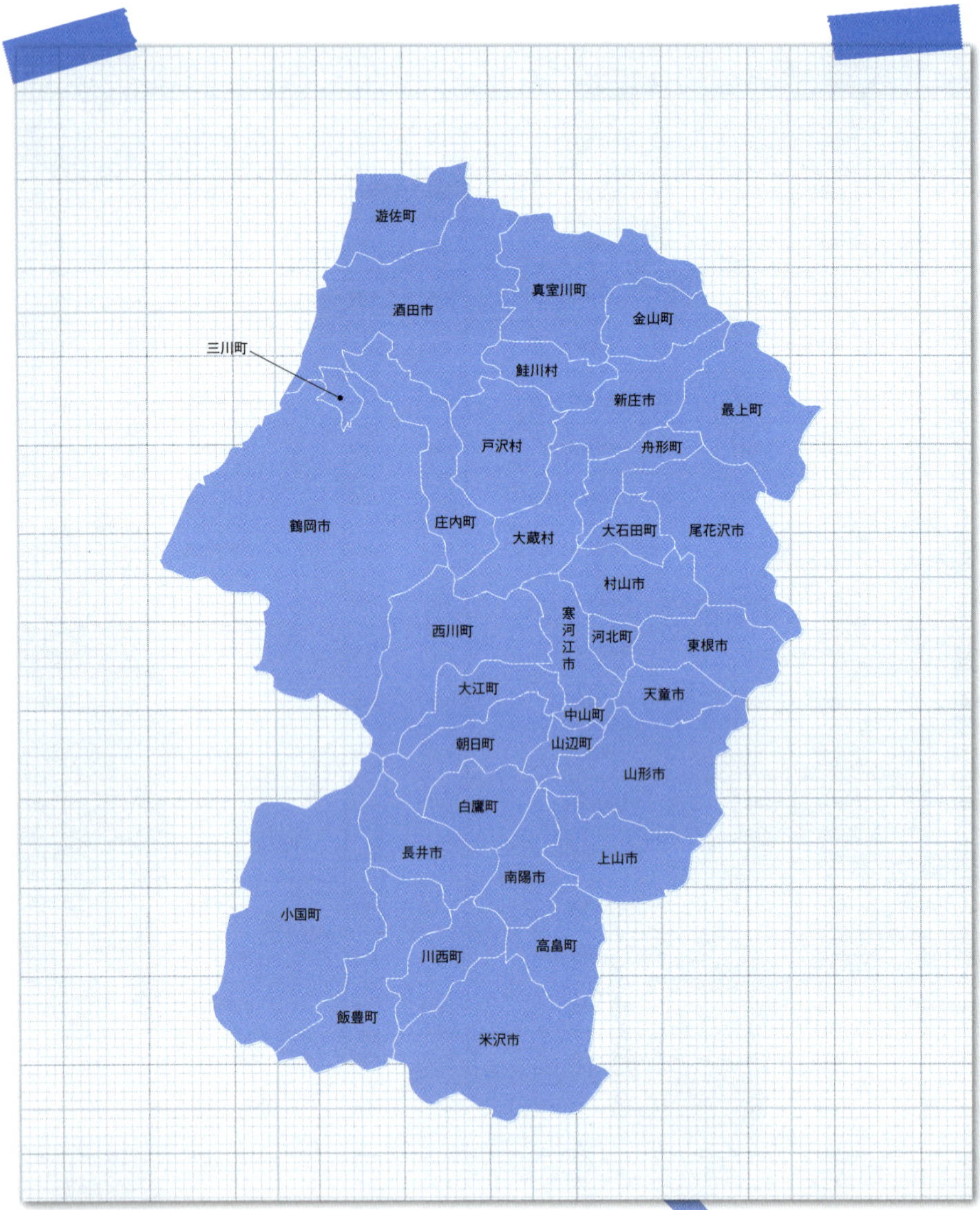

DATA

人口総数（人）	1,113,000
男性人口（人）	536,000
女性人口（人）	578,000
面積（km²）	932,315
平均気温（℃）	12.7
年間降水（mm）	1,243.5
市町村数	35
県庁所在地	山形市

東北地方にありながら、意外と温暖な山形県。共働き率が全国１位で、保育園数も多く、男女ともに働きやすい環境が整っているようだ。三世代世帯人数も全国１位である。

山形県のランキング

1位	三世代世帯人数	190P
1位	上下水道使用料	126P
1位	共働き率	182P
2位	比例代表投票率（直近10年平均）	58P
2位	ガソリン消費量	124P
2位	老舗企業数	170P
3位	住宅延べ床面積	204P
3位	持ち家率	178P
4位	携帯電話通信料	120P
5位	電気使用料	122P
6位	保育園数	72P
6位	1人あたりの面積	10P
6位	消費者物価	138P
6位	医療費	198P
7位	65歳以上人口（高齢者数）	28P
7位	自動車普及率	180P
7位	地方公務員数	62P
8位	限界集落率	40P
8位	寺院数	196P
8位	河川延長距離	14P
9位	現役力士出身地	142P
9位	第二次産業従業者数	158P
9位	交通事故件数	202P
11位	地方交付税額	60P
11位	世帯負債額	192P
11位	神社数	194P
11位	小学校数	70P
11位	平均標高	12P
12位	民主党得票率（直近10年間）	54P
12位	サケ消費量	104P
12位	豚肉消費量	112P
12位	アルコール消費量	114P
12位	日帰り温泉数	18P
13位	ホテル軒数	102P

14位	大企業数	168P
15位	第一次産業従業者数	156P
16位	森林率	8P
16位	自由民主党得票率（直近10年平均）	50P
16位	牛肉消費量	108P
16位	男性喫煙率	116P
16位	教育費	74P
17位	スーパーマーケット店舗数	94P
17位	道路延長	16P
18位	体育館数	152P
18位	ファミリーマート店舗数	86P
19位	パチンコ店舗数	100P
19位	国立・私立高校生徒数	78P
21位	起業家数	164P
21位	セブンイレブン店舗数	84P
23位	現役プロ野球選手出身地	144P
25位	書店数	96P
26位	ローソン店舗数	88P
27位	家賃	140P
28位	がん年齢調整死亡率	206P
29位	女性平均寿命	44P
29位	女性喫煙率	118P
29位	男性平均寿命	42P
29位	人口集中度	24P
30位	外食費	128P
31位	カラオケボックス店舗数	98P
31位	60歳以上男性未婚率	32P
32位	合計特殊出生率	48P
32位	衣服購入費	130P
33位	医師数	176P
33位	大学生数	64P
33位	新聞購読費	134P
34位	完全失業率	154P
34位	転職率	172P

35位	日本共産党得票率（直近10年間）	56P
35位	コンビニ店舗数	82P
35位	第三次産業従業者数	160P
36位	ブリ消費量	106P
36位	雑誌・書籍購入費	136P
37位	鶏肉消費量	110P
37位	倒産率	166P
37位	大学進学率	66P
38位	世帯貯蓄額	132P
38位	生産年齢人口	26P
39位	公明党得票率（直近10年間）	52P
39位	父子・母子家庭数	188P
39位	外国人観光客訪問率	174P
39位	15歳未満人口（子どもの数）	30P
40位	在日外国人	46P
40位	東京大学合格者数	68P
40位	現役Jリーガー出身地	146P
40位	マクドナルド店舗数	92P
41位	60歳以上女性未婚率	34P
41位	スターバックスコーヒー店舗数	90P
42位	商業地の地価	22P
42位	刑法犯認知件数	200P
42位	通勤時間	36P
42位	サラリーマン年収	162P
43位	人口増減率	38P
43位	婚姻件数	184P
44位	甲子園通算勝率	148P
44位	年間日照時間	20P
44位	25歳以上スポーツ人口	150P
45位	離婚件数	186P
46位	学習塾軒数	80P
47位	国立・私立中学生徒数（中学受験率）	76P

福島県

DATA

人口総数（人）	1,901,000
男性人口（人）	941,000
女性人口（人）	960,000
面積（km^2）	1,378,374
平均気温（℃）	14.2
年間降水（mm）	1,172.0
市町村数	59
県庁所在地	福島市

東北地方で２番目の人口と県内総生産を擁する福島県。60歳以上男性未婚率は高いが、婚姻件数自体は全国上位。震災を受けて、若い世代が結婚に積極的になったためか。

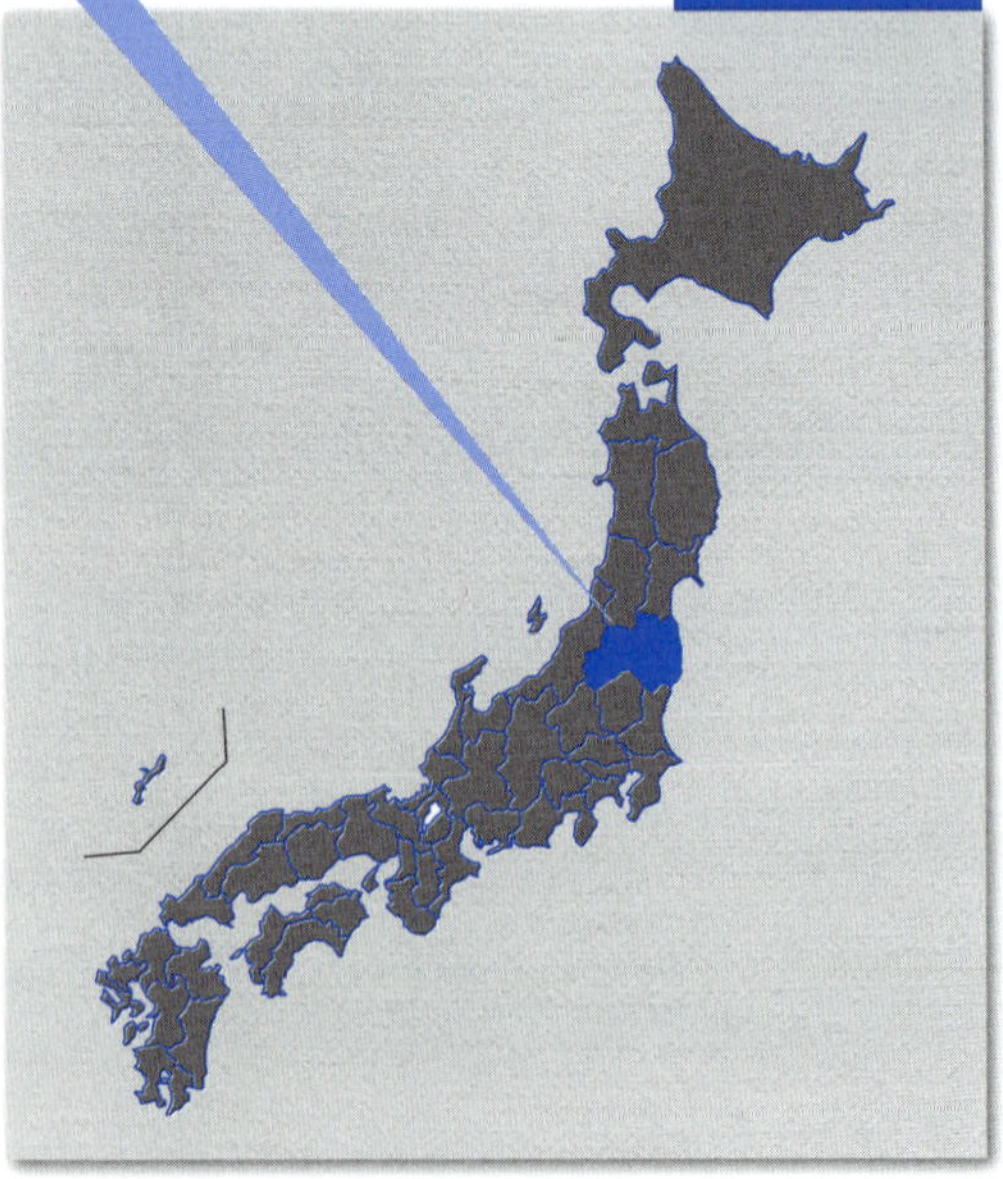

福島県のランキング

3位	男性喫煙率	116P
3位	民主党得票率（直近10年間）	54P
4位	電気使用料	122P
5位	セブンイレブン店舗数	84P
5位	道路延長	16P
6位	ホテル軒数	102P
7位	上下水道使用料	126P
7位	三世代世帯人数	190P
7位	平均標高	12P
7位	女性喫煙率	118P
7位	豚肉消費量	112P
8位	パチンコ店舗数	100P
8位	婚姻件数	184P
8位	体育館数	152P
8位	1人あたりの面積	10P
9位	小学校数	70P
9位	サケ消費量	104P
9位	60歳以上男性未婚率	32P
10位	神社数	194P
10位	河川延長距離	14P
10位	現役力士出身地	142P
11位	ガソリン消費量	124P
12位	離婚件数	186P
12位	合計特殊出生率	48P
13位	起業家数	164P
13位	消費者物価	138P
14位	アルコール消費量	114P
14位	第二次産業従業者数	158P
15位	世帯負債額	192P
15位	地方交付税額	60P
15位	日帰り温泉数	18P
15位	住宅延べ床面積	204P
15位	がん年齢調整死亡率	206P
16位	携帯電話通信料	120P
16位	老舗企業数	170P
17位	共働き率	182P
17位	コンビニ店舗数	82P
17位	比例代表投票率（直近10年平均）	58P
18位	雑誌・書籍購入費	136P
18位	日本共産党得票率（直近10年間）	56P
19位	森林率	8P
20位	寺院数	196P
21位	自動車普及率	180P
22位	生産年齢人口	26P
22位	65歳以上人口（高齢者数）	28P
23位	地方公務員数	62P
23位	第一次産業従業者数	156P
24位	通勤時間	36P
24位	新聞購読費	134P
25位	父子・母子家庭数	188P
25位	完全失業率	154P
26位	60歳以上女性未婚率	34P
26位	スーパーマーケット店舗数	94P
28位	刑法犯認知件数	200P
28位	転職率	172P
29位	交通事故件数	202P
29位	持ち家率	178P
30位	学習塾軒数	80P
30位	保育園数	72P
32位	人口集中度	24P
33位	衣服購入費	130P
33位	家賃	140P
34位	サラリーマン年収	162P
34位	大企業数	168P
34位	世帯貯蓄額	132P
35位	限界集落率	40P
35位	大学進学率	66P
36位	マクドナルド店舗数	92P
37位	年間日照時間	20P
37位	自由民主党得票率（直近10年平均）	50P
37位	書店数	96P
38位	外国人観光客訪問率	174P
38位	在日外国人	46P
38位	甲子園通算勝率	148P
38位	公明党得票率（直近10年間）	52P
38位	15歳未満人口（子どもの数）	30P
39位	外食費	128P
39位	カラオケボックス店舗数	98P
39位	25歳以上スポーツ人口	150P
40位	第三次産業従業者数	160P
40位	国立・私立高校生徒数	78P
40位	教育費	74P
41位	商業地の地価	22P
41位	現役プロ野球選手出身地	144P
41位	男性平均寿命	42P
42位	ファミリーマート店舗数	86P
43位	ブリ消費量	106P
43位	国立・私立中学生徒数（中学受験率）	76P
43位	女性平均寿命	44P
43位	牛肉消費量	108P
43位	ローソン店舗数	88P
44位	鶏肉消費量	110P
44位	大学生数	64P
44位	医師数	176P
44位	人口増減率	38P
44位	東京大学合格者数	68P
45位	医療費	198P
45位	スターバックスコーヒー店舗数	90P
46位	倒産率	166P
47位	現役Jリーガー出身地	146P

茨城県

DATA

人口総数（人）	2,905,000
男性人口（人）	1,448,000
女性人口（人）	1,457,000
面積（km²）	609,712
平均気温（℃）	14.8
年間降水（mm）	1,426.0
市町村数	44
県庁所在地	水戸市

政令指定都市を持たない県のなかでは、もっとも人口が多い茨城県。自動車普及率とガソリン消費量が高く、車社会であることをうかがわせる。東大合格率も高い。

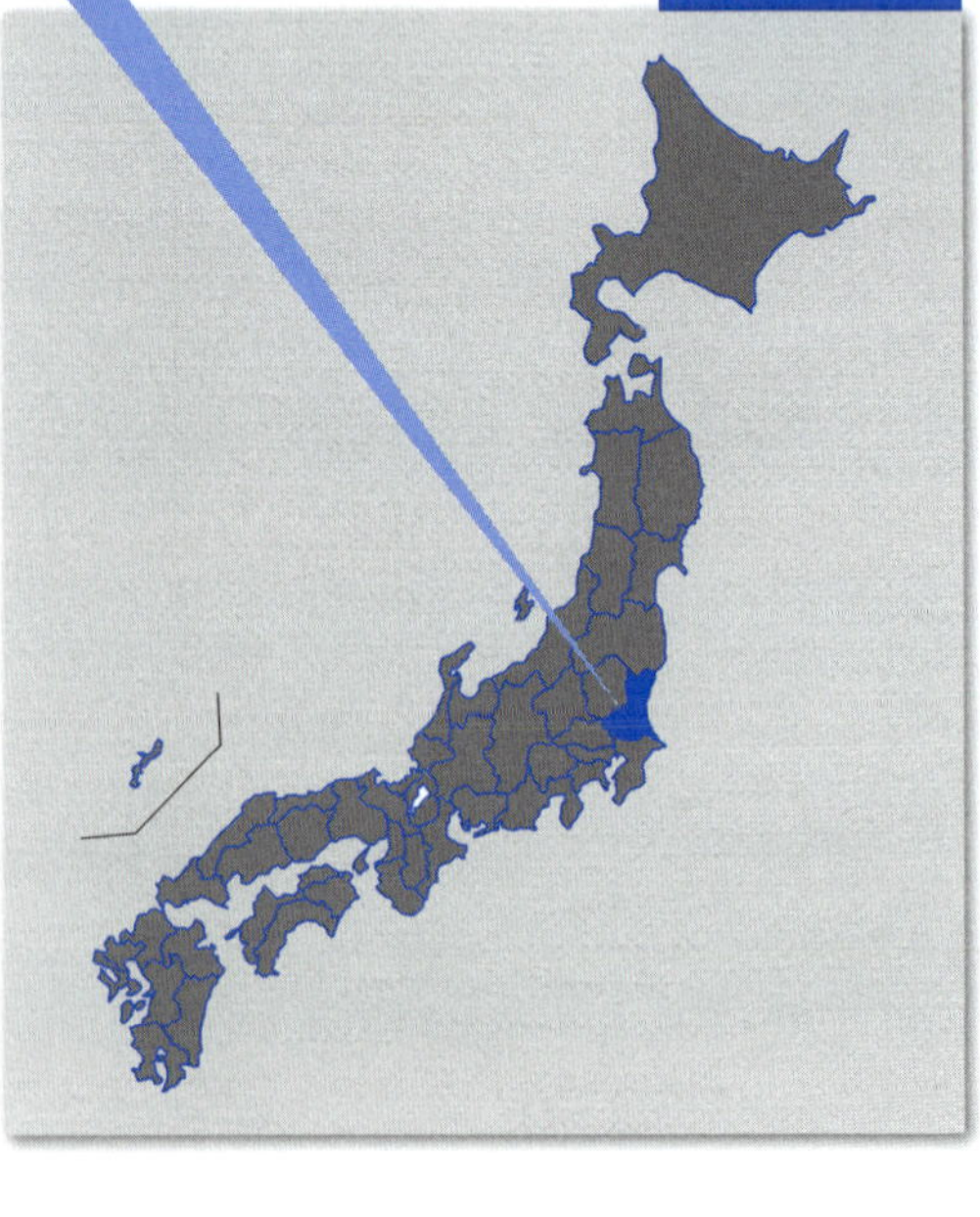

茨城県のランキング

4位	マクドナルド店舗数	92P
4位	ガソリン消費量	124P
6位	コンビニ店舗数	82P
7位	サラリーマン年収	162P
7位	セブンイレブン店舗数	84P
8位	雑誌・書籍購入費	136P
8位	女性喫煙率	118P
8位	刑法犯認知件数	200P
8位	道路延長	16P
9位	自動車普及率	180P
10位	通勤時間	36P
10位	スターバックスコーヒー店舗数	90P
10位	世帯負債額	192P
10位	がん年齢調整死亡率	206P
11位	東京大学合格者数	68P
11位	25歳以上スポーツ人口	150P
12位	生産年齢人口	26P
12位	在日外国人	46P
13位	カラオケボックス店舗数	98P
13位	電気使用料	122P
13位	携帯電話通信料	120P
14位	男性喫煙率	116P
14位	サケ消費量	104P
14位	衣服購入費	130P
14位	持ち家率	178P
15位	教育費	74P
16位	第二次産業従業者数	158P
16位	完全失業率	154P
16位	人口増減率	38P
16位	現役力士出身地	142P
16位	外食費	128P
16位	家賃	140P
16位	転職率	172P
17位	三世代世帯人数	190P

17位	60歳以上男性未婚率	32P
17位	パチンコ店舗数	100P
18位	自由民主党得票率（直近10年平均）	50P
18位	公明党得票率（直近10年間）	52P
21位	医療費	198P
21位	現役Jリーガー出身地	146P
22位	国立・私立中学生徒数（中学受験率）	76P
23位	保育園数	72P
23位	倒産率	166P
23位	ホテル軒数	102P
24位	神社数	194P
24位	豚肉消費量	112P
24位	大学進学率	66P
24位	交通事故件数	202P
25位	年間日照時間	20P
25位	住宅延べ床面積	204P
25位	ファミリーマート店舗数	86P
25位	国立・私立高校生徒数	78P
25位	15歳未満人口（子どもの数）	30P
25位	外国人観光客訪問率	174P
26位	甲子園通算勝率	148P
26位	現役プロ野球選手出身地	144P
28位	起業家数	164P
28位	日本共産党得票率（直近10年間）	56P
28位	民主党得票率（直近10年間）	54P
29位	父子・母子家庭数	188P
30位	共働き率	182P
30位	世帯貯蓄額	132P
30位	第一次産業従業者数	156P
30位	商業地の地価	22P
31位	大学生数	64P
31位	小学校数	70P
31位	学習塾軒数	80P
32位	婚姻件数	184P

32位	合計特殊出生率	48P
32位	老舗企業数	170P
32位	離婚件数	186P
33位	比例代表投票率（直近10年平均）	58P
34位	男性平均寿命	42P
35位	スーパーマーケット店舗数	94P
35位	体育館数	152P
35位	地方交付税額	60P
35位	人口集中度	24P
36位	書店数	96P
36位	65歳以上人口（高齢者数）	28P
36位	1人あたりの面積	10P
37位	寺院数	196P
37位	ブリ消費量	106P
37位	上下水道使用料	126P
37位	新聞購読費	134P
38位	消費者物価	138P
38位	河川延長距離	14P
39位	地方公務員数	62P
39位	アルコール消費量	114P
40位	日帰り温泉数	18P
42位	大企業数	168P
42位	牛肉消費量	108P
42位	第三次産業従業者数	160P
43位	鶏肉消費量	110P
43位	60歳以上女性未婚率	34P
44位	ローソン店舗数	88P
45位	女性平均寿命	44P
45位	平均標高	12P
46位	医師数	176P
46位	森林率	8P
--位	限界集落率	40P

栃木県

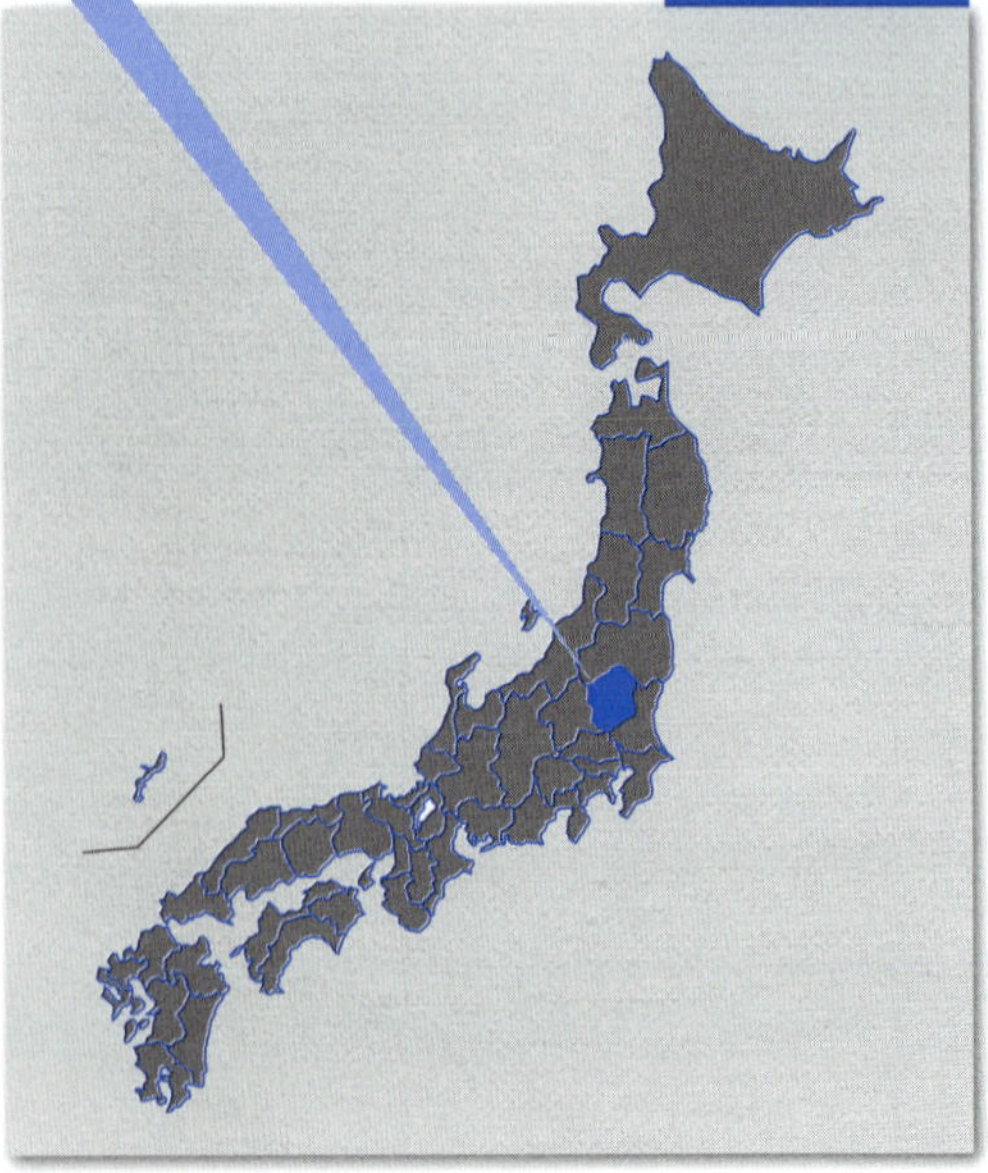

温泉の多い日光・鬼怒川地域や避暑地として知られる那須・塩原地域を擁し、関東有数の観光地である栃木県。１世帯あたりの貯蓄額や教育費が多く、真面目な県民性のようだ。

DATA

人口総数（人）	1,966,000
男性人口（人）	978,000
女性人口（人）	988,000
面積（km²）	640,809
平均気温（℃）	14.8
年間降水（mm）	1,591.5
市町村数	25
県庁所在地	宇都宮市

栃木県のランキング

1位	自動車普及率	180P
4位	男性喫煙率	116P
4位	医療費	198P
5位	スターバックスコーヒー店舗数	90P
6位	セブンイレブン店舗数	84P
7位	衣服購入費	130P
8位	ガソリン消費量	124P
8位	60歳以上男性未婚率	32P
9位	25歳以上スポーツ人口	150P
9位	平均標高	12P
10位	世帯貯蓄額	132P
10位	教育費	74P
10位	コンビニ店舗数	82P
10位	生産年齢人口	26P
11位	サケ消費量	104P
11位	倒産率	166P
11位	上下水道使用料	126P
11位	外食費	128P
12位	第二次産業従業者数	158P
13位	家賃	140P
13位	サラリーマン年収	162P
13位	女性喫煙率	118P
13位	在日外国人	46P
14位	起業家数	164P
14位	三世代世帯人数	190P
14位	パチンコ店舗数	100P
14位	日帰り温泉数	18P
14位	がん年齢調整死亡率	206P
15位	通勤時間	36P
15位	国立・私立高校生徒数	78P
17位	刑法犯認知件数	200P
17位	15歳未満人口（子どもの数）	30P
17位	離婚件数	186P
17位	人口増減率	38P

18位	豚肉消費量	112P
18位	甲子園通算勝率	148P
19位	持ち家率	178P
20位	大学進学率	66P
20位	神社数	194P
21位	マクドナルド店舗数	92P
21位	完全失業率	154P
21位	外国人観光客訪問率	174P
22位	東京大学合格者数	68P
22位	現役Jリーガー出身地	146P
22位	学習塾軒数	80P
22位	携帯電話通信料	120P
22位	住宅延べ床面積	204P
23位	大企業数	168P
24位	民主党得票率（直近10年間）	54P
24位	雑誌・書籍購入費	136P
25位	新聞購読費	134P
26位	ファミリーマート店舗数	86P
26位	1人あたりの面積	10P
26位	小学校数	70P
26位	年間日照時間	20P
27位	ローソン店舗数	88P
27位	人口集中度	24P
27位	電気使用料	122P
27位	世帯負債額	192P
27位	婚姻件数	184P
28位	道路延長	16P
28位	現役プロ野球選手出身地	144P
28位	アルコール消費量	114P
28位	保育園数	72P
28位	現役力士出身地	142P
29位	共働き率	182P
29位	商業地の地価	22P
29位	体育館数	152P

30位	老舗企業数	170P
30位	消費者物価	138P
30位	河川延長距離	14P
30位	自由民主党得票率（直近10年平均）	50P
31位	ホテル軒数	102P
32位	大学生数	64P
32位	公明党得票率（直近10年間）	52P
32位	第一次産業従業者数	156P
33位	カラオケボックス店舗数	98P
33位	寺院数	196P
33位	父子・母子家庭数	188P
33位	書店数	96P
34位	鶏肉消費量	110P
35位	森林率	8P
35位	合計特殊出生率	48P
35位	医師数	176P
35位	60歳以上女性未婚率	34P
36位	交通事故件数	202P
36位	スーパーマーケット店舗数	94P
37位	国立・私立中学生徒数（中学受験率）	76P
38位	牛肉消費量	108P
38位	地方公務員数	62P
38位	65歳以上人口（高齢者数）	28P
38位	転職率	172P
39位	比例代表投票率（直近10年平均）	58P
39位	地方交付税額	60P
41位	ブリ消費量	106P
41位	第三次産業従業者数	160P
42位	限界集落率	40P
42位	男性平均寿命	42P
45位	日本共産党得票率（直近10年間）	56P
46位	女性平均寿命	44P

群馬県

DATA

人口総数（人）	1,967,000
男性人口（人）	971,000
女性人口（人）	996,000
面積（km²）	636,228
平均気温（℃）	15.6
年間降水（mm）	1,249.0
市町村数	35
県庁所在地	前橋市

歴史的に養蚕・織維工業の伝統を持ち、近代以降は機械工業もさかんな群馬県。起業家数が全国上位で、進取の精神はいまだ健在といえそうだ。また、在日外国人も多い。

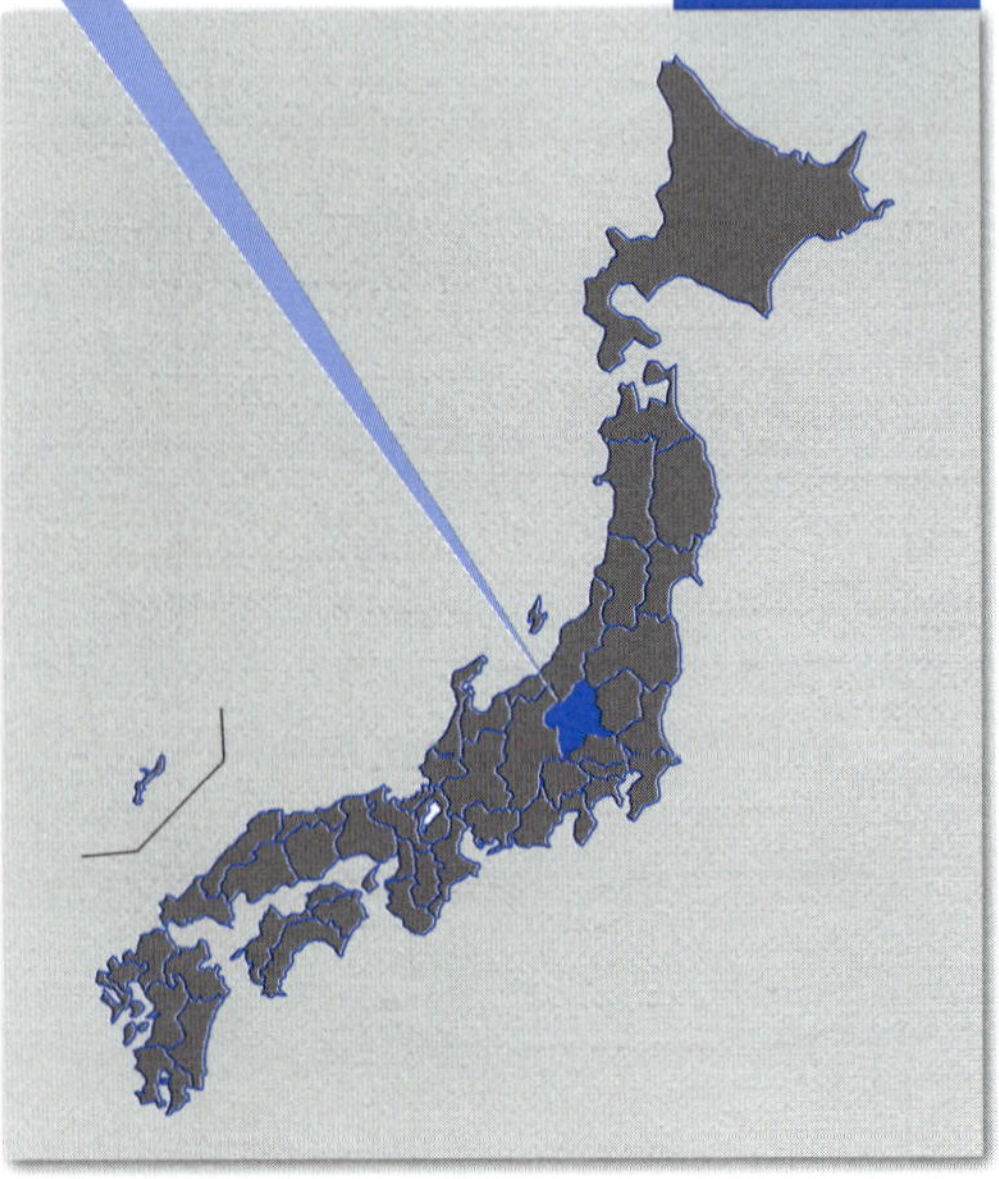

群馬県のランキング

2位	自動車普及率	180P
2位	セブンイレブン店舗数	84P
3位	在日外国人	46P
3位	平均標高	12P
4位	サケ消費量	104P
4位	年間日照時間	20P
4位	起業家数	164P
5位	第二次産業従業者数	158P
5位	交通事故件数	202P
7位	60歳以上男性未婚率	32P
8位	コンビニ店舗数	82P
8位	男性喫煙率	116P
9位	ガソリン消費量	124P
9位	日帰り温泉数	18P
10位	雑誌・書籍購入費	136P
10位	道路延長	16P
11位	自由民主党得票率（直近10年平均）	50P
13位	現役Jリーガー出身地	146P
13位	25歳以上スポーツ人口	150P
13位	現役プロ野球選手出身地	144P
13位	パチンコ店舗数	100P
14位	女性喫煙率	118P
14位	ホテル軒数	102P
15位	刑法犯認知件数	200P
15位	世帯貯蓄額	132P
15位	サラリーマン年収	162P
15位	生産年齢人口	26P
18位	大学進学率	66P
18位	人口増減率	38P
18位	60歳以上女性未婚率	34P
19位	通勤時間	36P
19位	共働き率	182P
20位	衣服購入費	130P
20位	大学生数	64P

20位	持ち家率	178P
20位	世帯負債額	192P
21位	日本共産党得票率（直近10年間）	56P
22位	甲子園通算勝率	148P
22位	15歳未満人口（子どもの数）	30P
23位	マクドナルド店舗数	92P
23位	外食費	128P
23位	三世代世帯人数	190P
23位	東京大学合格者数	68P
24位	住宅延べ床面積	204P
24位	老舗企業数	170P
24位	大企業数	168P
25位	転職率	172P
25位	公明党得票率（直近10年間）	52P
26位	スターバックスコーヒー店舗数	90P
27位	寺院数	196P
27位	森林率	8P
27位	倒産率	166P
27位	父子・母子家庭数	188P
27位	男性平均寿命	42P
27位	1人あたりの面積	10P
28位	第一次産業従業者数	156P
28位	現役力士出身地	142P
28位	家賃	140P
29位	カラオケボックス店舗数	98P
29位	アルコール消費量	114P
29位	河川延長距離	14P
30位	完全失業率	154P
30位	書店数	96P
30位	国立・私立高校生徒数	78P
30位	新聞購読費	134P
30位	合計特殊出生率	48P
31位	体育館数	152P
31位	離婚件数	186P

31位	比例代表投票率（直近10年平均）	58P
31位	がん年齢調整死亡率	206P
32位	医師数	176P
32位	65歳以上人口（高齢者数）	28P
32位	保育園数	72P
32位	外国人観光客訪問率	174P
32位	限界集落率	40P
33位	スーパーマーケット店舗数	94P
33位	商業地の地価	22P
33位	女性平均寿命	44P
33位	地方公務員数	62P
34位	医療費	198P
34位	神社数	194P
34位	学習塾軒数	80P
34位	人口集中度	24P
36位	小学校数	70P
36位	地方交付税額	60P
36位	第三次産業従業者数	160P
36位	国立・私立中学生徒数（中学受験率）	76P
39位	民主党得票率（直近10年間）	54P
39位	電気使用料	122P
39位	教育費	74P
40位	上下水道使用料	126P
41位	豚肉消費量	112P
42位	婚姻件数	184P
45位	ブリ消費量	106P
46位	牛肉消費量	108P
46位	ファミリーマート店舗数	86P
46位	携帯電話通信料	120P
47位	ローソン店舗数	88P
47位	鶏肉消費量	110P
47位	消費者物価	138P

埼玉県

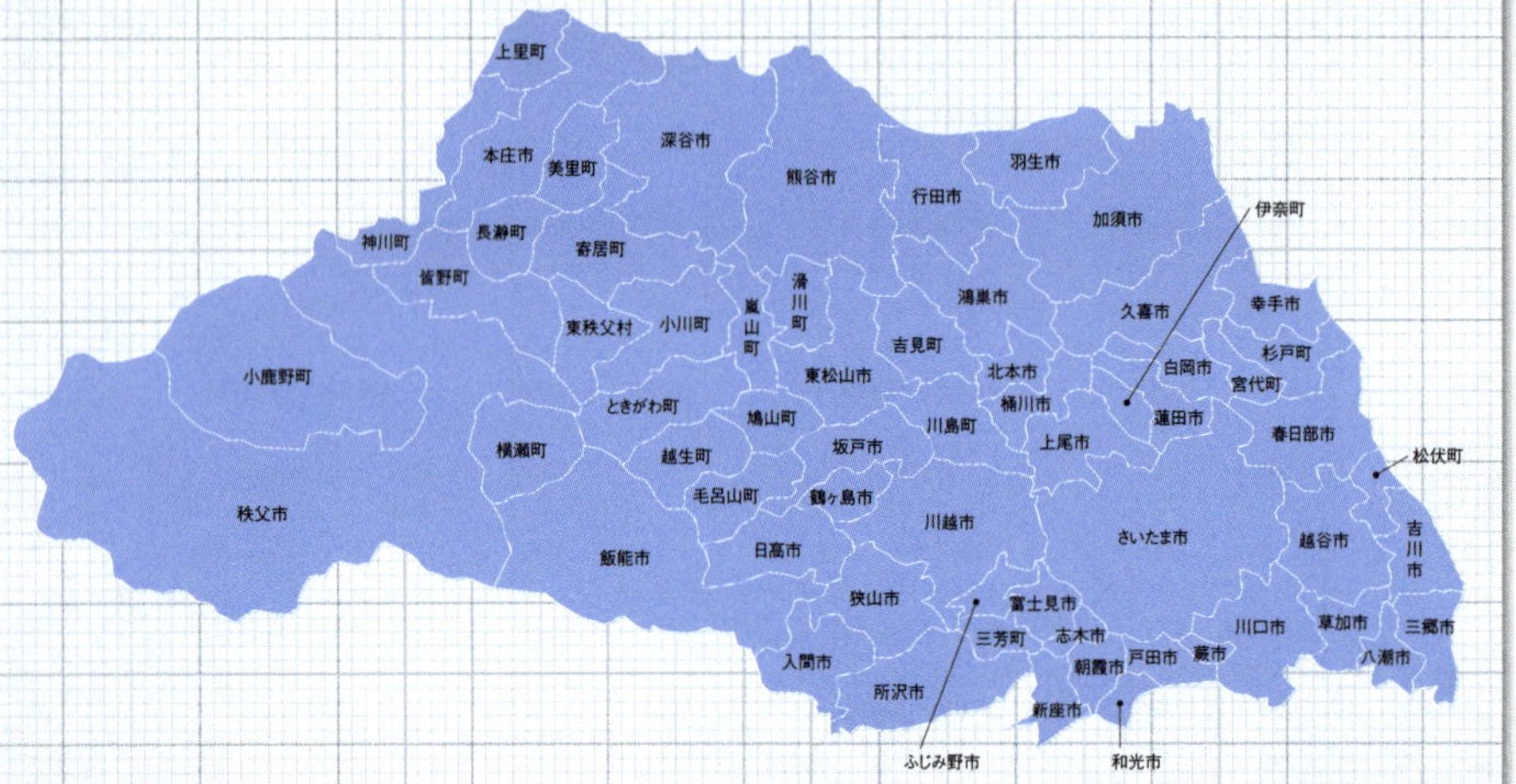

DATA

人口総数（人）	7,289,000
男性人口（人）	3,639,000
女性人口（人）	3,651,000
面積（km²）	379,775
平均気温（℃）	15.9
年間降水（mm）	1,301.0
市町村数	63
県庁所在地	さいたま市

人口集中度が全国５位の埼玉県。通勤時間の長さも上位にあり、東京のベッドタウン化が進んでいることを示している。全国的には数少ない総人口が伸びている県だ。

埼玉県のランキング

1位	教育費	74P
2位	25歳以上スポーツ人口	150P
2位	世帯負債額	192P
3位	家賃	140P
3位	女性喫煙率	118P
3位	衣服購入費	130P
3位	消費者物価	138P
3位	外食費	128P
3位	起業家数	164P
3位	通勤時間	36P
4位	人口増減率	38P
4位	上下水道使用料	126P
5位	人口集中度	24P
5位	世帯貯蓄額	132P
5位	生産年齢人口	26P
6位	新聞購読費	134P
6位	豚肉消費量	112P
6位	商業地の地価	22P
7位	刑法犯認知件数	200P
7位	日本共産党得票率（直近10年間）	56P
9位	現役Jリーガー出身地	146P
9位	大学進学率	66P
9位	在日外国人	46P
9位	転職率	172P
11位	甲子園通算勝率	148P
11位	サラリーマン年収	162P
11位	国立・私立高校生徒数	78P
11位	マクドナルド店舗数	92P
11位	雑誌・書籍購入費	136P
12位	医療費	198P
12位	倒産率	166P
12位	60歳以上男性未婚率	32P
13位	年間日照時間	20P
13位	完全失業率	154P
15位	カラオケボックス店舗数	98P
15位	大学生数	64P
15位	サケ消費量	104P
16位	公明党得票率（直近10年間）	52P
16位	電気使用料	122P
16位	離婚件数	186P
17位	学習塾軒数	80P
18位	携帯電話通信料	120P
19位	がん年齢調整死亡率	206P
19位	東京大学合格者数	68P
19位	スターバックスコーヒー店舗数	90P
20位	セブンイレブン店舗数	84P
21位	男性喫煙率	116P
22位	男性平均寿命	42P
22位	民主党得票率（直近10年間）	54P
22位	外国人観光客訪問率	174P
24位	15歳未満人口（子どもの数）	30P
25位	交通事故件数	202P
26位	鶏肉消費量	110P
26位	国立・私立中学生徒数（中学受験率）	76P
29位	60歳以上女性未婚率	34P
31位	持ち家率	178P
31位	保育園数	72P
31位	牛肉消費量	108P
32位	平均標高	12P
33位	ブリ消費量	106P
33位	ローソン店舗数	88P
33位	ファミリーマート店舗数	86P
34位	限界集落率	40P
36位	比例代表投票率（直近10年平均）	58P
37位	現役力士出身地	142P
37位	三世代世帯人数	190P
38位	アルコール消費量	114P
38位	大企業数	168P
39位	共働き率	182P
39位	女性平均寿命	44P
39位	第二次産業従業者数	158P
39位	合計特殊出生率	48P
39位	道路延長	16P
40位	パチンコ店舗数	100P
40位	自由民主党得票率（直近10年平均）	50P
40位	コンビニ店舗数	82P
41位	自動車普及率	180P
41位	父子・母子家庭数	188P
41位	ホテル軒数	102P
42位	現役プロ野球選手出身地	144P
42位	書店数	96P
42位	住宅延べ床面積	204P
42位	65歳以上人口（高齢者数）	28P
42位	ガソリン消費量	124P
42位	神社数	194P
43位	寺院数	196P
43位	日帰り温泉数	18P
44位	1人あたりの面積	10P
44位	河川延長距離	14P
44位	老舗企業数	170P
44位	第一次産業従業者数	156P
44位	婚姻件数	184P
44位	森林率	8P
44位	スーパーマーケット店舗数	94P
44位	地方交付税額	60P
45位	小学校数	70P
45位	体育館数	152P
47位	第三次産業従業者数	160P
47位	医師数	176P
47位	地方公務員数	62P

千葉県

DATA

人口総数（人）	6,236,000
男性人口（人）	3,099,000
女性人口（人）	3,136,000
面積（km²）	515,764
平均気温（℃）	16.8
年間降水（mm）	1,604.5
市町村数	54
県庁所在地	千葉市

平均標高が最下位で、県土の大半を平野と丘陵が占める千葉県。25歳以上スポーツ人口が全国4位で、Jリーガー輩出者数も上位にあるなど、スポーツ王国となっている。

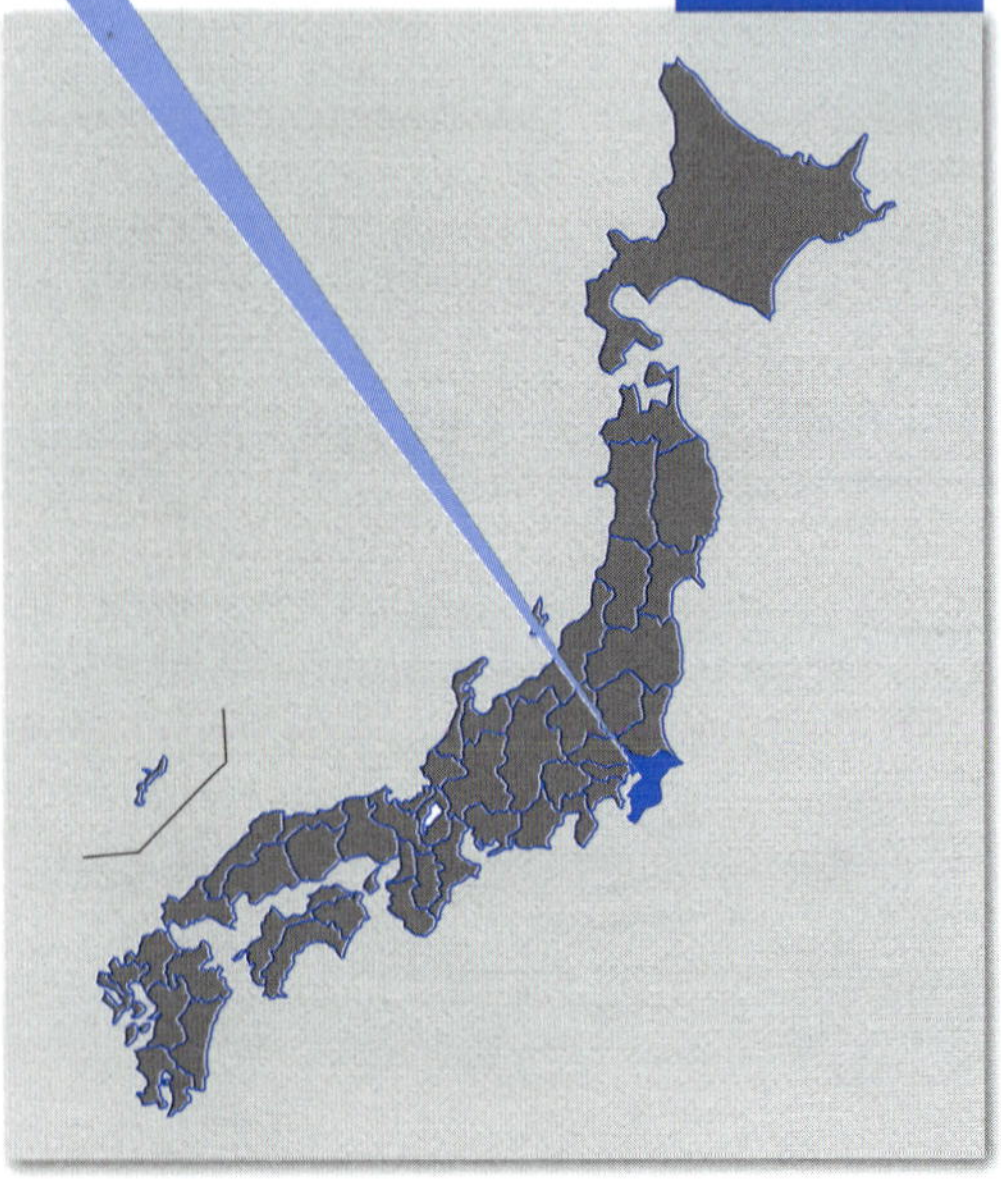

千葉県のランキング

2位	通勤時間	36P
3位	外国人観光客訪問率	174P
4位	新聞購読費	134P
4位	25歳以上スポーツ人口	150P
4位	家賃	140P
5位	世帯負債額	192P
6位	現役Jリーガー出身地	146P
6位	人口増減率	38P
6位	刑法犯認知件数	200P
6位	転職率	172P
7位	医療費	198P
7位	生産年齢人口	26P
8位	在日外国人	46P
8位	東京大学合格者数	68P
9位	人口集中度	24P
9位	世帯貯蓄額	132P
9位	商業地の地価	22P
9位	消費者物価	138P
10位	サラリーマン年収	162P
10位	起業家数	164P
10位	甲子園通算勝率	148P
11位	大学進学率	66P
11位	スターバックスコーヒー店舗数	90P
12位	外食費	128P
12位	雑誌・書籍購入費	136P
13位	国立・私立高校生徒数	78P
13位	60歳以上男性未婚率	32P
13位	豚肉消費量	112P
13位	国立・私立中学生徒数（中学受験率）	76P
14位	日本共産党得票率（直近10年間）	56P
14位	大学生数	64P
15位	マクドナルド店舗数	92P
15位	倒産率	166P
16位	セブンイレブン店舗数	84P

16位	サケ消費量	104P
16位	女性喫煙率	118P
16位	男性平均寿命	42P
16位	完全失業率	154P
17位	衣服購入費	130P
19位	教育費	74P
19位	離婚件数	186P
19位	民主党得票率（直近10年間）	54P
22位	年間日照時間	20P
23位	カラオケボックス店舗数	98P
24位	コンビニ店舗数	82P
24位	60歳以上女性未婚率	34P
24位	男性喫煙率	116P
24位	公明党得票率（直近10年間）	52P
26位	がん年齢調整死亡率	206P
26位	学習塾軒数	80P
28位	ブリ消費量	106P
29位	上下水道使用料	126P
29位	ローソン店舗数	88P
30位	現役プロ野球選手出身地	144P
30位	持ち家率	178P
30位	鶏肉消費量	110P
30位	女性平均寿命	44P
30位	現役力士出身地	142P
31位	15歳未満人口（子どもの数）	30P
31位	アルコール消費量	114P
32位	大企業数	168P
32位	自由民主党得票率（直近10年平均）	50P
33位	三世代世帯人数	190P
34位	牛肉消費量	108P
35位	寺院数	196P
36位	ファミリーマート店舗数	86P
37位	神社数	194P
37位	婚姻件数	184P

38位	道路延長	16P
38位	書店数	96P
38位	保育園数	72P
38位	第一次産業従業者数	156P
39位	日帰り温泉数	18P
39位	交通事故件数	202P
40位	父子・母子家庭数	188P
40位	ガソリン消費量	124P
40位	65歳以上人口（高齢者数）	28P
40位	住宅延べ床面積	204P
41位	パチンコ店舗数	100P
41位	スーパーマーケット店舗数	94P
42位	共働き率	182P
42位	電気使用料	122P
42位	河川延長距離	14P
42位	携帯電話通信料	120P
42位	自動車普及率	180P
42位	1人あたりの面積	10P
43位	限界集落率	40P
43位	体育館数	152P
43位	比例代表投票率（直近10年平均）	58P
43位	地方交付税額	60P
43位	合計特殊出生率	48P
43位	小学校数	70P
43位	老舗企業数	170P
44位	地方公務員数	62P
45位	第三次産業従業者数	160P
45位	森林率	8P
45位	医師数	176P
46位	第二次産業従業者数	158P
47位	ホテル軒数	102P
47位	平均標高	12P

東京都

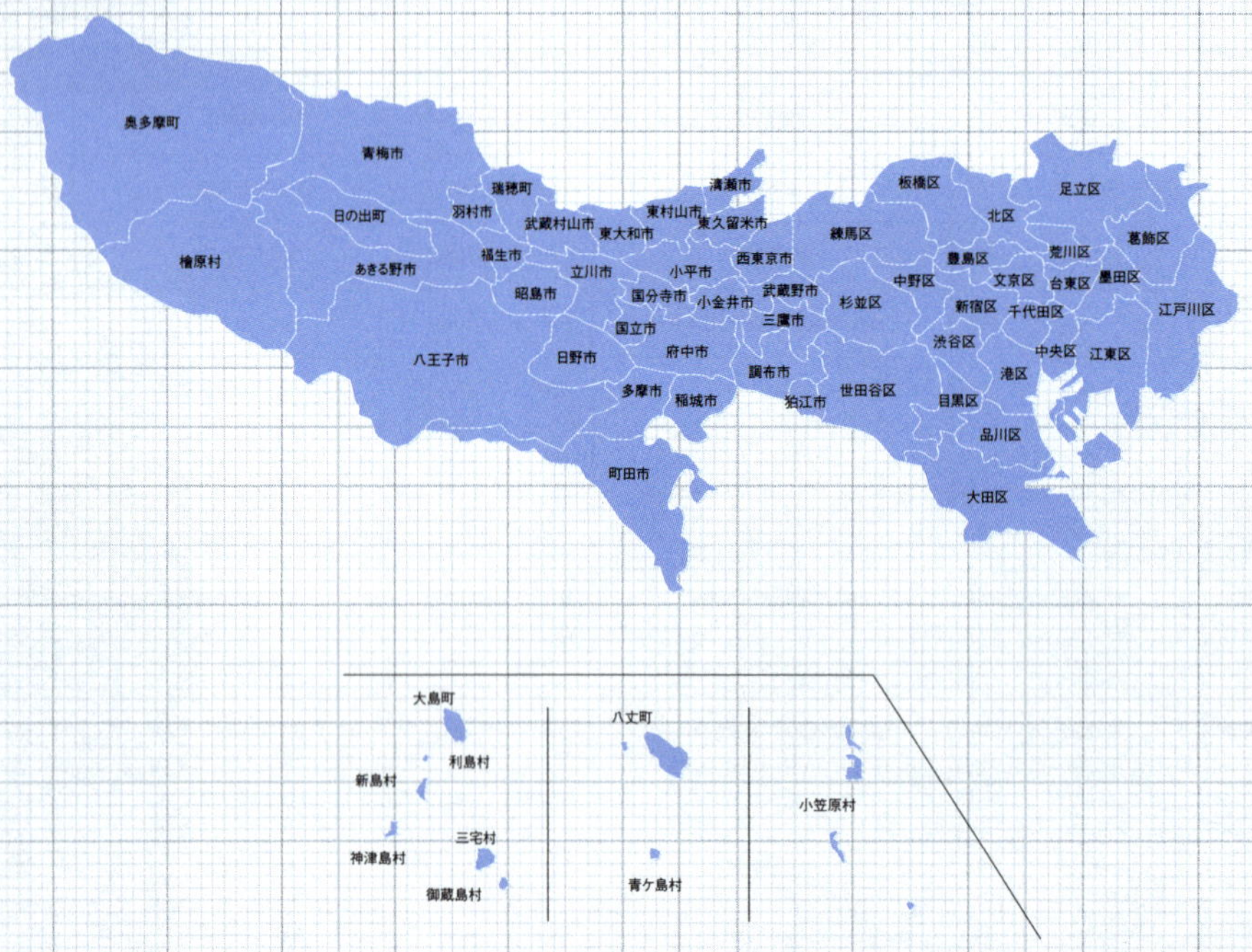

DATA

人口総数（人）	13,624,000
男性人口（人）	6,717,000
女性人口（人）	6,907,000
面積（km²）	219,100
平均気温（℃）	16.4
年間降水（mm）	1,779.0
市町村数	62
県庁所在地	新宿区（東京）

日本の首都・東京都。外国人観光客訪問率、在日外国人数がともに全国1位で、首都らしく国際都市となっている。ただ、商業地の地価や家賃の高さも当然、全国1位だ。

東京都のランキング

1位	大学進学率	66P
1位	東京大学合格者数	68P
1位	サラリーマン年収	162P
1位	起業家数	164P
1位	在日外国人	46P
1位	大企業数	168P
1位	国立・私立中学生徒数(中学受験率)	76P
1位	国立・私立高校生徒数	78P
1位	消費者物価	138P
1位	外食費	128P
1位	家賃	140P
1位	アルコール消費量	114P
1位	スターバックスコーヒー店舗数	90P
1位	25歳以上スポーツ人口	150P
1位	外国人観光客訪問率	174P
1位	第三次産業従業者数	160P
1位	生産年齢人口	26P
1位	60歳以上女性未婚率	34P
1位	人口集中度	24P
1位	商業地の地価	22P
1位	人口増減率	38P
1位	医療費	198P
2位	教育費	74P
2位	大学生数	64P
2位	雑誌・書籍購入費	136P
2位	60歳以上男性未婚率	32P
2位	世帯貯蓄額	132P
2位	衣服購入費	130P
2位	倒産率	166P
3位	世帯負債額	192P
3位	医師数	176P
3位	コンビニ店舗数	82P
3位	日本共産党得票率(直近10年間)	56P
4位	通勤時間	36P
4位	婚姻件数	184P
5位	刑法犯認知件数	200P
6位	離婚件数	186P
7位	ファミリーマート店舗数	86P
8位	完全失業率	154P
9位	女性喫煙率	118P
10位	新聞購読費	104P
11位	男性平均寿命	42P
12位	セブンイレブン店舗数	84P
13位	書店数	96P
13位	マクドナルド店舗数	92P
13位	転職率	172P
14位	甲子園通算勝率	148P
14位	保育園数	72P
14位	カラオケボックス店舗数	98P
15位	女性平均寿命	44P
15位	豚肉消費量	112P
17位	現役Jリーガー出身地	146P
20位	ローソン店舗数	88P
20位	がん年齢調整死亡率	206P
20位	電気使用料	122P
21位	上下水道使用料	126P
22位	サケ消費量	104P
22位	比例代表投票率(直近10年平均)	58P
24位	学習塾軒数	80P
27位	牛肉消費量	108P
27位	年間日照時間	20P
31位	鶏肉消費量	110P
33位	現役力士出身地	142P
33位	民主党得票率(直近10年間)	54P
34位	ブリ消費量	106P
34位	公明党得票率(直近10年間)	52P
34位	平均標高	12P
37位	老舗企業数	170P
38位	携帯電話通信料	120P
39位	自由民主党得票率(直近10年平均)	50P
40位	第二次産業従業者数	158P
41位	交通事故件数	202P
42位	地方公務員数	62P
42位	ホテル軒数	102P
40位	森林率	8P
44位	男性喫煙率	116P
44位	15歳未満人口(子どもの数)	30P
45位	寺院数	196P
45位	道路延長	16P
45位	神社数	194P
45位	スーパーマーケット店舗数	94P
45位	現役プロ野球選手出身地	144P
45位	パチンコ店舗数	100P
45位	父子・母子家庭数	188P
46位	65歳以上人口(高齢者数)	28P
46位	小学校数	70P
47位	三世代世帯人数	190P
47位	河川延長距離	14P
47位	住宅延べ床面積	204P
47位	1人あたりの面積	10P
47位	合計特殊出生率	48P
47位	ガソリン消費量	124P
47位	地方交付税額	60P
47位	第一次産業従業者数	156P
47位	日帰り温泉数	18P
47位	持ち家率	178P
47位	共働き率	182P
47位	自動車普及率	180P
47位	体育館数	152P
--位	限界集落率	40P

神奈川県

DATA	
人口総数（人）	9,145,000
男性人口（人）	4,565,000
女性人口（人）	4,580,000
面積（km²）	241,592
平均気温（℃）	16.9
年間降水（mm）	1,969.5
市町村数	33
県庁所在地	横浜市

横浜、川崎、相模原と、県内に３つの政令指定都市を擁する神奈川県。一世帯当たりの負債額は全国１位だが、サラリーマン年収も全国２位で、活発な消費活動が見てとれる。

神奈川県のランキング

1位	世帯負債額	192P
1位	通勤時間	36P
2位	起業家数	164P
2位	甲子園通算勝率	148P
2位	消費者物価	138P
2位	家賃	140P
2位	生産年齢人口	26P
2位	サラリーマン年収	162P
3位	人口集中度	24P
3位	人口増減率	38P
3位	25歳以上スポーツ人口	150P
3位	教育費	74P
3位	東京大学合格者数	68P
3位	商業地の地価	22P
3位	大学進学率	66P
4位	外食費	128P
4位	世帯貯蓄額	132P
4位	60歳以上男性未婚率	32P
5位	現役Jリーガー出身地	146P
5位	男性平均寿命	42P
5位	医療費	198P
5位	豚肉消費量	112P
5位	衣服購入費	130P
5位	外国人観光客訪問率	174P
6位	国立・私立高校生徒数	78P
6位	雑誌・書籍購入費	136P
6位	国立・私立中学生徒数（中学受験率）	76P
6位	倒産率	166P
7位	新聞購読費	134P
9位	スターバックスコーヒー店舗数	90P
9位	大学生数	64P
10位	在日外国人	46P
10位	大企業数	168P
10位	離婚件数	186P

11位	日本共産党得票率（直近10年間）	56P
11位	60歳以上女性未婚率	34P
12位	転職率	172P
13位	サケ消費量	104P
13位	完全失業率	154P
15位	学習塾軒数	80P
17位	女性平均寿命	44P
17位	マクドナルド店舗数	92P
21位	年間日照時間	20P
21位	民主党得票率（直近10年間）	54P
22位	上下水道使用料	126P
22位	女性喫煙率	118P
23位	セブンイレブン店舗数	84P
23位	がん年齢調整死亡率	206P
23位	ローソン店舗数	88P
24位	刑法犯認知件数	200P
25位	鶏肉消費量	110P
27位	15歳未満人口（子どもの数）	30P
28位	比例代表投票率（直近10年平均）	58P
30位	携帯電話通信料	120P
30位	婚姻件数	184P
30位	ブリ消費量	106P
30位	牛肉消費量	108P
32位	カラオケボックス店舗数	98P
32位	ファミリーマート店舗数	86P
33位	平均標高	12P
33位	アルコール消費量	114P
33位	現役プロ野球選手出身地	144P
34位	電気使用料	122P
35位	公明党得票率（直近10年間）	52P
36位	男性喫煙率	116P
36位	自由民主党得票率（直近10年平均）	50P
37位	交通事故件数	202P
38位	限界集落率	40P

39位	医師数	176P
39位	コンビニ店舗数	82P
40位	持ち家率	178P
40位	書店数	96P
41位	合計特殊出生率	48P
41位	日帰り温泉数	18P
41位	現役力士出身地	142P
42位	森林率	8P
43位	ガソリン消費量	124P
43位	第三次産業従業者数	160P
44位	神社数	194P
44位	父子・母子家庭数	188P
44位	65歳以上人口（高齢者数）	28P
44位	第二次産業従業者数	158P
44位	住宅延べ床面積	204P
44位	体育館数	152P
44位	三世代世帯人数	190P
45位	共働き率	182P
45位	河川延長距離	14P
45位	第一次産業従業者数	156P
45位	自動車普及率	180P
45位	1人あたりの面積	10P
46位	寺院数	196P
46位	地方公務員数	62P
46位	パチンコ店舗数	100P
46位	ホテル軒数	102P
46位	地方交付税額	60P
46位	老舗企業数	170P
46位	スーパーマーケット店舗数	94P
47位	小学校数	70P
47位	道路延長	16P
47位	保育園数	72P

新潟県

DATA

人口総数（人）	2,286,000
男性人口（人）	1,107,000
女性人口（人）	1,179,000
面積（km²）	1,258,418
平均気温（℃）	14.5
年間降水（mm）	1,499.0
市町村数	30
県庁所在地	新潟市

県内全域が豪雪地帯であり、とくに山間部は世界有数の降雪量となっている新潟県。老舗企業数、神社数が全国上位にあり、伝統を大切にする県民性がうかがわれる。

新潟県のランキング

3位	老舗企業数	170P
3位	豚肉消費量	112P
3位	三世代世帯人数	190P
4位	神社数	194P
5位	民主党得票率（直近10年間）	54P
5位	持ち家率	178P
5位	住宅延べ床面積	204P
5位	共働き率	182P
5位	サケ消費量	104P
6位	限界集落率	40P
7位	アルコール消費量	114P
8位	ホテル軒数	102P
8位	上下水道使用料	126P
9位	大企業数	168P
9位	男性喫煙率	116P
10位	比例代表投票率（直近10年平均）	58P
10位	電気使用料	122P
11位	女性平均寿命	44P
11位	第一次産業従業者数	156P
11位	寺院数	196P
11位	第二次産業従業者数	158P
13位	ブリ消費量	106P
14位	1人あたりの面積	10P
14位	セブンイレブン店舗数	84P
14位	体育館数	152P
15位	60歳以上男性未婚率	32P
15位	65歳以上人口（高齢者数）	28P
16位	河川延長距離	14P
16位	新聞購読費	134P
17位	書店数	96P
17位	平均標高	12P
17位	自由民主党得票率（直近10年平均）	50P
18位	ガソリン消費量	124P
18位	完全失業率	154P
18位	スーパーマーケット店舗数	94P
19位	自動車普及率	180P
19位	家賃	140P
19位	地方公務員数	62P
19位	小学校数	70P
20位	人口集中度	24P
21位	地方交付税額	60P
21位	消費者物価	138P
22位	道路延長	16P
22位	保育園数	72P
22位	がん年齢調整死亡率	206P
23位	森林率	8P
23位	学習塾軒数	80P
23位	日帰り温泉数	18P
24位	商業地の地価	22P
24位	男性平均寿命	42P
24位	現役力士出身地	142P
27位	女性喫煙率	118P
27位	日本共産党得票率（直近10年間）	56P
29位	世帯貯蓄額	132P
29位	生産年齢人口	26P
29位	大学生数	64P
29位	第三次産業従業者数	160P
29位	刑法犯認知件数	200P
30位	サラリーマン年収	162P
30位	現役Jリーガー出身地	146P
31位	雑誌・書籍購入費	136P
32位	起業家数	164P
32位	外国人観光客訪問率	174P
32位	人口増減率	38P
33位	教育費	74P
33位	大学進学率	66P
33位	通勤時間	36P
34位	コンビニ店舗数	82P
34位	パチンコ店舗数	100P
35位	国立・私立高校生徒数	78P
35位	カラオケボックス店舗数	98P
36位	60歳以上女性未婚率	34P
36位	東京大学合格者数	68P
37位	医療費	108P
37位	転職率	172P
37位	合計特殊出生率	48P
38位	国立・私立中学生徒数（中学受験率）	76P
39位	マクドナルド店舗数	92P
39位	在日外国人	46P
40位	外食費	128P
40位	15歳未満人口（子どもの数）	30P
40位	鶏肉消費量	110P
41位	携帯電話通信料	120P
41位	婚姻件数	184P
42位	25歳以上スポーツ人口	150P
42位	交通事故件数	202P
42位	父子・母子家庭数	188P
42位	年間日照時間	20P
43位	スターバックスコーヒー店舗数	90P
43位	世帯負債額	192P
43位	現役プロ野球選手出身地	144P
43位	医師数	176P
44位	倒産率	166P
44位	ファミリーマート店舗数	86P
44位	衣服購入費	130P
45位	甲子園通算勝率	148P
46位	ローソン店舗数	88P
46位	離婚件数	186P
46位	公明党得票率（直近10年間）	52P
47位	牛肉消費量	108P

富山県

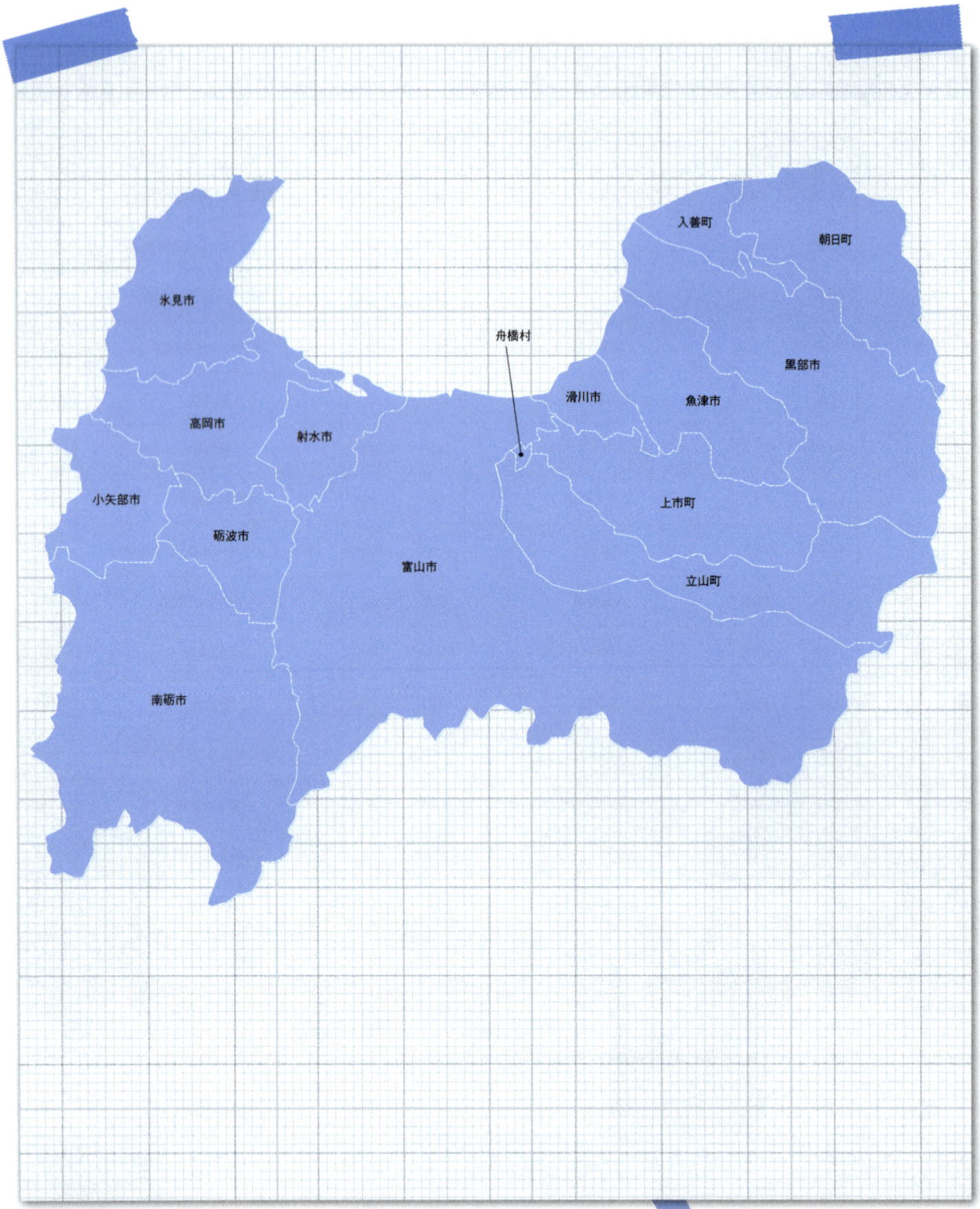

DATA

人口総数（人）	1,061,000
男性人口（人）	513,000
女性人口（人）	548,000
面積（km²）	424,761
平均気温（℃）	15.2
年間降水（mm）	2,335.5
市町村数	15
県庁所在地	富山市

持ち家率、住宅延べ床面積ともに1位の富山県は、暮らしやすい土地柄をうかがわせる。豊かな漁場である富山湾にも面していて、ブリ消費量は全国1位を誇る。

富山県のランキング

1位	持ち家率	178P
1位	住宅延べ床面積	204P
1位	第二次産業従業者数	158P
1位	ブリ消費量	106P
2位	限界集落率	40P
3位	自動車普及率	180P
3位	電気使用料	122P
3位	神社数	194P
3位	ガソリン消費量	124P
4位	共働き率	182P
4位	大企業数	168P
5位	老舗企業数	170P
5位	東京大学合格者数	68P
5位	三世代世帯人数	190P
5位	自由民主党得票率（直近10年平均）	50P
5位	平均標高	12P
5位	携帯電話通信料	120P
6位	上下水道使用料	126P
6位	寺院数	196P
7位	ローソン店舗数	88P
7位	コンビニ店舗数	82P
8位	女性平均寿命	44P
10位	体育館数	152P
10位	65歳以上人口（高齢者数）	28P
12位	第一次産業従業者数	156P
13位	ファミリーマート店舗数	86P
13位	地方公務員数	62P
15位	書店数	96P
16位	マクドナルド店舗数	92P
17位	豚肉消費量	112P
17位	サケ消費量	104P
20位	25歳以上スポーツ人口	150P
20位	大学進学率	66P
20位	第三次産業従業者数	160P

20位	スターバックスコーヒー店舗数	90P
20位	保育園数	72P
20位	在日外国人	46P
21位	医師数	176P
21位	雑誌・書籍購入費	136P
22位	家賃	140P
22位	サラリーマン年収	162P
22位	衣服購入費	130P
22位	世帯貯蓄額	132P
22位	新聞購読費	134P
22位	外食費	128P
23位	河川延長距離	14P
23位	1人あたりの面積	10P
24位	男性喫煙率	116P
24位	外国人観光客訪問率	174P
25位	倒産率	166P
25位	アルコール消費量	114P
25位	森林率	8P
26位	商業地の地価	22P
26位	日帰り温泉数	18P
26位	世帯負債額	192P
26位	合計特殊出生率	48P
26位	現役Jリーガー出身地	146P
26位	地方交付税額	60P
26位	比例代表投票率（直近10年平均）	58P
26位	消費者物価	138P
27位	ホテル軒数	102P
27位	男性平均寿命	42P
27位	道路延長	16P
27位	人口増減率	38P
28位	牛肉消費量	108P
28位	通勤時間	36P
29位	教育費	74P
29位	小学校数	70P

30位	セブンイレブン店舗数	84P
30位	交通事故件数	202P
31位	スーパーマーケット店舗数	94P
32位	生産年齢人口	26P
32位	現役プロ野球選手出身地	144P
33位	医療費	198P
35位	婚姻件数	184P
35位	起業家数	164P
35位	転職率	172P
35位	大学生数	64P
37位	15歳未満人口（子どもの数）	30P
37位	人口集中度	24P
38位	国立・私立高校生徒数	78P
39位	がん年齢調整死亡率	206P
40位	刑法犯認知件数	200P
40位	国立・私立中学生徒数（中学受験率）	76P
40位	女性喫煙率	118P
40位	完全失業率	154P
40位	学習塾軒数	80P
41位	60歳以上男性未婚率	32P
42位	民主党得票率（直近10年間）	54P
42位	現役力士出身地	142P
42位	パチンコ店舗数	100P
45位	鶏肉消費量	110P
45位	年間日照時間	20P
45位	公明党得票率（直近10年間）	52P
46位	カラオケボックス店舗数	98P
46位	甲子園通算勝率	148P
47位	離婚件数	186P
47位	60歳以上女性未婚率	34P
47位	父子・母子家庭数	188P
47位	日本共産党得票率（直近10年間）	56P

石川県

DATA

人口総数（人）	1,151,000
男性人口（人）	557,000
女性人口（人）	594,000
面積（km²）	418,609
平均気温（℃）	15.7
年間降水（mm）	2,390.5
市町村数	19
県庁所在地	金沢市

かつて「加賀１００万石」とうたわれた石川県。戦中に国内で唯一空襲のなかった県のためか、老舗企業数は全国上位。観光地でもあるため、第三次産業従業者数も多い。

石川県のランキング

2位	携帯電話通信料	120P
2位	電気使用料	122P
2位	ファミリーマート店舗数	86P
2位	ブリ消費量	106P
3位	自由民主党得票率（直近10年平均）	50P
4位	男性喫煙率	116P
5位	限界集落率	40P
5位	ガソリン消費量	124P
5位	雑誌・書籍購入費	136P
5位	自動車普及率	180P
5位	大企業数	168P
6位	現役プロ野球選手出身地	144P
6位	書店数	96P
7位	東京大学合格者数	68P
7位	消費者物価	138P
7位	外食費	128P
7位	住宅延べ床面積	204P
7位	共働き率	182P
7位	世帯負債額	192P
8位	神社数	194P
8位	大学生数	64P
8位	現役力士出身地	142P
8位	教育費	74P
8位	衣服購入費	130P
8位	マクドナルド店舗数	92P
8位	老舗企業数	170P
9位	医療費	198P
9位	第三次産業従業者数	160P
10位	医師数	176P
12位	コンビニ店舗数	82P
12位	寺院数	196P
12位	男性平均寿命	42P
13位	女性平均寿命	44P
13位	第二次産業従業者数	158P

13位	体育館数	152P
14位	新聞購読費	134P
14位	人口増減率	38P
15位	25歳以上スポーツ人口	150P
15位	比例代表投票率（直近10年平均）	58P
15位	大学進学率	66P
16位	ホテル軒数	102P
16位	商業地の地価	22P
17位	世帯貯蓄額	132P
17位	人口集中度	24P
18位	三世代世帯人数	190P
18位	上下水道使用料	126P
18位	スターバックスコーヒー店舗数	90P
18位	民主党得票率（直近10年間）	54P
18位	持ち家率	178P
18位	日帰り温泉数	18P
19位	生産年齢人口	26P
20位	15歳未満人口（子どもの数）	30P
20位	外国人観光客訪問率	174P
21位	家賃	140P
21位	アルコール消費量	114P
22位	地方公務員数	62P
22位	合計特殊出生率	48P
22位	森林率	8P
23位	国立・私立高校生徒数	78P
24位	在日外国人	46P
24位	起業家数	164P
25位	第一次産業従業者数	156P
25位	転職率	172P
25位	がん年齢調整死亡率	206P
25位	保育園数	72P
25位	牛肉消費量	108P
25位	1人あたりの面積	10P
25位	女性喫煙率	118P

26位	倒産率	166P
27位	サケ消費量	104P
27位	地方交付税額	60P
27位	学習塾軒数	80P
27位	サラリーマン年収	162P
28位	小学校数	70P
28位	スーパーマーケット店舗数	94P
28位	平均標高	12P
29位	豚肉消費量	112P
30位	65歳以上人口（高齢者数）	28P
31位	道路延長	16P
31位	河川延長距離	14P
32位	パチンコ店舗数	100P
32位	ローソン店舗数	88P
33位	通勤時間	36P
33位	セブンイレブン店舗数	84P
35位	交通事故件数	202P
36位	刑法犯認知件数	200P
37位	父子・母子家庭数	188P
37位	甲子園通算勝率	148P
38位	婚姻件数	184P
39位	鶏肉消費量	110P
40位	日本共産党得票率（直近10年間）	56P
40位	年間日照時間	20P
40位	完全失業率	154P
41位	離婚件数	186P
42位	60歳以上女性未婚率	34P
42位	国立・私立中学生徒数（中学受験率）	76P
43位	公明党得票率（直近10年間）	52P
44位	60歳以上男性未婚率	32P
44位	カラオケボックス店舗数	98P
45位	現役Jリーガー出身地	146P

福井県

DATA

人口総数（人）	782,000
男性人口（人）	380,000
女性人口（人）	403,000
面積（km^2）	419,049
平均気温（℃）	15.6
年間降水（mm）	2,027.0
市町村数	17
県庁所在地	福井市

近年、その暮らしやすさが注目されている福井県。保育園数、小学校数、合計特殊出生率、15歳未満人口がそろって全国上位で、子どもを生み育てやすい環境であるようだ。

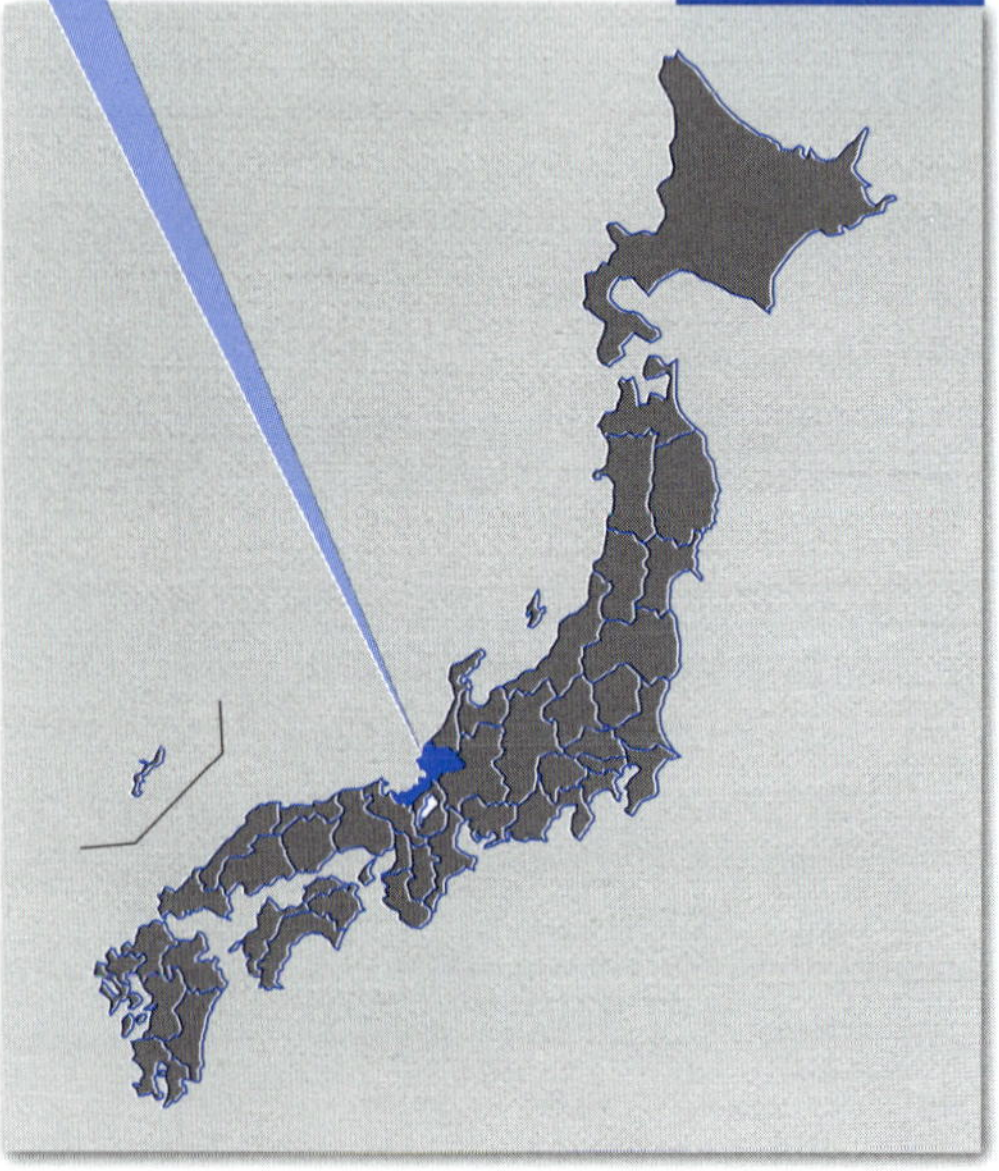

福井県のランキング

1位	電気使用料	122P
1位	老舗企業数	170P
2位	保育園数	72P
2位	寺院数	196P
2位	書店数	96P
2位	自由民主党得票率（直近10年平均）	50P
2位	共働き率	182P
2位	神社数	194P
2位	三世代世帯人数	190P
2位	住宅延べ床面積	204P
3位	第二次産業従業者数	158P
4位	持ち家率	178P
5位	女性平均寿命	44P
5位	ファミリーマート店舗数	86P
5位	現役プロ野球選手出身地	144P
5位	ブリ消費量	106P
6位	男性平均寿命	42P
6位	地方公務員数	62P
7位	小学校数	70P
7位	合計特殊出生率	48P
9位	15歳未満人口（子どもの数）	30P
10位	第三次産業従業者数	160P
11位	大学進学率	66P
11位	起業家数	164P
11位	森林率	8P
12位	マクドナルド店舗数	92P
12位	体育館数	152P
13位	ローソン店舗数	88P
14位	限界集落率	40P
14位	自動車普及率	180P
14位	比例代表投票率（直近10年平均）	58P
15位	消費者物価	138P
16位	パチンコ店舗数	100P
17位	在日外国人	46P

17位	ガソリン消費量	124P
17位	第一次産業従業者数	156P
17位	1人あたりの面積	10P
18位	牛肉消費量	108P
18位	地方交付税額	60P
19位	大企業数	168P
19位	道路延長	16P
20位	平均標高	12P
20位	東京大学合格者数	68P
20位	倒産率	166P
21位	世帯貯蓄額	132P
21位	スーパーマーケット店舗数	94P
21位	コンビニ店舗数	82P
21位	携帯電話通信料	120P
22位	河川延長距離	14P
22位	婚姻件数	184P
22位	医師数	176P
24位	国立・私立高校生徒数	78P
24位	サラリーマン年収	162P
24位	ホテル軒数	102P
25位	家賃	140P
25位	65歳以上人口（高齢者数）	28P
25位	スターバックスコーヒー店舗数	90P
26位	民主党得票率（直近10年間）	54P
28位	大学生数	64P
28位	生産年齢人口	26P
28位	人口集中度	24P
29位	人口増減率	38P
29位	日帰り温泉数	18P
30位	男性喫煙率	116P
31位	外食費	128P
31位	甲子園通算勝率	148P
32位	サケ消費量	104P
32位	上下水道使用料	126P

33位	25歳以上スポーツ人口	150P
34位	女性喫煙率	118P
34位	商業地の地価	22P
34位	衣服購入費	130P
35位	アルコール消費量	114P
35位	教育費	74P
38位	刑法犯認知件数	200P
38位	学習塾軒数	80P
40位	交通事故件数	202P
40位	セブンイレブン店舗数	84P
40位	新聞購読費	134P
41位	鶏肉消費量	110P
41位	転職率	172P
41位	雑誌・書籍購入費	136P
42位	公明党得票率（直近10年間）	52P
42位	離婚件数	186P
42位	医療費	198P
42位	通勤時間	36P
43位	60歳以上男性未婚率	32P
43位	年間日照時間	20P
43位	現役Jリーガー出身地	146P
44位	がん年齢調整死亡率	206P
44位	日本共産党得票率（直近10年間）	56P
44位	現役力士出身地	142P
45位	国立・私立中学生徒数（中学受験率）	76P
46位	豚肉消費量	112P
46位	完全失業率	154P
46位	外国人観光客訪問率	174P
46位	60歳以上女性未婚率	34P
46位	父子・母子家庭数	188P
47位	世帯負債額	192P
47位	カラオケボックス店舗数	98P

山梨県

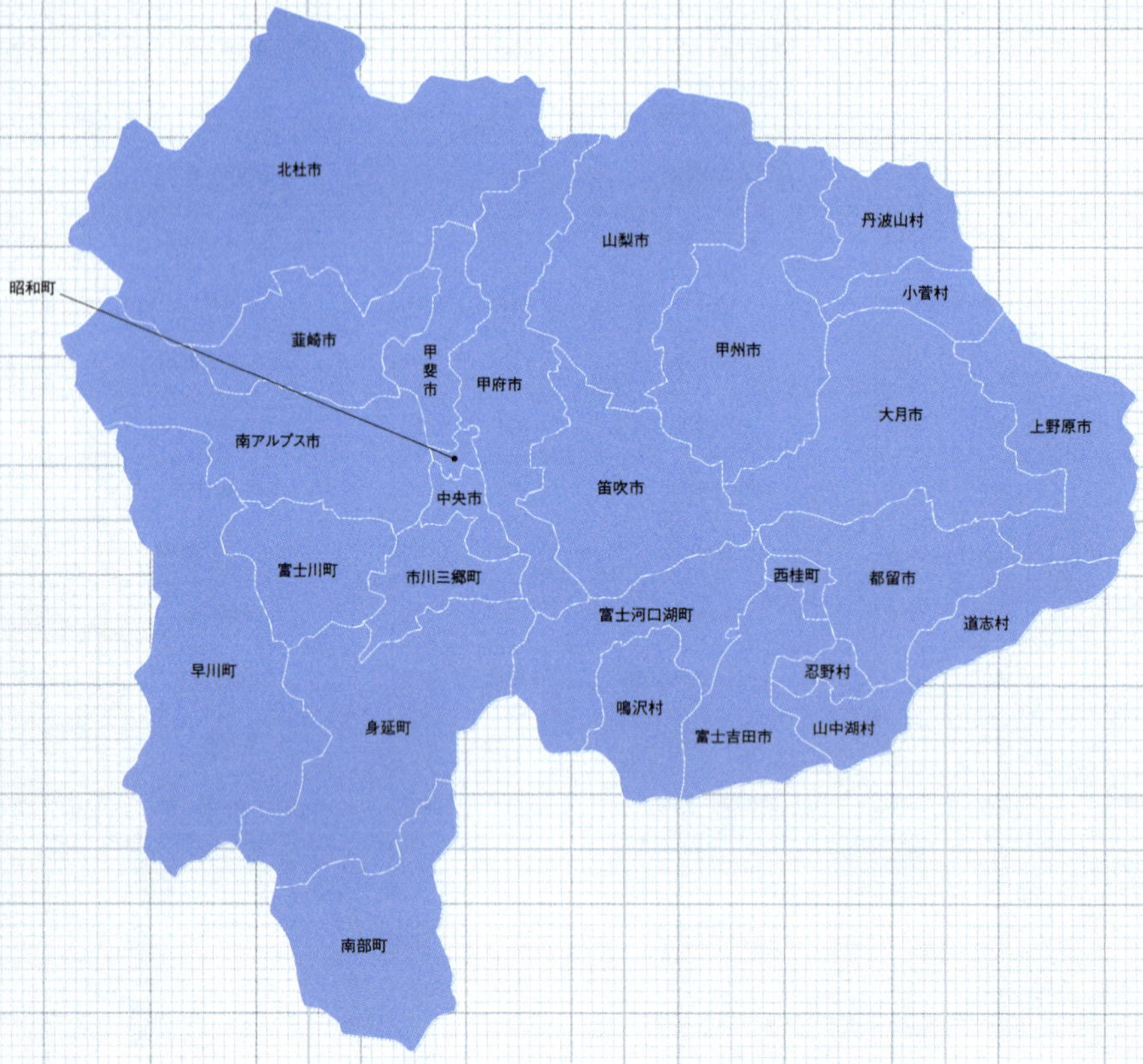

DATA

人口総数（人）	830,000
男性人口（人）	406,000
女性人口（人）	424,000
面積（km²）	446,527
平均気温（℃）	15.7
年間降水（mm）	1,125.0
市町村数	27
県庁所在地	甲府市

標高２０００メートルを超す山々に囲まれ、数少ない海岸線に面していない都道府県である山梨県。寒暖の差は激しいが降雪量は意外と少なく、年間日照時間は全国１位だ。

山梨県のランキング

1位	セブンイレブン店舗数	84P
1位	年間日照時間	20P
2位	平均標高	12P
2位	コンビニ店舗数	82P
3位	ホテル軒数	102P
3位	自動車普及率	180P
4位	比例代表投票率（直近10年平均）	58P
4位	寺院数	196P
5位	起業家数	164P
5位	森林率	8P
6位	スターバックスコーヒー店舗数	90P
7位	保育園数	72P
7位	体育館数	152P
7位	書店数	96P
7位	日帰り温泉数	18P
8位	民主党得票率（直近10年間）	54P
8位	サケ消費量	104P
9位	雑誌・書籍購入費	136P
9位	地方公務員数	62P
10位	交通事故件数	202P
10位	現役Jリーガー出身地	146P
10位	老舗企業数	170P
10位	女性喫煙率	118P
10位	60歳以上男性未婚率	32P
10位	ローソン店舗数	88P
10位	大学進学率	66P
11位	河川延長距離	14P
11位	大学生数	64P
11位	豚肉消費量	112P
11位	現役力士出身地	142P
11位	男性喫煙率	116P
12位	外国人観光客訪問率	174P
12位	神社数	194P
12位	国立・私立中学生徒数（中学受験率）	76P

14位	マクドナルド店舗数	92P
14位	地方交付税額	60P
15位	アルコール消費量	114P
15位	第二次産業従業者数	158P
16位	25歳以上スポーツ人口	150P
16位	持ち家率	178P
16位	1人あたりの面積	10P
16位	小学校数	70P
16位	在日外国人	46P
16位	共働き率	182P
17位	生産年齢人口	26P
17位	上下水道使用料	126P
17位	東京大学合格者数	68P
18位	衣服購入費	130P
18位	女性平均寿命	44P
19位	婚姻件数	184P
19位	住宅延べ床面積	204P
20位	男性平均寿命	42P
20位	限界集落率	40P
20位	サラリーマン年収	162P
20位	日本共産党得票率（直近10年間）	56P
21位	父子・母子家庭数	188P
21位	刑法犯認知件数	200P
21位	道路延長	16P
22位	三世代世帯人数	190P
23位	携帯電話通信料	120P
23位	合計特殊出生率	48P
24位	転職率	172P
24位	60歳以上女性未婚率	34P
24位	電気使用料	122P
24位	スーパーマーケット店舗数	94P
24位	世帯貯蓄額	132P
25位	カラオケボックス店舗数	98P
25位	完全失業率	154P

25位	学習塾軒数	80P
25位	ガソリン消費量	124P
26位	65歳以上人口（高齢者数）	28P
26位	通勤時間	36P
26位	第一次産業従業者数	156P
27位	国立・私立高校生徒数	78P
27位	自由民主党得票率（直近10年平均）	50P
27位	大企業数	168P
28位	公明党得票率（直近10年間）	52P
28位	外食費	128P
28位	甲子園通算勝率	148P
29位	医師数	176P
29位	家賃	140P
29位	新聞購読費	134P
29位	離婚件数	186P
31位	パチンコ店舗数	100P
32位	消費者物価	138P
32位	教育費	74P
32位	15歳未満人口（子どもの数）	30P
33位	第三次産業従業者数	160P
34位	人口増減率	38P
34位	倒産率	166P
35位	鶏肉消費量	110P
36位	世帯負債額	192P
37位	牛肉消費量	108P
38位	商業地の地価	22P
39位	医療費	198P
39位	ファミリーマート店舗数	86P
40位	がん年齢調整死亡率	206P
44位	ブリ消費量	106P
46位	人口集中度	24P
47位	現役プロ野球選手出身地	144P

長野県

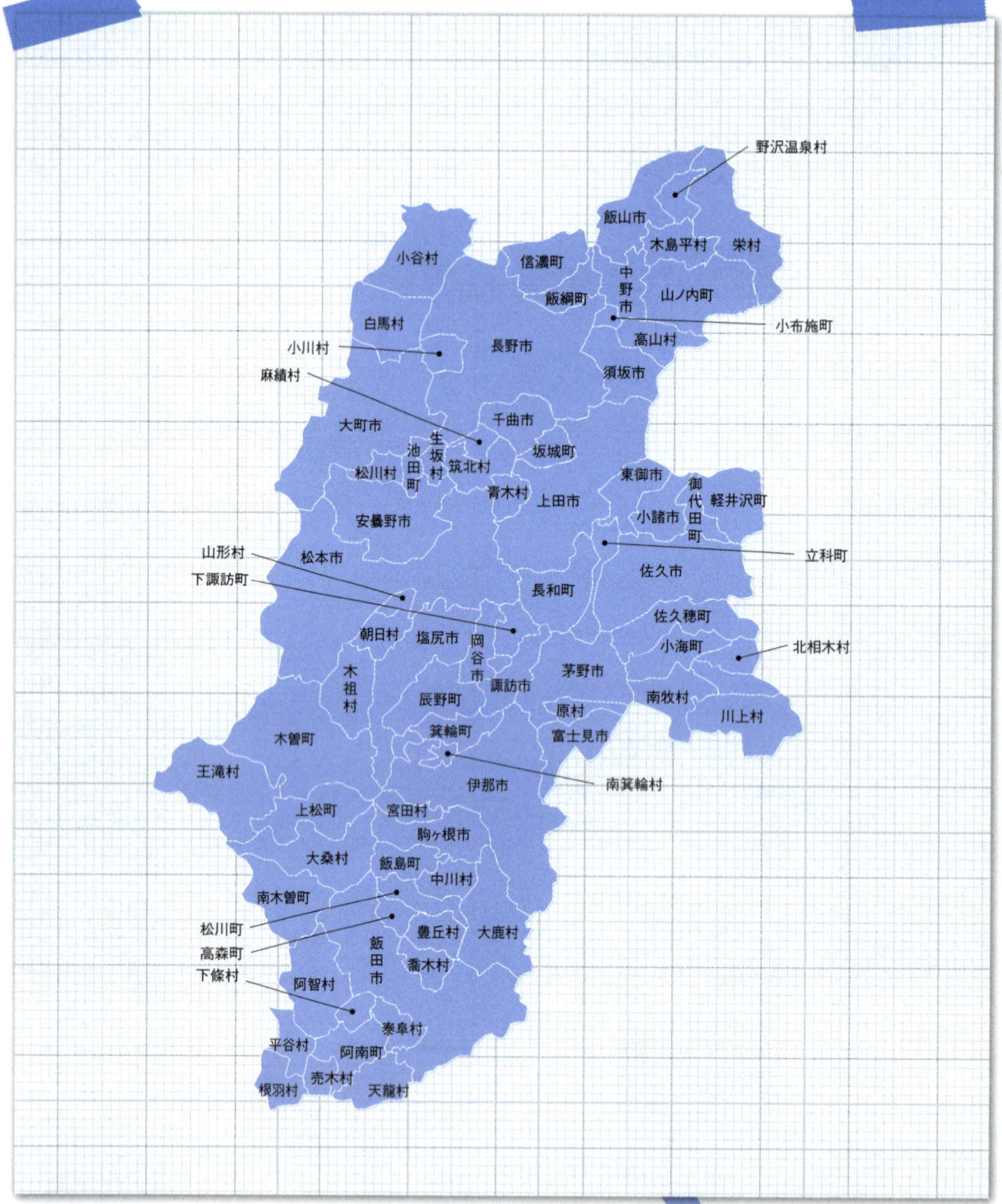

DATA

人口総数（人）	2,088,000
男性人口（人）	1,017,000
女性人口（人）	1,071,000
面積（km²）	1,356,156
平均気温（℃）	13.1
年間降水（mm）	923.0
市町村数	77
県庁所在地	長野市

天竜川、木曽川、千曲川など数多くの水源を擁し、豊かな自然を誇る長野県。そのため女性の平均寿命が全国1位、男性も2位と長寿県だ。ただし医療費も3位と高い。

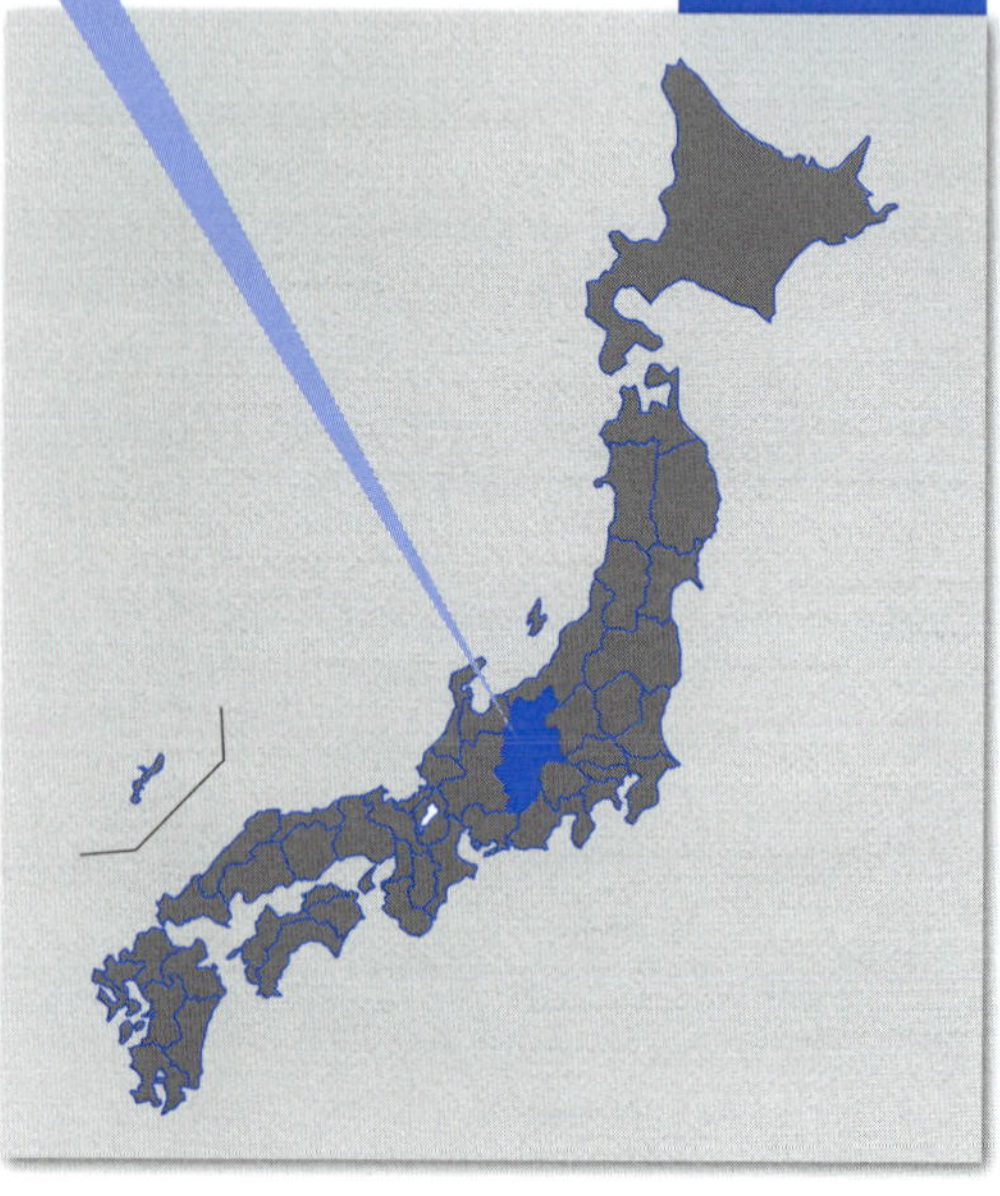

長野県のランキング

1位	雑誌・書籍購入費	136P
1位	女性平均寿命	44P
1位	平均標高	12P
2位	ホテル軒数	102P
2位	上下水道使用料	126P
2位	男性平均寿命	42P
3位	比例代表投票率（直近10年平均）	58P
3位	日帰り温泉数	18P
3位	森林率	8P
3位	医療費	198P
4位	日本共産党得票率（直近10年間）	56P
4位	道路延長	16P
6位	自動車普及率	180P
6位	サケ消費量	104P
6位	河川延長距離	14P
7位	老舗企業数	170P
7位	民主党得票率（直近10年間）	54P
8位	セブンイレブン店舗数	84P
8位	住宅延べ床面積	204P
8位	第二次産業従業者数	158P
8位	共働き率	182P
9位	限界集落率	40P
9位	第一次産業従業者数	156P
9位	体育館数	152P
10位	1人あたりの面積	10P
10位	持ち家率	178P
11位	大企業数	168P
12位	書店数	96P
12位	合計特殊出生率	48P
13位	外食費	128P
13位	三世代世帯人数	190P
13位	ガソリン消費量	124P
14位	25歳以上スポーツ人口	150P
14位	コンビニ店舗数	82P

14位	豚肉消費量	112P
14位	スターバックスコーヒー店舗数	90P
14位	65歳以上人口（高齢者数）	28P
15位	新聞購読費	134P
15位	神社数	194P
16位	保育園数	72P
16位	外国人観光客訪問率	174P
16位	世帯負債額	192P
18位	現役力士出身地	142P
19位	アルコール消費量	114P
19位	在日外国人	46P
19位	15歳未満人口（子どもの数）	30P
20位	ファミリーマート店舗数	86P
20位	交通事故件数	202P
20位	婚姻件数	184P
22位	サラリーマン年収	162P
22位	寺院数	196P
23位	年間日照時間	20P
23位	世帯貯蓄額	132P
23位	第三次産業従業者数	160P
24位	家賃	140P
24位	地方交付税額	60P
24位	パチンコ店舗数	100P
25位	衣服購入費	130P
26位	地方公務員数	62P
28位	携帯電話通信料	120P
28位	学習塾軒数	80P
29位	大学進学率	66P
30位	スーパーマーケット店舗数	94P
30位	完全失業率	154P
30位	小学校数	70P
30位	医師数	176P
31位	教育費	74P
31位	起業家数	164P

31位	60歳以上女性未婚率	34P
31位	人口増減率	38P
32位	女性喫煙率	118P
32位	倒産率	166P
33位	国立・私立中学生徒数（中学受験率）	76P
33位	マクドナルド店舗数	92P
33位	男性喫煙率	116P
33位	通勤時間	36P
33位	東京大学合格者数	68P
35位	商業地の地価	22P
35位	父子・母子家庭数	188P
35位	甲子園通算勝率	148P
36位	カラオケボックス店舗数	98P
36位	60歳以上男性未婚率	32P
37位	刑法犯認知件数	200P
37位	生産年齢人口	26P
38位	ブリ消費量	106P
38位	電気使用料	122P
39位	離婚件数	186P
39位	ローソン店舗数	88P
41位	現役Jリーガー出身地	146P
41位	公明党得票率（直近10年間）	52P
41位	人口集中度	24P
41位	消費者物価	138P
42位	転職率	172P
42位	鶏肉消費量	110P
43位	国立・私立高校生徒数	78P
45位	自由民主党得票率（直近10年平均）	50P
45位	牛肉消費量	108P
46位	現役プロ野球選手出身地	144P
47位	がん年齢調整死亡率	206P
47位	大学生数	64P

岐阜県

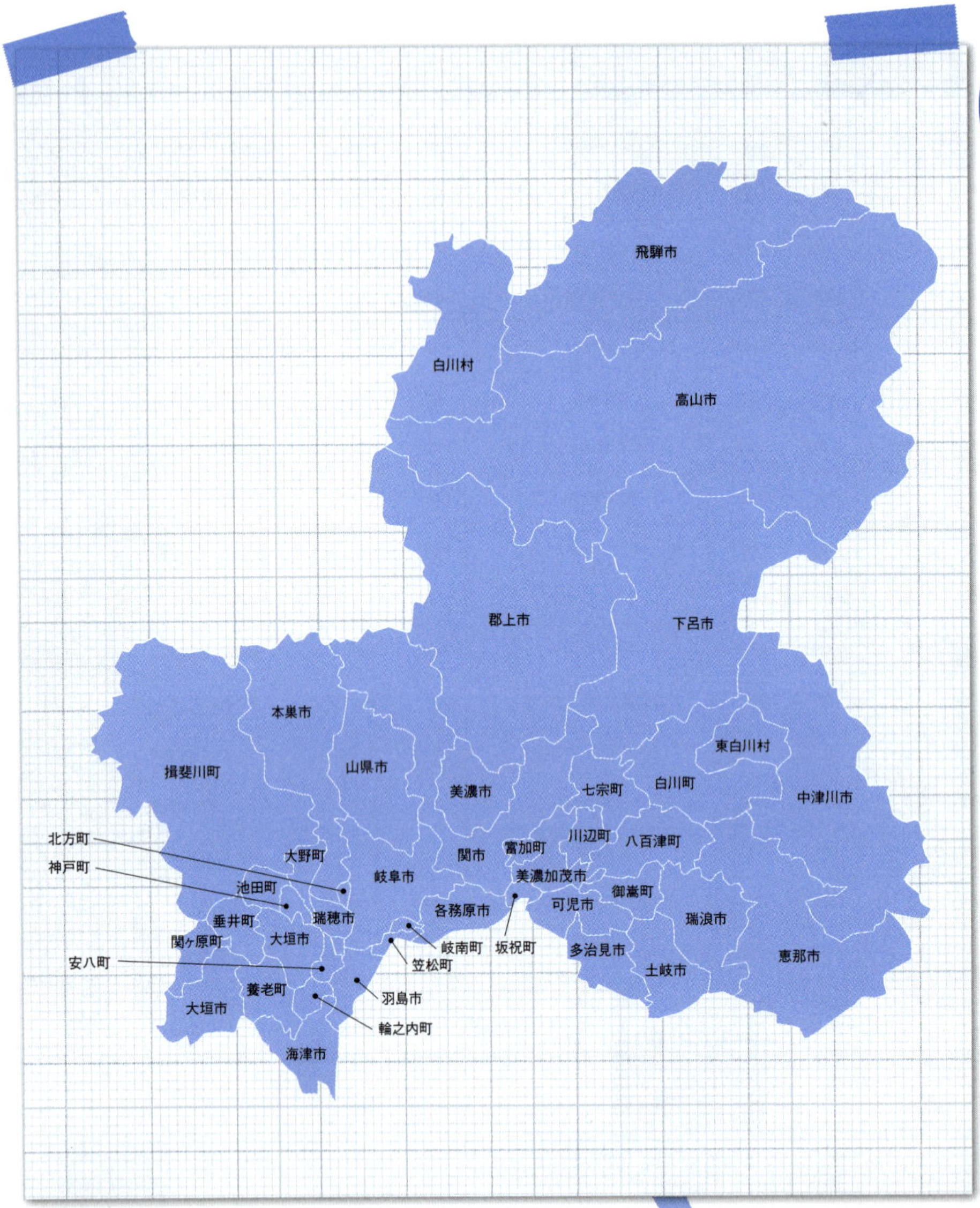

県北部が標高３０００メートル級の飛騨山脈をはじめとする山岳地帯である岐阜県。そのため、森林率や標高は全国トップクラスだ。そのわりには甲子園通算勝利率も悪くない。

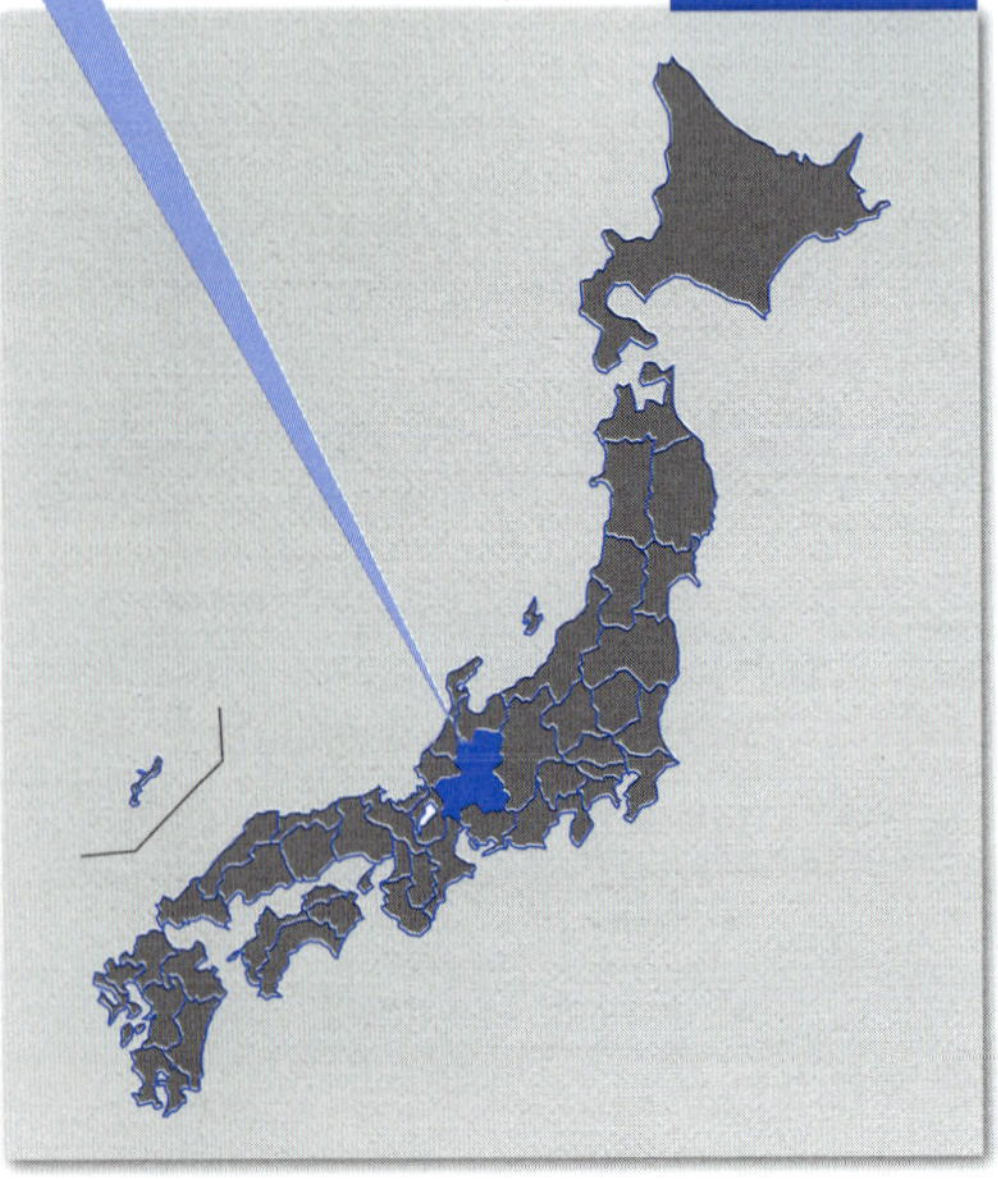

DATA

人口総数（人）	2,022,000
男性人口（人）	979,000
女性人口（人）	1,043,000
面積（km²）	1,062,129
平均気温（℃）	16.9
年間降水（mm）	1,988.0
市町村数	42
県庁所在地	岐阜市

岐阜県のランキング

2位	森林率	8P
4位	平均標高	12P
5位	外食費	128P
6位	在日外国人	46P
6位	ファミリーマート店舗数	86P
7位	第二次産業従業者数	158P
7位	持ち家率	178P
9位	神社数	194P
9位	電気使用料	122P
9位	甲子園通算勝率	148P
9位	学習塾軒数	80P
9位	年間日照時間	20P
10位	刑法犯認知件数	200P
10位	住宅延べ床面積	204P
11位	世帯負債額	192P
11位	15歳未満人口（子どもの数）	30P
11位	書店数	96P
12位	三世代世帯人数	190P
13位	大学進学率	66P
14位	倒産率	166P
14位	教育費	74P
14位	男性平均寿命	42P
14位	寺院数	196P
15位	共働き率	182P
15位	自動車普及率	180P
15位	医療費	198P
15位	ガソリン消費量	124P
16位	世帯貯蓄額	132P
16位	比例代表投票率（直近10年平均）	58P
16位	通勤時間	36P
16位	道路延長	16P
16位	民主党得票率（直近10年間）	54P
17位	25歳以上スポーツ人口	150P
18位	限界集落率	40P
18位	新聞購読費	134P
18位	外国人観光客訪問率	174P
18位	1人あたりの面積	10P
18位	パチンコ店舗数	100P
19位	携帯電話通信料	120P
19位	サラリーマン年収	162P
19位	体育館数	152P
19位	自由民主党得票率（直近10年平均）	50P
20位	合計特殊出生率	48P
20位	現役力士出身地	142P
21位	商業地の地価	22P
22位	ホテル軒数	102P
22位	老舗企業数	170P
22位	マクドナルド店舗数	92P
22位	コンビニ店舗数	82P
23位	家賃	140P
23位	転職率	172P
24位	人口増減率	38P
24位	女性喫煙率	118P
24位	日本共産党得票率（直近10年間）	56P
24位	牛肉消費量	108P
24位	生産年齢人口	26P
25位	スーパーマーケット店舗数	94P
25位	大企業数	168P
26位	河川延長距離	14P
27位	65歳以上人口（高齢者数）	28P
27位	小学校数	70P
27位	保育園数	72P
28位	交通事故件数	202P
29位	衣服購入費	130P
29位	第一次産業従業者数	156P
30位	雑誌・書籍購入費	136P
30位	起業家数	164P
31位	東京大学合格者数	68P
31位	地方公務員数	62P
31位	地方交付税額	60P
32位	豚肉消費量	112P
32位	公明党得票率（直近10年間）	52P
32位	男性喫煙率	116P
33位	鶏肉消費量	110P
33位	スターバックスコーヒー店舗数	90P
34位	がん年齢調整死亡率	206P
34位	完全失業率	154P
34位	女性平均寿命	44P
34位	現役プロ野球選手出身地	144P
34位	国立・私立中学生徒数（中学受験率）	76P
35位	ブリ消費量	106P
35位	上下水道使用料	126P
35位	人口集中度	24P
35位	現役Jリーガー出身地	146P
36位	ローソン店舗数	88P
36位	大学生数	64P
36位	日帰り温泉数	18P
37位	サケ消費量	104P
38位	セブンイレブン店舗数	84P
38位	父子・母子家庭数	188P
38位	医師数	176P
39位	第三次産業従業者数	160P
39位	婚姻件数	184P
39位	国立・私立高校生徒数	78P
40位	離婚件数	186P
42位	消費者物価	138P
44位	60歳以上女性未婚率	34P
45位	アルコール消費量	114P
45位	カラオケボックス店舗数	98P
46位	60歳以上男性未婚率	32P

静岡県

DATA

人口総数（人）	3,688,000
男性人口（人）	1,815,000
女性人口（人）	1,872,000
面積（km²）	777,743
平均気温（℃）	17.6
年間降水（mm）	2,441.5
市町村数	35
県庁所在地	静岡市

富士山に伊豆半島、駿河湾と変化に飛んだ地形を誇る静岡県。サッカーがさかんな土地としても知られており、80人とJリーガー全体の5%を輩出し、堂々1位となっている。

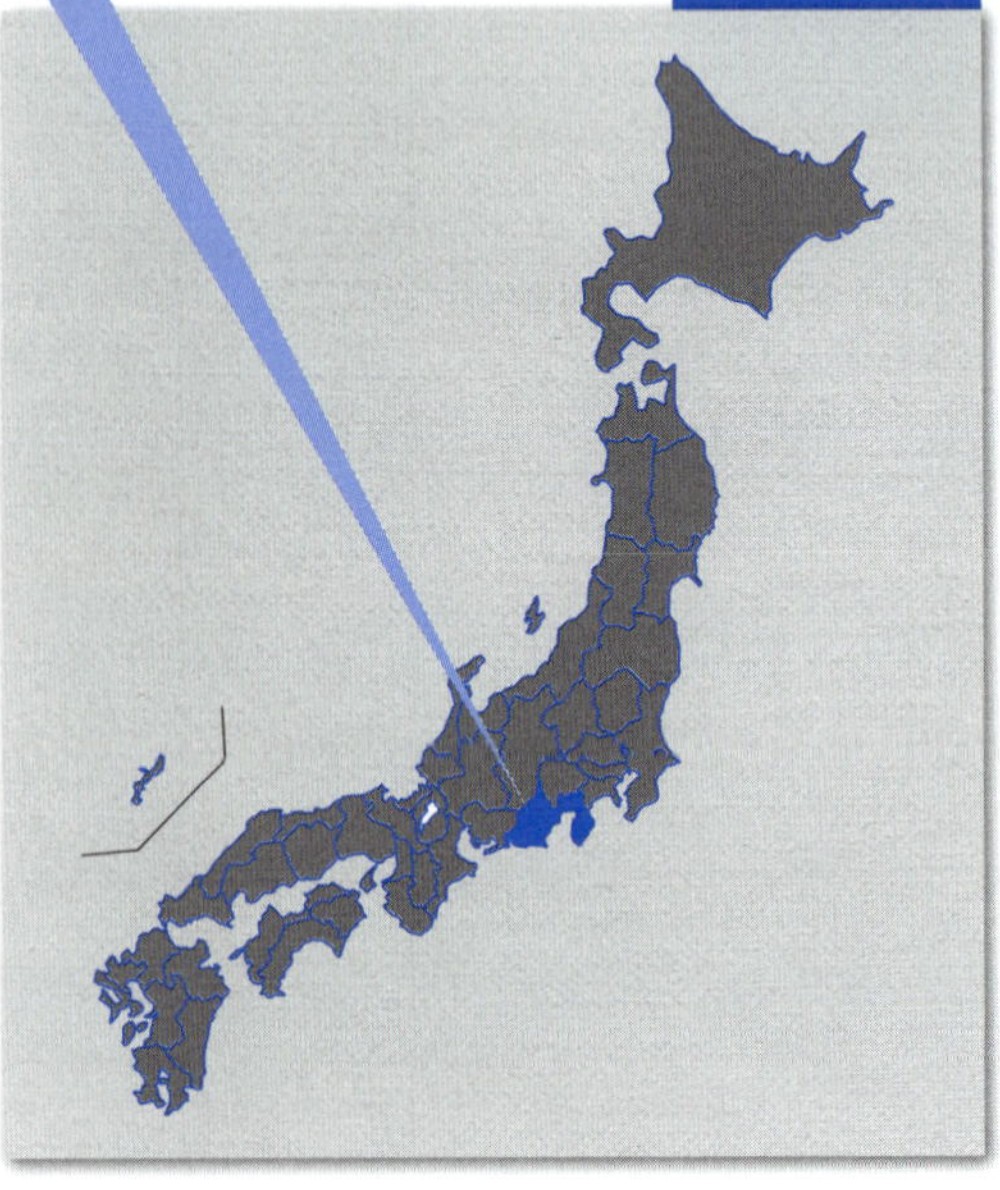

静岡県のランキング

1位	現役Jリーガー出身地	146P
2位	交通事故件数	202P
2位	第二次産業従業者数	158P
4位	豚肉消費量	112P
5位	年間日照時間	20P
7位	在日外国人	46P
8位	世帯負債額	192P
8位	平均標高	12P
8位	国立・私立高校生徒数	78P
9位	コンビニ店舗数	82P
9位	民主党得票率（直近10年間）	54P
9位	家賃	140P
9位	倒産率	166P
10位	セブンイレブン店舗数	84P
12位	電気使用料	122P
12位	25歳以上スポーツ人口	150P
12位	サラリーマン年収	162P
13位	外国人観光客訪問率	174P
13位	日帰り温泉数	18P
13位	世帯貯蓄額	132P
13位	商業地の地価	22P
14位	国立・私立中学生徒数（中学受験率）	76P
14位	女性喫煙率	118P
14位	60歳以上男性未婚率	32P
15位	ファミリーマート店舗数	86P
15位	三世代世帯人数	190P
15位	15歳未満人口（子どもの数）	30P
15位	人口集中度	24P
16位	婚姻件数	184P
16位	学習塾軒数	80P
16位	大企業数	168P
17位	転職率	172P
17位	大学進学率	66P
17位	男性平均寿命	42P

17位	外食費	128P
18位	マクドナルド店舗数	92P
19位	人口増減率	38P
19位	合計特殊出生率	48P
20位	ガソリン消費量	124P
20位	ホテル軒数	102P
20位	比例代表投票率（直近10年平均）	58P
20位	医療費	198P
20位	老舗企業数	170P
20位	共働き率	182P
20位	教育費	74P
20位	生産年齢人口	26P
20位	起業家数	164P
21位	甲子園通算勝率	148P
21位	新聞購読費	134P
21位	衣服購入費	130P
22位	スターバックスコーヒー店舗数	90P
23位	上下水道使用料	126P
23位	サケ消費量	104P
23位	通勤時間	36P
24位	東京大学合格者数	68P
24位	寺院数	196P
24位	女性平均寿命	44P
25位	持ち家率	178P
25位	携帯電話通信料	120P
26位	限界集落率	40P
26位	日本共産党得票率（直近10年間）	56P
26位	自由民主党得票率（直近10年平均）	50P
26位	住宅延べ床面積	204P
26位	離婚件数	186P
27位	刑法犯認知件数	200P
27位	神社数	194P
28位	自動車普及率	180P
28位	パチンコ店舗数	100P

28位	65歳以上人口（高齢者数）	28P
29位	書店数	96P
30位	森林率	8P
30位	公明党得票率（直近10年間）	52P
30位	完全失業率	154P
30位	60歳以上女性未婚率	34P
31位	現役プロ野球選手出身地	144P
32位	第三次産業従業者数	160P
32位	鶏肉消費量	110P
33位	がん年齢調整死亡率	206P
34位	父子・母子家庭数	188P
34位	カラオケボックス店舗数	98P
35位	1人あたりの面積	10P
36位	河川延長距離	14P
36位	第一次産業従業者数	156P
36位	牛肉消費量	108P
37位	アルコール消費量	114P
37位	道路延長	16P
37位	消費者物価	138P
38位	雑誌・書籍購入費	136P
38位	現役力士出身地	142P
39位	スーパーマーケット店舗数	94P
40位	男性喫煙率	116P
40位	地方公務員数	62P
40位	体育館数	152P
40位	保育園数	72P
41位	医師数	176P
41位	小学校数	70P
41位	地方交付税額	60P
42位	ブリ消費量	106P
42位	大学生数	64P
45位	ローソン店舗数	88P

愛知県

DATA

人口総数（人）	7,507,000
男性人口（人）	3,755,000
女性人口（人）	3,752,000
面積（km²）	517,290
平均気温（℃）	17.0
年間降水（mm）	1,686.0
市町村数	54
県庁所在地	名古屋市

日本列島の中央に位置する愛知県。外食費用やファーミリーマートをはじめとするコンビニ店舗数が全国上位で、外食、中食がさかんなことがうかがわれる。スタバも多い。

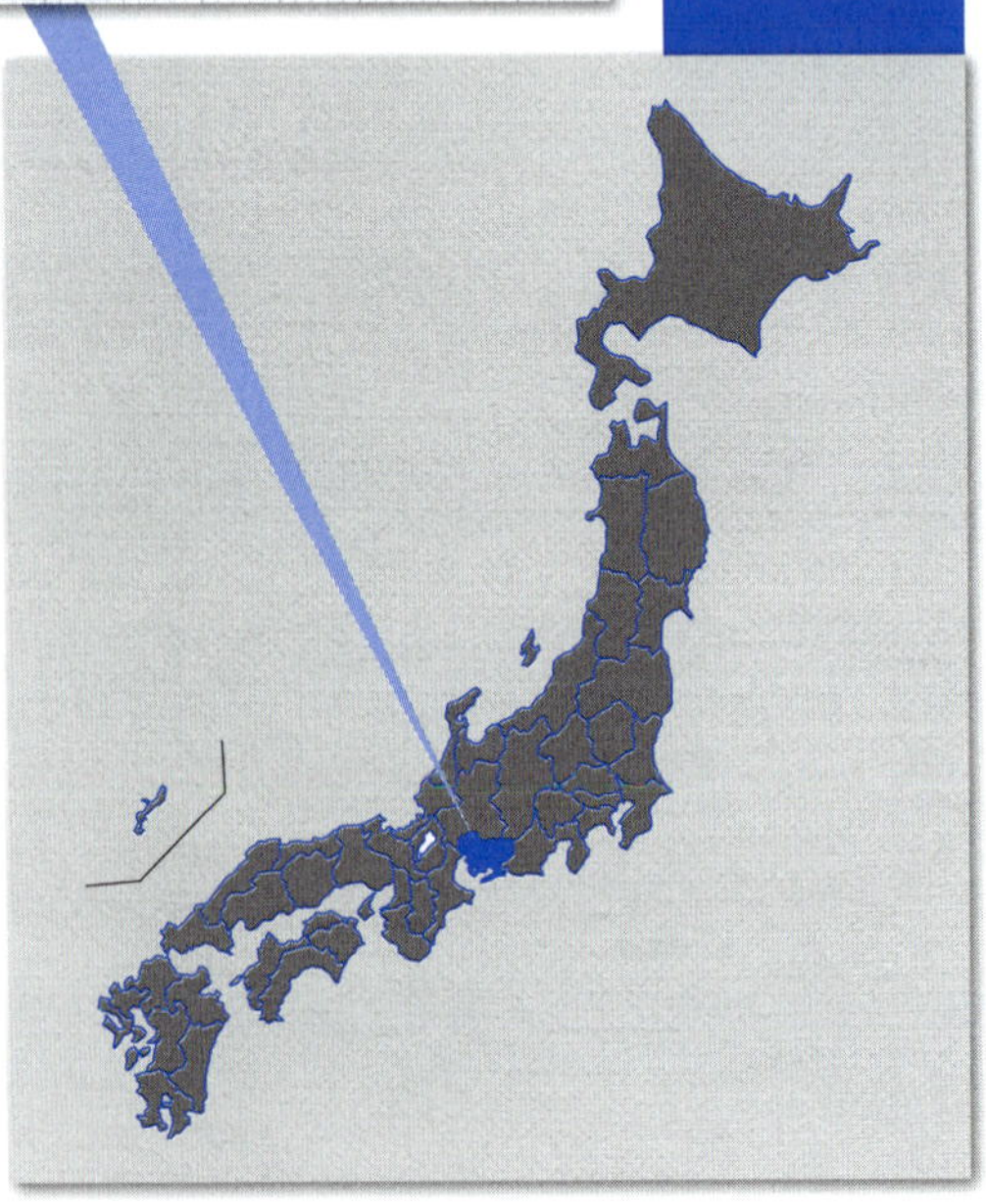

愛知県のランキング

2位	在日外国人	46P
2位	外食費	128P
3位	サラリーマン年収	162P
3位	ファミリーマート店舗数	86P
3位	大企業数	168P
4位	刑法犯認知件数	200P
4位	15歳未満人口（子どもの数）	30P
4位	生産年齢人口	26P
4位	第二次産業従業者数	158P
4位	民主党得票率（直近10年間）	54P
4位	スターバックスコーヒー店舗数	90P
5位	コンビニ店舗数	82P
5位	人口増減率	38P
5位	大学生数	64P
5位	25歳以上スポーツ人口	150P
5位	商業地の地価	22P
5位	甲子園通算勝率	148P
6位	男性喫煙率	116P
6位	衣服購入費	130P
6位	外国人観光客訪問率	174P
7位	年間日照時間	20P
7位	倒産率	166P
7位	人口集中度	24P
8位	男性平均寿命	42P
8位	交通事故件数	202P
8位	大学進学率	66P
8位	新聞購読費	134P
8位	家賃	140P
9位	通勤時間	36P
10位	マクドナルド店舗数	92P
10位	婚姻件数	184P
11位	教育費	74P
12位	世帯貯蓄額	132P
12位	東京大学合格者数	68P

14位	国立・私立高校生徒数	78P
15位	起業家数	164P
16位	合計特殊出生率	48P
17位	雑誌・書籍購入費	136P
18位	第三次産業従業者数	160P
19位	学習塾軒数	80P
19位	現役力士出身地	142P
21位	豚肉消費量	112P
21位	離婚件数	186P
22位	日本共産党得票率（直近10年間）	56P
22位	転職率	172P
22位	60歳以上男性未婚率	32P
23位	国立・私立中学生徒数（中学受験率）	76P
24位	比例代表投票率（直近10年平均）	58P
25位	上下水道使用料	126P
25位	セブンイレブン店舗数	84P
25位	女性喫煙率	118P
26位	書店数	96P
26位	牛肉消費量	108P
27位	60歳以上女性未婚率	34P
28位	寺院数	196P
28位	三世代世帯人数	190P
28位	世帯負債額	192P
29位	自動車普及率	180P
29位	鶏肉消費量	110P
29位	がん年齢調整死亡率	206P
30位	医療費	198P
31位	ブリ消費量	106P
31位	公明党得票率（直近10年間）	52P
32位	女性平均寿命	44P
33位	電気使用料	122P
33位	サケ消費量	104P
34位	完全失業率	154P
34位	消費者物価	138P

34位	ローソン店舗数	88P
35位	パチンコ店舗数	100P
36位	老舗企業数	170P
36位	父子・母子家庭数	188P
36位	住宅延べ床面積	204P
36位	共働き率	182P
36位	携帯電話通信料	120P
37位	現役プロ野球選手出身地	144P
37位	医師数	176P
37位	現役Jリーガー出身地	146P
38位	自由民主党得票率（直近10年平均）	50P
39位	ガソリン消費量	124P
39位	平均標高	12P
40位	限界集落率	40P
40位	カラオケボックス店舗数	98P
40位	神社数	194P
40位	道路延長	16P
41位	河川延長距離	14P
41位	持ち家率	178P
41位	地方公務員数	62P
41位	森林率	8P
42位	小学校数	70P
42位	体育館数	152P
42位	保育園数	72P
42位	第一次産業従業者数	156P
43位	1人あたりの面積	10P
43位	アルコール消費量	114P
45位	ホテル軒数	102P
45位	日帰り温泉数	18P
45位	地方交付税額	60P
45位	65歳以上人口（高齢者数）	28P
47位	スーパーマーケット店舗数	94P

三重県

DATA

人口総数（人）	1,808,000
男性人口（人）	880,000
女性人口（人）	928,000
面積（km²）	577,441
平均気温（℃）	16.9
年間降水（mm）	1,785.5
市町村数	29
県庁所在地	津市

お伊勢詣り（伊勢神宮へのお詣り）の流行で、江戸時代から発展してきた三重県。サラリーマン年収と１人当たりの貯蓄額が全国上位にあり、勤勉な県民性を示している。

三重県のランキング

1位	民主党得票率（直近10年間）	54P
1位	ファミリーマート店舗数	86P
4位	在日外国人	46P
6位	世帯貯蓄額	132P
6位	ガソリン消費量	124P
6位	第二次産業従業者数	158P
9位	持ち家率	178P
9位	比例代表投票率（直近10年平均）	58P
9位	サラリーマン年収	162P
10位	年間日照時間	20P
10位	寺院数	196P
11位	刑法犯認知件数	200P
11位	自動車普及率	180P
11位	現役Jリーガー出身地	146P
12位	学習塾軒数	80P
12位	ブリ消費量	106P
13位	コンビニ店舗数	82P
14位	医療費	198P
15位	老舗企業数	170P
16位	倒産率	166P
16位	通勤時間	36P
16位	15歳未満人口（子どもの数）	30P
16位	スターバックスコーヒー店舗数	90P
16位	住宅延べ床面積	204P
17位	現役プロ野球選手出身地	144P
17位	牛肉消費量	108P
17位	保育園数	72P
17位	現役力士出身地	142P
17位	小学校数	70P
17位	交通事故件数	202P
18位	生産年齢人口	26P
18位	家賃	140P
18位	書店数	96P
19位	男性平均寿命	42P

19位	雑誌・書籍購入費	136P
19位	新聞購読費	134P
19位	国立・私立中学生徒数（中学受験率）	76P
20位	道路延長	16P
20位	マクドナルド店舗数	92P
21位	限界集落率	40P
21位	東京大学合格者数	68P
21位	人口増減率	38P
21位	河川延長距離	14P
21位	男性喫煙率	116P
22位	鶏肉消費量	110P
22位	25歳以上スポーツ人口	150P
22位	カラオケボックス店舗数	98P
23位	公明党得票率（直近10年間）	52P
23位	合計特殊出生率	48P
23位	スーパーマーケット店舗数	94P
24位	第一次産業従業者数	156P
24位	三世代世帯人数	190P
24位	衣服購入費	130P
24位	大学進学率	66P
26位	消費者物価	138P
26位	大企業数	168P
27位	女性平均寿命	44P
28位	1人あたりの面積	10P
28位	共働き率	182P
28位	日帰り温泉数	18P
29位	森林率	8P
29位	婚姻件数	184P
29位	外食費	128P
29位	65歳以上人口（高齢者数）	28P
30位	平均標高	12P
30位	父子・母子家庭数	188P
30位	人口集中度	24P
30位	電気使用料	122P

30位	地方公務員数	62P
31位	転職率	172P
31位	世帯負債額	192P
31位	商業地の地価	22P
32位	地方交付税額	60P
32位	外国人観光客訪問率	174P
33位	日本共産党得票率（直近10年間）	56P
34位	甲子園通算勝率	148P
34位	離婚件数	186P
35位	自由民主党得票率（直近10年平均）	50P
36位	医師数	176P
36位	起業家数	164P
36位	教育費	74P
36位	体育館数	152P
37位	国立・私立高校生徒数	78P
37位	第三次産業従業者数	160P
37位	女性喫煙率	118P
37位	携帯電話通信料	120P
38位	パチンコ店舗数	100P
38位	神社数	194P
39位	60歳以上女性未婚率	34P
39位	セブンイレブン店舗数	84P
39位	上下水道使用料	126P
40位	ホテル軒数	102P
41位	ローソン店舗数	88P
42位	サケ消費量	104P
42位	60歳以上男性未婚率	32P
43位	豚肉消費量	112P
44位	完全失業率	154P
44位	アルコール消費量	114P
45位	がん年齢調整死亡率	206P
45位	大学生数	64P

滋賀県

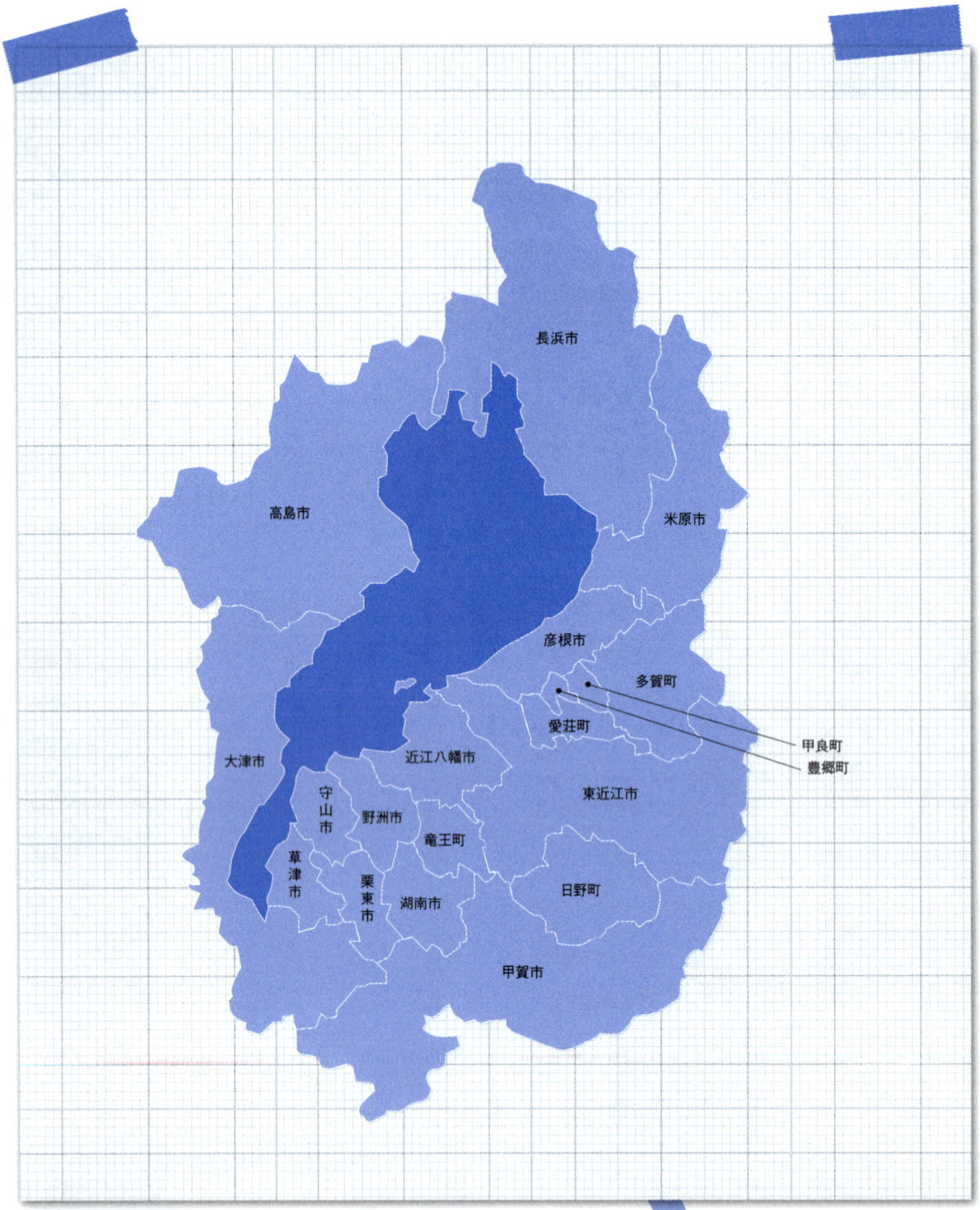

DATA

人口総数（人）	1,413,000
男性人口（人）	697,000
女性人口（人）	716,000
面積（km^2）	401,738
平均気温（℃）	15.8
年間降水（mm）	1,628.5
市町村数	19
県庁所在地	大津市

古来から交通の要衝であり、「近江を制する者は天下を制す」と言われた滋賀県。日本最大の湖で近畿の水がめと呼ばれる琵琶湖を擁しながら、上下水道使用料は意外と高い。

滋賀県のランキング

1位	寺院数	196P
1位	男性平均寿命	42P
2位	15歳未満人口(子どもの数)	30P
3位	新聞購読費	134P
3位	マクドナルド店舗数	92P
3位	大学生数	64P
3位	転職率	172P
4位	女性平均寿命	44P
5位	サラリーマン年収	162P
6位	教育費	74P
6位	25歳以上スポーツ人口	150P
7位	人口増減率	38P
7位	現役Jリーガー出身地	146P
8位	生産年齢人口	26P
8位	牛肉消費量	108P
8位	倒産率	166P
8位	日本共産党得票率(直近10年間)	56P
9位	世帯負債額	192P
10位	上下水道使用料	126P
10位	家賃	140P
10位	学習塾軒数	80P
10位	第二次産業従業者数	158P
11位	民主党得票率(直近10年間)	54P
11位	世帯貯蓄額	132P
11位	持ち家率	178P
12位	刑法犯認知件数	200P
12位	スターバックスコーヒー店舗数	90P
12位	通勤時間	36P
13位	衣服購入費	130P
13位	住宅延べ床面積	204P
14位	在日外国人	46P
14位	消費者物価	138P
14位	大学進学率	66P
15位	現役プロ野球選手出身地	144P

15位	交通事故件数	202P
16位	合計特殊出生率	48P
17位	神社数	194P
17位	ブリ消費量	106P
18位	人口集中度	24P
18位	比例代表投票率(直近10年平均)	58P
18位	老舗企業数	170P
19位	セブンイレブン店舗数	84P
19位	三世代世帯人数	190P
19位	鶏肉消費量	110P
20位	商業地の地価	22P
21位	サケ消費量	104P
21位	外食費	128P
22位	書店数	96P
22位	平均標高	12P
22位	ローソン店舗数	88P
23位	パチンコ店舗数	100P
25位	河川延長距離	14P
25位	国立・私立中学生徒数(中学受験率)	76P
25位	限界集落率	40P
26位	医療費	198P
26位	男性喫煙率	116P
27位	ファミリーマート店舗数	86P
27位	地方公務員数	62P
27位	自由民主党得票率(直近10年平均)	50P
27位	第一次産業従業者数	156P
29位	ホテル軒数	102P
29位	大企業数	168P
30位	カラオケボックス店舗数	98P
30位	完全失業率	154P
31位	外国人観光客訪問率	174P
31位	自動車普及率	180P
31位	共働き率	182P
31位	年間日照時間	20P

32位	電気使用料	122P
33位	体育館数	152P
33位	地方交付税額	60P
33位	1人あたりの面積	10P
33位	保育園数	72P
34位	婚姻件数	184P
34位	医師数	176P
34位	雑誌・書籍購入費	136P
34位	豚肉消費量	112P
35位	ガソリン消費量	124P
35位	小学校数	70P
35位	道路延長	16P
36位	森林率	8P
37位	離婚件数	186P
38位	コンビニ店舗数	82P
40位	スーパーマーケット店舗数	94P
40位	携帯電話通信料	120P
41位	甲子園通算勝率	148P
42位	日帰り温泉数	18P
42位	国立・私立高校生徒数	78P
43位	65歳以上人口(高齢者数)	28P
43位	父子・母子家庭数	188P
43位	起業家数	164P
43位	女性喫煙率	118P
44位	公明党得票率(直近10年間)	52P
44位	第三次産業従業者数	160P
45位	60歳以上男性未婚率	32P
45位	60歳以上女性未婚率	34P
46位	東京大学合格者数	68P
46位	がん年齢調整死亡率	206P
47位	現役力士出身地	142P
47位	アルコール消費量	114P

京都府

長らく日本の政治・文化の中心地であった京都府。大学生数、新聞購読費がそろって全国１位で、教育費、書店数も全国上位。文化の面では依然、日本の中心といえる。

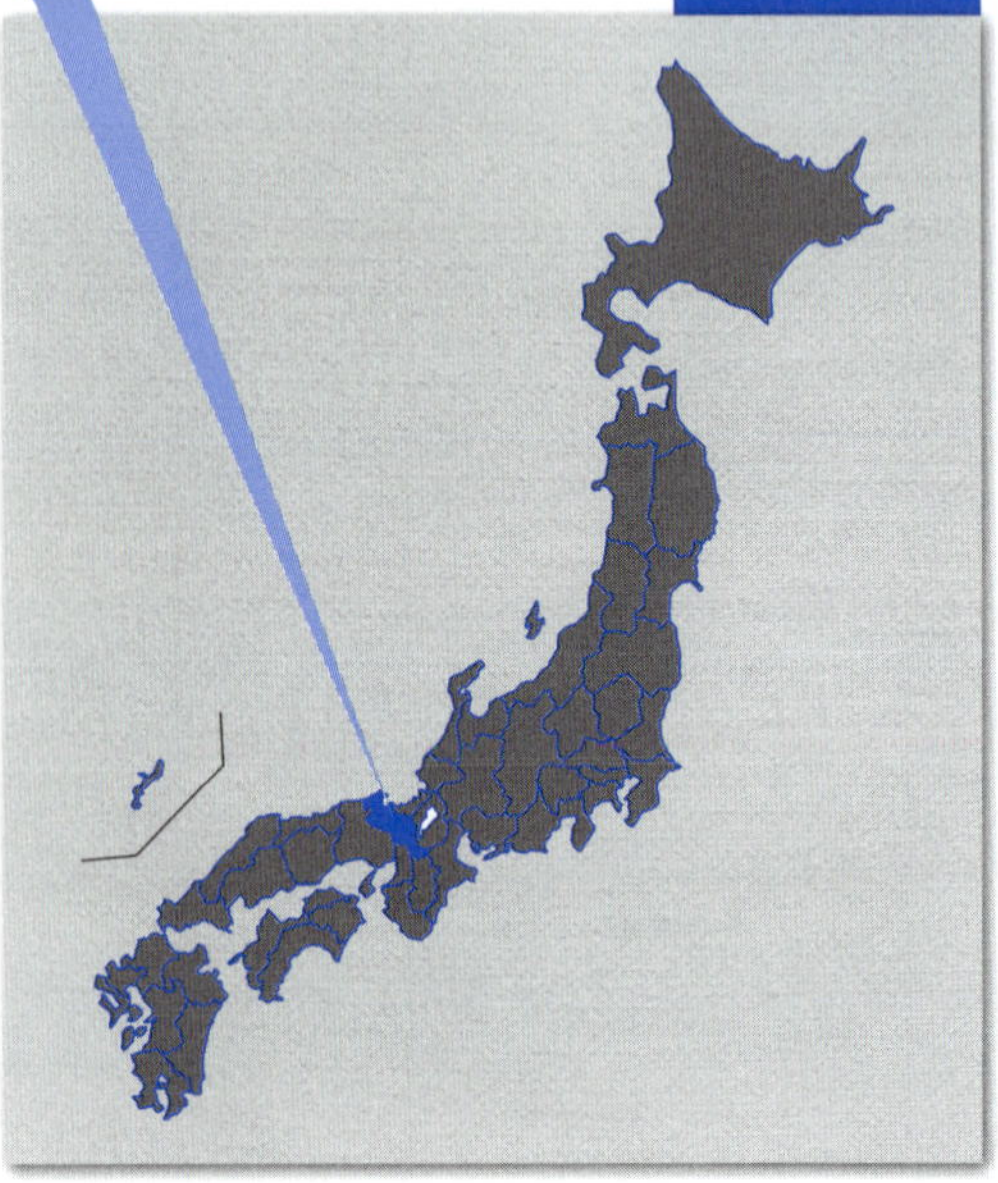

DATA

人口総数（人）	2,605,000
男性人口（人）	1,246,000
女性人口（人）	1,359,000
面積（km^2）	461,219
平均気温（℃）	17.1
年間降水（mm）	1,840.0
市町村数	26
県庁所在地	京都市

京都府のランキング

1位	マクドナルド店舗数	92P
1位	医師数	176P
1位	新聞購読費	134P
1位	牛肉消費量	108P
1位	日本共産党得票率（直近10年間）	56P
1位	大学生数	64P
2位	大学進学率	66P
2位	国立・私立高校生徒数	78P
3位	スターバックスコーヒー店舗数	90P
3位	男性平均寿命	42P
4位	倒産率	166P
4位	サラリーマン年収	162P
4位	外国人観光客訪問率	174P
4位	商業地の地価	22P
4位	人口集中度	24P
4位	消費者物価	138P
4位	国立・私立中学生徒数（中学受験率）	76P
5位	教育費	74P
5位	書店数	96P
5位	60歳以上女性未婚率	34P
6位	老舗企業数	170P
6位	大企業数	168P
6位	外食費	128P
7位	25歳以上スポーツ人口	150P
7位	世帯貯蓄額	132P
7位	家賃	140P
8位	第三次産業従業者数	160P
8位	学習塾軒数	80P
8位	通勤時間	36P
9位	刑法犯認知件数	200P
9位	女性平均寿命	44P
11位	在日外国人	46P
11位	現役プロ野球選手出身地	144P
11位	衣服購入費	130P

12位	森林率	8P
13位	上下水道使用料	126P
13位	完全失業率	154P
13位	寺院数	196P
13位	生産年齢人口	26P
13位	人口増減率	38P
15位	離婚件数	186P
16位	甲子園通算勝率	148P
16位	東京大学合格者数	68P
16位	ローソン店舗数	88P
18位	鶏肉消費量	110P
18位	限界集落率	40P
19位	転職率	172P
19位	父子・母子家庭数	188P
19位	ブリ消費量	106P
19位	サケ消費量	104P
19位	60歳以上男性未婚率	32P
22位	起業家数	164P
22位	雑誌・書籍購入費	136P
23位	ファミリーマート店舗数	86P
24位	アルコール消費量	114P
24位	医療費	198P
24位	現役Jリーガー出身地	146P
26位	現役力士出身地	142P
27位	カラオケボックス店舗数	98P
28位	ホテル軒数	102P
28位	セブンイレブン店舗数	84P
29位	世帯負債額	192P
29位	民主党得票率（直近10年間）	54P
29位	電気使用料	122P
30位	コンビニ店舗数	82P
31位	平均標高	12P
32位	女性喫煙率	118P
32位	交通事故件数	202P

32位	神社数	194P
32位	がん年齢調整死亡率	206P
32位	第二次産業従業者数	158P
34位	年間日照時間	20P
34位	65歳以上人口（高齢者数）	28P
35位	地方公務員数	62P
36位	15歳未満人口（子どもの数）	30P
37位	共働き率	182P
37位	スーパーマーケット店舗数	94P
37位	公明党得票率（直近10年間）	52P
37位	河川延長距離	14P
37位	地方交付税額	60P
38位	日帰り温泉数	18P
38位	小学校数	70P
38位	比例代表投票率（直近10年平均）	58P
38位	1人あたりの面積	10P
39位	持ち家率	178P
39位	第一次産業従業者数	156P
40位	豚肉消費量	112P
40位	婚姻件数	184P
41位	住宅延べ床面積	204P
41位	体育館数	152P
42位	三世代世帯人数	190P
43位	携帯電話通信料	120P
43位	パチンコ店舗数	100P
43位	自動車普及率	180P
44位	道路延長	16P
44位	合計特殊出生率	48P
44位	自由民主党得票率（直近10年平均）	50P
45位	保育園数	72P
45位	男性喫煙率	116P
46位	ガソリン消費量	124P

大阪府

DATA

人口総数（人）	8,833,000
男性人口（人）	4,249,000
女性人口（人）	4,583,000
面積（km²）	190,514
平均気温（℃）	17.7
年間降水（mm）	1,453.5
市町村数	43
県庁所在地	大阪市

西日本経済の中心を担っている大阪府。甲子園通算勝率が高いのはイメージ通りだが、近年は観光業にも力を入れており、外国人観光客訪問率は東京についで全国2位だ。

大阪府のランキング

1位	甲子園通算勝率	148P
1位	刑法犯認知件数	200P
1位	倒産率	166P
2位	完全失業率	154P
2位	第三次産業従業者数	160P
2位	外国人観光客訪問率	174P
2位	人口集中度	24P
2位	大企業数	168P
2位	離婚件数	186P
2位	商業地の地価	22P
4位	世帯負債額	192P
4位	女性喫煙率	118P
4位	牛肉消費量	108P
4位	国立・私立高校生徒数	78P
4位	大学生数	64P
4位	60歳以上女性未婚率	34P
5位	60歳以上男性未婚率	32P
5位	がん年齢調整死亡率	206P
5位	大学進学率	66P
5位	在日外国人	46P
5位	家賃	140P
6位	マクドナルド店舗数	92P
6位	日本共産党得票率（直近10年間）	56P
6位	起業家数	164P
6位	サラリーマン年収	162P
6位	通勤時間	36P
7位	スターバックスコーヒー店舗数	90P
7位	公明党得票率（直近10年間）	52P
8位	国立・私立中学生徒数（中学受験率）	76P
9位	生産年齢人口	26P
9位	教育費	74P
9位	人口増減率	38P
9位	消費者物価	138P
9位	婚姻件数	184P

10位	カラオケボックス店舗数	98P
10位	外食費	128P
10位	医療費	198P
11位	ファミリーマート店舗数	86P
13位	父子・母子家庭数	188P
14位	交通事故件数	202P
14位	現役プロ野球選手出身地	144P
15位	現役Jリーガー出身地	146P
15位	転職率	172P
15位	医師数	176P
16位	アルコール消費量	114P
17位	新聞購読費	134P
17位	ローソン店舗数	88P
17位	鶏肉消費量	110P
18位	世帯貯蓄額	132P
18位	25歳以上スポーツ人口	150P
18位	コンビニ店舗数	82P
18位	年間日照時間	20P
20位	学習塾軒数	80P
21位	パチンコ店舗数	100P
22位	ブリ消費量	106P
23位	書店数	96P
23位	男性喫煙率	116P
24位	携帯電話通信料	120P
26位	衣服購入費	130P
26位	上下水道使用料	126P
27位	セブンイレブン店舗数	84P
28位	第二次産業従業者数	158P
28位	豚肉消費量	112P
28位	電気使用料	122P
30位	15歳未満人口（子どもの数）	30P
31位	現役力士出身地	142P
34位	サケ消費量	104P
37位	比例代表投票率（直近10年平均）	58P

37位	65歳以上人口（高齢者数）	28P
38位	男性平均寿命	42P
38位	女性平均寿命	44P
39位	老舗企業数	170P
39位	雑誌・書籍購入費	136P
39位	合計特殊出生率	48P
40位	寺院数	196P
42位	地方交付税額	60P
43位	地方公務員数	62P
43位	スーパーマーケット店舗数	94P
43位	ホテル軒数	102P
43位	平均標高	12P
44位	ガソリン消費量	124P
44位	持ち家率	178P
44位	小学校数	70P
45位	東京大学合格者数	68P
45位	三世代世帯人数	190P
46位	神社数	194P
46位	日帰り温泉数	18P
46位	道路延長	16P
46位	1人あたりの面積	10P
46位	住宅延べ床面積	204P
46位	河川延長距離	14P
46位	共働き率	182P
46位	自由民主党得票率（直近10年平均）	50P
46位	民主党得票率（直近10年間）	54P
46位	第一次産業従業者数	156P
46位	体育館数	152P
46位	保育園数	72P
46位	自動車普及率	180P
47位	森林率	8P
--位	限界集落率	40P

兵庫県

DATA

人口総数（人）	5,520,000
男性人口（人）	2,633,000
女性人口（人）	2,887,000
面積（km²）	840,093
平均気温（℃）	17.8
年間降水（mm）	1,346.5
市町村数	41
県庁所在地	神戸市

南北に長く、日本海にも瀬戸内海にも面している兵庫県。名門・灘高校を擁しているだけあり、東大合格者数は全国４位。大学進学率、学習塾件数も上位クラスだ。

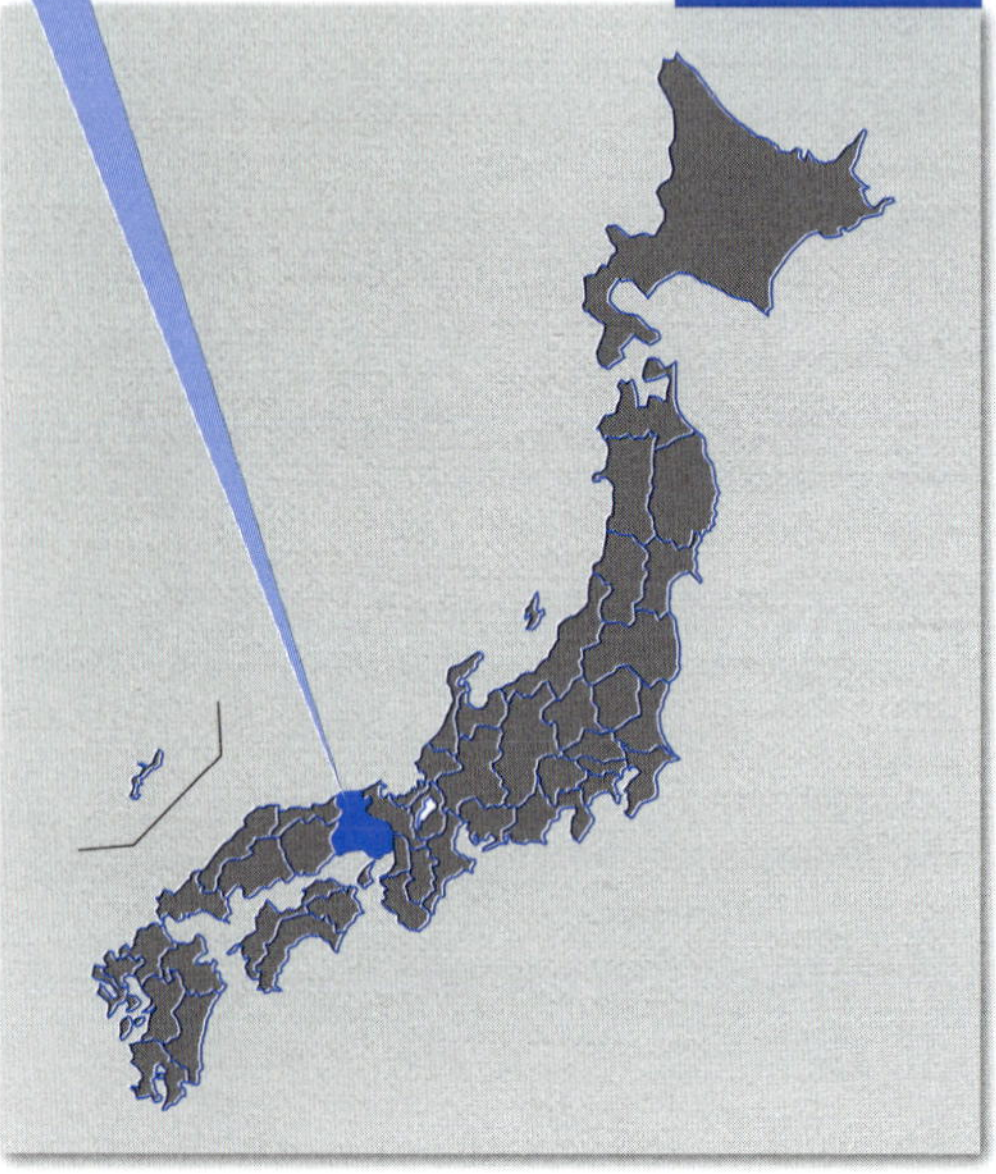

兵庫県のランキング

3位	刑法犯認知件数	200P
3位	倒産率	166P
3位	世帯貯蓄額	132P
4位	大学進学率	66P
4位	消費者物価	138P
4位	東京大学合格者数	68P
5位	学習塾軒数	80P
6位	家賃	140P
6位	完全失業率	154P
6位	人口集中度	24P
7位	マクドナルド店舗数	92P
7位	通勤時間	36P
7位	商業地の地価	22P
8位	サラリーマン年収	162P
8位	甲子園通算勝率	148P
8位	25歳以上スポーツ人口	150P
9位	外国人観光客訪問率	174P
9位	国立・私立中学生徒数（中学受験率）	76P
10位	大学生数	64P
10位	転職率	172P
11位	人口増減率	38P
11位	牛肉消費量	108P
12位	日本共産党得票率（直近10年間）	56P
12位	交通事故件数	202P
13位	60歳以上女性未婚率	34P
13位	新聞購読費	134P
14位	外食費	128P
14位	生産年齢人口	26P
15位	在日外国人	46P
15位	現役力士出身地	142P
16位	現役プロ野球選手出身地	144P
16位	医療費	198P
17位	スターバックスコーヒー店舗数	90P
17位	公明党得票率（直近10年間）	52P

17位	大企業数	168P
18位	現役Jリーガー出身地	146P
18位	男性平均寿命	42P
18位	15歳未満人口（子どもの数）	30P
19位	年間日照時間	20P
19位	ローソン店舗数	88P
20位	離婚件数	186P
20位	鶏肉消費量	110P
21位	がん年齢調整死亡率	206P
23位	医師数	176P
23位	起業家数	164P
23位	ブリ消費量	106P
24位	婚姻件数	184P
24位	教育費	74P
25位	女性平均寿命	44P
26位	カラオケボックス店舗数	98P
26位	父子・母子家庭数	188P
26位	森林率	8P
28位	神社数	194P
28位	国立・私立高校生徒数	78P
29位	セブンイレブン店舗数	84P
29位	60歳以上男性未婚率	32P
29位	合計特殊出生率	48P
29位	平均標高	12P
30位	女性喫煙率	118P
30位	第二次産業従業者数	158P
30位	衣服購入費	130P
30位	寺院数	196P
32位	書店数	96P
32位	雑誌・書籍購入費	136P
33位	ホテル軒数	102P
33位	日帰り温泉数	18P
34位	アルコール消費量	114P
35位	比例代表投票率（直近10年平均）	58P

35位	65歳以上人口（高齢者数）	28P
35位	限界集落率	40P
36位	パチンコ店舗数	100P
36位	民主党得票率（直近10年間）	54P
36位	地方公務員数	62P
36位	三世代世帯人数	190P
37位	ファミリーマート店舗数	86P
37位	豚肉消費量	112P
37位	持ち家率	178P
37位	住宅延べ床面積	204P
38位	老舗企業数	170P
38位	体育館数	152P
38位	第三次産業従業者数	160P
38位	スーパーマーケット店舗数	94P
39位	男性喫煙率	116P
39位	河川延長距離	14P
40位	1人あたりの面積	10P
40位	小学校数	70P
40位	地方交付税額	60P
41位	第一次産業従業者数	156P
41位	サケ消費量	104P
42位	自由民主党得票率（直近10年平均）	50P
43位	道路延長	16P
43位	共働き率	182P
44位	保育園数	72P
44位	自動車普及率	180P
45位	世帯負債額	192P
45位	ガソリン消費量	124P
46位	コンビニ店舗数	82P
47位	上下水道使用料	126P
47位	電気使用料	122P
47位	携帯電話通信料	120P

奈良県

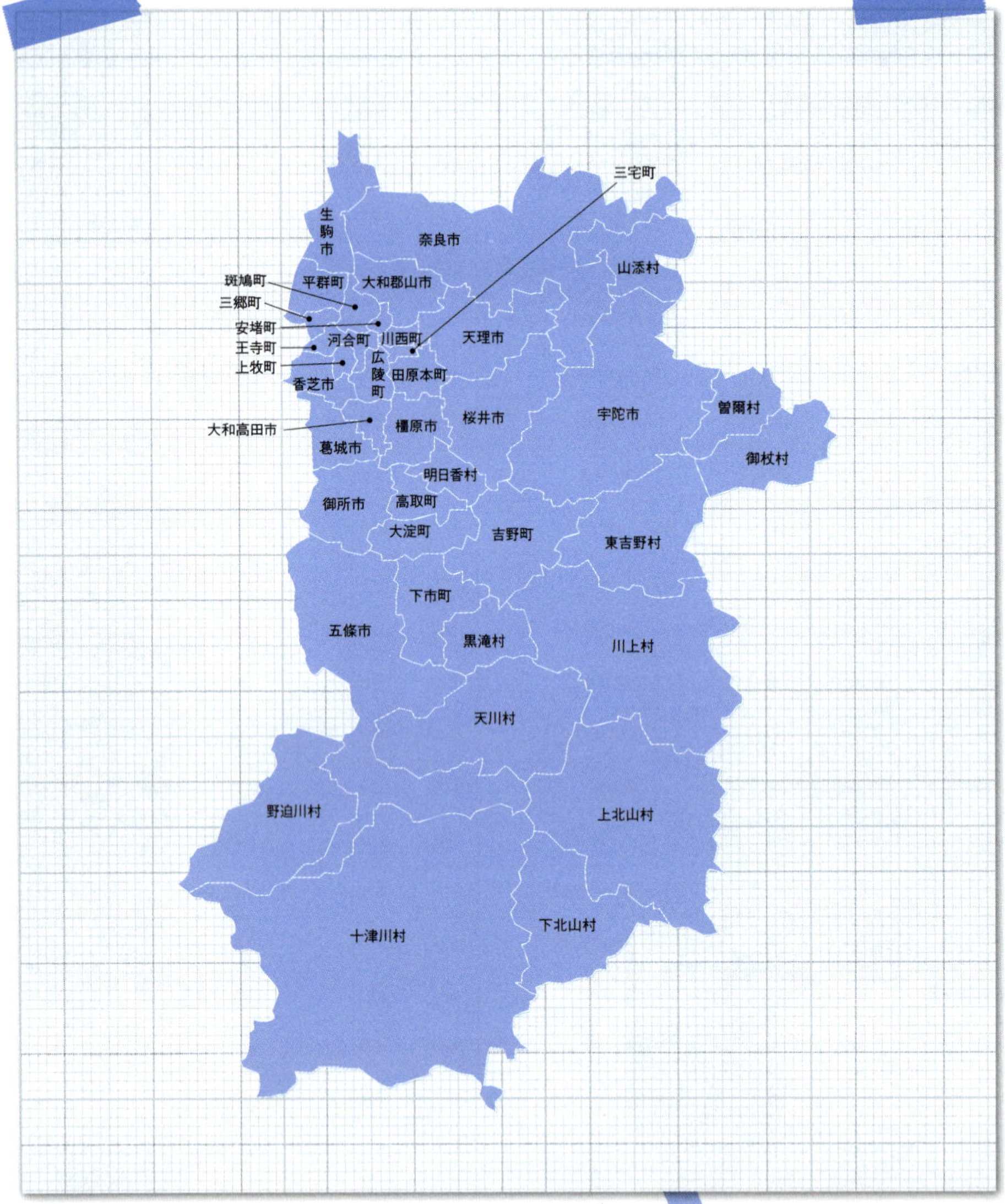

DATA

人口総数（人）	1,356,000
男性人口（人）	640,000
女性人口（人）	717,000
面積（km²）	369,094
平均気温（℃）	16.0
年間降水（mm）	1,493.5
市町村数	39
県庁所在地	奈良市

数多くの天皇陵があり、古代日本の中心地だった奈良県。一世帯当たり貯金額は全国1位だが、反面、医療費、衣服・靴購入費も全国トップクラス。金持ちが多いということか。

奈良県のランキング

1位	世帯貯蓄額	132P
2位	牛肉消費量	108P
2位	新聞購読費	134P
2位	医療費	198P
2位	東京大学合格者数	68P
3位	国立・私立中学生徒数(中学受験率)	76P
4位	教育費	74P
4位	衣服購入費	130P
4位	男性平均寿命	42P
5位	倒産率	166P
5位	マクドナルド店舗数	92P
5位	通勤時間	36P
6位	平均標高	12P
6位	カラオケボックス店舗数	98P
6位	森林率	8P
7位	学習塾軒数	80P
7位	大学進学率	66P
7位	寺院数	196P
8位	現役プロ野球選手出身地	144P
8位	外食費	128P
8位	持ち家率	178P
8位	完全失業率	154P
10位	25歳以上スポーツ人口	150P
11位	外国人観光客訪問率	174P
12位	人口集中度	24P
12位	商業地の地価	22P
12位	現役Jリーガー出身地	146P
13位	日本共産党得票率(直近10年間)	56P
13位	比例代表投票率(直近10年平均)	58P
13位	鶏肉消費量	110P
13位	雑誌・書籍購入費	136P
14位	上下水道使用料	126P
14位	家賃	140P
15位	甲子園通算勝率	148P

16位	サラリーマン年収	162P
16位	大学生数	64P
16位	女性平均寿命	44P
18位	サケ消費量	104P
18位	神社数	194P
19位	刑法犯認知件数	200P
19位	豚肉消費量	112P
19位	電気使用料	122P
20位	住宅延べ床面積	204P
21位	ブリ消費量	106P
21位	65歳以上人口(高齢者数)	28P
21位	国立・私立高校生徒数	78P
22位	体育館数	152P
22位	世帯負債額	192P
23位	老舗企業数	170P
23位	スターバックスコーヒー店舗数	90P
23位	生産年齢人口	26P
23位	現役力士出身地	142P
24位	父子・母子家庭数	188P
24位	ローソン店舗数	88P
25位	医師数	176P
26位	公明党得票率(直近10年間)	52P
26位	限界集落率	40P
26位	人口増減率	38P
27位	書店数	96P
28位	河川延長距離	14P
28位	15歳未満人口(子どもの数)	30P
28位	地方交付税額	60P
29位	三世代世帯人数	190P
29位	民主党得票率(直近10年間)	54P
29位	在日外国人	46P
32位	年間日照時間	20P
32位	60歳以上女性未婚率	34P
32位	携帯電話通信料	120P

33位	転職率	172P
33位	道路延長	16P
33位	交通事故件数	202P
33位	自由民主党得票率(直近10年平均)	50P
33位	ガソリン消費量	124P
34位	ファミリーマート店舗数	86P
34位	日帰り温泉数	18P
34位	1人あたりの面積	10P
34位	スーパーマーケット店舗数	94P
34位	起業家数	164P
34位	地方公務員数	62P
35位	セブンイレブン店舗数	84P
35位	離婚件数	186P
37位	小学校数	70P
37位	がん年齢調整死亡率	206P
37位	保育園数	72P
37位	自動車普及率	180P
41位	合計特殊出生率	48P
43位	第一次産業従業者数	156P
44位	女性喫煙率	118P
44位	パチンコ店舗数	100P
44位	ホテル軒数	102P
44位	消費者物価	138P
44位	共働き率	182P
45位	婚姻件数	184P
45位	第二次産業従業者数	158P
46位	アルコール消費量	114P
46位	第三次産業従業者数	160P
47位	大企業数	168P
47位	男性喫煙率	116P
47位	60歳以上男性未婚率	32P
47位	コンビニ店舗数	82P

和歌山県

DATA

人口総数（人）	954,000
男性人口（人）	449,000
女性人口（人）	505,000
面積（km²）	472,471
平均気温（℃）	17.7
年間降水（mm）	1,508.0
市町村数	30
県庁所在地	和歌山市

高野山や熊野三山を擁し、古代から信仰の地だった和歌山県。寺院数が多いのは当然だろう。智辯和歌山など高校野球の強豪校もあり、プロ野球選手出身地としても全国上位。

和歌山県のランキング

1位	カラオケボックス店舗数	98P
1位	学習塾軒数	80P
3位	牛肉消費量	108P
3位	現役プロ野球選手出身地	144P
4位	公明党得票率（直近10年間）	52P
4位	小学校数	70P
5位	寺院数	196P
6位	持ち家率	178P
6位	父子・母子家庭数	188P
6位	65歳以上人口（高齢者数）	28P
7位	電気使用料	122P
7位	森林率	8P
7位	スーパーマーケット店舗数	94P
7位	国立・私立中学生徒数（中学受験率）	76P
8位	離婚件数	186P
8位	鶏肉消費量	110P
8位	地方公務員数	62P
8位	年間日照時間	20P
9位	書店数	96P
9位	医師数	176P
9位	消費者物価	138P
10位	地方交付税額	60P
10位	日本共産党得票率（直近10年間）	56P
10位	日帰り温泉数	18P
10位	倒産率	166P
12位	がん年齢調整死亡率	206P
12位	ローソン店舗数	88P
12位	新聞購読費	134P
13位	自動車普及率	180P
13位	老舗企業数	170P
13位	甲子園通算勝率	148P
15位	婚姻件数	184P
15位	ブリ消費量	106P
16位	刑法犯認知件数	200P
17位	60歳以上女性未婚率	34P
18位	サラリーマン年収	162P
18位	河川延長距離	14P
18位	道路延長	16P
19位	マクドナルド店舗数	92P
19位	1人あたりの面積	10P
19位	世帯貯蓄額	132P
19位	通勤時間	36P
19位	ホテル軒数	102P
21位	限界集落率	40P
21位	比例代表投票率（直近10年平均）	58P
22位	商業地の地価	22P
22位	ファミリーマート店舗数	86P
22位	パチンコ店舗数	100P
23位	豚肉消費量	112P
23位	平均標高	12P
23位	外国人観光客訪問率	174P
23位	自由民主党得票率（直近10年平均）	50P
23位	住宅延べ床面積	204P
23位	交通事故件数	202P
26位	体育館数	152P
26位	合計特殊出生率	48P
27位	大学進学率	66P
27位	現役力士出身地	142P
27位	スターバックスコーヒー店舗数	90P
28位	第三次産業従業者数	160P
29位	保育園数	72P
30位	東京大学合格者数	68P
30位	60歳以上男性未婚率	32P
30位	三世代世帯人数	190P
30位	男性喫煙率	116P
30位	教育費	74P
31位	第二次産業従業者数	158P
31位	現役Jリーガー出身地	146P
32位	アルコール消費量	114P
32位	世帯負債額	192P
33位	第一次産業従業者数	156P
33位	共働き率	182P
34位	ガソリン消費量	124P
34位	15歳未満人口（子どもの数）	30P
35位	女性喫煙率	118P
36位	医療費	198P
36位	サケ消費量	104P
36位	在日外国人	46P
37位	家賃	140P
37位	25歳以上スポーツ人口	150P
37位	起業家数	164P
38位	外食費	128P
38位	人口集中度	24P
39位	神社数	194P
39位	衣服購入費	130P
40位	生産年齢人口	26P
41位	セブンイレブン店舗数	84P
41位	女性平均寿命	44P
41位	人口増減率	38P
43位	コンビニ店舗数	82P
44位	男性平均寿命	42P
44位	完全失業率	154P
44位	国立・私立高校生徒数	78P
44位	民主党得票率（直近10年間）	54P
45位	雑誌・書籍購入費	136P
45位	上下水道使用料	126P
45位	携帯電話通信料	120P
46位	大企業数	168P
46位	転職率	172P
46位	大学生数	64P

鳥取県

DATA

人口総数（人）	570,000
男性人口（人）	272,000
女性人口（人）	298,000
面積（km²）	350,713
平均気温（℃）	16.0
年間降水（mm）	1,795.0
市町村数	19
県庁所在地	鳥取市

全国でもっとも人口が少ない都道府県として知られる鳥取県。だが、体育館数は全国1位、総医師数や保育園数なども上位クラスで、暮らしにくいわけではなさそうだ。

鳥取県のランキング

1位	体育館数	152P
1位	ローソン店舗数	88P
3位	地方公務員数	62P
3位	パチンコ店舗数	100P
4位	がん年齢調整死亡率	206P
4位	保育園数	72P
4位	医師数	176P
4位	書店数	96P
4位	地方交付税額	60P
4位	ブリ消費量	106P
6位	比例代表投票率（直近10年平均）	58P
6位	共働き率	182P
8位	公明党得票率（直近10年間）	52P
9位	住宅延べ床面積	204P
9位	自由民主党得票率（直近10年平均）	50P
10位	三世代世帯人数	190P
10位	ガソリン消費量	124P
11位	合計特殊出生率	48P
11位	1人あたりの面積	10P
11位	老舗企業数	170P
12位	小学校数	70P
13位	森林率	8P
13位	河川延長距離	14P
13位	神社数	194P
13位	第一次産業従業者数	156P
14位	15歳未満人口（子どもの数）	30P
14位	道路延長	16P
14位	女性平均寿命	44P
15位	鶏肉消費量	110P
16位	第三次産業従業者数	160P
16位	日帰り温泉数	18P
16位	スーパーマーケット店舗数	94P
17位	父子・母子家庭数	188P
17位	電気使用料	122P

18位	学習塾軒数	80P
18位	65歳以上人口（高齢者数）	28P
19位	平均標高	12P
19位	寺院数	196P
20位	転職率	172P
20位	民主党得票率（直近10年間）	54P
20位	自動車普及率	180P
20位	アルコール消費量	114P
21位	牛肉消費量	108P
21位	ホテル軒数	102P
22位	持ち家率	178P
22位	倒産率	166P
23位	消費者物価	138P
23位	コンビニ店舗数	82P
24位	離婚件数	186P
24位	世帯負債額	192P
24位	カラオケボックス店舗数	98P
24位	ファミリーマート店舗数	86P
25位	世帯貯蓄額	132P
26位	限界集落率	40P
26位	携帯電話通信料	120P
27位	東京大学合格者数	68P
27位	上下水道使用料	126P
27位	雑誌・書籍購入費	136P
27位	国立・私立中学生徒数（中学受験率）	76P
27位	豚肉消費量	112P
28位	婚姻件数	184P
28位	大企業数	168P
29位	第二次産業従業者数	158P
29位	起業家数	164P
29位	スターバックスコーヒー店舗数	90P
30位	大学生数	64P
31位	日本共産党得票率（直近10年間）	56P
32位	刑法犯認知件数	200P

33位	人口増減率	38P
33位	60歳以上女性未婚率	34P
33位	現役Jリーガー出身地	146P
34位	在日外国人	46P
34位	完全失業率	154P
34位	国立・私立高校生徒数	78P
34位	生産年齢人口	26P
35位	60歳以上男性未婚率	32P
35位	25歳以上スポーツ人口	150P
35位	マクドナルド店舗数	92P
35位	家賃	140P
35位	現役力士出身地	142P
37位	商業地の地価	22P
38位	サラリーマン年収	162P
39位	人口集中度	24P
39位	男性平均寿命	42P
39位	甲子園通算勝率	148P
41位	男性喫煙率	116P
41位	年間日照時間	20P
42位	大学進学率	66P
42位	衣服購入費	130P
43位	医療費	198P
43位	外国人観光客訪問率	174P
43位	サケ消費量	104P
44位	現役プロ野球選手出身地	144P
45位	通勤時間	36P
46位	教育費	74P
46位	新聞購読費	134P
46位	セブンイレブン店舗数	84P
46位	女性喫煙率	118P
46位	外食費	128P
47位	交通事故件数	202P

島根県

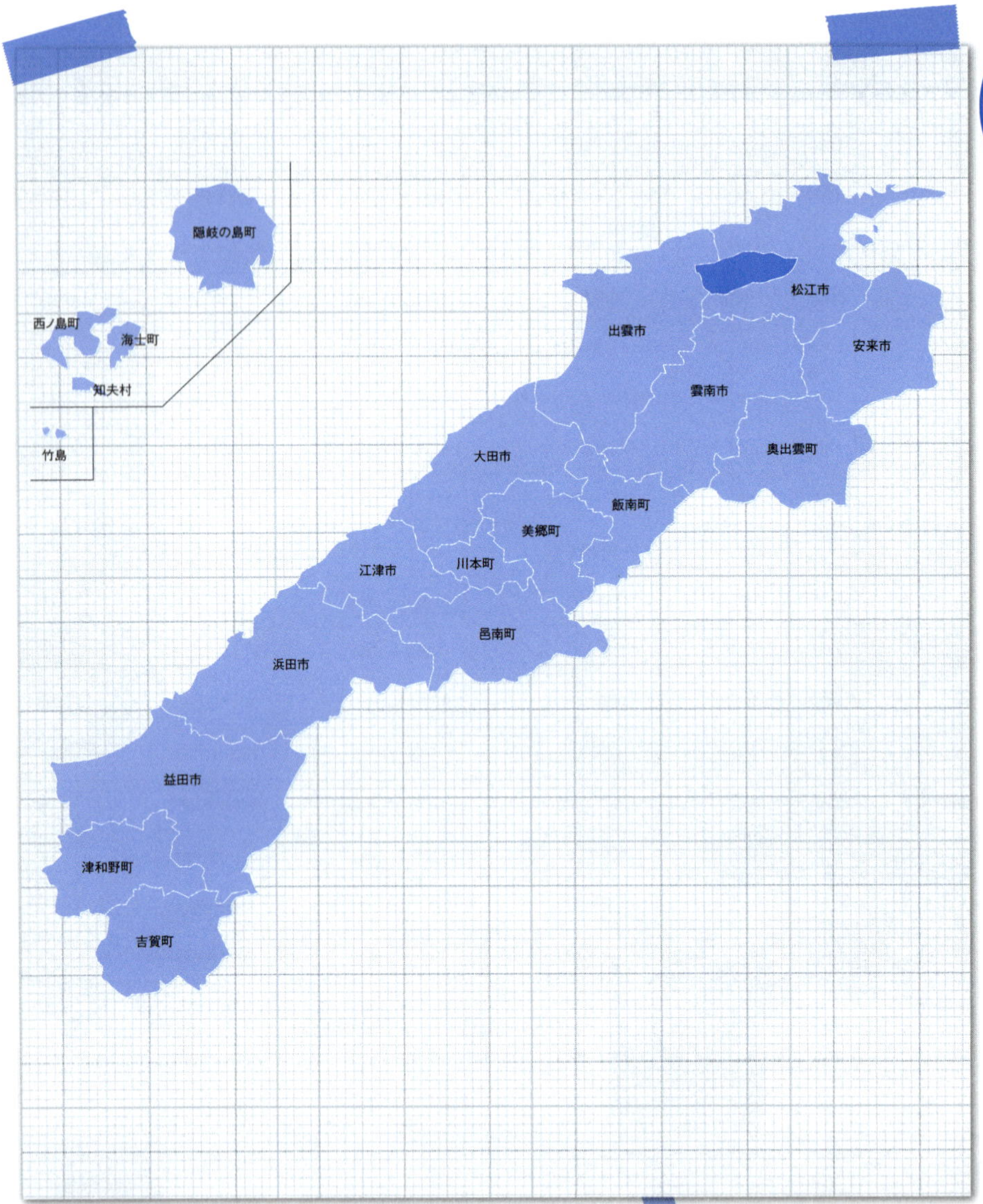

DATA

人口総数（人）	690,000
男性人口（人）	331,000
女性人口（人）	358,000
面積（km^2）	670,824
平均気温（℃）	15.9
年間降水（mm）	1,800.0
市町村数	19
県庁所在地	松江市

さまざまな日本神話の舞台となっている島根県。人口は鳥取県についで少ないが、保育園数は全国１位で合計特殊出生率も全国２位。これから若者が増えていくかもしれない。

島根県のランキング

1位	地方公務員数	62P
1位	地方交付税額	60P
1位	比例代表投票率（直近10年平均）	58P
1位	保育園数	72P
1位	スーパーマーケット店舗数	94P
1位	道路延長	16P
2位	河川延長距離	14P
2位	ローソン店舗数	88P
2位	合計特殊出生率	48P
3位	共働き率	182P
3位	寺院数	196P
3位	小学校数	70P
3位	女性平均寿命	44P
3位	第三次産業従業者数	160P
3位	書店数	96P
3位	ブリ消費量	106P
3位	65歳以上人口（高齢者数）	28P
4位	現役力士出身地	142P
4位	森林率	8P
4位	自由民主党得票率（直近10年平均）	50P
4位	老舗企業数	170P
5位	上下水道使用料	126P
5位	体育館数	152P
5位	1人あたりの面積	10P
6位	第一次産業従業者数	156P
6位	住宅延べ床面積	204P
7位	携帯電話通信料	120P
7位	神社数	194P
7位	ガソリン消費量	124P
8位	三世代世帯人数	190P
8位	電気使用料	122P
9位	自動車普及率	180P
10位	パチンコ店舗数	100P
11位	日帰り温泉数	18P
12位	鶏肉消費量	110P
12位	持ち家率	178P
12位	限界集落率	40P
12位	消費者物価	138P
13位	がん年齢調整死亡率	206P
14位	医師数	176P
17位	倒産率	166P
17位	アルコール消費量	114P
20位	雑誌・書籍購入費	136P
21位	第二次産業従業者数	158P
21位	60歳以上男性未婚率	32P
22位	公明党得票率（直近10年間）	52P
22位	現役プロ野球選手出身地	144P
23位	現役Jリーガー出身地	146P
23位	15歳未満人口（子どもの数）	30P
23位	男性平均寿命	42P
25位	サケ消費量	104P
25位	ホテル軒数	102P
25位	世帯負債額	192P
25位	在日外国人	46P
25位	豚肉消費量	112P
27位	平均標高	12P
27位	新聞購読費	134P
28位	父子・母子家庭数	188P
30位	日本共産党得票率（直近10年間）	56P
31位	大学進学率	66P
31位	婚姻件数	184P
32位	コンビニ店舗数	82P
32位	国立・私立中学生徒数（中学受験率）	76P
32位	世帯貯蓄額	132P
33位	牛肉消費量	108P
33位	外食費	128P
34位	東京大学合格者数	68P
35位	転職率	172P
36位	国立・私立高校生徒数	78P
37位	スターバックスコーヒー店舗数	90P
38位	人口増減率	38P
38位	カラオケボックス店舗数	98P
38位	年間日照時間	20P
38位	医療費	198P
39位	刑法犯認知件数	200P
40位	衣服購入費	130P
40位	サラリーマン年収	162P
40位	起業家数	164P
40位	60歳以上女性未婚率	34P
40位	大学生数	64P
40位	25歳以上スポーツ人口	150P
41位	民主党得票率（直近10年間）	54P
41位	ファミリーマート店舗数	86P
42位	学習塾軒数	80P
42位	セブンイレブン店舗数	84P
43位	離婚件数	186P
44位	商業地の地価	22P
44位	教育費	74P
44位	家賃	140P
45位	通勤時間	36P
45位	大企業数	168P
46位	交通事故件数	202P
46位	男性喫煙率	116P
46位	外国人観光客訪問率	174P
46位	マクドナルド店舗数	92P
47位	完全失業率	154P
47位	女性喫煙率	118P
47位	甲子園通算勝率	148P
47位	人口集中度	24P
47位	生産年齢人口	26P

岡山県

DATA

人口総数（人）	1,915,000
男性人口（人）	919,000
女性人口（人）	996,000
面積（km²）	711,447
平均気温（℃）	16.6
年間降水（mm）	1,513.0
市町村数	27
県庁所在地	岡山市

中国・四国地方の交通網の要衝である岡山県。男性の平均寿命は全国13位だが、女性は2位と、男女の寿命格差が大きい。また、医師数、医療費がともに上位である。

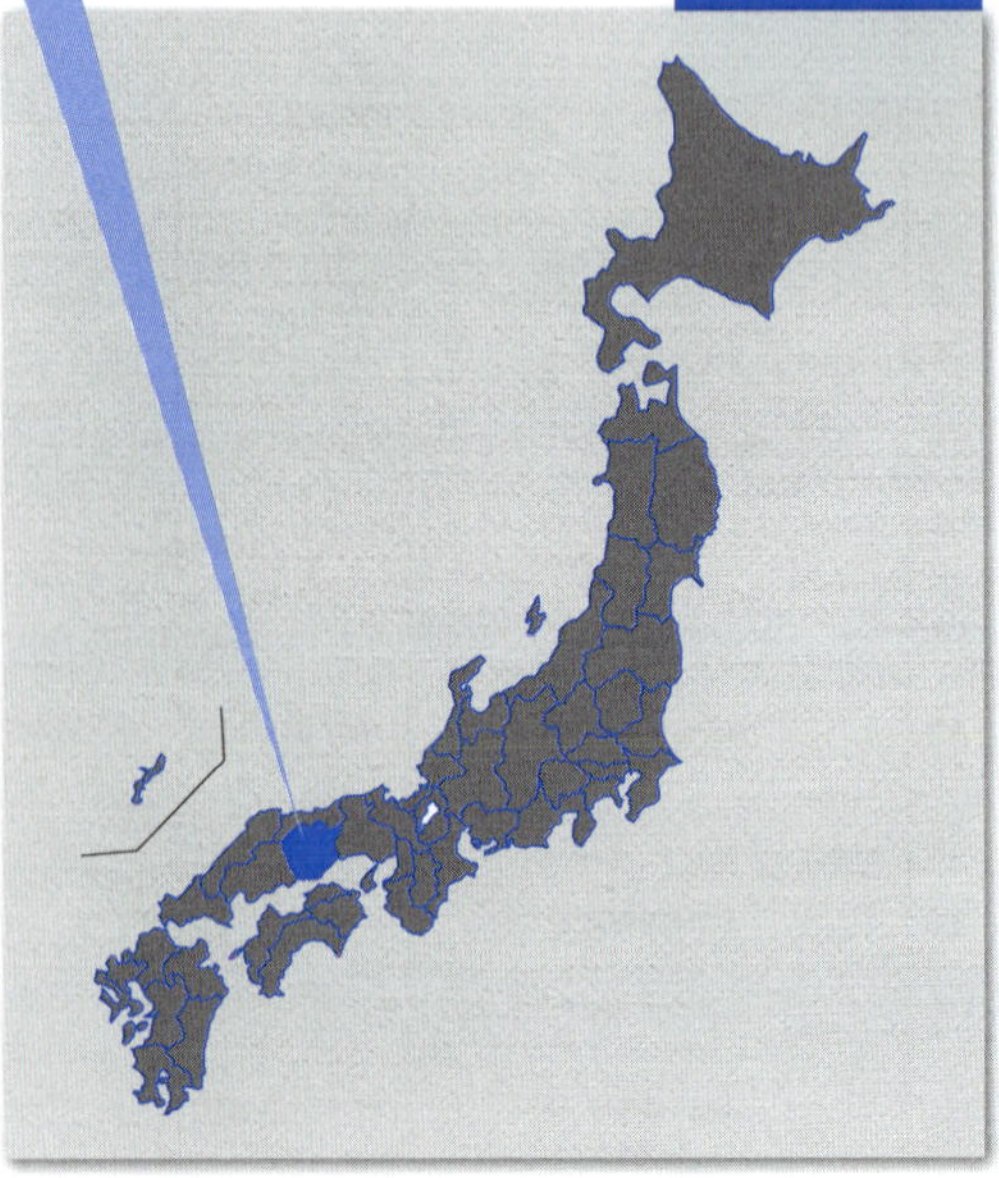

岡山県のランキング

2位	女性平均寿命	44P
6位	鶏肉消費量	110P
6位	世帯負債額	192P
6位	公明党得票率（直近10年間）	52P
7位	医師数	176P
7位	交通事故件数	202P
8位	自動車普及率	180P
11位	医療費	198P
12位	15歳未満人口（子どもの数）	30P
12位	国立・私立高校生徒数	78P
13位	男性平均寿命	42P
13位	刑法犯認知件数	200P
13位	大学生数	64P
14位	離婚件数	186P
14位	年間日照時間	20P
14位	東京大学合格者数	68P
15位	携帯電話通信料	120P
15位	人口増減率	38P
15位	牛肉消費量	108P
16位	男性喫煙率	116P
16位	豚肉消費量	112P
16位	通勤時間	36P
16位	合計特殊出生率	48P
16位	雑誌・書籍購入費	136P
16位	衣服購入費	130P
17位	教育費	74P
17位	サラリーマン年収	162P
17位	家賃	140P
17位	第二次産業従業者数	158P
18位	国立・私立中学生徒数（中学受験率）	76P
18位	ブリ消費量	106P
18位	商業地の地価	22P
19位	上下水道使用料	126P
19位	老舗企業数	170P
19位	カラオケボックス店舗数	98P
19位	ガソリン消費量	124P
20位	小学校数	70P
20位	書店数	96P
21位	現役プロ野球選手出身地	144P
21位	住宅延べ床面積	204P
21位	完全失業率	154P
21位	学習塾軒数	80P
21位	ファミリーマート店舗数	86P
22位	在日外国人	46P
22位	父子・母子家庭数	188P
22位	大企業数	168P
22位	スーパーマーケット店舗数	94P
22位	セブンイレブン店舗数	84P
23位	電気使用料	122P
23位	寺院数	196P
23位	甲子園通算勝率	148P
23位	道路延長	16P
23位	神社数	194P
24位	持ち家率	178P
24位	1人あたりの面積	10P
24位	65歳以上人口（高齢者数）	28P
24位	森林率	8P
24位	大学進学率	66P
24位	平均標高	12P
24位	人口集中度	24P
25位	婚姻件数	184P
25位	三世代世帯人数	190P
25位	日本共産党得票率（直近10年間）	56P
25位	起業家数	164P
25位	自由民主党得票率（直近10年平均）	50P
25位	共働き率	182P
26位	生産年齢人口	26P
26位	25歳以上スポーツ人口	150P
26位	限界集落率	40P
26位	サケ消費量	104P
26位	世帯貯蓄額	132P
27位	民主党得票率（直近10年間）	54P
27位	外国人観光客訪問率	174P
27位	河川延長距離	14P
27位	外食費	128P
30位	地方交付税額	60P
30位	マクドナルド店舗数	92P
30位	ローソン店舗数	88P
30位	倒産率	166P
30位	ホテル軒数	102P
31位	第三次産業従業者数	160P
32位	地方公務員数	62P
32位	日帰り温泉数	18P
32位	転職率	172P
34位	体育館数	152P
34位	スターバックスコーヒー店舗数	90P
35位	第一次産業従業者数	156P
36位	消費者物価	138P
36位	現役Jリーガー出身地	146P
37位	コンビニ店舗数	82P
38位	60歳以上女性未婚率	34P
39位	パチンコ店舗数	100P
40位	60歳以上男性未婚率	32P
41位	比例代表投票率（直近10年平均）	58P
41位	がん年齢調整死亡率	206P
41位	女性喫煙率	118P
42位	アルコール消費量	114P
42位	新聞購読費	134P
43位	保育園数	72P
46位	現役力士出身地	142P

広島県

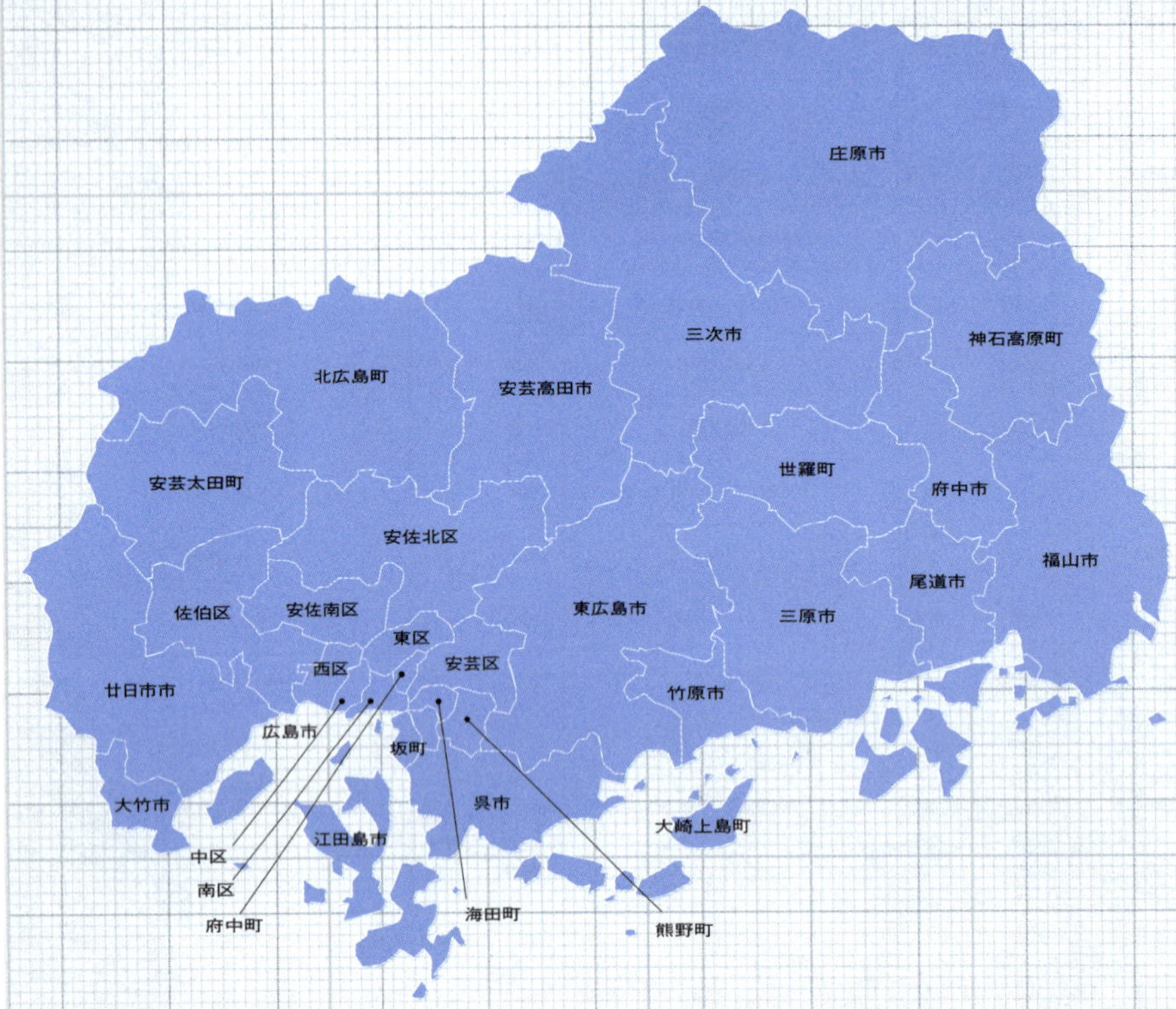

DATA

人口総数（人）	2,837,000
男性人口（人）	1,375,000
女性人口（人）	1,462,000
面積（km^2）	847,947
平均気温（℃）	17.2
年間降水（mm）	2,124.0
市町村数	23
県庁所在地	広島市

瀬戸内海に面し、工業・商業がさかんな広島県。西日本に共通する傾向だが、鶏肉消費量が全国４位、牛肉消費量が全国６位と、鳥肉と牛肉をよく食べる県でもある。

広島県のランキング

4位	鶏肉消費量	110P
5位	国立・私立中学生徒数（中学受験率）	76P
6位	学習塾軒数	80P
6位	甲子園通算勝率	148P
6位	大学進学率	66P
6位	牛肉消費量	108P
7位	第三次産業従業者数	160P
7位	国立・私立高校生徒数	78P
8位	現役Jリーガー出身地	146P
9位	セブンイレブン店舗数	84P
9位	男性平均寿命	42P
10位	女性平均寿命	44P
10位	東京大学合格者数	68P
10位	15歳未満人口（子どもの数）	30P
11位	商業地の地価	22P
11位	限界集落率	40P
12位	大学生数	64P
12位	現役プロ野球選手出身地	144P
12位	年間日照時間	20P
12位	大企業数	168P
12位	人口増減率	38P
12位	家賃	140P
13位	通勤時間	36P
13位	人口集中度	24P
14位	世帯貯蓄額	132P
14位	サラリーマン年収	162P
14位	公明党得票率（直近10年間）	52P
15位	森林率	8P
15位	外食費	128P
15位	外国人観光客訪問率	174P
15位	合計特殊出生率	48P
16位	起業家数	164P
17位	婚姻件数	184P
18位	平均標高	12P

18位	カラオケボックス店舗数	98P
18位	在日外国人	46P
18位	父子・母子家庭数	188P
19位	神社数	194P
19位	消費者物価	138P
19位	医師数	176P
19位	倒産率	166P
20位	パチンコ店舗数	100P
20位	第二次産業従業者数	158P
20位	男性喫煙率	116P
20位	ブリ消費量	106P
20位	自由民主党得票率（直近10年平均）	50P
21位	生産年齢人口	26P
21位	交通事故件数	202P
21位	完全失業率	154P
22位	アルコール消費量	114P
22位	教育費	74P
22位	豚肉消費量	112P
23位	スターバックスコーヒー店舗数	90P
23位	衣服購入費	130P
24位	サケ消費量	104P
24位	25歳以上スポーツ人口	150P
25位	民主党得票率（直近10年間）	54P
25位	離婚件数	186P
25位	刑法犯認知件数	200P
26位	老舗企業数	170P
27位	スーパーマーケット店舗数	94P
27位	転職率	172P
28位	日本共産党得票率（直近10年間）	56P
28位	60歳以上女性未婚率	34P
28位	女性喫煙率	118P
29位	寺院数	196P
29位	コンビニ店舗数	82P
29位	携帯電話通信料	120P

29位	医療費	198P
29位	雑誌・書籍購入費	136P
31位	第一次産業従業者数	156P
31位	マクドナルド店舗数	92P
31位	新聞購読費	134P
31位	1人あたりの面積	10P
32位	体育館数	152P
32位	小学校数	70P
33位	60歳以上男性未婚率	32P
33位	65歳以上人口（高齢者数）	28P
33位	上下水道使用料	126P
33位	河川延長距離	14P
33位	住宅延べ床面積	204P
34位	自動車普及率	180P
34位	共働き率	182P
34位	地方交付税額	60P
35位	書店数	96P
35位	日帰り温泉数	18P
36位	電気使用料	122P
36位	ホテル軒数	102P
36位	道路延長	16P
37位	地方公務員数	62P
37位	ガソリン消費量	124P
38位	持ち家率	178P
38位	がん年齢調整死亡率	206P
39位	保育園数	72P
39位	世帯負債額	192P
40位	三世代世帯人数	190P
40位	現役力士出身地	142P
40位	ファミリーマート店舗数	86P
42位	ローソン店舗数	88P
45位	比例代表投票率（直近10年平均）	58P

山口県

DATA

人口総数（人）	1,394,000
男性人口（人）	660,000
女性人口（人）	734,000
面積（km²）	611,234
平均気温（℃）	16.5
年間降水（mm）	2,493.0
市町村数	19
県庁所在地	山口市

かつては、明治維新を主導した長州藩の領地であった山口県。歴代で首相をもっとも多く出している県であり、自民党得票率が43％と全国１位の保守王国でもある。

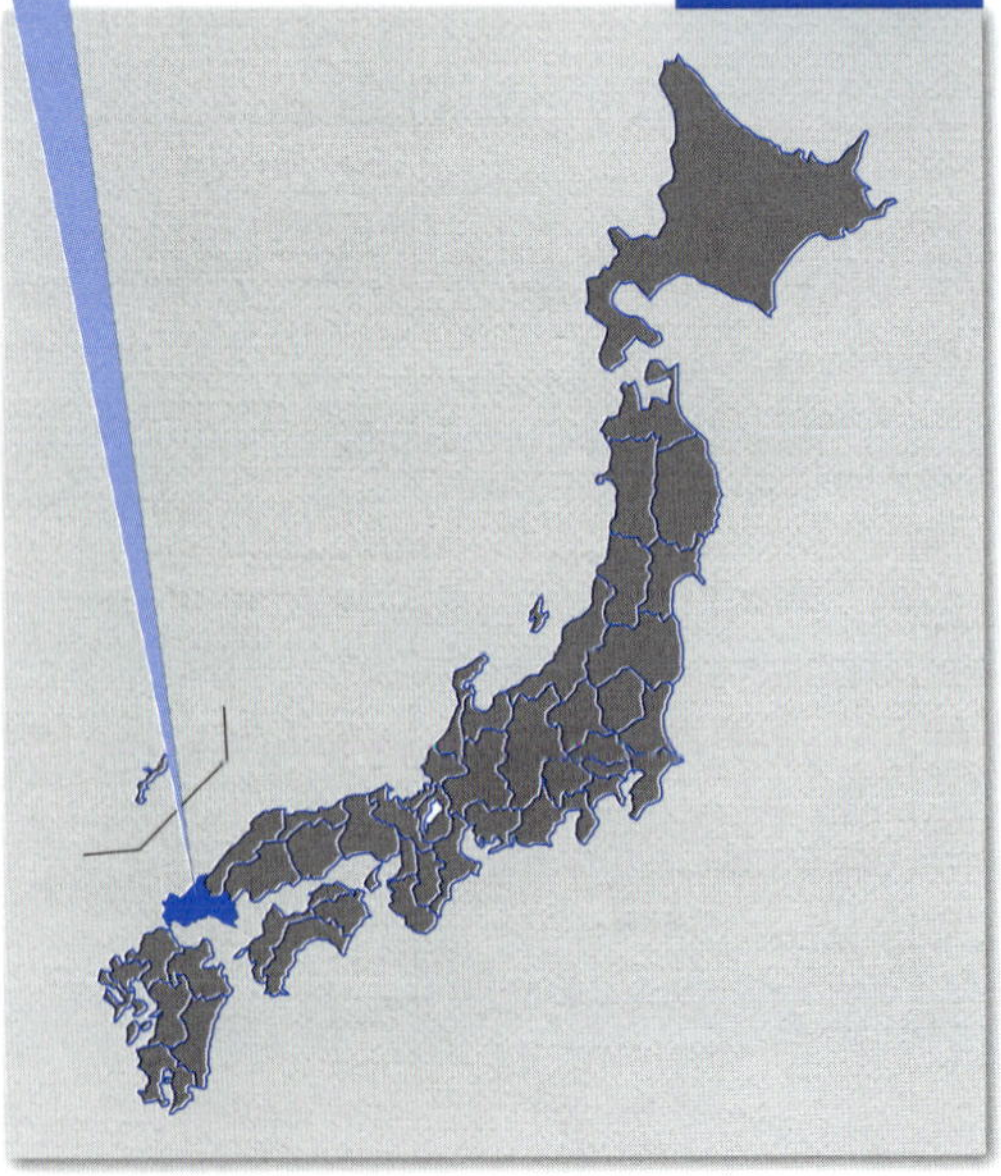

山口県のランキング

1位	自由民主党得票率（直近10年平均）	50P
1位	ガソリン消費量	124P
1位	鶏肉消費量	110P
3位	携帯電話通信料	120P
4位	65歳以上人口（高齢者数）	28P
4位	セブンイレブン店舗数	84P
6位	ブリ消費量	106P
7位	牛肉消費量	108P
7位	父子・母子家庭数	188P
7位	雑誌・書籍購入費	136P
9位	限界集落率	40P
12位	第三次産業従業者数	160P
12位	公明党得票率（直近10年間）	52P
12位	パチンコ店舗数	100P
13位	学習塾軒数	80P
13位	小学校数	70P
14位	合計特殊出生率	48P
14位	世帯負債額	192P
15位	スーパーマーケット店舗数	94P
16位	寺院数	196P
17位	河川延長距離	14P
17位	がん年齢調整死亡率	206P
17位	森林率	8P
18位	婚姻件数	184P
18位	電気使用料	122P
18位	国立・私立高校生徒数	78P
19位	消費者物価	138P
19位	交通事故件数	202P
19位	人口集中度	24P
19位	60歳以上女性未婚率	34P
20位	日帰り温泉数	18P
20位	1人あたりの面積	10P
20位	医師数	176P
21位	カラオケボックス店舗数	98P

21位	保育園数	72P
22位	第二次産業従業者数	158P
22位	第一次産業従業者数	156P
23位	比例代表投票率（直近10年平均）	58P
24位	書店数	96P
24位	国立・私立中学生徒数（中学受験率）	76P
24位	大学生数	64P
24位	地方公務員数	62P
25位	60歳以上男性未婚率	32P
25位	サラリーマン年収	162P
25位	地方交付税額	60P
26位	教育費	74P
26位	在日外国人	46P
26位	自動車普及率	180P
27位	医療費	198P
27位	持ち家率	178P
27位	甲子園通算勝率	148P
27位	住宅延べ床面積	204P
27位	体育館数	152P
28位	年間日照時間	20P
28位	老舗企業数	170P
29位	外国人観光客訪問率	174P
29位	倒産率	166P
29位	現役Jリーガー出身地	146P
30位	道路延長	16P
30位	上下水道使用料	126P
30位	サケ消費量	104P
30位	男性平均寿命	42P
31位	25歳以上スポーツ人口	150P
31位	女性平均寿命	44P
31位	世帯貯蓄額	132P
32位	マクドナルド店舗数	92P
32位	日本共産党得票率（直近10年間）	56P
32位	共働き率	182P

34位	刑法犯認知件数	200P
34位	完全失業率	154P
34位	三世代世帯人数	190P
34位	現役力士出身地	142P
34位	男性喫煙率	116P
35位	衣服購入費	130P
35位	15歳未満人口（子どもの数）	30P
35位	ローソン店舗数	88P
36位	神社数	194P
36位	離婚件数	186P
36位	アルコール消費量	114P
36位	コンビニ店舗数	82P
36位	平均標高	12P
36位	女性喫煙率	118P
36位	人口増減率	38P
36位	現役プロ野球選手出身地	144P
37位	通勤時間	36P
37位	ホテル軒数	102P
37位	東京大学合格者数	68P
38位	豚肉消費量	112P
39位	大企業数	168P
39位	新聞購読費	134P
40位	商業地の地価	22P
41位	家賃	140P
42位	起業家数	164P
43位	民主党得票率（直近10年間）	54P
43位	外食費	128P
44位	スターバックスコーヒー店舗数	90P
44位	生産年齢人口	26P
45位	大学進学率	66P
45位	ファミリーマート店舗数	86P
46位	転職率	172P

徳島県

DATA

人口総数（人）	750,000
男性人口（人）	357,000
女性人口（人）	393,000
面積（km²）	414,679
平均気温（℃）	17.6
年間降水（mm）	1,715.0
市町村数	24
県庁所在地	徳島市

約４００年の伝統を誇る阿波踊りで知られる徳島県。なぜか、衣服・靴購入費は全国１位となっている。阿波踊りの衣装代に消えているのかも？書店や学習塾も多い。

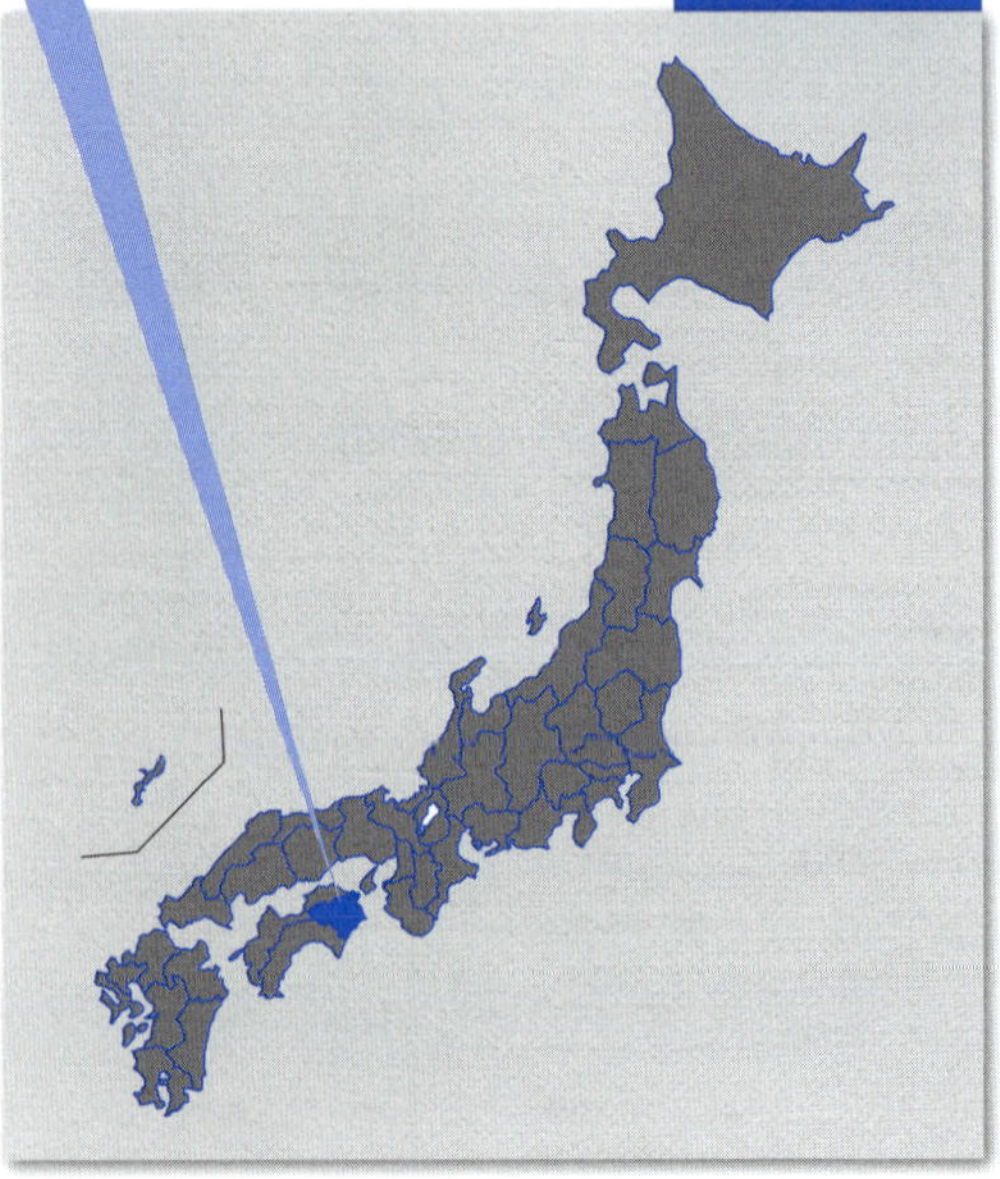

徳島県のランキング

1位	衣服購入費	130P
1位	書店数	96P
2位	医師数	176P
2位	学習塾軒数	80P
3位	河川延長距離	14P
4位	限界集落率	40P
4位	地方公務員数	62P
5位	小学校数	70P
5位	65歳以上人口（高齢者数）	28P
5位	保育園数	72P
6位	道路延長	16P
6位	ローソン店舗数	88P
6位	電気使用料	122P
6位	神社数	194P
6位	年間日照時間	20P
7位	甲子園通算勝率	148P
7位	起業家数	164P
8位	地方交付税額	60P
9位	新聞購読費	134P
9位	平均標高	12P
9位	携帯電話通信料	120P
10位	森林率	8P
10位	現役プロ野球選手出身地	144P
10位	公明党得票率（直近10年間）	52P
11位	体育館数	152P
11位	交通事故件数	202P
11位	スーパーマーケット店舗数	94P
12位	教育費	74P
12位	自動車普及率	180P
13位	持ち家率	178P
13位	1人あたりの面積	10P
14位	牛肉消費量	108P
14位	民主党得票率（直近10年間）	54P
15位	雑誌・書籍購入費	136P

15位	消費者物価	138P
16位	現役Jリーガー出身地	146P
16位	父子・母子家庭数	188P
16位	ブリ消費量	106P
17位	大学生数	64P
17位	老舗企業数	170P
18位	寺院数	196P
18位	住宅延べ床面積	204P
19位	医療費	198P
19位	男性喫煙率	116P
20位	世帯貯蓄額	132P
20位	外食費	128P
20位	カラオケボックス店舗数	98P
20位	コンビニ店舗数	82P
20位	第一次産業従業者数	156P
21位	通勤時間	36P
21位	完全失業率	154P
21位	共働き率	182P
21位	三世代世帯人数	190P
21位	鶏肉消費量	110P
22位	自由民主党得票率（直近10年平均）	50P
22位	60歳以上女性未婚率	34P
22位	大学進学率	66P
23位	合計特殊出生率	48P
23位	日本共産党得票率（直近10年間）	56P
23位	婚姻件数	184P
23位	60歳以上男性未婚率	32P
24位	第三次産業従業者数	160P
25位	第二次産業従業者数	158P
26位	マクドナルド店舗数	92P
28位	ガソリン消費量	124P
28位	ファミリーマート店舗数	86P
28位	国立・私立中学生徒数（中学受験率）	76P
29位	サラリーマン年収	162P

29位	パチンコ店舗数	100P
31位	倒産率	166P
31位	日帰り温泉数	18P
31位	セブンイレブン店舗数	84P
31位	刑法犯認知件数	200P
32位	商業地の地価	22P
32位	25歳以上スポーツ人口	150P
33位	在日外国人	46P
33位	離婚件数	186P
33位	男性平均寿命	42P
35位	世帯負債額	192P
35位	がん年齢調整死亡率	206P
36位	生産年齢人口	26P
38位	東京大学合格者数	68P
39位	女性平均寿命	44P
39位	ホテル軒数	102P
39位	家賃	140P
40位	アルコール消費量	114P
40位	人口増減率	38P
41位	大企業数	168P
42位	スターバックスコーヒー店舗数	90P
42位	15歳未満人口（子どもの数）	30P
42位	人口集中度	24P
43位	現役力士出身地	142P
44位	外国人観光客訪問率	174P
44位	サケ消費量	104P
45位	豚肉消費量	112P
45位	女性喫煙率	118P
45位	転職率	172P
46位	上下水道使用料	126P
47位	比例代表投票率（直近10年平均）	58P
47位	国立・私立高校生徒数	78P

香川県

DATA

人口総数（人）	972,000
男性人口（人）	471,000
女性人口（人）	502,000
面積（km²）	187,673
平均気温（℃）	17.5
年間降水（mm）	1,286.0
市町村数	17
県庁所在地	高松市

全国一面積が小さい香川県。自然災害が少なく住みやすい県としても知られる。婚姻件数は全国5位で、合計特殊出生率も全国平均より高い。ただし交通事故件数は全国1位だ。

香川県のランキング

3位	学習塾軒数	80P
3位	交通事故件数	202P
4位	第三次産業従業者数	160P
5位	婚姻件数	184P
7位	自由民主党得票率（直近10年平均）	50P
7位	ホテル軒数	102P
7位	ブリ消費量	106P
8位	書店数	96P
8位	世帯貯蓄額	132P
8位	大企業数	168P
9位	合計特殊出生率	48P
9位	衣服購入費	130P
9位	マクドナルド店舗数	92P
10位	携帯電話通信料	120P
11位	年間日照時間	20P
12位	老舗企業数	170P
12位	起業家数	164P
12位	医師数	176P
12位	カラオケボックス店舗数	98P
13位	現役力士出身地	142P
13位	医療費	198P
13位	65歳以上人口（高齢者数）	28P
14位	雑誌・書籍購入費	136P
14位	ローソン店舗数	88P
14位	電気使用料	122P
15位	東京大学合格者数	68P
15位	父子・母子家庭数	188P
17位	国立・私立中学生徒数（中学受験率）	76P
17位	甲子園通算勝率	148P
17位	世帯負債額	192P
17位	住宅延べ床面積	204P
17位	寺院数	196P
17位	持ち家率	178P
18位	外食費	128P

18位	第二次産業従業者数	158P
18位	第一次産業従業者数	156P
18位	自動車普及率	180P
19位	ファミリーマート店舗数	86P
19位	女性平均寿命	44P
19位	公明党得票率（直近10年間）	52P
19位	スーパーマーケット店舗数	94P
19位	牛肉消費量	108P
20位	刑法犯認知件数	200P
20位	地方公務員数	62P
20位	男性平均寿命	42P
21位	15歳未満人口（子どもの数）	30P
21位	スターバックスコーヒー店舗数	90P
22位	人口増減率	38P
23位	ガソリン消費量	124P
23位	鶏肉消費量	110P
23位	大学進学率	66P
23位	在日外国人	46P
24位	日帰り温泉数	18P
25位	完全失業率	154P
25位	神社数	194P
25位	コンビニ店舗数	82P
25位	商業地の地価	22P
26位	共働き率	182P
26位	新聞購読費	134P
26位	消費者物価	138P
26位	家賃	140P
27位	25歳以上スポーツ人口	150P
27位	離婚件数	186P
27位	男性喫煙率	116P
27位	三世代世帯人数	190P
28位	サラリーマン年収	162P
28位	体育館数	152P
28位	教育費	74P

29位	通勤時間	36P
29位	地方交付税額	60P
30位	限界集落率	40P
30位	外国人観光客訪問率	174P
30位	比例代表投票率（直近10年平均）	58P
31位	サケ消費量	104P
32位	河川延長距離	14P
32位	道路延長	16P
32位	国立・私立高校生徒数	78P
33位	小学校数	70P
33位	倒産率	166P
33位	パチンコ店舗数	100P
33位	生産年齢人口	26P
34位	60歳以上女性未婚率	34P
34位	上下水道使用料	126P
35位	民主党得票率（直近10年間）	54P
35位	現役プロ野球選手出身地	144P
36位	セブンイレブン店舗数	84P
36位	保育園数	72P
36位	がん年齢調整死亡率	206P
37位	森林率	8P
37位	大学生数	64P
37位	日本共産党得票率（直近10年間）	56P
37位	1人あたりの面積	10P
38位	女性喫煙率	118P
38位	転職率	172P
38位	60歳以上男性未婚率	32P
39位	現役Jリーガー出身地	146P
41位	アルコール消費量	114P
41位	平均標高	12P
43位	人口集中度	24P
44位	豚肉消費量	112P

愛媛県

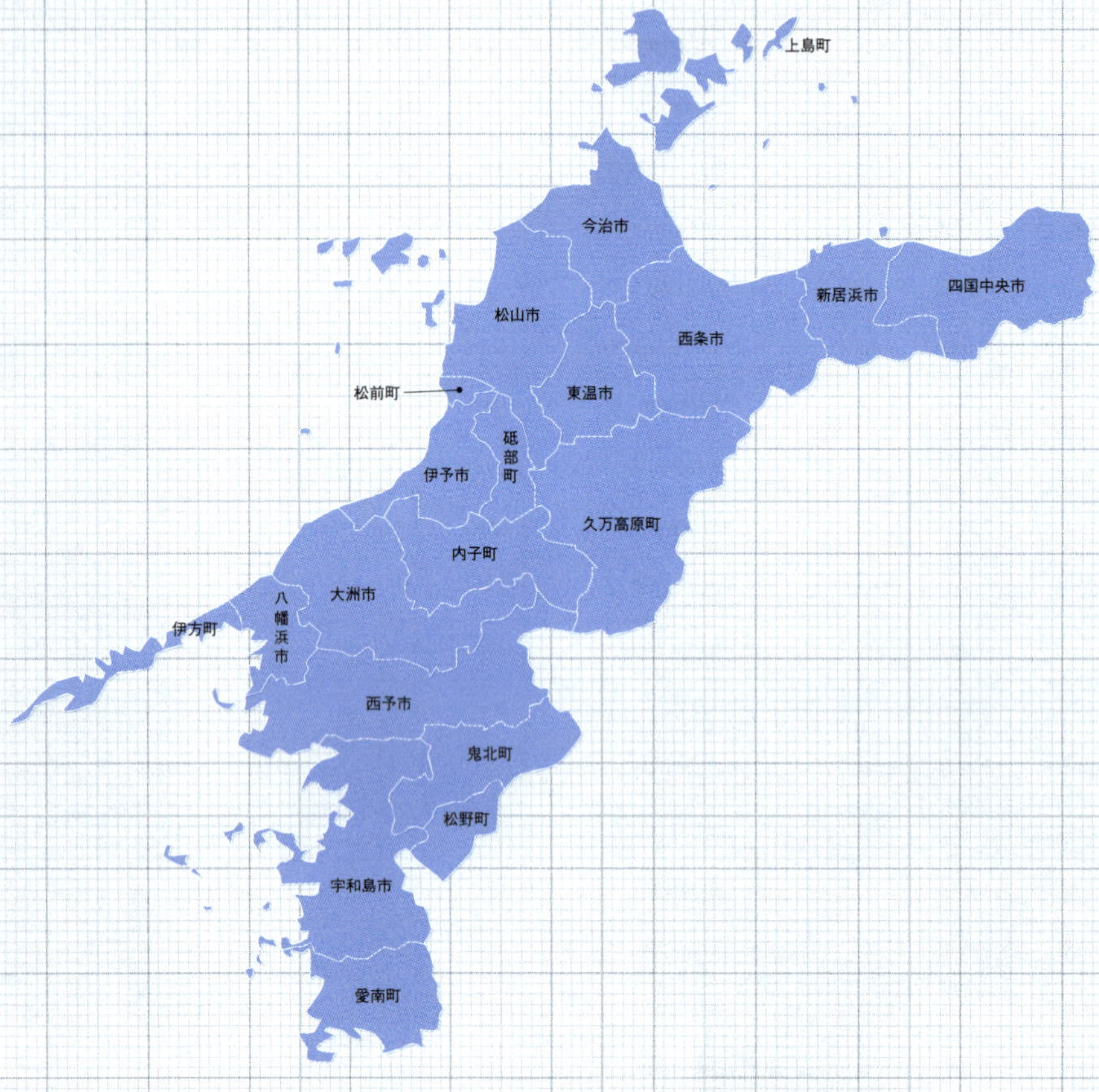

日本三古湯のひとつ、松山の道後温泉を擁する愛媛県。１９５０年以降、年少人口が減少しており、現在は65歳以上人口、60歳以上女性未婚率がともに全国上位クラスだ。

DATA

人口総数（人）	1,375,000
男性人口（人）	650,000
女性人口（人）	725,000
面積（km²）	567,619
平均気温（℃）	17.6
年間降水（mm）	1,583.5
市町村数	20
県庁所在地	松山市

愛媛県のランキング

4位	学習塾軒数	80P
4位	甲子園通算勝率	148P
5位	牛肉消費量	108P
7位	限界集落率	40P
8位	ローソン店舗数	88P
8位	父子・母子家庭数	188P
8位	ファミリーマート店舗数	86P
8位	65歳以上人口（高齢者数）	28P
9位	東京大学合格者数	68P
10位	スーパーマーケット店舗数	94P
11位	60歳以上女性未婚率	34P
11位	ホテル軒数	102P
13位	公明党得票率（直近10年間）	52P
13位	教育費	74P
13位	自由民主党得票率（直近10年平均）	50P
14位	携帯電話通信料	120P
14位	平均標高	12P
14位	鶏肉消費量	110P
14位	刑法犯認知件数	200P
14位	書店数	96P
15位	河川延長距離	14P
15位	年間日照時間	20P
15位	体育館数	152P
16位	がん年齢調整死亡率	206P
16位	人口集中度	24P
17位	商業地の地価	22P
17位	カラオケボックス店舗数	98P
18位	小学校数	70P
18位	大企業数	168P
18位	医師数	176P
18位	地方公務員数	62P
19位	世帯負債額	192P
19位	大学進学率	66P
19位	第三次産業従業者数	160P

19位	第一次産業従業者数	156P
20位	合計特殊出生率	48P
20位	現役Jリーガー出身地	146P
21位	日帰り温泉数	18P
21位	寺院数	196P
21位	婚姻件数	184P
21位	電気使用料	122P
21位	森林率	8P
22位	1人あたりの面積	10P
22位	神社数	194P
22位	地方交付税額	60P
23位	25歳以上スポーツ人口	150P
23位	医療費	198P
24位	消費者物価	138P
24位	ブリ消費量	106P
24位	保育園数	72P
24位	道路延長	16P
25位	雑誌・書籍購入費	136P
25位	完全失業率	154P
25位	大学生数	64P
25位	マクドナルド店舗数	92P
26位	パチンコ店舗数	100P
26位	コンビニ店舗数	82P
26位	60歳以上男性未婚率	32P
27位	起業家数	164P
27位	第二次産業従業者数	158P
27位	老舗企業数	170P
27位	共働き率	182P
27位	交通事故件数	202P
28位	住宅延べ床面積	204P
28位	スターバックスコーヒー店舗数	90P
28位	離婚件数	186P
28位	転職率	172P
28位	持ち家率	178P

29位	国立・私立高校生徒数	78P
29位	比例代表投票率（直近10年平均）	58P
29位	ガソリン消費量	124P
30位	アルコール消費量	114P
30位	国立・私立中学生徒数（中学受験率）	76P
30位	自動車普及率	180P
32位	民主党得票率（直近10年間）	54P
32位	サラリーマン年収	162P
32位	三世代世帯人数	190P
32位	在日外国人	46P
32位	家賃	140P
32位	現役力士出身地	142P
33位	豚肉消費量	112P
33位	15歳未満人口（子どもの数）	30P
34位	女性平均寿命	44P
35位	サケ消費量	104P
35位	人口増減率	38P
35位	男性喫煙率	116P
37位	外国人観光客訪問率	174P
37位	世帯貯蓄額	132P
37位	衣服購入費	130P
38位	日本共産党得票率（直近10年間）	56P
39位	現役プロ野球選手出身地	144P
40位	男性平均寿命	42P
40位	通勤時間	36P
41位	生産年齢人口	26P
41位	女性喫煙率	118P
41位	外食費	128P
41位	上下水道使用料	126P
42位	倒産率	166P
43位	新聞購読費	134P
43位	セブンイレブン店舗数	84P

高知県

DATA

人口総数（人）	721,000
男性人口（人）	339,000
女性人口（人）	382,000
面積（km²）	710,393
平均気温（℃）	18.1
年間降水（mm）	2,823.0
市町村数	34
県庁所在地	高知市

幕末の英雄・坂本龍馬を生んだ高知県。戦後の大宰相・吉田茂の父は旧土佐藩士だったが、現在の高知県は、公明党と日本共産党の得票率がともに全国２位である。

高知県のランキング

1位	神社数	194P
1位	父子・母子家庭数	188P
1位	携帯電話通信料	120P
1位	小学校数	70P
1位	森林率	8P
1位	河川延長距離	14P
2位	パチンコ店舗数	100P
2位	日本共産党得票率（直近10年間）	56P
2位	地方交付税額	60P
2位	国立・私立中学生徒数（中学受験率）	76P
2位	地方公務員数	62P
2位	公明党得票率（直近10年間）	52P
2位	現役力士出身地	142P
2位	年間日照時間	20P
2位	65歳以上人口（高齢者数）	28P
3位	ローソン店舗数	88P
3位	60歳以上男性未婚率	32P
3位	甲子園通算勝率	148P
3位	雑誌・書籍購入費	136P
3位	限界集落率	40P
4位	1人あたりの面積	10P
5位	第三次産業従業者数	160P
5位	スーパーマーケット店舗数	94P
5位	医師数	176P
7位	完全失業率	154P
7位	道路延長	16P
8位	第一次産業従業者数	156P
8位	60歳以上女性未婚率	34P
9位	離婚件数	186P
9位	外食費	128P
10位	書店数	96P
11位	がん年齢調整死亡率	206P
11位	アルコール消費量	114P
11位	カラオケボックス店舗数	98P

11位	学習塾軒数	80P
11位	新聞購読費	134P
12位	平均標高	12P
12位	ホテル軒数	102P
12位	女性喫煙率	118P
13位	保育園数	72P
14位	ブリ消費量	106P
16位	体育館数	152P
16位	国立・私立高校生徒数	78P
17位	消費者物価	138P
17位	ファミリーマート店舗数	86P
18位	刑法犯認知件数	200P
18位	共働き率	182P
21位	教育費	74P
22位	電気使用料	122P
22位	牛肉消費量	108P
24位	現役プロ野球選手出身地	144P
24位	鶏肉消費量	110P
26位	ガソリン消費量	124P
26位	婚姻件数	184P
26位	女性平均寿命	44P
26位	東京大学合格者数	68P
27位	商業地の地価	22P
27位	大学生数	64P
29位	男性喫煙率	116P
29位	老舗企業数	170P
30位	日帰り温泉数	18P
30位	人口集中度	24P
30位	大学進学率	66P
31位	医療費	198P
32位	寺院数	196P
32位	合計特殊出生率	48P
33位	持ち家率	178P
33位	世帯貯蓄額	132P

34位	自由民主党得票率（直近10年平均）	50P
34位	交通事故件数	202P
34位	民主党得票率（直近10年間）	54P
35位	住宅延べ床面積	204P
35位	自動車普及率	180P
36位	通勤時間	36P
37位	大企業数	168P
37位	サラリーマン年収	162P
37位	男性平均寿命	42P
38位	衣服購入費	130P
38位	倒産率	166P
38位	上下水道使用料	126P
39位	スターバックスコーヒー店舗数	90P
39位	三世代世帯人数	190P
41位	在日外国人	46P
41位	コンビニ店舗数	82P
42位	家賃	140P
42位	第二次産業従業者数	158P
42位	転職率	172P
43位	15歳未満人口（子どもの数）	30P
43位	25歳以上スポーツ人口	150P
43位	マクドナルド店舗数	92P
44位	起業家数	164P
44位	外国人観光客訪問率	174P
44位	世帯負債額	192P
44位	セブンイレブン店舗数	84P
45位	人口増減率	38P
46位	生産年齢人口	26P
46位	比例代表投票率（直近10年平均）	58P
46位	現役Jリーガー出身地	146P
47位	サケ消費量	104P
47位	豚肉消費量	112P

福岡県

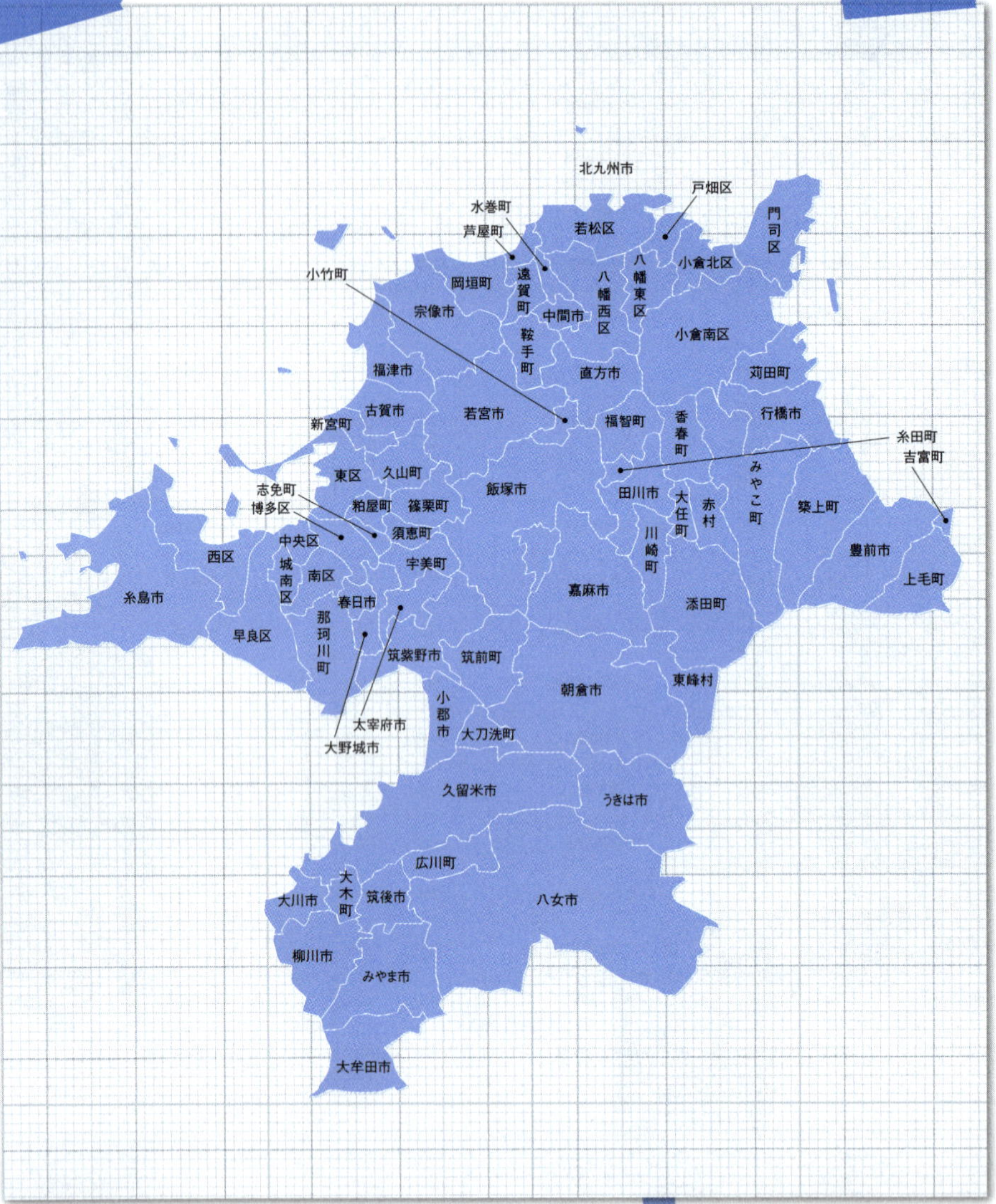

古代より大陸や朝鮮半島との交易で栄えていた福岡県。いまも外国人観光客訪問率は全国7位と高い位置にある。また、商業地の地価も上位にランキングされている。

DATA

人口総数（人）	5,104,000
男性人口（人）	2,413,000
女性人口（人）	2,692,000
面積（km²）	498,640
平均気温（℃）	18.1
年間降水（mm）	2,420.5
市町村数	60
県庁所在地	福岡市

福岡県のランキング

1位	公明党得票率（直近10年間）	52P
2位	鶏肉消費量	110P
2位	刑法犯認知件数	200P
3位	離婚件数	186P
3位	60歳以上女性未婚率	34P
3位	国立・私立高校生徒数	78P
4位	転職率	172P
5位	完全失業率	154P
5位	女性喫煙率	118P
6位	交通事故件数	202P
6位	第三次産業従業者数	160P
6位	医師数	176P
7位	カラオケボックス店舗数	98P
7位	がん年齢調整死亡率	206P
7位	外国人観光客訪問率	174P
7位	現役プロ野球選手出身地	144P
7位	大学生数	64P
7位	婚姻件数	184P
7位	大企業数	168P
8位	人口増減率	38P
8位	商業地の地価	22P
8位	15歳未満人口（子どもの数）	30P
9位	牛肉消費量	108P
10位	父子・母子家庭数	188P
10位	人口集中度	24P
11位	セブンイレブン店舗数	84P
11位	ブリ消費量	106P
11位	生産年齢人口	26P
11位	通勤時間	36P
12位	衣服購入費	130P
13位	倒産率	166P
13位	スターバックスコーヒー店舗数	90P
14位	現役力士出身地	142P
15位	男性喫煙率	116P
15位	家賃	140P
16位	大学進学率	66P
16位	日本共産党得票率（直近10年間）	56P
16位	国立・私立中学生徒数（中学受験率）	76P
18位	教育費	74P
18位	アルコール消費量	114P
18位	東京大学合格者数	68P
19位	コンビニ店舗数	82P
19位	起業家数	164P
20位	60歳以上男性未婚率	32P
21位	在日外国人	46P
21位	女性平均寿命	44P
21位	サラリーマン年収	162P
22位	医療費	198P
24位	甲子園通算勝率	148P
24位	外食費	128P
25位	男性平均寿命	42P
26位	合計特殊出生率	48P
28位	ローソン店舗数	88P
28位	世帯貯蓄額	132P
28位	現役Jリーガー出身地	146P
28位	サケ消費量	104P
29位	年間日照時間	20P
29位	マクドナルド店舗数	92P
30位	25歳以上スポーツ人口	150P
31位	自由民主党得票率（直近10年平均）	50P
31位	豚肉消費量	112P
32位	ホテル軒数	102P
33位	携帯電話通信料	120P
33位	神社数	194P
34位	比例代表投票率（直近10年平均）	58P
35位	三世代世帯人数	190P
35位	ファミリーマート店舗数	86P
36位	寺院数	196P
36位	自動車普及率	180P
36位	新聞購読費	134P
36位	上下水道使用料	126P
36位	学習塾軒数	80P
37位	パチンコ店舗数	100P
37位	日帰り温泉数	18P
37位	世帯負債額	192P
37位	民主党得票率（直近10年間）	54P
37位	体育館数	152P
37位	雑誌・書籍購入費	136P
38位	地方交付税額	60P
38位	限界集落率	40P
38位	共働き率	182P
38位	ガソリン消費量	124P
39位	小学校数	70P
39位	65歳以上人口（高齢者数）	28P
40位	森林率	8P
40位	河川延長距離	14P
40位	消費者物価	138P
40位	第一次産業従業者数	156P
41位	保育園数	72P
41位	1人あたりの面積	10P
41位	第二次産業従業者数	158P
41位	道路延長	16P
41位	書店数	96P
42位	平均標高	12P
42位	スーパーマーケット店舗数	94P
42位	老舗企業数	170P
43位	住宅延べ床面積	204P
43位	電気使用料	122P
45位	持ち家率	178P
45位	地方公務員数	62P

佐賀県

DATA

人口総数（人）	828,000
男性人口（人）	391,000
女性人口（人）	437,000
面積（km²）	244,068
平均気温（℃）	17.9
年間降水（mm）	2,586.0
市町村数	20
県庁所在地	佐賀市

九州で一番面積が小さい佐賀県。佐賀商業高校をはじめ高校野球の強豪校が多く、プロ野球選手出身地は全国2位。なぜかスタバ店舗数も上位に位置している。

佐賀県のランキング

1位	交通事故件数	202P
2位	現役プロ野球選手出身地	144P
3位	セブンイレブン店舗数	84P
3位	15歳未満人口（子どもの数）	30P
6位	携帯電話通信料	120P
8位	スターバックスコーヒー店舗数	90P
8位	比例代表投票率（直近10年平均）	58P
8位	医療費	198P
8位	がん年齢調整死亡率	206P
8位	自由民主党得票率（直近10年平均）	50P
8位	日帰り温泉数	18P
9位	鶏肉消費量	110P
9位	保育園数	72P
9位	上下水道使用料	126P
9位	老舗企業数	170P
9位	寺院数	196P
9位	男性喫煙率	116P
9位	三世代世帯人数	190P
10位	合計特殊出生率	48P
10位	牛肉消費量	108P
10位	ブリ消費量	106P
11位	共働き率	182P
11位	国立・私立中学生徒数（中学受験率）	76P
12位	ガソリン消費量	124P
12位	現役力士出身地	142P
13位	医師数	176P
13位	地方交付税額	60P
14位	住宅延べ床面積	204P
14位	神社数	194P
14位	婚姻件数	184P
15位	60歳以上女性未婚率	34P
15位	民主党得票率（直近10年間）	54P
16位	カラオケボックス店舗数	98P
16位	コンビニ店舗数	82P
17位	地方公務員数	62P
17位	女性喫煙率	118P
18位	離婚件数	186P
19位	河川延長距離	14P
20位	父子・母子家庭数	188P
20位	スーパーマーケット店舗数	94P
20位	年間日照時間	20P
20位	サケ消費量	104P
21位	第一次産業従業者数	156P
21位	公明党得票率（直近10年間）	52P
21位	体育館数	152P
21位	転職率	172P
21位	持ち家率	178P
22位	第三次産業従業者数	160P
22位	小学校数	70P
22位	女性平均寿命	44P
23位	教育費	74P
23位	刑法犯認知件数	200P
23位	自動車普及率	180P
23位	第二次産業従業者数	158P
25位	現役Jリーガー出身地	146P
25位	道路延長	16P
25位	人口増減率	38P
26位	外食費	128P
26位	男性平均寿命	42P
27位	マクドナルド店舗数	92P
27位	アルコール消費量	114P
27位	生産年齢人口	26P
28位	倒産率	166P
28位	雑誌・書籍購入費	136P
29位	通勤時間	36P
30位	パチンコ店舗数	100P
30位	限界集落率	40P
30位	大企業数	168P
31位	国立・私立高校生徒数	78P
31位	衣服購入費	130P
31位	65歳以上人口（高齢者数）	28P
31位	電気使用料	122P
31位	家賃	140P
32位	1人あたりの面積	10P
32位	東京大学合格者数	68P
35位	外国人観光客訪問率	174P
35位	学習塾軒数	80P
35位	ホテル軒数	102P
35位	豚肉消費量	112P
35位	新聞購読費	134P
35位	世帯貯蓄額	132P
36位	甲子園通算勝率	148P
37位	在日外国人	46P
37位	60歳以上男性未婚率	32P
38位	ローソン店舗数	88P
39位	森林率	8P
39位	大学生数	64P
40位	平均標高	12P
41位	起業家数	164P
41位	サラリーマン年収	162P
41位	25歳以上スポーツ人口	150P
42位	消費者物価	138P
42位	世帯負債額	192P
43位	ファミリーマート店舗数	86P
43位	完全失業率	154P
43位	書店数	96P
43位	商業地の地価	22P
44位	大学進学率	66P
45位	人口集中度	24P
46位	日本共産党得票率（直近10年間）	56P

42

長崎県

47都道府県中もっとも島が多い長崎県。60歳以上女性未婚率は全国6位と高めだが、合計特殊出生率、婚姻件数ともに高く、若い世代は結婚に積極的なようだ。

DATA

人口総数（人）	1,367,000
男性人口（人）	642,000
女性人口（人）	725,000
面積（km²）	413,220
平均気温（℃）	18.1
年間降水（mm）	2,293.0
市町村数	21
県庁所在地	長崎市

長崎県のランキング

3位	合計特殊出生率	48P
3位	上下水道使用料	126P
5位	現役力士出身地	142P
5位	パチンコ店舗数	100P
6位	60歳以上女性未婚率	34P
6位	がん年齢調整死亡率	206P
6位	婚姻件数	184P
8位	小学校数	70P
8位	消費者物価	138P
8位	医師数	176P
9位	公明党得票率（直近10年間）	52P
9位	カラオケボックス店舗数	98P
9位	スーパーマーケット店舗数	94P
9位	地方交付税額	60P
9位	ブリ消費量	106P
10位	国立・私立高校生徒数	78P
11位	保育園数	72P
11位	父子・母子家庭数	188P
11位	第三次産業従業者数	160P
11位	鶏肉消費量	110P
13位	東京大学合格者数	68P
13位	15歳未満人口（子どもの数）	30P
13位	民主党得票率（直近10年間）	54P
14位	現役Jリーガー出身地	146P
15位	国立・私立中学生徒数（中学受験率）	76P
16位	65歳以上人口（高齢者数）	28P
16位	交通事故件数	202P
16位	第一次産業従業者数	156P
16位	60歳以上男性未婚率	32P
17位	体育館数	152P
18位	完全失業率	154P
18位	転職率	172P
19位	商業地の地価	22P
19位	外国人観光客訪問率	174P
19位	女性喫煙率	118P
19位	比例代表投票率（直近10年平均）	58P
19位	日帰り温泉数	18P
20位	現役プロ野球選手出身地	144P
20位	牛肉消費量	108P
21位	人口集中度	24P
21位	書店数	96P
21位	通勤時間	36P
21位	自由民主党得票率（直近10年平均）	50P
21位	神社数	194P
22位	共働き率	182P
23位	アルコール消費量	114P
23位	大学生数	64P
24位	限界集落率	40P
25位	地方公務員数	62P
26位	三世代世帯人数	190P
26位	道路延長	16P
26位	セブンイレブン店舗数	84P
28位	女性平均寿命	44P
30位	離婚件数	186P
30位	年間日照時間	20P
30位	家賃	140P
30位	ファミリーマート店舗数	86P
30位	1人あたりの面積	10P
31位	男性平均寿命	42P
31位	在日外国人	46P
31位	住宅延べ床面積	204P
31位	老舗企業数	170P
31位	寺院数	196P
32位	持ち家率	178P
33位	森林率	8P
33位	甲子園通算勝率	148P
33位	学習塾軒数	80P
34位	河川延長距離	14P
35位	生産年齢人口	26P
35位	サラリーマン年収	162P
36位	大企業数	168P
36位	スターバックスコーヒー店舗数	90P
37位	外食費	128P
38位	起業家数	164P
38位	第二次産業従業者数	158P
38位	男性喫煙率	116P
38位	25歳以上スポーツ人口	150P
38位	ホテル軒数	102P
38位	大学進学率	66P
38位	豚肉消費量	112P
38位	サケ消費量	104P
39位	人口増減率	38P
40位	ローソン店舗数	88P
40位	自動車普及率	180P
41位	衣服購入費	130P
41位	ガソリン消費量	124P
42位	世帯貯蓄額	132P
42位	日本共産党得票率（直近10年間）	56P
42位	マクドナルド店舗数	92P
44位	医療費	198P
44位	平均標高	12P
44位	コンビニ店舗数	82P
44位	携帯電話通信料	120P
45位	刑法犯認知件数	200P
45位	電気使用料	122P
45位	新聞購読費	134P
46位	世帯負債額	192P
46位	倒産率	166P
47位	教育費	74P
47位	雑誌・書籍購入費	136P

熊本県

DATA

人口総数（人）	1,774,000
男性人口（人）	836,000
女性人口（人）	938,000
面積（km²）	740,944
平均気温（℃）	18.0
年間降水（mm）	2,504.0
市町村数	45
県庁所在地	熊本市

九州の中央部に位置する熊本県。Jリーガー、現役力士、プロ野球選手の輩出数がそろって全国10位以内に入っており、スポーツがさかんな土地である。体育館数も全国6位。

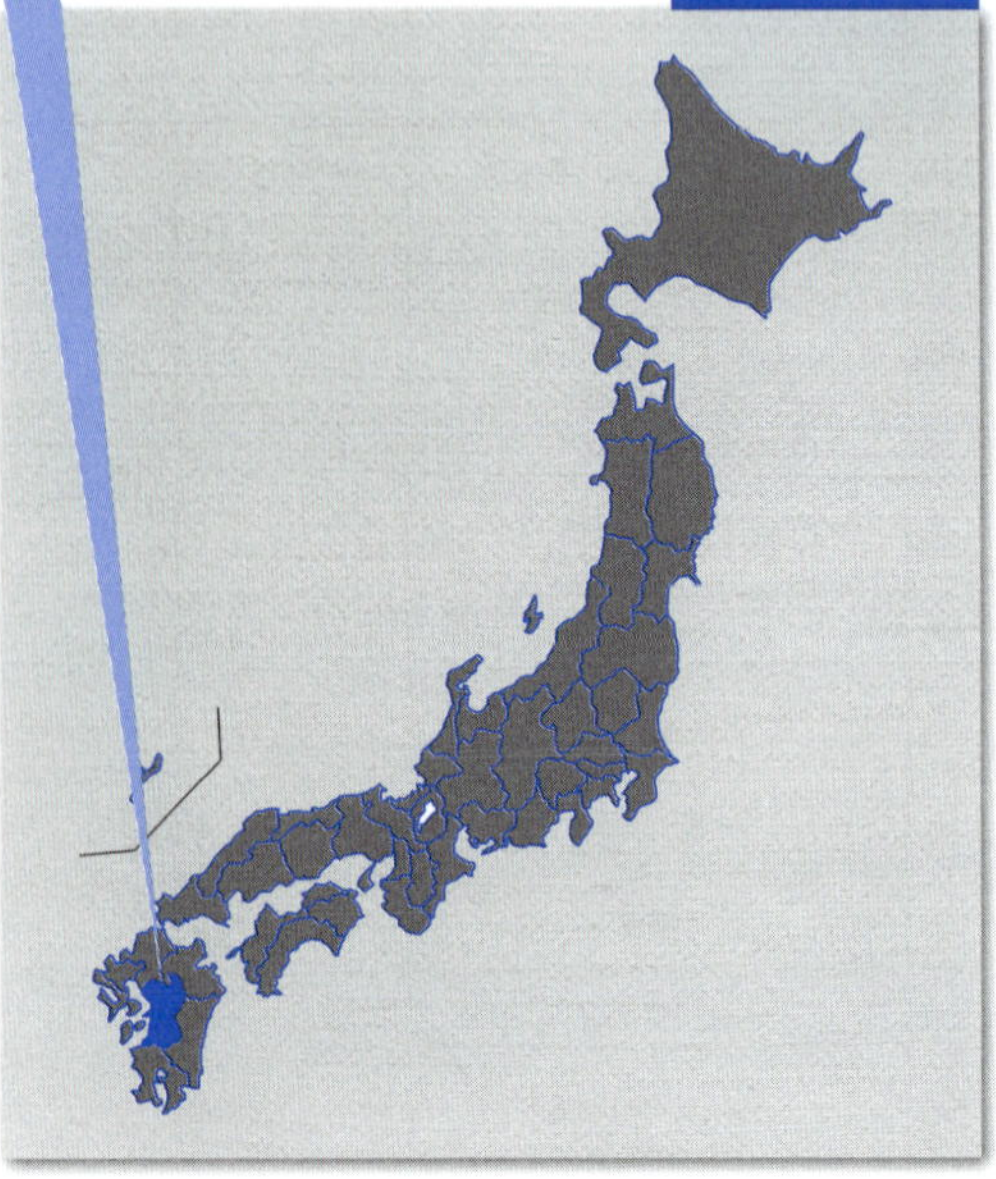

熊本県のランキング

2位	カラオケボックス店舗数	98P
3位	鶏肉消費量	110P
4位	現役Jリーガー出身地	146P
5位	国立・私立高校生徒数	78P
6位	体育館数	152P
6位	女性平均寿命	44P
6位	合計特殊出生率	48P
6位	15歳未満人口（子どもの数）	30P
6位	現役力士出身地	142P
6位	日帰り温泉数	18P
7位	男性平均寿命	42P
7位	60歳以上女性未婚率	34P
8位	完全失業率	154P
9位	現役プロ野球選手出身地	144P
9位	起業家数	164P
10位	自由民主党得票率（直近10年平均）	50P
11位	公明党得票率（直近10年間）	52P
11位	医師数	176P
11位	婚姻件数	184P
12位	スーパーマーケット店舗数	94P
12位	牛肉消費量	108P
12位	父子・母子家庭数	188P
12位	携帯電話通信料	120P
13位	共働き率	182P
14位	転職率	172P
14位	第一次産業従業者数	156P
15位	セブンイレブン店舗数	84P
15位	商業地の地価	22P
15位	衣服購入費	130P
16位	平均標高	12P
16位	男性喫煙率	116P
17位	年間日照時間	20P
17位	外国人観光客訪問率	174P
17位	自動車普及率	180P

19位	地方交付税額	60P
19位	甲子園通算勝率	148P
19位	保育園数	72P
19位	外食費	128P
19位	大学生数	64P
20位	三世代世帯人数	190P
20位	河川延長距離	14P
20位	人口増減率	38P
21位	1人あたりの面積	10P
21位	小学校数	70P
22位	交通事故件数	202P
22位	人口集中度	24P
23位	65歳以上人口（高齢者数）	28P
23位	離婚件数	186P
24位	消費者物価	138P
25位	比例代表投票率（直近10年平均）	58P
25位	パチンコ店舗数	100P
25位	寺院数	196P
26位	通勤時間	36P
26位	第三次産業従業者数	160P
26位	神社数	194P
26位	アルコール消費量	114P
27位	ブリ消費量	106P
27位	60歳以上男性未婚率	32P
27位	教育費	74P
28位	マクドナルド店舗数	92P
28位	地方公務員数	62P
29位	東京大学合格者数	68P
29位	住宅延べ床面積	204P
29位	道路延長	16P
29位	25歳以上スポーツ人口	150P
30位	ガソリン消費量	124P
30位	女性喫煙率	118P
30位	豚肉消費量	112P

31位	サラリーマン年収	162P
31位	生産年齢人口	26P
31位	民主党得票率（直近10年間）	54P
31位	ファミリーマート店舗数	86P
31位	国立・私立中学生徒数（中学受験率）	76P
31位	コンビニ店舗数	82P
31位	上下水道使用料	126P
32位	限界集落率	40P
32位	森林率	8P
33位	大企業数	168P
34位	ホテル軒数	102P
34位	大学進学率	66P
35位	在日外国人	46P
35位	持ち家率	178P
35位	刑法犯認知件数	200P
35位	老舗企業数	170P
36位	第二次産業従業者数	158P
36位	家賃	140P
37位	ローソン店舗数	88P
38位	スターバックスコーヒー店舗数	90P
40位	医療費	198P
41位	世帯負債額	192P
41位	電気使用料	122P
41位	日本共産党得票率（直近10年間）	56P
41位	新聞購読費	134P
42位	がん年齢調整死亡率	206P
43位	倒産率	166P
43位	世帯貯蓄額	132P
44位	学習塾軒数	80P
45位	書店数	96P
45位	サケ消費量	104P
46位	雑誌・書籍購入費	136P

大分県

DATA

人口総数（人）	1,160,000
男性人口（人）	549,000
女性人口（人）	611,000
面積（km²）	634,074
平均気温（℃）	17.6
年間降水（mm）	2,199.0
市町村数	18
県庁所在地	大分市

別府温泉や由布院温泉など有名温泉を擁する大分県。日帰り温泉数は全国2位を誇っている。また、カラオケボックス、パチンコも多く、気軽な娯楽には事欠かない。

大分県のランキング

2位	日帰り温泉数	18P
3位	現役Jリーガー出身地	146P
4位	現役プロ野球選手出身地	144P
4位	ホテル軒数	102P
5位	鶏肉消費量	110P
5位	神社数	194P
5位	カラオケボックス店舗数	98P
6位	パチンコ店舗数	100P
7位	合計特殊出生率	48P
7位	第一次産業従業者数	156P
7位	河川延長距離	14P
8位	ブリ消費量	106P
9位	ローソン店舗数	88P
9位	アルコール消費量	114P
9位	65歳以上人口（高齢者数）	28P
9位	男性平均寿命	42P
10位	小学校数	70P
11位	携帯電話通信料	120P
11位	離婚件数	186P
12位	婚姻件数	184P
12位	道路延長	16P
12位	比例代表投票率（直近10年平均）	58P
12位	女性平均寿命	44P
13位	牛肉消費量	108P
13位	スーパーマーケット店舗数	94P
14位	父子・母子家庭数	188P
14位	外国人観光客訪問率	174P
15位	寺院数	196P
15位	1人あたりの面積	10P
16位	60歳以上女性未婚率	34P
16位	ガソリン消費量	124P
16位	年間日照時間	20P
16位	医師数	176P
16位	限界集落率	40P

17位	起業家数	164P
17位	第三次産業従業者数	160P
17位	地方交付税額	60P
18位	交通事故件数	202P
18位	森林率	8P
19位	衣服購入費	130P
19位	女性喫煙率	118P
20位	公明党得票率（直近10年間）	52P
20位	国立・私立高校生徒数	78P
21位	世帯負債額	192P
21位	大学生数	64P
21位	地方公務員数	62P
21位	平均標高	12P
23位	人口増減率	38P
23位	体育館数	152P
23位	人口集中度	24P
24位	セブンイレブン店舗数	84P
24位	共働き率	182P
24位	マクドナルド店舗数	92P
24位	自由民主党得票率（直近10年平均）	50P
24位	上下水道使用料	126P
25位	完全失業率	154P
25位	東京大学合格者数	68P
25位	自動車普及率	180P
25位	老舗企業数	170P
25位	現役力士出身地	142P
26位	15歳未満人口（子どもの数）	30P
26位	第二次産業従業者数	158P
26位	保育園数	72P
26位	雑誌・書籍購入費	136P
27位	コンビニ店舗数	82P
28位	在日外国人	46P
28位	25歳以上スポーツ人口	150P
29位	甲子園通算勝率	148P

29位	学習塾軒数	80P
29位	国立・私立中学生徒数（中学受験率）	76P
30位	住宅延べ床面積	204P
30位	転職率	172P
31位	三世代世帯人数	190P
32位	大学進学率	66P
32位	新聞購読費	134P
34位	書店数	96P
34位	外食費	128P
35位	大企業数	168P
35位	スターバックスコーヒー店舗数	90P
36位	持ち家率	178P
36位	男性喫煙率	116P
36位	商業地の地価	22P
38位	ファミリーマート店舗数	86P
38位	民主党得票率（直近10年間）	54P
39位	日本共産党得票率（直近10年間）	56P
39位	サラリーマン年収	162P
39位	倒産率	166P
39位	消費者物価	138P
39位	60歳以上男性未婚率	32P
40位	家賃	140P
40位	電気使用料	122P
40位	サケ消費量	104P
41位	医療費	198P
41位	世帯貯蓄額	132P
41位	教育費	74P
42位	通勤時間	36P
42位	生産年齢人口	26P
42位	豚肉消費量	112P
43位	がん年齢調整死亡率	206P
43位	刑法犯認知件数	200P

宮崎県

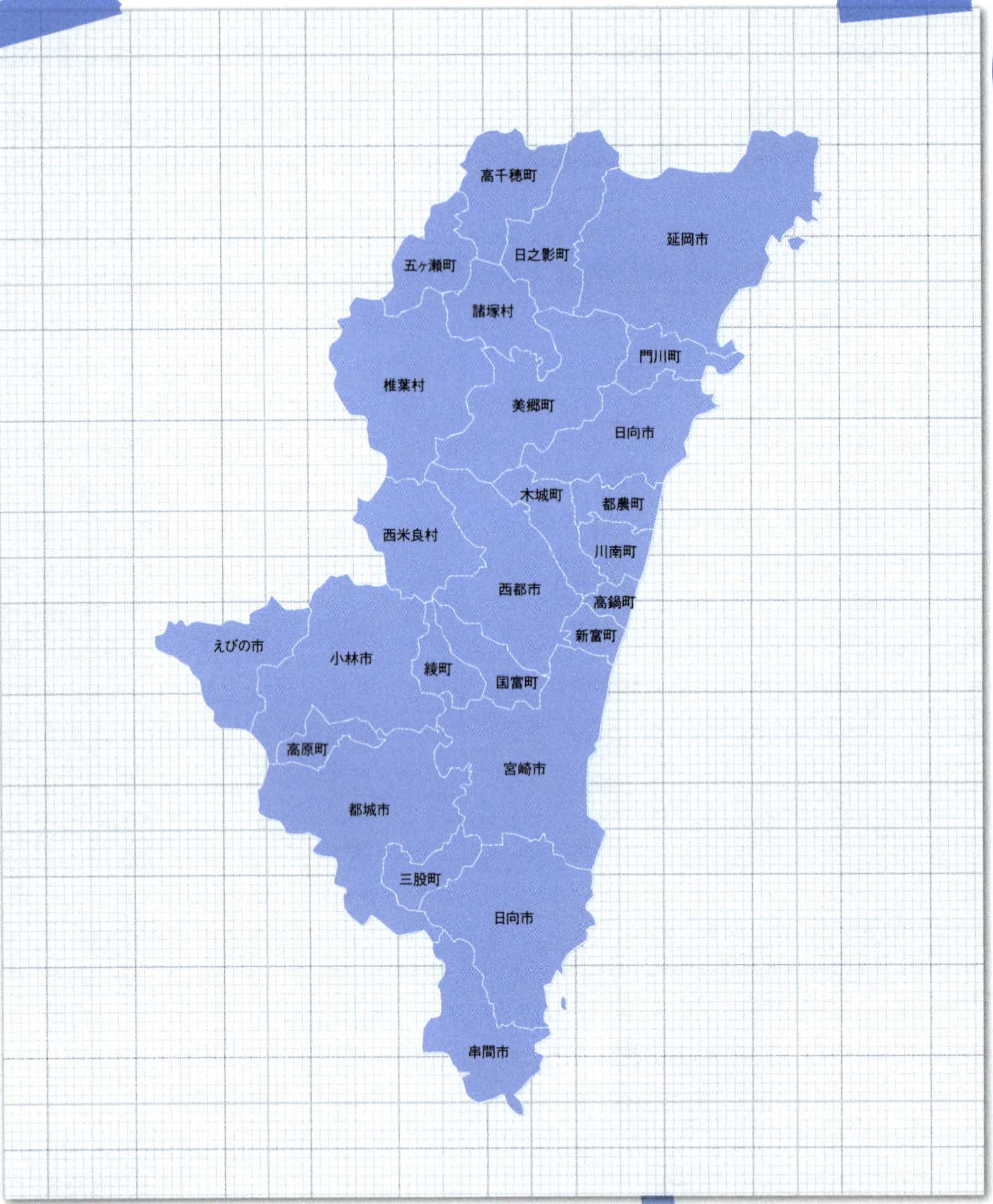

日照時間・降水量ともに全国上位で、南国情緒があふれる宮崎県。その豊かな自然環境を活かした農業、漁業、林業がさかんで、第一次産業従事者数は全国1位である。

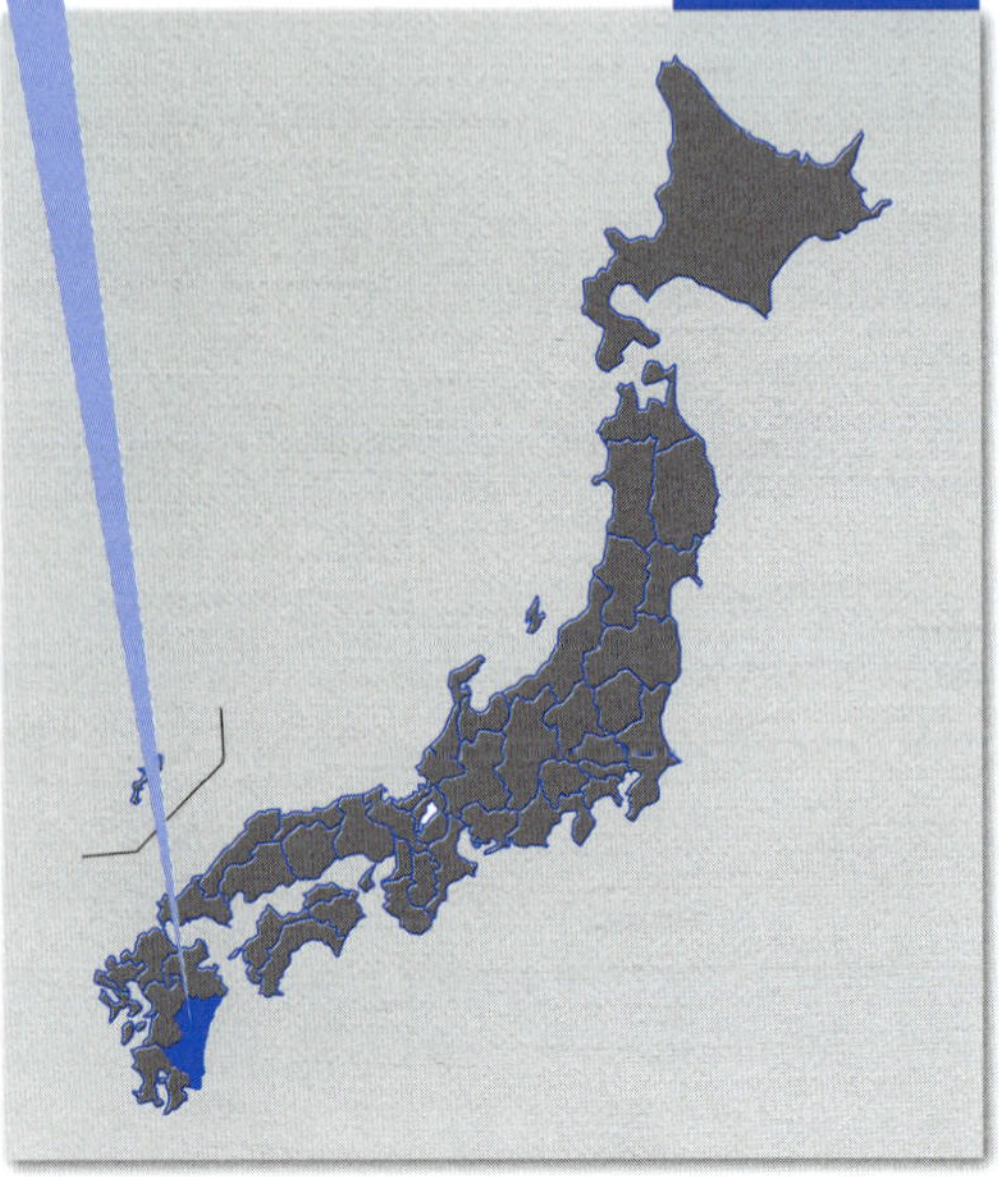

DATA

人口総数（人）	1,096,000
男性人口（人）	516,000
女性人口（人）	581,000
面積（km²）	773,531
平均気温（℃）	18.6
年間降水（mm）	2,951.5
市町村数	26
県庁所在地	宮崎市

宮崎県のランキング

1位	第一次産業従業者数	156P
2位	婚姻件数	184P
3位	合計特殊出生率	48P
3位	体育館数	152P
3位	アルコール消費量	114P
3位	父子・母子家庭数	188P
3位	公明党得票率（直近10年間）	52P
3位	年間日照時間	20P
4位	パチンコ店舗数	100P
4位	離婚件数	186P
4位	交通事故件数	202P
5位	15歳未満人口（子どもの数）	30P
6位	スーパーマーケット店舗数	94P
7位	鶏肉消費量	110P
7位	転職率	172P
8位	カラオケボックス店舗数	98P
9位	道路延長	16P
9位	1人あたりの面積	10P
9位	森林率	8P
10位	国立・私立中学生徒数（中学受験率）	76P
10位	ホテル軒数	102P
12位	保育園数	72P
12位	河川延長距離	14P
12位	地方交付税額	60P
12位	共働き率	182P
14位	ガソリン消費量	124P
14位	60歳以上女性未婚率	34P
15位	小学校数	70P
15位	第三次産業従業者数	160P
15位	自動車普及率	180P
15位	限界集落率	40P
15位	平均標高	12P
15位	自由民主党得票率（直近10年平均）	50P
16位	地方公務員数	62P
17位	65歳以上人口（高齢者数）	28P
17位	日帰り温泉数	18P
17位	セブンイレブン店舗数	84P
17位	国立・私立高校生徒数	78P
18位	現役プロ野球選手出身地	144P
19位	現役Jリーガー出身地	146P
19位	女性喫煙率	118P
22位	女性平均寿命	44P
22位	現役力士出身地	142P
24位	がん年齢調整死亡率	206P
24位	医師数	176P
26位	持ち家率	178P
26位	ブリ消費量	106P
26位	人口集中度	24P
27位	男性喫煙率	116P
28位	東京大学合格者数	68P
29位	牛肉消費量	108P
29位	ファミリーマート店舗数	86P
30位	甲子園通算勝率	148P
30位	人口増減率	38P
31位	携帯電話通信料	120P
31位	ローソン店舗数	88P
32位	男性平均寿命	42P
32位	60歳以上男性未婚率	32P
32位	医療費	198P
32位	住宅延べ床面積	204P
33位	起業家数	164P
33位	世帯負債額	192P
33位	刑法犯認知件数	200P
34位	第二次産業従業者数	158P
35位	外食費	128P
35位	神社数	194P
36位	25歳以上スポーツ人口	150P
36位	豚肉消費量	112P
36位	日本共産党得票率（直近10年間）	56P
36位	大学進学率	66P
37位	教育費	74P
38位	大学生数	64P
38位	三世代世帯人数	190P
39位	学習塾軒数	80P
40位	比例代表投票率（直近10年平均）	58P
40位	外国人観光客訪問率	174P
40位	完全失業率	154P
41位	老舗企業数	170P
41位	マクドナルド店舗数	92P
42位	コンビニ店舗数	82P
42位	寺院数	196P
43位	生産年齢人口	26P
43位	衣服購入費	130P
43位	家賃	140P
43位	大企業数	168P
43位	サラリーマン年収	162P
44位	世帯貯蓄額	132P
44位	上下水道使用料	126P
44位	雑誌・書籍購入費	136P
45位	商業地の地価	22P
45位	倒産率	166P
45位	消費者物価	138P
45位	民主党得票率（直近10年間）	54P
45位	在日外国人	46P
46位	スターバックスコーヒー店舗数	90P
46位	電気使用料	122P
46位	サケ消費量	104P
47位	通勤時間	36P
47位	書店数	96P
47位	新聞購読費	134P

鹿児島県

DATA

人口総数（人）	1,637,000
男性人口（人）	768,000
女性人口（人）	869,000
面積（km²）	918,699
平均気温（℃）	19.6
年間降水（mm）	3,285.5
市町村数	43
県庁所在地	鹿児島市

いまなお活発な活動を続けている桜島火山を擁する鹿児島県。豪快な薩摩隼人のイメージ通り、アルコール消費量は全国2位だ。東大合格者数、教育費も高い。

鹿児島県のランキング

1位	日帰り温泉数	18P
1位	パチンコ店舗数	100P
1位	現役力士出身地	142P
2位	第一次産業従業者数	156P
2位	アルコール消費量	114P
2位	現役Jリーガー出身地	146P
2位	小学校数	70P
2位	スーパーマーケット店舗数	94P
3位	婚姻件数	184P
3位	カラオケボックス店舗数	98P
4位	父子・母子家庭数	188P
5位	合計特殊出生率	48P
6位	東京大学合格者数	68P
6位	自由民主党得票率（直近10年平均）	50P
6位	60歳以上男性未婚率	32P
7位	離婚件数	186P
7位	教育費	74P
7位	地方交付税額	60P
7位	15歳未満人口（子どもの数）	30P
8位	携帯電話通信料	120P
9位	60歳以上女性未婚率	34P
9位	国立・私立高校生徒数	78P
10位	ファミリーマート店舗数	86P
10位	鶏肉消費量	110P
11位	道路延長	16P
11位	転職率	172P
12位	1人あたりの面積	10P
12位	地方公務員数	62P
13位	限界集落率	40P
13位	交通事故件数	202P
13位	第三次産業従業者数	160P
14位	河川延長距離	14P
15位	公明党得票率（直近10年間）	52P
17位	ホテル軒数	102P
17位	医師数	176P
18位	がん年齢調整死亡率	206P
18位	世帯負債額	192P
18位	完全失業率	154P
18位	保育園数	72P
18位	医療費	198P
19位	現役プロ野球選手出身地	144P
19位	65歳以上人口（高齢者数）	28P
20位	体育館数	152P
21位	ガソリン消費量	124P
21位	自動車普及率	180P
21位	25歳以上スポーツ人口	150P
21位	国立・私立中学生徒数（中学受験率）	76P
21位	ローソン店舗数	88P
23位	商業地の地価	22P
23位	共働き率	182P
24位	年間日照時間	20P
25位	外食費	128P
25位	甲子園通算勝率	148P
25位	ブリ消費量	106P
26位	起業家数	164P
26位	豚肉消費量	112P
27位	比例代表投票率（直近10年平均）	58P
27位	衣服購入費	130P
28位	外国人観光客訪問率	174P
29位	神社数	194P
31位	森林率	8P
32位	セブンイレブン店舗数	84P
32位	牛肉消費量	108P
33位	人口集中度	24P
33位	コンビニ店舗数	82P
33位	サラリーマン年収	162P
34位	倒産率	166P
34位	持ち家率	178P
34位	大学生数	64P
35位	雑誌・書籍購入費	136P
36位	女性平均寿命	44P
37位	第二次産業従業者数	158P
37位	人口増減率	38P
38位	平均標高	12P
38位	新聞購読費	134P
38位	通勤時間	36P
39位	生産年齢人口	26P
39位	サケ消費量	104P
39位	民主党得票率（直近10年間）	54P
39位	住宅延べ床面積	204P
39位	女性喫煙率	118P
39位	書店数	96P
40位	世帯貯蓄額	132P
40位	大企業数	168P
41位	刑法犯認知件数	200P
41位	学習塾軒数	80P
41位	男性喫煙率	116P
42位	上下水道使用料	126P
43位	男性平均寿命	42P
43位	日本共産党得票率（直近10年間）	56P
43位	在日外国人	46P
44位	電気使用料	122P
44位	寺院数	196P
45位	家賃	140P
45位	大学進学率	66P
45位	マクドナルド店舗数	92P
45位	消費者物価	138P
45位	老舗企業数	170P
46位	三世代世帯人数	190P
47位	スターバックスコーヒー店舗数	90P

沖縄県

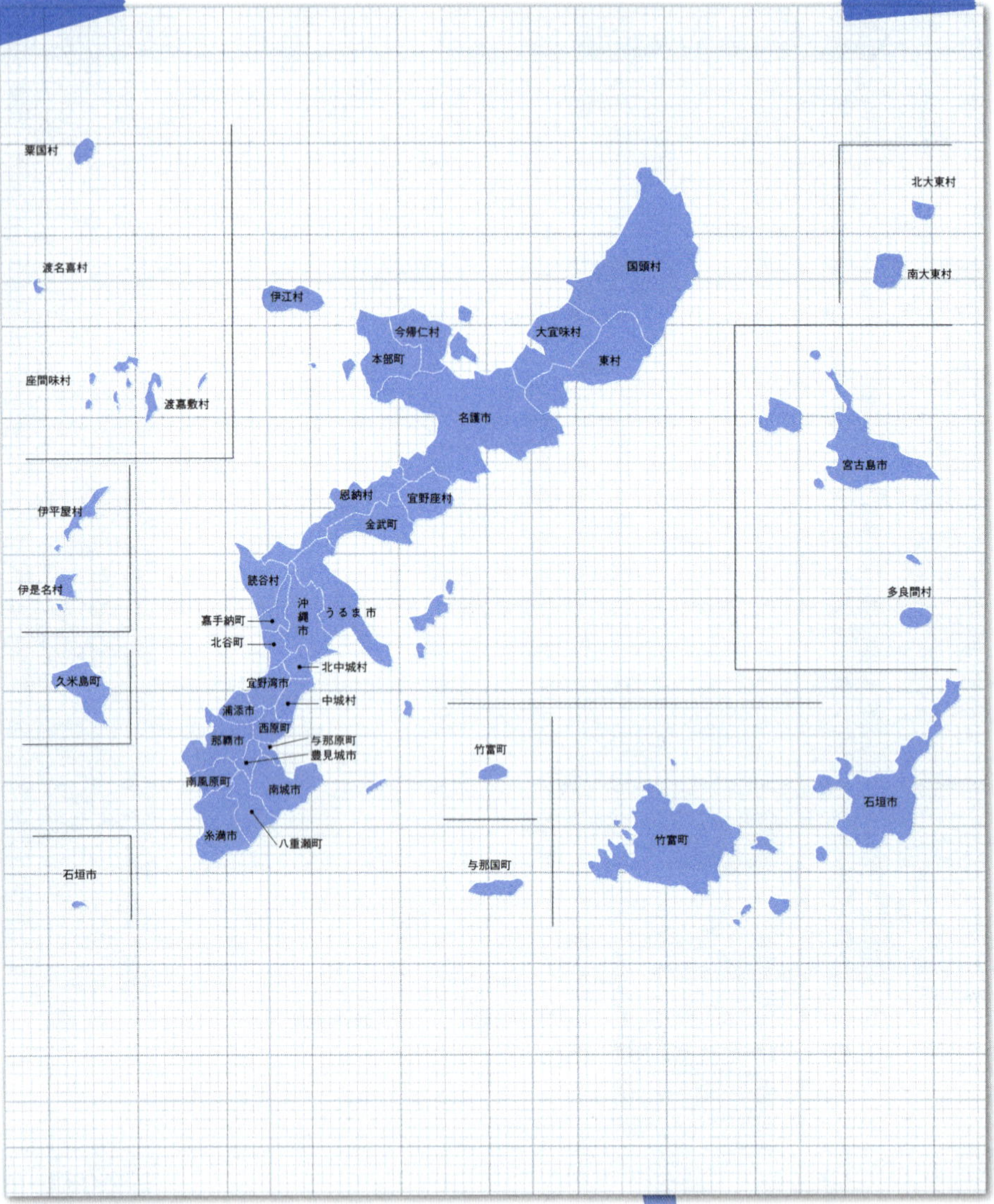
粟国村
渡名喜村
座間味村
渡嘉敷村
伊平屋村
伊是名村
久米島町
石垣市
伊江村
今帰仁村
本部町
国頭村
大宜味村
東村
名護市
恩納村
宜野座村
金武町
読谷村
沖縄市
うるま市
嘉手納町
北谷町
北中城村
宜野湾市
中城村
浦添市
西原町
那覇市
与那原町
豊見城市
南風原町
南城市
糸満市
八重瀬町
北大東村
南大東村
宮古島市
多良間村
竹富町
与那国町
竹富町
石垣市

DATA

人口総数（人）	1,439,000
男性人口（人）	708,000
女性人口（人）	732,000
面積（km²）	228,114
平均気温（℃）	24.1
年間降水（mm）	2,368.0
市町村数	41
県庁所在地	那覇市

かつては琉球王国という独立国だった沖縄県。婚姻件数、合計特殊出生率、15歳未満人口がすべて全国1位であり、生産年齢人口も3位と、とにかく若者が多い県だ。

沖縄県のランキング

1位	ホテル軒数	102P
1位	合計特殊出生率	48P
1位	15歳未満人口(子どもの数)	30P
1位	60歳以上男性未婚率	32P
1位	現役プロ野球選手出身地	144P
1位	転職率	172P
1位	完全失業率	154P
1位	婚姻件数	184P
1位	離婚件数	186P
2位	60歳以上女性未婚率	34P
2位	人口増減率	38P
2位	スターバックスコーヒー店舗数	90P
2位	マクドナルド店舗数	92P
3位	生産年齢人口	26P
4位	アルコール消費量	114P
4位	カラオケボックス店舗数	98P
4位	ファミリーマート店舗数	86P
5位	日本共産党得票率(直近10年間)	56P
5位	公明党得票率(直近10年間)	52P
5位	父子・母子家庭数	188P
7位	女性平均寿命	44P
8位	保育園数	72P
10位	外国人観光客訪問率	174P
11位	人口集中度	24P
11位	ローソン店舗数	88P
12位	甲子園通算勝率	148P
14位	スーパーマーケット店舗数	94P
14位	商業地の地価	22P
14位	学習塾軒数	80P
15位	地方公務員数	62P
17位	携帯電話通信料	120P
20位	家賃	140P
20位	豚肉消費量	112P
20位	国立・私立中学生徒数(中学受験率)	76P

20位	地方交付税額	60P
21位	大企業数	168P
22位	大学生数	64P
23位	女性喫煙率	118P
23位	牛肉消費量	108P
25位	通勤時間	36P
25位	小学校数	70P
25位	25歳以上スポーツ人口	150P
26位	交通事故件数	202P
26位	医師数	176P
27位	在日外国人	46P
27位	がん年齢調整死亡率	206P
27位	現役Jリーガー出身地	146P
27位	第三次産業従業者数	160P
28位	上下水道使用料	126P
29位	サケ消費量	104P
30位	刑法犯認知件数	200P
32位	比例代表投票率(直近10年平均)	58P
32位	消費者物価	138P
35位	年間日照時間	20P
36位	現役力士出身地	142P
36位	男性平均寿命	42P
36位	ガソリン消費量	124P
37位	第一次産業従業者数	156P
37位	電気使用料	122P
38位	森林率	8P
38位	教育費	74P
39位	1人あたりの面積	10P
39位	自動車普及率	180P
39位	体育館数	152P
40位	雑誌・書籍購入費	136P
40位	世帯負債額	192P
41位	共働き率	182P
41位	倒産率	166P

41位	三世代世帯人数	190P
42位	道路延長	16P
43位	河川延長距離	14P
43位	男性喫煙率	116P
44位	新聞購読費	134P
44位	書店数	96P
44位	日帰り温泉数	18P
45位	起業家数	164P
45位	コンビニ店舗数	82P
45位	外食費	128P
45位	住宅延べ床面積	204P
46位	持ち家率	178P
46位	国立・私立高校生徒数	78P
46位	鶏肉消費量	110P
46位	平均標高	12P
47位	神社数	194P
47位	医療費	198P
47位	寺院数	196P
47位	ブリ消費量	106P
47位	東京大学合格者数	68P
47位	大学進学率	66P
47位	民主党得票率(直近10年間)	54P
47位	自由民主党得票率(直近10年平均)	50P
47位	老舗企業数	170P
47位	パチンコ店舗数	100P
47位	サラリーマン年収	162P
47位	第二次産業従業者数	158P
47位	世帯貯蓄額	132P
47位	衣服購入費	130P
47位	65歳以上人口(高齢者数)	28P
--位	セブンイレブン店舗数	84P
--位	限界集落率	40P

企画・進行　廣瀬和二、湯浅勝也、高橋栄造、説田綾乃、中嶋仁美、永沢真琴

販売部担当　杉野友昭、西牧孝、木村俊介

販　売　部　辻野純一、薗田幸浩、高橋花絵、亀井紀久正、平田俊也、鈴木将仁

営　業　部　平島実、荒牧義人

広報宣伝室　遠藤あけ美、高野実加

メディア・プロモーション　保坂陽介

FAX：03-5360-8052　Mail：info@TG-NET.co.jp

【制作スタッフ】

編集・構成　株式会社造事務所

文　倉田楽、小西麗

デザイン　吉永昌生

DTP　越海辰夫

統計から読み解く

47都《と》道《どう》府《ふ》県《けん》ランキング

平成 30 年 5 月 25 日　初版第 1 刷発行

著　者　久保哲朗

発行者　穂谷竹俊

発行所　株式会社 日東書院本社
〒 160-0022
東京都新宿区新宿 2 丁目 15 番 14 号　辰巳ビル
TEL　03-5360-7522（代表）
FAX　03-5360-8951（販売部）
振替　00180-0-705733
URL　http://www.TG-NET.co.jp

印刷・製本　大日本印刷株式会社

ISBN　978-4-528-02187-7　C0033